《论语》言论

评析

lunyuyanlunpingxi

上册

卞朝宁 著

江苏人民出版社

序

"《论语》三评"由人物、事件、言论三本书组成。《〈论语〉人物评传》是第一本,付梓之前,我曾想找一位史学名家为我作序,当时这种愿望非常强烈,后因时间仓促,未能如愿。《〈论语〉事件评述》是第二本,不过当时请名家作序的愿望已经不太强烈了,因为我觉得自己才学疏浅,写的东西没有想象的那样有价值和意义,不想因我而毁了名家的清誉,于是此事就不了了之了,最后我干脆用了一篇怀念恩师刘毓璜先生的旧文代序。《〈论语〉言论评析》是第三本,此时我已经完全没有请名家作序的想法了,不是找不到,也不是怕麻烦,而是对自己的书缺乏自信,这本肤浅之作能担得起名家作序吗?即使有名家愿意代为作序,能提升这本书的思想内涵和学术水平吗?想清楚这些问题之后,事情就变得简单了。

写作"《论语》三评"是一个努力学习和不断提高的过程,从知少到知多,从识浅到思深。人处于无知状态时,往往会觉得自己无所不知,什么话都敢说,真正等到有知以后,反而会觉得自己无知,而且知之越多,就会发现自己知之越少,此时说话作文就会自觉不自觉地留三分,这"三分"不仅是留给别人,更是留给自己,这是我多年来研学《论语》的真实感受。所以这次我仍然选择自拉自唱,自说自话,自己作序。

关于这本书,我想"自说自话"四点:

一、在研究思路方面力求有所创新。《论语》是语录体,记录了孔子在不同时期和不同场合与不同人物进行对话的不同言论,这些言论被编排在不同的篇章之中,或繁或简,或深或浅,或明或晦,或温或厉。篇章之间看似杂乱无章,没有关联,但是隐约之中似乎又存在着某种联系,意会有而言传难。古今《论语》注家面对这种情况也一定很纠结:是在形式上依照《论语》固有的篇章结构来逐篇逐章解读呢?还是在内容上根据篇章之间隐约存在的内在逻辑联系来综合解读呢?显然,后者在研究方法上应该更加科学合理,但是风险也很大,弄不好局面难以收拾,况且《论语》是儒家经典中的经典,圣人之书,一字一句都是动不得的,所以两千多年来所有《论语》注本都是始于"学而时习之"而终于"不知言,无以知人也"。

同样,我在写作本书时也遇到在坚持传统和勇于创新之间如何做出选择的困惑,不同的研究思路必然形成不同的研究结果。有一段时间,我的思维几乎处于停滞状态,脑子里一片空白,于是我就漫无目的地翻阅各种有关无关的书籍,古今中外,雅俗正邪,随心所欲。其中有几类书让我印象深刻:一类是北京大学出版社几年前出版的一套"海外中国哲学丛书",如美国学者狄百瑞的《儒家的困境》和安乐哲的《通过孔子而思》等,还有江苏人民出版社出版的"海外中国研究系列"丛书中的几本书,如美国学者郝大维等人的《孔子哲学思微》和杜维明的《儒家思想新论》等。这些书的共同特点是运用西方新理论、新思想、新观点、新方法来研究中国古代文化思想,书中那些陌生、晦涩的词汇和概念实在难懂,但是我却从中得到某种启发:既然有人可以用八竿子打不到的西方理论来研究中国传统国学,那么我们为什么要自缚手脚而不放手一搏?另一类书是顾颉刚编著的《古史辨》(全八册),书中收录了上世纪二十年代至四十年代我国史学界在史学研究方面的各类文章。许多文章观点新颖,推论大胆,论述有力,思想完全不受限制,绝无沉闷、窒塞之气,读来大呼快哉!尤其是编著者引用了罗丹《美术》序言中的一段话作为全书扉页题词,令人备受鼓舞:"要深澈猛烈的真实。你自己想得到的话,永远不要踌躇着不说,即使你觉得违抗了世人公认的思想的时候。起初别人亦许不能了解你,但是你的孤独不会长久。你的同志不久就会前来找你,因为一个人的真理就是大家的真理。"我就喜欢这种卸掉所有思想包袱、向着既定目标坚定前行的勇敢态度!

打消思想顾虑之后,我又花了较长时间进行构思,认真研究和深入分析《论语》中各种重要概念以及概念之间的逻辑关系。在此基础上,我从《论语》中共梳理出93个主题概念(命题),大如"天""道""仁""礼"等,小如"思""明""文""艺"等,并以此作为思想脉络把孔子相关言论归并到一处来进行集中评析,在有些重要概念前面还加上一个概说部分,帮助研读者在宏观背景下来加深理解孔子言论。这种方法有点类似于孔子所说的"吾道一以贯之"。经过归类整理,重要概念所涉及的相关言论多达一、二十章,如"仁"有28章,"政"有17章;一般概念也有三、五章,如"用行舍藏"有3章,"文"有4章;有些特殊概念仅有1章,如"一言""三疾""四恶"等。全书最终直接评析孔子言论共计三百余章(评析率在70%以上),间接引用和评析的言论则要数倍于此。显而易见,这种用若干主题概念来串联相关言论的研究方法可以帮助研读者从宏观视野和整体高度来研读《论语》篇章言论,这样不仅理解更加全面深刻,而且认识更加完整系统。当然,这种研究方法的风险是很大的,我曾做过一个比喻:《论语》就像是一部老爷车,且不论其性能如何,至少目前还能上路行驶,而我却把整车全部拆散,试图按照一种全新款式来重新组装,其结果极有可能是零部件散落一地,最终无法拼装出一部上路能跑的新车!我曾就此请教过几位业内专家,得到的答案都是似是而非、模棱两可的,因为大胆创新未必能够得到预期结果,思与行之间有时很难统一,况且以前从来没有人尝试用这种研究方法来全面评析《论语》言论,原因不言自明。

  整个"拼装"过程十分复杂,拆了装,装了拆,反反复复,费尽周折。最难处理的是一章言论中同时涉及几个主题概念,比如《为政篇》中的"道之以政,齐之以刑"和"道之以德,齐之以礼",这两句话分别涉及"政""刑""德""礼"四个重要概念,这些概念应该如何安排?有时确实很难处理。所以目前书中约有三十几章言论只能安排在不同的主题概念中进行重复评析,不过在内容上做出必要区分,在《政》中就评析"政"的内容,在《德》中就评析"德"的内容。经过不懈努力,我终于"拼装"出一部全新的整车,虽然性能不好说,但是上路应该没有问题。现在唯一遗憾的是,地上还遗漏了少量零部件,也就是《论语》中有少量言论因与梳理出来的93个主题概念没有什么关联而未能做出具体评析,比如《子罕篇》中的"逝者如斯夫!不舍昼夜""岁寒,然后知松柏之后彫也"以及"三军可夺帅也,匹夫不可夺志也"等等,这些言论思想内涵虽然比较丰富,但是在内容上却无法归类,单独命题内容又略显单薄,所以最终只好忍痛舍弃,不知道以后能有什么弥补办法。

  二、**在研究方法方面坚持史学分析。** 我写"《论语》三评",始终坚持史学研究的方法。相比较而言,人物和事件与历史联系得比较紧密,因此从史学角度来进行研究更具有可行性和说服力。言论则相对抽象、空泛,历史特征也不太明显,因此容易被人忽略。其实任何言论都有其特定的历史背景,所以评析《论语》言论就更应该结合当时具体的社会环境、经济条件、意识形态、文化传统以及人们的思维和表述习惯等因素来进行。如果跳开历史,完全采取就言论而言论的研读方法,就难以准确理解孔子言论的真正含义,而且还有可能产生种种误读。

由于受到文字和书写等条件的限制,《论语》中许多言论都过于简单,一章言论只有一句话几个字,既无前因,又无后果,可供参照的信息少之又少,所以后人在解读这些言论时常常是各说各话,分歧很大,至今仍无定论。对于这些存有争议的言论,我主要采取史学研究的方法来进行分析,从而得出更加符合历史真实的结论。这里可以列举两章言论来加以说明。

《子罕篇》中有一章言论:"子罕言利与命与仁。"历代《论语》注家对于孔子罕言"仁"的问题一直无法做出合理解释,因为"仁"是孔子伦理政治思想的核心,他不仅不"罕言",而且还大谈特谈。后人对此分别从哲学思想、文化传统、社会习俗、训诂释义、文字断句等多方面做出解释,但是都缺乏说服力。如何正确理解孔子本章言论?只有运用历史研究的方法,把言论还原到那个特定的历史语境中去解读。春秋时期,"仁"只是在贵族大夫之间讲求的一种道德规范,地位卑贱的小人是没有资格讲求的,所以孔子说:"君子而不仁者有矣夫,未有小人而仁者也。"(《论语·宪问篇》)同样,有关"仁"的问题也是限定在贵族阶层范围内的垄断话题,如果与普通庶人谈论"仁"的问题就是行为不当,有违礼制,这才是孔子罕言"仁"的真正原因。然而到了春秋末年,礼制败坏,社会失序,贵族阶层原有的种种特权渐渐丧失,而有些普通庶人则通过接受私学教育,改变了原有身份,提高了社会地位,甚至慢慢跻身于执政团队。为了顺应时代发展和社会变迁,孔子思想也发生了微妙变化,他希望打破"仁"的原有限制,扩大"仁"的适用范围,因此有时也会突破礼制限制,主动与人讨论"仁"的问题。通过上述分析可以得知,孔子罕言"仁"是遵从礼制规范,而他多言"仁"则是出于政治需要,二者其实并不矛盾。

《乡党篇》中也有一句言论:"祭于公,不宿肉。"这是有关祭祀礼仪方面的内容。古人在举行重要祭祀活动时("祭于公"),各家都要把当天宰杀的活牲带到祭祀现场来作为供奉祭品，一来表达自己对祖先和神灵的敬意，二来可以让祭品更加丰盛，此为"助祭"。等到祭祀活动结束后，各人再把助祭的祭肉拿回家去食用。按照礼制规定，祭肉应该当天吃掉，不要隔夜，否则就是对祖先和神灵不敬，这就是"不宿肉"。如果自家祭肉当天吃不完，也可以分馈给朋友，受馈之人出于对祖先和神灵的敬畏，一定要拜谢馈赠祭肉，所以孔子说："朋友之馈，虽车马，非祭肉，不拜。"（《论语·乡党篇》）如果跳开历史，就言论而言论来理解这句话，就难免会想当然地认为"不宿肉"与食品保质保鲜有关，目前通行的《论语》注本大多是如此解读的。只有还原当时的祭祀现场，了解相关的祭祀礼仪，才能正确理解这句话的确切含义："不宿肉"或"祭肉不出三日"真正表现的是古人对于祖先和神灵的敬畏精神，与祭肉会不会变质没有关系。

在《论语》中，此类存有争议的言论有很多，荒腔走板的解释也不少，有些低级错误就是因为脱离历史，天马行空，完全是在用今人思维来解读古人之意。

三、在理论研究方面努力有所借鉴。 言论评析不同于人物评传和事件评述，相对偏重于理论研究，因此需要运用哲学、文学、史学、社会学、政治学、伦理学、心理学、教育学、考古学、古文字学等诸多学科的理论知识。好在现在相关研究成果有很多，各种专业书籍和学术论文为我们研读《论语》提供了各种研究思路、分析理论、学术观点和专业知识，只要我们认真学习和借鉴，就可以轻松地获取大量的参考资料。

我在写作本书过程中，学习和借鉴了许多研究成果，重点有两个方面：一是历代《论语》注家的注疏和释义。研读《论语》，首先要读通，能够明白每一句话每一个字的确切含义；其次要读懂，真正理解孔子言论的思想内涵；再次要读活，综合分析不同篇章的关联言论，做到相互发明,实现理论升华。记得读研期间,导师刘毓璜先生建议我们不妨"倒过来"研读《论语》,先读清人书籍,再读宋人书籍,然后由两汉而先秦。当时不太理解,现在大体明白:不同的历史时期有不同的学术成就,寻绎其中义理,才能循序渐进。汉儒的疏文释义、宋儒的阐发道理、清儒的考据改错……,许多见解不仅深刻,而且精到,所以我在评析《论语》言论时重点参阅了历代名家注本,力求读通、读懂、读活,做到融会贯通,然后在此基础上形成自己的观点。二是当代学者(包括海外学者)研究中国古代文化思想的理论专著和学术论文。《论语》中有许多主题概念都是中国古代思想史的重要命题,如"道""性""和"等,当代学者对于这些专题都进行了深入系统的研究,在理论研究方面多有建树,如金岳霖的《道论》(商务印书馆出版)、英国汉学家葛瑞汉(Angus C. Graham)的《论道者:中国古代哲学论辩》(中国社会科学出版社出版)、徐复观的《中国人性论史·先秦篇》(九州出版社出版)和美国学者安乐哲(Roger Ames)的《和而不同:中西哲学的会通》(北京大学出版社出版)等等,这些专业著作为我们研读《论语》提供了一个更为宏观的学术背景,认真学习和借鉴相关理论研究成果,有助于我们更加深刻地理解孔子言论,把握儒家思想精髓。

孔子说:"吾尝终日不食,终夜不寝,以思,无益,不如学也。"(《论语·卫灵公篇》)可见,善于学习和借鉴已有的学说成果是为学之道的基本要义。

四、在功能定位方面注重实用原则。 写作"《论语》三评",我从一开始就确定了弱化学术研究、强化实用工具的原则,尽量少一些高谈阔论,多一些具体分析,把解析言论的空间留给研读者自己。这一原则在言论评析中具体体现在以下三个方面:一是从《论语》中梳理出93个主题概念(命题),把相关言论集中在一起进行评析,研读者可以根据需求自行选择,从而省去了逐篇逐章查找的麻烦;二是在评析孔子言论时,把主要精力放在分析相关言论的背景情况方面,诸如对话的人物、时间、地点、因果以及具体语境等要素,尽量真实还原历史,再现言论场景,帮助研读者加深理解;三是对于部分重点篇章言论,在认真比较分析的基础下,有选择地引用经典《论语》注本的释文,帮助研读者拓宽视野。

  孔子说:"工欲善其事,必先利其器。"(《论语·卫灵公篇》)这里的"器"是成事的工具。世间百般事,无器功不成。我也想为研读《论语》提供工具。当然,"器"利与不利在己,"事"善与不善则在人。

  是为序。

卞朝宁

2018年仲夏写于南京曲水斋

目　录

上　册

01. 天(地) *1*
02. 命(天命) *23*
03. 神(鬼神) *41*
04. 祭(旅、禘、祷) *53*
05. 性 *80*
06. 道 *96*
07. 器 *116*
08. 德 *119*
09. 至德 *156*
10. 礼(礼乐) *158*
11. 丧(葬) *184*
12. 政(令) *200*
13. 正名 *244*
14. 刑(杀) *253*
15. 听讼 *263*

16. 折狱 *265*

17. 教 *267*

18. 诲 *282*

19. 中(中庸) *285*

20. 和(同) *302*

21. 权 *311*

22. 仁(仁者) *314*

23. 义 *375*

24. 忠(敬) *388*

25. 恕 *396*

26. 孝(悌) *400*

27. 友(朋、朋友) *421*

28. 信 *437*

29. 知(知者) *453*

30. 勇(勇者) *472*

31. 直(直道) *479*

32. 思 *488*

33. 明 *492*

34. 佞 *494*

35. 温良恭俭让 *500*

36. 恭宽信敏惠 *505*

37. 内省不疚 *508*

38. 见贤思齐 *510*

39. 过勿惮改 *512*

40. 见利思义 *516*

41. 用行舍藏 *523*

42. 贫而安乐,富而好礼 *529*

43. 言忠信,行笃敬 *535*

下　册

44. 学 *547*

45. 好学 *563*

46. 一以贯之 *566*

47. 攻乎异端 *570*

48. 学而时习之 *573*

49. 学而不厌 *576*

50. 学而不思则罔 *578*

51. 叩其两端 *580*

52. 愤启悱发与举一反三 *583*

53. 不耻下问 *585*

54. 多闻阙疑 *588*

55. 切磋琢磨 *592*

56. 四毋 *595*

57. 四教 *597*

58. 文(质) *601*

59. 艺 *610*

60. 《诗》 *617*

61. 《书》 *636*

62. 《礼》 *643*

63. 《乐》 *653*

64. 《易》 *663*

65. 古(《春秋》) *670*

66. 四科十哲 *676*

67. 先进与后进 *680*

68. 后生可畏 *683*

69. 一言 *686*

70. 三省 *689*

71. 三知 *692*

72. 三友 *697*

73. 三乐 *699*

74. 三畏 *701*

75. 三疾 *704*

76. 三戒 *707*

77. 三恶 *709*

78. 三愆 *712*

79. 三变 *714*

80. 四恶 *716*

81. 六言六蔽 *719*

82. 九思 *722*

83. 圣(圣人) *725*

84. 善(善人) *740*

85. 成人 *749*

86. 王(天子) *752*

87. 君与臣(上与下) *756*

88. 人与民 *763*

89. 君子与小人 *771*

90. 士 *793*

91. 鄙夫 *805*

92. 女子(妇人) *808*

93. 夷狄 *816*

征引古籍要目 *819*

01. 天（地）（共9章）

研究中国文化思想发展史就会惊奇发现，中国古代哲学思想的理论架构，包括基本范畴和概念等等，早在先秦时期就已基本形成，其核心意涵延绵传承2500多年，至今并没有发生根本改变，后人只是在此基础上不断加以丰富和完善。更令人惊奇的是，中国古代哲学思想始终保持世俗化的发展方向，并没有像古代印度文明或伊斯兰文明那样发展成为一种宗教，因此这些文化思想传统对于当今国民生活以及民族心理仍然产生巨大影响，这是值得骄傲的！一个民族继承传统文化，建立文化自信，其实不需要做得太多，只需要从了解我们自己的内心以及身边的世界开始。德国著名存在主义哲学家雅斯贝尔斯说："我们的使命是，以自己的经验通过传统发现自我，并在传统的根源中找到自我的根源。"①

在中国古代哲学思想中，"天"是最具有本体意义的最高哲学范畴。古人普遍认为，万事万物都是由"天"演化生成的，"天"是人世间的最高主宰，所以司马迁把中国古代哲学研究范围定为"究天人之际，通古今之变"②。英国著名宗教学家凯伦·阿姆斯特朗也已关注到"天"在中国哲学体系中的特殊意义："当中国人谈及大地、宇宙，或者甚至是华夏帝国，这些世俗的范畴也包含神圣的意义。相对于寻找某种'遥远的'神圣者，他们对通过确保此世符合上天的原型而使之彻底神圣化更感兴趣。在

---

① ［德］雅思贝尔斯（Karl Jaspers）：《大哲学家》（修订版），李雪涛主译，北京：社会科学文献出版社，2005年，第14页。
② 司马迁撰：《报任少卿书》。

宇宙和自然进程中揭示出的'天道',比起任何高高在上、被人们精确地予以阐释的神祇更为重要;他们在日常劳作中体验着神圣,在尘世中促使万事万物符合'天道'。"①

远古时期,人们对于"天"的认识是朦胧的、直观的,甲骨文中的"天"就是在人形上方加一个方框或圆圈,用以指代头顶上的空间,这就是原始意识中的意象之天。人们在认识和征服自然的漫长过程中,对于日月星辰山川河流等自然现象产生了许多遐想和幻觉,因此古人关于"天"的观念又体现在各种绚丽多彩、光怪陆离的神话传说中,虽然没有明确具象,却具有朦胧神性,这样的"天"可以称为神性之天。

商代以来,"天"的人格化特征越来越清晰,宗教色彩也越来越浓厚。在商代人们的原始意识中,"天"或"帝"是主宰人世间所有事务的神秘力量②,它不仅对人们的生活产生重要影响,而且也直接决定人间帝王的前途和命运,这样的"天"可以称为命运之天或主宰之天。从大量的殷商甲骨卜辞中可以了解到,商代求神问卜之风很盛,无论大事小事,都要听命于"天"或"帝",人们对"天"或"帝"无不顶礼膜拜,战战兢兢,"先王顾諟天之明命,以承上下神祇、社稷宗庙罔不祇肃"③。在《尚书·商书》诸篇诰命或训令中也可以发现,统治者所有言论都是借助"天"或"帝"的权威来进行说教的,人们把遵从"天"或"帝"的意志("明命")作为现实生活中的最高法则,顺之者则昌,逆之者则亡:

夏王有罪,矫诬上天,以布命于下。帝用不臧,式商受命,用爽厥师。④

---

① [英]凯伦·阿姆斯特朗:《轴心时代》,孙艳燕、白彦兵译,海口:海南出版社,2010年,第82页。
② 著者按:在《尚书》中,"天"与"帝"经常并用,在殷商甲骨卜辞中则多用"帝",如"帝令雨"(乙1894)、"今二月帝不令雨"(卜365)等。
③《尚书·太甲上》。
④《尚书·仲虺之诰》。

惟天无亲,克敬惟亲;民罔常怀,怀于有仁;鬼神无常享,享于克诚。①

乃(商纣王)罪多参在上,乃能责命于天。殷之即丧,指乃功,不无戮于尔邦。②

商代统治者认为,商王朝的权力来自"天"或"帝",因此他们以天子自居,高高在上,有恃无恐,商纣王就曾公开宣称:"我生不有命在天。"③由于有了"天"的庇佑,他们整日酗酒狂欢,荒淫无道,"弗敬上天","郊社不修,宗庙不享"④,天下黎民怨声载道,国家政权岌岌可危。面对动荡不安的政局和生活艰辛的百姓,许多王室成员和贤明之士开始对"天"的权威产生怀疑,对"天"的信仰也发生动摇,他们对当政者发出严正警告:

惟上帝不常,作善,降之百祥;作不善,降之百殃。⑤

天难谌,命靡常。常厥德,保厥位;厥德匪常,九有(九州)以亡。⑥

侯服于周,天命靡常。⑦

与此同时,新兴的周部族开始秘密谋划和实施"翦商"大计。周部族以小邦讨伐大邑,以荒僻属国替代天下共主,首先必须解决政权的合法性问题,因此他们大造舆论,从争夺意识形态领域内的话语权入手,争夺的焦点就是关于"天"和"帝"的解说权。一方面,他们继承了商人关于

---

① 《尚书·太甲下》。
② 《尚书·西伯戡黎》。
③ 《尚书·西伯戡黎》。
④ 《尚书·泰誓下》。
⑤ 《尚书·伊训》。
⑥ 《尚书·咸有一德》。
⑦ 《诗经·大雅·文王》。

"天"和"帝"的观念,反复宣扬周文王受命于天的观点:"有命自天,命此文王,于周于京。"① 另一方面,他们在周革殷命的过程中,又对"天"的观念进行了全面改造,加入了"敬天""明德""保民"等人道主义和人文理性的内容,力图占据道德批判的制高点,掌握夺取天下的主动权:

> 维此文王,小心翼翼。昭事上帝,聿怀多福。厥德不回,以受方国。②
> 惟乃丕显考文王,克明德慎罚,不敢侮鳏寡,庸庸,祗祗,威威,显民。③
> 先王既勤用明德,怀为夹,庶邦享作,兄弟方来,亦既用明德。④
> 我不可不监于有夏,亦不可不监于有殷。我不敢知曰,有夏服天命,惟有历年;我不敢知曰,不其延。惟不敬厥德,乃早坠厥命。我不敢知曰,有殷受天命,惟有历年;我不敢知曰,不其延。惟不敬厥德,乃早坠厥命。⑤

在总结夏、商二代灭亡的历史教训时,周人意识到"天"并不是麻木不仁、善恶不分的,如果帝王失德,"不敬厥德","弗敬天命,降灾下民"⑥,就会失去上天佑护,丧失统治地位。因此统治者若想"子子孙孙永保民",就必须像周文王那样"厥德不回","明德慎罚",只有这样才能得到上天的眷顾,授之以天下。那么君王如何才能做到"敬德"呢?周人又进一步提出了"保民"的观念:

---

① 《诗经·大雅·大明》。
② 《诗经·大雅·大明》。
③ 《尚书·康诰》。
④ 《尚书·梓材》。
⑤ 《尚书·召诰》。
⑥ 《尚书·泰誓上》。

> 天佑下民,作之君,作之师,惟其克相上帝,宠绥四方……天矜于民,民之所欲,天必从之。①
>
> 天视自我民视,天听自我民听。②
>
> 天亦哀于四方民,其眷命用懋,王其疾敬德。③

上天是通过民情民意来体现其意志的,统治者如果实行德政,善待民众,赢得民心,就会得到上天的庇佑;统治者如果实施暴政,残害民众,就会失去民心,同时也会引起"皇天震怒"④,受到上天的惩罚,甚至会失去统治天下的地位。

周文王等人经过严密论证,把"敬天""明德""保民"三者有机联系在一起,从而完成对"天"的改造,最终拿到夺取政权的王牌——"民"。所以周武王在向商纣王朝发起总攻的誓师大会上庄严宣告:"受有亿兆夷人,离心离德;予有乱臣十人,同心同德。"⑤在周人观念中,"天"已经具有主观意志,并以君德和民意作为降福禳灾、惩恶扬善的义理标准("天威"),因此这样的"天"可以称为义理之天。

春秋时期,社会巨变,观念更新,随着周王政治威望的日渐衰落和人们认知能力的不断提高,许多有识之士对于"天"的自然属性有了更加深入的理解和认识,也发表了许多具有朴素唯物主义思想倾向的精辟言论:

> 天六地五,数之常也。经之以天,纬之以地。经纬不爽,文之像也。⑥

---

① 《尚书·泰誓上》。
② 《尚书·泰誓中》。
③ 《尚书·召诰》。
④ 《尚书·泰誓上》。
⑤ 《尚书·泰誓中》。
⑥ 《国语·周语下》。

天六地五，数之常也。经之以天，纬之以地。经纬不爽，文之像也。①

大山，土之聚也；薮，物之归也；川，气之导也；泽，水之钟也。夫天地成而聚于高，归物于下。疏为川谷，以导其气；陂塘汙庳，以钟其美。②

天道皇皇，日月以为常，明者以为法，微者则是行。阳至而阴，阴至而阳，日困而还，月盈而匡。③

日往则月来，月往则日来，日月相推而明生焉。寒往则暑来，暑往则寒来，寒暑相推而岁月成焉。往者屈也，来者信也，屈信相感而利生焉。④

上述言论对"天"的自然属性做出精辟阐述，这些观点在当时逐渐形成一种思潮，流传甚广。所谓"天六"，是指天有阴阳风雨晦明六气，"地五"则是指地有金木水火土五行。天地运行、日月往来、四时更替、阴阳变化、万物生长等等，都是不受任何超然力量控制的自然现象。天地万物运行是有规律的，即所谓"天道皇皇"或"经纬不爽"，人们只有顺应和遵循自然规律，才能无往而不利，无为而有成。春秋末年，郑相子产又提出天人相分的观点："天道远，人道迩，非相及也。"⑤这些思想观点对于传统的命运之天和义理之天形成巨大冲击。此外，以老子为代表的道家学派在"天"之上又提出了一个"道"的观念："道可道，非常道；名可名，非常名。无名，天地之始；有名，万物之母。"⑥"有物混成，先天地生。寂兮廖兮，独立不改。周行而不殆，可以为天下母。"⑦

---

① 《国语·周语下》。
② 《国语·周语下》。
③ 《国语·越语下》。
④ 《周易·系辞下》。
⑤ 《左传·昭公十八年》。
⑥ 《老子》第一章。
⑦ 《老子》第二十五章。

老子认为，"道"是世界万事万物的本源，"道生一，一生二，二生三，三生万物"①。不过，老子所说的"道"只具有思辨意义，并不具有实证意义，因此一旦进入实证语境之中，他就不得不改变说法："天地不仁，以万物为刍狗；圣人不仁，以百姓为刍狗。"②由于老子提出的"道"过于抽象，不能帮助人们认知世界，因此在当时并不流行。

总体而言，先秦时期人们对于"天"的理解和认识经历了一个漫长而曲折的发展过程：由具有原始意识的意象之天和朦胧意识的神性之天到具有宗教意识的命运之天，进而发展到具有"敬德""保民"等自觉意识的义理之天，最后逐渐出现具有朴素唯物主义思想倾向的自然之天，人们的认识不断深化，科学的理性也已慢慢觉醒。当然，"天"的观念在发展和演变过程中并没有明确界限，各种观念混杂在一起，有时难以分辨。

孔子继承了殷周以来的传统天道观，因此《论语》中的"天"主要是没有明确意涵的命运之天和具有主观意志的义理之天，而关于自然之天的言论并不多。综合分析孔子关于"天"的各种言论，大致有以下几个重要观点：一、孔子相信"天"是真实存在的，至于存在的形式则比较模糊；二、"天"具有人格化特征，即"天"不仅有惩恶扬善的主观意志，也有喜怒哀乐的情绪变化；三、"天"是冥冥之中主宰人生命运乃至国家兴亡的神秘力量；四、天人之间是可以相互感知、实现互动的，但是在天人关系中，"人"处于相对被动的地位，人们只有"畏天命""知天命""唯天为大"，效法和顺应"天"，却不能违背或改变"天"，这是处理天人关系的最高法则。与此同时，人们在"畏天命""知天命"的前提下，也应充分发挥主观能动性，积极进取，有所作为。

---

① 《老子》第四十二章。
② 《老子》第五章。

《论语·公冶长》:"子贡曰:'夫子之文章,可得而闻也;夫子之言性与天道,不可得而闻也。'"①

本章中的"文章"和"天道"是一组对举概念,"文章"是指上古时期遗存的典章制度和历史文献,比如孔子盛赞帝尧"焕乎其有文章"②,这些都是人类古代文明的结晶;而"天道"则是指上古时期流行的天道观或天命观,其中包含一些原始宗教的神秘成分。

在子贡的印象中,孔子平时多言道德文章,少言"天"或"天道",甚至少到"不可得而闻"的地步。应该承认,子贡的这种印象基本是符合实际情况的,因为在《论语》中,孔子关于"天"或"天道"的言论要远远少于"仁""义""忠""孝"等道德观念。根据杨伯峻先生统计,《论语》中单言"天"共有 18 次(言"天道"仅此 1 次),而言"仁"则多达 109 次③。当然,"天"字出现次数的多与少或相关言论的"可得而闻"与"不可得而闻"并不能完全说明问题,关键是在孔子的思想体系中,"天"仅仅是一个尚未完全开化的观念,不仅意涵模糊不清,而且也没有被纳入仁学思想体系之中。

孔子平时少言"天"或"天道",主要有两方面原因:一是他在认知问题上注重实证经验,反对主观臆测。庄子曾评论他道:"六合之外,圣人存而不论。《春秋》经世先王之志,圣人议而不辩"④所谓"六合",是指上下前后左右六个方位。"六合之外"已经超出人类的认知范围,人们无法做出理性分析和科学判断,因此孔子采取"存而不论"的态度,"存"是继承殷周以来关于"天"或"天道"的认知和论述,"不论"是对传统的天道观不进行深入的研究和阐述,甚至刻意避而不谈。二是他在思辨方式上具

---

① 本章有关"性"的内容将在《性》中进行评析。
② 《论语·泰伯》。
③ 杨伯峻译注:《论语译注·论语词典》。
④ 《庄子·齐物论》。

有重人事、轻天道的思想倾向。孔子认为,造成"天下无道"混乱局面的根本原因在于"礼崩乐坏",西周初期创制的典章制度遭到人为破坏,因此他把发扬仁爱精神和恢复礼制秩序作为解决现实问题的主要途径和方法,就是通过人为努力来解决人事问题,而不是把改变世道的希望寄托在只可感知而不可认知的"天"或"天道"之上。

孔子对于"天"或"天道"所采取的"存而不论"态度,在一定程度上对"人事"和"天道"做出区隔,从而确定了儒家思想世俗化发展的方向,这也是儒学最终没有发展成为一种宗教思想的重要原因之一。

《论语·述而》:"子曰:'天生德于予,桓魋其如予何?'"①

桓魋是春秋末年宋国公族大夫,宋景公时期任司马之职,主掌军政事务,位高权重,为人强悍。《史记·孔子世家》中载:"孔子去曹适宋,与弟子习礼大树下。宋司马桓魋欲杀孔子,拔其树。孔子去。弟子曰:'可以速矣。'孔子曰:'天生德于予,桓魋其如予何!'"《史记·宋世家》亦载:"(宋)景公二十五年,孔子过宋,宋司马桓魋恶之,欲杀孔子,孔子微服去。"据此推算,此事应发生在鲁哀公三年(公元前492年)。

从弟子催促"可以速"到后来"孔子微服去",可以看出桓魋当时打算动真格的了,孔子等人稍有迟疑,就很有可能死于非命。值此危急关头,孔子却把"天"抬了出来。显然,这里的"天"是具有主观意志的义理之天(杨伯峻先生将此类"天"均释为命运之天,这种理解似乎过于消极,未能体现出"天"能够根据义理惩恶扬善的主观意志特征)。在孔子的潜意识中,天人之间是可以通过"德"来实现互动的,"德"是符合上天意志、得到上天认可的一种美德。既然上天已经把"德"赋予自己,自己也能够努力

---

① 本章有关"德"的内容将在《德》中进行评析。

修德，践行义理，那么上天就肯定会在冥冥之中庇佑有德之人，没有理由让自己惨遭横死，因为这既不符合逻辑，也不符合义理；既然上天没有舍弃自己，那么桓魋等人对自己也就无可奈何了！现实情况也是如此，桓魋等人虽然来势汹汹，但是最终结果却是有惊无险，这种巧合使得本章言论具有某种特殊意义和价值，故而被弟子录入《论语》。

　　本章真正值得认真思考的问题是，孔子这两句话果真能代表他的真实想法吗？换言之，孔子真的相信义理之天吗？冷静分析，也许未必，因为孔子平时很少主动与人谈论"天"或"天命"之类的问题，只有在绝望之时他才会下意识地呼天喊地，借此来宣泄自己紧张或绝望情绪，这种情况在《论语》中多次出现。由此推断，义理之天主要存在于孔子的潜意识之中，平时并不能影响或支配他的理性思考，只有在特定条件下，"天"才会电光火石般地迸发出来，转化为一种神奇的精神力量。

　　现代心理学分析认为，人在危急之中做出的第一反应往往是最接近本能的，也是最接近真实的。每当孔子身陷绝境之中都会不由自主地把"天"抬出来，这恰恰说明"天"在他的潜意识之中是根深蒂固的，他习惯于听天由命，也相信"天"一定能改变自己的命运，这是一种非理性的理性、非积极的积极的思维方式。

《论语·子罕》："子畏于匡，曰：'文王既没，文不在兹乎？天之将丧斯文也，后死者不得与于斯文也；天之未丧斯文也，匡人其如予何？'"

　　本章言论与《述而篇》的"天生德于予"形成呼应，反映了孔子对"天"的一种崇拜意识和敬畏心理，这种意识虽然是非理性的，但是却能产生巨大的精神力量。孔子在周游列国期间，屡遭危难，困厄窘迫，最终都是在"天"的激励下战胜困难、化险为夷的，因此这种对于"天"的朦胧意识同样值得关注。

"子畏于匡"是孔子人生经历中最凶险的一次遭遇,"畏"是拘禁、留置,"匡"是郑国邑名,位于郑、卫、宋三国交界之处。当时孔子等人由卫适陈,途经匡邑,匡人误把他当作几年前率军攻破匡邑的阳货,于是向他们发起猛烈攻击,他们被迫留置五日,不得脱身,情势十分危急,于是孔子又把"天"抬了出来,为自己和弟子们壮胆打气。《史记·孔子世家》基本还原了当时的历史场景,《庄子》《孔子家语》《韩诗外传》等书中也有详细记载。

"文王"是周文王,他是受命于天、恩泽天下的圣王,"有命自天,命此文王,于周于京"①,他不仅为建立周朝奠定了决胜基础,也为后人树立了"明德""保民"的光辉典范。周文王治国理政的政治智慧和实践经验集中体现在一个"文"字上,即所谓"斯文",相关内容将在《文(质)》中进行评析。

周朝初年,历代周王都能够秉承周文王的政治理念和治国方略,积极推行礼乐教化,严格遵从礼制规范,因而实现了"天下有道"的礼治盛世。然而到了春秋末年,"礼崩乐坏",世道式微,"斯文"也难以为继。在政治生态不断恶化的历史背景下,孔子仍然坚定地信奉和坚守复兴"斯文"的政治理想,因为他坚信周文王受命于天,"斯文"也来自上天的启示,而他本人则是周文王伟大事业的忠实信奉者和坚定践行者,承载着复兴"斯文"的光荣使命,因此心中充满自信,无所畏惧,他说:"文王既没,文不在兹乎?"意思就是,周文王死后,他的政治文化遗产("文")都由我来继承!

既然孔子自命为"斯文"的传承人,而"斯文"又是由周文王受命于天的,因此从某种意义上说,孔子承载着传承和弘扬"斯文"的特殊使命。通过这种逻辑关系,孔子把个人生死与"斯文""天"等联系在一起,因此

---

① 《诗经·大雅·大明》。

当他受到匡人围攻时能够充满自信地说:"天之将丧斯文也,后死者不得与于斯文也;天之未丧斯文也,匡人其如予何?"这里的"后死者"是孔子的自谓之词,是相对于前人("先死者")而言的。称自己为"后死者",称他人则为"后生者",如"后生可畏"等,这是当时通行的一种习惯表述。"与"是参与、与闻。这两句话的意思是,如果"天"想让"斯文"消亡,那么就会让它随同周文王一起消亡,不可能等到五百年后再让我这个后死者与闻、得知;如果"天"不想让"斯文"消亡,而我又是"斯文"的继承者和传播者,那么匡人终将对我无可奈何!这种口吻和心态同《述而篇》的"桓魋其如予何"几乎完全一样,说明这里的"天"也是义理之天,代表了正义的力量!

孔子关于"天"的言论大多是义理之天,而他本人则是承载上天神圣使命的使者。因此每到紧要关头,他都会自觉不自觉地用"天"来激励自己,从中获取巨大的精神力量。孔子对于"天"的崇敬态度和自信精神在无形中也感染了身边的人,当时许多人都会自觉不自觉地把他与"天"联系在一起:

> 太宰问于子贡曰:"夫子圣者与?何其多能也?"子贡曰:"固天纵之将圣,又多能也。"①
>
> 仪封人请见,曰:"君子之至于斯也,吾未尝不得见也。"从者见之。出曰:"二三子何患于丧乎?天下之无道也久矣,天将以夫子为木铎。"②
>
> 叔孙武叔毁仲尼。子贡曰:"无以为也!仲尼不可毁也。他人之贤者,丘陵也,犹可逾也;仲尼,日月也,无得而逾焉。人虽欲自绝,其何伤于日月乎?多见其不知量也。"③

---

① 《论语·子罕》。
② 《论语·八佾》。
③ 《论语·子张》。

陈子禽谓子贡曰:"子为恭也,仲尼岂贤于子乎?"子贡曰:"君子一言以为知,一言以为不知,言不可不慎也。夫子之不可及也,犹天之不可阶而升也。"①

无论太宰、仪封人、子贡之誉或叔孙武叔、陈子禽之毁,在人们心目中,孔子始终是一位令人敬仰的圣人,他承载着"天"的神圣使命,上天把他当作唤醒世人、拯救危世的"木铎",因此他的崇高如日月"无得而逾",如苍天"不可阶而升"。

《论语·八佾》:"王孙贾问曰:'与其媚于奥,宁媚于灶,何谓也?'子曰:'不然,获罪于天,无所祷也。'"

本章言论应在孔子居卫期间,王孙贾是卫国大夫,主掌卫国军旅事务,与孔子过从甚密。孔子在卫国久居不仕,于是王孙贾便对他提出中肯建议:"与其媚于奥,宁媚于灶。"这两句话是当时流行的俗语,"媚"是取媚、求媚的意思;"奥"是室中主事的主神(正神),虽然地位尊崇,但是未必管用,这里暗指卫灵公;"灶"是位于室隅的灶神,虽然地位不高,但是却能给人带来实惠,这里暗指卫灵公夫人南子和嬖臣弥子瑕等人。卫国当时的政治生态是国君昏庸信谗,女子小人当道,所以王孙贾暗示孔子,想要在卫国求仕为官,不能眼睛只盯着国君卫灵公,而要想办法在南子、弥子瑕等人身上下功夫,借助他们的权势,走曲线求仕的路线。孔子对此则不以为然,他说:"获罪于天,无所祷也。"这两句话也是当时流行的俗语,意思就是,仕途的穷与达都是上天安排的,与其求爷爷告奶奶,不如听天由命。由于对话内容过于敏感,所以两人都选择了这种比较隐

---

① 《论语·子张》。

晦的表达方式。

本章中的"天"也是具有主观意志的义理之天,它能够根据"德""文""圣""仁"等义理来降福禳灾,惩恶扬善。孔子坚信,自己积极宣扬恢复西周礼制秩序的政治主张是符合天道和义理的,因此上天一定会对他做出合理安排,让他能有机会弘扬"文武之道",复兴"斯文"大业。当然,如果上天对自己的所作所为不满意,求谁都没有用!

《论语·先进》:"颜渊死。子曰:'噫!天丧予!天丧予!'"

弟子颜渊夭亡,对孔子打击很大,因为这意味着儒学很有可能后继无人,他毕生心血也将付之东流,所以他悲恸不已,连声呼号:"天丧予!天丧予!"孔子认为,这是上天对自己的惩罚,"丧"同亡,意思就是,老天爷要我的命啊! 相同情况在《雍也篇》中也有记载:

> 子见南子,子路不说。夫子矢之曰:"予所否者,天厌之!天厌之!"

"厌"是厌弃之义。孔子在卫国求仕,不得不去拜见卫灵公夫人南子,然而此举却遭到弟子子路的误解,他心中郁闷,有口难辩,情急之中竟然发出"天厌之"的毒誓!

严格地说,"天丧予"和"天厌之"都是孔子在无可奈何之时的一种生理性条件反射,就像现在有许多人并不信奉上天或上帝,可是一到紧要关头就会夸张地喊出"我的天呐"或"My God"一样。这里的"天"是非理性的命运之天(主宰之天),人们不可认知,也无法改变,只能被动接受。这种"天"其实并没有什么实际内容,有时只是一种情绪或一个符号而已。

命运之天和义理之天的主要区别在于天人之间能否形成有效的感应和互动:前者无法实现感应和互动,因此人只能被动地接受"天"的安排;后者则能形成感应和互动,因此人可以通过人为努力来得到"天"的响应,进而得到"天"的庇佑。

《论语·宪问》:"子曰:'莫我知也夫!'子贡曰:'何为其莫知子也?'子曰:'不怨天,不尤人,下学而上达。知我者其天乎!'"

孔子一再声称:"不患人之不己知,患不知人也。"①"不患人之不己知,患其不能也。"②其实,这些都是自欺欺人的漂亮话。孔子周游列国历时十四年,游说大小诸侯七十有余,然而却没有人对他所鼓吹的"吾其为东周"的政治主张感兴趣,各国当政者要么阳奉阴违,虚与委蛇,要么冷嘲热讽,置之不理,甚至还有人施以武力威胁。一时一地不被人理解,也许可以不必在意,但是无论何时何地都不被人理解,"人知"和"知人"之间长期处于一种失衡状态,即便是孔子,也很难做到"人不知,而不愠"③,因此精神上的孤寂和情绪上的落寞便会油然而生,溢于言表。本章中的"莫我知也夫"就是这种孤独心境的真实写照。

子贡不知孔子言论之意,于是就向孔子请教,孔子借题发挥,进一步阐述了"下学而上达"的观点。皇侃《论语义疏》(以下均简称《皇疏》)疏曰:"下学,学人事。上达,达天命。我既学人事,人事有否有泰,故我不尤人。上达天命,天命有穷有通,故我不怨天也。"朱熹《论语集注》(以下均简称《集注》)亦注曰:"不得于天而不怨天,不合于人而不尤人,但知下学而自然上达。此但自言其反己自修,循序渐进耳,无以甚异于人而致

---

① 《论语·学而》。
② 《论语·宪问》。
③ 《论语·学而》。

其知也。"其他《论语》注本大多也采用此说。按照这样的理解，孔子主要从三个层次对"莫我知也夫"做出解说：

第一个层次是"下学"。由于各人学习礼乐教化的圣王之道有浅有深，有多有少，能够像孔子这样深刻理解古代礼乐制度精髓和功效的人实在太少，志同道合者就更是少之又少，所以无人理解，终无所试。不过孔子对此并不在意，也不抱怨，因为曲高必定和寡，故曰"不尤人"。

第二个层次是"上达"。孔子说："君子上达，小人下达。"①《皇疏》："上达者，达于仁义也；下达，谓达于财利。"意思就是，君子致力于道德修养，而小人只关注于物质利益。在孔子人性论中，仁义道德是上天赋予人类的本性，如果自己能长期保有并不断放大这种本性，就能上达于天，与上天形成感应和互动；但是如果自己道德修为不够，仁义的力量不能完全释放出来，上天无法感知，也无法与自己形成互动，那么就应该继续努力，做到"不怨天"。

第三个层次是"知我者其天乎"。这是人生修养的最高境界，要想达到如此境界，自己必须先做到"知天命"。孔子说自己"五十而知天命"②，但是他从来没有对"天命"的具体内涵做出解释。根据孔子五十岁前后的人生经历分析，他在政治上经历了大起大落，从红极一时的朝廷重臣到栖栖遑遑的丧家之狗。人生的起伏变化促使他对"天""天命"等形而上问题开始进行深入思考，并对《周易》这部古代典籍产生浓厚兴趣，他说："加我数年，五十以学《易》，可以无大过矣。"③《周易》原本是一本卜筮之书，其中包含了天地阴阳变化和人生穷达逆顺的无穷哲理。通过研读《周易》，孔子对"天"又有了更加深刻的理解和认识："天"并不是麻木不仁的，而是循义理而动的，这就是"天道"。"天道"在人类社会中的具体体现就是"文武之道"或"斯文"等古代礼乐教化制度，得之者兴，失之者

---

① 《论语·宪问》。
② 《论语·为政》。
③ 《论语·述而》。

亡。孔子认为自己是"文武之道"的忠实继承者和积极践行者,已经具备了天人感应和互动的前提条件,因此"天"一定能够知己、佑己,帮助自己克服所有困难,化解所有危机,并最终实现复兴西周盛世的政治理想。

从"莫我知也夫"到"下学而上达",再到"知我者其天乎",整个过程是孔子对于"天"以及天人关系等问题进行理性思考的认知成果,了解这个思辨过程,对于研究孔子天命观具有极其重要的意义。但是孔子在阐述其思想观点时是有所保留的,他刻意回避了许多思辨内容,因而使得他有关"天"或"天命"的思想观点始终游离于仁学思想体系之外,也让各种解说总是隔靴搔痒,不得要领。

《论语·阳货》:"子曰:'予欲无言。'子贡曰:'子如不言,则小子何述焉?'子曰:'天何言哉?四时行焉,百物生焉,天何言哉?'"

孔子思维缜密,出言谨慎,平时基本不与弟子讨论有关"天"或"天道"问题,唯有子贡是一个例外。在孔门弟子中,若论学习刻苦勤奋,首推颜渊;若论才情悟性,则当属子贡,所以《论语》中记载孔子与弟子直接讨论"天"或"天道"问题的言论共有三次,都与子贡有关:一次是本章;一次是《公冶长篇》中的"夫子之言性与天道,不可得而闻也";还有一次是《宪问篇》中的"知我者其天乎"。这种情况绝不是巧合,而是另有深意。孔子认为,天道玄冥深奥,变化莫测,如果不具备非凡的才情秉性或道德修养不能达到一定境界,就无法认知天道义理。此外,孔子设帐授徒,主要培养经世实用人才,他不希望弟子们把有限的时间和精力用在探究那些玄而又玄的高深命题上。然而孔子对子贡的态度则有所不同,他有时会和子贡谈论一些包括"天"或"天道"在内的敏感话题,因为子贡不仅悟性高、脑子活,而且为人机智、豁达,不是那种爱钻牛角尖的人。

在本章中,孔子不知为何突然放言:"予欲无言。"《皇疏》:"孔子忿世不用其言,其言为益之少,故欲无所复言也。"何晏《论语集解》(以下均简称《集解》)亦曰:"言之为益少,故欲无言也。"据此可以推断,孔子肯定遇到说话没人听的情况,所以他才闷闷不乐,不想说话。如果把本章言论还原到历史现实中来分析,孔子晚年应召归鲁,虽然被奉为"国老",但是说话并不管用:鲁国政卿季康子打算推行"用田赋"改革,委派冉有来征询他的意见,他不愿意表态,冉有连问三遍,他最后不得不提出反对意见,然而季康子"弗听"①;季康子要兴兵讨伐颛臾,他又表示反对,季康子仍然不予理睬②;陈成子弑杀齐简公,他建议发兵讨伐乱臣,"三桓"又不置可否,弄得他下不了台③。几次三番,孔子觉得多说无益,不如不说,于是就赌咒发誓道:"予欲无言。"

子贡很会察言观色,他立即说道:"子如不言,则小子何述焉?""小子"是弟子自称,"述"是记述、叙述。子贡担心,如果孔子从此不想说话,那么弟子就无以为学,儒学也难以为继,由此而引出孔子关于"天"的精彩论述——"天何言哉?四时行焉,百物生焉。"孔子把"天"视作四时运行、百物生长的无形主宰或客观规律,具有自然而然、无为而为的自然属性,因此无需言、无需为,一切都会顺天而成,毫无痕迹。显然,这里的"天"是具有物质属性的自然之天。在《论语》中,孔子关于"天"的言论大多是传统意义上的义理之天和命运之天,只有本章是自然之天,而且表述得非常明确具体,说明平时他对此类问题有所思考,并且已经形成比较成熟的认知和判断。由于当时受到条件限制,无法进行实证研究,所以他口风一直比较紧,不愿意主动谈论。

《礼记·哀公问》中也载有孔子对于"天道"的解释:

公曰:"敢问君子何贵乎天道也?"孔子对曰:"贵其不已。如日

---

① 《左传·哀公十一年》。
② 《论语·季氏》。
③ 《论语·宪问》。

月东西相从而不已也,是天道也。不闭其久,是天道也。无为而物成,是天道也。已成而明,是天道也。"

在孔子看来,日月星辰运行不息,万物生长无为而成,这就是"天道",即大自然运动发展的规律。这种认识具有朴素唯物主义的思想倾向,是极具研究价值的。

在《论语》中,与自然之天相关的言论还有:

> 为政以德,譬如北辰居其所而众星共之。①
> 迅雷风烈必变。②
> 君子之过也,如日月之食焉。③
> 仲尼,日月也,无得而逾焉。④

古代人不像现代人一样生活在钢筋水泥的丛林之中,他们抬头可见日月星辰,低头可见万物生长,比现代人更接近天地自然,对"天"也有更直观的认识和更简朴的表述,所以在阐述道理时经常用各种自然现象来做比喻。

关于自然之天,最后需要说明一点,孔子在构建儒家思想体系的过程中,把主要精力放在思考义理之天方面,阐发深奥义理,探究天人关系,对于自然之天则采取"多闻阙疑""存而不论"的谨慎态度,平时很少主动论及。这种思想倾向从一开始就发生方向性的偏差,致使儒家学说思想存在缺乏科学精神的天然缺陷,所以后来在与其他学派进行思想交锋时屡遭质疑,落于下风。

---

① 《论语·为政》。
② 《论语·乡党》。
③ 《论语·子张》。
④ 《论语·子张》。

《论语·泰伯》:"子曰:'大哉尧之为君也!巍巍乎!唯天为大,唯尧则之。荡荡乎,民无能名焉。巍巍乎其有成功也,焕乎其有文章!'"

本章是孔子赞颂上古帝王唐尧的言论。

尧舜禹三代圣王的为政风格和历史功绩各有不同:帝尧的主要功绩在于"焕乎其有文章","焕乎"为光明貌,"文章"主要指古代典章制度,旧注多将此解释为帝尧所创立的禅让制度,《皇疏》:"为禅让之始,故孔子叹其为君之法大也。"结合上下文来理解,把"文章"解释为帝尧时期编制和实行的天文历法制度似乎更为确切。《尚书·尧典》和《史记·五帝本纪》等书中都详细记载了帝尧率领部族民众观察天象、编制历法、造福于民的整个过程,孔子则把这一过程概括为"唯天为大,唯尧则之"。这里的"天"是日月星辰运行不息的自然之天,含有自然规律的意思;"则"是动词,尊崇、效法之义,"唯"是用以强调的语气助词。前一句主要强调"天"是自然界最伟大的,没有什么能比"天"更崇高、更伟大,所以自然万物和人类社会统称为"天下"。"天"是客观存在的永恒,并且与人类生产生活息息相关,"天"的伟大之处在于披盖天下,化育万物。后一句是赞颂帝尧的伟大,帝尧之所以能够成为一代圣王,为万世所景仰,就是因为他无比英明,能够尊崇"天"、效法"天",遵循和运用自然规律来造福民众,这是一种无比高尚的品德,天下百姓无以称颂,孔子也只能用"巍巍乎""荡荡乎"之类的夸张词汇来表达自己的崇敬之情。

需要说明的是,孔子在本章中提出的"唯天为大,唯尧则之"的观点,原本强调的是"天"的自然属性,后儒却将其曲解为义理属性或道德属性,《皇疏》:"唯天德巍巍,既高既大,而唯尧能法而行之也。所以有则天之德者,夫天道无私,唯德是与,而尧有天位禅舜,亦唯德是与,功遂身退,则法天而行化也。"《集注》:"物之高大,莫有过于天者,而独尧之德能与之准。故其德之广远,亦如天之不可以言语形容也。"这些解读都是从道德或义理方面进行诠释的,这样不仅扭曲了孔子的本意,而且也贬低了本章言论的价值。

《论语·子罕》:"子曰:'譬如为山,未成一篑,止,吾止也。譬如平地,虽覆一篑,进,吾往也。'"

在中国古代思想中,"地"是一个与"天"密切相关的概念,因此在各类古代典籍中,"天"与"地"经常连用并举,如"天地成而聚于高"①、"天尊地卑,乾坤定矣"②、"德至矣哉!大矣,如天之无不帱也,如地之无不载也"③。从上述言论中可以看出,"地"除了具有承载万物的道德意义之外,有时还具有某种特殊的政治意义,比如晋文公流亡期间,在荒郊野外遇见一位野鄙之人,晋文公上前向他索要食物时,野鄙之人却从地上拿起一块土疙瘩递给他。晋文公当时大怒,欲挥鞭挞之,随行的子犯立即劝阻道:"天赐也。"意思就是,土疙瘩象征着上天赐予的土地,是国家的象征,必须表示敬畏。晋文公闻言,立即翻身下马,稽首拜受,可见土地在当时人们心目中是具有特殊含义的,分量很重④。

在《论语》中,孔子关于"地"的言论仅有三见,除本章外,还有《宪问篇》中的"其次辟地"和《子张篇》中的"未坠于地",这些"地"都是形而下的实体概念,与自然之天相对应,同样具有自然属性。

本章言论是用堆积土山来比喻修德积善或为学求道。"篑"是堆山时用来盛土的竹制土筐;"地"是自然形态的土地;"为山"和"平地"分别代表了堆山过程中的两种状态,前者是即将完成,后者则是刚刚开始;"进"是积极进取,"止"是半途而废,二者分别代表了修德积善

---

① 《国语·周语下》。
② 《周易·系辞上》。
③ 《左传·襄公二十九年》。
④ 《左传·僖公二十三年》。

或为学求道过程中的两种精神状态,孔子曾评价弟子颜渊道:"惜乎!吾见其进也,未见其止也。"①颜渊的"进"与"止"与本章意思基本相同。

旧注通常认为本章是孔子对《尚书·旅獒》中的两句话做出具体阐述:"不矜细行,终累大德,为山九仞,功亏一篑。"孔子认为,修德积善或为学求道就像堆积土山一样,首先要树立信心,坚定信念,哪怕是一片平地,也毫不畏惧,从一土一筐累积开始;其次要坚持不懈,奋斗不止,哪怕已经积土成山,也不能有任何满足和懈怠,否则就会功亏一篑,前功尽弃。

无论"为山"或"平地"②,孔子所强调的都是自觉自愿的主体意识和进取精神,这与"为仁由己"的思想观点是一致的。

---

① 《论语·子罕》。
② 著者按:本章中的"为山"和"平地"相对,"为"和"平"都应是动词,即"堆积"和"平整"之义。但是如果照此理解,则与全文意思不合,故注家多把"平地"解释为"平整的土地",虽然这种解读未必确切,但是目前没有更合理的解释,故暂从。

02. 命（天命）（共6章）

　　现代人已经不太关注命运问题，即使事业不顺利或生活不遂心，他们也会认为是自己不够努力，而非命运所致。现代心理学认为，性格决定命运，即人们的思维方式和行为习惯会潜移默化地影响人生的发展方向和跌宕起伏，所以把握命运的关键在于自己。不过这种片面强调主观因素的观点并不可取，因为个人主观努力常常会因客观环境制约而前功尽弃。严格地说，命运是由个人主观能动与客观环境制约共同对人生产生影响的一种综合力量，主观因素和客观因素相互制约，相互作用，缺一不可。相对而言，客观环境因素似乎比个人主观能动更为重要，往往能对人生起到决定性作用。人固然可以改变自己所处的环境，但是在大多数情况下，环境更能改变（改造）人。所以真正的智者一定是善于因时而动、顺势而为的，即孟子评价孔子时所说的"可以仕则仕，可以止则止，可以久则久，可以速则速"①。

　　在中国古代思想中，"命"或"天命"是一个非常重要的哲学命题，与"天""道""性"等观念密切相关。人类关于"命"的观念由来已久，人有生死，"生死有命"②，这是无法抗拒的自然规律。不过最初人们对于"命"的理解仅仅局限于生命的意义，所以多用生或死（亡）来表述。除了生死之外，人生还有贫富贵贱、祸福休咎、穷达夭寿等等，决定这一切的往往不

---

①《孟子·公孙丑章句上》。
②《论语·颜渊》。

是个人的主观意志或人为努力,而是冥冥之中的一种神秘力量,人们既无法摆脱,也无法抗拒,这就是"天",而"命"则是"天"的意志在人生中的具体体现,所以人们常用"天命"来表述。

在甲骨文和金文中,"命"的本义是命令、号令,《说文解字》:"命,使也。从口从令。"由此可见,"命"或"天命"就是上天的意志和命令,人们必须无条件遵从。当"命"的观念与"天"的观念联系在一起时,内涵就发生了根本变化,由生老病死的生命现象变成不可抗拒的命运主宰。

前轴心时代,由于受到客观环境的种种制约,人们的认知能力还很低下,当人们遇到人生困惑时,只能放弃人为努力,盲从"命"或"天命",这种唯心主义的宿命论观点是当时社会的主流意识,影响非常广泛,《诗经》《尚书》《左传》《国语》等古代典籍中记载了许多先民敬天畏命的无奈情绪:

  肆台小子将天命明威,不敢赦。①
  天难谌,命靡常。②
  有夏桀弗克若天,流毒下国。天乃佑命成汤,降黜夏命。③
  有命自天,命此文王,于周于京。④

人们不仅把"命"或"天命"视作主宰个人前途命运的神秘力量,而且还赋予其决定国家兴亡和政权更迭的至高权威。与此同时,历代统治者也利用"命"或"天命"的观念在意识形态领域内加强思想控制,让人们听天由命,放弃抗争。

从西周末年开始到春秋时期,随着周王室衰微,社会动荡加剧,建立在宗法制基础之上的国家政治体制发生动摇,各种传统观念也受到质疑

---

① 《尚书·汤诰》。
② 《尚书·咸有一德》。
③ 《尚书·泰誓中》。
④ 《诗经·大雅·大明》。

和冲击,所有迹象表明,轴心时代已经来临,"延绵不断抚育着人类文明的伟大传统开始形成"①。这一时期,不仅"天"的权威受到挑战,"命"或"天命"的观念也在发生变化:

>　　天祚明德,有所底止。成王定鼎于郏鄏,卜世三十,卜年七百,天所命也。周德虽衰,天命未改。②
>　　善之代不善,天命也。③
>　　民受天地之中以生,所谓命也。是以有动作礼义威仪之则,以定命也。能者养之以福,不能者败以取祸。④

此时"命"或"天命"已经包含了"德""善"以及"动作礼义威仪之则"等人事的内容,人们面对命运不再是束手无策、被动接受了,而是可以通过主观努力来改变命运,即所谓"定命"。当然,这些观点并没有否定"天命"的决定性作用,只是在应对态度上由完全消极变为相对积极,这样的进步是很有意义的!

孔子生活在春秋末年,他一生主要致力于创建儒家内仁外礼的思想体系,对于"命"或"天命"等形而上的哲学命题则以继承殷周以来的传统观念为主,未做深入系统的研究和阐述。到了五十岁前后,孔子为了开设新的儒学科目,开始集中精力整理和诠释《周易》《春秋》等内容更加丰富深奥的古代典籍,并对天道义理和人生命运等问题进行深入思考,试图探究天地阴阳变化与人生祸福休咎之间的内在联系,所以他说自己"五十而知天命"⑤。然而形而上的哲学思考是需要形而下的科学研究来提供实证依据的,因此在当时有限的物质条件下,孔子关于"命"或"天命"的思考很难取

---

① [英]凯伦·阿姆斯特朗:《轴心时代》,孙艳燕、白彦兵译,海口:海南出版社,2010年,第2页。
② 《左传·宣公三年》。
③ 《左传·襄公二十八年》。
④ 《左传·成公十三年》。
⑤ 《论语·为政》。

得实质性的进展,相关思考成果主要保存在《周易大传》诸篇中。

在教学过程中,孔子很少主动与弟子谈论命运问题,所以《论语》中关于"命"或"天命"的言论并不多见①,其中有些言论用作命令、诰命、政令之义,如"为命,裨谌草创之"②、"舜亦以命禹"③、"阙党童子将命"④等,有些言论则用作生命、寿命、性命之义,如"不幸短命死矣"⑤、"见危授命"⑥等,真正用作命运之义大多是一些非理性的感叹,如"亡之,命矣夫"⑦等,只有为数不多的几则言论与人生前途命运以及生死祸福的认知有关。

总体而言,孔子关于"命"或"天命"的观念有消极和积极两个方面。消极方面:"命"与"天"密切相关,属于人事范畴以外的事情,具有不可预知的偶然性(不确定性)和不可抗拒的强制性(必然性),因此人们面对命运只能听天由命,消极顺应;积极方面:"命"与"仁"等道德观念相关,具有公正性和合理性,在一定程度上体现了天下人的共同意愿,属于人事范畴以内的事情,如果天下人都能够在知天安命的前提下修身养性,不断提高个人道德修养和人生境界,命运在一定条件下是可以实现改变("革命")的,因此人们应该积极进取,有所作为。

《论语·为政》:"子曰:'吾十有五而志于学,三十而立,四十而不惑,五十而知天命,六十而耳顺,七十而从心所欲,不踰矩。'"

本章言论是孔子晚年对自己人生经历的回顾和总结,因此有人称本章为孔子的"一生学历"或"一生年谱"。孔子从少年到老年,在每一个人

---

① 根据杨伯峻《论语词典》统计,"命"字在《论语》中共出现21次。
② 《论语·宪问》。
③ 《论语·尧曰》。
④ 《论语·宪问》。
⑤ 《论语·雍也》。
⑥ 《论语·宪问》。
⑦ 《论语·雍也》。

生阶段都经历了一次重大的转折和蜕变,学识越来越渊博,思想越来越深沉,道德修养也日臻完善,由凡入圣。

在孔子人生经历中,"五十而知天命"是最重要的一次思想顿悟和道德升华,他把"知天命"作为人生修养由量变到质变的重要转折。《皇疏》:"人年未五十,则犹有横企无厓,及至五十始衰,则自审己分之可否也。"明代思想家顾宪成在评述本章言论时也说:"试看入手一个学,得手一个知,中间特点出天命二字,直是血脉准绳一齐俱到。曰志曰立曰不惑,修境也。曰知天命,悟境也。曰耳顺曰从心,证境也。"[①]

所谓"天命",就是世间万事万物发展变化的客观规律,它高深莫测,变化无常,常人如果没有丰富的人生经历,是难以穷究其理的。孔子在五十岁之前,以修学立德为主,在政治上并没有什么建树;五十岁前后,他在政治上经历了大起大落,促使他开始对"天命"等形而上问题进行理性思考,并有所感悟。孔子朦胧地意识到,人事与天命之间存在着某种联系,在两者关系之中,人为努力并不是决定人生成败的关键因素,"命"或"天命"才是真正主宰人生的神秘力量,因此人们只有敬畏天命,顺应天命,尽人事而待天命,这样才能事半功倍,顺天而成,这就是所谓的"知天命"。一个人如果能够达到"知天命"的境界,在认知方面就可谓知者,在道德修养方面就可谓君子。至于"命"或"天命"的具体内涵,孔子并没有做出明确阐述,因为他对于那些无法举证的事情向来出言谨慎,讳莫如深。

"知天命"是孔子关于"命"或"天命"观念的认知基础,也是人生修养的重要阶段。凡庸之人只能下达人事,只有像孔子这样的圣人才能上达天命,因循天理。

---

① 程树德撰:《论语集释》上册,北京:中华书局,2013年,第91页。

《论语·子罕》:"子罕言利与命与仁。"

　　本章中的"利""命""仁"都是春秋时期的流行观念,但是三者之间并没有什么关联,不知孔门弟子在整理孔子言论时为何要将三者归并在一起?是简单罗列还是另有深意?至今仍然没有一个令人满意的答案。有人曾经试图用某种观念(比如价值观念)或逻辑关系将三者联系起来,但是实际效果并不令人满意,各种解说也比较牵强①。

　　如何理解本章言论?首先应该弄清楚孔子对"利""命""仁"三者的基本态度。综合分析孔子相关言论,他对于"利"持以相对负面的态度,认为"君子喻于义,小人喻于利"②,要求人们"见利思义"③,对于"命"和"仁"则表示认同和期许。由于孔子对"利""命""仁"三者各有取舍,厚薄不一,因此学界历来对本章标点持有不同意见,主要分歧在如何解读文中的两个"与"字,一说作连词,用如"和",本文采用此说;一说作动词,期许、认同之义,即"子罕言利,与命,与仁"。这两种标点在语义上都能成立,也没有本质区别,因此无需做出排他性的选择。其实本章最重要的是"罕言"二字,因为这两个字才能真正说明孔子的态度。

　　"罕"是稀少;"言"是主动阐述。《论语·乡党篇》:"食不语,寝不言。"《说文解字·言部》:"直言曰言,论难曰语。"《周礼·春官宗伯下》:"以乐语教国子:兴、道、讽、诵、言、语。"郑玄注曰:"发端曰言,答述曰语。"可见先秦时期"言"和"语"是有区别的,"言"是"直言",为一人主动阐述之义,"语"是"论难",为多人相互讨论之义。

　　孔子罕言"利"比较好理解,因为在眼前利益与远大理想之间,他的价值取向是明确一贯的:"见小利,则大事不成。"④想成就大事,就必须

---

① 李竞恒:《论语新劄:自由孔学的历史世界》,福州:福建教育出版社,2014年,第167页。
② 《论语·里仁》。
③ 《论语·宪问》。
④ 《论语·子路》。

"无见小利"。

孔子罕言"仁",前人对此多有疑虑,因为"仁"是儒家思想的核心,在当时也属于热词,《论语》中多有论及。不过仔细研读就不难发现,孔子谈论"仁"大多是被动应答,而非主动言及,两者在态度上是不同的,因此孔子罕言"仁"也合乎情理(关于孔子罕言"仁"的内容将在《仁(仁者)》中进行评析)。

孔子罕言"命",是因为命运问题玄妙高深,无法认知,多说无益。孔子治学严谨,思维缜密,平时很少主动谈论命运之类的高深玄奥问题,所以他在《论语》中总是"打太极",对于人们提出的各种抽象问题,要么避而不答,要么含糊其词。面对各种问题,孔子有时宁愿在形式上大费周章,却不愿在内容上做出明确阐述,故而给弟子们留下了"罕言"的印象。需要特别说明一点,孔子尽管很少主动论及"命",但并不意味他不关注和思考命运问题,思考也不是没有结论,只是因为命运问题过于深奥复杂,难以解释清楚而已。

《论语·雍也》:"伯牛有疾,子问之,自牖执其手,曰:'亡之,命矣夫!斯人也而有斯疾也!斯人也而有斯疾也!'"

伯牛,冉耕,字子牛。在孔门弟子中,冉伯牛离世较早,大概在孔子周游列国之前。《论语》中关于他的记载仅此一章,《史记》《礼记》《孔子家语》等书中也没有太多信息,因此其德行和事迹均阙如无考。在孔门"四科十哲"名单中,他和颜渊等人并列于"德行"优等,这就难免让人产生生荣死哀的误解。

伯牛年纪轻轻,身患恶疾,生命垂危,孔子前去探望。"牖"是窗户,孔子隔着窗户握住他的手仔细观察病情。孔子为什么不进屋探视呢?历来有多种解释:一种说法是与伯牛的"疾"有关,司马迁说:"伯牛有恶疾。"①据汉儒分析,"恶疾"是"癞",也就是麻风病,这种病不仅无法医治,而且还会传染,所以孔子不得不采取预防措施。另一种说法是因为伯牛久病体衰形毁,不欲见人。《皇疏》引苞氏言曰:"牛有恶疾,不欲见人,故孔子从牖执其手也。"还有一种说法是孔子不忍视其临终前的惨状,故而隔窗把脉诊视他的病情。

孔子探视之后心情格外沉重,伤感之余,不禁哀叹命运不公:"亡之,命矣夫!"这是一个倒装句,意思就是,伯牛的病已经无可救药了,这一切都是命中注定的,尽管情感难以接受,但是也只能接受命运的安排了!这里的"命"并不具有明确意涵或实际意义,仅仅表达了孔子对于天命难违的一种无奈情绪,这种情绪是非理性的,深藏在孔子的潜意识之中,每当悲观绝望之时就会不由自主地表现出来。"斯人也而有斯疾也",两个"斯"都是指示代词,用于区别其他的人和事,"斯人"特别指代冉伯牛这样德行优秀的人,"斯疾"特别指代他所罹患的恶疾。同一句话重复两遍,表明孔子悲痛之极。好人得恶疾,确实让人格外心痛,也让人觉得命运格外不公!

在孔门弟子中,先于孔子而死的有三个人(有明确记载):一个是本章患恶疾的冉伯牛,一个是"不幸短命"的颜渊,还有一个是在卫国蒯聩之乱中因寡不敌众而被乱刀砍死的子路。仔细分析孔子对三位弟子之死的态度,可以加深对他天命观念的理解。

颜渊死于长期缺乏营养和修学劳累过度,孔子对他夭亡也非常悲恸。《论语·先进篇》:

>　　颜渊死。子曰:"噫!天丧予!天丧予!"
>　　颜渊死,子哭之恸。从者曰:"子恸矣!"曰:"有恸乎?非夫人之为恸而谁为?"

---

① 《史记·仲尼弟子列传》。

颜渊和伯牛一样,也是品学兼优、前途无量的优秀人才,然而命运不公,早早夺去了他的生命。人虽不应英年早逝,但是天命却无私无情,所以孔子只能仰天长叹:"亡之,命矣夫!""天丧予!天丧予!"他把所有不幸都归于天命。

子路之死则是另外一种情况,他与蒯聩手下的人决斗,最终结缨而死,孔子虽然也很伤心,但是态度有所不同:

> 孔子哭子路于中庭,有人吊者,而夫子拜之。既哭,进使者而问故。使者曰:"醢之矣。"遂命覆醢。①
>
> 孔子闻卫乱,曰:"嗟乎,由死矣!"已而果死。故孔子曰:"自吾得由,恶言不闻于耳。"②

显然,孔子对子路之死是有心理准备的,因为根据子路性格推断,他是在劫难逃,必然死于非命。根据《左传》记载,卫国发生内乱时,孔门另一个弟子子羔也在动乱现场,他急忙往城外出逃,途中恰好遇到子路,于是就劝说子路和他一起离开这个是非之地,子路却义无反顾地冲入城中,他高声道:"利其禄,必救其患。"最终在搏斗中被乱刀砍死③。从当时现场情形来看,子路之死是可以避免的,他完全可以和子羔一起逃之夭夭,保全性命,但是他的性格已经决定了悲剧的结局。因为子路之死是人祸,而不是天命,所以孔子闻讯后虽然悲恸不已,在大庭广众之下有失礼仪,失声痛哭,又反复念叨子路生前的种种好处,但是他并没有将不幸归于天命。

相比较而言,伯牛、颜渊和子路三人死亡的性质是不一样的,所以孔子所表现出来的态度也是不一样的:伯牛和颜渊属于人不该死而命该其

---

① 《礼记·檀弓上》。
② 《史记·仲尼弟子列传》。
③ 《左传·哀公十五年》。

绝,所以孔子哭天喊地,悲痛欲绝,主要表达的是一种非理性的情绪;子路则属于命不该亡而自寻死路,所以孔子在伤心之余,还相对理性地表达出一种"本不该如此"的惋惜之意。

非理性情绪有时包含部分理性认知,因此并非没有理性分析的价值。在孔子的潜意识中,"命"或"天命"是冥冥之中主宰人生的神秘力量,人生的贫富贵贱、祸福休咎、穷达夭寿等等,无不是命运的安排,人为努力难以改变。命运神秘莫测,变化无常,左右人生,人们难以认知,所以荀子说:"节遇谓之命。"①所谓"节遇",就是一种不期而遇的偶然。孟子也说:"莫之为而为者,天也;莫之致而至者,命也。"②意思就是,天命无常,不受人们主观意志所支配。由于"命"或"天命"具有"节遇"或"莫之致而至"的不可预知的偶然性,所以孔子要求人们面对生老病死、祸福休咎等问题时努力做到坦然面对,知其不可奈何而安之若命。这种态度看似消极,其实未必消极,因为正确的消极有时就是一种积极。

《论语·颜渊》:"司马牛忧曰:'人皆有兄弟,我独亡。'子夏曰:'商闻之矣:死生有命,富贵在天。君子敬而无失,与人恭而有礼。四海之内,皆兄弟也——君子何患乎无兄弟也?'"

司马牛是孔门弟子,司马是复姓,名耕,字子牛。《左传·哀公十四年》中也有一个司马牛,名犁,他是宋司马桓魋的弟弟。司马迁在《史记·仲尼弟子列传》中并没有收录本章言论,也没有点明《论语》中的司马牛与宋司马桓魋是兄弟关系,孔安国则认为他就是宋司马桓魋的弟弟,并因此为姓氏:"牛是桓魋之弟,以魋为宋司马,故牛遂以司马为氏

---

① 《荀子·正命》。
② 《孟子·万章章句上》。

也。"①此后郑玄等人均采用此说。关于两个司马牛是否是同一个人问题,目前暂无定论。如果单从本章言论内容来看,《论语》和《左传》中的司马牛同为一人是合乎情理的,故此从孔安国之说。

根据《左传》等史书记载,司马牛出身宋国公族桓氏,桓氏共有兄弟五人,长兄向巢任宋国左师,统领三军;二兄桓魋任宋司马之职,掌管军政和军赋事务,孔子周游列国期间曾与他结过梁子②;司马牛排行老三,后期投在孔子门下③;排行老四、老五是子欣、子车,他们都在桓魋手下做事。桓氏一族当时在宋国权势很大,连宋景公也不得不避让三分。鲁哀公十四年(公元前481年),桓魋发动叛乱,但是很快就被宋景公剿灭,桓氏兄弟从此四处奔散,各自避难。司马牛虽然没有参与桓魋叛乱,但是在宋国也难以安身,于是就散尽钱财,投到孔子门下。

在《论语》中,有关司马牛的言论仅有三章,分别是"司马牛问仁""司马牛问君子"和本章,三章均出自《颜渊篇》,而且被集中编排在一起,形成一种规模效应。这种把某人言论集中在一起的编排方式在一定程度上体现了当事人的主观意图,说明司马牛在《论语》编纂过程中充当了一个比较重要的角色,并拥有一定的话语权。实际情况也是如此,孔子去世后,司马牛一直居住在鲁都曲阜郭门之外,全程参与了由曾子主持的《论语》编纂工作,他死后由鲁人阮氏葬于泰山之下的丘舆④。

司马牛之"忧"显然与其兄桓魋作恶多端有关,《孔子家语》中说:"见兄桓魋行恶,牛常忧之。"⑤桓魋之乱平息后,司马牛不得不离开母国,流

---

① 《史记》裴骃集解。
② 《史记·孔子世家》。
③ 著者按:目前多数人认为,司马牛在孔子周游列国之前就已投到孔子门下,因此他属于孔门先进弟子。正因为他师出孔门,颇具才华,所以桓魋叛乱之后,晋国赵简子和齐国陈成子都愿意聘任他。但是这种说法有一个明显漏洞,如果他早年就拜入孔门,那么孔子周游列国期间,"去曹适宋",有他陪伴左右,那么就不应该与桓魋发生误会,也不应遭到宋人围攻。因此把他拜入孔门的时间定在孔子结束周游、返回鲁国之后更为合理。
④ 《左传·哀公十四年》。
⑤ 《孔子家语·七十二弟子解》。

亡在外,一人独处异国他乡,常常思念亲人,难免忧愁伤感,因而发出"人皆有兄弟,我独亡"的感叹,这里的"兄弟"应为桓氏兄弟,"亡"同无。

司马牛所遇到的"独亡"问题,不是任何人为努力可以解决的,所以子夏将其归于"天"和"命",劝导司马牛要服从命运安排,重新振作起来。"商闻之矣",表明子夏说的话是有出处的,要么是古训,要么是箴言,朱熹则认为是"盖闻之夫子"①。"死生有命,富贵在天"是互文,即生死富贵等人生遭际都是由天命决定的。"富贵"二字当为"贫富贵贱"的急读(缩略语)。《皇疏》:"同是天命,而死生云命、富贵云天者,亦互之而不可逃也。死生于事为切,故云命;富贵比死生者为泰,故云天。天比命,则天为缓也。"皇氏用事之轻重缓急来分释"天"与"命",此解亦有可取之处。

"死生有命,富贵在天",这两句话代表了当时人们对于天命问题的基本认知,是一种典型的宿命论观点,对后世影响深远。当时人们普遍认为,天命不仅具有不可预知的偶然性,还具有不可抗拒的必然性,人们在命运面前与其进行无谓抗争,不如自觉顺从,听天由命。

当然,人们面对命运并不是完全束手无策的,"死生有命,富贵在天"的观点也不能代表人们对于命运的全部认知,孔子就一再强调在"知天命""畏天命"的前提下,应该加强道德修养,积极进取,有所作为。子夏继承了孔子的"天命"观念,对于形而上的命运问题,他主张无条件地遵从;对于形而下的人事问题,他则主张有条件地作为。"君子敬而无失,与人恭而有礼"就是在人事范围内积极有为的应有姿态,"敬"是勤以修德,"无失"是不失中道,坚持不懈,这里的"失"亦可读如佚,即逸乐之义,"无失"就是不逸乐放纵的意思;"恭"是待人谦卑恭敬,"有礼"是严格遵从礼制规范,"敬"和"恭"都是谦谦君子的必备品质。从逻辑关系来说,"死生有命,富贵在天"是为人处世的大前提、大原则,人们只能遵从,不能改变。但是在遵从"天命"这个大前提之下,人们应该加强道德修养,

---

① [宋]朱熹撰:《论语集注》。

不断完善自己，做一个内"敬"外"恭"的有德君子，这样才会受到别人的尊重和爱戴，四海之内志同道合的谦谦君子就会像亲兄弟一样聚集在一起，君子何忧何惧？

《论语·宪问》："公伯寮愬子路于季孙。子服景伯以告，曰：'夫子固有惑志于公伯寮，吾力犹能肆诸市朝。'子曰：'道之将行也与，命也；道之将废也与，命也。公伯寮其如命何？'"

本章所记之事应发生在孔子失意于鲁以后，此事涉及公伯寮、子路、季桓子、子服景伯以及孔子等人。公伯寮是鲁国"三桓"孟孙氏士人，《史记·仲尼弟子列传》把他列入"受业身通者七十有七人"，经后人考证，此为太史公之误①；季孙是鲁国季氏宗主、执政国卿季桓子；子服景伯则是孟孙氏贵族大夫，他在族中地位颇高，年纪比孔子晚一辈。

事情的起因是公伯寮跑到季桓子面前诬陷子路，具体内容则不得而知，但是从后来子服景伯欲将其"肆诸市朝"的强烈反应来看，他诬陷子路的罪名不轻，如果季氏受其蛊惑，追究下来，可能会要子路的性命！"愬"是谗言、诬告。公伯寮为何要诬陷子路？比较合理的解释是孔子在担任鲁国大司寇期间曾与季桓子联手实施"堕三都"，组织力量围攻孟孙氏成邑数月不克，子路当时为季氏宰，他居中调停，往来奔走，难免得罪孟孙氏族人。孔子失意于鲁后，公伯寮便开始对子路实施报复，在季桓子面前无中生有，挑拨离间。

子服景伯对孔子素来敬重，与孔门弟子也过从甚密，他得知公伯寮在背地里诬告子路之事后非常气愤，主动对孔子说："夫子固有惑志于公伯

---

① 著者按：《史记》张守节正义引《古史考》云："疑公伯僚（寮）是谗愬之人，孔子不责，而云命，非弟子之流也。"唐代司马贞《史记索引》也引谯周言："疑公伯缭（寮）是谗愬之人，孔子不责而云其如命何，非弟子之流，太史公误。"

寮，吾力犹能肆诸市朝。"这里的"夫子"是指季桓子，"固"是肯定、一定的意思，"惑志"是指季孙氏听信公伯寮谗言而欲降罪于子路，"肆"是刑杀后陈尸三日，《说文解字》："肆，极陈也。""市朝"为连文，周朝礼制规定，大夫有罪刑杀后陈尸于朝，士人有罪刑杀后陈尸于市。《国语·鲁语上》："大者陈之原野，小者致之市朝，五刑三次（野、朝、市），是无隐也。"韦昭注曰："其死刑，大夫以上尸诸朝，士以下尸诸市。"公伯寮是孟孙氏士人，诛杀后当陈尸于市。子服景伯这两句话的意思是，季桓子受到公伯寮的谗言蛊惑，现在肯定要降罪于子路，不过凭我在孟孙氏族中的权势和地位，完全有能力将公伯寮问罪刑杀，陈尸于市，为子路讨回公道。《皇疏》把这两句话从"惑志"后面断开，分为三句，基本意思没有太大变化。在语法上，将公伯寮归于前句，他就是实施谗愬的主体；将公伯寮归于后句，他就是接受刑杀的客体。无论主体或客体，总之一句话，作恶者必有恶报。

孔子此时人生修养已经达到"知天命"的境界，他认为许多人事问题都是命中注定的，人们只有听天由命，无须再做无谓努力，因此他没有接受子服景伯的仗义相助，他说："道之将行也与，命也；道之将废也与，命也。公伯寮其如命何？"孔子在这里提出了两个重要概念：一个是"道"，另一个是"命"，两者密切相关。

先评析"命"。在孔子看来，"命"是"天"的意志在人生遭际中的具体体现，故曰"天命"。《尚书·仲虺之诰》："钦崇天道，永保天命。"可见，这种敬天保命的观念古来有之。"命"或"天命"对于个人而言，也许会显得不公，充满了不可预知的偶然性；然而对于群体而言，则具有公正性和必然性，也就是说，"命"或"天命"往往是通过天下所有人的共同命运来体现的，因为诸多偶然因素汇集在一起就会形成一个必然结果，如果天下所有人提出一个共同主张，那么就完全有可能改变命运，实现"革命"。夏朝末年，夏桀"不务德而武伤百姓，百姓弗堪"①，天下诸侯方国众叛亲

---

① 《史记·夏本纪》。

离,黎民百姓怨声载道,商汤顺应民心,发动革命,最终推翻了夏桀的残暴统治。孔子在总结商汤革命的成功经验时说:"天地革而四时成,汤武革命,顺乎天而应乎人。"①"命"或"天命"不会因为某一个人的主观意志而改变,更不会违反"天"的义理(天下所有人的共同利益),但是却会顺应天下民心,这就是孔子在本章中赋予"命"或"天命"更深一层的含义。

再评析"道"。这里的"道"是"文武之道"或"先王之道",即西周盛世的礼治秩序,孔子称之为"天下有道"。"天下有道"代表了人类社会的高度文明,这也是孔子孜孜以求的终极目标,他为了实现"吾其为东周"的政治理想可以以身殉道,"朝闻道,夕死可矣"②。孔子认为,"道"是符合"天"的义理的,同时也集中代表了天下所有人的共同利益,充分体现了天下所有人的共同命运,因此"道"之将行将废,完全取决于"命"或"天命",绝非人事所能阻止或干预,公伯寮之流的卑劣伎俩更不能左右时局,改变命运。"公伯寮其如命何"一句,充分显示了孔子行道于天下的坚定决心和强大自信,这正是一个伟大的政治家应该具备的素质。

《论语·季氏》:"孔子曰:'君子有三畏:畏天命,畏大人,畏圣人之言。小人不知天命而不畏也,狎大人,侮圣人之言。'"

孔子在本章中把"畏天命"和"不知天命而不畏"作为判别君子与小人的道德标准之一,他在《尧曰篇》中又说:"不知命,无以为君子也。"把儒家的伦理思想与传统的天命观念结合起来,这是孔子在创建儒家理论方面做出的积极探索和有益贡献,相关内容已在《三畏》中做出具体评析,这里重点评析"畏天命"。

---

①《周易·革卦·彖辞》。
②《论语·里仁》。

敬畏天命,是殷周以来的传统观念,历代统治者都非常重视,并以此作为维持统治或夺取政权的政治手段,商王盘庚在动员部众迁都时提出的理由就是"恪谨天命"①;周武王在讨伐商纣誓师大会上打出的旗号则是"受命文考,类于上帝"②;周初分封诸侯,康叔受封于卫,周公也殷殷告诫他要"惟助王宅天命,作新民"③。

孔子继承了殷周以来敬畏天命的传统观念,不过他所强调的"畏天命"是建立在"知天命"基础之上的。小人之所以不敬畏天命,就是因为他们"不知天命"。从认知过程来分析,只有"知天命",才能"畏天命",进而在思想和行为上做到遵从和顺应天命。换言之,"知天命"是认知基础,"畏天命"是认知结果。这里的"畏"应该含有"敬"的意思,不过两者还是稍有区别的,"畏"是一种被动的本能反应,"敬"则是一种主动的理性姿态。

孔子大约是在五十岁前后达到"知天命"的人生境界的。在现实生活中,他经历了各种突如其来的挫折和莫名其妙的变化,使他对命运问题有了更加透彻的理解:天命不可违,命理不可知,因此天命不可不畏。在此基础上,他又把"畏天命"作为君子修德的一个重要内容,并将这种观念落实在具体行动之中。《史记·孔子世家》:

> 孔子既不得用于卫,将西见赵简子。至于河而闻窦鸣犊、舜华之死也,临河而叹曰:"美哉水,洋洋乎!丘之不济此,命也夫!"子贡趋而进曰:"敢问何谓也?"孔子曰:"窦鸣犊、舜华,晋国之贤大夫也。赵简子未得志之时,须此两人而后从政;及其已得志,杀之乃从政。丘闻之也,刳胎杀夭则麒麟不至郊,竭泽涸渔则蛟龙不合阴阳,覆巢毁卵则凤皇不翔。何则?君子讳伤其类也。夫鸟兽之于不义也尚

---

① 《尚书·盘庚上》。
② 《尚书·泰誓上》。
③ 《尚书·康诰》。

知辟之,而况乎丘哉!"乃还息乎陬乡,作为《陬操》以哀之。

孔子居卫期间,因为不受重用,所以打算到晋国去寻求发展。他们一行人抵达黄河岸边时,突遇河水泛滥,耽搁数日,恰好听闻晋国执政国卿赵简子诛杀贤大夫窦鸣犊和舜华的消息。窦鸣犊和舜华是晋国举国公认的两位有德君子,孔子与他们志趣相投,惺惺相惜,所以孔子以麒麟、蛟龙、凤凰相类比。当初孔子决定北渡黄河,远赴晋国,就是希望与他们二人共同实现复兴西周礼制的政治理想,然而滔滔河水却把孔子一行人阻隔在黄河岸边,于是他不由感叹道:"美哉水,洋洋乎!丘之不济此,命也夫!"意思就是,洋洋河水,如此壮美,阻隔渡人,这些都是命运的安排,不可不敬畏,更不可不顺从!如果当初他们不服从命运的安排,强行渡河,现在就很有可能和窦鸣犊、舜华一样招致杀身之祸!所以顺从命运安排才是人生最明智的选择。

孔子"临河而叹",既有对时运不济的感叹,也有对天命无常的敬畏,最重要的是他从这次经历中悟出了时时处处都要顺从天命安排的道理。人生以生死为大,生有生的理由,死有死的道理,一切都是命中注定的。如果在劫难逃,如冉伯牛"斯人也而有斯疾"①,就应该坦然受命,从容面对,不要整天唉声叹气,怨天尤人,也不要做无谓抗争;如果命不该绝,也要如临深渊,如履薄冰,敬畏天命,不要像"暴虎冯河,死而无悔者"②那样鲁莽行事,作践生命。

孟子后来在此基础上又提出了"正命""立命"的观点:

莫非命也,顺受其正;是故知命者不立乎岩墙之下。尽其道而死者,正命也;桎梏而死者,非正命也。③

---

① 《论语·雍也》。
② 《论语·述而》。
③ 《孟子·尽心章句上》。

求则得之,舍则失之,是求有益于得也,求在我者也。求之有道,得之有命,是求无益于得也,求在外者也。①

所谓"正命",就是遵从命运安排,该寿则寿,该夭则夭,无论夭寿祸福,都要顺受其正,受命而终,这才是有意义、有价值的人生;而"暴虎冯河""立乎岩墙之下"和"桎梏而死"等冒险行为都是有违命理的"非正命",或生或死都毫无意义。所谓"立命",就是通过修身养性来主动顺应命运,变被动顺受为主动顺应,因为修身养性是"求在我者",而人生命运则是"求在外者",因此我自己只需把"求之有道"做好,把剩余的一切都交给"得之有命"。

---

① 《孟子·尽心章句上》。

03. 神（鬼神）（共4章）

鬼神观念是一种原始宗教意识，源自人们对于自然崇拜和祖先崇拜的信仰。上古时期，由于生产力发展水平低下，人们无法控制和战胜周围的自然环境，因而对自然界产生一种恐惧和敬畏的心理，并赋予自然现象各种超自然的神性，使自然存在变成各种各样的神灵，比如山有山神，水有水神，天地万物皆有相对应的神灵。同样，在氏族社会中，人们聚族而居，集体劳动，部落首领或氏族长老拥有至高无上的权威，他们生前统一指挥和协调生产，对重大事项进行决策，死后仍然受到氏族民众的景仰和崇拜，被奉为保佑氏族部落的神祇，继续对现实生活产生影响。

殷商时期，占卜之风很盛，鬼神观念也很流行，《礼记·表记》中说："殷人尊神，率民以事神。"在殷人的鬼神观念中，"帝"或"上帝"是最高神祇，他可以呼风唤雨，降福禳灾，决定成败，因此人们遇事都要求神问卜，预测凶吉，这种情况在大量的殷商甲骨卜辞中可以得到印证，如"帝令雨"（乙1894）、"今二月帝不令雨"（卜365）等等。殷人也非常重视祖先崇拜，因为殷人相信半神半鬼的祖先可以帮助他们向上帝转达祈福禳灾的愿望。徐复观先生指出："殷人的宗教生活，主要是受祖宗神的支配。他们与天、帝的关系，都是通过自己的祖宗作中介人。"[①] 由此可见，殷人对上帝和祖先的崇拜是合二为一的。

西周时期，鬼神观念更加清晰，内容也更加丰富。《墨子·明鬼下》：

[①] 徐复观：《中国人性论史（先秦篇）》，北京：九州出版社，2013年，第16页。

"有天鬼,亦有山水鬼神者,亦有人死而为鬼神者。"在周人的神祇世界里,上帝("天鬼")仍然是至高无上的神祇,他统领鬼神世界,主宰人世祸福,并根据人间善恶实施赏罚,乃至于决定国家和个人的前途命运。上帝之外,最具权威的是象征国家的社神和稷神。社神又称"后土",《礼记·郊特牲》中说:"社祭土而主阴气也,君南乡于北墉下,答阴之义也。"据传,社神是大禹的化身,掌管平治水土事务。稷神又称"田祖",是后稷的化身,掌管播种谷物事务。此外,日月星辰山川河流也都有与之相对应的神祇,日神是羲和,月神是常羲,他们是唐尧时期负责观察天象、编制历法的远古氏族羲氏与和氏的化身,掌管人世间雪霜风雨等气候变化。商星之神是阏伯,他是殷商先祖高辛氏的化身,主掌火星。参星之神是实沈,他是晋国先祖唐人的化身,主掌参星。北方之神是玄冥,主掌水患。光明之神是回禄,他是上古帝王祝融的化身,主掌火灾……总之,所有自然现象都有神灵存在,"山林、川谷、丘陵能出云,为风雨,见怪物,皆曰神"①。这一时期,自然界的神祇与人世间的氏族存在着某种特殊联系,他们各自有明确的边界和职责,享受后人的祭祀和供奉,因此从一定意义上说,周人的神祇世界就是人间氏族社会的折射或翻版。

春秋时期,鬼神观念仍然是钳制人们思想的主流意识,而且日益泛化,几乎渗透到现实生活中的方方面面。孔子居卫期间,受到冷遇,不得出仕,卫大夫王孙贾跑来对他说:"与其媚于奥,宁媚于灶。"②这里的"奥"是室内西南方的主神,"灶"则是主饮食之事的灶神。可见,在人们日常生活中处处都有神灵鬼怪,并且对人们的生产生活产生重要影响。

在先秦典籍中,有关鬼神之事的记载很多,最具代表性的是在《左传》《国语》中均有记载的"内史过论神",周朝内史过把神祇降临与国家兴亡联系起来分析,以此来提醒统治者要修德惠民,昭其馨香,以享鬼

---

① 《礼记·祭法》。
② 《论语·八佾》。

神,祈求降福①。齐国贤相晏婴也有相同观点,他认为鬼神或祸或福,完全取决于一国之君的德行和作为:有德之君有口皆碑,国人称颂,祝史等人向鬼神祈福时当然坦诚真实,口吐莲花,逝去的氏族长老也会向鬼神夸赞贤君彝德;昏庸之君则残暴无道,天怒人怨,祝史等人向鬼神祷告时只能吞吞吐吐地说一些违心话,无法做到恭敬真诚,逝去的氏族长老也会向鬼神报怨淫君秽德。《左传》中载齐景公患疾,久治不愈,梁丘据、裔款等嬖臣怪罪于祝史,晏婴则对齐景公说:"君若欲诛于祝史,修德而后可。"②内史过、晏婴等人的观点在当时是很具有代表性的。

当时,由于人们无法正确理解生死问题,普遍认为人死后会化为鬼魂继续存在:"众生必死,死必归土,此之谓鬼。"③"大凡生于天地之间者皆曰命,其万物死皆曰折,人死曰鬼,此五代之所不变也。"④鬼魂不仅是生命的另外一种存在方式,而且能够通过各种方式对现世产生影响,因此许多重大人事之中都有鬼魂的影子,《左传》《国语》等史书中有很多此类记载。《左传·成公十年》中载,晋景公以谋反罪诛杀赵同、赵括,赵氏先祖化为恶鬼(大厉)对晋景公实施报复。在整个事件中,鬼魂与人世之间的联系非常紧密,他们大事小事都要参与,而且能量很大。《左传·昭公七年》中亦载,卫国先祖康叔分别托梦给卫大夫孔成子和史朝,要求他们立公子元(卫灵公)为嫡子,将来继承君位,并许诺让他们的子孙辅佐卫灵公。离奇的是卫灵公当时尚未出生,康叔鬼魂就早早将立嗣之事确定下来,可见先祖神灵对于后人是具有绝对影响力和控制力的,连废长立幼这样的大事也必须由他们说了算,现世人只能遵从,不敢违抗。史书中关于鬼神之事的各种记载描写得玄而又玄,神乎其神,反映了当时人们敬畏鬼神和崇拜先祖的原始宗教意识。

---

① 《国语·周语上》,并见《左传·庄公三十二年》。
② 《左传·昭公二十年》。
③ 《礼记·祭义》。
④ 《礼记·祭法》。

当然,随着社会经济基础发生变化和人们认知能力逐步提高,意识形态领域内也在悄然发生变化,一些开明务实的思想观念逐渐流行起来,对传统的鬼神观念形成一定的冲击。据《国语》《左传》等史书记载,鲁庄公十年(公元前684年),齐、鲁两国战于长勺,战前鲁大夫曹刿问鲁庄公何以迎战齐军,鲁庄公说:"余不爱衣食于民,不爱牲玉于神。"曹刿认为这些都是小恩小惠,不足以取信于神,他说:"夫惠本而后民归之志,民和而后神降之福。"①韦昭注曰:"民,神之主,故民和神乃降福。"显然,神灵降福不是根据"牲玉"多寡,而是根据"民和"与否。《左传·昭公十七年》亦载,当年天空出现彗星,一些星象家认为这是除旧布新的征兆,预示某些诸侯国将要发生火灾,其中包括郑国,于是巫祝建议执政国卿子产用瓘、斝、玉瓒等宝物祭祀神灵,禳除灾害,然而子产并没有听从他们的建议,他认为发生火灾等自然灾害不应消极等待神鬼显灵,而应积极采取应对措施,组织国人自救。两年之后,郑国又发生严重水灾,郑国都城时门外的洧水中惊现龙斗,国人惊恐,请求子产举行禳灾仪式,消灾弭祸,子产仍然没有答应,他说:"我斗,龙不我觌(显现)也。龙斗,我独何觌焉?禳之,则彼其室也。吾无求于龙,龙亦无求于我。"②意思就是,龙斗与人事无关,无须多此一举。子产的这些观点在当时比较流行,反映了重人事、轻鬼神的观念正在慢慢占据上风。

孔子是殷人后裔,以儒为业,他经常帮人操持丧礼,主持各种祭祀仪式,因此他对于鬼神之事是深信不疑的。过去有人认为"孔子是不迷信的"③,因为他平时很少主动谈论鬼神之事。鲁迅先生在《再论雷峰塔的倒掉》一文中也说:"孔丘先生确是伟大,生在巫鬼势力如此旺盛的时代,偏不肯随俗谈鬼神。"如果仅仅从孔子言论来分析,这种观点

---

① 《国语·鲁语上》,并见《左传·庄公十年》。
② 《左传·昭公十九年》。
③ 杨伯峻:《论语译注·试论孔子》,北京:中华书局,1958年,第9页。

或许有一定道理,但是如果结合时代背景和社会特征来分析,就会得出不同的结论。鬼神观念在当时仍然是居于统治地位的主流意识,孔子不可能跳出时代局限,他不仅从来没有否认鬼神存在,而且他在主持祭祀仪式时还要求做到"祭如在,祭神如神在"①,在内心里一定要把鬼神和先祖当作真实存在。不过孔子向来治学严谨,思维缜密,所以他对于天命和鬼神等难以求证之事始终保持"多闻阙疑""敬而远之"的审慎态度,既不盲目迷信,也不轻易否定,这是孔子鬼神观念的重要特点,理应多加关注。

《论语·述而》:"子不语怪,力,乱,神。"

本章和《子罕篇》的"子罕言利与命与仁"一样,表现了孔子对于那些容易发生认知错误的问题所一贯持有的审慎、严谨态度。"不语"是不主动与人谈论,如果有人求问,也尽量回避不答或者答非所问。《皇疏》:"或问曰:'《易·文言》孔子所作,云臣弑君、子弑父,并乱事,而云孔子不语之,何也?'答曰:'发端曰言,答述曰语,此云不语,谓不诵答耳,非云不言也。'"可见"不语"与"罕言"是有主动和被动之分的。

关于"怪,力,乱,神",既可以分为四个单词来分别解读,也可以并为"怪力"和"乱神"两个组合词来合并解读。《皇疏》引李充言曰:"力不由理,斯怪力也;神不由正,斯乱神也。怪力、乱神有兴于邦,无益于教,故不言也。"这种解读词义通达,简单明了,颇有可取之处。不过目前大多数《论语》注本均将四个字分别解读。

"怪"是超出人们认知常识的怪异之事,比如鲁国贵族季桓子家中挖井时挖出一只土羊,众人觉得怪异,就派人去向孔子请教,孔子见多

---

①《论语·八佾》。

识广,他解释道:"木石之怪曰夔、蝄蜽,水之怪曰龙、罔象,土之怪曰獖羊。"①再比如吴越之争时,吴王夫差攻陷会稽山,在山中发现巨骨,无人能识,于是吴王就派人请教孔子,孔子回答说:"汪芒氏之君也,守封、嵎之山者也,为漆姓。在虞、夏、商为王芒氏,于周为长狄。"②土羊和巨骨都是常人无法理解的怪异现象,如果不是碰巧遇到,主动和别人说,也没人会相信,因此孔子对于此类事情基本"不语"。

"力"是勇力、暴力,此类人常有超凡之举,比如南宫适所说的"羿善射,奡荡舟"③和孔子反对的"暴虎冯河,死而无悔者"④。羿是善射者,飞鸟从他头上飞过,他都能举弓射杀;奡是大力士,能够旱地行舟;"暴虎"是徒手搏虎;"冯河"是徒足涉河。这些人都是孔武有力、头脑简单的莽夫,他们为了显示自己与众不同,经常会干出一些血腥暴力的事情来,这种拿生命当儿戏的鲁莽行为实在不值得夸耀和宣扬。

"乱"是臣弑君、子弑父等暴乱行为,这种大逆不道的事情不利于礼乐教化,容易引起人们思想混乱,因此不宜与人谈论。

"神"是鬼神之事,此类事情往往涉及人与鬼、生与死,幽暗玄冥,无法证实,因此必须出言谨慎,能少说则少说,能不说则不说。对于别人来说,信则有,不信则无,也没有必要做过多解释。

孔子不愿意与人主动谈论"怪,力,乱,神",是因为这些事情在当时的认知条件下很难解释清楚,所以他刻意回避,以免造成不必要的认知错误和思想混乱。

---

① 《国语·鲁语下》。
② 《国语·鲁语下》。
③ 《论语·宪问》。
④ 《论语·述而》。

《论语·泰伯》:"子曰:'禹,吾无间然矣。菲饮食而致孝乎鬼神,恶衣服而致美乎黻冕,卑宫室而尽力乎沟洫。禹,吾无间然矣。'"

"吾无间然矣"是孔子赞颂夏禹之辞,"间"的本义是罅隙、缝隙,这里引申为离间或非议,《先进篇》中也有相同用法:"孝哉闵子骞!人不间于其父母昆弟之言。"孔子称颂夏禹"无间然",说明当时肯定有"间"的论调存在,因此孔子必须挺身而出,说明情况,以正视听。在论述过程中,孔子先阐明自己观点,然后再从饮食、衣服和居所三个方面进行具体论证,最后又重申同一观点作为全章结论。这种在文首和文末重复同一句话的情况是不多见的,说明孔子对此非常重视。

夏禹是中国古代中原地区华夏氏族部落联盟的首领,夏王朝的缔造者。他在位十年,克勤克俭,亲力亲为,功绩卓著,是华夏氏族共同景仰的英雄。孔子主要从饮食、衣服和居所三个方面论证了"吾无间然矣"的观点。"菲饮食""恶衣服""卑宫室"均体现了夏禹崇尚简朴的生活态度和为政风格。"菲"是微薄,"恶"是破旧,"卑"是低下,这里都是形容词用如动词。《说苑》中有几句话可作参考:"古有无文者,得之矣。夏禹是也。卑小宫室,损薄饮食,土阶三等,衣裳细布。"[①]与"菲饮食""恶衣服""卑宫室"形成鲜明对比的是"致孝乎鬼神""致美乎黻冕"和"尽力乎沟洫"。前两句表现了夏禹在祭祀鬼神时恭敬、虔诚的姿态,"孝"代指祭祀神鬼时供奉的丰盛祭品,"黻冕"是指在祭祀仪式上穿戴的华贵礼服,"美"是华美精致。夏禹平时生活极其俭朴,但是在祭祀鬼神时仪式非常隆重,祭品非常丰盛,祭服也非常华贵,这种菲薄于己而致力于鬼神的美德足以惊天地、泣鬼神。后一句主要表现了夏禹与民同甘共苦、战胜自然的伟大精神。"沟洫"是人工开掘的水利工程,便于灌溉农田。韩非子说:"禹之王天下也,身执耒臿以为民先,股无胈,胫不生毛,虽臣虏之劳,

---

[①]《说苑·反质》。

不苦于此矣。"①对于一个以农业生产为主的氏族部落来说,沟渠灌溉是关乎生存与发展的大问题,夏禹非常重视农业生产,他亲力亲为,"尽力乎沟洫",这种身先士卒的可贵品质赢得了民众的信任和爱戴,后人当然"无间然"。

在孔子看来,尽孝鬼神和发展农业是夏禹取得成功的关键。那么夏禹为什么对鬼神之事如此重视呢?这与他率领民众治理水患和开掘沟渠有关。夏禹在担任部落联盟首领期间,组织实施了规模浩大的治水工程,动用人力之众,持续时间之长,工程难度之大,都是前所未有的。为了团结部众,凝聚人心,坚定信心,克服困难,他就必须借助神灵的力量,在意识形态领域内加强控制,而鬼神观念正是激发人们崇拜自然和先祖的最有效工具。与武力强制手段相比,利用宗教观念来控制人们思想意识的宗教手段更为高明,也更容易笼络和征服人心,因为鬼神的意志是不可抗拒的!

《论语·雍也》:"樊迟问知。子曰:'务民之义,敬鬼神而远之,可谓知矣。'问仁。曰:'仁者先难而后获,可谓仁矣。'"

本章分樊迟"问知"和"问仁"两个部分,孔子回答得很简洁,思想内容却很丰富。有关"问仁"的内容将在《仁(仁者)》中进行评析,这里重点评析"问知"的内容。"知"同智,用作形容词,形容人聪明、智慧。

樊迟请教何以为智者,孔子以鬼神之事作答,因为鬼神幽眇,民多疑惑,如果不能做出令人信服的解释,就会造成人们思想混乱,引发不必要的恐慌,这种事情在鲁国历史上确实发生过。根据《国语·鲁语》记载,鲁文公时期,有一天曲阜东门外栖息了一只爰居(一种比较罕见

---

① 《韩非子·五蠹》。

的海鸟),引起国人恐慌。当时鲁国执政国卿臧文仲为了安抚民心,就鼓动国人前往祭祀,此举受到鲁大夫展禽(柳下惠)的严厉批评,他说:"今海鸟至,己不知而祀之,以为国典,难以为仁且智矣。夫仁者讲功,而智者处物。无功而祀之,非仁也;不知而不能问,非智也。"展禽认为,祭祀是国之大典,臧文仲在没有弄清楚爱居来龙去脉的情况下就鼓动民众前往祭祀,这是极不明智的。孔子后来在评价臧文仲时也提出相同观点,并且把"祀爰居"列为臧文仲"不知者三"之一①。

在孔子看来,真正的智者应该明辨鬼神之事,并且能够采取正确的应对方法,具体地说,就是"敬鬼神而远之"。这是孔子关于鬼神之事的重要观点,具体可以从以下三个方面来进行分析:

一、孔子把"敬鬼神而远之"界定为"务民之义"。"务民"二字,从积极方面来理解,就是教民、惠民;从消极方面来理解,则是御民、治民。"义"是正确的、恰当的、合适的法则或方法。孔子认为,加强意识形态领域内的思想控制,激发民众对鬼神(先祖)崇拜的信仰和热情,这是高明的统治策略和施政措施。

二、崇拜鬼神和祭祀先祖必须心中有"敬",这是孔子对于鬼神之事的基本要求。在《论语》中,"敬"主要是指下对上(民对人或臣对君)无条件服从的一种道德规范,本章中的"敬"则是专指人对于鬼神的正确认知和崇拜心理,而做到"敬"的重要前提是必须相信鬼神的真实存在,即"祭如在,祭神如神在"②。春秋末年,建立在宗法血缘关系上的礼乐制度遭到严重破坏,人们对于鬼神和祖先崇拜的宗教信仰也发生动摇,许多人在祭祀活动中心不在焉,无动于衷,虚以应付,甚至根本不了解相关礼仪的精神实质和内在要求。孔子是非常注重人的内心体验的,他要求人们在祭祀活动中一定要态度虔诚,情感真实,心怀敬

---

① 《左传·文公二年》。
② 《论语·八佾》。

畏,即使是面对装扮鬼神或祖先的"尸",也要如同真实面对鬼神(先祖)一样,否则就不能与鬼神形成心灵感应和情感互动,也就不能达到祈福禳灾的目的。无论是政治领域的民敬人君,还是精神领域的人敬鬼神,二者在精神是一致的,强调的都是下对上的绝对服从。由此可见,孔子提出的"敬鬼神而远之",并不完全是单纯的宗教崇拜问题,其中还包含了某种政治因素,带有现实功利目的,因此这是一种政教合一的观点。

三、"敬鬼神"的最佳状态是"远之",这是孔子对于鬼神之事的另外一个要求。"远"是指在心理上对鬼神保持适当的距离,以期达到"敬"的最佳效果。宋代学者周敦颐在《爱莲说》中有一句名言:"可远观而不可亵玩也。"传统美学理论把这种审美活动概括为"距离产生美"的审美效果。同样,"敬鬼神而远之"也是因距离而产生"敬"的心理效果。孔子认为,鬼神之事幽暗玄冥,其中奥秘,无法窥知,因此与其探究不可认知的神秘,不如保持适当的心理距离,这样才能永久保持鬼神的神秘感,也能有效激发人们的敬畏之心。

《礼记·表记》中也有与本章内容相同的言论:

> 子曰:"夏道尊命,事鬼敬神而远之,近人而忠焉。殷人尊神,率民以事神,先鬼而后礼。周人尊礼尚施,事鬼敬神而远之,近人而忠焉。"

夏、商、周三代,只有殷人"先鬼而后礼",夏人和周人强调的都是"事鬼敬神而远之"。孔子虽然是殷人后裔,但是在这个问题上,他与周人观点一致。在人鬼之间,他主张近人而远鬼,先人而后鬼。

《论语·先进》："季路问事鬼神。子曰：'未能事人，焉能事鬼？'问：'敢问死。'曰：'未知生，焉知死？'"

季路就是子路。在孔门弟子中，子路学业一般，堪堪升堂，未能入室①，但是他对于鬼神之事却比较热衷，孔子病重期间，他悄悄找了一本民间传抄的迷信之书《诔》，虔诚地为孔子祷告。孔子后来问他向谁祷告，他也说不清，只好含糊其词地说"上下神祇"，孔子虽然觉得荒唐，但是并没有批评他，毕竟他是出于好心②。在本章中，子路又专门向孔子请教有关人与鬼、生与死问题，从逻辑关系推论，本章时间经度应该在"子路请祷"之后，记录的是孔子晚年的言论。

关于人与鬼、生与死问题，当时普遍流行的观念是人死之后会变成鬼魂，郑国子产就曾明确说："人生始化曰魄，既生魄，阳曰魂。用物精多，则魂魄强。是以有精爽，至于神明。匹夫匹妇强死，其魂魄犹能冯依于人，以为淫厉。"③《左传》《国语》等史书中也有大量关于人死后化为鬼魂的记载，最怪异的是《左传·昭公七年》中关于郑国贵族伯有死后化为鬼魂返回人间报仇的记载：

> 郑人相惊以伯有，曰"伯有至矣"，则皆走，不知所往。铸刑书之岁二月，或梦伯有介而行，曰："壬子，余将杀带（郑公族驷氏之后）也。明年壬寅，余又将杀段（郑公族丰氏之后）也。"及壬子，驷带卒。国人益惧。齐、燕平之月壬寅，公孙段卒，国人愈惧。

郑国贵族伯有在"魏氏、司氏之乱"中被杀，时隔多年之后，他又突然出现在郑国，而且他的两个仇家（驷带、公孙段）又离奇死亡，因此国人认

---

① 《论语·先进》："子曰：'由也升堂矣，未入于室也'。"
② 《论语·述而》。
③ 《左传·昭公七年》。

为这是伯有的鬼魂作祟,故而引起极大恐慌。后来郑相子产下令立伯有后人公孙泄和良止为大夫,让他们承嗣良氏(伯有为郑国"七穆"之一的良氏)的宗庙祭祀,"鬼有所归,乃不为厉",这场风波才逐渐平息下去。这件事情说明,鬼神之事极易造成人们思想混乱,因此当政者必须慎之又慎,妥善处置,否则就会引发危机,酿成大祸,甚至会危及现实政治和统治秩序。

值得注意的是,左氏君子在记载此事时非常谨慎,自始至终都没有明说"郑人相惊""国人益惧"是由伯有鬼魂出现而引起的,说明他对此类似是而非的传说也持以谨慎态度,因为历史毕竟不是传说。

孔子对于鬼神之事也非常慎重,平时轻易不发表意见,所以当子路向他"问鬼神""问死"时,他并没有做出正面答复,而是把话题引到人与鬼、生与死的关系问题上:"未能事人,焉能事鬼?""未知生,焉知死?"意思就是,在人与鬼、生与死之间,应该先人事而后鬼神,近人事而远鬼神。从生命的过程来看,由生而死,由人而鬼,这是一个不可抗拒的事实,生者只能被动地面对和接受,没有太多的思考空间。如果人人都像子路一样整天纠结于人死而化鬼之类的问题,就有可能产生许多疑惑,发生认知错误,这对于人生修养是有害无益的。因此孔子强调,生者应该重点关注现实生活中的人生修养问题,努力提高道德修养,实现自我人生价值,这才是处理人与鬼、生与死等问题的明智态度和正确方法。

04. 祭（旅、禘、祷）(共11章)

祭祀祖先和神灵，是人类最古老的一种迷信活动，具有原始宗教的性质。远古时期，人们思维简单，认知能力低下，不辨生死，为了维持与祖先和神灵的联系，人们把最好的食物拿出来供奉给他们，祈求禳灾降福，所以甲骨文中的"祭"字多写作手抓带血生肉的图形。《说文解字》："祭，祭祀也。从示，以手持肉。"《谷梁传·成公十七年》："祭者，荐其时也，荐其敬也，荐其美也，见享味也。"原始祭祀活动一般以氏族部落为单位，由地位尊贵的氏族长老主持，并且有严格的礼仪规范和固定程式。

中国历史有文字记载以来，祭祀就是人类活动的重要内容，也是人们战胜自然的精神支柱。三皇五帝时期，虽然物质条件极其简陋，但是人们安葬逝者仍然能够郑重其事，竭尽其能，"黄帝、尧、舜垂衣裳而天下治。……古之葬者，厚衣之以薪，葬之中野，不封不树，丧期无数，后世圣人易之以棺椁"①。孔子也说夏禹能够"菲饮食而致孝乎鬼神"②。

进入阶级社会以后，人类社会活动的范围不断扩大，精神生活的内容也日益丰富，但是在意识形态领域内，祭祀仍然是人们重要的精神寄托。殷人尊崇鬼神，对于祭祀之事非常重视，遇有重要事情，都要举行隆重的祭祀仪式，向祖先和神灵祈福。鸣条之战前夕，商汤专门选用一头黑色公牛作为祭品，"昭告于上天神后，请罪有夏"③。商汤去世后，长孙

---

① 《周易·系辞下》。
② 《论语·泰伯》。
③ 《尚书·汤诰》。

太甲继位,他不遵汤法,纵欲乱德,被贤相伊尹流放到桐宫禁闭三年,后来伊尹专门作书训诫道:"先王顾諟天之明命,以承上下神祇、社稷宗庙罔不祇肃。"①又说:"七世之庙,可以观德;万夫之长,可以观政。"②"七庙"是供奉七世先祖的宗庙,七庙祭祀存续,就能说明当世天子功德昭著。总之,商朝历代统治者都把举行宗庙祭祀活动作为维持现实统治的重要手段。到了殷商后期,巫风泛滥,巫祝卜史等神职人员"恒舞于宫,酣歌于室"③,他们装神弄鬼,迷惑大众,最终导致商朝灭亡,政权更迭。

周部族原本是殷商旧邦,立国之后基本沿袭了殷商祭祀的习俗传统,"文王之祭也,事死者如生者,思死者如不欲生,忌日必哀,称讳如见亲"④。周公制礼作乐时,又将祭祀纳入国家大典,对于祭法、祭义、祭统以及相关祭祀礼仪等都做出了明确具体的规定,不过这些内容今已不存。《礼记》中有《祭法》《祭义》《祭统》三篇,内容详尽完整,虽为汉儒整理之作,但仍可略窥一斑。在先秦典籍中,载有许多关于祭祀的言论,比较具有代表性的是《国语·鲁语上》中记载的"展禽论祭爰居非政之宜"。展禽之论中保存了许多上古时期关于祭祀的重要内容,如祭祀制度、历代祭祀传统以及国家祭典等等。春秋时期,鲁国是保存周朝典章制度最为完备的国家,因此展禽的相关言论是研究周代祭祀制度的重要资料。

春秋时期,礼制废弛,然而祭祀活动仍然是维系氏族组织和统治秩序的重要手段,各国诸侯对于祭祀之事都非常重视,"所重:民、食、丧、祭"⑤,他们将祭祀列为治理国家的头等大事,反复强调,慎之又慎:

> 夫祀,国之大节也;而节,政之所成也。故慎制祀以为国典。⑥

---

① 《尚书·太甲上》。
② 《尚书·咸有一德》。
③ 《尚书·伊训》。
④ 《礼记·祭义》。
⑤ 《论语·尧曰》。
⑥ 《国语·鲁语上》。

祀，国之大事也，而逆之，可谓礼乎？①

君子勤礼，小人尽力，勤礼莫如致敬，尽力莫如敦笃，敬在养神，笃在守业。国之大事，在祀与戎，祀有执膰，戎有受脤，神之大节也。②

上述言论有一个共同之处：把祭祀与礼制（政治制度）联系在一起进行论述，说明这一时期政权形式是国家机构与氏族组织合为一体，政权性质则是政权与神权合二为一。

总体而言，先秦时期祭祀活动具有以下几个特征：

一、神权在一定程度上代表了族权。鬼神世界与现实世界中的氏族组织是紧密联系的，每一个氏族都有共同的祖先，也有属于本族的神祇，祭祀活动就是把神权转化为族权的一个重要步骤。《礼记·祭法》："有虞氏禘黄帝而郊喾，祖颛顼而宗尧。夏后氏亦禘黄帝而郊鲧，祖颛顼而宗禹。殷人帝喾而郊冥，祖契而宗汤。周人禘喾而郊稷，祖文王而宗武王。"在现实世界中，氏族组织是社会构成的基础，族权则是国家政权的基础，二者合而为一。族权来自神权，因为每当氏族组织遇有重大事件或者需要做出重要决策时，族人都会举行祭祀仪式来祈求祖先和神灵给予启示。在祭祀过程中，祖先和神灵会通过各种方式显灵，向族人下达旨意，比如通过自然界的各种异常现象来显示征兆，再比如托言于巫祝等神职人员或装扮祖先的"尸"（"神保"）来传达意见，因此巫祝之类的神职人员在祭祀活动中扮演着非常重要的角色，他们对于现实政治也具有很大的影响力。族人对于祖先和神灵的意旨是深信不疑的，于是神权通过族权对现实生活产生了决定性的影响。

二、祭祀集中体现了礼制的精神和要求。在现实世界中，人有贵贱

---

① 《左传·文公二年》。
② 《左传·成公十三年》。

贫富之差,氏族有大小之分,血缘有亲疏之别,各种等级关系必须通过礼制来加以调节和规范。这种等级观念在祭祀方面则表现为"设庙祧坛而祭之,乃为亲疏多少之数":天子立七庙一坛一墠,诸侯立五庙一坛一墠,大夫立三庙二坛,适士二庙一坛①。身份和地位不同,祭祀的规制也不同。此外,宗庙中列祖列宗的牌位也必须严格按照新旧大小排列,要符合昭穆之礼。据《左传·文公二年》记载,当年鲁国举行秋祭大典,鲁大夫夏弗忌为宗伯,负责筹备祭祀事务,他在安排宗庙牌位次序时错将鲁僖公列于鲁闵公之前,此举遭到众人质疑。闵、僖二公为兄弟关系,虽然僖公为长,闵公为幼,但是从血缘关系来说,闵公为嫡,僖公为庶,从君臣关系来说,闵公先立为君,僖公为臣,闵公死后,僖公继位为君,按照故鬼(先去世)大、新鬼(后去世)小的原则,闵公的牌位理应列于僖公之前,否则就是"逆祀",有违礼制。然而夏弗忌却辩解道:"吾见新鬼大,故鬼小。先大后小,顺也。跻圣贤,明也。明顺,礼也。"这件事情在当时影响很大,左氏君子"以为失礼",孔子后来也批评当时执政国卿臧文仲"纵逆祀"的行为是不明智的。其实闵、僖二公究竟谁大谁小并不重要,重要的是人们对于祖先和鬼神的等级秩序非常慎重,不能违反礼制,否则将获罪于祖先,无法得到庇佑。

三、祭祀主要是通过内心体验来实现精神升华。祭祀其实是一个心灵自我净化的过程,现场情感体验非常重要,所以孔子说:"吾不与祭,如不祭。"②所有参与祭祀活动的族人都无比虔诚,毕恭毕敬,他们通过深切缅怀祖先的恩德和功绩来激发氏族荣誉感和归属感,增进氏族成员之间的团结合作精神,最终实现精神升华,"民德归厚"③。为了追求震撼人心的神奇效果,人们在祭祀仪式上竭尽所能,不厌其烦,不仅礼仪程式冗长繁缛,而且还配以诗歌、舞蹈、音乐、服饰等诸多元素,所有活动都是经过精心编

---

① 《礼记·祭法》。
② 《论语·八佾》。
③ 《论语·学而》。

排的,庄重而热烈,这种壮观的祭祀场面确实能对人们的心灵产生震撼效果:"宗教仪式赋予参与者一种和谐、美丽和神圣的景象,当人们回到日常生活的混乱状态时,这些景象仍然陪伴着他们。在仪式进行过程中,某种崭新的东西在舞者、演员和侍臣中活跃起来。通过服从礼拜仪式的微小细节,他们将自己让位于更重要的原型,并且至少是暂时性地创造了一个神圣的共同体,古与今、天与地在这里交融。"①

四、祭祀(巫祝)文化是中国传统文化的一个重要组成部分。祭祀既是一种迷信活动,也是一种文化现象。祭祀的目的是实现人神之间的沟通与交流,"祭有祈焉,有报焉,有由辟焉"②。为了取悦于祖先和神灵,达到祈福弭灾的目的,人们竭尽奢华,精益求精,把最好的食物、最美的服饰、最优雅的舞蹈、最动听的音乐和最高雅的诗篇贡献给祖先和神灵,"齐齐乎其敬也!愉愉乎其忠也!勿勿诸其欲其享之也"③!遗憾的是现在已经无法完整地还原当时的祭祀场景,不过从古代典籍的文字记载中仍能体会到综合各种文化元素形成的祭祀文化的艺术感染力和震撼力。

在《论语》中,孔子关于祭祀的言论并不多④,这种情况与他对于天地鬼神之事一贯持以"存而不论"的严谨态度是一致的。综合《左传》《国语》等史书中的相关记载进行分析,孔子对于祭祀之事是严肃认真的,对于祭祀活动在维系氏族组织和维持礼制秩序等方面的作用和意义也是高度重视的,因此他要求人们要以规范的礼仪和虔诚的态度来对待祭祀。不过孔子与普通儒者不同,他不仅关注祭祀活动中的相关礼仪规范问题,更关注祭祀与礼制之间的关系以及祭祀过程中关于"仁""孝""敬"等道德观念的情感体验和心灵重塑等问题。

---

① [英]凯伦·阿姆斯特朗:《轴心时代》,孙艳燕、白彦兵译,海口:海南出版社,2010年,第86页。
② 《礼记·郊特牲》。
③ 《礼记·祭义》。
④ 据杨伯峻《论语词典》统计,"祭"字在《论语》中共出现14次。

《论语·述而》:"子之所慎:齐,战,疾。"

《论语》主要以记录孔子言论为主,但也有少数篇章记录了孔子为人处事的基本原则和主要方法,比如子所雅言、子所不语、子以四教等等,可见孔子不仅重言传,而且也重身教。本章记录了孔子所慎之事。

在日常生活中,孔子为人谦和恭顺,慎言慎行,他要求弟子们也要"多闻阙疑,慎言其余","多见阙殆,慎行其余"①,"敏于事而慎于言"②。在本章中,弟子又把"齐""战""疾"三事单独列举出来,加以强调,说明孔子对此非常慎重。

在孔子所慎之事中,"齐(齊)"和"战"都是国家大事,《左传·成公十三年》:"国之大事,在祀与戎。"《论语·尧曰篇》中也说:"所重:民、食、丧、祭。""齐"是齊的简化字,音和义均同斋,为斋戒之义,"齐"是祭祀活动中的一个重要环节;"战"是兵戎之事,春秋时期,诸侯争霸,战争频仍,往往一战就能决定国人之生死、国家之存亡,故而各国当政者不得不慎之又慎,"以不教民战,是谓弃之"③。"疾"是疾病,关系到个人的身体健康和寿命长短,孔门弟子冉伯牛年纪轻轻,就患疾夭亡④,可见疾病不可不重视。同样,用药也要慎重,不明药性就不能随便服用,即所谓"丘未达,不敢尝"⑤,"医不三世,不服其药"⑥。

本章中的"齐"与祭祀活动有关,因此这里重点评析。古人对于祖先和神灵的敬畏是一种类似于宗教信仰的崇拜情绪,他们通常在祭祀前三天就要进行身体和心理上的各种准备,比如不喝酒、不吃荤、不同房、沐浴更衣、洁净身体、静思默念、排除杂念等,使身心完全沉浸在追思先祖

---

① 《论语·为政》。
② 《论语·学而》。
③ 《论语·子路》。
④ 《论语·雍也》。
⑤ 《论语·乡党》。
⑥ 《礼记·曲礼下》。

的状态之中,因为只有情感达到最虔诚的状态,才能得到祖先和神灵的眷顾和佑护,这就是斋戒(齐戒)。

> 齐,必有明衣,布。齐必变食,居必迁坐。①
> 天子有疾病祸祟,必斋戒沐浴,洁为酒醴粢盛以祭祀天鬼。②
> 致齐于内,散齐于外。齐之日,思其居处,思其笑语,思其志意,思其所乐,思其所嗜。齐三日,乃见其所为齐者。③

斋戒三日有许多清规戒律,祭祀者必须严格遵守,认真执行,表现出最大的虔诚和敬意,否则在祭祀时就无法达到与祖先和神灵神交的最佳效果,也无法从中获得启示。

出于某种政治目的和职业要求,孔子对于祭祀之事非常重视,要求祭祀者做到"祭如在,祭神如神在"④,最大程度地表现出对于祖先和神灵的敬畏和崇拜。斋戒三日是祭祀之前的必要准备,在一定程度上直接关系到祭祀效果,因此孔子对此也非常慎重,言行举止无不循规蹈矩,故而给弟子们留下了"慎"的深刻印象。

《论语·卫灵公》:"卫灵公问陈于孔子。孔子对曰:'俎豆之事,则尝闻之矣;军旅之事,未之学也。'明日遂行。"

卫灵公问阵于孔子之事大约发生在鲁定公十五年(公元前495年),即孔子第一次居卫期间。"陈"同阵,即下文中所说的"军旅之事"。鲁定

---

① 《论语·乡党》。
② 《墨子·天志中》。
③ 《礼记·祭义》。
④ 《论语·八佾》。

公七年(公元前503年),卫国正式宣布叛晋,并与齐国组成反晋联盟。在此后十余年间,卫、齐等国多次向晋国发起攻伐战争,并取得了一定的优势,有效地遏制了晋国东进的势头。由于前线战事吃紧,卫灵公心中焦虑,所以他初见孔子就立即向他请教"军旅之事"。然而孔子崇尚礼乐教化,反对诸侯武力争霸,故而推说"未之学也"。本章有关"军旅之事"的内容将在《学》中进行评析,这里重点评析"俎豆之事"。

"俎"和"豆"是古代祭祀或朝聘时用来盛装祭肉的礼器。《说文解字》:"俎,礼俎也。从半肉在且上。"又:"豆,古食肉器也。从口,象形。"《礼记·明堂位》:"俎,有虞氏以梡,夏后氏以嶡,殷以椇,周以房俎。夏后氏以楬豆,殷玉豆,周献豆。"所谓"俎豆之事",就是代指祭祀活动或朝聘礼仪,与"军旅之事"相对,相同表述还有"笾豆之事"①。

孔子自幼受到士人之礼的熏陶,对祭祀活动中的相关礼仪产生浓厚兴趣,"孔子为儿嬉戏,常陈俎豆,设礼容"②。唐代张守节《史记正义》:"俎豆以木为之,受四升,高尺二寸。大夫以上赤云气,诸侯加象饰足,天子玉饰也。"等到年岁稍长以后,孔子经常到周公太庙中去助祭,见到各种各样的礼器,总要向人请教这些礼器的来历、规制、用途以及摆设的位置等③,因为一件普普通通的礼器都蕴含着许多重要信息,如果不能熟知每一件礼器的功能和用途,就无法主持祭祀礼仪,也难以得到别人的认可和尊重。

孔子十五岁时就已经基本确定了以儒为业的人生规划,在以后的人生经历中,他刻苦好学,勤于思考,不耻下问,积累了丰富的儒学知识和专业技能,对于祭祀活动中的相关礼仪尤为精通,所以他可以自信地对卫灵公说:"俎豆之事,则尝闻之矣。"从职业的角度来分析,孔子在当时确实是当之无愧的大儒,他不仅精通祭祀礼仪,而且对祭祀的本质意义

---

① 《论语·泰伯》。
② 《史记·孔子世家》。
③ 《论语·八佾》。

和政治功效也有深刻的理解和认识。

《论语·八佾》:"祭如在,祭神如神在。子曰:'吾不与祭,如不祭。'"

本章是孔子关于"祭"的最直接言论,内容涉及祭祀者与祭拜偶像之间的关系问题,具有某种神秘主义的宗教倾向,因此值得认真研读。

前两句描述了孔子临祭时毕恭毕敬的举止和神态①,在内容上似有重复,因此《皇疏》解释说,前一句言"祭人鬼",后一句言"祭天地山川百神"。《集注》引程子言曰:"祭,祭先祖也。祭神,祭外神也。祭先主于孝,祭神主于敬。"可见当时祭祖与祭神在情感体验上是有所不同的,一者主孝,一者主敬。

"祭如在"高度概括了临祭者情感体验和心理变化的完整过程,具体可以从"不在""如在""在"三个方面来具体分析:

一、不在:这是客观事实。人们在现实生活中并不能感知到祖先和神灵的真实存在,来无影去无踪,眼看不见,耳听不见,因此难免让人心生疑惑,即便像孔子这样的多识之士对于鬼神之事也常常是闪烁其词,语焉不详。

二、如在:这是主观臆想。客观存在或不存在是主观认识无法改变的事实,如果一定要改变这个事实,就需要激发临祭者的主观情绪和合理想象,这就是"如"的功效。关于文中的两个"如"字,鲁迅先生在《再论雷峰塔的倒掉》一文中做出精辟分析:

> 孔丘先生确是伟大,生在巫鬼势力如此旺盛的时代,偏不肯随俗谈鬼神;但可惜太聪明了,'祭如在祭神如神在',只用他修《春秋》

---

① 著者按:有人认为这两句为古语,但缺乏有力证据,故不从。

的照例手段以两个'如'字略寓'俏皮刻薄'之意,使人一时莫名其妙,看不出他肚皮里的反对来。

按照鲁迅先生的分析,孔子是不信鬼神之事的,但是他又不能明目张胆地表示反对或提出质疑,因此只好用两个"如"字来隐晦表达。这种分析确实精准地剖析了孔子的真实心态,因为孔子对于鬼神之事一直是心存疑虑、敬而远之的。不过本章中的两个"如"字并不是怀疑鬼神是否真实存在,而是祭祀前的一种心理准备。从"不在"到"如在"是祭祀过程中发生情绪和心理变化的一个重要环节,古代圣王在这方面已经做出表率,《礼记·祭义》:

> 文王之祭也,事死者如事生,思死者如不欲生,忌日必哀,称讳如见亲。祀之忠也,如见亲之所爱,如欲色然,其文王与?

周文王祭祀先祖时,在"事""思""称""见"等方面都做到了"如",因此心中就自然而然地产生敬意,这就是"祀之忠"。

三、在:这是通过主观臆想形成的一种心理状态,而非客观真实存在,然而却具有真实存在的意义。"在"是激发"孝""敬""忠"等情感体验和心理变化的重要前提,只有信以为真,才能心生敬意。

孔子提出"祭如在,祭神如神在",就是要求临祭者在祭祀过程中实现从"不在"到"如在"再到"在"的情感体验和心理变化,其真正用意是解决"敬"的问题,因为"敬"才是祭祀的根本目的:"祭思敬。"[1]"君子之祭也,敬而不黩。"[2]

后两句是孔子结合自身体会对"祭如在,祭神如神在"两句做出的解

---

[1]《论语·子张》。
[2]《春秋公羊传·桓公八年》。

说,句中的"与"有两种解读,一读去声,作"参与"解,断句如本章;一读上声,作"赞同"解,断句则为"吾不与,祭如不祭",此从前说。《皇疏》引苞氏言曰:"孔子或出或病,而不自亲祭,使摄者为之,故不致敬心,与不祭同也。"意思就是,如果孔子本人因故不能亲临祭祀,他是不会委托他人代摄的,因为祭祀者不在祭祀现场,就无法真切感受鬼神之神灵,也无法真实表达敬畏之诚心。同样,吊丧之事也不可请人代摄,《礼记·檀弓下》中载鲁人伯高之丧,弟子冉有准备代孔子吊丧,孔子得知后说:"异哉!徒使我不诚于伯高。"可见本人到不到场直接关乎诚与不诚。春秋时期,随着周朝礼制逐渐废弛,许多贵族大夫把传统的祭祀活动视作可有可无的事情,想来就来,不想来就不来,有时干脆找人代祭。《春秋·文公十六年》记载:"夏五月,公四不视朔。"鲁文公在当年的前五个月中竟然有四次没有出席祭祀祖先的"告朔之礼",这绝不是一句"公有疾"就可以搪塞过去的。到了春秋末年,王公贵族对于祭祀之事更是懈怠随意,即使出席祭祀仪式,也只是摆摆花架子,心中毫无敬意。因此孔子这两句话是针对当时礼制废弛的现实情况有感而发的,他认为祭祀者如果不能把自己的思念和情感全部投入到祭祀活动中,那么就不可能与祖先和神灵之间形成心灵感应和情感互动,这样的祭祀也就毫无意义。

综上所述,本章前两句讨论的是鬼神在与不在的问题,后两句讨论的则是祭祀者的心在与不在的问题,虽然角度不同,但是强调的都是一个"敬"字。

《论语·为政》:"子曰:'非其鬼而祭之,谄也。见义不为,无勇也。'"

本章言论只有两句,但是在内容上却没有关联,前一句与"祭"有关,这里作重点评析;后一句则与"勇"有关,将在《勇(勇者)》中另作评析。

人因有鬼而祭,不过祭有"祭"有"谄",二者区别在于祭拜偶像是否

"非其鬼","其"是代词,代指祭祀者。何谓"非其鬼"?简单地说,就是与祭祀者没有关系的鬼。鬼神世界并不是人们凭空想象出来的,而是现实世界的折射或翻版。所有鬼神在现实世界中都有各自的影子和归属,也有各自的功能和作用,有关情况在史书中多有记载。《左传·昭公七年》中载,晋平公得了一种怪病,久治不愈,有人推断有"厉鬼"作祟,于是就让巫祝把晋国的名山大川全部祭祀了一遍,然而晋平公的病情仍不见好转。后来经过郑国子产点拨,晋人改为夏郊祭鲧①,晋侯的病情才逐渐好转。这件事情说明,鬼神就像现实世界中的人一样,各有各的职守,各管各的事务,世人只有祭祀与自己相关的鬼神,才有可能得到鬼神的庇佑。同样,各个氏族也有与本氏族相对应的鬼神(先祖),大者为神,小者为鬼,先逝者为故鬼,后逝者为新鬼,后人定期举行祭祀仪式,祈求先祖禳灾降福。如果后人跑去祭祀其他氏族的鬼神,也就是孔子所说的"非其鬼",那么就不可能受到"非其鬼"的降福,也不可能得到本氏族鬼神(先祖)的庇佑,因为这不是"祭",而是"谄"。

在《论语》中,"谄"字比较多见,主要为谄媚、讨好之义,如"贫而无谄,富而无骄"②、"事君尽礼,人以为谄也"③等等。本章中"谄"的含义相对复杂,需要深入解读。《左传·桓公六年》:"所谓馨香,无谗慝也。""馨香"是指祭祀鬼神(先祖)时供奉的祭品芳香远闻,也暗指祭祀者"有嘉德而无违心";"谗慝"则与之相反,是指祭祀者既无嘉德,又不虔诚,即使祭品再丰盛,鬼神也不享其祀,故而祈福无效。《皇疏》:"谄,横求也。鬼神聪明正直,不歆非礼。人若非己祖考而祭之,是为谄求福也。"《礼记·曲礼下》中也说:"非其所祭而祭之,名曰淫祀,淫祀无福。"由此可见,如果祭祀者与鬼神(祖考)之间没有氏族血缘关系,那么这种"祭"就是"谄",亦谓"淫祀"或"乏祀"。

———————————

①《礼记·祭法》:"夏后氏亦禘黄帝而郊鲧,祖颛顼而宗禹。"
②《论语·学而》。
③《论语·八佾》。

鬼神（先祖）不享受非本族后人的祭祀，也不会降福于他们，这种观念在春秋时期已经非常流行。比如晋献公时期，晋太子申生被骊姬诬陷，死于非命，后来他化作鬼魂对自己生前的仆夫狐突说："夷吾（晋惠公）无礼，余得请于帝矣。将以晋畀秦，秦将祀余。"意思就是，他打算请求众神之神上帝对晋人实施报复，让秦国兼并晋国，这样他以后就可以享受秦人的祭祀了。狐突则对此表示反对，他说："臣闻之，神不歆非类，民不祀非族，君祀无乃殄乎？且民何罪。失刑乏祀，君其图之。"[①]在人类世界里，人们可以通过兼并战争来改变国别；然而在鬼神世界里，先祖是无法改变自己族别的。再比如鲁僖公时期，北狄围卫，卫国为了避免北狄骚扰，保存国力，决定迁都于帝丘。帝丘原本是夏朝贤君相的居住地，因此卫成公迁都之前特意命人举行仪式，祭祀夏朝先祖相，祈求佑护，然而卫大夫宁武子则认为此举不妥，他进谏道："鬼神非其族类，不歆其祀。"按照氏族血缘关系，卫国是周部族姬姓后裔，周与夏不同族不同姓，因此周族姬姓后人是不可以去祭祀夏族祖先的，否则祈福不成，反遭灾祸[②]。后来卫成公听从了宁武子的建议，改为祭祀周族先祖，迁都才得以顺利进行[③]。在古人观念中，鬼神也有明确边界和专属义务，后人在祭祀鬼神时不得破坏这种根植于氏族血缘之中的"领地"秩序，鬼神也只有接受本氏族后裔的祭祀才会显灵降福。

春秋末年，天下无道，礼崩乐坏，社会秩序大乱，在各种祭祀活动中，"谄"或"淫祀"的现象比比皆是，司空见惯，对鬼神的权威性和祭祀的神圣性造成了严重损害。孔子从维系氏族组织和稳定社会秩序的现实需要出发，重申不祭"非其鬼"的观点，他希望通过鬼神之事来整饬现世秩序，但是这些努力对于现实生活中的各种违礼行为似乎并没有起到多少制约作用。

---

① 《左传·僖公十年》。
② 《礼记·祭法》："周人禘喾而郊稷，祖文王而宗武王。"
③ 《左传·僖公三十一年》。

《论语·八佾》:"季氏旅于泰山。子谓冉有曰:'女弗能救与?'对曰:'不能。'子曰:'呜呼!曾泰山不如林放乎?'"

《八佾篇》中集中记载了几起鲁国公族贵族的违礼事件,都与祭祀有关,"季氏旅于泰山"就是其中之一。这里的"季氏"是鲁国执政国卿季康子,冉有是孔门弟子,此时他已受聘于季氏,担任季氏宰之要职,故而孔子有"女弗能救与"之问;"救"是挽救、拯救;"旅"与"胪"音近相通,是祭祀泰山的专属祭名,《史记·六国年表》:"位在藩臣,而胪于郊祀。"《汉书·班固叙传》:"大夫胪岱,侯伯僭畤。"季氏旅于泰山之事当发生在孔子归鲁初期,此时孔子与季康子之间的矛盾冲突尚未激化,所以说话的语气相对委婉平和。

春秋时期,祭祀祖先和神灵是人们生活中的一件大事,周朝礼制对于祭祀的时间、地点、对象、规制、礼仪以及供奉的祭品等都做出明确具体的规定,不可混淆,也不可僭越:

天子五年一巡守。岁二月,东巡守,至于岱宗,柴而望祀山川,觐诸侯,问百年者就见之。①

天子祭天地,祭四方,祭山川,祭五祀,岁遍。诸侯方祀,祭山川,祭五祀,岁遍。大夫祭五祀,岁遍。士祭其先。凡祭,有其废之,莫敢举也;有其举之,莫敢废也。非其所祭而祭之,名曰淫祀。淫祀无福。天子以牺牛,诸侯以肥牛,大夫以索牛,士以羊、豕。②

天子祭天地,诸侯祭社稷,大夫祭五祀。天子祭天下名山大川,五岳视三公,四渎视诸侯。诸侯祭名山大川之在其地者。天子、诸侯祭因国之在其地而无主后者。③

---

① 《礼记·王制》。
② 《礼记·曲礼下》。
③ 《礼记·王制》。

> 天子祭天，诸侯祭土。天子有方望之事，无所不通。诸侯山川有不在其封内者，则不祭也。……三望者何？望祭也。然则曷祭？祭泰山、河、海。曷为祭泰山、河、海？山川有能润于百里者，天子秩而祭之。①

上述史料说明，祭祀泰山是周天子专享之礼，五年一巡守，以观民风，考功典礼。因为泰山在鲁国封内，因此鲁国国君平时也可以代周王祭祀泰山，而季康子只是鲁君陪臣，大夫身份，他是没有资格祭祀泰山的，否则就是"非其所祭而祭之"的违礼行为，也不会得到岱宗之神的庇佑。

《左传·哀公六年》中也记载了一个类似事件：

> （楚）昭王有疾。卜曰："河为祟。"王弗祭。大夫请祭诸郊。王曰："三代命祀，祭不越望。江、汉、睢、漳，楚之望也。祸福之至，不是过也。不穀虽不德，河非所获罪也。"遂弗祭。孔子曰："楚昭王知大道矣！其不失国也，宜哉！《夏书》曰：'惟彼陶唐，帅彼天常。有此冀方，今失其行。乱其纪纲，乃灭而亡。'又曰：'允出兹在兹。'由己率常可矣。"

楚昭王患疾，大限将至，卜者认为是黄河之神作祟，因此楚国诸大夫纷纷建议楚王举行郊祭，祓除疾病，消祸弭灾。祭祀黄河和祭祀泰山一样，都是天子之礼，黄河在晋国封内，晋侯可以代表周王祭祀黄河之神，楚王则不可以，因为"祭不过望"是周朝由来已久的祭祀礼制，不可僭越。《左传·宣公三年》："不郊而望，皆非礼也。望，郊之属也。不郊亦无望，可也。"《春秋公羊传·僖公三十一年》："天子有方望之事，无所不通。"汉代何休注曰："方望，谓郊时所望祭四方群神、日、月、星、辰、风伯、雨师、

---

① 《春秋公羊传·僖公三十一年》。

五岳、四渎,及余山川,凡三十六所。"①黄河是周礼规定的三十六所之一,诸侯不得僭礼祭祀,否则就是"过望"。楚昭王后来并没有听从诸大夫的祭河建议,他选择了恪守礼制、听天由命的明智做法。孔子为此特意引用《夏书》中的言论,对楚昭王遵道知礼的行为表示赞许。

季氏旅于泰山,僭越礼制;楚王不祭黄河,恪守礼制。两件事情一正一反,孔子对此一褒一贬,在强烈对比中表达了其鲜明的政治立场和批判态度。孔子从维护周朝礼制秩序的传统立场出发,对季氏祭祀泰山的违礼行为提出批评,对弟子冉有的失职行为也有所责难,他对冉有说话用了一个"救"字,说明季氏的所作所为已经处于"病"的危险状态,当冉有回答"不能"时,他又把林放拿出来说事。林放何许人也?他在时人眼中大抵是一个不懂礼仪的反面典型。孔子感叹道:"呜呼!泰山不如林放乎?"意思就是,难道泰山之神也像林放一样不懂礼制规范,居然接受季氏的非礼祭祀吗?这种不满情绪与"是可忍也,孰不可忍也"是一样的。与此相反,孔子对于楚王不祭黄河的恪守礼制行为则大加赞赏,称其"宜哉",所谓"由己率常",就是已经达到知天达命的境界,这样的评价是很高的!

《论语·八佾》:"或问禘之说。子曰:'不知也;知其说者之于天下也,其如示诸斯乎!'指其掌。"

"禘"是天子祭天大典,故而又称"大祭"②或"吉祭"③。《礼记·大传》:"礼,不王不禘,王者禘其祖之所自出,以其祖配之。"古人举行祭天大典时还要请出本族始祖来陪天享祭,而这些本族始祖必须有功于后人,诸如"法施于民""以劳定国""能御大菑""能捍大患"等,因此有虞氏

---

① 《春秋公羊传·僖公三十一年》。
② 《尔雅·释天》:"禘,大祭也。"《论语·颜渊》:"使民如承大祭。"
③ 《左传·襄公十六年》杜预注曰:"禘祀,三年丧毕之吉祭。"

和夏后氏以黄帝陪天享祭，殷人和周人则以帝喾陪天享祭①。《国语·周语中》："禘郊之事，则有全烝。王公立饫，则有房烝；亲戚宴飨，则有殽烝。"这里的"全烝"，是指用一头完整的活牲作为祭品，"房烝"是半只牲腥，"殽烝"则是肢解部分牲腥，可见禘祀不仅规格高，而且礼遇厚。

　　周朝举行祭天大典，最初只是周王的专属特权，后来周成王感念周公功勋卓著，特赐其后人在鲁国举行禘祀，以周公陪祭，这在当时是很高的礼遇，也是鲁国公室的骄傲。春秋之世，礼制废弛，鲁君在举行禘祀时，在周公太庙之外，又另立高祖庙、曾祖庙、祖庙和祢庙，即所谓"立四庙"②，扩大了陪天享祭的范围，后来甚至连国君夫人也可以陪天享祭。鲁僖公八年（公元前652年），鲁国"禘于大庙，用致夫人"，鲁庄公夫人哀姜生前作恶多端，死后却禘于太庙，享受陪祭，为此左氏君子"五十凡"发论道："禘而致哀姜，非礼也。凡夫人不薧于寝，不殡于庙，不赴于同，不祔于姑，则弗致也。"③到了春秋末年，鲁国举行禘祀大典已经流于形式，不仅昭穆逆乱，而且连基本礼仪也很不规范，所以孔子批评道："禘自既灌而往者，吾不欲观之矣。"④"灌"同"盥"或"祼"，是禘祀中的一个重要仪式，仪式内容是献酒荐神，以享先祖和神灵。《集注》："灌者，方祭之始，用郁鬯之酒灌地，以降神也。""郁鬯"是用鬯酒调和郁金香汁而成的香酒。鲁国在举行禘祀大典时，"灌"之前是祭祀天神和周公，"灌"之后则是祭祀鲁国历代先君，孔子认为"既灌而往者"的礼仪都僭越了周朝礼制，因此他不愿意再继续观摩下去了。鲁国通常每三年举行一次禘祀大典，因此很难确定孔子本章言论的具体时间，不过可以肯定的是孔子此时已经在政坛上崭露头角，得到当政者的认可，因为出席禘祀大典是有一定身份限制的，普通士人则没有资格参加。

---

①《礼记·祭法》。
②《礼记·丧服小记》。
③《左传·僖公八年》。
④《论语·八佾》。

同样,"或问禘之说"也没有具体的时间信息,不过从孔子说话的口气推断,应该在他结束周游、返回鲁国之后,当时他以"国老"身份受邀观礼,看到禘祀中的种种违礼行为,不禁喟然长叹,欲言又止,因而引起身旁"或"的关注,"或"代指某人。这个"或"不知何人,也许他对当时"礼崩乐坏"的种种乱象也深表不满,因此故意向孔子请教"禘之说",即关于禘祀的礼仪规制和精神实质。可以料想,孔子当时心情颇为复杂,因为"禘之说"在当时已经没有任何现实意义,鲁国上下也没有人关注,所以他干脆推说"不知"。《皇疏》:"孔子答或人云:不知禘礼旧说也。所以然者,若依旧说而答之,则鲁君乖礼之事显;若依鲁而说之,则又乖正教。既为鲁讳,故云'不知'也。"由此可见,孔子与"或"很有可能是一个明知故问,一个明知不说,因为臣属是不能非议国君的,否则就是违礼,但是他们都不愿意违心说假话,所以两人都是揣着明白装糊涂。

孔子似乎不想让人误解自己,于是接下来他指着自己的手掌意味深长地说道:"知其说者之于天下也,其如示诸斯乎!"意思就是,如果谁能懂得关于禘祀的礼仪规制和精神实质,那么天下就尽在其掌控之中,治理起来将易如反掌。

禘祀的精神实质("禘之说")是礼制规范,这是治理天下国家的根本之道。孔子所关注的未必是禘祀礼仪问题,而是通过礼仪规范来激发仁爱之心、恢复礼制秩序的政治功效。不论他的这种政治主张是否切合实际,这种境界却是令人尊敬的。

《论语·八佾》:"哀公问社于宰我。宰我对曰:'夏后氏用松,殷人以柏,周人以栗,曰,使民战栗。'子闻之,曰:'成事不说,遂事不谏,既往不咎。'"

本章是鲁哀公与孔门弟子宰我之间的对话,他们谈论的是社主用木问题,因此与祭祀有关。孔子此时人在陈国,"子闻之"说明他是后来听说此事的。

《礼记·祭法》:"为群姓立社,曰大社;王自为立社,曰王社。诸侯为百姓立社,曰国社;诸侯自为立社,曰侯社。大夫以下成群立社,曰置社。"古人封土建国必须立社,"社"原本是土地之神,"后土为社"①,后来祭祀土地之神的场所亦称社。社主通常用木制的牌位或栽种的树木来代表,以供土地之神依附,亦供国人祭祀礼拜。根据《春秋经》记载,鲁哀公四年(公元前491年),鲁国亳社发生火灾,损失惨重。亳社位于曲阜城郊,这里不仅是殷商遗民祭祀祖先的场所,也是国人商议重要政事的集会场所,当年阳虎作乱时,就曾"盟公及三桓于周社,盟国人于亳社"②。亳社大火,社主被毁,重新修建,首先需要确定树种,因此鲁哀公找宰我询问。

宰我是孔门"四科十哲"之一,和子贡并列"语言"优等。他思想活跃,喜欢标新立异,敢于挑战权威,经常语出惊人,属于孔门之中的另类人物。鲁哀公向宰我征询社主用木问题,宰我回答道:"夏后氏以松,殷人以柏,周人以栗。"这几句话并没有问题,松、柏、栗都是比较容易生长成材的树木,当时人们在日常生活中普遍使用,"君松椁,大夫柏椁,士杂木椁"③。夏、商、周三代由于地域和气候等因素,社主分别选取在当地宜于生长的树木,这原本也没有什么特别的讲究或寓意,然而宰我却自作聪明地加上一句:"使民战栗。"意思就是,周人用栗树做社主,是因谐音而取其使民敬畏、战栗之义,这种解说显然是牵强附会,妄自揣度,画蛇添足。此事还有另外一种解说:当时鲁哀公与"三桓"交恶,动了杀伐之心,因为古人常戮人于社,因此哀公借问社之事来征询宰我的意见,宰我心领神会,答之以"使民战栗",对此表示认可。这种解说虽然符合鲁国

---

① 《左传·昭公二十九年》。
② 《左传·定公六年》。
③ 《礼记·丧大记》。

当时公室与卿家之间矛盾冲突的客观情势,但是基本没有什么可行性,因为鲁哀公自幼生于公室,长期养尊处优,他自己也说:"寡人生于深宫之中,长于妇人之手,寡人未尝知哀也,未尝知忧也,未尝知劳也,未尝知惧也,未尝知危也。"①像他这样一位不知困苦、毫无历练的年轻公子是没有能力和勇气公开挑战势力强大的"三桓"集团的。事实证明,鲁哀公在位二十七年,他一直忍声吞气,碌碌无为,完全是一个昏庸无能的"下主"②。因此所谓宰我"启时君杀伐之心"③之说完全是过度解说。

鲁国亳社发生火灾时,孔子人在陈国,他听说此事后,对宰我提出批评:"成事不说,遂事不谏,既往不咎。""成事"和"遂事"都是已经发生的往事,"谏"是更改,"咎"是追究过错。这几句话代表了时人对于过往之事的基本态度,孔子周游列国期间,楚狂接舆劝谏孔子时也曾说过类似的话:"往者不可谏,来者犹可追。"④孔子认为,对于过去发生的事情,如果没有充分依据就不要信口开河,妄自揣度,尤其是对于关系到国家祭祀大事的社主问题,就更要慎之又慎,恪守礼制。

清人刘宝楠在《论语正义》中对这三句话做出深度解读,可作参考:

> 夫子时未反鲁,闻宰我言,因论之也。"成事"、"遂事",当指见所行事。"既往",当指从前所行事。窃疑既往指平子言。平子不臣,致使昭公出亡,哀公当时必援平子往事以为祸本,而欲声罪致讨,所谓既往咎之者也。然而禄去公室,政在大夫,已非一朝一夕之故。哀公未知使臣当以礼,又未能用孔子,遽欲逞威泄忿,冀以收已去之权,势必不能,故夫子言此以止之。盖知哀公之无能为,而不可轻于举事,此虽责宰我,亦使无礼于君者知所惩戒而改事君矣。

---

① 《荀子·哀公》。
② 《韩非子·五蠹》。
③ [宋]朱熹撰:《论语集注》。
④ 《论语·微子》。

刘氏把"成事""遂事"与历史上季平子流放鲁昭公之事联系起来，明显带有借古喻今的惩戒意味，也突出了孔子维护公室权威的担当精神。这种观点虽然联系历史，颇具见地，但是未免把事情弄得太复杂了。

《论语·乡党》："祭于公，不宿肉。祭肉不出三日。出三日，不食之矣。"

《乡党篇》在《论语》全书中比较特别，在编辑体例上，不仅通篇混为一章，而且各种古本编次也不相同，《鲁论》和《齐论》均将此篇列于《子罕篇》之后，《古论》则将其列于《学而篇》之后，为全书次篇；在表述风格上，语言文字与全书也不一致，通篇没有对话，基本都是叙述。这些情况前人已多有关注，但是由于史料阙如，证据不足，因此始终没有合理解释。

在内容上，《乡党篇》主要围绕日常起居的相关礼仪规范进行叙述。《皇疏》："乡党者，明孔子教训在于乡党之时也。所以次前者，既朝廷感希，故退还应于乡党也。故《乡党》次于《子罕》也。"《集注》引杨氏言曰："圣人之所谓道者，不离乎日用之间也。故夫子之平日，一动一静，门人皆审视而详记之。"刘宝楠《论语正义》（以下均简称刘氏《正义》）亦曰："此篇虽一章，而其间事义，各以类从，皇、刑《疏》别为科段，当有所受，今略本之，分为二十五节。"①可见，前人均认定《乡党篇》主要记录了孔子在日常生活中严格遵从礼制规范的行为举止，其坐卧行走、举手投足，无不中规中矩，堪称典范。

本节内容与祭祀礼仪有关。古人在举行重要祭祀活动时，都要宰杀活牲作为贡献祭品，以享祖先和神灵。《春秋公羊传·桓公八年》："春曰祠，夏曰礿，秋曰尝，冬曰烝。"何休解诂曰："无牲而祭谓之荐。天子四祭

---

① 杨伯峻《论语译注》将此篇分为二十七节。

四荐,诸侯三祭三荐,大夫、士再祭再荐。……礼,天子、诸侯、卿大夫,牛羊豕凡三牲,曰大牢;天子元士,诸侯之卿大夫,羊豕凡二牲,曰少牢;诸侯之士特豕。""荐"是祭祀时向祖先和神灵供奉的食物,即"君赐腥,必熟而荐之"①。牛、羊、豕是当时比较常用的祭祀贡品,由于祭祀者身份和地位不同,祭祀贡品也有所区别。"祭于公"是周朝开始实行的一种助祭制度,《礼记·杂记上》:"大夫冕而祭于公,弁而祭于己。士弁而祭于公,冠而祭于己。"国家举行祭祀大典之日,大夫和士人都要盛装出席,当日清晨他们(贵族大夫)还要在家中宰杀一头活牲,把祭肉带到祭祀现场,摆放在祖先牌位前供奉,一来表达自己对祖先和神灵的敬意,二来可以让祭品更加丰盛,此为助祭。等到当天祭祀活动结束后,各人再把自家助祭的祭肉拎回去,按照礼制规定,祭肉应该当天吃掉,不要隔夜,否则就是对祖先和神灵的不敬,这就是"不宿肉"。如果自家的祭肉当天吃不完,可以分馈给朋友,而受馈之人一定要拜谢敬祭,所以孔子说:"朋友之馈,虽车马,非祭肉,不拜。"②天子和诸侯主持的祭祀活动,第二天还要举行"绎祭",《尔雅·释天》:"绎,又祭也。周曰绎,商曰肜,夏曰复胙。"《尚书·高宗肜日》孔颖达疏曰:"祭之明日又祭,殷曰肜,周曰绎。天地社稷山川五祀,皆有绎祭。"绎祭结束后,所有参加绎祭的贵族大夫都会根据尊卑贵贱等级得到一块由王室或公室颁赐的大小不等或部位不同的祭肉,名曰"致膰"。孔子当年就是因为苦等公室"致膰"不至而愤然离开鲁国的③。一场祭祀活动前后两天,所以"祭肉不出三日",如果超过三天就不再食用了,否则就是亵渎祖先和神灵。

"不宿肉"和"祭肉不出三日"都是与祭祀相关的礼仪规范,主要表现了人们对于祖先和神灵的敬畏精神。然而有不少人却将此理解为食品

---

① 《论语·乡党》。
② 《论语·乡党》。
③ 《史记·孔子世家》。

保质保鲜问题,说"祭肉超过三天就不新鲜了"①,"因为不清洁,吃了容易生病"②,甚至还和"霉千张、臭豆腐、欧美奶酪酸乳"等联系起来分析③,这样的解读实在是离题万里!孔子之时,人们饮食条件非常差,平时根本没有肉食,当年鲁人曹刿对鲁庄公说:"肉食者鄙,未能远谋。"④可见当时只有少数贵族才能享有肉食的特殊待遇,像孔子这种下大夫身份的人如若不是为了祖先和神灵,怎么可能有那么多"不食之"的讲究!

《论语·乡党》:"虽疏食菜羹,瓜祭,必齐如也。"

古人在饮食方面的礼仪习俗非常繁复琐碎,甚至有一种说法认为"礼"最早起源于饮食:"夫礼之初,始诸饮食,其燔黍捭豚,汙尊而抔饮,蒉桴而土鼓,犹若可以致其敬于鬼神。"⑤本节就是关于饮食礼仪方面的内容,主要表现了孔子"祭思敬"的恭敬、虔诚态度,即使是糙食素羹,该尽的礼数一样不少,绝不走样。

"疏"与"菜"都是"食"与"羹"的修饰词,为简朴、粗糙之义,"疏食"是糙米饭,"菜羹"是素菜汤。"瓜祭"二字有不同句读方法:一是二字单独成句,"瓜"是北方生长的一种食用瓜,与"疏食""菜羹"并列,"祭"是餐前祭祖,孔安国注曰:"三物虽薄,祭之必敬也。"二是"瓜"为"必"字之误,"瓜祭"就是必须祭拜的意思,此从后说。"齐"(齊)是斋戒,表示恭敬虔诚,"……如也"就是"如……的样子"。这几句话主要表现了孔子在日常生活中讲究礼仪规范的谦谦君子风度,他在家中吃饭,即便是糙米饭和素菜汤,饭前也要先取出少量食物放在专用器皿上,恭恭敬敬地祭拜祖

---

① 李零:《丧家狗——我读〈论语〉》,太原:山西人民出版社,2007年,第198页。
② 李泽厚:《论语今读》,北京:生活·读书·新知三联书店,2008年,第304页。
③ 王蒙:《天下归仁》,北京:北京联合出版公司,2015年,第199页。
④ 《左传·庄公十年》。
⑤ 《礼记·礼运》。

先,其恭敬、虔诚程度就像经过三日斋戒准备一样。

东汉王充在论述"祭犹斋戒畏敬,若有鬼神"的观点时引用了本章言论:

> 人将饮食,谦退,示当有所先。孔子曰:"虽疏食菜羹瓜,祭,必斋如也。"《礼》曰:"侍食于君,君使之祭,然后饮食之。"祭,犹礼之诸祀也。饮食亦可毋祭,礼之诸神,亦可毋祀也。①

王充主要是从无神论观点出发,论述了祭祀的本质在于礼仪,而不在于祈福于鬼神。他又以孔子葬狗之事说明,孔子饭前必祭,未必是信鬼神,而是"重恩尊功,殷勤厚恩",以此来表达对于未知事物的尊重,因此这是一种形式大于内容的仪式。

《论语·乡党》:"君赐食,必正席先尝之。君赐腥,必熟而荐之。君赐生,必畜之。侍食于君,君祭,先饭。"

目前通行《论语》注本(包括有些权威注本)对于本节的解释存在诸多谬误,许多研究者更是不求甚解,以讹传讹。出现这种情况原因有二:一是大多数研读者对于《乡党篇》不够重视,不愿意在这些琐碎繁复的礼仪中花费太多的死功夫;二是仅仅停留于表面文字理解,没有结合礼的精神来深入解读。

第一句中的"食"并非是通行注本解释的"熟食",而应含有与祭祀先祖内容相关的特殊含义;"尝"也不是"尝试"的意思,而是祭祀先祖的一种礼仪。《尔雅·释天》:"春祭曰祠,夏祭曰礿,秋祭曰尝,冬祭曰烝。"

---

① 《论衡·祭意篇》。

《春秋公羊传·桓公八年》:"春曰祠,夏曰礿,秋曰尝,冬曰烝。"何休解诂:"尝者,先辞也。秋谷成者非一,黍先熟,可得荐,故曰尝。"因此这句话的意思应该是国君赐以新年谷物,孔子必定按照礼仪用当年第一茬收成祭祀先祖。第二句中的"腥"是活牲宰杀后的生肉,"荐"也是祭祀先祖的一种礼仪。《礼记·王制》:"大夫、士宗庙之祭,有田则祭,无田则荐。庶人春荐韭,夏荐麦,秋荐黍,冬荐稻。"同样,这里的"熟"既可以理解为把生肉煮熟,也可以理解为一年四季新收的成熟谷物。贵族家境富有,有田有产,可以用熟肉作为贡品祭祀祖先,此为"祭";庶人没有恒产,只能用当年当季成熟的谷物作为贡品祭祀祖先,此为"荐"。总之,祭祀先祖和神灵一定要贡献最好的、最新鲜的食物。第三句中的"生"是活牲,"畜"是畜养。对于普通人家来说,一头活牲算得上一笔不小的财富,平时舍不得享用,一般要等到祭祀大典之时才将其宰杀,先用于祭祀先祖和神灵,然后再自己享用。综上所述,这几句话是关于国君赐予各种食物("食""腥""生")的礼仪规范,无论国君赐予什么食物,孔子都要先恭恭敬敬地贡奉给祖先和神灵享用。相关礼仪虽然琐碎不堪,但是孔子则认为意义重大,故而拘泥于此,严格遵从。

"侍食于君"是孔子侍食于国君之侧,也就是陪国君吃饭,此时他更加注重礼仪规范了。国君在饭前祭祖时,孔子"先饭"。何谓"先饭"?有人将此解释为"于君祭,则先饭矣"①,也有人解释为"自己先吃饭,不吃菜"②,这些解释显然不得要领。比较而言,《皇疏》的解释最为精到:"夫礼,食必先取食,种种出片子置俎豆边地,名为祭。祭者,报昔初造此食者也。君子得惠不忘报,故将食而先出报也。"按照这样的解释,"先饭"就是国君在举行饭前祭礼时,孔子在一旁帮着从各种饭食中取出少许,放置在专用的祭祀器皿中,以供国君祭祀之用。换言之,就是当好国君

---

① 皇侃《论语义疏》引郑玄注。
② 杨伯峻译注:《论语译注》,北京:中华书局,1958年,第105页。

的祭礼助手,与所谓"先吃饭,后吃菜"并无关系。

《论语·述而》:"子疾病,子路请祷。子曰:'有诸?'子路对曰:'有之;《诔》曰:"祷尔于上下神祇。"'子曰:'丘之祷久矣。'"

"子路请祷"之事发生在孔子病重期间,虽然子路是出于好心,但孔子并不领情,因为神祇世界也是有规矩的,祭是祭,祷是祷,不能想要什么就求什么,想求谁就求谁。

在古代汉语中,"祷"与"祭"词义基本相同,《广雅》:"祷,祭也。"不过在具体运用中,两者略有区别:

一、"祭"的对象大多是血缘关系比较清晰、且有功于氏族的祖先和神灵,比如夏后氏"禘黄帝而郊鲧",殷人"禘喾而郊冥",周人"禘喾而郊稷"等等,这就是所谓"祭统"[1];而"祷"的对象则比较宽泛模糊,不仅血缘关系比较疏远,而且年代相隔也比较久远,乃至于无以名之。《礼记·祭法》:"去祧为坛,去坛为墠。坛、墠,有祷焉祭之,无祷乃止。去墠为鬼。"可见,"祷"的对象离活着的人们已经非常遥远,几乎就是没有什么血缘关系的无名鬼,所以子路这里只能含混地说"祷尔于上下神祇"。

二、"祭"的目的在于祈求祖先和神灵庇佑,降福禳灾,祭祀者本人并没有什么过错;"祷"的目的虽然也在于祝告祖先和神灵,祈求平安降福,但是祷告者本人往往有"罪"或"病"在身,因此祈求免罪消灾的意味更重一些,比如孔子说"获罪于天,无所祷也"[2],这是有罪在先,再比如"秦昭王有病,百姓里买牛而家为王祷"[3],这是有病在身,本章"子疾病,子路请祷"亦是如此。

---

[1]《礼记·祭法》。
[2]《论语·八佾》。
[3]《韩非子·外储说右下》。

三、祭祀活动一般在庙、祧、墠、埠等固定场所进行,祭祀礼仪程式相对统一,时间也比较固定,天子、诸侯一般每月举行一次祭祀,大夫、士人每季举行一次祭祀;祈祷活动则往往是随机性的、临时性的,基本没有固定的时间和场所,礼仪程式也很不规范,比如晋、楚鄢陵之战前夕,晋军就在军中临时举行"战祷"仪式①。

四、"祭"是贵族的特权,身份的象征,是国家礼制的一个重要组成部分;"祷"则是民间广泛流传的一种迷信活动,既不正规,也不庄重,不登大雅之堂,带有病急乱投医的意味。

"子路请祷"之事表现了孔子和子路对于"祷"的不同态度。子路是性格粗犷的鄙野之人,对于上流社会讲求的礼仪规范知之甚少,他见孔子久病不起,生命垂危,因此只好按照《诔》中记载的方法向"上下神祇"祈祷。《诔》大概是当时民间流行的一种迷信抄本,属非主流读物,不登大雅之堂。孔子苏醒过来后听说此事,虽然没有直接批评子路,但是他对子路"祷尔于上下神祇"的愚昧做法并不认同,他认为向神灵祈祷是一件严肃认真的事情,必须符合礼制规范,否则就是亵渎神灵,最终结果不仅不会获得神灵庇佑,反而会因亵渎神灵而获罪。

---

① 《左传·成公十六年》。

05. 性(共7章)

人性问题是中国古代哲学中的一个重要命题,先秦时期各家各派都不同程度地进行了研究,各种观点纷争对立,极大地丰富了中国古代哲学思想的内涵。关注人性问题,首先是为了满足人类自我认知的需要,人们在认知自然与社会的过程中,逐渐形成了以"人"为中心的主体意识,于是"人"就成为一个需要研究的问题,而"性"则是沟通天人联系的关键,因此具有特别重要的意义。

孔子的学说思想以"人"为中心,改造人首先必须研究人,所以他是先秦时期最早提出人性问题的思想家。在《论语》中,"性"字虽然仅出现两次,但是相关言论有不少。综合分析,孔子人性论大致有以下几个基本观点:一、人和鸟兽不与为群,"人"之所以为人,在于人性;二、人性是先天而成的,人性中有关"仁""孝""忠"等人伦道德方面的内容受之于"天"或"天道",属于形而上的范畴,故曰天性或道德之性(义理之性),而有关性格、气质、心理、智力、性情以及各种生理需求等方面的内容则是生理(心理)性的,属于形而下的范畴,故曰本性或生理之性(气质之性);三、人性在一定条件下是可以改变的,这主要取决于后天的主观努力和客观环境。总体而言,孔子在人性论方面所进行的探讨和研究,是以构建儒家思想体系为目的的,他提出的有关道德之性的观点为儒家进行道德说教提供了理论基础,而有关生理之性以及人性经过后天努力可以改变等观点也为儒家实施礼乐教化提供了理论依据。

《论语·微子》:"长沮、桀溺耦而耕,孔子过之,使子路问津焉。……(桀溺)曰:'滔滔者天下皆是也,而谁以易之?且而与其从辟人之士也,岂若从辟世之士哉?'耰而不辍。子路行以告。夫子怃然曰:'鸟兽不可与同群,吾非斯人之徒与而谁与?天下有道,丘不与易也。'"

孔子离开鲁国以后,一直在卫、郑、陈、蔡等国之间寻找从政机会,面见大小诸侯七十余君,但是始终没能受到重用,恰好此时楚昭王派人来延请孔子,于是他就带领弟子们一路南下适楚,一行人到了河边却找不到渡口,就让子路去向在大田里劳作的两个农人(长沮、桀溺)打听,谁知却遭到他们一番奚落。这就是本章言论的背景情况。

所谓"滔滔者天下皆是也",暗指各国诸侯都是目光短浅、碌碌无为的昏庸之君(包括孔子前往投奔的楚昭王)。"谁以易之"是用以强调"谁"的倒装句,"谁以"就是"以(与)谁"的意思,"易"是改变、变革。这句话的意思是,既然"滔滔者天下"都是如此昏庸,那么孔子就没有必要东奔西走,四处奔波,因为没有哪一个诸侯国君能够理解和支持他实现"天下有道"的政治理想。"与其……,岂若……"是选择问句,"从"是师从、随从,"辟"同避,"辟人"就是不与政见不同者为伍,即所谓"道不同,不相为谋"①,"辟世"则是彻底摒弃人类社会,与鸟兽为伍。长沮、桀溺这两句话既是讲给子路听的,也是讲给孔子听的,他们奉劝孔子不要对当政者抱有幻想,与其与他们同流合污,自毁清誉,不如回归自然,保存纯真天性。

孔子本人也觉得"辟世之士"的人生境界更高,他说:"贤者辟世,其次辟地,其次辟色,其次辟言。"②但是他的政治责任感和使命感更强,为了实现"天下有道"的理想,他积极入世,有所作为,即使困难重重,也努

---

① 《论语·卫灵公》。
② 《论语·宪问》。

力坚持。当然,孔子这种人生态度与其人性论观点是密切相关的。孔子认为,人与鸟兽不同类,人与鸟兽的本性也不同属,因此人与鸟兽"不可与同群"。人之所以有别于鸟兽,是因为人有与生俱来的天性,比如"仁""孝""忠"等,这些都是维持人类生存的基本条件,不可须臾或缺。如果因为天下无道而选择避世隐居,与鸟兽为伍,这就不仅放弃了做人的权力,也放弃了做人的责任和义务。"斯人之徒"是指"滔滔者天下皆是",言下之意,即便当今当政者都是不值一提的昏庸无知之徒,但是他们毕竟与我们是同类,而非鸟兽,人当然要与人群处,况且人与人都有共同的责任和利益。

孔子关于"鸟兽不可与同群"的言论可以视作中国古代探讨人性问题的起点,人要认识自我,必须从有别开始。孟子继承了孔子的思想观点,他与告子进行人性之辩时就曾诘问道:"然则犬之性犹牛之性,牛之性犹人之性与?"①强调人之性和犬之性、牛之性是不可混为一谈的。他后来又进一步阐述道:

> 人之所以异于禽兽者几稀,庶民去之,君子存之。舜明于庶物,察于人伦,由仁义行,非行仁义也。②

人与禽兽在饥食渴饮、遇寒知暖等方面几乎没有差别,"几稀"之处在于察人伦、明事理,这就是人有别于禽兽的天性。如果把人的这种天性发挥到极致,那就是知仁行义的君子;如果背弃人的天性,那就是如禽兽一般的小人。

---

① 《孟子·告子章句上》。
② 《孟子·离娄章句下》。

《论语·公冶长》:"子贡曰:'夫子之文章,可得而闻也;夫子之言性与天道,不可得而闻也。'"

孔子以文、行、忠、信为教,因此他有关"文章"的言论很多,弟子"可得而闻"。"文章"是古代典籍的统称,诸如《论语》中经常出现的《诗》《书》《礼》《乐》等等。"性"和"天道"等形而上命题则奥秘玄冥,高深莫测,既无法实证,也无法对比,只可意会,不可言传,孔子平时出言谨慎,很少主动言及,避免造成思想混乱,所以弟子"不可得而闻"。对比子贡这两句话,前一句"文章"不用"言",后一句"性与天道"则用"言",说明这个"言"字有主动谈论的意思。

本章真正值得关注的问题是子贡把"性"和"天道"并列①,表明二者之间存在某种关系。子思心有灵犀,他把两者关系明确表述为"天命之谓性"②,意思就是,人性是由天命决定的。此外,郭店楚简有《性自命出》,上博楚简有《性情论》,目前学界普遍认为这些文字均出自子思之手,他在文中明确提出:"性自命出,命自天降。道始于情,情生于性。"③把"天""命""性""情"之间的渊源关系阐述得非常清楚。子贡和子思都是孔子思想的重要传承者,在儒学发展中具有非常重要的地位,因此他们对于人性问题的理解与阐释基本体现了孔子的思想观点。

在孔子思想体系中,"天"或"天道"是最高哲学范畴,"命"与"性"都是从属于"天"的人生概念。"命"体现了"天"的意志,具有一定的偶然性;"性"则是天生而具的,具有一定的必然性。在人生遭际中,偶然有时可以改变必然,比如"伯牛有疾","斯人"和"斯疾"都是偶然因素,然而这

---

① 著者按:《史记·孔子世家》引用这句话为"夫子言天道与性命",文中不仅多了一个"命"字,而且二者前后顺序颠倒,估计太史公另有所本,但是如此改动却偏离了儒家思想的发展方向,故此不从。
② 《礼记·中庸》。
③ 马承源主编:《上海博物馆藏战国楚竹书·性情论》(一),上海:上海古籍出版社,2001年,第222页。

些都是命中注定的,无法改变,故而孔子叹曰"命矣夫"①;必然有时也可以改变偶然,比如子路"结缨而死",则完全是因为他果敢正直、重信守义的性情所致,故而孔子早早就对他做出"不得其死然"的断语。不过无论偶然或必然如何改变,一切都取决于"天"或"天道"。

《论语·阳货》:"子曰:'性相近也,习相远也。'"

本章是孔子直接言"性"的唯一言论②,虽然只有短短的两句话八个字,却引来后人无数争论,争论主要集中在如何理解"性"。宋儒认为,孔子言"性"主要有气质之性和义理之性两方面的内容,朱熹在《论语集注》中说:"此所谓性,兼气质而言者也。气质之性,固有美恶之不同矣。然以其初而言,则皆不甚相远也。但习于善则善,习于恶则恶,于是始相远耳。程子曰:'此言气质之性。非言性之本也。若言其本,则性即是理,理无不善,孟子之言性善是也。何相近之有哉?'"他对《公冶长篇》的"夫子之言性与天道"章又注曰:"性者,人所受之天理;天道者,天理自然之本体,其实一理也。"按照朱熹等人的观点,本章和《公冶长篇》"夫子之言性与天道"章的"性"有所不同,前者为气质之性,后者为义理之性,至于两者有何不同?他们只着重强调了一个"理"字,其他则语焉不详。

应当承认,朱熹等人把《论语》中的"性"理解为气质之性和义理之性,这是具有借鉴意义的,但是他们在具体解说中又往往似是而非,含混不清,甚至与孔子其他言论产生矛盾,反而让人不得要领。换言之,宋儒提出气质之性和义理之性的概念是可行的,但是具体内涵则需要认真梳

---

① 《论语·雍也》。
② 著者按:在《论语》中,孔子直接谈论"性"的言论仅有两处,一处是本章,另一处是《公冶长篇》的"夫子之言性与天道,不可得而闻也",不过这是子贡概括孔子言论严谨,而非孔子直接言"性"。

理，重新归类。

仔细研读《论语》，大致可以把孔子言"性"概括为三个方面：一是道德之性，即宋儒所说的义理之性，孔子曾明确说"天生德于予"[1]，说明"德"具有形而上属性，人人天生而具，没有差等，这是人性中的共性部分，也是儒家实施道德教化的理论依据；二是心智之性，即所谓"唯上知与下愚不移"[2]，智力天赋，虽然人有差等，但是可以通过后天教化实现改变；三是生理之性，即宋儒所说的气质之性，主要包括性格、气质、心理、性情、欲望以及各种生理需求等，这是人性中的个性部分，显示了人性的复杂性和差异性，具体内容将在下面结合相关言论进行评析。

"性相近也"一句，着重强调的是人性中的共性（天性），这种共性是由"天"公平无私的义理所决定的，因此这里的"性"应该理解为道德之性（义理之性），即以"仁""孝""忠"等道德观念为核心的道德品质。具体可以从以下三方面来进行分析：一是关于人性的来源问题，"天"有义理之天，"性"也有义理之性，而人性中的"仁"来源于天，顺天而成，是天道和人性义理的具体体现；二是关于人性的内容问题，人性的构成非常复杂，但是核心内容是"仁"，孔子反复强调："仁远乎哉？我欲仁，斯仁至矣。"[3]"为仁由己，而由人乎哉？"[4]"欲仁而得仁。"[5]上述言论表明，"仁"是人性中固有的内容；三是关于人性的表现形式问题，"仁"体现了"天"的公正无私，因此对于每一个人都是公平的，没有本质区别。

"习相远也"一句，着重强调的是人性中的个性（本性）。这里的"习"与上半句的"性"相对，因此应该理解为经过后天改造而形成的性格、习性、习惯以及思维方式和行为方式等。"性"是天使然者，"习"则是人为之者。后天的"习"可以改造先天的"性"，即所谓"养性者，习也；长性者，

---

[1]《论语·述而》。
[2]《论语·阳货》。
[3]《论语·述而》。
[4]《论语·颜渊》。
[5]《论语·尧曰》。

道也"①。商王太甲继位三年,不遵成汤之法,残暴任性,伊尹训诫道:"兹乃不义,习与性成,予弗狎于弗顺。"②所谓"习与性成",就是习惯改变天性。关于这个"习"字,孟子解释说:"行之而不著焉,习矣而不察焉。"③《皇疏》中也说:"习者,谓生而后有(百)仪,常所行习之事也。"他们都把"习"理解为后天形成的一种行为习惯,这种解释似乎过于简单。也有人用《学而篇》中"学而时习之"的"习"来进行解释,认为"习"主要是指"习礼",即一种不断重复的行为或动作,这种解释则未免过于牵强④。综合孔子其他言论分析,"习"应该是在人为主观努力和客观环境影响等诸多因素共同作用下而形成的一种有别于天性的思维模式和行为习惯。

人们从"仁"这个"性相近"的起点共同出发,然而在修身求仁的过程中,人生修养和道德境界却逐渐出现"习相远"的分化,有的人成为有德君子,有的人则沦为失德小人,根本原因就在于"仁"的本性保全或丧失,比如同为孔门弟子,"回也,其心三月不违仁,其余则日月至焉而已矣"⑤。具体分析,人们出现道德分化的原因主要有主客观两个方面,主观方面:许多人在各种现实利益的诱惑下,缺乏求仁欲望,放弃后天努力,他们见利忘义,道德沦丧,最终导致人性发生变化,所以孔子深有感触地说:"有能一日用其力于仁矣乎?我未见力不足者。盖有之矣,我未之见也。"⑥客观方面:中国古代社会长期有聚族而居的传统,氏族组织的生活习俗和思想观念对人具有潜移默化的影响力和改造力,生活地域、居住环境以及人际交往等诸多因素也能对人产生决定性的作用。在外部环境的作用下,人性逐渐出现分化,因此就"习相远"了。

---

① 马承源主编:《上海博物馆藏战国楚竹书·性情论》(一),上海:上海古籍出版社,2001年,第228页。
② 《尚书·太甲上》。
③ 《孟子·尽心章句上》。
④ 李泽厚:《论语今读》,北京:生活·读书·新知三联书店,2008年,第505页。
⑤ 《论语·雍也》。
⑥ 《论语·里仁》。

孔子关于性近习远的论述,是具有明确的政治功利性的:第一,他把"仁"等伦理道德观念植入人性之中,宣扬"仁"的天然属性,目的就是要求人们加强个人道德修养,充分发挥主观能动作用,不断激发"仁"的正能量,做到"无终食之间违仁,造次必于是,颠沛必于是"①,久而久之,习惯成性,人性中的道德之性(义理之性)就可以不断强化,发扬光大。第二,由于"仁"是与生俱来的天性,因此想要修身成仁,就必须从严格要求自己做起,所以他说:"为仁由己,而由人乎哉?"②"仁远乎哉?我欲仁,斯仁至矣。"③第三,他非常重视后天生活环境和人际交往等人为因素对于人性的改造力量,他反复强调:"里仁为美。"④"无友不如己者。"⑤"择其善者而从之,其不善者而改之。"⑥"居是邦也,事其大夫之贤者,友其士之仁者。"⑦春秋时期,氏族组织仍然是社会的基本构成,人们习惯于聚族而居,轻易不愿意迁徙流动,然而孔子却鼓励人们破除传统的氏族观念,择善而处,里仁为美,这种意识是具有创新意义的。第四,强调实施道德教化的重要性和必要性。孔子在去鲁适卫的途中,与得意门生冉有讨论施政问题时提出"庶""富""教"分阶段实施的政治主张,他认为在解决国民的繁衍("庶")和温饱("富")问题之后,就应加强对国民实施道德教化("教")⑧,因为实施礼乐教化不仅是改善人性的最佳方法,也是维持统治秩序的最有效措施。

在先秦诸多思想派别中,儒家思想以加强自我反省和提高道德修养等内容为主要特点,而以"仁"为核心的人性论则是其学术思想的理论基础。孔子是儒家学派的创始人,他在构建儒家思想体系的过程中,对于

---

① 《论语·里仁》。
② 《论语·颜渊》。
③ 《论语·述而》。
④ 《论语·里仁》。
⑤ 《论语·学而》。
⑥ 《论语·述而》。
⑦ 《论语·卫灵公》。
⑧ 《论语·子路》。

人性的主要来源、基本内容、表现形式以及完善途径等问题都进行了具有开创意义的研究与探索,但是由于时代的局限,许多问题没能真正展开。孔子之后,儒家后学继承了孔子的人性论观点,对于人性问题进行了深入研究和探讨,并形成一些很有影响的思想观点,其中子思之儒的研究成果尤为突出。从某种意义上说,子思之儒的研究成果比较完整准确地反映了孔子人性论的思想观点,因此研究子思其人其学,对于深入理解和分析孔子人性论思想是很有帮助的。

《论语·里仁》:"子曰:'富与贵,是人之所欲也;不以其道得之,不处也。贫与贱,是人之所恶也;不以其道得之,不去也。君子去仁,恶乎成名?君子无终食之间违仁,造次必于是,颠沛必于是。'"

本章言论非常重要,对于了解孔子的人性论观点很有帮助,然而长期以来却没有引起人们的足够重视。过去由于人们大多是按照《论语》现有的篇章次序逐章解读,而不是在一个统一概念的统领之下把相关言论归并到一处来进行解读,更不是在先秦时期学说思想动态发展的宏观背景下来进行评析,因此有些言论的内在价值往往没能得到充分发掘。

本章言论揭示了人性的两面性:一方面是"欲"与"恶"。孔子认为,嫌贫爱富、求贵恶贱是人与生俱来的本能欲望,这是生理之性或气质之性,人皆有之,合乎情理,无可厚非。"贫与贱……不以其道得之"一句中的"得"当依文义改为"去"。无论"得之"或"去之",关键是要合乎"道",即正当的手段与方法。孔子自己也说:"富而可求也,虽执鞭之士,吾亦为之。如不可求,从吾所好。"①意思就是,如果能求得富贵,他愿意当一个负责管理市场秩序的执鞭小吏,因为个人的物质欲望和精神追求是正

---

① 《论语·述而》。

当的、合理的。另一方面是"仁"。"仁"是与生俱来的道德之性,但是"仁"就像人体内的元气一样,如果不能长期保有就会逐渐消散,坚持加强道德修养就会慢慢集聚,所以孔子说:"君子无终食之间违仁,造次必于是,颠沛必于是。"当"欲"或"恶"的生理之性和"仁"的道德之性发生冲突时,孔子的价值取向是非常明确的,他会毫不犹豫地选择后者,因为"仁"是有德君子立身成名之本,"君子食无求饱,居无求安,敏于事而慎于言,就有道而正焉"①,"志士仁人,无求生以害仁,有杀身以成仁"②。

"欲"或"恶"与"仁"分别代表了人性中的两个方面,孔子倡导道德之性而克制生理之性,这种态度是非常明确的。过去有些学者认为,由于孔子在《论语》中并未对"性"做出善恶判断,因而导致后期儒家学派形成"性善"和"性恶"的观点对立。这种说法显然是不能成立的,因为孔子在本章中对于"欲"或"恶"与"仁"的取舍已经具有比较明确的好恶倾向,而且对儒家后学产生深远影响。

在孔子思想的影响下,孔门弟子对于人性问题也比较关注,多有研究。《论衡·本性篇》:"密(宓)子贱、漆雕开、公孙尼子之徒,亦论情性,与世子(周人世硕)相出入,皆言性有善有恶。"《礼记·中庸》等篇则保存了子思等人对于人性问题的研究成果。此外,郭店楚简中有《性自命出》,上博楚简中有《性情论》,这些都是早期儒家的著作,对于人性问题的研究非常全面深入。

战国时期,孟氏之儒和孙氏之儒在继承孔子人性论的基础上又有进一步发展,他们分别提出了"性善说"和"性恶论",两种观点尖锐对立,在驳难中极大地丰富了儒家思想。

---

① 《论语·学而》。
② 《论语·卫灵公》。

《论语·阳货》:"子曰:'唯上知与下愚下移。'"

在编排顺序上,本章紧接"性相近也,习相远也"之后,内容显然与人性问题有关,不过这里重点讨论的是心智之性,这也是孔子人性论思想的一个重要内容。

孔子认为,人的智力分上、中、下三品,上品为知(智),下品为愚,这些都是天赋而成的秉性,后天努力是难以彻底改变的,故曰"不移"。现代科学已经证明,人的智商主要是由先天遗传决定的,遗传基因不同,智商也就有上下高低差异,而且这种差异是后天无法弥补的。事实也是如此,在现实生活中,天才就是天才,天资愚钝的人是很难"移"到聪明绝顶之列的,所以孔子关于智愚的论述是有一定科学依据的。关于"不移"二字,孔安国注曰:"上智不可使强为恶,下愚不可使强贤也。"《集注》亦引程子言曰:"人性本善,有不可移者何也?语其性则皆善也,语其才则有下愚之不移。"这些观点仍然用道德之性来解释人性中的智愚问题,思路又回到了道德说教的老路上,显然已经背离了孔子心智之性的本意。

值得一提的是,本章中的"上"与"下",在某一特殊历史时期被扭曲地理解为阶级划分,"上"代表统治阶级,即奴隶主贵族,"下"则代表被统治阶级,即被压迫的奴隶。在阶级分析有色眼镜的作祟下,孔子当时被当作宣扬唯心主义先验论的祖师爷,遭到史上最严厉的批判。其实结合孔子相关言论进行分析就不难看出,这里的"上"与"下"只是孔子品定天生智力的一种修饰词而已。

在"上智与下愚"两种极端智力之间,大多数是那些智力平平的普通人,孔子称之为"中人":

中人以上,可以语上也;中人以下,不可以语上也。①

---

① 《论语·雍也》。

"中人"又有"中人以上"和"中人以下"之分,对于智力层次不同的人,应该采取不同的相处之道。同样,在施教过程中也应该因人而异,因材施教,这样才能取得最佳的施教效果。

孔子认为,大多数"中人"是可以通过后天勤奋学习来弥补先天智力不足的,他本人就是一个生动例证:

生而知之者上也,学而知之者次也;困而学之,又其次也;困而不学,民斯为下矣。①

知之者不如好之者,好之者不如乐之者。②

我非生而知之者,好古,敏以求之者也。③

吾有知乎哉?无知也。有鄙夫问于我,空空如也。我叩其两端而竭焉。④

孔子承认自己也是一个智力平平的"中人","非生而知之者",有野鄙之人向他请教问题,他也"空空如也",无以作答。由于他后天勤奋好学,孜孜不倦,乐此不疲,才逐渐弥补了天资不足的弱点,成为博学多识、受人尊敬的师者。由此可见,智力之性虽然先天有智愚之分,但是智力平平的"中人"完全可以通过后天的勤奋学习来提升自己。

孔子关于心智之性的相关言论,为施教于民提供了必要的理论依据。教育的社会功能在于开发国民智力,改善国民性情,提高国民素质。美国学者约翰·杜威说:"如果人性是不变的,那么就根本不要教育了,一切教育的努力都注定要失败了。因为教育的意义的本身就在改变人性以形成那些异于质朴的人性的思维、情感、欲望和信仰的新方式。"⑤从

---

① 《论语·季氏》。
② 《论语·雍也》。
③ 《论语·述而》。
④ 《论语·子罕》。
⑤ [美]约翰·杜威著:《人的问题》,傅统先、刘椿译,上海:上海人民出版社,1965年,第155页。

这个意义来说，无论道德教化还是儒业教育，对于提高国民心智和维持统治秩序都是很有帮助的，因此智力之性是孔子人性论中最具价值的部分。

《论语·雍也》：："子曰：'人之生也直，罔之生也幸而免。'"

本章中的"生"，可以理解为"性"，因为"生""性"二字古音相同，因音转义。在甲骨文和金文中，"生"写作草叶下面加一横代表地面的指事符号，表示草木破土成长。《说文解字》："生，进也。象草木生出土上。凡生之属皆从生。"从词义延伸过程来看，"生"是词根，"姓"和"性"都是出现较晚的派生词（"生之属"），"姓"是氏族之本；"性"则是人心理或气质方面的本性，亦即生理之性或气质之性，因此在古代典籍中"生"经常解为"性"："生之谓性。"①"生之所以然者谓之性。"②"如其生之自然之资谓之性。"③"性，生而然者也。"④在郭店楚简和上博楚简中"生"常写作"眚"。根据上述分析，本章讨论的应该是生理之性（气质之性）问题，生理之性主要包括饥食渴饮、男欢女爱、好逸恶劳等生理需求以及性格、心理、气质、欲望等心理特征。

"人之生"与"罔之生"分别代表了两种人性，前者是未经后天人为改造的本性，人人相同；后者则是在生存环境影响下发生改变的人性，人人相异。"罔"为扭曲、弯曲。两种不同的人性必然带来两种不同的人生结果，即"直"与"幸而免"。这里的"直"，目前通行《论语》注本均解释为正直，此说未必准确。"直"的确切意思应该是为人耿直、直率，不善妥协、

---

① 《孟子·告子章句上》。
② 《荀子·正名》。
③ 《春秋繁露·深察名号》。
④ 《论衡·初禀》。

变通。《论语·阳货篇》:"古之愚也直,今之愚也诈而已矣。"显然,"直"是古人"愚"这种性格特征的一种表现形式。本章在"直"字后面有所省略,根据"幸而免"推知,其完整意思应该是"直而不免",因此这两句话完整地表述应该是"人之生也直而不免,罔之生也幸而免"。意思就是,那些保持本性耿直的人容易得罪人,因此难免会招致杀身之祸;而那些善于审时度势、适当改变本性的人则可以保全性命,幸免于难,这里的"免"是免于刑戮或灾祸的意思。

为人率真、诚实、直率是人的天赋秉性,然而在恶劣的生存环境中,人们为了免于灾祸或获得利益,不得不改变本性,由"直"变"罔"。人的本性随着生存环境变化而变化,这是孔子人性论思想中的一个重要内容,他在《阳货篇》中也表达了相同观点:

> 古者民有三疾,今也或是之亡也。古之狂也肆,今之狂也荡;古之矜也廉,今之矜也忿戾;古之愚也直,今之愚也诈而已矣。

对比古今之人,人性已经发生许多变化("或是之亡也"),诸如"狂""矜""愚"等,这些原本都是生理或气质方面的本性,古今相同,但是在社会环境的作用下,"狂"由"肆"变为"荡","矜"由"廉"变为"忿戾","愚"也由"直"变为"诈"。由此可见,随着时代的推移和环境的变化,人的本性是有可能发生改变的。其实在这个观点之中还隐含了更深一层的含义,即趋利避害才是导致人性变化的真正本性!

关于本章,也有《论语》注家解读为"人的生存由于正直,不正直的人也可以生存,那是他侥幸地免于灾祸"[1]或"人应该靠正直立身,不正直的人,才靠侥幸和逃避来生存"[2]。然而对照原文,总觉得词不达意,

---

[1] 杨伯峻译注:《论语译注》,北京:中华书局,1958年,第60页。
[2] 李零:《丧家狗——我读〈论语〉》,太原:山西人民出版社,2007年,第136页。

原因就在于他们都错误地把"生"理解为"生存",而忽视了人性的内容,进而把"直"理解为一种道德品质,而不是一种性格特征,故而不得要领。

《论语·先进》:"柴也愚,参也鲁,师也辟,由也喭。"

孔子设帐授徒,以《诗》《书》《礼》《乐》为教,弟子三千,身通六艺者七十有二人。孔门弟子人众,个性迥异,然而孔子对每个人的才情秉性和性格特征都非常了解。本章中的子羔(柴)、曾参(参)、子张(师)、子路(由)等人都是孔门佼佼者,性格特征也很鲜明,孔子分别以"愚""鲁""辟""喭"加以概括,这些都是先天而成的生理之性或气质之性,后天很难改变。

孔子研究弟子们的性格特征,目的在于因材施教,虽然他没有直接阐述性格特征与教学活动之间的因果关系,但是在教学实践中已经成功运用:

> 子路问:"闻斯行诸?"子曰:"有父兄在,如之何其闻斯行之?"冉有问:"闻斯行诸?"子曰:"闻斯行之。"公西华曰:"由也问闻斯行诸?子曰,'有父兄在';求也问闻斯行诸,子曰,'闻斯行之'。赤也惑,敢问。"子曰:"求也退,故进之;由也兼人,故退之。"①
>
> 子贡问:"师与商也孰贤?"子曰:"师也过,商也不及。"曰:"然则师愈与?"子曰:"过犹不及。"②

---

① 《论语·先进》。
② 《论语·先进》。

子路和冉有两人性格各异：子路为人好勇激进，因此孔子在回答"闻斯行诸"问题时有意约束他，让他遇事要考虑周全，不要轻举妄动；冉有为人则过于拘谨，行事总是缩手缩脚，因此孔子在回答"闻斯行诸"的问题时有意鼓励他，让他遇事不要犹豫退缩，要勇于行动。同样，子张为人偏激，子夏则相对低调，孔子对他们也区别对待。总之，孔子针对弟子不同的性格特征，采取不同的施教方法，这种建立在人性分析基础上的教学实践是很有效果的。

06. 道(共10章)

中国传统文化为什么难以走向世界,成为世界各民族普遍理解和认同的主流意识和普世价值,除了思想观念、民族心理以及价值取向等因素外,还有一个很重要的原因,那就是哲学体系中的基本范畴和概念完全不对称。中国传统文化中许多概念很难用西方观念来准确表述,甚至在文字上也难以一一对应,因此有时在译著中只能用拼音表示,比如美国学者郝大维(David L Hall)等人在翻译《论语》中的"文武之道"时就直接译为"The Tao of Wen and Wu"[①]。

在中国古代思想中,"道"是一个运用非常广泛的哲学范畴或学术概念,具有本体论意义,即所谓"道生一,一生二,二生三,三生万物"[②]。"道"所包含的思想内涵非常丰富,也非常复杂,如果不能深刻理解"道"的精神实质,就不能真正理解中国古代文化的思想精髓,其他研究也就难以进行下去。在实际运用中,"道"体现了天地万物运行和人类社会发展的基本规律,《周易·系辞上》:"一阴一阳之谓道,继之者,善也。成之者,性也。仁者见之谓之仁,知者见之谓之知,百姓日用而不知,故君子之道鲜矣。"可见"道"的用途非常广泛,与百姓日常生活密切相关。"道"看起来很空,"百姓日用而不知",但是用起来却很实,诚如金岳霖先生所分析:"最崇高概念的道,最基本的原动力的道决不是空的,决不会像式

---

① [美]郝大维(Hall, D.)、[美]安乐哲(Ames, R.)著,《通过孔子而思》,何金俐译,北京:北京大学出版社,2005年,279页。
② 《老子》第四十二章。

那样的空。道一定是实的,可是它不只是呆板地实像自然律与东西那样的实,也不只是流动地实像情感与时间那样的实。道可以合起来说,也可以分开来说,它虽无所不包,然而它不像宇宙那样必得其全然后才能称之为宇宙。"①

"道"也是普世间近似于真理(truth)的普遍规律和最高法则,运用于天地自然则为"天道",运用于人类社会则为"人道"。春秋时期郑国子产说:"天道远,人道迩,非所及也。"②所谓"天道",就是关于天地自然的基本规律和法则,而所谓"人道",则是关于人类社会以及人生发展的基本规律和法则。香港学者刘殿爵在对"道"和西方哲学思想中的超验原则进行比较研究时进一步发掘出"道"的另一层情感意义:"'道'是一个表示高度情感的词汇,非常接近西方哲学和宗教著作中的'Truth'这个词。"③这种分析是有道理的,我们可以从孔子"朝闻道,夕死可矣"④的狂热求道、殉道精神中深切感受到这种"高度情感"。

在《论语》中,孔子关于"道"的言论很多,但基本限定在"人道"的范畴,并不具有本体论的哲学意义,因此与老子所说的"道"有着本质区别。孔子很少谈天说地,"天道"更是绝口不提,他有关"天道"的言论仅有《公冶长篇》中子贡说"夫子之言性与天道,不可得而闻之"一章,这种态度与他一贯坚持重人事而轻天道的思想倾向是一致的。

孔子论"道",主要是为学之道、为人之道和为政之道,这些都属于人生论和方法论的内容,即为人处世和道德修养的正确方法以及治国理政的基本道理、法则、方法或经验等等。在人生实践中,孔子把"道"作为自己毕生追求的终极目标,把"仁"作为践行"道"的最高道德境界,他一生学道、悟道、闻道、求道、行道、乐道,乃至于殉道。这种精神与儒家思想

---

① 金岳霖:《道论》,北京:商务印书馆,2015 年,第 19 页。
② 《左传·昭公十八年》。
③ 杨伯峻今译,刘殿爵英译:《论语(中英文对照)·序言》,香港:香港中文大学出版社,1983 年,第 9 页。
④ 《论语·里仁》。

融合在一起,成为儒家学派宝贵的精神财富和优秀的学术传统。在政治实践中,他经常把"天下有道"或"天下无道"作为评判标准,通过古今对比来进行理论研究,阐述政治主张,因此"道"具有鲜明的政治色彩和明确的功利目的。

《论语·卫灵公》:"师冕见,及阶,子曰:'阶也。'及席,子曰:'席也。'皆坐,子告之曰:'某在斯,某在斯。'师冕出,子张问曰:'与师言之道与?'子曰:'然,固相师之道也。'"

师冕是鲁国乐师,瞽者,名冕,《汉书·古今人表》中将他列为"中中"之人,这是一种比较稳妥的办法。他来拜访孔子时,孔子亲自到阶下迎候,及阶、就席以及座中之人一一告之,表现出彬彬有礼、尊重师者的君子风范。师冕离开后,子张和孔子在对话中提到的"与师言之道"和"相师之道",两个"道"字都是指与人相处的一种方式方法(为人之道),属于中性词,并不含有褒贬之义。如果需要表达某种特定含义,就必须在"道"字的前面加一个定性的词语:

笃信好学,守死善道。①

季康子问政于孔子曰:"如杀无道,以就有道,何如?"孔子对曰:"子为政,焉用杀?子欲善而民善矣。"②

柳下惠为士师,三黜。人曰:"子未可以去乎?"曰:"直道而事人,焉往而不三黜?枉道而事人,何必去父母之邦?"③

---

① 《论语·泰伯》。
② 《论语·颜渊》。
③ 《论语·微子》。

> 虽小道，必有可观者焉。①

"道"本身并没有善恶优劣之分，但是"善道"或"恶道"、"有道"或"无道"、"直道"或"枉道"、"大道"或"小道"，意思就完全不同了。

在大多数情况下，《论语》中的"道"所体现的是更加积极、进取的一面，所以英国学者韦利将其定义为"某种一贯正确的（统治）方法"②。"道"的这种用法在《论语》中有很多：

> 富与贵，是人之所欲也；不以其道得之，不处也。贫与贱，是人之所恶也；不以其道得之，不去也。③
> 所谓大臣者，以道事君，不可则止。④
> 君子易事而难说也。说之不以道，不说也；及其使人也，器之。小人难事而易说也。说之虽不以道，说也；及其使人也，求备也。⑤

贫富贵贱，无论得之去之，都必须采取正确的方式方法，符合通行的道理，即所谓"其道"；侍奉国君或位尊者，也必须坚持符合礼制的正确方法，不能轻易妥协，更不能放弃原则；同样，由于君子与小人道德修养的境界不同，因此如果采取相同的方法来取悦他们，达到的实际效果也会不同（"不说"或"说"）。

中性的"道"，经过孔门师生改造，逐渐成为一个充满正能量的词汇或概念。

---

① 《论语·子张》。
② ［英］韦利撰：《论语》（大师经典文库），北京：外语教学与研究出版社，1998年，第30页。
③ 《论语·里仁》。
④ 《论语·先进》。
⑤ 《论语·子路》。

《论语·述而》:"子曰:'志于道,据于德,依于仁,游于艺。'"

本章主要讨论的是君子修身立德问题,即为人之道和为学之道。"道""德""仁""艺"都是人生修养中的重要内容,四者相互关联,形成一个有机整体。孔子根据"先后之序、轻重之伦"①以及修行过程中的难易程度,分别提出了"志""据""依""游"的要求。这些内容,对于孔门弟子来说,是为学之道;对于修德君子来说,则是为人之道或君子之道。

在四者之中,"德"和"仁"是君子修身立德之本,因此必须做到"据"和"依",即终日据守而不违,"君子无终食之间违仁,造次必于是,颠沛必于是"②。"艺"是"六艺",即礼、乐、书、数、射、御,这些都是修"德"求"仁"的辅助手段和知识技能储备,因此只需做到"游",《皇疏》:"游者,履历之辞也。""道"则是一种能够激发人们积极向上的人生信仰和精神追求,因此必须做到"志"。所谓"志",就是念兹在兹、孜孜以求的意思。孔子对于立志问题向来都很重视,他经常要求弟子们"各言其志",自己有时也参与讨论,通过这种方法来考察每一位弟子的思想境界和专长才能③。他说:"吾十有五而志于学。"④又说:"士志于道,而耻恶衣恶食者,未足与议也。"⑤孔子认为,无论本性智愚、年龄长幼、地位贵贱、家境贫富,每个人都要有明确的志向,因为"志于道"是决定其人生价值的关键所在。

从内容上来看,本章中的"道"是一个比较抽象的概念,属于个人道德修养的范畴。从逻辑关系来看,"志于道"是"据于德""依于仁"的正确途径和方法,而"志"则是"据"和"依"的前提。

---

① 朱熹撰:《论语集注》。
②《论语·里仁》。
③ 分见《公冶长篇》和《先进篇》。
④《论语·为政》。
⑤《论语·里仁》。

《论语·雍也》:"子曰:'谁能出不由户?何莫由斯道也?'"

孔子周游列国期间,四处宣扬"吾其为东周"的政治主张,然而却屡屡碰壁,无人响应,不仅受到各国当政者的冷遇以及长沮、桀溺等人的奚落,还遭到宋司马桓魋等人的武力威胁。心灰意冷之际,他陷入忧思和困惑之中,有感而发,说出了这两句话。这两句话都是反问句,以此加重疑问语气。"谁"和"何莫"都是疑问代词,代指孔子质问的对象,即各国当政者,"莫"是无人的意思;"由"是经由、通过,这里引申为遵循、遵从;"斯"是特别指代词,"斯道"是特指"文武之道"或"先王之道"。

在古代汉语中,"道""路""径"三者是有区别的,仔细加以辨别,有助于准确理解孔子言论的确切含义:"道"的本意是指路、引导,所以在金文中写作四通大路中间有一个"首"形(表示观察和思考)和一个"止"或"又"形(表示指示和引导),这种用法在《论语》中仍有不少,如"道之以政,齐之以刑"①、"忠告而善道之,不可则止"②。后来"道"的这种本义(指路、引导)被"導(导)"所取代,因此字义逐渐演变为宽敞、平坦、正直的大路,《说文解字》:"道,所行道也。从辶从首,一达谓之道。"《论语》中的"道"(包括本章)大多为此义,如"中道而废"③、"道听而塗说,德之弃也"④、"士不可以不弘毅,任重而道远"⑤。"路"也是道路,但是有起伏崎岖,甚至充满荆棘,如"路漫漫其修远兮,吾将上下而求索"⑥、"筚路蓝缕,以启山林"⑦。"径"则是偏斜不正的小路,孔门弟子澹台灭明为人正直,"行不由径"⑧,他平时走路只走大道,不走捷径。通过对比"道""路""径"

---

① 《论语·为政》。
② 《论语·雍也》。
③ 《论语·雍也》。
④ 《论语·阳货》。
⑤ 《论语·泰伯》。
⑥ 《楚辞·离骚》。
⑦ 《左传·宣公十二年》。
⑧ 《论语·雍也》。

三者可以看出,"道"本身就含有正确的、唯一的、必由的意思,"斯道"则是一条康庄大道,即所谓"无偏无党,王道荡荡;无党无偏,王道平平;无反无侧,王道正直"①,沿着这条道路走下去,就可以顺利实现"天下有道"的政治理想。然而令孔子感到困惑不解的是,有人明明有大门不走,偏要翻墙跳窗;明明有大道不走,偏要走崎岖小路;历代先王明明有治国理政的典章制度和成功经验,却没有人愿意效法和遵从。孔子在这里用"出不由户"和"莫由斯道"作比喻,来表达他对天下诸侯无人遵从周朝礼乐制度的悲观失望情绪。

孔子是一个理想主义者,他迷"道"太深,不能自拔,因此有时思维偏激固执,不知道换一个角度来思考问题。在现实政治中,没有人愿意循道而行,无非是两个原因:一是人有问题,二是道有问题。孔子偏执地认为,"道"是绝对没有问题的,"文武之道"就像人类心灵的明灯,照亮了人们前行的方向,所以问题肯定出在人。但是现实情况恰恰相反,社会不断发展进步,人们已经不可能再回到孔子所向往的那个时代了,因此孔子所说的"斯道",其实就是一条根本行不通的死路。孔子至死也没有这样去想,或许他想了没能想明白,或许他想明白了却不愿意承认。

《论语·雍也》:"冉求曰:'非不说子之道,力不足也。'子曰:'力不足者,中道而废。今女画。'"

清人刘宝楠在汇集各家之言的基础上,对《论语》中的"道"做出如下概括:"'道'者,人所由行之路。事物之理,皆人所由行,故亦曰'道'。"②刘氏概括的这两层意思基本涵盖了《论语》中绝大多数"道"的含义,本章

---

① 《尚书·洪范》。
② [清]刘宝楠撰:《论语正义》。

"中道而废"的"道"是"人所由行之路","子之道"的"道"则是"事物之理",这是本章言论的核心。

本章孔子与冉求之间的对话,没有提供任何背景情况,但是从内容来推断,当在师徒之间生隙之后,也就是孔子晚年归鲁以后。冉求是孔子的得意门生之一,他在孔门十哲中列"政事"优等。孔子曾向季康子、孟武伯等人鼎力推荐,认为他当一个"千邑之室,百乘之家"的总管是绰绰有余的。后来他果然受聘于季氏,担任季氏总管长达十余年。其间他协助季康子在政治、经济、军事等领域推进多项改革,深受季氏器重。孔子归鲁后期,因与季康子政见不同而产生矛盾,冉求虽然师出孔门,但是他在政治立场上却与季康子保持一致,因此也与孔子形成对立,师徒之间多次发生矛盾冲突,两人关系越来越僵,孔子后来竟然号召孔门弟子"鸣鼓而攻之"①。面对孔子的一次次责难,冉求大多采取避实就虚、虚与委蛇的态度,不过偶尔也会辩解几句:"非不说子之道,力不足也。""说"同悦,"子之道"是指孔子为人处世的基本原则和道德规范,这里也可以理解为孔子的学说思想和政治主张。"力不足"其实是一种委婉说辞,刻意回避了孔子与季康子之间的"道不同"之争。孔子对冉求的狡辩很不满意,认为他在思想上出现了问题,迷失了方向,关键是他修仁求道的理想和信念发生了动摇,即所谓"执德不弘,信道不笃"②。孔子认为,有志于"道"的人是不会称自己"力不足"的,即使他们力有不逮,体力透支,最多只会在中途休息一下,却不会像冉有一样敷衍应付,画地为牢,止步不前。这里的"女"同汝,"画"是停止。《集注》:"力不足者,欲进而不能。画者,能进而不欲。谓之画者,如画地以自限也。"

冉求说自己"力不足",这就把孔子的另一段言论链接起来。《论语·里仁》:

---

① 《论语·先进》。
② 《论语·子张》。

> 子曰:"我未见好仁者,恶不仁者。好仁者,无以尚之;恶不仁者,其为仁,不使不仁者加乎其身。有能一日用其力于仁矣乎?我未见力不足者。盖有之矣,我未之见也。"

如果推论成立,这段言论可以编辑在本章之后,作为孔子对冉求狡辩"力不足"的再批判。孔子这里列举了两种人:好仁者和恶不仁者。这两种人似乎并无本质区别,好仁者必然恶不仁,恶不仁者必然好仁,可是孔子为什么要颠来倒去地玩这种文字游戏呢?显然,他这番话是有所指的。孔子认为自己做人的准则是仁,而季康子的种种行为则是不仁。冉求夹在中间,左右为难,既不能说自己像孔子一样好仁,也不能说自己像季康子一样不仁,于是就采取一种折中说法,说自己"恶不仁",表明自己对季康子的某些做法也是不认可的。谁知孔子并不好糊弄,他说恶不仁者就不应该让不仁行为发生在自己身上,更不应该助纣为虐,否则只能说明他不能真正致力于仁,所谓"力不足"之类的托词根本站不住脚,这样的人从来没有见过。此时他可能又瞥了一眼冉求,意味深长地说道,这样的人也许有,但是我从来没有见过!

关于"子之道"的具体内容,本章并未做出明确阐述,根据弟子曾参透露:"夫子之道,忠恕而已矣。"①"忠"和"恕"都是孔子为人处世的基本方法和道德规范,也是孔子仁学思想的重要内容。由此可见,加强道德修养、发扬仁爱精神是"子之道"的主要内容之一。

在《论语》中,把某人的为人原则、处世方法、学说思想以及政治主张等冠以"某人之道"的用法有很多,这也是"道"的一种常见用法:

> 父在,观其志;父没,观其行;三年无改于父之道,可谓孝矣。②

---

① 《论语·里仁》。
② 《论语·学而》。

子曰:"参乎!吾道一以贯之。"曾子曰:"唯。"子出,门人问曰:"何谓也?"曾子曰:"夫子之道,忠恕而已矣。"①

子谓子产有君子之道四焉:其行己也恭,其事上也敬,其养民也惠,其使民也义。②

子曰:"君子道者三,我无能焉:仁者不忧,知者不惑,勇者不惧。"子贡曰:"夫子自道也。"③

"父之道"是父亲生前为人处事的原则和方法,子女必须谨守遵从,否则就是不孝;"夫子之道"或"子之道"是弟子对孔子为人之道和为学之道的统称,孔子自称为"吾道",主要是指孔子日常待人接物或进行道德修养的途径和方法;"君子之道"或"君子道"则是修德君子必须遵循的基本原则和方法(有关"君子之道"的具体内容将在《君子与小人》中进行评析)。香港学者刘殿爵对于这种情况曾经做出具体分析:

"道"还用于另一种有细微差别的意义。它还被称之为个人之道,比如,"先王之道"(《学而》),"文武之道"(《子张》)或"夫子之道"(《里仁》)。在这种专门用法中,"道"自然只能是所涉之人追循的"道"(方式)了。④

"道"的这种个性化用法(某人+道)一般都具有正面的、积极的意义,因此具有示范效应。

---

① 《论语·里仁》。
② 《论语·公冶长》。
③ 《论语·宪问》。
④ 杨伯峻今译,刘殿爵英译:《论语(中英文对照)·序言》,香港:香港中文大学出版社,1983年,第9页。

《论语·卫灵公》:"子曰:'人能弘道,非道弘人。'"

在孔子的观念中,"道"是恒定不变的客观真理,"人"只有通过不懈努力才能无限接近真理,认知真理,弘扬真理,人生价值也只有通过不断追求和践行"道"才能得以体现。在"人"与"道"的关系中,"道"是客观存在,不会因人因事因时而异,但是却能对人类社会和个人修养产生某种导向作用,并形成一定影响;"人"则是主观因素,由于每个人在才情秉性和道德修养等方面存在差异,不同的人对"道"的体悟不同,发挥"道"的功效也不同,因此在践行"道"的过程中就存在一定的偶然性和差异性。有子说:"先王之道,斯为美;大小由之。"①《周易·系辞上》中也说:"一阴一阳之谓道,继之者,善也。成之者,性也。仁者见之谓之仁,知者见之谓之知,百姓日用而不知。"可见"道"的实用功效是千变万化、可大可小的,圣者取其圣,仁者取其仁,知者取其知,而普通百姓只能取其"日用"而已。

旧注多用人之"才"或"性"来解读本章言论。《皇疏》:"若人才大,则道随之而大,是人能弘道。若人才小,则道小,不能使大,是非道弘人之也。"《集注》引张子言曰:"心能尽性,人能弘道也;性不知检其心,非道弘人也。"西方学者在解读本章思想内涵时思路似乎更加开阔:"我们始终认定'天'和'道'一定也有着我们的原则的超验性。然而,在西方科学领域的自然律(law of nature),正像神圣命令(divine command)或柏拉图的形式(form)那样,如果不被宣称为超验的、在体现它的现象的变化中保持不变的,就将丧失其权威性,孔子知道认识这个原则是毫无困难的,'即源之于人与服务于社会往来'。我们忽略了孔子曾把'天'看成与人相互作用的,人在回应中亦作用于'天',影响'命',复归于'道'。这里我

---

① 《论语·学而》。

们也许记得他的著名格言,'人能弘道,非道弘人'。"①

本章的关键词是"弘",《集注》:"弘,廓而大之也。"即发扬光大的意思。孟子说:"其为气(浩然之气)也,配义与道;无是,馁也。是集义所生者,非袭义而取之也。"②"弘"就是孟子所说的通过修身立德来不断聚集和释放各种正能量的过程。

综合孔子各种言论分析,人们在求道过程中至少需要经历三个阶段:一是学道(求道),即所谓"君子学道则爱人,小人学道则易使也"③,"就有道而正焉,可谓好学也矣"④;二是谋道(行道),即所谓"君子谋道不谋食""君子忧道不忧贫"⑤;三是本章中所说的弘道(达道),即所谓"己欲立而立人,己欲达而达人"⑥,天下人共同复兴文武之道。

学道需要确立坚定的理想和信念,即"志于道"⑦。谋道是一个艰难而漫长的修炼过程,需要具有"朝闻道,夕死可矣"⑧的坚韧意志和殉道精神,因此孔子非常注重发挥人的主观能动作用,他多次强调指出:"仁远乎哉?我欲仁,斯仁至矣。"⑨弘道则是修德君子"得道"以后不断释放"仁"的道德能量,最终实现"天下有道"的理想。"仁"是存于内心的一种品质,只有通过修身养性才能激发出巨大能量,进而发扬光大"道"的政治功效,这就是"人能弘道"。如果当政者不能奉行"文武之道",那么"先王之道"即使再"美",也难以发挥其政治功效,这就是"非道弘人"。

---

① [英]葛瑞汉著:《论道者:中国古代哲学论辩》,张海晏译,北京:中国社会科学出版社,2003年,第39页。
② 《孟子·公孙丑章句上》。
③ 《论语·阳货》。
④ 《论语·学而》。
⑤ 《论语·卫灵公》。
⑥ 《论语·雍也》。
⑦ 《论语·述而》。
⑧ 《论语·里仁》。
⑨ 《论语·述而》。

《论语·卫灵公》："子曰：'道不同，不相为谋。'"

在《论语》中，"道"主要是一个政治概念，即为政之道，具体是指当政者实行统治的策略和方法或从政者围绕治国理政问题所提出的政治主张和学说思想。

本章中的"道"就是为政之道。《论语·泰伯篇》："子曰：'不在其位，不谋其政。'"比较两章中的"谋"字，意思基本相同，因此"不在其位"和"道不同"都是孔子对于谋政或谋道所设置的前提条件。现实情况确实如此，如果政见不同，就失去了谋事的共同基础，继续合作共事，不仅徒增烦恼，而且还有风险！

从内容来判断，这句话应该是孔子晚年归鲁后的言论，所谓"道不同"，是指他与鲁国执政国卿季康子之间的政见分歧。鲁哀公在位时期，鲁国受到齐、吴两个强国的频繁侵扰，内政和外交都陷于困境，于是季康子紧急派人延请孔子回国效力。鲁哀公十一年（公元前484年），孔子终于结束列国周游，应召归鲁，季康子把他奉为"国老"，对他礼遇有加，遇有重要政事，都要向他征询意见。可是没过多久，孔子与季康子在"用田赋""伐颛顼"等重大问题上产生严重分歧。孔子此时已经名满天下，从者甚众，然而季康子屡次否决他的意见，弄得他颜面尽失，牢骚满腹，于是他就摆出了一副分道扬镳的架势，说出"道不同，不相为谋"的狠话。

仔细分析，孔子与季康子的"道不同"，主要是因为两人在统治集团内所处的地位和所承担的责任不同。季康子是鲁国当政者，他必须面对大国争霸的严峻形势，因此不得不打破传统，推行改革，以维系鲁国生存；孔子则是议政者，他可以高谈阔论，道德说教，指手画脚，不需要解决任何实际问题。如果仅就本章的"道"而言，孔子之"道"是空谈之道，季康子之"道"则是务实之道。前者代表的是鲁国长远利益，后者代表的则是鲁国眼前利益，两者在本质上并无高下优劣之分。

《论语·子张》:"卫公孙朝问于子贡曰:'仲尼焉学?'子贡曰:'文武之道,未坠于地,在人。贤者识其大者,不贤者识其小者。莫不有文武之道焉。夫子焉不学?而亦何常师之有?'"

本章是卫国公族大夫公孙朝和孔门弟子子贡之间的对话,对话内容是关于孔子所学问题,时间应该在孔子居卫期间,即鲁定公十三年至鲁哀公三年(公元前 497—前 492 年)。此时孔子在政治上刚刚遭受重大挫折,正在积极寻找新的出仕机会,因此他动辄"祖述尧舜,宪章文武"①,这些复古言论引起公孙朝的关注和质疑。

公孙朝问"仲尼焉学",口气不善,对孔子明显带有敌意。子贡不愧是孔门弟子中的"言语"优等生,他并没有直接回答公孙朝的问题,而是先谈"文武之道"的继承和发展问题。"文武之道"是周文王、周武王和周公旦等开国先王创建和实行的周朝礼乐制度和施政方略,这些政治制度和统治策略代表了人类政治文明的最高境界,开创了"天下有道"的西周盛世。然而到了春秋末年,社会邅变,各国诸侯纷纷摒弃西周礼制,实行变法,天下陷入无序纷争的局面,即所谓"天下无道"。子贡认为,出现"天下无道"混乱局面的原因并不是因为"文武之道"消亡或失效了,而是因为没有人愿意像孔子那样做一个执着坚定的求道者、行道者和传道者。"未坠于地"就是尚未坠入土中作古、仍在人间广泛流传的意思;"贤者识其大者,不贤者识其小者",这两句话主要强调的是"文武之道"在现实政治中仍然具有强大的政治功效,大到治国理政,小到修身齐家。"文武之道"能否拯救危世,发扬光大,关键取决于各国当政者能否识道、学道、求道、行道!在阐明"文武之道"的现实意义后,子贡才明确回答公孙朝"仲尼焉学"问题:"莫不有文武之道焉。夫子焉不学?而亦何常师之有?"意思就是,虽然周文王、周武王和周公旦等古代圣王已经作古多年,

---

① 《礼记·中庸》。

但是他们创制的周朝礼乐制度在现实政治中仍然无处不在,影响深远,作用巨大,因此孔子无需师从任何人,只要用心向"道",向历史和现实学习。换言之,孔子就是"文武之道"的忠实传承者和坚定信仰者。最后两个问句软中带硬,不失礼仪而言语犀利,展现了子贡的语言风格。

本章言论的重要价值在于明确了孔子所言之"道"的具体内容,即所谓"文武之道",孔子言论中的"道"大多为此义:

> 朝闻道,夕死可矣。①
> 道不行,乘桴浮于海。②
> 君子谋道不谋食。耕也,馁在其中矣;学也,禄在其中矣。君子忧道不忧贫。③
> 道之不行,已知之矣。④
> 上失其道,民散久矣。⑤

"文武之道"是孔子通过反复研究历史,并结合现实需要而提出的政治主张,其核心意涵是复兴西周盛世的礼制秩序,因此具有明显的复古主义保守倾向。

《论语·泰伯》:"子曰:'笃信好学,守死善道。危邦不入,乱邦不居。天下有道则见,无道则隐。邦有道,贫且贱焉,耻也;邦无道,富且贵焉,耻也。'"

本章共有四句言论,分别阐述了四个问题:一是守道;二是避祸;三

---

① 《论语·里仁》。
② 《论语·公冶长》。
③ 《论语·卫灵公》。
④ 《论语·微子》。
⑤ 《论语·子张》。

是现隐；四是知耻。关于现隐和知耻问题已在《用行舍藏》中另作评析，这里重点评析守道和避祸问题。

"笃信好学，守死善道"，这两句言论的核心是"善道"，"善"是意动词，"以……为善"的意思，"道"是先王之道，即以周礼为核心的政治制度。做到"善道"，至少有三个前提：一是"笃信"，就是信道不疑，子张说："执德不弘，信道不笃，焉能为有？焉能为亡？"①"信道不笃"就是"不笃信道"。二是"好学"，就是乐道忘忧，子贡说："莫不有文武之道焉。夫子焉不学？而亦何常师之有？"②可见"好学"就是学习"文武之道"。孔子说："饭疏食饮水，曲肱而枕之，乐亦在其中矣。"③这就是孔子的乐道精神。三是"守死"，就是要有行道于天下的决心和勇气，如果先王之道不能推行，不惜以死殉道，所以孔子说："朝闻道，夕死可矣。"④从"笃信""好学"到"守死"，这是孔子求道、乐道、学道、行道，乃至于殉道的完整过程。

"危邦不入，乱邦不居"，这是有关修德君子理性避祸问题。"危邦"是指他国政治动荡不安，富有政治智慧的君子应该主动规避风险，而不能身陷凶险之中。比如孔子第二次居卫期间，卫出公辄和原太子蒯聩为了争夺卫国君位而争斗不已，他们都想拉拢孔子加入自己的团队，孔子则通过评价伯夷、叔齐是"求仁而得仁"的"古之贤人"来表达他不愿意参与卫国乱政的意愿⑤。因此这里的"入"可以理解为入仕。"乱邦"是指本国政治动荡不安，在这种情况下，个人的政治抱负是难以施展的，不如远走高飞，远离灾祸。比如鲁国发生"斗鸡之变"后，鲁昭公流亡齐国，季平子专政擅权，于是孔子也离开鲁国，跑到齐国去另谋机会。个人的政治命运往往是和国家的政治情势紧密联系在一起的，只有明白这个道理，才能行为得当，游刃有余。

---

① 《论语·子张》。
② 《论语·子张》。
③ 《论语·述而》。
④ 《论语·里仁》。
⑤ 《论语·述而》。

《论语·雍也》:"子曰:'齐一变,至于鲁;鲁一变,至于道。'"

本章是研究孔子政治思想的重要资料,孔子从历史演进的纵深角度深刻阐述了"道"的政治内涵。尽管有些观点不够成熟,甚至存在谬误,但是这种透过历史现象来把握历史发展客观规律的思维方式和研究方法是值得肯定的。

孔子认为,历史的发展和演变是有规律可循的,具体过程是由道而鲁、由鲁而齐,每况愈下。因此实现"文武之道"的路径与步骤也应该是由齐而鲁、由鲁而道,渐进变化。所谓"变",就是以礼乐化民俗。孔子为什么选择齐、鲁、道作为政治进步的参照呢?因为齐、鲁两国在周初分封之时都程度不同地继承了周文化的传统,两国地域相近,人文相通,经济相连,政治形态也比较相似,而晋、楚等国在政治体制和文化形态方面则没有多少可比性。不过齐、鲁两国在推行周朝礼制的过程中各有侧重,路径不尽相同,因而显示出不同的发展态势:"鲁有王迹者,仁厚也,齐有霸迹者,武政也,齐之所以不如鲁也,太公之贤不如伯禽也。"[①]可见,齐、鲁两国的政治分野早在建国之初就已埋下伏笔。

齐国是周初分封的少数异性诸侯国之一,开国国君是太公姜尚。齐国地处胶东半岛,带山濒海,膏壤千里,境内物产丰饶,富有山林渔盐之利。特殊的地理环境和优厚的物资基础,为齐国的经济发展提供了有利条件。《史记·齐太公世家》:"太公至国,修政,因其俗,简其礼,通商工之业,便鱼盐之利,而人民多归齐,齐为大国。"姜太公受封齐国后,并没有生搬硬套周朝礼制,而是因地制宜,因俗简礼,实行简易之政,大力发展工商业,保护从业者的合法权益,国内经济快速发展,国力和军力也领先于诸侯各国。春秋时期,齐国经济呈现出农业、手工业、商业等多种业态齐头并进、多样发展的格局。在农业方面,随着铁制农具的运用和推

---

① 《说苑·政理》。

广,井田生产开始崩解,大块"甫田"(公田)上到处生长着"维莠骄骄""维莠桀桀"的茂草①,土地私有化进程日益加快,有力地促进了社会变革和生产力发展;在工商业和山林鱼盐方面,管仲等改革先驱大力进行内政改革,实行了一系列税赋制度改革,鼓励国民从事多种经营,有效促进了市场繁荣和经济发展。齐国由此而日益强盛,率先称霸于诸侯。

鲁国是周初分封的姬姓诸侯国,最初周公亲自受封于鲁,后因武王病逝,他需要留守宗周辅佐未成年的成王,于是就改命其长子伯禽前往封地,"因商奄之民",在"少皞之地"建立鲁国,因此鲁国开国国君是鲁公伯禽。《诗经·鲁颂·閟宫》:"王曰叔父,建尔元子,俾侯于鲁,大启尔宇,为周室辅。乃命鲁公,俾侯于东,锡之山川,土田附庸。"鲁国故地是殷商附属古奄国,商末周初,奄人与徐人曾联合淮夷和东方其他邦国结成一个势力强大的叛周联盟,多次发动叛乱,周公后来亲自率领大军东征,历时三年多才平息叛乱。伯禽受封之时,周公特意作《伯禽之命》,对他提出许多履职忠告和施政要求,并专门配备了祝、宗、卜、史等专职人员协助他在鲁国推行周朝礼制,还分给他大量"备物典策,官司彝器"②,因此春秋时期鲁国在诸侯国中是保存周朝典章制度最完备的国家。伯禽就封之后,建邦立国,开拓疆土,发展经济,前后用了三年时间来彻底改变殷奄遗民的旧有风俗,不折不扣地推行周朝礼制。《史记·鲁周公世家》:

> 鲁公伯禽之初受封之鲁,三年而后报政周公。周公曰:"何迟也?"伯禽曰:"变其俗,革其礼,丧三年然后除之,故迟。"太公亦封于齐,五月而报政周公。周公曰:"何疾也?"曰:"吾简其君臣礼,从其俗为也。"及后闻伯禽报政迟,乃叹曰:"呜呼,鲁后世其北面事齐矣!夫政不简不易,民不有近;平易近民,民必归之。"

---

① 《诗·齐风·甫田》。
② 《左传·定公四年》。

从上述记载可以看出,齐、鲁两国在建国之初就选择了不同的发展路径和施政策略。在发展经济方面,齐国大刀阔斧地推行改革,促进产业发展,繁荣社会经济;鲁国则因循守旧,步履沉重,改革难以推进,经济发展也受到极大限制。在政治方面,齐国采取实用主义的策略,因地制宜,简易其政,贯彻周朝礼制远没有鲁国彻底;鲁国则严格按照周公的要求,在政治体制和文化形态方面全面贯彻周朝礼制,宗法血缘关系一直是维系现实统治的重要手段。春秋初期,尽管周室式微,礼崩乐坏,大国争霸,征伐不已,然而鲁国仍然抱住周礼苦苦支撑。齐桓公在位期间,曾向齐大夫仲孙征询是否可以发兵攻伐鲁国,仲孙坦言道:"不可,犹秉周礼。周礼,所以本也。臣闻之,国将亡,本必先颠而后枝叶从之。鲁不弃周礼,未可动也。"①由此可见,鲁国此时在政治上毫无进展,仍然处在周礼控制之中。

"道"是"文武之道"或"先王之道",具体是指由周文王、周武王和周公旦等先王在周朝建立之初创制和推行的一整套礼乐制度和执政理念,并由此而开创了"天下有道"的政治局面和统治秩序。孔子说:"天下有道,礼乐征伐自天子出;天下无道,礼乐征伐自诸侯出。"②可见,孔子所追求的"道"就是建立在等级制度之上的周天子一统天下的集权制度。孔子以"道"作为最高评判标准,把历史演变和政治进步概括为齐、鲁、"道"三个次第渐进的阶段:齐国急功近利,重刑轻礼,尚武弃文,虽然一时国富兵强,称霸于诸侯,但是在政治形态上不过是"霸道"而已;鲁国恪守周礼,崇尚仁义,施教于民,在政治形态上明显要高于齐国,但是礼乐教化和政治形态仍不尽如人意;"文武之道"则是隆德崇礼,博施于民,天下归顺,在政治形态上是真正的"王道",天下百姓无不向往,趋之如鹜。顾炎武曾对此做出概括:"变鲁而至于道者,'道之以德,齐之以礼'。变齐而

---

① 《左传·闵公元年》。
② 《论语·季氏》。

至于鲁者,'道之以政,齐之以刑'。"①显然,孔子这种由齐而鲁、由鲁而"道"的政治立场是荒谬的、可笑的,历史发展的实际进程不无讽刺地将此完全颠倒过来:由"道"而鲁、由鲁而齐。

《论语·里仁》:"子曰:'朝闻道,夕死可矣。'"

本章是孔子晚年言论,此时他年已迟暮,然而"道"犹不行,他清楚地意识到,自己在有生之年已经无法实现"吾其为东周"的政治理想了,因此心境悲凉,有感而发。"朝"与"夕",极言时间之短,表达了孔子时不我待的迫切心情;"闻"是听闻、听到,这是一种夸张说法。"大道之行"已经遥不可及,"天下有道"也遥遥无期,但是孔子仍然不愿意放弃幻想,他希望最后能听到一点"道"的音讯,这样也就死而无憾了!

本章中的"道"实际上已经从具体的历史进程和政治实践中抽象出来,成为孔子个人的一个特殊标识。孔子把继承、传播和践行"文武之道"作为自己的最高政治理想和人生终极目标,虽然他一生跌宕起伏,颠沛流离,经历了无数凶险和困厄,但是他始终没有放弃学道、求道、谋道、行道的理想追求,即使西狩获麟,大限将至,他念兹在兹的仍然是"闻道"。

人生的理想和信念也许最终并不能给人带来期望的结果,然而许多人却不愿意放弃自己的理想追求,因为他们觉得自己身上所承载的不是个人的命运,而是历史的使命!孔子就是这种背负着沉重的历史使命前行的人,所以桀溺等人讥讽他道:"滔滔者天下皆是也,而谁以易之?"他却坚定地回答道:"天下有道,丘不与易也。"②这就是一个伟大政治家的坚定信仰和殉道精神!

---

① [清]顾炎武:《日知录集释》上册,上海:上海古籍出版社,2014年,第158页。
②《论语·微子》。

07. 器(共1章)

《论语·为政》:"子曰:'君子不器。'"

"器"是生活中用来盛装东西的器皿,容量大小不一,形状各式各样,用途也各不相同。"器"的功能在于"用",老子说:"埏埴以为器,当其无有,器之用。"①意思就是,用土烧制的陶器有虚有实,实体部分谓之"器",空虚部分则谓之"用",老子以此来说明"有之以为利,无之以为用"的道理。

在先秦典籍中,"器"和"道"是一组相对的概念,常常被并列提出:

形而上者谓之道,形而下者谓之器。②
朴(道)散为器,圣人用为官长。是以大制无割。③
大方无隅,大器晚成,大音希声,大象无形。道隐无名。④
大德不官,大道不器,大信不约,大时不齐。⑤

---

① 《老子》第十一章。
② 《周易·系辞上》。
③ 《老子》第二十八章。
④ 《老子》第四十一章。
⑤ 《礼记·学记》。

从上述言论中可以看出，"器"和"道"（"朴"）是一对具有哲学意义的范畴，分别代表了物质形态（"形而下"）和意识形态（"形而上"）。从生成本源来分析，"道"是"器"的原始本源，质朴纯一的"道"消散以后才化为各种各样的"器"，因此是"道"生"器"。从"用"的功效来分析，"器"是有具体用途的有形器物，只能专于一用，盛水的就不能储物，祭祀的就不能日用，因此任何器物都有其局限性；而"道"或"大道"则是超越所有物质形态的思想意识，所以说"大道不器"。具体地说，"道"或"大道"是关于物质世界的普遍道理或基本法则，具有"无割""晚成""不器"等特性，如果当政者学而用之，就可以通天地化万物，无往而不胜。不难看出，中国古人关于"器"与"道"的哲学思考从一开始就触及世界的本质问题和哲学的最高范畴。遗憾的是这种思考没有深入下去，因此人们一直不太关注这个问题。

在《论语》中，"器"也是一个重要概念，但是孔子主要将其局限在人生修养的范围内来进行论述的。孔子经常用"器"来臧否人物，比如管仲有三归之家，生活穷奢极欲，于是孔子批评他道："管仲之器小哉！"①这里的"器小"就是见识浅、器量小，"泰侈逼上"②。子贡问孔子："赐也如何？"孔子说："女，器也。"子贡又追问道："何器也？"孔子答道："瑚琏也。"③"瑚琏"是宗庙中用来盛放黍稷等祭品的竹制礼器，制作精美，配饰玉器。子贡为人精致，聪明能干，擅长外交礼仪和言辞应答，所以孔子夸奖他像瑚琏一样有专门用途，能够担当大任。其实孔子这句话是明褒暗贬，因为有德君子应该是通才，而不应该是局限于某一方面的专才，所以孔子说："君子不器。"此外，孔子还用"器"来形容在位君子的用人之道："君子易事而难说也。说之不以道，不说也；及其使人也，器之。"④在位君子用人

---

① 《论语·八佾》。
② 《韩非子·外储说左下》。
③ 《论语·公冶长》。
④ 《论语·子路》。

就像用"器"一样用其专长,小人则求全责备。

儒家学派以求仁为立身之本,以行道为人生追求,孔子说:"君子谋道不谋食。""君子忧道不忧贫。"①"器"只能解决"谋食""忧贫"问题,而"道"则是关乎天下兴衰治乱的大方略、大道理,因此有德君子有志行道于天下,不仅要志向远大,道德高尚,还要事事精通,无所不能,仅仅掌握一、两门专门技艺是难当行道大任的,这就是"君子不器"的真正含义。

关于"道"与"器"的关系问题,还可参阅《卫灵公篇》中的两句言论:"君子不可小知而可大受也,小人不可大受而可小知也。"这里的"小知"可以理解为"器",而"大受"则可以理解为"道"。意思就是,君子不必拘泥于小技,却可以担当行道重任;小人不能担当行道重任,却可以讲究小技。

---

① 《论语·卫灵公》。

08. 德(共17章)

在当代政治理论和实践中,"德"仍然是一个重要内容,这个源自中国传统文化思想的政治概念为世界各国治国理政提供了许多可资借鉴的宝贵经验,因此当那些民族虚无主义者崇洋媚外、妄自菲薄时,不妨摒弃偏见,沉静下来,回到中国古代政治思想中去找回民族自尊,建立文化自信。

先秦时期,"德"是一个运用非常广泛的思想观念,内容涉及政治、社会、民族、哲学、宗教、文化、伦理、法律以及心理等各个方面,不仅内涵丰富,而且富有张力,相关内容将在《道》《命(天命)》《礼(乐)》《政(令)》《刑(杀)》《中(中庸)》》等部分中分别进行评析,这里主要从"德"的纵向发展角度来进行分析。

"德"的观念在商代就已基本形成,但是确切时间难以确定,因为关于"德"字的起源问题目前尚无定论。学界主要有两种观点:一说甲骨文中已有"德"字,不过字形与周彝略有区别,此说以徐中舒等人为代表;一说"德"字为西周新制,最早出现在周代彝铭和文献中,此说以郭沫若等人为代表。从文字构成来看,"德"与"道"二字同源,均从辵或彳,与四通大道有关,不过"道"是普遍真理,偏于客观属性,"德"是正确认知,偏于主观属性。

最早对"德"字做出解释的是汉代许慎《说文解字》:"德,升也。从彳惪声。""惪(古德字——著者注),外得于人,内得于己,从直心。"从字形来分析,"德"写作人在交叉路口辨认道路,因此与人的意念、心意等心理活动有关（内）。人的心理活动必然会对人的行为产生影响，因此"德"又与人的行为、活动等有关（外）。从这个意义上说，"德"就是"道"的心理投射。

殷商时期（前轴心时代），"德"在大多数情况下是一个中性词，并没有明显的是非善恶之分，所以在《尚书》《诗经》《周易》等古代典籍中常常可以看到"成德""吉德""俭德""懿德""善德""美德""好德""明德""显德""义德""容德""大德""允德""俭德""耆德"或"昏德""凶德""乱德""恶德""桀德""暴德""非德""否德""庸德""薄德""秽德""不德""夏德"之类的表述，可见"德"需要加上一个修饰性的前缀词才能确定其是非善恶属性。此外，"德"是一个具有明确适用范围的政治用语，一般为商王或王室成员等有爵有位者所专属，所以《尚书》中只有商王向民众发布昭告时才以"显德"自命。

商朝统治者非常重视"德"，将其作为实行统治的一种重要素质，"美德"可以使国家兴旺，"恶德"则会让人民遭殃，所以历代圣王和贤臣经常用"德"来进行说教：

> 德日新，万邦惟怀；志自满，九族乃离。王懋昭大德，建中于民，以义制事，以礼制心，垂裕后昆。①
>
> 尔惟德罔小，万邦惟庆；而惟不德罔大，坠厥宗。②
>
> 视远惟明，听德惟聪。③
>
> 德惟治，否德乱。④
>
> 非天私我有商，唯天佑于一德；非商求于下民，惟民归于一德。
>
> 德惟一，动罔不吉；德二三，动罔不凶。惟吉凶不僭，在人；惟天降灾

---

① 《尚书·仲虺之诰》。
② 《尚书·伊训》。
③ 《尚书·太甲中》。
④ 《尚书·太甲下》。

祥,在德。①

从上述言论中可以看出,"德"字本身并不具有是非善恶等道德判断意义,只有"大德""一德"等才是美德,而"不德""否德""德二三"等则是恶德。

殷周社会大变革之际,"德"是文化革命的标志,起到了承接殷商天命论向西周天道观过渡的关键作用。王国维在《殷周制度论》中说:"殷周之兴亡,乃有德无德之兴亡。"又说:"周之制度典礼,乃道德之器械,而亲亲、尊尊、贤贤、男女有别四者之结体也,此之谓民彝,其有不由此者,谓之非彝。"②周人在与殷人的对决中,为了占据道德评判的制高点,控制意识形态的话语权,以周公为代表的思想家对"德"进行了全面系统的改造,将宽厚、仁慈、善良、理性、克制、忍让等内容固化下来,因此"德"的观念就成为克敌制胜的关键和治理国家的法宝。周朝初年,周公平定管、蔡之乱后,周成王发布训令说:"皇天无亲,惟德是辅;民心无常,惟惠之怀。为善不同,同归于治;为恶不同,同归于乱。"③显然,他们把"德"作为周部族战胜商王朝的一条重要政治经验。同样,此时的"德"仍然与爵禄和地位相关,属于周王室和氏族贵族的特有品质:"官不易方,爵不踰德。"④"德薄而位尊,知小而谋大,力少而任重,鲜不及也。"⑤"虽有其位,苟无其德,不敢作礼乐焉。虽有其德,苟无其位,亦不敢作礼乐焉。"⑥据《左传·定公四年》记载,晋国假借周王名义召集诸侯各国举行昭陵之盟,在盟会上,卫国歃血盟誓的秩序被排在蔡国之后,卫灵公大为不满,让祝鮀前去交涉。祝鮀找到周大夫苌弘了解情况,苌弘解释说,这样安

---

① 《尚书·咸有一德》。
② 王国维:《观堂集林》,上册,北京:中华书局,1959年,第477页。
③ 《尚书·蔡仲之命》。
④ 《左传·成公十八年》。
⑤ 《周易·系辞下》。
⑥ 《礼记·中庸》。

排是根据周公当年分封时确定的尊卑长幼之序,蔡叔为长,康叔为幼,所以卫国理应位列于蔡国之后。祝鸵则认为当年周公分封的标准是尚德,而不是根据尊卑长幼之序,他接着发表了一大段议论,把周初分封尚德不尚爵的道理说得非常透彻,苌弘最后不得不接受他的意见,把卫国列于蔡国之前。这件事情说明,周初分封之时"尚德"观念就已成为普遍共识,深入人心。

西周至春秋前中期,"德"主要是用来歌颂周朝历代先王的,因此其政治功效和道德意义被无限放大,乃至于直接关系到国家的兴衰存亡:

维天之命,於穆不已。於乎不显,文王之德之纯!①

维此文王,小心翼翼。昭事上帝,聿怀多福。厥德不回,以受方国。②

夫义所以生利也,祥所以事神也,仁所以保民也。不义则利不阜,不祥则福不降,不仁则民不至。古之明王不失此三德,故能光有天下,而和宁百姓,令闻不忘。③

昔先王之教,懋帅其德也,犹恐陨越。④

显然,在周人的思想观念中,"德"已包含"纯""明""义""祥""仁"以及顺应天命、昭事上帝、光有天下等内容,与殷商时期相比,词义已经发生重要变化。

春秋末年,礼制崩坏,名分大乱,传统的等级制度和尚德观念遭到严重破坏,王室贵族有可能沦落到无"德"可称的地步,而普通士人则有可能一朝显贵,执掌国命,因此"德"已经不再是周王和氏族贵族讲求的专

---

① 《诗经·周颂·维天之命》。
② 《诗经·大雅·文王》。
③ 《国语·周语中》。
④ 《国语·周语中》。

属品德了,其适用范围逐渐扩大到身份普通的士人和平民,因此就有了"君子之德"和"小人之德"之说。

在先秦思想史中,"德"是一个与各种思想观点紧密联系的学术概念,各个学术派别都热衷于从各种联系中来研究和阐释"德"的核心意涵和社会功效。对于道德问题,道家是最津津乐道的,老子从本体论方面对"道"和"德"做出了定位:"孔德之容,惟道是从。"①"道生之,德蓄之,物形之,势成之。是以万物莫不尊道而贵德。"②由此明确了"德"对于"道"的从属地位。在儒家思想体系中,道德问题则属于人生哲学的范畴,"道"是自然界和人类社会的最高法则,"德"则是道德修养的最高境界。《论语》中"德"基本属于此义。

孔子是西周文化的传承者和践行者,他把周人关于"德"的传统观念和"礼""政""刑"等政治概念组合在一起③,形成一个相对完整统一的理论体系,这是孔子政治思想的重要内容。与此同时,孔子出于构建儒家思想体系的需要,结合春秋时期的政治形势和时代特征,对传统的"德"又做出了新的诠释,进一步丰富了"德"的思想内涵和政治功效。在《论语》中,"德"是各种道德品质的总称,也是孔子臧否人物、评述历史的重要依据,具体内容则需要结合具体的人和事来进行分析。总体而言,孔子言"德"主要有三方面内容:一是先王之德或"古人之德"④,亦称"至德"或"文德",主要指古代先王(祖)仁慈、宽厚、善良、理智、礼让等优秀品德;二是"君子之德",亦称"君德"或"大人之德",主要指统治者必须具备的政治素质和道德修养;三是"小人之德",亦称"民德",主要指氏族成员或普通国民应该具备的德行和修养。当然,在实际运用中,三者之间的界限未必十分清晰。

---

① 《老子》第二十一章。
② 《老子》第五十一章。
③ 《论语·为政》:"道之以政,齐之以刑,民免而无耻;道之以德,齐之以礼,有耻且格。"
④ 《尚书·召诰》。

《论语·为政》:"子曰:'为政以德,譬如北辰居其所而众星共之。'"

本章主要论述的是"为政"问题,相关内容已在《政(令)》中另作评析,这里重点评析"德"。

"为政以德"的"德"当然是当政者的政德,即先王之德或君子之德。孔子认为,"德"是当政者必须具备的一种重要素质,对于治国安民、兴邦立业具有特别重要的意义,所以他说:"远人不服,则修文德以来之。既来之,则安之。"①"北辰居其所而众星共之"一句是比喻,"北辰"是北极星,用来比喻高高在上的统治者;"众星"是天际中的其他星辰(五星及二十八宿以下之星),用来比喻被统治的群臣和百姓;"共"同拱,向心、拱卫的意思。在古人观念中,北极星居于天际之中枢,不行而行,无为而为,其他星辰则围绕它转动不息。统治者也应该像北辰一样,居其要枢而不动,实行无为而治的统治策略,所以旧注多用无为思想来解读本章的"德",郑玄注曰:"德者无为,譬如北辰之不移而众星拱之也。"《皇疏》:"人君若无为而御民以德,则民尊奉之而不违背,犹如众星之共尊北辰也。"《集注》:"为政以德,则无为而天下归之,其象如此。"他们都认为无为而治是统治者为政的最高境界。

在孔子政治思想中,"德"是否包含无为而治的思想内容呢?这需要结合孔子的相关言论来进行分析:

大哉,尧之为君也!巍巍乎!唯天为大,唯尧则之。荡荡乎,民无能名焉。②

巍巍乎,舜禹之有天下也而不与焉!③

---

① 《论语·季氏》。
② 《论语·泰伯》。
③ 《论语·泰伯》。

无为而治者其舜也与？夫何为哉？恭己正南面而已矣。①

　　以上都是孔子赞颂先王之德的相关言论：唐尧的为政特点是以天为则，顺天而成；虞舜的为政特点是南面而居，无为而治，所谓"南面"，就是居于统治天下的尊位；夏禹的为政特点则是大公无私，亲力亲为。从尧、舜、禹三代圣王的为政实践和政治理念中可以看出，无为而治、顺天而成是他们政德的重要内容，孔子对此推崇备至，把面南而居、无为而治作为衡量统治者政德的重要标准，所以他在对当政者进行政治说教时就反复强调"道之以德"②和"君子怀德"③的重要意义。此外，孔门弟子冉雍为人诚恳踏实，他曾受聘于季桓子，出任季氏宰，他为政居敬而行简，举贤而赦过，因此孔子称赞他道："雍也可使南面。"④并把他列为"德行"优等，这说明冉雍这种南面无为的为政之道是符合孔子的政德标准的。

　　综合上述分析，本章中的"德"理应包含无为而治、顺天而成等内容，这是为政的最高境界。不过，这些内容都是"三代之英"时期的历史陈迹，对于现今统治者来说，已经没有任何实际意义，因此孔子在进行政治说教时不得不降低标准，要求从加强个人道德修养和发扬仁爱精神开始，然后再逐步放大到"博施于民而能济众"⑤，进而达到无为而治的理想境界。由此可见，无为而治的德政思想在孔子政治思想中并不是核心理念和主要内容。

　　战国时期，以庄子为代表的道家学派崇尚无为不争，他们用无为思想来诠释"德"的含义："君原于德而成于天地，故曰，玄古之君天下，无为也，天德而已矣。"⑥君德生成于天德，天德无为，君德自然也无为。魏晋

---

① 《论语·卫灵公》。
② 《论语·为政》。
③ 《论语·里仁》。
④ 《论语·雍也》。
⑤ 《论语·雍也》。
⑥ 《庄子·天地》。

时期,郭象等人用玄学来解读儒家经典,认为"德"的奥妙在于无为,因此他们积极倡导当政者实行无为之治。宋代朱熹等人也循着这个思路来解读本章言论,把黄老无为之学与孔子仁学思想混为一谈,主次不分,这显然是有悖于孔子"为政以德"的立言原旨的。关于这种观点的谬误之处,有人已经发现并指出:"郭象以黄老之学解经,必欲混为一谈。朱子不察,亦沿其谬,殊失孔氏立言之旨。"①

《论语·宪问》:"子曰:'有德者必有言,有言者不必有德。'"

本章言论似有所指,但是具体所指则不得而知,可以确定的是孔子是对某些人或事进行批判。从逻辑关系来看,"德"涵盖了"言","言"则未必能体现"德"。

本章中的"言"并非寻常人的寻常言论,而是历代圣贤的立世之言,也就是孔子在"君子有三畏"中所说的"圣人之言"②。鲁定公曾向孔子请教"一言"而兴邦或丧邦的问题,孔子分别答之以"为君难,为臣不易"和"予无乐乎为君,唯其言而莫予违"③,这两句话都是上古帝王或古代圣贤的至理名言,可以作为当政者治国理政的座右铭,故为"一言"。《左传·襄公二十四年》中记载了鲁国大夫叔孙豹和晋国大夫范宣子就"死而不朽"问题进行的一次讨论。范宣子认为,贵族世禄相继就是不朽。叔孙豹则不同意他的看法,他以鲁国先大夫臧文仲为例来进行说明,臧文仲虽然去世多年,但是他的言论仍然被人传述,奉为圭臬,这种思想传播才是真正的"不朽",他说:"大上有立德,其次有立功,其次有立言,虽久不废,此之谓不朽。"杜预对此进一步解释道:立德者如黄帝、尧、舜;立功者

---

① 程树德撰:《论语集释》上册,北京:中华书局,2013年,第74页。
② 《论语·季氏》。
③ 《论语·子路》。

如禹、稷；立言者则如史佚、周任、臧文仲。按照这种说法，"立德""立功""立言"都是道德高尚、名垂千古的标志，而"立德"的人生境界最高，涵盖了"立功"和"立言"，所以孔子说"有德者必有言"，这里的"有德者"是指黄帝、颛顼等上古圣王，他们对于天下百姓功德无量，所发表的言论也都是蕴含着深刻哲理的至理名言，至今仍然能让人深受教益。

"有言者不必有德"一句显然是有针对性的。春秋乱世，各国当政者不能实行德政，他们主要依靠各种强制手段来发号施令，维持统治。当政者有言而无德，必然会激起民众的怨愤和反抗，因此政令难以推行。孔子说："名不正，则言不顺；言不顺，则事不成。……故君子名之必可言也，言之必可行也。君子于其言，无所苟而已矣。"①意思就是，当政者必须崇礼修德，谨言慎行，率先垂范，教化民众，这样才能立言于世，受人景仰。

"言"因"德"而具有价值，"德"却不会因"言"而有所改变，所以孔子说："君子不以言举人，不以人废言。"②

《论语·颜渊》："季康子问政于孔子曰：'如杀无道，以就有道，何如？'孔子对曰：'子为政，焉用杀？子欲善而民善矣。君子之德风，小人之德草。草上之风，必偃。'"

本章是孔子和季康子之间的一次重要对话，时间应该在孔子结束周游、返回鲁国的前两年（鲁哀公十一年至十二年）。此时孔子精力尚可，一心想报效祖国，季康子对他也寄予厚望，事事垂询，两人你来我往，关系密切，经常在一起讨论为政问题。后来他们因政见不同而渐行渐远，

---

① 《论语·子路》。
② 《论语·卫灵公》。

遇有重要政务需要沟通,也只是通过子路、冉有等弟子从中传话,孔子自知离谢幕不远了,因此把主要精力转而投入到古籍整理之中。

在本章中,孔子与季康子之间的政见分歧("道不同")主要表现在"杀"与"德"两种施政策略的取舍问题上:季康子认为,实施有效统治,就必须采取刑杀等强制措施强迫民众服从政令,"杀"是刑杀、杀戮,"有道"和"无道"分别代指易使之民和不服之民,两者都是以服从统治者政令为标准的,"就"是接近、靠近;孔子则认为,真正高明的统治者是无需动用刑杀手段的,而是以身作则,修德从善,教化民众,他把"君子之德"比作风,把"小人之德"比作草,以德化民,就如同草随风偃一样,令人心悦诚服,自觉行动。上风下草这几句话出自《尚书·君陈》,当年周公之弟君陈受命治理东郊成周,周成王告诫他要秉承周公"明德惟馨"的为政策略,以德治民,感化下民:"尔其戒哉!尔惟风,下民惟草。"

孔子在本章中提出了两个极为重要的概念:"君子之德"和"小人之德",这里的"君子"和"小人"不是思想或道德方面的差异,而是氏族身份和社会地位方面的差别,具体地说,就是居于统治地位的季康子和处于被统治地位的鲁国民众。因此"君子之德"是指当政者的政德,亦即"大人之德",所谓"大上有立德",是因为当政者位高权重,他们的一举一动都关系到社稷民生;"小人之德"则是指"民德",这是根植于氏族血缘之中的一种潜在心理和气质,可以通过道德教化来加以改变。

何谓"君子之德"?孔子这里并未明说,不过可以从他与季康子之间的几次对话中梳理出一些头绪来:

> 季康子问:"使民敬、忠以劝,如之何?"子曰:"临之以庄,则敬;孝慈,则忠;举善而教不能,则劝。"[1]
>
> 季康子问政于孔子。孔子对曰:"政者,正也。子帅以正,孰敢

---

[1]《论语·为政》。

不正?"①

　　季康子患盗,问于孔子。孔子对曰:"苟子之不欲,虽赏之不窃。"②

　　从上述言论中可以看出,孔子要求以季康子为首的当政者首先要发扬"孝慈"等氏族组织的传统美德,以血缘亲情关系为纽带来巩固统治地位,即所谓"孝乎惟孝,友于兄弟,施于有政"③;其次要"临之以庄",率先以"正",做到公正公平,无私无欲,这样就可以上行下效,令行禁止;再次要实施礼乐教化,惩恶扬善,引导民众明辨是非善恶,自觉做到"有耻且格"。以上几点不仅是"君子之德"的重要内容,也是实行统治的最佳策略。

《论语·里仁》:"子曰:'君子怀德,小人怀土;君子怀刑,小人怀惠。'"

　　本章中的"君子"与"小人"主要是身份和地位的差别,在内容上与《颜渊篇》中的"季康子问政于孔子"章形成互补。"君子之德风,小人之德草"着重强调的是政德的政治功效,而"君子怀德,小人怀土"着重阐述的则是统治者(君子)施政策略与被统治者(小人)利益关切之间的因果关系,思路有所拓展和延伸。

　　"怀"是本章中的唯一动词,四个"怀"字意思相同。孔安国注曰:"怀,安也。"就是心有所思、念兹在兹的意思。孔子说:"老者安之,朋友

---

① 《论语·颜渊》。
② 《论语·颜渊》。
③ 《论语·为政》。

信之,少者怀之。"①"安""信""怀"三者可以互训,因此其义与本章大体相同。

"德"与"土"相对,"土"是国民世代相守的土地,"怀土"就是留恋故土,不愿迁徙。中国古代社会以农耕生产为主,因此自古以来就有安土重迁的传统习俗。商朝时期,商王盘庚为了复兴殷道,打算率领部族大规模迁徙,结果却遭到部族贵族和民众的强烈反对。春秋时期,诸侯争霸,战争频仍,许多民众背井离乡,流离失所,成为失去土地和身份的"逸民",因此如何安抚本国人民、招徕别国流民就成为各国统治者重点关注的问题,一些有识之士也提出许多有价值的见解,比如楚国左司马沈尹戌就曾对令尹囊瓦修筑郢城发表议论道:"昔梁伯沟其公宫而民溃。民弃其上,不亡何待?"②"民溃"是民众不堪暴政,奔散逃亡。他认为当政者过度劳役民众,就会造成本国民众流亡。同样,楚平王在位期间大兴土木,建设城邑,强迫属民频繁迁徙,举国怨声载道,郑国子大叔(世叔)对此评论道:"楚王将死矣,使民不安其土,民必忧。忧将及王,弗能久矣。"③由此可见,当政者的为政要务首先是为本国民众提供一个相对安定的生活环境,让他们安居乐业,休养生息,所以老子说:"使人重死而不远徙。虽有舟舆,无所乘之。"④

孔子对于民生问题一直比较关注,对于"小人怀土"的问题也有所思考,并且坚信"道之以德"的政治功效。他南下适楚时,途经叶邑,叶公曾向他请教有关招远安近问题,他建议道:"近者说,远者来。"⑤鲁国执政国卿季康子打算兴兵讨伐域内小国颛臾,委派冉有、子路来征询他的意见,他明确表示反对:"丘也闻有国有家者,不患寡而患不均,不患贫而患不安。盖均无贫,和无寡,安无倾。夫如是,故远人不服,则修文德以来之。

---

① 《论语·公冶长》。
② 《左传·昭公二十三年》。
③ 《左传·昭公二十五年》。
④ 《老子》第八十章。
⑤ 《论语·子路》。

既来之,则安之。"①孔子认为,对于颛顼之类的域内小国,与其用武力来征服,不如"修文德"来感化。本章孔子再次重申了这一观点,只要当政者崇礼修德,实行德政,国民就会安居乐业,安土重迁,"四方之民襁负其子而至矣"②,国家就会人口庶众,兴旺发达。换言之,老百姓是否"怀土",完全取决于当政者是否"怀德"。

"刑"与"惠"相对,"刑"通刑,本意为制陶的刑范,这里引申为刑法、刑杀、强制等义,与"齐之以刑"和"杀无道以就有道"等意思相同,代表实行统治的强制手段;"惠"是上对下施与的恩惠,孔子评价郑子产"有君子之道四焉",其中之一就是"其养民也惠"③,即善于对老百姓施予小恩小惠。对于普通民众来说,他们目光短浅,胸无大志,只关注眼前实实在在的恩惠和利益,因为趋利避害是小人的本性,"民心无常,惟惠之怀"④。"刑"与"德"相比,虽然手段过于严酷残忍,但是却能够立竿见影,收到成效,因此春秋时期各国诸侯纷纷实行变法,不断加大以法治国的力度,这就是"君子怀刑"。而普通民众为了逃避处罚,免于刑戮,就不得不选择尽快获取眼前实惠的短视行为和冒险做法,这就是"小人怀惠"。

孔子认为,统治者采取什么样的施政措施,就会使老百姓形成什么样的心理预期:如果统治者"怀德",推行德政,那么老百姓就会"怀土",安土重迁;如果统治者"怀刑",实行苛政,那么老百姓就会"怀惠",追逐利益。基于上述分析,孔子建议统治者在施政过程要充分考虑到民众的欲望和习性,因势利导,顺应民意,这样才能保证政令畅通,事半功倍。这种说教尽管道理浅显,言辞动人,但是在诸侯争霸的时代背景下却没有市场,因为各国统治者推行的都是能短期见效的施政策略,这也是孔子终无所仕的真正原因。

---

① 《论语·季氏》。
② 《论语·子路》。
③ 《论语·公冶长》。
④ 《尚书·蔡仲之命》。

《论语·学而》:"曾子曰:'慎终,追远,民德归厚矣。'"

本章为曾子言论。在孔门弟子中,曾参长于理性思考,善于从氏族血缘关系中阐述"孝"的本质内涵,本章则是从国家治理层面深刻阐述了"民德归厚"的政治意义,不仅立意高远,而且具有历史纵深感,可见他确实得到了孔子"吾道一以贯之"的真传心经①。

殷商时期(前轴心时代),氏族组织是社会构成的主体。在氏族组织中,"德"主要与爵禄和地位有关,是统治者(在位大人)的专属品质,故而称为"大人之德",普通族众则是"德"的施及对象,因此无以称德。春秋以降,随着王权衰落和氏族组织瓦解,氏族成员的身份发生变化,由氏族成员演变成为社会成员,"德"的概念也逐渐泛化成为一种社会公共道德,于是普通民众也可以以德相称,此谓"民德"。孔子说:"中庸之为德也,其至矣乎!民鲜久矣。"②又说:"君子中庸,小人反中庸。"③在孔子看来,"中庸"原本是在位君子的专属品质,但是社会发生变化后,普通民众也应培养和拥有这种品质,故而才有"民鲜久矣"之说。

就氏族身份和社会地位而言,"大人之德"是"君子之德","民德"则是"小人之德"。孔子说:"君子之德风,小人之德草。草上之风,必偃。"④意思就是,"君子之德"对"小人之德"是具有绝对影响力的,这是本章言论的逻辑起点。

"慎终"和"追远"都是"君子之德",也是"民德归厚"的前提。在《论语》中,"民"通常与"人"或"人君"相对,因此本章应依"民德归厚"句在"慎终追远"前面补上一个"人"字。"终"是指父母等至亲去世,"慎"是谨慎、慎重、勤勉,《尚书·微子之命》:"恪慎克孝,肃恭神人。""慎终"就是

---

① 《论语·里仁》。
② 《论语·雍也》。
③ 《礼记·中庸》。
④ 《论语·颜渊》。

在位大人（氏族宗主或一国之君）为父母至亲办理丧事时一定要丧尽其哀，认真勤勉，一丝不苟，做到"葬之以礼"。"远"是指氏族历代先祖，"追"是追孝、思念、缅怀，《尚书·文侯之命》："汝肇刑文武，用会绍乃辟，追孝于前文人。"《诗经·大雅·文王有声》："匪棘其欲，遹追来孝。""追远"就是在位大人率领族众或国人举行祭祀先祖仪式时一定要虔诚恭敬，情动于衷，做到"祭之以礼"。孔子说："居上不宽，为礼不敬，临丧不哀，吾何以观之哉？"①又说："出则事公卿，入则事父兄，丧事不敢不勉，不为酒困，何有于我哉？"②可见，孔子对于丧葬和祭祀之事再三强调的是"敬""勉""哀"等情感的真实体验，而曾子在本章中提出的"慎终"和"追远"则是通过激发和弘扬"孝"的精神来具体诠释孔子的思想观点。

"民德归厚"主要讨论的是"小人之德"问题。"归"是回归、返回，"厚"的本义是厚葬，后来引申为厚重、质朴、纯真等义："於乎不显，文王之德之纯。"③"先王之于民也，懋正其德而厚其性。"④"积厚者流泽广，积薄者流泽狭也。"⑤孔子继承了传统的"厚德"观念，进而提出了"民德归厚"的观点，这在现实政治中是具有重大意义的。西周时期，氏族组织虽然已经逐渐解体，走向衰亡，但是在现实生活中，氏族血缘关系并没有完全被斩断，族权和政权依然并存，因此各国当政者都自觉或不自觉地利用宗法血缘关系来维持统治秩序，巩固现有政权，而最有效的方法就是人君（氏族宗主）和国民（氏族成员）共同祭祀历代先祖，因为宗庙祭祀与宗法结构是相匹配的。氏族（国家）举行追念和祭祀先祖仪式，所有氏族成员（国家民众）都必须参加，每年的祭祀大典场面盛大，人数众多，仪式隆重，礼仪繁复，有爵有位的大人物都会悉数到场，并且贡献丰盛的祭品。在此过程中，如果氏族宗主（一国之君）举止得体，容貌庄重，情感真

---

① 《论语·里仁》。
② 《论语·子罕》。
③ 《诗经·周颂·唯天之命》。
④ 《国语·周语上》。
⑤ 《荀子·礼论》。

实,真正做到"慎终追远",那么所有参加祭祀、观摩典礼的族众(国民)就会受到情感的熏陶、道德的感化和心灵的洗礼,增强对族群(国家)的认同感、归属感和凝聚力,从而达到"民德归厚"的政治效果。西方学者对此评论道:"在中国的轴心时代,一部分哲人抵制宗教仪式所运用的技巧,而另一些则以这些礼拜仪式为基础创建了深刻的灵性思想。后世公认,祭典的确立是周朝的伟大成就之一。"①

《论语·卫灵公》:"子曰:'已矣乎!吾未见好德如好色者也。'"

本章言论亦见《子罕篇》,只是少了"已矣乎"一句,其他文字和内容完全相同。这种重复记录相同言论的情况在《论语》中比较多见,说明《论语》的编纂程序是先由孔门弟子各自分头整理孔子言论,然后再将各自整理的言论汇总在一起进行统一编纂,因此就难免出现言论重复的情况,这是集体编纂不可避免的疏漏。问题是《论语》经过两千多年的传承,这种显而易见的编纂错误为什么能以讹传讹至今?唯一合理的解释是《论语》这本书的历史积淀太厚重,篇章结构牵一发而动全身,所以没有人敢轻举妄动,删除重复,否则就有可能成为千古罪人!

在《论语》中,"德"通常与"政""礼""刑"等政治概念相对,如"道之以政,齐之以刑,民免而无耻;道之以德,齐之以礼,有耻且格"②,"君子怀德,小人怀土;君子怀刑,小人怀惠"③。本章中的"德"则与"色"相对,这里的"色"当然是指女色,即如"贤贤易色"④。那么这个"色"具体所指何人?司马迁在《史记·孔子世家》中还原了当时的语境:

---

① [英]凯伦·阿姆斯特朗著:《轴心时代》,孙艳燕、白彦兵译,海口:海南出版社,2010年,第87页。
② 《论语·为政》。
③ 《论语·里仁》。
④ 《论语·学而》。

08. 德

（孔子）居卫月余，灵公与夫人（南子）同车，宦者雍渠参乘，出，使孔子为次乘，招摇市过之。孔子曰："吾未见好德如好色者也。"于是丑之，去卫。

太史公此说不知何本？但是完全符合人物的性格特征，卫灵公、南子、雍渠等人都是寡德之人、好色之徒，他们之间的绯闻艳事在各诸侯国间广为流传。孔子失意于鲁后，愤然出走，他一心想在卫国施展自己的政治抱负，然而卫灵公对他的政治说教毫无兴趣，反而拉着他驾乘招摇过市。当时孔子乘坐的次乘跟在后面，前面车乘上的卫灵公和南子，一个风流倜傥，一个风情万种，两人毫不避讳，做出许多亲昵举动，看得孔子连连摇头，故而发出"未见好德如好色"的感慨，这完全符合规定情境中的人物性格和事理逻辑。"已矣乎"是有感而发的感叹词，用以加重"未见"语气，《集注》："叹其终不得而见也。"《卫灵公篇》中还有一句与本章相关的言论，孔子当时对身边的子路补充道："由！知德者鲜矣。"

显然，本章中的"德"是"君子之德"或"大人之德"。"君子之德"有政德（公德）与私德之分：政德主要表现为仁慈博爱，实行德政，普惠国人，因此多与"政""礼""刑"等概念相对；私德则主要表现为言行举止符合礼制规范，道德高尚，崇尚俭朴，杜绝奢靡，能够为国人树立一个从善榜样，因此多与"欲""色""利"等概念相对。政德固然很重要，私德也不可不检点，否则就会有损权威，败坏风气，有失民心，影响执政。孔子认为，卫灵公在政德方面毫无建树，难以服众，他在当政期间对于礼乐教化不感兴趣，对于"军旅之事"却非常热衷[①]，所以孔子"言卫灵公之无道也"[②]；在私德方面，卫灵公就更加荒诞离谱了，他宠幸夫人南子，将太子蒯聩驱逐出境，晚年私生活极不检点，整日沉湎于酒色之中，男欢女爱，伤风败俗。

[①]《论语·卫灵公》。
[②]《论语·宪问》。

春秋时期,男女之防并不像后来那样严密,王公贵族偷欢寻乐之事也很普遍,人们似乎并没有从道德层面来加以谴责。这种情况说明在时人观念中,"好色"与"好德"并非完全处于对立的状态,"好色"也未必是影响"好德"的唯一因素。孔子所说的"吾未见好德如好色者也",关键在一个"如"字,即"像……一样",这是一个类比而非排他的句式,因此这句话的意思是,我已经很久没有看见一个热衷修德就像喜好女色一样的人了。换言之,如果一个人像喜好女色一样热衷修德,那么"好色"也就不成问题了。

《论语·季氏》:"齐景公有马千驷,死之日,民无德而称焉。伯夷、叔齐饿于首阳之下,民到于今称之。其斯之谓与?"

本章错简严重,多有舛误,素谓难读,朱熹在《答江德功书》中说:"此章文势或有断续,或有阙文,或非一章,皆不可考。"①宋儒程颐则认为,《颜渊篇》"子张问崇德辨惑"章中的"诚不以富,亦祇以异"两句引文为错简,应该调整到本章"其斯之谓与"之前,此说颇具说服力,至少目前没有人能反驳。此外,在《皇疏》本中"德"写作"得",义同字,因为在古代汉语中,"德"与"得"互训,《礼记·乐记》:"礼乐皆得,谓之有德。德者,得也。"所以有人把"民无德而称焉"一句译为"老百姓不知该用什么话去形容"②。这种说法虽然简单明了,亦有所本,但是与历代古训不一致,而且与《论语》语境也不太相符,《宪问篇》中有"骥不称其力,称其德也",可见"称其德"是当时的一种习惯表述。

孔子在本章中仍然是通过评述历史、臧否人物的特有方式来深入诠释"德"的内涵和意义的。关于"齐景公有马千驷"和"伯夷、叔齐饿于首

---

① 朱熹撰:《朱文公文集》卷四十四。
② 李零:《丧家狗——我读〈论语〉》,太原:山西人民出版社,2007年,第293页。

阳之下"的旧事,著者已在《〈论语〉事件评述》中做出具体评述,可以参阅,此不赘述。"民到于今称之"句中,因上文而省略了一个"德"字,《皇疏》引王肃注曰:"此所谓以德为称者也。"从身份来看,伯夷、叔齐是商朝末年孤竹国的两位王子,齐景公则是春秋时期的诸侯国君,因此本章中的"德"应该是"君子之德"。《皇疏》:"生时无德而多马,一死则身与名俱消,故民无所称誉也。"清儒包慎言《论语温故录》:"'千乘'当指公厩之马。盖僭侈之事,民无德而称者,言民无所知其德称说之也。"

就事件性质而言,"齐景公有马千驷"是以马害人,他为了满足个人嗜好,追求奢侈,纵欲享乐,却置民众的温饱与生死于不顾,这显然不是一国之君应有的德行和作为,所以他死后老百姓"无德而称焉";至于"伯夷、叔齐饿于首阳之下",则完全是出于反对周朝灭商的政治立场,因此他们不食周粟,避世隐居。其实"饿于首阳之下"与"德"并无直接关系,孔子之所以把这两个历史事件放在一起进行比较分析,是因为他试图把纵欲和节制问题作为话题的切入点,以此来强调"君子之德"应该克己奉公,关爱民生。

《论语·述而》:"子曰:'天生德于予,桓魋其如予何?'"①

本章可以和《子罕篇》中的"子畏于匡"章结合起来研读。在情况危急之时,孔子所表现出来的从容镇定并不是一种盲目自信,而是有"文""德"等强大精神力量作支撑的。这种神奇力量大多存在于孔子的潜意识之中,因此更有深入发掘的必要。

关于桓魋其人以及"欲杀孔子"之事已在《〈论语〉事件评述》中另有评述,这里重点评析与"德"相关的内容。

---

① 本章有关"天"的内容将在《天(地)》中进行评析。

孔子说"天生德于予",这句话主要有两层含义:

第一层含义是关于"德"的来源问题。在传统观念中,"德"是那些身份和地位特殊的大人秉承上天的本性:

> 惟我周王灵承于旅,克堪用德,惟典神天,天惟式教我用休,简畀殷命,尹尔多方。①

> 父义和,丕显文武,克慎明德,昭升于上,敷闻在下,惟时上帝,集厥命于文王。②

> 维天之命,於穆不已。於乎不显,文王之德之纯。③

在孔子看来,周文王、周武王等人都是承载上天使命的圣人,而自己则是"文武之道"的坚定信仰者和忠实继承者,因此他也秉承了上天赋予的"德"。"德"体现了上天的意志,代表了正义的力量,因此桓魋等人是奈何不了他的。

第二层含义是孔子出身贵胄,并非等闲之辈。"德"在前轴心时代主要是在位大人(世袭贵族)的专属美称,身份普通的"小人"是不敢妄自称德的。孔子为人处世一贯谦和严谨,慎言慎行,然而在遭到桓魋之徒围攻时竟然放出"天生德于予"的豪言,无意之中透露出他自命不凡的真实想法。孔子确实身世不凡,其先祖微子启是殷商王朝的王室成员。周灭殷商后,微子启受封于宋,遂由王室转为诸侯。宋潜公时,孔子先祖弗父何为了避免兄弟之间争权内斗,主动让位于其弟鲋祀,于是又由分封诸侯降为公卿之家。自弗父何至七世祖正考父,孔氏先祖世代为宋国正卿,他们恪忠尽职,俭朴自律,为世人所称颂。《左传·昭公七年》载鲁大夫孟僖子临终遗言曰:

---

① 《尚书·多方》。
② 《尚书·文侯之命》。
③ 《诗经·周颂·维天之命》。

> 吾闻将有达者曰孔丘，圣人之后也，而灭于宋。其祖弗父何，以有宋而授厉公。及正考父佐戴、武、宣，三命兹益共。故其鼎铭云："一命而偻，再命而伛，三命而俯。循墙而走，亦莫余敢侮。饘于是，鬻于是，以糊余口。"其共也如是。

正考父为宋国正卿，辅助三代国君，位高权重，功绩卓著。正考父生孔父嘉，孔父嘉后来死于宋国内乱，其曾孙孔防叔奔鲁避难，孔氏自此失去上大夫卿位，不过仍保留了下大夫的贵族身份。到了孔子之时，孔氏生活已与自耕人家无异，所以他说："吾少也贱，故能多鄙事。"①

尽管孔子家道中落，沦为无权无位的普通人家，但是他心里的贵族意识仍然很强，经常会不经意地流露出来。比如颜渊死后，其父颜路向孔子提出"请子之车以为之椁"的请求，他断然回绝道："吾从大夫之后，不可徒行也。"②再比如他提请"三桓"发兵讨伐齐国弑君乱臣陈成子的要求遭拒后，自我解嘲道："以吾从大夫之后，不敢不告。"③他口口声声以"从大夫之后"自居，说明他仍然念念不忘自己的贵族身份。本章中一个"德"字再一次透露出潜藏在孔子内心深处的贵族意识。孔子为什么身处绝境时始终能显示出从容镇定、不坠其志的气概？这种自信精神就是建立在"天生德于予"的贵族气质之上的！

《论语·宪问》："子曰：'骥不称其力，称其德也。'"

本章虽然文字简单，但是古今注家大多不得要领，人马不分，逻辑混乱，究其原因，问题主要出在对"德"的理解上。

---

① 《论语·子罕》。
② 《论语·先进》。
③ 《论语·宪问》。

"骥"是本章言论的主语,《说文解字》:"骥,千里马也,孙阳所相者。"孙阳,字伯乐,秦穆公时期的相马大师,擅长识马驯马。"称"是称道、称赞。"不称其力"和"称其德"两句相对,"力"比较好理解,因为良马比的就是爆发力和耐久力,因此"力"是良马必须具有的品质;"德"则不合情理,令人费解,因为"德"是在位君子的专属美称,用来称马,显然不符合逻辑,因此古今注家都把这个"德"解释为马师驯马或驭马的高超技艺。郑玄注曰:"德者,谓调良之德也。"《皇疏》引江熙言曰:"骥有力而不称,君子虽有兼能,而惟称其德也。"《集注》:"德,谓调良也。"黄式三《论语后案》:"此为立德者言,为称德者言,两义一贯。"这些解释都比较牵强,未必符合孔子本义。其实孔子本章言论并不复杂,他在这里只是用"骥"来做比喻,"力"与"德"都是良马所具有的优秀品质,不过前者是一种与生俱来的能力或品质,后者则是经过马师后天训练而成获得一种能力或品质。比如千里马虽然能日行千里,但是它未必懂得如何控制体态、步幅和速度等,也不知道如何与驾驭者协调同步,因此需要马师调教。也就是说,"德"是人类(马师)后天赋予"骥"的一种能力或品质,而不是马师本人的"调良之德"。孔子说:"性相近也,习相远也。"①他一贯认为,后天教化对先天本性具有强大的改造力,对于良马来说,后天的"德"比先天的"力"更为重要;同样,对于民众来说,后天的礼乐教化比先天的纯真本性更为重要。由此可见,孔子这里是借用"骥不称其力,而称其德"来做比喻,强调对民众实施礼乐教化的重要性。

　　关于"骥不称其力,称其德也"的话题,战国时期的儒道两家又分别进行了不同演绎。《荀子·哀公》:

　　　　定公问于颜渊曰:"东野子之善驭乎?"颜渊对曰:"善则善矣!虽然,其马将失。"定公不悦,入谓左右曰:"君子固谗人乎!"三日而

---

① 《论语·阳货》。

校来谒,曰:"东野毕之马失,两骖列,两服入厩。"定公越席而起曰:"趣驾召颜渊!"颜渊至。定公曰:"前日寡人问吾子,吾子曰:'东野毕之驭,善则善矣!虽然,其马将失。'不识吾子何以知之?"颜渊对曰:"臣以政知之。昔舜巧于使民,而造父巧于使马。舜不穷其民,造父不穷其马,是以舜无失民,造父无失马也。今东野毕之驭,上车执辔,衔体正矣;步骤驰骋,朝礼毕矣;历险致远,马力尽矣。然犹求马不已,是以知之也。"定公曰:"善!可得少进乎?"颜渊对曰:"臣闻之:'鸟穷则啄,兽穷则攫,人穷则诈。'自古及今,未有穷其下而能无危者也。"

东野毕是鲁定公的驭者,深得定公赏识,但是颜渊却对他颇有微词,因为他的驭马方法不对。后来东野毕训练的马果然跑失了,鲁定公问颜渊其中原委。颜渊就把御马之术和御民之术巧妙地结合起来进行说教:真正的善驭者应该对马放松约束,任其自由奔驰;高明的统治者也应该为政以德,对民众仁慈宽厚,施以恩惠,这样民众才能感恩戴德,尽力于上。《孔子家语·颜回》中也完整记载了此事,并在事后又补记了几句:"(鲁定)公悦,遂以告孔子。孔子对曰:'夫其所以为颜回者,此之类也,其足多哉?'"从驭马之术联系到御民之术,鲁定公、孔子和颜渊三人之间形成互动,最后孔子用"骥不称其力,称其德也"作为结语,把此事上升到实施德治的政治高度,同时也把本章言论的时间经度确定下来了。

以庄子为代表的道家则站在崇尚自然、反对人为的立场上,对伯乐等人的驯马之事进行了道义谴责,对儒家所倡导的礼乐教化也进行了严厉批判。《庄子·马蹄篇》:

马,蹄可以践霜雪,毛可以御风寒,龁草饮水,翘足而陆,此马之真性也。虽有义台路寝,无所用之。及至伯乐,曰:"我善治马。"烧之,剔之,刻之,雒之,连之以羁馽,编之以皂栈,马之死者十二三矣。饥之,渴之,驰之,骤之,整之,齐之,前有橛饰之患,而后有鞭笞之威,而马之死者已过半矣。

庄子认为,伯乐运用各种手段和技巧驯马,是对马的"真性"的残忍戕害,这是违反天地自然的法则和规律的。同样,儒家主张对民众实施礼乐教化,也是违背人类天性的倒行逆施之举,要想实现天下太平,最明智的做法应该是顺其自然,无为而治。

《论语·宪问》:"或曰:'以德报怨,何如?'子曰:'何以报德?以直报怨,以德报德。'"

德怨(恩仇)相报问题,是春秋时期人们普遍关注的热门话题,许多贤达名流都在言论中有所论及,周大夫富辰说:"以怨报德,不仁。不仁则民不至。"[1]富辰认为"以怨报德"是不仁不义之举,有失民心,因此他建议周襄王不要举兵讨伐郑国。楚国令尹子西也说:"德其忘怨乎!余善之(指白公胜),夫乃其宁。"[2]子西认为自己对白公胜以德相待,白公胜自然不会对自己以怨相报。可见,"德"与"怨"是两个对立的概念,而"以德报怨"和"以怨报德"则是两种截然不同的处事方法和态度。

本章中的"或"代指某人,具体指代何人则不得而知,或许并不重要。此类用法在《论语》中比较多见,如"或问孔子曰"[3]、"或问禘之说"[4]、"或问子产"[5]等等。这种情况说明孔门弟子在编纂《论语》时非常严谨,尽量

---

[1]《国语·周语中》。
[2]《国语·楚语下》。
[3]《论语·为政》。
[4]《论语·八佾》。
[5]《论语·宪问》。

做到事有其人,语有所本,对于那些身份不明者宁愿以"或"代之。

本章中的"或"用"以德报怨"的问题来向孔子请教,此语出自《老子》第七十九章:"和大怨,必有余怨;报怨以德,安可以为善?"①"怨"是怨恨、报怨;"德"是恩德、恩惠,这是"德"最广义的用法;"报"是回报、报答、回馈。意思就是,人们的怨恨情绪是无休无止的,大的怨恨(旧的怨恨)平息了,小的怨恨(新的怨恨)又会产生,而且还会慢慢积累,所以对待怨恨情绪一味采取宽厚仁慈的做法是不可取的。显然,老子对于"报怨以德"是持否定态度的,但是他也不主张对"怨"采取过激行为,所以他接着又说道:"是以圣人执左契而不责于人。故有德司契,无德司彻。"这是一种在恩怨情仇之间和稀泥的态度,甚至连"报"都干脆不要了。过去有人曾因此而对孔子适周问礼于老子之事提出质疑,程树德在《论语集释》(以下均简称《集释》)中引用清人崔灏言曰:"《论语》二十篇无及老聃一事,唯或人举此语为问,而夫子深不谓然,即此可破学于聃之浮说矣。"不过这个问题与本章言论关系不大,因此这里就不深入分析了。

孔子对于老子的观点显然持有不同意见,他首先反问一句:"何以报德?"这句话的潜台词是,我对人可以做到"以德报怨",那么人对我何以相报?如果"以怨报德"怎么办?所以孔子认为,既然德怨(恩仇)相报是必然的,那么二者就应该维持对等关系,以显示公平和正义。具体地说,无德小人以怨报怨、以怨报德,有德君子可以以德报德,但不必以德报怨,否则就会导致社会价值标准失衡,民众是非善恶不分,进而"怨"的情绪日益蔓延,"德"的意义也逐渐贬低。孔子接下来明确提出自己的观点:"以直抱怨,以德报德。"在《论语》中,"直"大多与"枉"或"罔"相对,为公正、正直、正义等义,如"举直错诸枉,能使枉者直"②、"人之生也直,罔之生也幸而免"③等等。这两句话的意思是,有德君子在处理德怨(恩仇)

---

① 著者按:"报怨以德"句本在《老子》第六十三章,此从帛书《老子》改。
② 《论语·颜渊》。
③ 《论语·雍也》。

相报问题时,既不要拘泥于"德"的道德约束,也不要为"怨"的情绪所左右,对于无德小人的怨恨要敢于坚持公平和正义,不要受其负面情绪影响,对于有德之人的恩德则要报之以恩德,最大限度地发扬仁德精神。

《礼记·表记》中也载有孔子有关德怨相报的言论:

子曰:"以德报德,则民有所劝。以怨报怨,则民有所惩。"
子曰:"以德报怨,则宽身之仁也。以怨报德,则刑戮之民也。"

孔子这里把"以德报德""以怨报怨""以德报怨"和"以怨报德"四种情况全部列举出来了,四种结果也一目了然。总之,君子坚持修身立德是利人利己、利国利民的。

《论语·里仁》:"子曰:'德不孤,必有邻。'"

本章言论字面意思很好理解,然而因语境不详,不知所指。根据文义推断,这句话很可能是孔子对某一位离群索居、勤修苦学弟子(诸如颜渊、闵子骞、冉伯牛等人)的勉励之语,因为孔子非常重视弟子的道德修养和德行教育,他在孔门四科中专设"德行"一科。

本章中的"德"应与"德行"科一致,属于"小人之德",即普通士人的道德品质;"孤"是孤独、孤寂,这里主要指精神层面的孤独;"邻"可训为"类",即同类人的意思。这句话的意思是,有德之人虽然处境窘迫,茕然独立,无人理解,但是一定会有人与他志同道合,以德类聚,因此他在精神上是不会孤独的。

在礼制废弛、道德沦丧的年代,修德君子常常不被人理解,遭人讥讽和奚落,在精神上完全陷于孤独的境地,所以孔子多次感叹道:"知德者鲜矣。"①"已矣乎！吾未见好德如好色者也。"②这些言论既是针对高高在上的执政者，也是针对日益败坏的社会风气。世风日下的严酷现实与修德君子的尴尬处境形成强烈对比，因此难免会有弟子向孔子报怨当今社会道德沦丧，人心不古，贪欲成风，勤学修德似乎并不能解决这些社会乱象，自己反倒成了孤家寡人，于是孔子就用这句话在精神上给予鼓励和鞭策。《论语》中此类言论有很多：

> 人不知，而不愠，不亦君子乎？③
> 不患人之不己知，患不知人也。④
> 不患人之不己知，患其不能也。⑤
> 四海之内，皆兄弟也——君子何患乎无兄弟也？⑥

　　孔子坚信"德"的价值终究会被志同道合者发现，即便有德之人相距百里，相互不知，但是因为他们是同类人，能够彼此感应，心心相印，所以在精神上是不会感到孤独的。孟子说："德之流行，速于置邮而传命。"⑦意思就是，"德"是不需要强加于人的，"德"的观念很快就会成为一种时尚在各类人群中迅速传播，广泛流传，因此有德君子只须坚持自己的德行和操守，无须担忧自身价值的实现问题。

　　顺便澄清一个问题：《皇疏》引用《公冶长篇》中孔子评价弟子宓子贱"君子哉若人"的言论，并且推论孔子这句话是针对宓子贱说的，不知有何依据。不过根据《说苑》《孔子家语》《韩诗外传》等书记载，宓子贱为人

---

① 《论语·卫灵公》。
② 《论语·卫灵公》。
③ 《论语·学而》。
④ 《论语·学而》。
⑤ 《论语·宪问》。
⑥ 《论语·颜渊》。
⑦ 《孟子·公孙丑章句上》。

性情豁达,交游甚广,他在担任鲁国单父邑宰期间知能善任,政绩斐然,而他取得成功的一个重要原因,就是身边聚集了一批志同道合的贤达之人,他曾对孔子说:"不齐也(宓子贱自称之词),所父事者三人,所兄事者五人,所友者十一人。……此地民有贤于不齐者五人,不齐事之,皆教不齐所以治之术。"①从性格特征和人生遭际来看,孔子这句话用在宓子贱身上似乎并不合适。相比较而言,颜渊、冉伯牛、原宪等性格偏内向的弟子遇到问题爱钻牛角尖,容易受到负面情绪影响,从而陷入孤独自闭状态,因此这句话对于他们似乎更加合适。

《论语·颜渊》:"樊迟从游于舞雩之下,曰:'敢问崇德,修慝,辨惑。'子曰:'善哉问!先事后得,非崇德与?攻其恶,无攻人之恶,非修慝与?一朝之忿,忘其身,以及其亲,非惑与?'"

鲁国古有舞雩台,位于曲阜城南三里的沂河之北,如遇旱年,国人便齐聚于此,载歌载舞,祈天求雨,故称"舞雩"。东汉王充在《论衡·明雩》中说:"《春秋》,鲁大雩,旱求雨之祭也。旱久不雨,祷祭求福,若人之疾病祭神解祸矣。"每逢舞雩之祭,居住在曲阜城中的文人雅士便会闻风而动,乘兴而游,既是观礼,也是郊游,即所谓"浴乎沂,风乎舞雩,咏而归"②。本章所记载的就是孔子率众弟子参加舞雩祈雨典礼返回途中的对话言论。

樊迟好问,因为他在孔门弟子中相对年少,《史记·仲尼弟子列传》:"樊须字子迟,少孔子三十六岁。"《孔子家语》中则说他比孔子小四十六岁,"弱仕于季氏"③,"弱"是年少的意思。鲁哀公十一年(公元前484年)

---

① 《说苑·政理》。
② 《论语·先进》。
③ 《孔子家语·七十二弟子解》。

齐、鲁郊之战时,他才二十岁出头,也参加了战役,担任鲁国左师统帅冉求的右驾,当时鲁军统帅季康子不无担心地说"须(樊迟)也弱"①,古人"二十曰弱"②。根据这个时间定位,基本可以确定本章言论的时间应在孔子晚年归鲁之后,即七十岁前后,而不应在孔子壮年适齐之时③。

"舞雩"是国之大礼,鲁国君臣贵族都要参加。当时鲁国国君是鲁哀公,但是国政由执政国卿季康子实际掌控,君弱臣强的局面已经持续几代,孔子对此一直颇有微词:"禄之去公室五世矣,政逮于大夫四世矣,故夫三桓之子孙微矣。"④鲁国这种君臣失序的反常情况在"舞雩"典礼上必然有所反映,这不禁让人联想到当年鲁昭公遭季氏驱逐流放之事。细心的樊迟在观礼过程对此亦有所察觉,但是因为这个问题过于敏感复杂,所以他只好拐弯抹角地向孔子请教"崇德""修慝""辨惑"之类的问题。樊迟提出的这些问题看似空泛,但是仔细分析起来,却具有很强的历史意义(鲁昭公被逐)和现实意义(鲁哀公失权),所以孔子对于樊迟善于观察和思考问题的好习惯大加赞赏——"善哉问"。王充也评论道:"樊迟从游,感雩而问,刺鲁不能崇德而徒雩也。"⑤

无独有偶,子张也曾向孔子提出相同问题,因此可将两处言论归并在一起评析:

> 子张问崇德辨惑。子曰:"主忠信,徙义,崇德也。爱之欲其生,恶之欲其死。既欲其生,又欲其死,是惑也。"⑥

---

① 《左传·哀公十一年》。
② 《礼记·曲礼上》。
③ 著者按:程树德在《论语集释》中引述刘逢禄《论语述何》云:此章盖在昭公孙齐之年。《春秋》书:"上辛大雩,季辛又雩。"《传》曰:"又雩者,非雩也,聚众以逐季氏也。"樊迟欲究昭公丧乱之由,而言不迫切,故夫子特善之。
④ 《论语·季氏》。
⑤ 《论衡·明雩》。
⑥ 《论语·颜渊》。

关于"崇德",孔子在本章中对樊迟的解释是"先事后得",这里的"事"与"得"相对,"得"是得到、获取的意思,"事"则是这句话的关键词。在《论语》中,"事"作动词用时通常特指下对上,为侍奉、效力之义,如"事父母,能竭其力;事君,能致其身"①、"事君尽礼,人以为谄也"②、"君使臣以礼,臣事君以忠"③等等。所谓"先事后得",就是臣下必须先尽到自己应尽的义务,做好自己分内的事情,严格遵从礼制规范,尽心尽力侍奉君上,然后再根据自己的贡献大小和君上的满意程度获取自己应得的俸禄或官位。如果一个人能够长期做到这一点,道德修养就会不断提高,日臻完善,这就是"崇德"。按照这样的逻辑推论,后事先得或不事而得都是不正确的,有违"崇德"原则。这些内容隐含了对季康子等当政者擅权专政、巧取豪夺、中饱私囊等僭越礼制行为的批判。相同问题,孔子对子张的解释则是"主忠信,徙义"。"主"和"徙"均有主动靠近的意思,这里可以理解为积极培养和努力践行。"忠""信""义"都是儒家积极倡导的道德规范,也是"德"的核心内容。"忠"主要是指下对上应有的正确态度和正常心理;"信"和"义"则是指与人相处的正确方法或基本原则,有子说:"信近于义,言可复也。"④可见两者都是处理和调节朋友关系的道德规范。相比较而言,孔子对樊迟的回答针对性更强,意涵也更隐晦深远,甚至有些内容已经触及鲁国政坛种种乱象的敏感问题;而对子张的回答原则性更强,内容则比较宽泛,适用范围也比较广。由此可见,孔子在回答弟子问题时,都是根据具体的人和事来做出不同回答,并不存在有人臆测的厚此薄彼情况。

"修慝"和"辨惑",是与"崇德"相关的两个问题。《皇疏》:"修,治也。慝,恶也。谓治恶为善也。"《集注》引胡氏言曰:"慝之字从心从匿,盖恶

---

① 《论语·学而》。
② 《论语·八佾》。
③ 《论语·八佾》。
④ 《论语·学而》。

之匿于心者。修者，治而去之。"可见，"修慝"就是深刻反省自己，把隐藏在内心深处的邪恶念头彻底清除干净，具体做法是"攻其恶，无攻人之恶"，"攻"是整治、整改，这里引申为检讨、批评。这句话的意思是，多做自我批评，少苛求别人，这是孔子对于君子修身立德的一贯要求，他反复强调："君子求诸己，小人求诸人。"①"躬自厚而薄责于人，则远怨矣。"②"己所不欲，勿施于人。在邦无怨，在家无怨。"③"辨惑"就是辨明是非曲直，权衡利弊得失。孔子对"惑"的解释分别是"一朝之忿，忘其身，以及其亲"和"爱之欲其生，恶之欲其死"，遇到事情便情绪激动，片面极端，不计后果，甚至连累家人，这些都是感情冲动、缺乏理性的表现。"辨惑"就是要保持理性克制，不能感情用事。

总体而言，"崇德""修慝""辨惑"三者是一个有机整体，"崇德"是人生修养的终极目标，"修慝"和"辨惑"则是实现人生目标的具体途径和方法，因此本章中的"德"包含了自我反省方面的"修慝"和理性认知方面的"辨惑"等内容，意涵比较丰富。

《论语·卫灵公》："子曰：'巧言乱德。小不忍，则乱大谋。'"

本章言论有两句，两句话看起来没有关联，但是内容都是关于君子修德的，因此存在着某种内在的逻辑联系。孔子认为，君子修德不仅要选择正确的方法，还要杜绝错误的认知，他在本章中特别用了两个"乱"字来说明修德方法错误的危害性。

前一句话是"巧言乱德"。"巧言"一词在《论语》中经常出现，与"佞"词义相近，就是靠耍嘴皮子来哗众取宠的意思。孔子对于这种人或这种行为

---

① 《论语·卫灵公》。
② 《论语·卫灵公》。
③ 《论语·颜渊》。

非常反感,他多次说:"巧言令色,鲜矣仁。"①又说:"御人以口给,屡憎于人。不知其仁,焉用佞?"②显然,"巧言"和"佞"都是有违"仁"的精神的。"乱"是干扰、破坏,"德"则是一个人的内在素养和品质。孔子认为,修德是在内心深处实现自觉自省的升华过程,无需用言语来文饰。有德君子主要是靠内在品质来感染人,而不是靠花言巧语来迷惑人。如果不注重提升内在的道德修养,仅仅靠能说会道来博取功名利禄,这就是"乱"。

后一句话是"小不忍,则乱大谋",这是一个与"辨惑"相关的话题,属于"崇德"范畴,"小"是小处、小事,"大"则是事关全局的大事。弟子樊迟请教"辨惑"问题时,孔子说:"一朝之忿,忘其身,以及其亲,非惑与?"③他又对子张说:"爱之欲其生,恶之欲其死。既欲其生,又欲其死,是惑也。"④在孔子看来,遇到问题,如果主次大小、轻重缓急、爱恶亲疏不辨,就会行为鲁莽造次,因小失大,这种认知方面的愚蠢错误还会对君子修德带来极其严重的干扰和破坏,因此他要求"忍",即忍耐、克制,否则就会发生"乱"。

《论语·阳货》:"子曰:'乡愿,德之贼也。'"

在现实生活中,真正的君子或小人是没有的,大多数人都是介于君子和小人之间的平庸之辈,他们随波逐流,碌碌无为,孔子对此亦无非议。然而有一种孔子称作"乡愿"的人,他们巧舌如簧,虚假伪善,沽名钓誉,貌似正人君子,实则卑鄙小人,孔子对于这类人深恶痛绝,斥之为"德之贼"。这里的"贼"为祸害、败坏之义。子路曾向季氏举荐小师弟子羔出任费邑宰,孔子认为子羔根本没有能力承担如此重任,弄不好还会捅

---

① 《论语·学而》。
② 《论语·公冶长》。
③ 《论语·颜渊》。
④ 《论语·颜渊》。

出大娄子来,因此严厉批评子路道:"贼夫人之子。"①由此可见,"德之贼"就是道德败坏者。

关于"乡愿",历来有多种解说,《皇疏》中列举了三种比较具有代表性的观点:第一种观点认为"乡"为乡里,"原"为源本,义即在他人之乡,为了能受人待见,主动放弃自己意见,曲意迎合当地的风俗人情和人们的思想观点;第二种观点认为"乡"同向,趋向、归向之义,指为人伪善,不愿意得罪人,所以一味地屈从别人,人云亦云;第三种观点认为"乡愿"是指孔子的乡里故旧原壤,此人行为乖张,不拘礼俗,道德败坏,孔子曾用手杖敲着他的小腿骂道:"幼而不孙弟,长而无述焉,老而不死,是为贼。"②这些观点有一个共同之处:评价都偏于负面,说明"乡愿"在当时是一种不受欢迎、甚至令人讨厌的人物。

孟子也曾对"乡愿(原)"做出权威解释:

> 非之无举也,刺之无刺也,同乎流俗,合乎污世,居之似忠信,行之似廉洁,众皆悦之,自以为是,而不可与入尧舜之道,故曰"德之贼"也。孔子曰:恶似而非者:恶莠,恐其乱苗也;恶佞,恐其乱义也;恶利口,恐其乱信也;恶郑声,恐其乱乐也;恶紫,恐其乱朱也;恶乡原,恐其乱德也。君子反经而已矣。经正,则庶民兴;庶民兴,斯无邪慝矣。③

根据孟子的描述,"乡愿(原)"大体有以下几个特征:一是在人生理想方面,内心深处并不向往先王之道,没有远大的理想和明确的追求,只关心一己私利;二是在人生态度方面,做人没有原则,没有底线,混淆是非,不辨善恶,与世俗同流合污,人云亦云,随波逐流;三是在道德修养方

---

① 《论语·先进》。
② 《论语·宪问》。
③ 《孟子·尽心章句下》。

面,貌似品德高尚廉洁,行为无可挑剔,实则虚伪自私,品行低劣,为人不齿;四是在处世方法方面,四处讨好,八面玲珑,花言巧语,沽名钓誉,媚世求荣。总之,"乡愿"之流行径如同小人,却盗取了君子名声,他们是不折不扣的伪君子!

孔子是非常重视和珍惜君子名头的,所以他对于这些蝇营狗苟、自私自利、不遣是非、欺世盗名的"乡愿"痛恨之极!自古及今,伪君子的存在不仅损害了公共道德,破坏了社会风气,而且对真君子也造成了极大伤害!

《论语·阳货》:"子曰:'道听而塗说,德之弃也。'"

在交通和资讯不发达的古代社会,道听塗(途)说应该是传播消息的主要方式。口口相传就难免会掺入一些主观臆测的内容,以至于以讹传讹,荒腔走板,谬误百出。不过这充其量是为人或治学不严谨问题,然而孔子却小题大做,将此上升到道德批判层面,谓之"德之弃","弃"是抛弃、丢弃,比照"德之贼"句式,"弃"也应该是一种错误的修德方法,容易对君子修德产生影响和危害。《皇疏》:"若听之于道路,道路仍即为人传说,必多谬妄,所以为有德者所弃也,亦自弃其德也。"这里列举了两种"弃"的情况:一是有德者视此不类而弃之不为,二是修德者不明谬误而自弃其德。相比较而言,后一种解说在语法上更加合理,因此这句话的意思是,修德者道听途说,不辨真伪,信以为真,这种错误的认知方法意味着自弃其德,是有害于君子修德的。

值得注意的是,孔子说话通常都不是泛泛而谈的,他所列举的"巧言""乡愿"和"道听塗说"等有害于君子修德的错误方法必然是有所指的,只是因为缺少时间、地点、人物以及情状等事件要素,因此很难做出具体评析。

《论语·子张》:"子夏曰:'大德不逾闲,小德出入可也。'"

根据《韩诗外传》《说苑》《孔子家语》等书记载,本章是孔子在适齐途中偶遇齐人程本子时的言论,子夏这里只是转述而已:

> 孔子遭齐程本子于郯之间,倾盖而语终日,有间,顾子路曰:"由来!取束帛以赠先生。"子路不对。有间,又顾曰:"取束帛以赠先生。"子路率而对曰:"昔者由也闻之于夫子,士不中道相见。女无媒而嫁者,君子不行也。"孔子曰:"夫《诗》云乎:'野有蔓草,零露漙兮。有美一人,青阳宛兮,邂逅相遇,适我愿兮。'且夫齐程本子,天下之贤士也,吾于是而不赠,终身不之见也。大德不踰闲,小德出入可也。"①

孔子适齐大约在鲁昭公二十五年至二十七年间(公元前517—前515年),此时孔门弟子人数寥寥,只有子路等少数几个弟子是这一事件的亲历者。孔子从齐国返回鲁国后,开始大规模设帐授徒,弟子日众,号称三千,而子夏则属于晚期拜入孔门的"后进"弟子,关于孔子的许多故事和言论,他只是听说而已,所以在编纂《论语》时他只是转述者,而不是亲历者(亲历者子路此时已不在人世)。据此推论,如果子夏或其他弟子整理和转述的孔子言论能够得到众弟子一致认可,那么就可以在《论语》中标明"子曰";如果有人对整理和转述的言论提出异议,而亲历者又不在现场,那么就只能标明"子夏曰"或"某某曰"。这也许是《论语》的一种编辑体例,可以作为分析和理解《论语》中有关弟子言论的一个参考依据。

根据《韩诗外传》等书还原的历史情景来看,本章中的"大德"是指重要的原则、法度或礼制规范,而"小德"则是指琐碎具体的礼仪或不太重要的行为规范,所以《集注》中说:"大德、小德,犹言大节、小节。""闲"同

---

① 《韩诗外传》卷二第十六章,并见《说苑·尊贤》《孔子家语·致思》。

阑,本义为遮拦、阻隔之物,进而引申为限制、约束,孔子说:"七十而从心所欲,不踰矩。"①"踰矩"与本章"踰闲"的意思大致相同。"出入"就是突破限制,稍有踰矩。这两句话的意思是,在大是大非的重大问题上,必须坚持原则,不能突破限制;在无关紧要的小节问题上,则不必过分拘泥于礼俗限制,可以做出适当的通融和权变。

　　孟子曾引用本章"大德"和"小德"的概念来说明"顺天者存,逆天者亡"的道理:"天下有道,小德役大德,小贤役大贤。天下无道,小役大,弱役强。"②他又以齐景公"涕出而女于吴"和周文王"为政于天下"为例,强调统治者实行仁政的重要性。同样,荀子也曾引用本章观点来阐述"平政爱民""隆礼敬士""尚贤使能"等施政措施是"君人者之大节",他引述孔子言论道:"大节是也,小节非也,上君也。大节是也,小节一出焉,一入焉,中君也。大节非也,小节虽是也,吾无观其余矣。"③后来《皇疏》也用"上贤以上"和"中贤以下"来解释"大德"和"小德":"大德,上贤以上也。上德之人,常不逾越于法则也。小德,中贤以下也。其立德不能恒全,有时蹔至,有时不及,故曰出入也。"这些解读主要着眼于对当政者进行政治说教,虽然比较流行,但是未必符合孔子本意。

《论语·雍也》:"子曰:'中庸之为德也,其至矣乎!民鲜久矣。'"

　　"中庸"一词为孔子首创,中庸思想是孔子学说思想中的一个重要内容,也是中国传统文化特有的思辨成果。孔子中庸思想主要包括中庸之德和中庸之道两个方面的内容,本章"中庸"是作为一种"至德"提出的,属于中庸之德,因此归并在这里评析。至于中庸之道(政治范畴),则在

---

① 《论语·为政》。
② 《孟子·离娄章句上》。
③ 《荀子·王制》。

《中(中庸)》中另作评析。

《礼记·中庸》中也收录了本章言论,虽然文字上稍有出入,但基本意思没有改变:

> 子曰:"中庸其至矣乎!民鲜能久矣。"

"至"与"鲜"相对,"至"是极致,"鲜"是稀少,二者形成鲜明对比。此外,在"鲜"后加了一个"能"字,民失其德的意思就更加明确了。

中庸之德主要表现在处理矛盾冲突时采取相对温和的态度,即选择折中方法,避免矛盾激化,这是上古圣王治世化民的一种传统美德:"舜其大知也与!舜好问而好察迩言,隐恶而扬善,执其两端,用其中于民,其斯以为舜乎!"①虞舜治理天下的高明之处就在于他充分了解人性的善与恶,并能在善与恶之间做出权衡和调和,选择一种能够被所有人都接受和认可的"中",以此作为化解各种社会矛盾的道德规范和重要原则。天下百姓也能够尊崇"中"的美德,运用"中"的原则来处理矛盾,解决纷争,于是天下实现大治,因此孔子盛赞"其至矣夫",意思就是,"中庸"是道德修养的最高境界。

春秋时期,礼制崩坏,天下大乱,各种社会矛盾日益尖锐,各种利益关系难以调和,"中"的美德也已被现实利益所取代,根本无人遵从。在现实生活中,人们利欲熏心,争名夺利,贪得无厌,道德沦丧,孔子不由感叹道:"人皆曰予知,驱而纳诸罟擭陷阱之中,而莫之知辟也。人皆曰予知,择乎中庸而不能期月守也。"②这就是令孔子感到悲哀的"民鲜久矣"。

需要指出的是,孔子在本章中把道德沦丧、天下失序归咎于"民鲜久矣",这是一种政治偏见,应当批判。

---

① 《礼记·中庸》。
② 《礼记·中庸》。

09. 至德(共1章)

《论语·泰伯》:"子曰:'泰伯,其可谓至德也已矣。三以天下让,民无得而称焉。'"

"至德"是《论语》中的一个重要概念,也是孔子评价历史人物的最高标准。所谓"至德",就是"德"的最高境界。《集注》:"至德,谓德之至极,无以复加者也。"关于"至德"的具体内涵,孔子并没有做出明确阐述,因此只能结合相关言论来进行分析。

《论语》共有三处论及"至德",除本章外,另外两处分别是《雍也篇》和《泰伯篇》:

> 子曰:"中庸之为德也,其至矣乎!民鲜久矣。"
> 舜有臣五人而天下治。武王曰:"予有乱臣十人。"孔子曰:"才难,不其然乎?唐虞之际,于斯为盛。有妇人焉,九人而已。三分天下有其二,以服事殷。周之德,其可谓至德也已矣。"

综合分析上述言论,"至德"大致有以下几层含义:

一、"至德"是一个与"天下"相关的概念:"三以天下让""三分天下有其二"。这说明"至德"已经超出了家与国的范畴,是一种能够造福全人类的至高美德。

二、"至德"是周朝历代先王所特有的优秀品德,具体地说,就是泰伯、周文王、周武王、周公等先圣的专属美德,与夏桀、商纣等暴君的"昏德"形成鲜明对比,故曰"周德"。《左传·宣公三年》载,楚庄王观兵周疆,问鼎中原,周大夫王孙满说:"桀有昏德,鼎迁于商,载祀六百。商纣暴虐,鼎迁于周。……周德虽衰,天命未改,鼎之轻重,未可问也。"可见"至德"("周德")体现了天命的意志,代表了正义的力量。

三、从泰伯、周文王、周武王等周朝先圣的历史功绩来看,他们的共同之处在于能够以兴周大业为重,舍弃自我,普惠天下,为周部族夺取天下做出巨大贡献。泰伯是周太王古公亶父的长子,也是周部族首领的合法继承人,他得知三弟季历之子姬昌(即后来的周文王)有兴周大志,于是就托言去吴地采药,三让天下,一去不返,最终成就了周文王的兴周伟业。周文王在位五十年,"积善累德,诸侯皆向之"①,三分天下有其二,在与商王朝的对抗中逐渐占据优势,但是他坚持不动用武力,希望用仁德来感化商纣王,因此继续称臣于殷商,即使被囚禁羑里七年,仍然克己忍让,为周邦克殷奠定了决胜基础。周武王则继承文王克商遗志,打着"恭行天罚"的旗号,率领八百诸侯发动讨伐暴君商纣王的战争,最终夺取天下,建立周朝。

综上所述,"至德"是一个功利性和目的性都很强的政治概念,在现实政治中至少应该包含以下内容:具有远大理想和政治追求;为了实现远大理想,能够审时度势,顾全大局,委曲求全,克制忍让,甚至不惜牺牲个人利益;在实现理想的过程中表现出高尚情操和人格魅力等。

---

① 《史记·周本纪》。

10. 礼（礼乐）(共9章)

礼乐文明是中华古代文明的标志，主要有礼乐文化和礼乐制度两个部分组成。礼乐文化源自原始宗教，古人在祭祀祖先和神灵时，巫祝之类的神职人员综合诗歌、音乐、舞蹈、服饰等多种文化元素，设计了一系列繁缛复杂的礼仪程式，让人们在不知不觉之中产生一种敬畏和恐惧的心理，从而达到崇拜神灵、服从权威的政治效果。礼乐制度则源自氏族礼俗，上古时期，人类以群居为主，参与集体劳动的人虽然不多，但也需要用"吭唷吭唷"的劳动号子来统一节奏。在日常生活中，人们为了协调各种利益关系，就更需要有统一的行为规则或行事规矩，所以孔子说："礼失求诸野。"①意思就是，"礼"的有些内容源自民间最早的约定俗成。

进入氏族社会以后，人类活动的内容越来越复杂，规模越来越大，参与的人也越来越多，如唐尧编制历法和大禹治理水患等。为了能有效地组织协调氏族部众服从指挥，统一行动，部落首领不仅要借助祖先和神灵的权威，还要在传统氏族礼俗的基础上制定一些带有强制性和约束力的法则或规则，这就是"礼"。此时的"礼"已经具有一定的政治功能，是国家政治制度的雏形。

殷商时期，政权性质是政教合一，商王集神权与政权（族权）于一身，因此鬼神崇拜和宗教礼仪是商朝统治者实行统治的主要手段之一。《礼记·表记》中说："殷人尊神，率民以事神，先鬼而后礼，先罚而后赏，尊而

---

① 《汉书·艺文志》。

不亲。"此外,在礼乐关系问题上,殷人有先乐后礼的习俗传统。《礼记·郊特牲》:"乐由阳来者也,礼由阴作者也,阴阳和而万物得。""殷人先求诸阳,周人先求诸阴。"在这种政治和文化体制下,"礼"很难发展成为一种理性的制度安排,因此其政治功效也受到极大限制。

周克殷商,建立新邦,原始的神权和族权已经难以维系具有更加广泛种族背景的国家政权,因此新的国家制度和相应的意识形态应运而生,"周虽旧邦,其命维新"[1],承担这一重大历史使命的是西周初年著名政治家、思想家周公旦。周公"制礼作乐",明确了"礼"的主体地位,形成了"礼主乐辅"的基本格局,从而完成了周王朝政治制度的顶层设计,中国古代礼乐文明也达到了繁盛的顶峰。

"周礼"是在借鉴夏、商二代政教合一的政治体制基础上创制而成的,既是制度改良("有所损益"),也是文化革命,所以孔子说:"周监于二代,郁郁乎文哉!"[2]原始的祭祖礼仪("巫")和氏族礼俗("俗")经过周公等人的精心设计和改造,上升成为国家典章制度和社会行为规范,这是一个由"巫"而"礼"和由"俗"而"礼"的过程。人类社会至此完成了族群→氏族部落(联盟)→国家的进化,与此同时,人类活动也完成了"吭唷吭唷"的劳动号子→祭祖礼仪和氏族礼俗→礼乐制度的进化。

从现存史料可以推知,周公"制礼作乐"规制宏大,内容丰富,号称有"礼仪三百,威仪三千"[3],"经礼三百,曲礼三千"[4],其主要内容涉及国家的政治体制、机构和职官设置、军事制度、祭祀制度、礼仪制度、税赋制度、道德规范、文化典章以及日常起居等各个方面。周朝礼乐制度的重要特点是对传统的"德"的观念进行了全面改造,并将其作为礼治思想的一个重要组成部分。上古时期,"德"的含义还比较宽泛、模糊,西周以后

---

[1]《诗经·大雅·文王》。
[2]《论语·八佾》。
[3]《礼记·中庸》。
[4]《礼记·礼器》。

就基本凝固在伦理意义上的"道德"(virtue),周公在社会制度的顶层设计中把"德"的基本含义固定下来。也就是说,"德"是一种符合氏族行为习惯或社会价值判断的内在品质,"礼"则是"德"的外在制度安排。《周易·系辞下》:"《履》,德之基也。"《周易·序卦》:"《履》者,礼也。"可见"礼"是"德"的基础。郭沫若指出:"从《周书》和周彝看来,德字不仅包括着主观方面的修养,同时也包括着客观方面的规模——后人所谓的'礼'。"①当代学者表述得更加明确:"'德'不但是政治方面——例如威仪——的价值原则,更贯穿于社会生活的方方面面,是宗教祭祀、丧葬婚嫁、宴饮游戏等社会实践活动背后的精神价值及其原则。换言之,'礼'——程式、节文、仪态等——就是'德'的表象,反之,'礼'则是'德'的社会意象。"②综上所述,"德"与"礼"是一个互为表里的有机整体,二者都是维护现实政权的重要手段。此外,在周朝典章制度中,"礼"和"乐"也是一个相辅相成的有机整体,"乐"由"礼"生,"礼"随"乐"成,《礼记·乐记》对二者关系做出全面阐述:"乐者为同,礼者为异。同则相亲,异则相敬。""乐由中出,礼自外作。乐由中出,故静;礼自外作,故文。""乐者,天地之和也。礼者,天地之序也。和,故百物皆化;序,故群物皆别。"由此可见,"礼"的政治功效在于"别"或"异",即通过礼制规范来体现尊卑贵贱男女长幼之间的差等;"乐"的政治功效则在于"和"或"同",即通过和其声来和其心,从而达到君臣上下和谐一致的理想状态。

春秋以降,"礼崩乐坏",孔子对此痛心疾首,奔走呼号,栖栖遑遑。通过对历史与现实的反复斟酌与考量,他最终确定了"克己复礼"的政治路线,把恢复西周盛世的礼制秩序("天下有道")作为毕生追求的政治目标。在政治实践方面,他坚定地维护周朝礼乐制度,与各种违礼行为进行坚决斗争,不惜碰得头破血流;在理论研究方面,他把周朝礼乐制度和礼乐文化作为构建儒家思想体系的一个重要内容,纳"仁"入"礼",以

---

① 郭沫若:《郭沫若全集·历史编》第一卷,北京:人民出版社,1982年,第336页。
② 郑开:《德礼之间:前诸子时期的思想史》,北京:生活·读书·新知三联书店,2009年,第88页。

"仁"释"礼",把伦理思想与政治思想结合起来,形成了独特的礼学思想。

孔子关于"礼乐"的言论有很多,有时合而言之,有时分而言之。据统计,"礼""乐"二字在《论语》中分别出现75次和46次①,这说明"礼乐"在孔子心目中的分量很重。在《论语》中,"礼乐"是一个适用范围很广的政治概念,通常与"政刑"相对,主要有以下几方面内容:一是礼乐制度,如"礼乐不兴,则刑罚不中"②;二是礼乐教化,如"文之以礼乐"③;三是礼乐规范,如"君子义以为质,礼以行之"④;四是与丧葬和祭祀有关的礼仪,如"葬之以礼,祭之以礼"⑤,这方面的内容将在《祭》《丧》等部分进行评析;五是儒家的礼学思想和礼乐文化,如"先进于礼乐,野人也;后进于礼乐,君子也"⑥,这方面的内容也将在《〈礼〉》《〈乐〉》等部分进行评析。由于孔子有关"礼"("礼乐")的言论比较零碎、分散,所以这里只选取部分比较具有代表性的篇章来进行重点评析。

此外,《礼记》《仪礼》等儒家经典中也保存了许多孔子关于"礼乐"的言论,也可以作为研究孔子礼学思想的重要依据。

《论语·季氏》:"孔子曰:'天下有道,则礼乐征伐自天子出;天下无道,则礼乐征伐自诸侯出。自诸侯出,盖十世希不失矣;自大夫出,五世希不失矣;陪臣执国命,三世希不失矣。天下有道,则政不在大夫。天下有道,则庶人不议。'"

本章言论极为重要,反映了孔子对于历史发展规律和现实政治形势

---

① 杨伯峻译注:《论语译注·论语词典》。
② 《论语·子路》。
③ 《论语·宪问》。
④ 《论语·卫灵公》。
⑤ 《论语·为政》。
⑥ 《论语·先进》。

的总体认识和基本立场,是其礼学思想的逻辑起点。

孔子在本章中提出许多重要概念,值得认真评析。首先是"天下有道"和"天下无道",这是春秋时期人们对政治生态进行评判的通行标准,"天下有道"代表政治清明,"天下无道"则代表政治混乱,比如仪封人拜见孔子后对孔门弟子说:"天下无道也久矣,天将以夫子为木铎。"①同样,孔子面对长沮、桀溺等人质疑时,也怃然辩解道:"天下有道,丘不与易也。"②孔子认为,判断"天下有道"或"天下无道"的主要依据是"礼乐征伐自天子出"或"礼乐征伐自诸侯出"。"礼乐"是指国家典章制度,代表对内行使权力;"征伐"是指发动征伐战争,代表对外行使权力,这些都是周天子的专属权力,诸侯以下一律不得擅自僭用。然而自平王东迁以后(公元前770年),周天子的地位一落千丈,王权("礼乐征伐")也逐渐衰落,各国诸侯自作礼乐,专行征伐,于是天下便陷入纷争无序的混乱局面,即所谓"天下无道"。

其次是"十世""五世""三世",与此相对应的是"诸侯""大夫""陪臣",这是周室衰落、政权下移的标志,孔子试图从中总结出历史发展演变的某种规律。周天子失权以后,国家权力逐渐下移,由诸侯到大夫,再由大夫到陪臣。随着国家政权的不断下移,政权持续的时间也越来越短,由十世到五世,再由五世到三世。"失"是失去统治权或执政权,"希"是稀少、绝少。孔子认为,国家权力下移与政权持续时间缩短之间是有因果联系的,尽管这种推论缺乏充分依据,但是基本符合政权存续的一般规律。相对而言,权力越集中,统治者可以调用的资源就越丰富,政权存续的时间也就越长。由此可见,实行周天子一统天下的专权制度,即"礼乐征伐自天子出",是维持国家政权稳定性和连续性的明智选择。

孔子关于"十世""五世""三世"的论述,显然是针对鲁国的历史发展

---

① 《论语·八佾》。
② 《论语·微子》。

和现实情况而言的,因此有必要进行深入分析。

"十世"是指鲁国诸侯国君,而不是指周天子①,因为孔子明确说:"自诸侯出,盖十世希不失矣。"孔安国注曰:"周幽王为犬戎所杀,平王东迁,周始微弱。诸侯自作礼乐,专行征伐,始于隐公,至昭公,十世失政,死乾侯。"《皇疏》具体列举出"十世"之序:"十世者,隐一,桓二,庄三,闵四,僖五,文六,宣七,成八,襄九,昭十也。"平王东迁以后,鲁国从鲁隐公僭越礼制、专征滥伐开始,发展到鲁昭公时期的"斗鸡之变",昭公失去诸侯国君权位,被迫流亡在外八年,最后客死乾侯,其间正好经历"十世"。按照这样的历史对位,孔子本章言论当在鲁昭公失位以后。孔子认为,诸侯国君僭行周天子"礼乐征伐"的权力最多只能维持"十世"。换言之,诸侯国君若想维持长治久安,就必须尊崇周王,恪守礼制。

"五世"是指鲁国公族季氏集团。鲁文公十八年(公元前609年),鲁国公族大夫襄仲(东门遂)发动"杀嫡立庶"政变,季氏宗主季文子趁机反戈一击,一举篡夺鲁国执政大权,首开卿大夫专权之先河②。季氏从季文子开始把持鲁国国政,由季武子、季悼子(立为季氏世子而未实际执政)、季平子、季桓子,其间也正好经历"五世"。孔子认为,以季氏为首的"三桓"集团盛极而衰,开始式微,已经进入失政的危险期,所以他在接下来一章言论中明确警告道:"禄之去公室五世矣,政逮于大夫四世矣,故夫三桓之子孙微矣。"③

显然,孔子关于"十世""五世"的论断是对鲁昭公的后继者鲁定公和季平子的后继者季桓子发出的警示,因为"陪臣执国命"的危机正在酝酿之中或者已经变成现实。

"三世"是指鲁国季氏家臣公山不狃(公山弗扰)、阳虎(阳货)等人。

---

① 著者按:李零先生认为,这里的"十世"是指周天子,具体是僖、惠、襄、顷、匡、定、简、灵、景、敬十王,而不是齐、鲁、晋等国诸侯(详见李零著《丧家狗——我读〈论语〉》),这种解读显然有误。
②《左传·文公十八年》。
③《论语·季氏》。

阳虎原本是季氏家臣,他为人精明强悍,不拘礼俗,季平子当政时期,他深受器重,季桓子继位以后,他受到冷遇,于是就勾结公山不狃、叔孙辄等人发动叛乱。《左传·定公六年》:

> 夏,季桓子如晋,献郑俘也。阳虎强使孟懿子往报夫人之币,晋人兼享之。……阳虎又盟公及三桓于周社,盟国人于亳社,诅于五父之衢。

阳虎通过武力胁迫的手段,强制鲁定公和"三桓"与他盟誓于周社,又与国人盟誓于亳社,从而夺取了鲁国最高执政权,开创了"陪臣执国命"的先例。阳虎篡政,虽然逞强一时,权倾朝野,对于鲁国的礼制秩序和政治生态造成严重破坏,但是他们这些人毕竟根基太浅,难以维持长久,所以孔子做出了"三世希不失"的判断。不过孔子还是高估了阳虎等人的能耐,阳虎篡政仅仅维持了三年(鲁定公六年至八年),这正说明孔子此番言论当在阳虎篡政时期,否则他就不会做出"三世"的错误推断了。

经历"阳虎之乱"后,孔子深切地感受到国家最高军政大权——"礼乐征伐"——必须由最高统治者牢牢掌控。因为在周朝等级秩序中,阳虎只是一个身份卑微的陪臣,然而他却能把鲁国政坛搅得天翻地覆,乌烟瘴气,根本原因就在于鲁国政治环境恶化,礼乐制度败坏,公室大权旁落,贵族大夫争权,给阳虎之类的野心家留下了可乘之机。

再次是"政不在大夫"和"庶人不议",这是"天下有道"的另外两个重要标志,也是"礼乐征伐自天子出"的两个重要参照。"政不在大夫"强调的是君主专权,这里的"政"是指实行统治的具体执政权或行政权。孔子认为,各种施政措施必须由最高统治者来统一颁布和实施,贵族大夫只能服从和执行政令,不得擅权干政。"庶人不议","庶人"是指有人身自由的普通国人,他们是有权议论朝政的。据《国语》记载,周历王在位期间昏庸残暴,国人怨声载道,因此厉王不得不采取严厉的刑杀手段来"弭谤"①;"议"带有负面评价和议论的意思,"不议"是指天下政治清明,国人对国政没有任何谤言或非议。

　　面对鲁国的政治乱象,孔子在本章中提出了一系列政治主张,核心内容就是全面恢复西周时期的礼乐制度。然而此时他在政治上尚未经历大起大落,对于现实政治的体会和感悟不深,因此思考问题仅仅停留在理性分析阶段。孔子认为,建立在西周宗法等级制度之上的礼乐制度("礼乐征伐自天子出")是尽善尽美的,如果所有人都能够不折不扣地遵守和执行,就可以实现"天下有道"的太平盛世。但是历史发展的实际情况却是天子失权,诸侯争霸;公室失权,大夫专政;大夫失权,陪臣当道。王权正一步步沦为僭越礼制者攫取私利、满足私欲的工具。随着国家权力被层层僭用,礼制秩序遭到严重破坏,政治生态每况愈下,以至于出现"天下无道"的局面。如何才能维系国家政权于不坠,让王权存续时间更加久远?孔子虽然已经发现问题的症结所在,但是解决问题的思路却不太明朗。

　　综上所述,孔子本章言论对鲁国现实政治做出了客观理性的分析和研判,阐述了"礼乐征伐自天子出"的政治制度与统一行使政治权利之间的关系,并大致形成了一个通过整饬礼制秩序来维护和存续国家政权的基本思路,为其礼学思想提供了政治依据。

《论语·里仁》:"子曰:'能以礼让为国乎?何有?不能以礼让为国,如礼何?'"

　　本章重点讨论的是"为国"问题。"为国"和"为政"是两个不同的概

---

①《国语·周语上》。

念:"国"是社稷江山,"为国"重在强调国家政权;"政"是治国理政,"为政"重在强调行政事务。在《论语》中,孔子关于"为政"的言论有很多,但是他却很少与人讨论"为国"问题,因为这个话题涉及国家政权,过于敏感,因此只能限定在诸侯国君的范围。由此可以推断,本章与孔子对话的应该是一位封国诸侯级的人物。

孔子认为,"为国"的要务在于"礼",即以礼治国;而"礼"的要义则在于"礼让",即"君子恭俭以求役仁,信让以求役礼"①。子路在阐述自己政治志向时曾大言不惭地说:"由也为之,比及三年,可使有勇,且知方也。"孔子对此不以为然,笑而不语,他后来解释道:"为国以礼,其言不让,是故哂之。"②可见"礼"的精髓在于谦卑礼让。"何有"是不难之词。这两句话的意思是,当政者如果能够秉持"礼让"精神,那么治理国家就不是什么难事了;如果不能发扬"礼让"精神,那么以礼治国也就成了一句空话。

这里重点评析"礼"和"礼让"。

春秋时期,礼乐制度在维持统治秩序、调节利益关系、规范言行举止等方面仍具有一定的社会政治功能,因此以礼治国的观念比较流行,许多有识之士均有所论述:

> 礼,经国家,定社稷,序民人,利后嗣者也。③
> 礼所以守其国,行其政令,无失其民者也。④
> 夫礼,天之经也,地之义也,民之行也。天地之经,而民实则之。⑤

在时人眼中,"礼"是天经地义的最高法则,也是治国利民的根本之

---

① 《礼记·表记》。
② 《论语·先进》。
③ 《左传·隐公十一年》。
④ 《左传·昭公五年》。
⑤ 《左传·昭公二十五年》。

策。统治者如果能以礼治国,国家就会繁荣昌盛,百姓也会富庶安康。

同样,"礼让"也是春秋时期比较流行的观念,当时贵族阶层普遍讲求"礼让"精神,人们都把"不争""卑让"等视为正人君子必须具备的一种美德。周大夫单襄公说:"圣人贵让。"[1]宋国公子子鱼说:"能以国让,仁孰大焉?"[2]《左传》"五十凡"亦曰:"卑让,德之基也。"[3]另据《左传·襄公十三年》中记载,晋悼公在绵上治兵,任命范宣子为中军将领,但是范宣子认为荀偃比自己年长,经验更丰富,因此主动让贤。晋侯又任命韩起为上军将领,韩起也认为赵武比自己更贤能,主动要求让贤。晋侯又任命栾黡为下军将领,栾黡也主动让贤于韩起。范宣子、韩起、栾黡等将领能够以大局为重,主动让贤,于是晋军官兵纷纷效仿,军中"礼让"之风大盛,国力大强。左氏君子为此发论道:

> 让,礼之主也。范宣子让,其下皆让。栾黡为汰,弗敢违也。晋国以平,数世赖之。刑善也夫!一人刑善,百姓休和,可不务乎?世之治也,君子尚能而让其下,小人农力以事其上,是以上下有礼,而谗慝黜远,由不争也。谓之懿德。及其乱也,君子称其功以加小人,小人伐其技以冯(陵)君子,是以上下无礼,乱虐并生,由争善也。谓之昏德。国家之敝,恒必由之。

从上述言论中可以看出,"让"集中体现了"礼"的精神实质和价值所在,"礼让"则是治理国家的核心理念,国家兴衰存亡均有赖于此。孔子秉承了传统的礼治思想和"礼让"的核心理念,在本章中明确提出"以礼让为国"的观点。他认为,当政者如果不能崇尚和发扬"礼让"精神,那么"礼"也就不成为其"礼"了。如何理解孔子所说的"让"或"礼让"?这里

---

[1]《国语·周语中》。
[2]《左传·僖公八年》。
[3]《左传·文公元年》。

不妨把孔子有关"让"的言论梳理出来进行比较研究：

> 子禽问于子贡曰："夫子至于是邦也，必闻其政，求之与？抑与之与？"子贡曰："夫子温、良、恭、俭、让以得之。夫子之求也，其诸异乎人之求之与？"①

> 子曰："君子无所争。必也射乎！揖让而升，下而饮。其争也君子。"②

> 子曰："泰伯，其可谓至德也已矣。三以天下让，民无得而称焉。"③

上博楚简《颜渊问于孔子》第七简：

> 孔子曰："道之以佥（俭），则民智足矣；歬（谦）之以让，则民不静（争）矣。"④

"让"与"争"相对，"礼让"的具体表现是"不争"，其精神实质则是不争而争，不得而得。比如孔子每到一国，不争不求，但是总能赢得对方信任而得闻其政，不求而得靠的就是谦谦君子的礼让风度。再比如君子比赛射技，双方"争"的不是射箭中鹄的结果，而是"礼让"的精神和风度，所以孔子说："君子矜而不争，群而不党。"⑤对于一国之君来说，就更应该自觉地遵从礼制规范，努力培养"礼让"的美德，带头发扬"礼让"的精神，这样才能移风易俗，禁暴止乱，平息纷争。

孔子认为，造成春秋乱局的根本原因是礼制崩坏，诸侯争霸，以强凌

---

① 《论语·学而》。
② 《论语·八佾》。
③ 《论语·泰伯》。
④ 马承源主编：《上海博物馆藏战国楚竹简》（八），上海：上海古籍出版社，2011年，第149页。
⑤ 《论语·卫灵公》。

弱,以大欺小,贪得无厌,以至于征伐连年,争斗不已。因此他在本章中对当政者进行政治说教时大力倡导遵从礼制规范,发扬"礼让"精神,消除各种纷争,重新恢复西周盛世的礼制秩序。

《论语·阳货》:"子曰:'礼云礼云,玉帛云乎哉?乐云乐云,钟鼓云乎哉?'"

春秋时期,"礼"有广义和狭义之分。狭义的"礼"主要是指祭祀典礼、宴飨朝聘以及婚丧嫁娶、人际交往等活动中的各种礼仪程式,这是一种外在的仪式之礼,其主要功效在于约束和规范人们的言行举止;广义的"礼"则是包括所有仪式之礼在内的政治制度、祭祀制度、社会习俗和文化形态(诗、乐、舞)等,甚至包括人们的道德修养、情感状态和心理感受,这是一种内在的精神之礼,其主要功效在于维护国家政权和统治秩序。《左传·昭公二十五年》中有一则记载很能说明两者的区别:

> 子大叔(世叔)见赵简子,简子问揖让周旋之礼焉。对曰:"是仪也,非礼也。"简子曰:"敢问何谓礼?"对曰:"吉也闻诸先大夫子产曰:'夫礼,天之经也,地之义也,民之行也。'"

在时人观念中,"礼"是经天纬地的治国方略,"仪"则是揖让周旋的繁文缛节,二者是有明确区别的,不可混为一谈。相同的事情在鲁昭公身上也曾发生过,《左传·昭公五年》:

> 公如晋,自郊劳至于赠贿,无失礼。晋侯谓女叔齐曰:"鲁侯不亦善于礼乎?"对曰:"鲁侯焉知礼!"公曰:"何为?自郊劳至于赠贿,礼无违者,何故不知?"对曰:"是仪也,不可谓礼。礼所以守其国,行

其政令，无失其民者也。今政令在家，不能取也。有子家羁（鲁贤大夫），弗能用也。奸大国之盟，陵虐小国。利人之难，不知其私。公室四分，民食于他。思莫在公，不图其终。为国君，难将及身，不恤其所。礼之本末，将于此乎在，而屑屑焉习仪以亟。言善于礼，不亦远乎？"

鲁昭公在历史上以不知礼而闻名，他昏庸无能，行为怪诞，在位期间做出许多荒唐无礼的事情，各国诸侯也有所耳闻。但是他对于那些虚华浮夸的礼仪程式却非常热衷，他赴晋国朝会晋平公，言谈举止、进退趋避无不中规中矩，彬彬有礼，因此晋侯认为他"善于礼"。然而晋大夫女叔齐却认为他只知"仪"而不知"礼"，因为"礼"是治国理政、维持统治的根本大法，鲁昭公对外背弃诸侯盟约，对内不能任用贤良，国人离心离德，社会矛盾重重，他不能妥善应对危机，却热衷于那些繁缛无用的礼仪形式，所以他只是"屑屑焉习仪以亟"的庸君。

春秋末年，社会发生深刻变革，礼制废弛，功效全失，王公贵族无人遵从礼制规范，"礼"已经名存实亡，逐渐沦为一种虚应场景的摆设。孔子对此极为不满，有感而发，本章就是他针对当时贵族阶层追求虚华礼仪的批判言论。"礼云礼云""乐云乐云"是讥讽那些整天把"礼""乐"挂在嘴上的权贵们，他们表面尊礼，实则根本不知礼。"玉帛"是玉器和丝绸，这两件东西在当时都属于贵重物品，以此作为礼物，足以表达敬意。"钟鼓"则是礼仪场合常用的两种打击乐器，敲钟打鼓，足以显示隆重。《皇疏》引缪播言曰："玉帛，礼之用，非礼之本。钟鼓者，乐之器，非乐之主。假玉帛以达礼，礼达则玉帛可忘。借钟鼓以显乐，乐显则钟鼓可遗。以礼假玉帛于求礼，非深乎礼者也。以乐托钟鼓于求乐，非通乎乐者也。苟能礼正，则无持于玉帛，而上安民治矣。苟能畅和，则无借于钟鼓，而移风易俗也。"由此可见，"玉帛"和"钟鼓"只是"礼"和"乐"的表现形式或物质载体，并不能真正体现"礼"和"乐"的精神实质。可是当时有许多权贵只关注"玉帛""钟鼓"之类的贵重礼器和虚华浮夸的礼仪形式,他们整天把"礼"和"乐"挂在嘴边,却不能用心体会礼乐制度的深刻内涵,也不能充分发挥礼乐制度在治国安邦、移风易俗方面的政治功效。孔子认为,这种追求虚华礼仪的风气和做法并不是真正的尊礼崇乐,至多只是图个表面热闹而已。

关于本章言论,可以结合《礼记·乐记》中的一段文字来理解:

> 乐者,非谓黄钟、大吕、弦歌、干扬也,乐之末节也,故童者舞之。铺筵席,陈尊俎,列笾豆,以升降为礼者,礼之末节也,故有司掌之。乐师辨乎声诗,故北面而弦;宗祝辨乎宗庙之礼,故后尸;商祝辨乎丧礼,故后主人。是故德成而上,艺成而下,行成而先,事成而后。是故先王有上有下,有先有后,然后可以有制于天下也。

"玉帛"和"钟鼓"都是"礼"和"乐"中的细枝末节,这些应由"乐师""宗祝""商祝"之类的职官操持,统御天下的圣人则应从政治的高度来充分发挥礼乐制度的特殊功效,这样才能实现天下大治。

《论语·八佾》:"子曰:'事君尽礼,人以为谄也。'"

本章中的"礼"是协调君臣关系的礼制规范,为人臣者理应自觉遵守,严格执行。"尽"是事无巨细,无所不从。孔子认为,"事君尽礼"是天经地义、无可厚非的。但是春秋末年,礼制崩坏,天下已无人遵从礼制,如果有人仍然坚持事事尽礼效忠,反而会显得格格不入,不合时宜,因此"人以为谄","谄"就是谄媚、讨好的意思。

旧注或以为本章是孔子自道,《集注》引黄氏(舜祖)言曰:"孔子于事君之礼,非有所加也,如是而后尽尔。时人不能,反以为谄。故孔子言之,以明礼之当然也。"黄氏做出如此推断是有依据的,因为孔子在"事君尽礼"方面确实是比较严苛、固执,他不愿意从众而做出必要改变:

> 子贡欲去告朔之饩羊。子曰:"赐也,尔爱其羊,我爱其礼。"①
> 子曰:"拜下,礼也;今拜乎上,泰也。虽违众,吾从下。"②

告朔之礼是周朝传统祭礼,鲁国废弃已久,但是助祭者每月初一仍然要宰杀一只活羊备祭,实在过于浪费,因此子贡建议干脆取消"告朔之饩羊"。孔子闻知此事后很不高兴,因为饩羊是告朔之礼的唯一象征,饩羊废除了,告朔之礼也就不存在了。同样,传统礼制规定,臣属拜见君主要"拜下",即先在堂下跪拜,然后升堂再跪拜,礼仪十分繁缛。到了春秋末年,相关礼仪已经简化,臣属可以直接升堂跪拜,但是孔子认为"拜乎上"过于倨傲,有违礼制,因此仍然坚持"拜下"。在许多事情上,孔子都不愿意放弃礼制传统,因为他坚信自己这样做是恪守事君之礼,但是在众人看来,这些都是"谄"的表现。

孔子不仅不谙世事变化,固守传统礼制,而且还高举批判大旗,对当时贵族阶层种种僭礼行为进行无情抨击:

> 子曰:"管仲之器小哉!"或曰:"管仲俭乎?"曰:"管氏有三归,官事不摄,焉得俭?""然则管仲知礼乎?"曰:"邦君树塞门,管氏亦树塞门。邦君为两君之好,有反坫,管氏亦有反坫。管氏而知礼,孰不知礼?"③
> 子曰:"臧文仲居蔡,山节藻棁,何如其知也?"④

---

① 《论语·八佾》。
② 《论语·子罕》。
③ 《论语·八佾》。
④ 《论语·公冶长》。

10. 礼(礼乐)

　　孔子谓季氏,"八佾舞于庭,是可忍也,孰不可忍也?"①

　　季氏旅于泰山。子谓冉有曰:"女弗能救与?"对曰:"不能。"子曰:"呜呼!曾谓泰山不如林放乎?"②

在《论语》中,孔子此类评判言论有很多,他整天把君臣父子之礼挂在嘴上,四处说教,针砭时弊,与当时的政治环境格格不入,令人生厌,因此难免会有人质疑他"谄"。

如果一定要把本章言论与具体事件联系起来,孔子倒确实做过谄君媚上之事。《论语·述而》:

　　陈司败问昭公知礼乎,孔子曰:"知礼。"孔子退,揖巫马期而进之,曰:"吾闻君子不党,君子亦党乎? 君取于吴,为同姓,谓之吴孟子。君而知礼,孰不知礼?"巫马期以告。子曰:"丘也幸,苟有过,人必知之。"

鲁昭公娶吴国公室之女为妻,鲁、吴两国同为姬姓诸侯,此举显然有违"男女辨姓"的礼制规定。但是臣为君讳、子为父隐也是周朝礼制的基本要求,因此当陈司败向孔子提出鲁昭公是否知礼问题时,他只好违心地说"知礼"。就事论事,孔子在这件事情上确实做到了"事君尽礼",但是"人以为谄"也是合乎情理的。

人们在面对社会变革时,是固守传统,还是顺应时势,孔子选择了前者,所以他在时人眼中总显得迂腐固执,不合时宜,与人格格不入,即所谓"谄"。

---

① 《论语·八佾》。
② 《论语·八佾》。

《论语·八佾》:"子曰:'人而不仁,如礼何?人而不仁,如乐何?'"

本章可以和《颜渊篇》的"颜渊问仁"章结合起来研读,从而全面理解"仁"与"礼""乐"之间的关系。

孔子在本章中着重阐述了"仁"对于"礼""乐"的重要作用,具体可以从三个方面来理解:一是人人都必须遵从礼乐制度规范,这是做人的政治要求;二是遵从礼乐制度规范就必须努力提高"仁"的道德修养,这是做人的道德要求;三是做人的政治要求和道德要求必须实现有机统一,即"仁"与"礼""乐"的有机统一。孔子认为,遵从礼乐制度规范应该是一种由内而外的自觉行为,而不应该是一种由外而内的被动应付,如果一个人内心"不仁",即使行为中规中矩,符合礼乐规范,也不符合礼乐精神,更不符合做人原则。

在孔子思想体系中,"仁"是内在的道德约束,"礼""乐"则是外在的制度规范,二者互为表里,相辅相成,因此有人将此概括为"二位一体"的结构:"在仁和礼中,无法把任何一个单独选为孔子思想体系的核心。一方面,作为心理过程的仁以礼的诸规范为附着;另一方面,作为外在规范的礼以仁之心理层面为基础。孔子思想体系的根本特点,就在于将心理过程的仁投射到礼的诸范畴之上,以期达致仁与礼的合一。"①

在"仁"与"礼""乐"的关系中,孔子一方面强调"仁"对于"礼""乐"的决定作用,以"仁"释"礼",纳"仁"入"礼",希望通过内在的道德自觉来强化外在的行为自律,从而达到言行举止都符合礼制规范的政治效果,这是孔子礼学思想的精髓。另一方面,他又强调"礼""乐"对于"仁"的规范作用,这是一种由外而内的反作用。他说:"不知礼,无以立也。"②"克己

---

① 张岂之主编:《中国思想学说史(先秦卷)》上册,桂林:广西师范大学出版社,2008年,第246—247页。
② 《论语·尧曰》。

复礼为仁。一日克己复礼,天下归仁焉。"①孔子认为,一个人的道德修养主要是通过日常生活中揖让周旋等礼仪规范和视听言动等行为细节慢慢积累而成的。谁都不可能生来就是圣人,即使是圣人,仍然需要不断地修德养性,所以他说:"非礼勿视,非礼勿听,非礼勿言,非礼勿动。"②道德修养必须从"视听言动"的每一个细节做起,通过外在的礼制规范来培养和提高内在的道德修养。

在现实生活中,孔子本人就是一位讲求礼仪规范和注重行为细节的模范,《论语》中相关记载有很多,他对自己的言行举止已经严苛到无以复加的地步:

> 子见齐衰者、冕衣裳者与瞽者,见之,虽少,必作;过之,必趋。③
>
> 入公门,鞠躬如也,如不容。立不中门,行不履阈。过位,色勃如也,足躩如也,其言似不足者。摄齐升堂,鞠躬如也,屏气似不息者。出,降一等,逞颜色,怡怡如也。没阶,趋进,翼如也。复其位,踧踖如也。④
>
> 问人于他邦,再拜而送之。⑤

同样,在施教过程中,孔子对于弟子们的言行举止也是严加礼制规范和礼仪约束,颜渊喟然而叹道:"夫子循循然善诱人,博我以文,约我以礼,欲罢不能。"⑥宰我也说:"君子三年不为礼,礼必坏;三年不为乐,乐必崩。"⑦

---

① 《论语·颜渊》。
② 《论语·颜渊》。
③ 《论语·子罕》。
④ 《论语·乡党》。
⑤ 《论语·乡党》。
⑥ 《论语·子罕》。
⑦ 《论语·阳货》。

《论语·泰伯》:"子曰:'恭而无礼则劳,慎而无礼则葸,勇而无礼则乱,直而无礼则绞。君子笃于亲,则民兴于仁;故旧不遗,则民不偷。'"

"礼"的精神实质在于体现贫富贵贱、亲疏远近、男女长幼之间的差等关系。对于不同身份和地位的人,"礼"都有具体的职责规定和道德规范,自天子至于庶人工商"各有分亲,皆有等衰"①,相关内容覆盖到社会生活的方方面面,繁复程度难以用语言表述,而且各种概念混淆在一起,内涵也不完全统一:

> 君义臣行,父慈子孝,兄爱弟敬,所谓六顺也。②
> 礼所以观忠、信、仁、义也,忠所以分也,仁所以行也,信所以守也,义所以节也。忠分则均,仁行则报,信守则固,义节则度。③
> 君令臣共,父慈子孝,兄爱弟敬,夫和妻柔,姑慈妇听,礼也。

从上述表述中可以看出,春秋时期,由于诸侯各国在政治形态和文化传统方面存在差异,因此对于同一关系的行为约束和道德规范在表述上也存在差异。比如君臣关系,有的表述为"君义臣行",有的则表述为"君令(善)臣共(恭)",而且具体内涵也不相同。概念的错乱容易导致行为的混乱,因此必须通过厘清概念来规范行为。孔子在本章中重点分析了君子在培养"恭""慎""勇""直"四种道德品质过程中容易发生认知偏差的四种错误——"劳""葸""乱""绞",并在此基础上进一步强调了"礼"在人生修养中的重要作用。

第一种错误是"恭而无礼则劳"。"恭"是执礼时表现出来的一种虔诚态度和雍容姿态,符合礼制规范的"恭"应该达到"安"的效果,所以孔

---

① 《左传·桓公二年》。
② 《左传·隐公三年》。
③ 《国语·周语上》。

子要求做到"恭而安"①,《礼记》中也说:"人有礼则安,无礼则危。""毋不敬,俨若思,安定辞,安民哉!"②然而当时有许多人肤浅地把"恭"理解为形式上的规规矩矩、恭恭敬敬,因此他们在举手投足之间只关注毫无意义的礼仪细节,以至于劳烦无度,不得安宁,这其实是"劳"。孔子认为,"劳"而不"安"是一种不符合礼制规范的错误行为,这样做不仅不会赢得他人尊重,反而会引起他人反感,甚至会遭受侮辱。他说:"恭近于礼,远耻辱也。"③又说:"君子慎以避祸,笃以不掩,恭以远耻。"④意思就是,真正的"恭"应该是符合礼制规范的,只有这样才不会遭受羞辱。

第二种错误是"慎而无礼则葸"。"慎"是谨慎认真,说话办事小心翼翼,这是有德君子的优秀品质,孔子一贯要求慎言慎行,他说:"敏于事而慎于言。"⑤"多闻阙疑,慎言其余,则寡尤;多见阙殆,慎行其余,则寡悔。"⑥但是"慎"如果不能受到礼制的规范和节制就会变成"葸"。"葸"是畏惧之貌。这句话的意思是,如果遇事谨慎有余而进取不足,就会缩手缩脚,一事无成,这也是不符合礼制规范的。

第三种错误是"勇而无礼则乱"。"勇"是儒家所推崇的一种优秀品质,主要表现为见义勇为,敢做敢当。孔子对"勇"很重视,他在论"成人"(完美之人)时把"卞庄子之勇"作为重要素质之一⑦。但是"勇"必须受到礼制规范的节制,否则就有可能变为"乱","乱"就是破坏礼制,犯上作乱,所以他说:"好勇疾贫,乱也。"⑧把"勇而无礼者"列为"四恶"之一⑨。

第四种错误是"直而无礼则绞"。"直"是为人坦诚直率,这是上古时

---

① 《论语·述而》。
② 《礼记·曲礼上》。
③ 《论语·学而》。
④ 《礼记·表记》。
⑤ 《论语·学而》。
⑥ 《论语·为政》。
⑦ 《论语·宪问》。
⑧ 《论语·泰伯》。
⑨ 《论语·阳货》。

期流行的一种传统美德,孔子非常看重,他曾用"直"来称赞史鱼、柳下惠等人正直无私的品德。与"直"相对的是"绞","绞"有两种解释:一是直言相讥,《皇疏》:"绞则刺之也。直若有礼,则自行不邪曲;若不得礼,对面讥刺他人之非,必致怨恨也。"二是言辞急切不当,《集注》:"绞,急切也。"这句话的意思是,如果"直"不能符合礼制规范,就会对他人造成伤害,因此也是不可取的。

"君子笃于亲,则民兴于仁"是要求君子弘扬亲亲之爱,进而惠及百姓;"故旧不遗,则民不偷"是要求发扬友友之情,引领民德归厚。不过这两句话在内容上与前面的言论似乎并无关联,因此有人认为应该另成一章,《集注》引吴氏言曰:"君子以下,当自为一章,乃曾子之言也。"朱熹对于这种观点也表示认同:"愚按:此一节与上文不相蒙,而与首篇慎终追远之意相类,吴说近是。"这种分析是有一定道理的,因此不必把这两句话与前文强行联系起来。

孔子在《阳货篇》中还有一段关于"六言六蔽"的言论,着重分析了君子在修身立德过程中发生认知错误和行为偏差的种种原因,可以与本章参照对比。总之,在孔子看来,任何言行都必须接受"礼"的节制和规范,否则就会发生行为偏差,甚至走向错乱。

《论语·泰伯》:"子曰:'兴于《诗》(诗),立于礼,成于乐。'"

先说一个标点问题:目前通行的《论语》注本绝大多数都为本章中的"诗"字加上了书引号,用以特指经过孔子编修、删定的儒家经典《诗经》①,而"礼""乐"二字则没有加书引号,表明这是祭祀或庆典活动中的一种礼仪

---

① 著者按:在《论语》中,"诗"字加用书引号,一般用于特指儒家经典《诗经》,如《诗》三百,一言以蔽之,曰:'思无邪'"(《为政篇》)。在大多数情况下,"诗"字不加用书引号,用于泛指儒学诗教,如"小子何莫学诗"(《阳货篇》)、"不学诗,无以言"(《季氏篇》)。

行为。虽然这个问题并不紧要,但是却关系到对于本章言论的理解,因为本章中的"诗""礼""乐"是三位一体的有机整体,三者标点应该统一:要么都加,要么都不加。《礼记·王制》:"乐正崇四术,立四教,顺先王《诗》《书》《礼》《乐》以造士,春秋教以《礼》《乐》,冬夏教以《诗》《书》。"周朝立国以后,贵族教育的主要内容是《诗》《书》《礼》《乐》,孔子开办儒学,继承了"四教"传统,"孔子以诗书礼乐教,弟子盖三千焉,身通六艺者七十有二人"[①],这是统一加用书引号的情况。如果"诗""礼""乐"三者都不加用书引号,则分别指儒学中的诗教、礼教和乐教,这种情况也比较多见。相比较而言,后一种情况更为合理,因此本章标点应该都不加书引号。

孔门教学先易后难,循序渐进,由"诗"而"礼",由"礼"而"乐"。《皇疏》:"此章明人学须次第也。兴,起也。言人学先从《诗》起,后乃次诸典也。学《诗》已明,次又学礼也。学礼若毕,次宜学乐也。"从施教过程来看,"诗""礼""乐"虽然有先有后,次第渐进,但是彼此关联,有机统一。

"兴于诗"是儒学第一阶段,"兴"是开始,"诗"是诗教,也就是说,儒学先从学习诗歌答赋开始。孔子说:"不学诗,无以言。"[②]可见"兴于诗"的目的主要是培养士大夫子弟在各种礼仪场合的语言表达能力,这与孔门"四科"中的"言语"是一致的。春秋时期,人们在许多重要场合都是通过赋诗来表情达义的,如果不会赋诗,就无法与人交流,《左传》《国语》等史书中就有大量相关记载。比如齐国大夫庆封出使鲁国,鲁国大夫叔孙设宴款待,席间庆封举止不敬,叔孙赋《相鼠》一诗予以讥讽,然而庆封却浑然不知,依旧故我,故而为人不齿[③]。当然,诗教也有陶冶道德情操、提高人生修养的功效。

"立于礼"是儒学第二阶段,"立"是修身立德,主要指行为举止、容颜气色都必须符合礼制规范。孔子在"过庭之训"时先考问伯鱼是否"学

---

① 《史记·孔子世家》。
② 《论语·季氏》。
③ 《左传·襄公二十七年》。

诗"，然后再考问其是否"学礼"，可见"学诗"在前，"学礼"在后。"立于礼"是儒教的核心内容，孔子非常重视礼教，在孔门"四科"中，"德行"排在第一位，他说："不学礼，无以立。"①"君子博学于文，约之以礼，亦可以弗畔夫!"②可见礼仪规范是提高道德修养的主要途径和方法，也是君子修身立德之本。

"成于乐"是儒学第三阶段，"成"是合成、完成，具体指"礼"与"乐"的配合、生成。在古代宫廷典礼或祭祀仪式上，礼仪和音乐是配合在一起的，随着音乐节奏的起伏缓急，礼仪动作的一招一式也张弛有度，动静适宜。《礼记·乐记》："乐也者，动于内者也。礼也者，动于外者也。故礼主其减，乐主其盈。礼减而进，以进为文；乐盈而反，以反为文。"礼仪和音乐之间协调一致，进而达到尽善尽美的境界，这就是"成于乐"。

此外，"诗""礼""乐"也可以理解为各种庆典或祭祀活动中礼仪程式的三个阶段：赋诗用以起兴，烘托气氛，点明主题，故曰"兴于诗"；礼仪程式伴随着舞蹈和仪容逐渐铺陈开来，把活动气氛推向高潮，以体现礼仪的精髓和要义，故曰"立于礼"；颂乐则是通过乐器配置和曲调变化来进行呼应，最终达到震撼人心的效果，故曰"成于乐"。由此可见，"诗""礼""乐"三者在思想内容和表现形式上都必须高度匹配，否则就难以形成"兴""立""成"三者和谐的整体效果。

《论语·八佾》："林放问礼之本。子曰：'大哉问！礼，与其奢也，宁俭；丧，与其易也，宁戚。'"

本章中的"礼"是祭祀之礼，"丧"是丧葬之礼，这些都是西周礼制的

---

① 《论语·季氏》。
② 《论语·雍也》。

重要内容,所以当林放提出"礼之本"问题时,孔子精神为之一振,不禁赞曰"大哉问",这种语气在《论语》中是不多见的。

祭祀之礼和丧葬之礼的精神实质是激发人们内在的追远思孝情绪,这种情绪的外在表现形式是态度虔诚,举止恭敬。《礼记·礼器》:"先王之立礼也,有本有文。忠信,礼之本也;义理,礼之文也。无本不立,无文不行。"这里的"本"代表了内在的心理感受,"文"则代表了外在的礼仪形式,"本"和"文"和谐一致,相辅相成,这是执礼的最佳状态。然而当时人们无不热衷于虚华浮夸的礼仪形式,"屑屑焉习仪以亟"①,对于礼制的精神实质却不甚了了,无动于衷,所以孔子希望通过"本"与"文"的比较和取舍来强调"礼"的本质意义。

关于祭祀之礼的精神实质,孔子是通过"奢"与"俭"的比较和取舍来进行阐述的。"奢"是奢华、奢侈,"俭"是俭朴、节约,这两种情况都不同程度地偏离了礼制精神:"奢"是"文"有余而"本"不足,"俭"则是"文"不足而"本"有余。相比较而言,孔子觉得"俭"比"奢"更能体现"礼"的精神实质,他说:"奢则不孙,俭则固。与其不孙也,宁固。"②这里的"孙"同逊,为谦逊之义。又说:"麻冕,礼也;今也纯,俭,吾从众。"③显然,孔子对于祭祀之礼的取舍态度是明确的:与其铺张奢华,不如简单朴素,因为祭祀祖先不在于追求形式上的奢华、夸张,而在于讲求内心里的虔诚、恭敬。

关于丧葬之礼的精神实质,孔子是通过"易"与"戚"的比较和取舍来进行阐述的。"易"是平易、和易,《礼记·乐记》:"大乐必易,大礼必简。""戚"是悲痛、哀伤,这两种情况也都不同程度地偏离了礼制精神:"易"是"文"有余而"本"不足,"戚"则是"文"不足而"本"有余。相比较而言,"戚"更能体现"临丧而哀"的精神实质,所以孔子对于丧葬之礼的取舍态度也是明确的:与其礼数周全,不如哀伤有余。弟子子路对这句话也有

---

① 《左传·昭公五年》。
② 《论语·述而》。
③ 《论语·子罕》。

更明确的表述:"吾闻诸夫子,丧礼,与其哀不足而礼有余也,不如礼不足而哀有余也。"①

《论语·阳货》:"子之武城,闻弦歌之声。夫子莞尔而笑,曰:'割鸡焉用牛刀?'子游对曰:'昔者偃也闻诸夫子曰:"君子学道则爱人,小人学道则易使也。"'子曰:'二三子!偃之言是也。前言戏之耳。'"

本章是实施礼乐教化的典型案例。

子游是孔门十哲之一,与子夏并列"文学"优等。子游在担任武城宰期间,对邑众实施礼乐教化,故而邑中弦歌之声不绝于耳,孔子听到后开玩笑地对子游说:"割鸡焉用牛刀?"这是一个比喻。在孔子看来,对民众实施礼乐教化是古代圣王治理天下的法宝(牛刀),治理武城小邑(鸡)何须劳师动众,大动干戈? 其实,孔子这句话里还隐含另外一层意思,那就是能施教于民者必定是有德君子,如果自己的德行和修为不够,就没有资格施教于民,比如冉求在阐述自己未来政治抱负时说:"方六七十,如五六十,求也为之,比及三年,可使足民。如其礼乐,以俟君子。"②显然,冉求觉得自己的德行和修为还没有达到施教于民的要求,因此只能处理一些具体的行政事务,至于礼乐教化,则有待于德行高尚者。

礼乐教化是中国古代政治思想的一个重要内容,早在上古时期,历代统治者就非常重视礼乐教化,《礼记·乐记》中说:"昔者舜作五弦之琴以歌《南风》,夔始制乐以赏诸侯。故天子之为乐也,以赏诸侯之有德者也。德盛而教尊,五谷时孰(熟),然后赏之以乐。"在周朝政治体制中,礼乐教化与德治思想紧密联系,"乐者,德之华也"③,其作用在于"节民心"

---

① 《礼记·檀弓上》。
② 《论语·先进》。
③ 《礼记·乐记》。

"和民声"①,从而提高施政效果。《汉书·礼乐志》中也说:"乐以治内而为同,礼以修外而为异;同则和亲,异则畏敬;和亲则无怨,畏敬则不争。揖让而天下治者,礼乐之谓也。二者并行,合为一体。"

　　实施礼乐教化是孔子礼学思想的一个重要内容。孔子一贯主张当政者要"为政以德"②,"举善而教不能"③,而施教于民则是实行德政的主要措施。孔子认为,对民众实施礼乐教化,可以有效提高他们的道德修养,激发他们遵从礼乐规范的自觉意识,从而达到"不令而行"④的施政效果,所以他反复强调:"道之以德,齐之以礼,有耻且格。"⑤"上好礼,则民莫敢不敬。"⑥"上好礼,则民易使也。"⑦"君子博学于文,约之以礼,亦可以弗畔矣夫!"⑧显然,孔子一再要求"上好礼",完全是站在统治者的政治立场的,他真正关心的是统治政权是否稳固,民众是否"有耻且格",遵从礼制,敬上易使。

---

① 《礼记·乐记》。
② 《论语·为政》。
③ 《论语·为政》。
④ 《论语·子路》。
⑤ 《论语·为政》。
⑥ 《论语·子路》。
⑦ 《论语·宪问》。
⑧ 《论语·雍也》。

11. 丧（葬）(共7章)

人死曰丧①，料理人生后事曰治丧或办理丧事，丧事中的各种礼仪规范曰丧葬之礼或居丧之礼，《论语》中的"丧"大抵就是这几层含义。

在古人观念中，丧是人生世界的终点，也是鬼神世界的起始，因此人们对丧葬之事特别重视，在收殓、停尸、设奠、赴告、受吊、哭丧、下葬、丧具（棺椁、敛服和殉葬器物）以及守孝期间的日常生活起居等各个方面都有许多礼仪习俗。不同的历史时期，丧葬礼仪习俗亦有所不同。上古时期，丧葬之事一切从简，"古之葬者，厚衣之以薪，葬之中野，不封不树，丧期无数"②。殷商时期，"殷人尊神，率民以事神，先鬼而后礼"，故而丧事漫无节度，以死害生，殉人无数；"周人尊礼尚施，事鬼敬神而远之，近人而忠焉"③，故而"丧致乎哀而止"④，以礼节之，相对理性。郭宝钧先生曾对殷、周二代的殉人情况进行过比较研究，结论是"殷代而后，此风（殉人）稍戢"⑤，这反映了古代社会制度的不断完善和进步。

礼乐制度是周朝最基本的社会政治制度，丧葬之礼则是周礼中的一个重要内容。先秦典籍中，不仅记载了许多有关丧葬之礼的历史事件，

---

① 在甲骨文中，"丧"写作桑树加众多的"口"，表示蚕虫把桑叶吃光了，后引申为丢失、丧失、死亡等义。
②《周易·系辞下》。
③《礼记·表记》。
④《论语·子张》。
⑤ 郭宝钧：《记殷周殉人之史实》(载于《光明日报》1950年3月19日《学术》副刊)。

诸如齐国晏婴为其父晏桓子服士丧之礼①、吴公子季札在嬴博之间行葬子之礼等等②,同时也记录了许多有关丧葬之礼和居丧之礼的具体内容,如卜葬先远日③、诸侯在丧称子④等等。《礼记·杂记》中记载了子贡向孔子请教有关兄弟丧礼问题,孔子说:"兄弟之丧,则存乎书策矣。"可见,当时已有记录丧葬之礼的专业书籍。

由于丧葬之礼极其琐碎繁杂,因此逐渐衍生出一个专司其职的行业,即儒者。《说文解字》:"儒,柔也。术士之称。"孔子是儒者的杰出代表,他不仅精通丧葬之礼,深谙礼制精髓,而且还把践行礼制与道德修养结合起来。丧事以礼节之,就可以有效地激发人们追思先祖恩德的敬畏之情,根植于心的"孝"的淳朴美德也就可以日积月累,发扬光大。孔子非常重视丧葬之礼在提高道德修养、规范言行举止、维持社会秩序等方面的重要作用,因此建议当政者要善于发挥丧葬之礼的政治功效,把相关礼制规范作为治国理政的头等大事之一:"所重:民、食、丧、祭。"⑤

孔子所开创的儒家学派以研究和传播礼学为主,丧葬之礼是其中的一个重要内容,儒学后人在理论研究和典籍整理等方面都做出许多努力,相关研究成果集中保存在《礼记》《大戴礼记》《仪礼》等礼书中,事无巨细,无所不包,几乎涵盖了丧葬过程中的所有礼仪规范,这里可以选取《仪礼·士丧礼》中的一段文字来加以体会:"为铭,各以其物。亡,则以缁长半幅,赪末长终幅,广三寸。书铭于末,曰:'某氏某之柩。'竹杠长三尺,置于宇西阶上。"这里的"为铭"是士人死后为其树立旗旌,士丧之礼对于旗旌的颜色、材质、形制、尺寸以及书写格式、摆放位置等等都有明确具体的规定。撇开具体内容和文化意义不说,中国古代在丧葬制度和礼仪等方面能够达到如此完备程度,这在世界文明中是绝无仅有的,许

---

① 《左传·襄公十七年》。
② 《礼记·檀弓下》,并见《左传·昭公二十七年》。
③ 《左传·宣公八年》:"冬,葬敬嬴。旱,无麻,始用葛茀。雨,不克葬,礼也。"
④ 《春秋经·襄公三十一年》:"秋九月癸巳,子野卒。"
⑤ 《论语·尧曰》。

多内容值得深入研究。

《论语·为政》:"孟懿子问孝。子曰:'无违。'樊迟御,子告之曰:'孟孙问孝于我,我对曰,无违。'樊迟曰:'何谓也?'子曰:'生,事之以礼;死,葬之以礼,祭之以礼。'"①

孟懿子问孝,孔子强调"无违",即生养死葬都不能违反礼制规范,这既是子女尽孝的基本要求,也是有德君子的基本修为。孔子本人对于死葬之事非常谨慎,《礼记·檀弓上》:

孔子少孤,不知其墓,殡于五父之衢。人之见之者皆以为葬也。其慎也盖殡也。问于郰曼父之母,然后得合葬于防。

孔子年幼之时,其父叔梁纥早已去世,葬于防邑。古时墓葬有不坟、不封、不树的习俗,即不堆土为坟,不种树为识。由于时间相隔久远,孔子长大后竟不辨其父墓葬之处。孔子母亲去世后,依礼应该与父亲合葬一处,然而其父墓葬之处一时难以确认,慎重起见,孔子只好先将母亲的灵柩暂时停放(一说浅葬)在五父之衢。在古代汉语中,"殡"和"葬"的意义是不同的。后来孔子找到当年参与办理父亲丧事的郰曼父的母亲求证,最终确定父亲的墓葬之处,才得以将父母合葬一处。

《礼记·檀弓上》又载:

孔子既得合葬于防,曰:"吾闻之,古也墓而不坟。今丘也,东南西北之人也,不可以弗识也。"于是封之,崇四尺。孔子先反,门人

---

① 本章有关"孝"的内容将在《孝(悌)》中进行评析。

后,雨甚至,孔子问焉,曰:"尔来何迟也?"曰:"防墓崩。"孔子不应。三,孔子泫然流涕曰:"吾闻之,古不修墓。"

这件事情颇为蹊跷,不知真伪。孔子安葬好父母后,觉得自己以后有可能远离家乡,四处奔走,因此没有遵从古人"墓而不坟"的习俗,在父母墓葬之处修筑了一个高四尺的坟,便于以后辨识,谁知他刚回到家中,新堆的坟茔就被大雨冲毁,故而他伤感不已。

在安葬父母的整个过程中,孔子严格按照"葬之以礼"的要求,四处求证,仔细确认父亲的墓葬之处,然后将父母合葬。后来大雨将新坟冲毁,他亦遵从礼俗,不再重新修墓,因为丧葬之礼的目的不在于外在形式,而在于内心体验。

然而孟懿子在丧葬和祭祀方面则不尽如人意,甚至有违礼制。孟懿子是鲁国孟孙氏第九代宗主,世袭贵族,其父孟僖子曾任鲁国司空,因随鲁昭公出访楚国时不能以礼相君而终身为耻,他临终前嘱咐两个儿子孟懿子和南宫敬叔一定要师从孔子学礼①。孟懿子并非嫡出,他的生母身份普通,故而《左传》中只能以"泉丘人有女"名之,她私奔嫁给了孟僖子,生养了孟懿子和南宫敬叔,不过她的身份仍然是孟僖子副妾薳氏之媵,也就是副妾的副妾②。在各种复杂的人际关系中,孟懿子很难在贵贱、嫡庶、亲疏之间把握平衡,依礼而行,即便他对几位女性生前能够做到"事之以礼",但是死后却很难做到"葬之以礼,祭之以礼",因为其生母身份低贱,一直居于祲祥外室,按照礼制规定,她死后的丧葬礼遇是不能超过其他几位孟孙氏妻妾的,也不得与孟僖子合葬一处。但是孟懿子当时是孟孙氏宗主,他可能并没有遵从丧葬之礼的有关规范,不仅违礼厚葬其生母,而且将生身父母合葬一处。

---

①《左传·昭公七年》。
②《左传·昭公十一年》。

如果从亲情关系来说,孟懿子的违礼行为是情有可原的,但是从礼制规范上来说,他的违礼行为又是无法容忍的,所以孔子在回答他问孝问题时故意说半句留半句。

《论语·八佾》:"子曰:'居上不宽,为礼不敬,临丧不哀,吾何以观之哉?'"

本章言论应有所指,但是具体所指却不得而知。根据内容分析,"居上"当为一国之君,"不宽""不敬""不哀"均为其行止。孔子历经鲁国三君(昭公、定公、哀公),似乎只有鲁昭公一人符合上述描述。《左传·昭公十一年》有一段记载可作参考:

> 九月,葬齐归,公不戚。晋士之送葬者,归以语史赵。史赵曰:"必为鲁郊。"侍者曰:"何故?"曰:"归,姓也。不思亲,祖不归也。"叔向曰:"鲁公室其卑乎。君有大丧,国不废蒐。有三年之丧,而无一日之戚。国不恤丧,不忌君也。君无戚容,不顾亲也。国不忌君,君不顾亲,能无卑乎? 殆其失国。"

在鲁国历史上,鲁昭公以不知礼而知名,其生母齐归去世,他在葬礼上却"临丧不哀",脸上毫无悲戚之色,故而孔子对他深表失望,称"何以观之"。孔子认为,在丧葬仪式上的行为举止最能表现一个人的本性真情,他说:"人未有自致者也,必也亲丧乎。"①意思就是,人在遇有亲丧时才会流露真情。然而鲁昭公在其生父鲁襄公的葬礼上"居丧而不哀,在

---

① 《论语·子张》。

感而有嘉容"①,在生母齐归的葬礼上又"不感",种种荒唐举动说明他心智不全,不懂礼仪,实在不值得再说道了。晋国史赵、叔向等人的看法与孔子基本相同,他们从鲁昭公"无一日之感"这一细节中得出"鲁公室其卑乎"的结论,而左氏君子则更加明确地做出了"是以知其不能终"的判断②。

临丧而哀,是丧葬之礼的基本规范。致哀的目的在于思亲归宗,以此来激发对于本氏族的认同感和归属感,进而张宗室而固族本。所以孔子再三强调:"出则事公卿,入则事父兄,丧事不敢不勉。"③"祭思敬,丧思哀。"④

《论语·述而》:"子食于有丧者之侧,未尝饱也。子于是日哭,则不歌。"

本章所记内容为孔子临丧二事,本为两章,朱熹《论语集注》合为一章,又引谢氏言曰:"学者于此二者,可见圣人情性之正也。能识圣人之情性,然后可以学道。"意思就是,孔子本性仁慈淳厚,对人怀有恻隐之心。

《礼记》中的《曲礼》《檀弓》两篇亦有与本章相同的文字,不过文中并无用作主语的"子"字,因此有人认为"不饱""不歌"都是古代丧葬礼俗,孔子只是遵而从之,以此来示范世人和弟子。

关于"未尝饱"之事有两种解说:一说孔子宅心仁厚,遇有居丧者就会心生怜悯,哀其所哀,心理和生理都会有所反应,坐在他旁边吃饭也会

---

① 《左传·襄公三十一年》。
② 鲁昭公二十五年(公元前517年),鲁国发生"斗鸡之变",鲁昭公被迫流亡在外八年,最终客死乾侯。
③ 《论语·子罕》。
④ 《论语·子张》。

心不安、食不甘,所以从来没有吃饱过。何晏《论语集解》:"丧者哀戚,饱食于其侧,是无恻隐之心。"一说孔子帮人办理丧事时必须始终保持哀戚之容,所以不敢吃饱。《礼记·杂记下》:"丧食虽恶,必充饥。饥而废事,非礼也。饱而忘哀,亦非礼也。"可见"未尝饱"是儒者执礼的职业规范。

关于"是日哭,则不歌"之事则比较好理解,"哭"是哭丧、吊丧,这是古代丧礼的重要内容;"歌"是唱歌作乐。孔子到别人家里去吊丧,当天就不唱歌作乐了,因为一天之中情绪起伏变化不能太大,时悲时喜,有违礼俗。《礼记》中载有许多相关礼仪规范:"吊于人,是日不乐。"①"邻有丧,舂不相;里有殡,不巷歌。"②"鲁人有朝祥而歌者,子路笑之。"③"祭极敬,不继之以乐。"④

本章所记之事,都是古代丧葬礼俗中的一些礼仪细节,孔子以身作则,严格遵从,并要求弟子们殷勤习之,无非是想通过具体的礼仪形式来彰显"丧思哀"的精神实质。

《论语·子张》:"子游曰:'丧致乎哀而止。'"

子游在孔门中地位特殊,他是唯一一个南方人,孔子对他格外信任,两人之间互动很多,孔子的许多重要言论都是通过他发表的,比如孔子有关"大同"和"小康"的重要论述就是在与子游对话之中提出来的⑤。孔子去世以后,子游是《论语》编纂的最早发起者和参与者之一,他对孔子言论有着比较深刻而精准的理解,比如有子和曾子对于孔子"丧欲速贫,死欲速朽"这两句话的理解产生分歧,后经求证子游,他把当时孔子言论

---

① 《礼记·檀弓上》。
② 《礼记·檀弓上》。
③ 《礼记·檀弓上》。
④ 《礼记·表记》。
⑤ 《礼记·礼运》。

的背景情况解释清楚,说明"丧欲速贫"是针对鲁国大夫南宫敬叔而言的,"死欲速朽"则是针对宋国司马桓魋而言的,从而帮助他们解除了疑惑①。同为孔门弟子,子游和曾子同时当面聆听孔子教诲,然而曾子只记住孔子说了什么,却没有弄明白孔子为什么这么说,子游则要比曾子用心许多,他完全领会了孔子这两句话的深刻含义。因此子游的言论在某种意义上是对孔子思想观点的进一步诠释和阐述,本章亦然。

本章对孝子居丧执礼提出了两个重要的礼仪规范:一是"哀",这是思亲致孝之情的真实流露,也是居丧之礼的基本要求。"丧致乎哀"就是要求孝子在居丧期间悲戚之情要达到"哀"的极限程度,而且这种情绪必须是发自内心的,否则就是不敬不孝,有违礼仪。二是"止",这是要求孝子在临丧致哀时还必须保持相对的理性克制,以礼节哀,适可而止,不可悲伤过度,以死害生,所以《礼记》中说:"不胜丧,乃比于不慈不孝。"②当年鲁襄公去世时,鲁人欲立太子野为国君,然而太子野因哀无节制,无休无止,不到三个月就夭亡了,故而国人亦视其为失礼③。《皇疏》:"虽丧礼主哀,然孝子不得过哀以灭性,故使各至极哀而止也。"意思就是,居丧期间情绪"过哀"或"极哀"都是不符合丧礼规范的。

当然,人在遇有大喜大悲之事时是很难控制自己的情绪的,即便是为人师表的孔子也不例外,他在得知得意门生颜渊、子路去世的噩耗时也没能保持理智,节哀以礼:

颜渊死,子哭之恸。从者曰:"子恸矣!"曰:"有恸乎? 非夫人之为恸而谁为?"④

孔子哭子路于中庭,有人吊者,而夫子拜之。既哭,进使者而问

---

① 《礼记·檀弓上》。
② 《礼记·曲礼上》。
③ 《左传·襄公三十一年》。
④ 《论语·先进》。

故。使者曰:"醢之矣。"遂命覆醢。①

显然,对于颜渊和子路的夭亡,孔子确实表现得悲恸过度,有失礼仪,而这正是孔子真性情的真实表现。

由于孔子对居丧之礼非常重视,因此子游、子贡、曾子等弟子以及儒学后人对于这个问题都比较关注,也有所研究,并将相关言论整理保存下来:

子贡问丧,子曰:"敬为上,哀次之,瘠为下。颜色称其情,戚容称其服。"②

居丧之礼,毁瘠不形,视听不衰,升降不由阼阶,出入不当门遂。居丧之礼,头有创则沐,身有疡则浴,有疾则饮酒食肉,疾止复初。不胜丧,乃比于不慈不孝。五十不致毁,六十不毁,七十唯衰麻在身,饮酒食肉,处于内。③

曾子曰:"丧有疾,食肉饮酒,必有草木之滋焉。"以为薑桂之谓也。④

曾子谓子思曰:"伋!吾执亲之丧也,水浆不入于口者七日。"子思曰:"先王之制礼也,过之者则俯而就之,不至焉者则跂而及之。故君子之执亲之丧也,水浆不入于口者三日,杖而后能起。"⑤

上述言论对于"丧致乎哀而止"又做出比较明确具体的诠释:居丧之礼的精神实质在于通过追思先人来表达哀思,激发孝心,因此居丧者要保持理性,适度控制自己的悲哀情绪,既不能无动于衷,面无哀

---

① 《礼记·檀弓下》。
② 《礼记·杂记下》。
③ 《礼记·曲礼上》。
④ 《礼记·檀弓上》。
⑤ 《礼记·檀弓上》。

容,也不能哭天抢地,歇斯底里,更不能自我摧残,伤害身体。居丧期间不能影响人们的正常生活,该吃就吃,该喝就喝,有病治病,体弱则歇。如果因悲哀或劳累过度而伤害身体,就如同不敬不孝一样,是不值得提倡的。

《论语·子张》:"曾子曰:'吾闻诸夫子:人未有自致者也,必也亲丧乎!'"

本章是曾子转述孔子的言论,即所谓"吾闻诸夫子"。

"有……者也"或"未有……者也"是古汉语中常用的一种发语词,没有实际意义。"自致"后面似省略了一个"哀"字,因为本篇的前章有子游言"丧致乎哀而止",两章中的"致"字用法一样,都是悲哀情绪达到极致的意思。"自致哀",就是悲哀之情由内而外地表现出来,以至于无法控制。《集注》:"致,尽其极也。盖人之真情所不能自已者。""亲丧"是指臣丧君、子丧父等。《孟子·滕文公章句上》:"亲丧,固所自尽也。"朱熹注曰:"父母之丧,固人子之心所自尽者。盖悲哀之情,痛疾之意,非自外至。"综合上述解读,孔子这句话的意思是,人们通常是不会流露真情、情绪失控的,除非是遇到君薨父亡之类的亲丧。

孔子这句话想要表达什么?曾子又为什么要特别转述?其中究竟隐含何种深意?由于缺少必要的背景资料,因此这里只能根据字面意思来进行评析。孔子在本章中着重强调的还是临丧致哀必须符合礼制规范,情感表达要受到相关礼仪的节制,既不能不哀,又不能过哀。当然,如果遇有亲丧,悲哀过度是情有可原的,因为丧亲之痛是常人难以控制的。

《论语·先进》:"颜渊死,门人欲厚葬之。子曰:'不可。'门人厚葬之。子曰:'回也视予犹父也,予不得视犹子也。非我也,夫二三子也。'"

孔子和颜渊虽然是师生关系,但是却情同父子。孔子遭匡人围攻时与颜渊走散,事后他对颜渊说:"吾以女为死矣。"颜渊则说:"子在,回何敢死?"①可见颜渊事孔子如父,故而声称不敢先死。然而世事难料,颜渊由于长年过度劳累和缺乏营养,竟然先孔子而辞世。颜渊死后,孔子悲恸过度,有失礼仪,子贡说:"昔者夫子之丧颜渊,若丧子而无服。"②意思就是,颜渊死时,孔子为他执丧子之礼,只是没有穿丧服。可见颜渊夭亡对孔子的打击很大。但是等到孔子情绪缓过来之后,他还是能够保持理性克制的。当时颜氏家人和门人想厚葬颜渊,孔子明确表示反对,因为颜渊是普通士人身份,身居陋巷,家境贫寒,根本无力承担厚葬所需之资,况且士人厚葬也是有违丧葬之礼的。

关于"门人欲厚葬"之事,本章并没有具体说明,《先进篇》中另有明确记载:

颜渊死,颜路请子之车以为之椁。子曰:"才不才,亦各言其子也。鲤也死,有棺而无椁。吾不徒行以为之椁。以吾从大夫之后,不可徒行也。"

颜渊死后,其父颜路来找孔子,请求他把驾乘卖掉来替颜渊置办外椁,但是孔子没有同意,他说自己安葬儿子孔鲤时也是按照"有棺而无椁"的丧葬规制办理的。"棺"是内棺,"椁"是外椁,颜氏想用两层棺木来厚葬颜渊,这不仅过于奢侈,远远超出他们的经济承受能力,而且也不符

---

① 《论语·先进》。
② 《礼记·檀弓上》。

合丧葬礼制。《礼记·丧大记》:"君大棺八寸,属六寸,椑四寸。上大夫大棺八寸,属六寸。下大夫大棺六寸,属四寸。士棺六寸。"颜渊是普通士人身份,按照礼制规定,他只能用一层六寸厚的棺材入殓安葬,所以孔子拒绝了颜路的违礼请求。

孔子认为,办理丧事应该崇尚节俭,反对奢靡,安葬死者要量力而行,不能讲求排场,僭越礼制,这一观点在他与弟子的对话中曾有多次表述:

> 子游问丧具,夫子曰:"称家之有亡(无)。"子游曰:"有亡恶乎齐?"夫子曰:"有,毋过礼,苟亡矣,敛首足形,还葬,县(悬)棺而封,人岂有非之者哉!"①
>
> 子路曰:"伤哉贫也!生无以为养,死无以为礼也。"孔子曰:"啜菽饮水尽其欢,斯谓之孝。敛手足形,还葬而无椁,称其财,斯谓之礼。"②

这里的"称家之有亡(无)"和"称其财",是根据家庭经济条件量力而行的意思。如果家庭经济富有,"丧具"(棺椁和敛服等)不妨置办得优厚一些;如果家庭经济拮据,"丧具"也可以俭朴一些,"有棺而无椁"亦无不可。厚葬与薄葬和孝敬与不孝敬并没有直接关系,因为丧葬之礼最基本的要求是"称其财",有什么样的财力就办什么样的丧事,只要态度虔诚,尽心尽力,就完全没有必要担心别人非议自己不敬不孝。

尽管孔子反对厚葬颜渊,但是颜氏门人并没有听从他的意见,所以孔子后来颇为伤感地说:"回也视予犹父也,予不得视犹子也。非我也,夫二三子也。"意思就是,颜渊生前待我如父,事我以礼,然而他死后我却

---

① 《礼记·檀弓上》。
② 《礼记·檀弓上》。

没能待其如子,葬之以礼,这些都是他门下几个小子的过错啊!此事说明孔子对于再传弟子已经失去了影响力和控制力,同时也说明周朝礼制已经失去了约束力,崩坏程度日益加深。

《论语·阳货》:"宰我问:'三年之丧,期已久矣。君子三年不为礼,礼必坏;三年不为乐,乐必崩。旧谷既没,新谷既升,钻燧改火,期可已矣。'子曰:'食夫稻,衣夫锦,于女安乎?'曰:'安。''女安,则为之!夫君子之居丧,食旨不甘,闻乐不乐,居处不安,故不为。今女安,则为之!'宰我出。子曰:'予之不仁也!子生三年,然后免于父母之怀。夫三年之丧,天下之通丧也,予也有三年之爱于其父母乎!'"

关于宰我其人其事,著者在《〈论语〉人物评传》和《〈论语〉事件评述》中均有专门介绍,可以参阅,此不赘述。这里重点对"三年之丧"问题以及孔子相关言论和观点进行评析。

三年之丧是上古时期丧葬旧俗,由来已久。孔子说:"夏后氏三年之丧,既殡而致事。"①孟子也说:"三年之丧,齐疏之服,饘粥之食,自天子达于庶人,三代共之。"②但是这些说法均未列举出具体实例佐证,故而未必确切,尤其是对于靠劳作为生的普通庶人来说,服丧三年实在难以做到。

殷商时期,巫风渐盛,在丧葬和祭祀活动中竟然出现"各种恐怖、残忍的非理性迷狂的自虐形态"③,三年之丧渐成定制。《尚书·无逸》:

其在高宗,时旧劳于外,爰暨小人。作其即位,乃或亮阴,三年

---

① 《礼记·曾子问》。
② 《孟子·滕文公章句上》。
③ 李哲厚:《由巫到礼 释礼归仁》,北京:生活·读书·新知三联书店,2015年,第13页。

不言,其惟不言,言乃雍。不敢荒宁,嘉靖殷邦。至于小大,无时或怨。

"亮阴"在《论语》中作"谅阴",在《吕氏春秋》等书中作"谅暗",其基本内容是居丧者结庐守孝,三年不言,所有社会活动和日常生活都必须停止,这就是所谓"三年之丧"。高宗谅阴是殷商历史上的一个重要事件,弟子子张曾就此事向孔子求教:"《书》云:'高宗谅阴,三年不言。'何谓也?"然而孔子避实就虚,仅对谅阴古制的存在形式做出回答:"何必高宗,古之人皆然。君薨,百官总己以听于冢宰三年。"①关于高宗谅阴的真实原因,司马迁的解释似乎另有深意:"帝小乙崩,子帝武丁(高宗)立。帝武丁即位,思复兴殷,而未得其佐。三年不言,政事决定于冢宰,以观国风。"②对于新继位的王者来说,"谅阴"主要是出于政治方面的考量,这是一种权谋,目的在于"思复兴殷""以观国风";同样,对于普通庶人来说,面对亲丧的重大变故,也需要沉静一段时间,认真反思过去的事情,全面谋划未来的生活。因此从这个意义上来说,"谅阴"不仅是为了追思逝者,更是为了谋划未来。不过这些内容在孔子言论中并未体现,因为这并不是孔子关注的重点。

西周时期,周人亦将三年之丧作为丧葬之礼的重要内容,并对许多礼仪细节做出明确具体的规定,相关内容在《礼记》等礼书中均有详细记载:

> 三年之丧,祥而从政。③
> 三年之丧,言而不语,对而不问。庐、垩室之中,不与人坐焉。
> 在垩室之中,非时见乎母也不入门。疏衰皆居垩室,不庐。庐,严

---

① 《论语·宪问》。
② 《史记·殷本纪》。
③ 《礼记·杂记下》。

者也。①

　　三年之丧,虽功衰,不吊,自诸侯达诸士。如有服而将往哭之,则服其服而往。练则吊。既葬,大功吊,哭而退,不听事焉。②

　　曾子问:"三年之丧吊乎?"孔子曰:"三年之丧,练不群立,不旅行。君子礼以饰情,三年之丧而吊哭,不亦虚乎!"③

这里的"祥"是大祥之礼,《礼记·杂记下》:"祥,主人之除也,于夕为期,朝服。祥因其故服。"由此可见,"祥"是孝子为父母服丧守孝满二十五个月后举行的除服之礼,即所谓"三年之丧,二十五月而毕"④。在除服之前,服丧者是不可听事从政的,亦不可主动与人说话或提问,相关礼制规定非常明确。

春秋末年,礼制日渐废弛,三年之丧也备受质疑,因为服丧三年确实不近人情,不合常理,给人们的生产生活带来很大影响,因此时人对此多有质疑。当时社会上流传的各种新潮观念必然波及孔门,宰我就是受到新观念影响的弟子之一,他与孔子就三年之丧问题展开了激辩。宰我主要是从君子习礼作乐的角度来进行阐述的,他认为三年之丧旷日持久,不仅把许多正事耽误了,而且还会造成"礼必坏""乐必崩"的严重后果,因此他认为把服丧期限改为一年更为合理,即"期可已矣"。孔子则是从传统的孝的观念出发,认为子女都享有父母三年怀抱之爱,所以当父母离世之后,子女也应怀有感恩父母三年悲戚之哀,"食旨不甘,闻乐不乐,居处不安",结庐守孝,不言不乐,以尽孝心。这是人之常情,事之常理,即所谓"夫三年之丧,天下之通丧也"。

孔子坚持维持三年之丧的传统礼俗,主要目的是为了发扬传统的孝

---

①《礼记·杂记下》。
②《礼记·杂记下》。
③《礼记·曾子问》。
④《礼记·三年问》。

道精神,因为这是儒家学说的重要理论基础。但是从实用主义的角度来观察,三年之丧在现实生活中确实难以实行,毕竟人们的社会活动日益纷繁复杂,如果脱离社会太久,必然会影响到正常生活和人际交往。

到了战国时期,三年之丧已经名存实亡。藤定公去世后,藤太子派太傅然友去向孟子请教服丧之期,孟子也不敢确定,只好含糊其词地说:"亲丧,固所自尽也。"意思就是,你自己能做到临丧致哀就可以了。藤太子后来决定依照古代丧葬之礼服丧三年,但是藤国百官和民众纷纷表示反对,他们说:"吾宗国鲁先君莫之行,吾先君亦莫之行也,至于子之身而反之,不可。且《志》曰:'丧祭从先祖。'曰:'吾有所受之也。'"①他们认为,三年之丧废除已久,现在只需遵从先祖的做法就行了,没有必要再恢复三年之丧的旧制。齐宣公遭遇亲丧,也打算缩短服丧时间,于是他就向孟子弟子公孙丑请教,公孙丑干脆帮他开脱道:"为朞之丧,犹愈于已乎?"②"朞"是服丧一年。意思就是,服丧一年总比不服丧要好。可见服丧之礼已经毫无底线,彻底崩坏!

三年之丧的历史演变恰好印证了某位哲人的一句名言:凡是合乎理性的东西都是现实的,凡是现实的东西都是合乎理性的。

---

① 《孟子·滕文公章句上》。
② 《孟子·尽心章句上》。

12. 政（令）(共17章)

在氏族社会中，政权与族权合二为一，因此从某种意义上说，政治就是治家，政事就是家事，"政"并不具有社会公共管理的功能。在礼制社会中，"政"主要是"礼"的辅助与补充，因此其政治功能也受到了极大的限制，"夫名以制义，义以出礼，礼以体政，政以正民"[①]。从适用对象来看，"礼"主要是调节氏族贵族（人）之间利益关系的政治制度，而"政"则是对普通国民（民）实施统治的政治手段，二者之间是有区别的。

春秋时期，以血缘关系为纽带的氏族组织逐步瓦解，建立在氏族等级制度基础之上的礼乐制度也日渐废弛。为了维持有效统治，各国统治者不得不实行变法，加强"政"的力度，以弥补"礼"的缺失，由此"政"的功效逐渐显现出来，受到重视。当时一些思想开明的从政者，如齐国的管仲、晏婴、陈文子，郑国的子产、子太叔，晋国的叔向、赵鞅以及鲁国的臧文仲、季文子、季武子等人，他们在施政过程中勇于突破礼制限制，主动顺应时代变迁，大胆推出各种新政，并形成了许多先进的执政理念，内容包括施政的目的、意义、内容、形式、对象以及施政者的政治素质、道德修养和行为规范等等，有些内容已经涉及现代政治中的民主与法制问题，对于现代政治具有一定的借鉴意义。不过春秋时期的"政"主要限定在具体的施政措施和行政手段等方面，在制度层面则少有建树，这是中国古代政治的天然缺陷。

---

① 《左传·桓公二年》。

孔子是春秋时期著名的政治家,在诸侯各国中具有较大的政治影响力,尤其是他出任鲁国大司寇期间,辅佐鲁定公在夹谷之会挫败了齐景公的阴谋,一时间名声大振,威震诸侯。此后不久他因齐人离间计而被迫离开鲁国,开始周游列国,游说诸侯,晚年又回到鲁国,但始终未能受到重用。尽管孔子在政治上一直郁郁不得志,但是他始终坚持从事政治活动,研究政治问题,提出政治主张,对于"为政"问题有许多深刻、独到的见解,因此为政之道是孔子学说思想的一个重要组成部分,也是中国古代政治思想的一个重要内容。

过去人们研究《论语》,偏重于"礼""义""仁""孝"等伦理道德方面的内容,对于其政治学或行政学等方面的内容却没有予以足够关注。近年来,随着传统儒学不断升温,《论语》研究领域不断拓展,有些海外学者开始从行政学的角度来研究《论语》《孟子》等儒家经典,比如韩国学者李文永在《〈论语〉〈孟子〉和行政学》一书中就提出"《论语》和《孟子》乃我们民族所见之最早的行政学教科书"的观点,他在介绍研究和写作动因时说:"《论语》一书的主人公孔子和《孟子》一书的作者孟子两人皆曾为官,且辞官之后试图另觅官职。因此我们才得以在行政学这门现代科学体系之中去阐明他们的主张,撰写出这样一本行政学著作。我想,孔孟二者所提及的对象主要是指以一国的最高当权者为首的为官者以及那些志在做官的弟子们。这一点很值得搞行政学的人注意。两部经典并未刻意编辑加工反而引起人们的研究兴趣。"①

孔子关于为政之道的言论在《论语》中占有相当大的比例,当时有许多人直接向他请教"为政"问题,公卿贵族有齐景公、鲁定公、鲁哀公、卫灵公、陈惠公、季桓子、季康子、叶公等,弟子庶人有颜渊、子路、冉有、子贡、冉雍、子游、漆雕开、子张、子夏等,言论内容相当广泛,涉及政治、经

---

① [韩国]李文永:《〈论语〉〈孟子〉和行政学·序》,宣德五等译,北京:东方出版社,2000年,第1页。

济、军事、外交等各个领域。从这个意义上来说,《论语》就是一部政治教科书,故而古人有"半部《论语》治天下"之说。

孔子政治思想主要继承了周初统治者"明德慎罚"的传统观念,同时又具有非常鲜明的时代特征,因为孔子一生致力于拯救乱世,复兴周道,他所提出的每一个政治观点或政治主张都是着眼于解决现实政治问题的。由于孔子政治思想内容比较丰富,许多概念并不具有广泛意义,因此这里重点评析与施政、从政、行政等内容相关的政治主张和为政建议,而正名、刑杀、听讼、折狱以及礼乐教化等内容则另外行文专门评析。

《论语·为政》:"子曰:'道之以政,齐之以刑,民免而无耻;道之以德,齐之以礼,有耻且格。'"[①]

本章言论可以视作孔子的政治纲领,集中体现了他的政治思想和为政理念。"道"是引导、领导,即所谓"道之斯行"[②];"齐"是齐等、统一,即所谓"见贤思齐"[③]。"政""刑""德""礼"是统治者实行统治的四种基本施政措施,"政"是行政命令,"刑"是刑杀手段,"德"是道德教化,"礼"则是礼乐规范。《礼记·乐记》:"礼以道其志,乐以和其声,政以一其行,刑以防其奸。礼乐刑政,其极一也,所以同民心而出治道也。""礼节民心,乐和民声,政以行之,刑以防之。礼乐刑政,四达而不悖,则王道备矣。""乐者,所以象德也。"可见,"政""刑""德""礼"四者虽然手段不同,功效不一,但是根本目的都是"同民心而出治道"。

在施政实践中,带有强制性的"政"和"刑"虽然可以迫使民众服从政令,免于刑戮,但是却无法让他们自觉自律,心悦诚服;而以道德修养和

[①] 本章有关"刑"的内容将在《刑(杀)》中进行评析。
[②]《论语·子张》。
[③]《论语·里仁》。

礼乐规范为前提的"德"和"礼"则可以激发民众的羞耻感和自觉性,通过道德谴责和个人自律来达到施政目的。从施政效果来看,"政"和"刑"只能使民众"免而无耻",他们在行为上可以被动地服从政令而免于刑戮,但是在内心里却没有羞耻感和责任心,因此随时都有可能突破道德底线,铤而走险,危害统治秩序;"德"和"礼"则能使民众"有耻且格","有耻"是内在的道德约束力,"格"是言行举止中正规范,即所谓"言有物而行有格"①。民众在道德力量的驱使下,自觉遵从礼制规范,服从行政命令,这样就可以实现长治久安了。孔子认为,上述两组为政措施都是统治者实行统治的基本策略和必要手段,在为政实践中应根据实际情况来综合实施,形成互补。但是从施政效果来看,后者显然优于前者,也更加符合统治者的长远利益。这是孔子倡导实行德政和推行礼治的根本出发点。

孔子本章关于"政""刑""德""礼"的论述看似迂阔而不切实际,实则深谋远虑,因为施政在于御民,御民则在于治心,"使民敬、忠以劝"②才是施政的最高境界,所以孔子用了一个"耻"字作为评判施政效果的重要标准,把道德批判纳入施政内容,这是他对儒家思想的特殊贡献。

《礼记·缁衣》中也收录了本章言论,并在此基础上有所阐发,可作参考:

> 子曰:"夫民教之以德,齐之以礼,则民有格心。教之以政,齐之以刑,则民有遯心。故君民者子以爱之,则民亲之;信以结之,则民不倍;恭以涖之,则民孙心。"

在施政过程中,反复强调"民"的作用,这是春秋时期出现的新变化。

---

①《礼记·缁衣》。
②《论语·为政》。

在传统礼制秩序中,君民关系是不对等的,国君发号施令完全无需考虑民众的感受和愿望,号令既出,必须遵行。春秋末年,礼制秩序遭到严重破坏,君民关系也发生微妙变化,这种变化在当政者与孔子的对话中有所反映,鲁哀公问孔子道:"为何则民服?"①季康子也问道:"使民敬、忠以劝,如之何?"②可见当时民众不服、不敬、不忠、不劝的情况非常普遍,已经影响到国君权威和统治秩序,因此当政者不得不对施政策略进行调整,在推行政令的过程中,适当兼顾到民众的生存愿望和利益诉求。孔子敏锐地观察到这种社会关系的微妙变化,提出"道之以德,齐之以礼"的为政主张,要求统治者在施政过程中适当关注民众的诉求和愿望,以"爱"亲近民众,以"信"团结民众,以"恭"引导民众,这样就可以保证政令畅通。显然,孔子关于"道之以德,齐之以礼"的政治主张代表了统治阶层的根本利益,同时也体现了普通民众的部分利益,而建立在"有耻且格"基础之上的为政策略则透露出一种人文关怀和民主政治的精神,因此是具有进步意义的。不过在现实政治中,孔子这种政治主张是难以推行的,因为任何统治者都不可能放弃自身的既得利益,也不可能真正关心民众的切身利益。

《论语·为政》:"子曰:'为政以德,譬如北辰居其所而众星共之。'"

本章言论是孔子对当政者提出的为政要求,有关"德"的内容已在《德》中另作评析,这里重点评析有关"政"的内容。

"为政以德"就是实行德政,这是西周以来的传统观念。早在西周初年,统治者就明确提出德治主张:

---

① 《论语·为政》。
② 《论语·为政》。

惟乃丕显考文王，克明德慎罚，不敢侮鳏寡，庸庸，祗祗，威威，显民。①

先王之于民也，懋正其德而厚其性，阜其财求而利其器用，明利害之乡，以文修之，使务利而避害，怀德而畏威，故能保世以滋大。②

周朝历代统治者根据民众趋利避害的本性，采取"明德"和"慎罚"相结合的施政措施，以期达到"怀德"和"畏威"的施政效果，民众能自觉地服从统治，最终实现天下大治。孔子继承了周朝先王的执政理念，要求统治者充分发挥"德"在施政过程中的政治功效。

本章中的"德"是一种为政手段或统治方式，如果孤立地理解，这种统治方式具有无为而治的特征，因为孔子用"譬如北辰居其所而众星共之"来做比喻，北辰居于天枢不动，众星环绕而行。

如果在春秋语境中分析，"德"则是与"刑""罚""杀"等相对的一个政治概念：

政以治民，刑以正邪，既无德政，又无威刑，是以及邪。③

贰而执之，服而舍之，德莫厚焉，刑莫威焉，服者怀德，贰者畏刑。④

叛而伐之，服而舍之，德刑成矣。伐叛，刑也；柔服，德也。德立刑行，政成事时，典从礼顺，若之何敌之？⑤

圣人之施舍也议之，其喜怒取与亦议之。是以不主宽惠，亦不主猛毅，主德义而已。⑥

---

① 《尚书·康诰》。
② 《国语·周语上》。
③ 《左传·隐公十一年》。
④ 《左传·僖公十五年》。
⑤ 《左传·宣公十二年》。
⑥ 《国语·周语中》。

从上述言论中可以看出，"德"与"刑"都是维持统治的政治手段和为政方式，两者一柔一刚，一宽一猛，一恩一威，在为政实践中各有所长，功效不同。相比较而言，德政的政治功效在于以德服人，因此能够让人心悦诚服，不令而行；而刑罚的政治功效则在于以威服人，因此只能让人心有敬畏，不敢妄为。春秋时期，氏族血缘关系在现实政治中仍具有一定的作用，因此当时许多有识之士普遍主张，为政应该以德政为主，以刑罚为辅，宽猛相济，恩威并施。

在《论语》语境中，"德"与"刑"是两个对举的概念，代表了两种不同的政治手段和为政措施：

> 道之以政，齐之以刑，民免而无耻；道之以德，齐之以礼，有耻且格。①
>
> 君子怀德，小人怀土；君子怀刑，小人怀惠。②
>
> 季康子问政于孔子曰："如杀无道，以就有道，何如？"孔子对曰："子为政，焉用杀？子欲善而民善矣。君子之德风，小人之德草。草上之风，必偃。"③

在孔子看来，"德"（宽政）和"刑"（猛政）都是为政的重要手段，两者不可或缺和偏废，他说："政宽则民慢，慢则纠之以猛。猛则民残，残则施之以宽。宽以济猛，猛以济宽，政是以和。"④他又引用《诗经·商颂·长发》中的诗句来说明"和"的政治功效："不竞不绒，不刚不柔，敷政优优，百禄是遒。"从施政效果来看，孔子认为，为政应该优先选择德政，他说："礼乐不兴，则刑罚不中。"⑤因为德政不仅代表了统治者的根本利益，在

---

① 《论语·为政》。
② 《论语·里仁》。
③ 《论语·颜渊》。
④ 《左传·昭公二十年》。
⑤ 《论语·子路》。

一定程度上也体现了被统治者的切身利益,这是为政的最高境界。当然,推行德政要求当政者必须具有"君子之德",能够对民众实施礼乐教化。因此孔子在对当政者进行说教时反复强调君子"怀德""欲善"的重要性,只有当政者有德能善,才有可能以德化民,恩披天下,实现德治。

战国时期,儒家学派继承了孔子"为政以德"的思想,在理论上又进行了深入研究,提出了许多新观点,进而形成了一套体系完整的德政思想。但是不可否认,这种纯理性研究从一开始就偏离了孔子所确定的"为政以德"的现实运用方向,因此就难免陷入空洞说教的泥淖。

《论语·颜渊》:"季康子问政于孔子。孔子对曰:'政者,正也。子帅以正,孰敢不正?'"

本章是鲁国执政国卿季康子与孔子之间的一次对话。孔子六十八岁时(鲁哀公十一年)才结束周游,返回鲁国,被奉为"国老",因此本章应该是孔子晚年言论。

季康子与孔子,一个是执政者,一个是议政者,两人由于观察和思考问题的角度不同,因此政治主张和施政理念也有所不同,甚至在一些重大问题上还存在严重分歧。此时孔子已经年届古稀,思想更加深沉,性情更加通达,人生修养也已达到"从心所欲,不踰矩"[①]的境界,因此有人向他请教问题时,他很少就事论事,具体阐述,而是进行理性概括,宏观发论。

本章言论在上博楚简和《礼记》中亦有记载,不过对话的对象却换成了鲁哀公,可见这几句话经常挂在孔子嘴边,代表了他为政思想的主要观点。

---

①《论语·为政》。

孔(孔子)曰:"唯正(政)者,正也。夫子唯又(有)兴(举),女(汝)蜀(独)正之,几(岂)不又(有)枉也。"①

公(鲁哀公)曰:"敢问何谓为政?"孔子对曰:"政者,正也。君为正,则百姓从政矣。君之所为,百姓之所从也。君所不为,百姓何从。"②

关于为政问题,孔子首先对"政"字做出解释:"政者,正也。"这里的"正"是中正、公正之义。《说文解字·正部》:"正,是也。"在古代汉语中,"政"与"正"两字同源,"政"源自"正",因此"正"应该是"政"的本质属性和根本要求。《论语·宪问》:"子曰:'晋文公谲而不正,齐桓公正而不谲。'"孔子从齐桓公和晋文公两种争霸方式的比较研究中得出遵从周朝礼制为"正"、违背周朝礼制为"谲"的结论。由此可见,"正"必须符合礼制规范,体现礼制精神。在《礼记·哀公问》中,鲁哀公又继续问道:"敢问为政如之何?"孔子回答道:"夫妇别,父子亲,君臣严。三者正,则庶物从之矣。古之为政,爱人为大。所以治爱人,礼为大。"在为政实践中,用礼制来规范夫妇、父子、君臣三种人伦关系就是"正"。《左传·桓公二年》亦载晋大夫师服言曰:"夫名以制义,义以出礼,礼以体政,政以正民。是以政成而民听,易则生乱。"杜预注曰:"政以礼成。"意思就是,礼制是为政的根本遵循,如果失去了礼制规范,为政也就成了无本之木。

孔子接下来又对"正"的政治功效进行了阐述。为政的目的在于以礼正民,让国民能够自觉遵由正道,摒弃邪恶。但是普通民众困而不学,没有辨别是非正邪的认知能力,因此只能效法于上,孔子说:"下之事上也,不从其所令,从其所行。上好是物,下必有甚者矣。故上之所好恶不

---

① 马承源主编:《上海博物馆藏战国楚竹书·中弓》(三),上海:上海古籍出版社,2003年,第283页。
②《礼记·哀公问》。

可不慎也,是民之表也。"①"表"是表率、标准。执政者要"正人",就必须自己先"正其身",只有执政者率先垂范,遵从礼制,勤以修德,民众才有可能纷纷效仿,举止端庄,行为中正。这种观点在《论语》中被多次强调:

> 苟正其身矣,于从政乎何有?不能正其身,如正人何?②
> 其身正,不令而行;其身不正,虽令不从。③
> 君子食无求饱,居无求安,敏于事而慎于言,就有道而正焉,可谓好学也已。④

那么执政者如何才能做到"正其身"呢?孔子在与季康子的相关对话中提出了许多明确具体的要求:

> 季康子问:"使民敬、忠以劝,如之何?"子曰:"临之以庄,则敬;孝慈,则忠;举善而教不能,则劝。"⑤
> 季康子患盗,问于孔子。孔子对曰:"苟子之不欲,虽赏之不窃。"⑥
> 季康子问政于孔子曰:"如杀无道,以就有道,何如?"孔子对曰:"子为政,焉用杀?子欲善而民善矣。君子之德风,小人之德草。草上之风,必偃。"⑦

孔子反复告诫季康子必须为民做出表率,带头遵从礼制,修德行善,

---

① 《礼记·缁衣》。
② 《论语·子路》。
③ 《论语·子路》。
④ 《论语·学而》。
⑤ 《论语·为政》。
⑥ 《论语·颜渊》。
⑦ 《论语·颜渊》。

通过提高个人道德修养来感化和带动民众,最终实现以礼正民的施政目的:执政者向善,民众必然向善;执政者做事严肃认真,民众必然恭敬从命;执政者讲求仁爱孝慈,民众必然效忠于上;执政者举贤任能,民众必然勤勉努力;执政者不贪欲,民众必然不偷盗;执政者修德如风,民众必然闻风而动,修德从善……

"政者,正也",言简意赅,简便易行,然而季康子等执政者在施政过程中却寻找各种理由不愿践行,孔子当然心中不爽,所以后期他干脆保持沉默,不愿参政,因为"道不同,不相为谋"①。其实孔子与季康子渐行渐远的真实原因比较复杂,打一个比方,如果平面上的一个物体与平面保持垂直状态为"正",当平面发生倾斜时,物体为了继续与平面保持垂直状态,就必然要随之倾斜,于是原来的"正"就变成"不正"。由此可见,"正"不可能是一个永远静止不变的状态,必须随着平面的倾斜而倾斜。而孔子所说的"正"就是周礼,周礼也必须随着时代和环境的变化而变化。撇开动机因素,季康子追求的是随化而化之"正",而孔子坚持的则是固定不变之"正"。换言之,孔子的荒谬之处就在于试图用历史的正确来纠正现实的错误,其结果是可想而知的。

《论语·学而》:"子曰:'道千乘之国,敬事而信,节用而爱人,使民以时。'"

本章是孔子干君(游说诸侯)言论。司马迁说:"世以混浊莫能用,是以仲尼干七十余君无所遇。"②所谓"七十余君",绝大多数是小国君主(史书中称"子"),而本章中的"道千乘之国"者,则是一位有分量的分封诸

---

① 《论语·卫灵公》。
② 《史记·儒林列传》。

侯。"道"同导，领导、统治、治理的意思。"千乘"代指诸侯大国，孔子曾经评价弟子冉有，认为他可以当一个"千室之邑，百乘之家"的邑宰，据此可以推算出"千乘之国"至少要拥有"万室"以上的规模。根据相关史书记载，鲁国当时只有"赋八百乘"（实际可能更少）①。在孔子所访问过的诸侯国中，只有晋、齐、卫、楚等国兵力达到千乘以上的规模，其中齐景公最有可能是这位"道千乘之国"者，《论语·季氏》："齐景公有马千驷。死之日，民无德而称焉。"

能够与大国诸侯直接对话，机会十分难得，所以孔子倾其所学，不遗余力地进行游说。除了进行道德说教之外，他着重提出了两点建议：一是在"人"的问题上，要做到"敬事而信，节用而爱人"，相关内容涉及国家军事制度和财税制度；二是在"民"的问题上，要做到"使民以时"，相关内容则涉及农业生产和军事训练的关系问题。总体而言，孔子建议在施政过程中，对"人"与"民"必须采取不同的统治策略，区别对待（这个问题将在《人与民》中另作评析）。

"敬事而信"是孔子对为政提出的总体要求，《皇疏》引苞氏言曰："为国者举事必敬慎，与民必诚信也。""敬事"是态度认真，先谋后动，荀子说："虑必先事而申之以敬，慎终如始，终始如一，夫是之谓大吉。"②"信"是取信于民，孔子说："民无信不立。"③因为一国之君所做出的每一项决策都关系到国家的前途命运和百姓的幸福安康，因此必须认真谋划，慎之又慎，取信国人，这是为政最基本的前提条件。

"节用爱人"包含了政治和经济两方面的内容，"节用"是经济手段，"爱人"是政治目的，这与孔子居齐期间答齐景公问政的内容基本一致。《史记·孔子世家》：

---

① 《左传·哀公七年》："(邾茅夷鸿)曰：'鲁赋八百乘，君之贰也。'"
② 《荀子·议兵》。
③ 《论语·颜渊》。

(齐)景公问政孔子,孔子曰:"君君,臣臣,父父,子子。"景公曰:"善哉!信如君不君,臣不臣,父不父,子不子,虽有粟,吾其得而食诸!"他日又复问政于孔子,孔子曰:"政在节财。"景公说,将欲以尼谿田封孔子。

"君君,臣臣,父父,子子"主要是解决"爱人"问题,在政治上调和统治集团内部的矛盾。当时齐国统治集团内部矛盾重重,以齐景公为首的公室贵族腐朽没落,渐失民心,而以陈文子为首的陈氏集团则采取让利于民的手段笼络民心,日渐坐大,这种"君不君,臣不臣"的情况日益严重。此外,齐景公晚年讳言立嗣,群公子名分不清,行为不当,争斗不已,"父不父,子不子"的情况也十分严重。孔子认为,齐国出现种种乱象的根源是因为君臣父子之间缺乏"爱",因此他建议发扬"爱人"的精神来维持贵族集团内部团结。

"政在节财"就是"节用","节"是节制、节度,这是在经济上解决国家财用不足的问题。以齐景公为代表的公族贵族在生活上贪图享受,挥霍无度,齐国民众税赋负担不断加重,"民参其力,二入于公,而衣食其一。公聚朽蠹,而三老冻馁"[①]。此外,齐景公在位期间,为了重振齐桓霸业,联合卫、鲁、徐、郯、莒等国组成反晋联盟,几乎每年都要对晋国发动争霸战争。战事连年,军备开支不断增大,长此以往,必将导致国家财力亏空,进而加重国人的税赋负担。孔子对于齐景公穷兵黩武的军事策略和齐国贵族漫无节制的奢靡生活,有针对性地提出"节用(节财)"的为政建议。

春秋末年,诸侯争霸战争日益激烈,社会动荡不断加剧,各国诸侯为了在军事对抗中取得优势,不得不对国人加重税赋。贵族阶层则生活奢靡,挥霍无度,又加重了百姓的财税负担,许多百姓生活难以为继,成为

---

① 《左传·昭公三年》。

居无定所的游民。孔子站在维护贵族统治的政治立场上,提出"节用爱人"的为政主张,这不仅仅是针对齐国的现实政治状况,同样也适用于诸侯各国。

"使民以时"是御民之道,这是统治者对被统治者("民")实施的统治策略。"时"是农时,古代中原地区华夏部族以农耕为主,因此历代统治者对于农时问题都非常重视,上古帝王唐尧为了"敬授人时"①,动用了大量的人力物力编制历法,为民所用。唐尧主持编制的历法,直到周朝仍然在广泛使用,周大夫单襄公就曾引用《夏令》中的有关内容来说明敬守农时的重要性:"故《夏令》曰:'九月除道,十月成梁。'其时儆曰:'收而场功,偫而畚挶,营室之中,土功其始。火之初见,期于司里。'此先王所以不用财贿,而广施德于天下者也。"②此外,周朝礼制也明确规定:"不夺民时,不蔑民功。"③周宣王在位期间,对外连年发动征伐战争,不重视农业生产,不籍千亩,废除籍礼,于是虢文公进谏道:"古者,太史顺时觇土,阳瘅愤盈,土气震发,农祥晨正,日月底于天庙,土乃脉发。……王事唯农是务,无有求利于其官,以干农功,三时务农而一时讲武,故征则有威,守则有财。"④意思就是,农时不等人,当朝天子理应顺应时序变化,在耕种、耨耘、收获季节("三时")举行籍礼,带领国人积极从事农业生产,只有冬季农闲之时("一时")才可以大规模征用民力,进行军事训练。春秋时期,各国诸侯也非常重视农业生产,征用民力修城筑寨或军事训练大多安排在冬季农闲之时,《左传》中有许多关于"时"与"不时"的记载:"二十九年春,新作延厩,书不时也。凡马日中而出,日中而入。冬十二月,城诸及防,书时也。凡土功,龙见而毕务,戒事也。火见而致用,水昏正而栽,日至而毕。"⑤"延厩"是鲁国新建的马厩,"诸"和"防"都是鲁国的城

---

① 《尚书·尧典》。原文中"人"为"民"字,因唐代避唐太宗李世民讳而改。
② 《国语·周语中》。
③ 《国语·周语中》。
④ 《国语·周语上》。
⑤ 《左传·庄公二十九年》。

邑。鲁庄公在春季农忙时节征用民力建造新马厩是有违农时的,因此史官记为"不时",而他在冬季农闲时节组织民力修建诸邑和防邑的城防工事则是顺时而动,因此史官记为"时"。又:"冬,城防,书事时也。于是将早城,臧武仲请俟毕农事,礼也。"①杜预注曰:"土功虽有常节,通以事间(闲)为时。"然而到了春秋后期,诸侯争霸加剧,经常在农忙时节发动战争,以至于贻误农时,耽误生产,对国计民生造成严重影响。孔子并不反战,但是他反对不时而战,因此他建议统治者从农民切身利益出发,按照农业生产的时序来征用民力,这样才能最大限度地保护农民的实际利益,同时也保证了统治集团的经济利益。

《论语·为政》:"哀公问曰:'为何则民服?'孔子对曰:'举直错诸枉,则民服;举枉错诸直,则民不服。'"

本章重点讨论的是选人用人问题,这是孔子为政思想中的一个重要内容,也是春秋时期各国当政者普遍关注的一个热点问题,晋大夫士匄曾说:"政不可不慎也。务三而已,一曰择人,二曰因民,三曰从时。"②左氏君子在总结郑相子产从政经验时也说:"子产之从政也,择能而使之。"③可见,知能善任是古代当政者的第一要务。

比较中西方政治制度,在选人用人问题上确实存在较大差异:西方政治主要是通过完善制度来选人用人,而中国古代政治则主要是通过君主贤明来选人用人,因此政治文明程度往往取决于统治者的开明程度。当然,这种人治主义的政治弊端与本章言论并无直接关系,但是孔子一贯倡导的人治思想确实对现实政治产生了一定的负面影响。

---

①《左传·襄公十三年》。
②《左传·昭公七年》。
③《左传·襄公三十一年》。

鲁哀公是《春秋》纪年的最后一任鲁国国君,他继位时(公元前494年),孔子已经离开鲁国,开始周游列国生活。鲁哀公十一年(公元前484年),孔子应召返鲁,被奉为"国老",经常为当政者提供决策咨询。根据各类史料记载,孔子与鲁哀公之间有过多次对话,选人用人是他们讨论的重点问题之一。鲁哀公曾问孔子道:"吾欲论吾国之士与之治国,敢问何如取之邪?"孔子按照道德修养和才智能力把人分为五种类型:"人有五仪:有庸人,有士,有君子,有贤人,有大圣。"他对各种类型的人又做出具体分析,为鲁哀公选人用人提供参考。鲁哀公又问:"请问取人。"孔子回答道:"无取健,无取诋,无取口啍。健,贪也;诋,乱也;口啍,诞也。故弓调而后求劲焉,马服而后求良焉,士信悫而后求知能焉。"[1]这些都是关于选人用人的方法问题,孔子回答得非常明确具体。本章则是关于选人用人的基本原则问题,因此更具有指导意义。

鲁哀公为什么对"取人"问题如此重视?这与鲁国当时的政治形势有关。鲁国公室与卿家之争由来已久,总体态势是"三桓"势力占据上风。鲁哀公继位以后,名为国君,实为傀儡,鲁国国人听命于"三桓",公室则大权旁落,政令不行,长此以往,国君失政将有可能演变为失国,所以鲁哀公不得不向孔子请教应对之策。孔子对此提出的应对方案是"举直错诸枉"。弟子樊迟"问知"时,孔子也有类似表述,《论语·颜渊》:

> 樊迟问仁。子曰:"爱人。"问知。子曰:"知人。"樊迟未达。子曰:"举直错诸枉,能使枉者直。"樊迟退,见子夏曰:"乡也吾见于夫子而问知,子曰,'举直错诸枉,能使枉者直',何谓也?"子夏曰:"富哉言乎!舜有天下,选于众,举皋陶,不仁者远矣。汤有天下,选于众,举伊尹,不仁者远矣。"

---

[1]《荀子·哀公》。

比较两段言论可以看出,孔子在选人用人问题上的基本原则是"举直错诸枉"。"错"是放置、安置之义,"直"与"枉"分别代表了两种截然不同的人:直者为人正直善良,爱憎分明,不讲情面,容易得罪人,因此他们往往四处碰壁,屡遭罢黜,得不到重用;枉者为人刁钻邪恶,趋炎附势,谄媚巴结,所以他们总是八面玲珑,顺风顺水,受到重用。《论语·微子》:"柳下惠为士师,三黜。人曰:'子未可以去乎?'曰:'直道而事人,焉往而不三黜?枉道而事人,何必去父母之邦?'"柳下惠是春秋时期鲁国公族大夫,鲁僖公在位期间出任士师,主掌刑狱,他为人贤良正直,坚持直道事人,结果三仕三黜,这是"举枉错诸直"的反面事例。而虞舜任用皋陶,商汤任用伊尹,贤者闻风而动,不贤者销声匿迹,结果实现天下大治,这就是"举直错诸枉"的成功案例。所以孔子认为,为政之道重在知人用人,如果把正直的人选拔出来安排在重要岗位上,那么邪枉之人就会自行消退,民众也会听从政令,服从指挥;如果把邪枉之人安排在重要岗位上,正直的人就会受到排挤,民众也会离心离德,不服从管理。

此外,"举直错诸枉"的积极意义还在于树立了一个正确的选人标准和用人导向。选人用人如同历法,必须先确立一个"正",这样民众才不会心生疑惑,无所适从。《左传·文公元年》:"先王之正时也,履端于始,举正于中,归余于终。履端于始,序则不愆。举正于中,民则不惑。归余于终,事则不悖。"古人通过"始""中""终"三个环节来校正时间,确立标准,民众就有了明确的时间概念。同样,树立正确的用人导向,不仅可以选拔出优秀人才,为民众树立榜样,还可以形成人才集聚效应。虞舜举皋陶,天下英才便闻风而动,趋之若鹜;商汤举伊尹,奸邪之人就无机可乘,自行销声匿迹。

孔子此番言论显然是有所指的,他所针对的就是当时把持鲁国朝政的"三桓"集团,他们擅权专政,僭越礼制,为所欲为,如果鲁哀公对他们不严加防范,"斗鸡之变"的悲剧极有可能重演。由于受到当时政治环境限制,孔子言论并没有被完整记录下来,后来韩非子把一切都挑明了:

仲尼曰:"鲁哀公有大臣三人,外障距诸侯四邻之士,内比周而以愚其君,使宗庙不扫除,社稷不血食者,必是三臣也,故曰'政在选贤'"。①

所谓"大臣三人",是指鲁国季孙、孟孙、叔孙"三桓"之家,他们相互勾结,弄权专政,鲁国政坛被他们搅得乌烟瘴气,宗庙社稷也危在旦夕,因此孔子建议鲁哀公在选人用人问题上一定要打破氏族贵族的垄断局面,扩大选人用人的范围,树立正确的用人导向,大力培植和任用得力的心腹之臣,通过组建效忠于自己的执政团队来与"三桓"势力相抗衡。

在《礼记·中庸》中,孔子又进一步向鲁哀公阐述了为政之道与用人之道的关系:

哀公问政。子曰:"文武之政,布在方策,其人存则其政举,其人亡则其政息。人道敏政,地道敏树。夫政也者,蒲庐也。故为政在人,取人以身,修身以道,修道以仁。"

人存政举,人亡政息,可见人才问题是为政者的第一要务。为政者不仅要加强自身道德修养,还要把优秀人才选拔出来,把他们安排在正确的位置上,这是治国安邦的根本之道。

根据《论语》以及《左传》《史记》等史书记载,鲁哀公接受了孔子"举直错诸枉"的用人建议,他从士人阶层中选拔出一批德才兼备的优秀人才,委以重任,孔门弟子子贡、有若等人亦在其列,他们在内政和外交等方面均发挥了重要作用。比如鲁哀公曾就"年饥,用不足"的问题向有若征询应对之策,有若提出改"二"为"彻"的税制改革方案,为有效缓解鲁

---

①《韩非子·难三》。

国君民矛盾提供了最佳方案①。再比如子贡在鲁、吴橐皋之会时临危受命，代表鲁哀公和吴太宰嚭进行交涉，他充分发挥自己能言善辩的特长，据理力争，最终迫使吴王放弃了"征百牢"的无理要求②。子贡后来又代表鲁国出使齐、吴、越、晋等国，利用诸侯各国之间的矛盾，成功化解了鲁国的政治和外交危机，太史公对此评论道："故子贡一出，存鲁，乱齐，破吴，彊晋而霸越。子贡一使，使势相破，十年之中，五国各有变。"③

孔子重视选人用人问题，反复强调选贤任能在施政过程中的重要意义，这是他从尧、舜、文、武等上古帝王为政实践中总结出来的成功经验，他总结道："才难，不其然乎？"④"才难"就是人才难得的意思，这种观点至今仍具有很强的现实意义。

《论语·颜渊》："哀公问于有若曰：'年饥，用不足，如之何？'有若对曰：'盍彻乎？'曰：'二，吾犹不足，如之何其彻也？'对曰：'百姓足，君孰与不足？百姓不足，君孰与足？'"

国家财税制度和相关政策措施也是孔子为政之道中的一个重要内容，因为孔子一贯主张推行德政，使民富庶，实现"均无贫，和无寡，安无倾"⑤，他把"博施于民而能济众"⑥作为圣人德政的最高境界。在本章中，与鲁哀公对话的虽然是孔门弟子有若，但表达的却是以孔子为代表的儒家学派观点。

有若是孔门弟子中的佼佼者，他在《论语》中常以"有子"的身份出

---

① 《论语·颜渊》。
② 《左传·哀公十二年》。
③ 《史记·仲尼弟子列传》。
④ 《论语·泰伯》。
⑤ 《论语·季氏》。
⑥ 《论语·雍也》。

现,他有关"孝悌""用和"以及"言信行恭"的言论不仅在思想上与孔子高度契合,而且逻辑严密,措辞严谨,颇有夫子风范,所以孔子去世后,子夏、子张、子游等人"以有若似圣人,欲以所事孔子事之"①,可见他在孔门中的地位是很特殊的。

鲁哀公是鲁国国君,他想从孔门之中物色从政人才,于是就向孔子打听道:"弟子孰为好学?"孔子当时首推颜渊,可惜颜渊当时已经"不幸短命死矣"②。有若虽然年资尚浅,但是他才能出众,文武双全,因此他极有可能是经过孔子推荐而加入鲁哀公辅政团队的,并且受到重用,这样才有机会与鲁哀公直接对话。

本章是鲁哀公向有若征询解决财用不足问题的应对之策。鲁哀公是人君,贵族阶层的代表,"百姓"则是包括士农工商在内的"四民"。根据《左传》等史书记载,季康子当政时期,好大喜功,穷兵黩武,不断挑起对外战争:鲁哀公八年(公元前487年),鲁国兴兵伐邾,接着吴国对鲁国实施报复,兴兵伐鲁,鲁国被迫应战。鲁哀公十年(公元前485年),鲁国会同吴、邾、郯等国发兵讨伐齐国。次年,齐国又大举入侵鲁国,两军大战于曲阜城郊,伤亡无数,损失惨重。此后不久,鲁国又会同吴国兴兵伐齐,战于艾陵……连年征战,耗资甚巨,国家财用严重不足,百姓生活更是困苦不堪。战乱尚未平息,天灾又接踵而至,此后连续两年(鲁哀公十二、十三年),鲁国发生严重虫灾("螽"),《春秋》经书中均有记载。鲁哀公所说的"年饥"当在此时。

为了应对"年饥,用不足"的问题,以鲁哀公为代表的贵族集团从维护自身利益出发,打算通过增加税赋的方式把负担转嫁到国民身上。有若则提出完全相反的意见,他建议应该用"彻"来解决国家财用不足问题。"彻"是什一而税,即田税十取其一;"二"是什二而税,即田税十取其

---

① 《孟子・滕文公章句上》。
② 《论语・雍也》。

二。当年周公在"制礼作乐"时就明确规定,什一而税是天下通法,任何人不得随意更改,只有遇到灾荒之年才可以临时实行什二而税,所以孟子说:"君子用其一,缓其二。用其二而民有殍,用其三而父子离。"①早在鲁宣公十五年(公元前594年),鲁国就已经在国内推行"初税亩"的税制改革②,公田私田一律按亩征税,征税比例已经达到什二而税("二")的水平,然而国家财用仍然不足,如果按照有若提出的什一而税("彻")方案,国家财用岂不是更加不足!所以鲁哀公对此提出质疑:"二,吾犹不足,如之何彻乎?"有若则是从"足"与"不足"的辩证关系来进行论证的:国君之"足"是因为百姓之"足",而国君之"不足"也是因为百姓之"不足",二者相互依存,道理自然明了。

如何理解有若提出的改"二"为"彻"的税改方案呢?关键看站在什么立场,如果站在以鲁哀公、季康子为首的贵族集团的立场,改"二"为"彻"是行不通的,因为贵族是"人",他们享有特殊的政治权利和优厚的经济待遇,而"百姓"是"民",他们只能充当被"人"驱使的劳动工具。"人"与"民"生来就是不平等的,哪有民先足而君后足的道理!但是如果站在"百姓"的立场,改"二"为"彻"不失为一种长治久安之策。自古以来,历代圣贤帝王都很重视"民"的生存权利和切身利益,因为他们深知"民惟邦本,本固邦宁"③,因此他们反复强调:"天矜于民,民之所欲,天必从之。"④"天亦哀于四方民,其眷命用懋,王其疾敬德。"⑤"民"是一国之本,财用之源,"民"富庶则国家富足,"民"贫困则国家财用不足。

有若改"二"为"彻"的税改建议,其实在某种程度上是受到孔子为政思想的影响。当年季康子在鲁国推行"用田赋"改革,不断加重民众的税赋负担,孔子就以违反"周公之典"为由而提出尖锐批评。此外,他对季

---

① 《孟子·尽心章句下》。
② 《左传·宣公十五年》。
③ 《尚书·五子之歌》。
④ 《尚书·泰誓上》。
⑤ 《尚书·召诰》。

康子"伐颛臾"等穷兵黩武政策也表示强烈反对,并提出严正警告:"吾恐季孙之忧,不在颛臾,而在萧墙之内也。"①孔子一贯倡导以德治国,宽惠待民,反对横征暴敛,索取无度,因此他的许多言论都表现出"重民""富民"的思想倾向。《说苑·政理》:

> 鲁哀公问政于孔子,对曰:"政在使民富且寿。"哀公曰:"何谓也?"孔子曰:"薄赋敛则民富,无事则远罪,远罪则民寿。"公曰:"若是,则寡人贫矣。"孔子曰:"《诗》云:'恺悌君子,民之父母。'未见其子富而父母贫者也。"

孔子认为,为政的最高境界是"使民富且寿",这种思想观点不仅体现了氏族社会传统的互助友爱精神,也体现了儒家学派人道主义的人文关怀精神。孔子要求统治者在处理"人"与"民"的关系时,既要维护"人"的既得利益,也要兼顾"民"的合理诉求和基本权益,把"人"和"民"的利益在更高层面上统一起来,国家才能真正实现长治久安。孔子的"重民""富民"思想观点对儒家学派影响深远。孟子后来也说:"易其田畴,薄其税敛,可使民富也。"②他又进一步提出"民为贵,社稷次之,君为轻"的重要观点③,这些都是具有进步意义的。

《论语·子路》:"叶公问政。子曰:'近者说,远者来。'"

本章言论时间当在鲁哀公六年(公元前 489 年),此时孔子已经去鲁数年,心生归意,他带领弟子们在陈、蔡等国之间盘桓,下一步该去往何

---

① 《论语·季氏》。
② 《孟子·尽心章句上》。
③ 《孟子·尽心章句下》。

方,一时举棋不定,颇为踌躇。《史记·孔子世家》还原了这段历史:

> 齐景公卒①。明年,孔子自蔡如叶。叶公问政,孔子曰:"政在来远附迩。"他日,叶公问孔子于子路,子路不对。孔子闻之,曰:"由,尔何不对曰'其为人也,学道不倦,诲人不厌,发愤忘食,乐以忘忧,不知老之将至'云尔。"

叶公本名为沈诸梁,春秋末年楚国公族大夫,因其封邑在叶,故称叶公。孔子自蔡如叶,叶公久闻孔子贤德,故而虚席以待,向他请教为政问题。孔子知无不言,坦诚作答,向他提出了"近者说,远者来"的为政建议。"说"同悦,"近者"和"远者"既可理解为地域远近,也可理解为关系新旧亲疏。《墨子·耕柱》:"叶公子高问政于仲尼,曰:'善为政者,若之何?'仲尼对曰:'善为政者,远者近之,而旧者新之。'"悦近来远是衡量施政者政绩的一个重要标准,孔子不止一次强调:"远人不服,修文德以来之。既来之,则安之。"②不过,孔子这里是针对叶邑当时的具体情况而言的,《韩非子·难三》对此做出具体解释:"叶都小而国大,民有背心,故曰'政在悦近而来远'。"《孔子家语·辩政》中也说:"夫荆之地广而都狭,民有离心,莫安其居,故曰'政在悦近而来远'。"

根据《左传》记载,鲁哀公二年(公元前 493 年),蔡国因避楚师而举国迁往吴地州来,大批逸民流离失所,无所归依。两年后,叶公在自己统辖的负函修筑新邑,招徕蔡国逸民迁入,并由自己兼主其事而治之。然而蔡国逸民迁入负函新邑后,仍然坚持中原地区的生活习俗和文化传统,人心难以归附,叶公不知所措,忧心忡忡。孔子根据叶邑城小人多、民心不安的具体情况,建议叶公要尊重中原地区的历史和文化传统,勤

---

① 著者按:齐景公卒于鲁哀公五年(公元前 490 年),据此推算,孔子"自蔡如叶"当在鲁哀公六年(公元前 489 年)。
② 《论语·季氏》。

修文德，施惠于民，着重从文化融合和安抚人心方面入手，切实解决好逸民安置问题。

《论语·子路》："仲弓为季氏宰，问政。子曰：'先有司，赦小过，举贤才。'曰：'焉知贤才而举之？'子曰：'举尔所知；尔所不知，人其舍诸？'"

鲁定公十二年（公元前498年），孔子出任鲁国大司寇，次年他与执政国卿季桓子共同发起旨在削弱大夫分权割据的"堕三都"行动，费邑宰公山弗扰率领费人发动反叛，把鲁定公、季桓子等人逼上季氏之宫的武子之台。孔子在关键时刻挺身而出，指挥国人大举反攻，迅速挫败费人反叛[1]。叛乱平息后，季桓子开始物色新的费邑宰人选，成熟稳重的仲弓（冉雍）便成为第一人选。此事虽然在《论语》中交代得不太清楚，但是上博楚简中则有明确记载：

季桓子使仲弓为宰，仲弓以告孔子，（孔子）曰："季氏悉昏（闻）之，夫季氏河东之盛家也，亦子又（有）臣万人，道女（汝）思老、兀家，夫使雍也从于宰夫之后，雍也憧以行矣，为之宗谋女（汝）。"[2]

这段文字原文很长，共约520字，内容很丰富，也很有价值，虽然目前还不能完全读通，但是仍能从中提取出一些有价值的信息，比如文中明确记载了本章中的"季氏"是季桓子，再比如仲弓受聘出任的"季氏宰"应该是费邑宰，费邑位于曲阜东郊，《书序》："鲁侯伯禽宅曲阜，徐、夷并兴，东郊不开，作《费誓》。"楚简中虽然没有明说是费邑，但是"季氏河东

---

[1]《左传·定公十二年》。
[2] 马承源主编：《上海博物馆战国楚竹书·中弓》（三），上海：上海古籍出版社，2003年，第264—266页。

之盛家"和"有臣万人"的指向都是非常明确的,因为曲阜东郊只有费邑具有如此规模。

仲弓是孔子最赏识的弟子之一,在孔门四科十哲中名列"德行"优等,孔子对他评价很高:"雍也可使南面。"①关键时期,季桓子聘他为费邑宰,委以重任,孔子对他也寄予厚望,有针对性地提出三条施政建议。

"先有司"是针对属下职官而言的。"有司"是邑宰下属官吏,"先"有两种解说:一说是事先、优先,《皇疏》引王肃言曰:"为政当先任有司,而后责其事。"《集注》:"宰兼众职,然事必先之于彼,而后考其成功,则己不劳而事毕举矣。"意思就是,整饬吏治是新任邑宰的当务之急,因此要优先考虑和及时安排属吏的合适人选,明确他们的职责和任务,并加以督促和考核,这样行政管理就可以正常运转起来。一说是身先、率先,子路问政时,孔子就要求他做到"先之劳之"②。为政者率先垂范是孔子为政之道的重要内容,他在许多场合都曾反复强调。孔子这里要求仲弓身先士卒,当好表率,但凡要求属下做到的,自己必须先做到,这样才能赢得人心,树立威信,顺利施政。

"赦小过"是针对那些参与叛乱的邑众而言的。费邑当时刚刚经历了"堕三都"的动乱,许多职官("有司")都随公山弗扰逃亡到齐国,邑中人心惶惶,政务废弛,百废待兴,孔子认为此时最重要的是稳定人心,迅速恢复社会秩序和行政秩序,因此他要求仲弓尽快把空缺的职官配备到位,对于那些参与叛乱的邑人要宽恕待之,既往不咎,尽量争取大多数人的支持。

"举贤才"是针对民间贤能之士而言的。"举"是自下而上选拔任用,既可以本级使用,也可以向上举荐。孔子要求仲弓扩大选人用人范围,发现人才,选贤任能。选贤任能是孔子政治思想的一个重要内容,他多

---

① 《论语·雍也》。
② 《论语·子路》。

次强调"为政在人"①。仲弓担心自己不熟悉费邑现有人员情况,难以发现和任用贤才,故而进一步向孔子请教知人用人之道,孔子则宽慰他道:"举尔所知;尔所不知,人其舍诸?"意思就是,你只需选拔和任用那些你所熟悉了解的贤才,树立明确的用人导向,那些你不熟知的贤才就自然会聚拢到你的身边。

仲弓问政,正值孔子政治巅峰时期,因此他提出的为政建议思路清晰,措施有力,不仅具有很强的针对性和操作性,还体现了孔子强烈的政治自信。

《论语·子路》:"子路问政。子曰:'先之劳之。'请益。曰:'无倦。'"

本章言论没有具体的时间信息,不过根据内容推断,应在鲁哀公十四年(公元前481年)。根据《左传》记载,孔子归鲁之前,子路、冉有已先后受聘于季氏,从理论上说,他们离开孔门以后,就可以不必事事向孔子请教。后来因季氏"用田赋""伐颛臾"等事件,孔子与季康子之间发生严重分歧,两人关系渐渐疏远,子路也多少受到牵连,失去信任,离开季氏是迟早的事情。鲁哀公十四年春,小邾国大夫射举其封邑句绎投奔鲁国,他当时对鲁国提出的唯一条件就是与子路个人之间订立一个口头盟约,因为子路为人公平仗义,信守承诺。季康子听后很不高兴,就让冉有带话给小邾射说:"千乘之国,不信其盟,而信于子之言,子何辱焉?"②因为这件事情,子路得罪了季康子,此后不久便辞职离开鲁国,到卫国去给卫大夫孔悝当邑宰了。弟子出仕之前,都要去向孔子辞行,并向孔子求教,这是孔门惯例。所以子路在离开鲁国之前,专门去看望孔子,并向他

---

① 《礼记·中庸》。
② 《左传·哀公十四年》。

请教为政之道。孔子此时年事已高,无心过问政治,所以回答问题常常只有简单的几个字。

孔子对子路提出的为政要求是"先之劳之",这和他对季康子所说的"子帅以正"是一致的。两个"之"字代指民众,"先"是指子路身为民先,"劳"是指劳役民力。意思就是,为政者欲劳民力,必须先劳己身,自己带头身体力行,民众才能不令而行,不禁而止。

子路觉得孔子是老生常谈,这几句话对鲁哀公说过,对季康子也说过,所以他希望能够得到更加明确具体的指导,"益"是在原有基础上有所增加的意思,于是孔子又增加了两个字:"无倦。"即坚持不懈地执行"先之劳之"的为政方针,这样就必将取得预期的为政效果。

"无倦"是孔子针对子路的性格特征提出的为政要求。在孔门弟子中,子路出仕较早,鲁定公、季桓子等人发起"堕三都"之时,他已出任季氏宰,并且发挥了重要作用。在孔门四科十哲中,子路和冉有并列"政事"优等,季康子曾经私下向孔子了解子路情况:"仲由可使从政也与?"孔子回答道:"由也果,于从政乎何有?"①意思就是,子路为人果敢有力,决断干脆利落,从政是没有问题的。孟武伯也曾问孔子道:"子路仁乎?"孔子答道:"由也,千乘之国,可使治其赋也,不知其仁也。"②可见子路在军政事务方面的才能是比较突出的,并且得到了孔子的认可。但是子路为人耿直,性情浮躁,做事很难坚持长久,比如孔子让他演练琴瑟,以此来磨炼他的恒心和耐力,但是他始终耐不住性子,所以鼓瑟技艺一直处于"升堂"而"未入于室"阶段,故而惹得众人耻笑③。孔子担心子路出仕为官后推行政令太苛太急,又不能坚持贯彻下去,致使为政难以取得实质性的效果,因此特意用"无倦"二字加以勉励,可见其用心良苦。

---

① 《论语·雍也》。
② 《论语·公冶长》。
③ 《论语·先进》。

《论语·颜渊》:"子张问政。子曰:'居之无倦,行之以忠。'"

子张向孔子请教为政之道,孔子仍以"居之无倦"作答,但是具体内涵与应答子路的"无倦"有所不同。子张是孔门后起之秀,比孔子小48岁①,他天资聪颖,学习勤奋,但是为人略显浮躁,做事不够踏实。《为政篇》中载有"子张问干禄","干禄"就是求仕,孔子回答道:"多闻阙疑,慎言其余,则寡尤;多见阙殆,慎行其余,则寡悔。言寡尤,行寡悔,禄在其中矣。"孔子对他再三强调的是慎言慎行,可见子张平时说话办事不太严谨稳重,经常容易犯错。

在本章中,孔子根据子张的才情秉性和性格特点,对他出仕为官提出两点具体要求:一是"居之无倦","居"有居高临下的意思,代表出仕为官。孔子要求子张为官要克服轻浮、冒进的缺点,做事要成熟稳重,脚踏实地,坚持不懈,避免犯错。二是"行之以忠","行"是履行职责,推行政令。孔子要求子张在为政过程中要遵从臣事君的礼制规范,妥善处理好君臣关系,不折不扣地贯彻执行政令,不要自作聪明,特立独行。显然,孔子这句话也是有针对性的,《卫灵公篇》中载有"子张问行",孔子当时回答道:"言忠信,行笃敬,虽蛮貊之邦,行矣。言不忠信,行不笃敬,虽州里,行乎哉?"一句话正面说反面说,然后又特意强调:"立则见其参于前也,在舆则见其倚于衡也,夫然后行。"这种情况说明子张在言忠信、行笃敬方面不尽如人意,孔子不得不反复提醒。根据各类史料记载,子张为人清高孤傲,言行举止浮夸做作,不善于处理人际关系。《荀子·非十二子》:"第佗其冠,神禫其辞,禹行而舜趋,是子张之贱儒也。"意思就是,子张一行一趋都刻意仿效上古圣人,但是道德修养的境界并不高。《孔子家语·七十二弟子解》中说他"自务居,不务立于仁义之行"。《说苑·杂言》中也说他"能庄而不能同"。由此可见,孔子这两句话绝不是泛泛而

---

①《史记·仲尼弟子列传》:"颛孙师,陈人,字子张。少孔子四十八岁。"

谈,而是隐含深意。

同为孔门弟子,子张和子路分别问政于孔子,孔子要求子路"先之劳之"乃至"无倦",重点强调的是注意处理好上对下(民)的关系,而要求子张"居之无倦,行之以忠",重点强调的则是注意处理好下对上(君)的关系,说明孔子已经注意到个性特征与为政风格的关系问题。遗憾的是,孔子在这方面虽然有具体的实践经验,但是在理论上却没有进行深入研究和阐述。

《论语·尧曰》:"子张问于孔子曰:'何如斯可以从政矣?'子曰:'尊五美,屏四恶,斯可以从政矣。'子张曰:'何谓五美?'子曰:'君子惠而不费,劳而不怨,欲而不贪,泰而不骄,威而不猛。'子张曰:'何谓惠而不费?'子曰:'因民之所利而利之,斯不亦惠而不费乎?择可劳而劳之,又谁怨?欲仁而得仁,又焉贪?君子无众寡,无大小,无敢慢,斯不亦泰而不骄乎?君子正其衣冠,尊其瞻视,俨然人望而畏之,斯不亦威而不猛乎?'子张曰:'何谓四恶?'子曰:'不教而杀谓之虐;不戒视成谓之暴;慢令致期谓之贼;犹之与人也,出纳之吝谓之有司。'"

本章在思想内容和语言风格上与《颜渊篇》"子张问政"章迥然不同,而且也没有时间、地点、人物、事件等具体信息,因此前人从《论语》篇章编次的角度提出种种质疑。

本章列于《论语》末篇倒数第二章,何晏在《论语注疏解经序》中说:"《齐论》有《问王》《知道》,多于《鲁论》二篇,《古论》亦无此二篇,分《尧曰》下章'子张问'以为一篇,有两《子张》,凡二十一篇,篇次不与齐、鲁《论》同。"①皇侃在《论语义疏自序》中也说:"此书(《论语》)亦遭焚烬,至

---

① [清]阮元校刻:《十三经注疏》下册,北京:中华书局,1980年,第2455页。

汉时，合璧所得，及口以传授，遂有三本：一曰《古论》，二曰《齐论》，三曰《鲁论》。既有三本，而篇章亦异。《古论》分《尧曰》下章'子张问'更为一篇，合二十一篇。"①按照《古论》的篇章编排次序，本章单独成篇，自成一体，完全打乱了《论语》原有的内在逻辑和编辑体例，这确实让人感到困惑。按照篇章学的观点，编次问题往往隐含了某种特殊意义，也决定了言论价值。

再从言论内容和语言形式方面来进行分析。在《论语》中，向孔子请教为政问题的人有很多，孔子应答往往因人而异，就事论事，语言也比较简单，有时还带有口语化色彩，唯有本章内容全面系统，逻辑严密，文字规范，篇幅也比较长，与全书语言风格大不相同。因此有人认为本章是在《论语》编纂工作基本完成之后，又由子张加工、整理而编入《论语》的："子张介入编纂时，原稿已基本定谳，难以插入，不如另作处置，以《子张篇》居于压轴位置。但究其效果，便使《子张篇》格外突兀，与前列篇章似续还断，给人一种篇章游离或脱节之感。"②这种推论基本符合《论语》经历几次大规模编纂、修订的复杂过程，也对本章做出了比较客观的定位。

根据上述分析，大致可以确定：本章言论未必是孔子原话，而是子张根据孔子平时零散的论政言论，经过深度加工和高度概括整理而成。全章篇幅完整，内容丰富，条理清晰，比较全面地体现了孔子的为政思想，因此在孔子政治思想中具有纲领性的意义。

子张问政于孔子，孔子答之以"尊五美，屏四恶"，这显然是经过子张加工、提炼之后的说法。"尊"是尊崇、推崇，"屏"同摒，摒弃、杜绝之义。"美"是利国利民之策，"恶"是祸国殃民之举。"五美"和"四恶"分别代表了五种值得推崇的善政和四种必须杜绝的暴政。根据文中反复提到的"民"字，"尊五美"和"屏四恶"的主体应该是居于执政地位的当权政要。

---

① 皇侃撰：《论语义疏》，北京：中华书局，2013年，第4页。
② 杨义：《论语还原》上册，北京：中华书局，2015年，第252页。

孔子接着又对"五美""四恶"的具体内容做出详尽解释。

先评析"五美"。

第一美是"惠而不费"。《皇疏》："言为政之道,能令民下荷于润惠而我无所费损。"意思就是,既要让民众得到实实在在的好处,又不要增加国家的额外支出。如何才能做到这一点?孔子提出的施政思路是"因民之所利而利之",这里的"因"是因势利导,顺应民心民意。也就是说,民众想干什么,就让他们干什么,只要能惠民利民,干什么都行,因为利民就是利国,利国就是利我。这种观点体现了孔子惠民利民的思想倾向。

第二美是"劳而不怨",这里主要强调的是"使民以时"[①]。农业生产因时而动,执政者劳役民众应考虑农时因素,尽量不要在农忙时节差役农人,如果错过农时,影响收成,必然会影响到民生,进而激起民愤,所以孔子要求"择可劳而劳之"。意思就是,差役民众要视事之轻重、人之忙闲、年之丰歉和时之缓急等因素而定。这种政策措施是惠民利民观念的延伸。

第三美是"欲而不贪","欲"和"贪"都有求得之义,但是所求内容却大不相同。《皇疏》："欲有多塗,有欲财色之欲,有欲仁义之欲。欲仁义者为廉,欲财色者为贪。"仁义之欲和财色之欲是此消彼长的关系,欲仁义则不贪,欲财色则不仁,所以孔子告诫执政者要以修身求仁为施政要务,不断提高个人道德修养,努力达到"求仁而得仁"的境界。一人得仁,则举国得仁;一人不贪,则举国不贪,这样就可以实现天下大治了。

第四美是"泰而不骄","泰"是神情安泰自重,"骄"是态度骄横傲慢。"泰而不骄"是君子修德的重要内容,孔子说："君子泰而不骄,小人骄而不泰。"[②]对于执政者来说,"泰而不骄"的重要意义还在于秉持公正,不以强凌弱、以大欺小,所以孔子又进一步补充说明："无众寡,无小大,无敢

[①]《论语·学而》。
[②]《论语·子路》。

慢。""众寡"是指财富多少,"小大"是指权势轻重,"慢"是懈怠、轻慢、怠慢。这几句话的意思是,不论财富多寡或权势大小,都要一视同仁,平等相待。有人将"众寡"和"小大"理解为氏族人口多少和规模大小,亦无不可。

第五美是"威而不猛",这是有关仪容仪表方面的要求,但却体现了礼制精神。"威"是仪容威严,举止庄重,令人望而生畏;"猛"是神情严肃,手段严酷,容易对民众造成伤害。儒者注重礼仪规范,孔子本人给人的印象就是"温而厉,威而不猛,恭而安"①。在为政过程中,执政者为了推行政令,就必须树立权威,而树立权威就必须先从"正其衣冠,尊其瞻视"做起,必须衣冠齐整,神情严肃,举止庄重。所以孔子一再要求执政者言行举止必须符合礼仪规范,做到"临之以庄"②,不威自重,因为"君子不重,则不威"③。

再评析"四恶"。

第一恶是"虐",就是残忍、暴虐。当政者有责任和义务对民众实施礼乐教化,要让民众清楚地知道什么事情可以做,什么事情不可以做。如果"不教而杀",责任在当政者;如果政令明确,广而告之,仍有人不服从政令,此时就应该果断动用刑杀手段。荀子说:"不教而诛,则刑繁而邪不胜;教而不诛,则奸民不惩。"④"不教而诛"是残政,"教而不诛"是庸政,两者都不可取。

第二恶是"暴",就是急骤、猛烈,这里主要指施政不当,急于求成,不能循序渐进,稳步推进。《集注》:"暴,谓卒遽无渐。""不戒视成"和"不教而杀"性质相同,只是程度稍轻而已。《皇疏》:"为君上见民不善,当宿戒语之,戒若不从,然后可责。若不先戒勖,而急卒就则目前,视之取成,此

---

① 《论语·述而》。
② 《论语·为政》。
③ 《论语·学而》。
④ 《荀子·富国》。

是风化无渐,故为暴卒之君也。"民众许多习气是长时间养成的,短时间内难以改变,因此施政应该有一个由缓到急、由宽到严的渐进过程,如果执政者要求朝令而夕至,不戒而视成,那么就是暴政。

第三恶是"贼",就是祸害、败坏。这里的"贼"是祸害人的意思,子路打算推荐子羔担任季氏费宰,孔子批评他道:"贼夫人之子。"①"慢令致期"是乱政,孔安国注曰:"与民无信而虚刻期也。"意思就是,当政者下达政令时并没有明确规定时间期限,可是后来言而无信,又突然提出时间要求,弄得民众措手不及,来不及完成任务,反而受到处罚,真是害人不浅!其实不能如期完成任务的真正责任不在于民众"慢事",而在于当政者"慢令"。相比较而言,"慢令致期"对民众造成祸害的程度又比"不戒视成"要稍轻一些。

第四恶是"吝",就是吝啬、小气。"犹之与人也,出纳之吝谓之有司"一句,是用掌管仓库财物的有司(小吏)作比喻,"出纳"在《皇疏》等版本中作"出内",二者并无多大区别,都是由内向外出物的意思。有司经管财物,职责所在,长期养成了出手吝啬的习惯,财物能不与人则不与人,能少与人则少与人。但是当政者则要心胸开阔,顾全大局,当赏则赏,当出则出,不能像掌管仓库的有司小吏那样在一些鸡毛蒜皮的小事上扣扣索索,斤斤计较,否则就难成大事。

从内容来看,"五美"和"四恶"是孔子关于施政问题较为全面系统的论述,他把实施利民利国政策置于为政之道的首位,提出的每一条施政措施都明确具体,操作性很强,利弊分析也很透彻,一改以往那种泛泛而谈的道德说教风格,因此清人黄式三高度评价道:"观《中庸》'哀公问政'及此《经》答'为邦'、'问政'各章,夫子之论治大纲可以见矣。"②

值得注意的是,《礼记·仲尼燕居》中也有"子张问政"的相关内容,

---

① 《论语·先进》。
② [清]黄式三撰:《论语后案》,南京:凤凰出版社,2008年,第541页。

孔子当时大唱"君子明于礼乐""礼之所兴,众之所治也;礼之所废,众之所乱也"之类的高调,与本章言论相比,内容要空泛许多,这说明孔子政治思想也经历了一个由理想向现实的务实转变。

《论语·子路》:"子夏为莒父宰,问政。子曰:'无欲速,无见小利。欲速,则不达;见小利,则大事不成。'"

子夏和子张一样,也是孔门后起之秀,卫国人,比孔子小44岁①。他思维活跃,勤奋好学,在《诗经》《春秋》研究方面常有独到见解,因此他在孔门四科十哲中名列"文学"优等。他受聘出任莒父宰之事应该在孔子晚年之时。莒父是鲁国下邑(今山东高密县东南),地处西北边陲要冲地带,与晋、卫两国接壤,因此具有十分重要的战略意义。

子夏就任莒父宰之前,专门去向孔子辞行,并请教为政之道,孔子对他提出了两点为政建议:一是"无欲速",因为"欲速,则不达","达"是达到、实现。《皇疏》:"言为政之道,每当闲缓,不得仓率求速成也。"《集注》:"欲事之速成,则急遽无序,而反不达。"孔子这个建议是针对莒父邑的特定情况而言的。如前所述,莒父邑地处偏远,长期以来政务废弛,经济凋敝,习俗鄙陋,人心涣散。孔子担心子夏心浮气躁,急于求成,不顾莒父邑特殊的历史背景和复杂的现实情况,上任伊始就改弦更张,推行新政,最终结果很有可能适得其反,功亏一篑,因此告诫他一定要脚踏实地,从长计议,戒急用忍,稳慎推进各项政令。二是"无见小利",因为"见小利则大事不成",这里"小利"与"大事"相对,代表了两种为政思路和施政方法。孔子这个建议主要是针对子夏的性格特征而言的。子夏为人偏于保守,拘泥于礼俗细节,心胸不够开阔,性情不够豁达,遇事总爱钻

---

① 《史记·仲尼弟子列传》:"卜商,字子夏。少孔子四十四岁。"

牛角尖,孔子曾特别提醒他道:"女为君子儒!无为小人儒!"①后人也评价他"为人性不弘,好论精微,时人无以尚之"②。所谓"精微",就是"小事"。孔子告诫子夏无论是为人还是为官,都不要眼睛只盯着眼前的琐碎小事和蝇头小利,要拓展思维,放宽眼界,善于把握大事要事,这样才能取得事半功倍的为政效果。

本章孔子着重强调的是为政技巧问题:一是要精心布局,循序渐进,该缓则缓,当急则急;二是要突出重点,抓大放小,权衡利弊,顺势而为。这些道理对于为人处事也具有普遍的指导意义。

《论语·颜渊》:"子贡问政。子曰:'足食,足兵,民信之矣。'子贡曰:'必不得已而去,于斯三者何先?'曰:'去兵。'子贡曰:'必不得已而去,于斯二者何先?'曰:'去食。自古皆有死,民无信不立。'"③

孔子与其他弟子谈论为政问题,大多是具体的行政事务,本章与子贡谈论的则是国家政务。孔子主要从军事("足兵")、经济("足食")和政治("民信之")三个方面分别进行论述。三者在为政实践中有轻有重,有缓有急,取舍之间能够反映不同的执政理念。

在诸侯争霸的时代背景下,国家安全是非常重要的,因此各国执政者无不穷兵黩武,扩充军备,甚至不惜破坏"周公之典"④,通过改革赋税制度来扩大兵源,增强军力,以确保竞争优势,即所谓"足兵",这是军事层面的问题。孔子对于武备问题向来重视,因为军事存在是一个国家政治和外交的有力保障。鲁定公十年(公元前500年),齐、鲁两国在夹谷

---

① 《论语·雍也》。
② 《孔子家语·七十二弟子解》。
③ 本章有关"信"的内容将在《信》中进行评析。
④ 《左传·哀公十二年》。

举行会盟,孔子摄行相事。行前鲁定公认为诸侯会盟是修两国之好,因此无须兵车随行,孔子则建议道:"臣闻有文事者必有武备,有武事者必有文备。古者诸侯出疆,必具官以从,请具左右司马。"①意思就是,诸侯国君离开本国疆土,就必须做好充分的军事准备,随时应对突发变故。鲁定公听从了孔子的建议,命左右司马率领军队随行。由于鲁国准备充分,在夹谷之会上成功挫败了齐人阴谋,迫使齐人归还了侵占的郓、谨(文阳)、龟阴之田。此事说明孔子不仅重视军备,而且善于运筹,所以他把"足兵"作为为政的一项重要任务。

"足兵"是维持国家安全和统治秩序的基础,而"足食"则是维持国家军事力量的基础。"足食"就是民生有保障,国民不仅能吃饱肚子,还能承担相应的军赋开支,这是经济层面的问题。春秋时期,各国大多实行赋兵制,不仅兵源来自国民(只有少量士人是专职武士),而且军赋也来自国民,就连作战时使用的兵车马乘、甲胄兵器等也需要国民自备。所以"足食"是"足兵"的重要基础,如果民生不能得到有效保障,强兵也就成了一句空话。孔子对于民生问题一贯重视,养民富民是他为政思想的重要观点之一,他曾郑重地告诫当政者:"所重:民、食、丧、祭。"②弟子冉有曾向他请教,国家实现人口富庶之后应该如何施政?他明确地说:"富之。"③弟子有若也曾对鲁哀公说:"百姓足,君孰与不足?百姓不足,君孰与足?"④孔子认为,民生问题("足食")是执政者的根本任务,必须认真落实,所以当子贡请他在"足兵""足食""民信之"三者之中做出选择时,他毫不犹豫地答道:"去兵。"

相比较而言,在军事上实现"足兵"和在经济上实现"足食"都没有在政治上实现"民信之"重要。"信"就是取信于民,这是为政的终极目标和

---

① 《史记·孔子世家》,并见《左传·定公十年》。
② 《论语·尧曰》。
③ 《论语·子路》。
④ 《论语·颜渊》。

最高境界。孔子非常重视"信"在为政过程中的重要作用,他反复强调:"道千乘之国,敬事而信。"①"上好信,则民莫敢不用情。"②"信则民任焉。"③他要求执政者严格遵从礼制规范,不断提高个人道德修养,为国民树立榜样,做出表率,从而赢得民众的信任和支持。在本章中,他又把"信"上升到生死的高度:"自古皆有死,民无信不立。"这里的"立"是立身于世的意思。孔安国注曰:"死者,古今常道也,人皆有之。治邦不可失信也。"《集注》:"民无食必死,然死者人之所必不免。无信则虽生而无以自立,不若死之为安。故宁死而不失信于民,使民亦宁死而不失信于我也。"生与死是人生大事,"信"则关系到人生意义,如果人生无"信",则生不如死,所以当子贡请他在"足食"和"民信之"之间做出选择时,他最终选择了后者。

　　本章在语言技巧上很有特色,子贡不愧是孔门"言语"优等的高足,他采用排除法——"必不得已而去,于斯三者何先?"看似漫不经心地提问,却如抽丝剥茧般地把孔子"去兵"→"去食"→"民无信不立"的为政思想一步步地展现出来,表现得淋漓尽致。宋儒评论道:"孔门弟子善问,直穷到底,如此章者,非子贡不能问,非圣人不能答也。"④

　　《论语·卫灵公》:"颜渊问为邦。子曰:'行夏之时,乘殷之辂,服周之冕,乐则《韶》《舞》。放郑声,远佞人。郑声淫,佞人殆。'"

　　孔门弟子中向孔子请教"为政"问题的人很多,只有颜渊问"为邦"。"为政"是行政事务,"为邦"则是治国安邦,两者眼界明显有高下之分,说

---

① 《论语·学而》。
② 《论语·子路》。
③ 《论语·尧曰》。
④ 朱熹《论语集注》引程子言。

明颜渊的学识见解和修德境界确实胜人一筹。

对于颜渊的问题,孔子也没有按照惯常的套路来回答,而是把话题引向了历史纵深。孔子认为,每一个历史时期都会留下特有的文明标识,诸如"夏之时""殷之辂""周之冕"和古乐《韶》《武》等等。这些文明标识并不属于某一个时代,而属于整个人类历史,所以即使某一个历史朝代消亡了,这些文明标识仍然可以通过制度层面的"有所损益"而得以承继。

"夏之时"是夏朝的文明标识。唐尧时期,天文历法很不完备,百姓经常因此耽误农时,对农业生产造成损失,于是唐尧委派羲、和二氏根据日月星辰的运行规律和自然物候的四季变化来推定时日,制定历法,颁布天下,使人们的生产生活有所依循。春秋时期,"夏之时"仍然是有些诸侯国遵行的历法,在生产生活中发挥着巨大作用。据史书记载,孔子考察杞国时有幸见到夏朝典籍《夏时》,并对夏时进行校正,"孔子正夏时,学者多传《夏小正》"①。《夏小正》今存《大戴礼记》,文中对一年十二个月的天象和气候变化都有比较详细的描述,对当时的农业和畜牧业生产具有重要的指导意义。孔子认为,根据时令变化来及时组织和安排农业和畜牧业生产是执政者的重要职责,同时他要求"使民以时"②,即按照农时忙闲来征用民力,不要耽误农业生产。

"殷之辂"是商朝的文明标识。"辂"亦称路或大路,是天子所乘大车。《礼记·乐记》:"所谓大辂者,天子之车也。"《礼记·明堂位》:"鸾车,有虞氏之路也;钩车,夏后氏之路也;大路,殷路也;乘路,周路也。"郑玄注曰:"鸾车,有鸾和也;钩车,有曲舆者也;大路,木路也;乘车,玉路也。"比较各个朝代的车乘规制,殷路是最为简朴的,没有任何饰物,所以鲁大夫臧哀伯说:"清庙茅屋,大路越席,大羹不致,粢食不凿,昭其俭

---

① 《史记·夏本纪》。
② 《论语·学而》。

也。"①可见"殷之辂"的精神实质是俭朴无华。孔子一贯崇尚俭朴、谦逊，他反复强调："礼，与其奢也，宁俭。"②"麻冕，礼也；今也纯，吾从众。"③"奢则不孙，俭则固。与其不孙也，宁固。"④孔子认为，"殷之辂"主要体现了节俭精神，因此当政者应该在现实政治中发扬光大。

"周之冕"是周朝的文明标识。"冕"是礼冠，也是身份和地位的象征。周朝礼制完备，人们在行礼时，通常是通过衣冠服饰来体现等级差别的："衮、冕、黻、珽、带、裳、幅、舄、衡、紞、紘、綖，昭其度也。"⑤其中"冕"的象征意义尤为突出，不同的质地、款式、颜色和文饰往往代表了不同的含义，懂得服冕，也就能理解礼制精髓，因此当政者应该重点关注。

上述三者分别体现了夏、商、周三代的时代精神，这种精神已经渗透到现存政治体制之中，对于现实政治具有重大影响，因此"为邦"者必须深刻理解和认真领会"夏之时""殷之辂""周之冕"所蕴含的政治意义，并在施政过程中弘扬这种精神。

"乐则《韶》《舞》"是要求统治者对民众在意识形态领域内加强控制。《韶》是虞舜时期流行的正统音乐，内容是歌颂上古帝王的让贤美德，代表了主流声音。根据各类史料记载，《韶》由音乐和舞蹈两个部分组成，音乐部分主要保存在齐国，舞蹈部分则主要保存在鲁国。《舞》有两种解说：一说是《韶》的舞蹈部分；一说是《武》或《大武》，即周武王时期的音乐。孔子认为，有远见的执政者应该在意识形态领域内坚持正面导向，充分发挥正统音乐移风易俗的教化作用，不能让郑、卫之音大行其道，蛊惑人心，扰乱正常的统治秩序。值得注意的是，孔子把加强意识形态领域的控制作为"为邦"的重要措施之一，这种统治策略是很高明的。

---

①《左传·桓公二年》。
②《论语·八佾》。
③《论语·子罕》。
④《论语·述而》。
⑤《左传·桓公二年》。

"放郑声,远佞人。郑声淫,佞人殆"二句,似乎是因"乐"而粘贴到后面的,内容与本章并无关联,相关内容将在《佞》和《〈乐〉》中另作评析。

《论语·泰伯》:"子曰:'不在其位,不谋其政。'"

本章言论是孔子负气之话,不必当真。这里的"位"是指有供奉的官位,而非象征身份的爵位。"政"是国政,官有职守,因此必谋其政。

孔子奉召返鲁后,与执政国卿季康子度过了短暂的蜜月期,随后就因政见不同而产生矛盾,尤其是"用田赋""旅泰山""伐颛顼"等事,令孔子彻底绝望,于是他干脆杜门不出,潜心修学,整理典籍,"不在其位,不谋其政"就成了最好的托词,因为当时"政"与"位"是相关联的,"德必称位,位必称禄,禄必称用"①。既然执政国卿季康子弃孔子不用,孔子自然不必与谋。

对于孔子这种拒绝合作的消极对抗态度,钱穆先生曾发问道:"贫贱富贵,隐显出处,际遇有异,其当明道善道则一。不谋其政,岂无意于善道之谓?"②他怀疑孔子的理想信念发生动摇,对现实政治产生厌倦情绪,其实这恰恰表明孔子理想信仰坚定,宁愿放弃爵位俸禄,也不愿做出妥协。

《宪问篇》中也有相同言论,不过在后面多了曾子的一句话:"君子思不出其位。"③可能有人向曾子请教孔子这句话的意思,曾子以此解答,意思就是,有德君子严格遵从礼制规范,不越位思考。坦率地说,曾子的"思不出其位"实在是狗尾续貂!

---

① 《荀子·富国》。
② 钱穆著:《论语新解》,北京:生活·读书·新知三联书店,2012年,第193页。
③ 朱熹在《论语集注》中干脆将这句话另立一章。

《论语·子路》:"子曰:'鲁卫之政,兄弟也。'"

周初大分封时,"立国七十一,姬姓独居五十三人"①,加上一些域内小邦,诸侯上百。到了春秋末年,大国通过兼并战争,"亡国五十二,弑君三十六"②,能够承继社稷的诸侯国已经为数不多了,所以鲁国大夫子服景伯说:"禹合诸侯于涂山,执玉帛者万国。今其存者,无数十焉。"③在黄河中下游地区,宋、齐、陈、杞等国都是异姓诸侯国,郑国则是周宣王时期新封的诸侯国,只有鲁国和卫国是周初分封的姬姓诸侯国,而且鲁国先祖周公旦和卫国先祖康叔封同为周文王之子,两人是血脉相通的亲兄弟,故称"文之昭也"④。

鲁、卫之亲虽然随着周室衰微而逐渐疏远,但是关键时刻还是能够唤醒亲情记忆的。鲁定公六年(公元前504年),鲁国发兵讨伐郑国,借道卫国而不告,返还时鲁军统帅阳虎又故意穿城而过,蓄意挑衅,想要挑起鲁、卫两国争端。卫灵公当时一时冲动,下令攻击鲁军。卫大夫公叔文子得知后,立即赶往宫中加以劝阻,他说:"今将以小忿蒙旧德,无乃不可乎。大姒之子,唯周公、康叔为相睦也。而效小人以弃之,不亦诬乎!"⑤大姒又作太姒,周文王之妃,周公和康叔的生母。公叔文子是卫国德高望重的老臣,他从周氏族的发展历史阐明卫、鲁两国是血浓于水的兄弟关系,告诫卫灵公千万不要因"小忿"而伤害兄弟感情。

恢复西周盛世的礼制秩序是孔子毕生追求的政治理想,他从周王朝大一统的政治立场出发,认为鲁、卫两国不仅血脉相通,而且政治形态和文化传统也相同,因此是兄弟之政。从某种意义上说,这也是共同应对

---

① 《荀子·儒效》。
② 《淮南子·主术训》。
③ 《左传·哀公七年》。
④ 《国语·晋语四》。
⑤ 《左传·定公六年》。

大国争霸的竞争软实力。

  《论语·尧曰》:"尧曰:'咨,尔舜! 天之历数在尔躬,允执其中。四海穷困,天禄永终。'舜亦以命禹。(汤)曰:'予小子履敢用玄牡,敢昭告于皇皇后帝:有罪不敢赦。帝臣不蔽,简在帝心。朕躬有罪,无以万方;万方有罪,罪在朕躬。'周有大赉,善人是富。'虽有周亲,不如仁人。百姓有过,在予一人。'谨权量,审法度,修废官,四方之政行焉。兴灭国,继绝世,举逸民,天下之民归心焉。所重:民、食、丧、祭。宽则得众,信则民任焉,敏则有功,公则说。"

  《论语》全书,本章最有争议,因为从内容、体例、文字、编次等各个方面来看,似乎都与全书格格不入,不伦不类。宋代以前,学人对《论语》二十篇的篇章结构深信不疑,因此很少有人对此提出异义,何晏《论语集解》、皇侃《论语义疏》、朱熹《论语集注》等经典注本也都是从阐义发微入手的。清代以后,有人开始从分析《论语》篇章结构入手,对此提出疑问。近年来,有些学者认为本章是在《论语》编纂过程中由其他书籍(儒学教材)散失的竹简混入而成的,这种推论是有说服力的。从内容来看,本章前三节言论记载的都是尧、舜、禹、汤、武王等上古帝王治国安邦的典谟佳言,这些言论在《尚书》《国语》《墨子》《吕氏春秋》《论衡》等古代典籍中都可以找到相同文字,所以有人将这些文字定性为"抄古书"[①]。上古帝王言论作为儒家传授经书的教材,由于反复传抄和经常使用,极易发生"韦编三绝"的情况,因此被孔门弟子或弟子的弟子误以为是孔子言论而编入《论语》。虽然这种观点只是一种推论,但是完全合乎逻辑。总之,不论本章这些"抄古书"的文字材料是如何混入《论语》的,都与孔子言论

[①] 李零:《丧家狗——我读〈论语〉》,太原:山西人民出版社,2007年,第332页。

无关,因此可以不作评析。

汉儒以后的《论语》注家都认为本章后四节("谨权量"以下)均为孔子言论,因为这些文字在《论语》其他篇章中可以找到内容相同的佐证材料,这种观点基本成立。在这部分言论中,孔子提出了一个"四方之政"的概念,值得重点关注。

孔子政治阅历非常丰富,他先后游历过十几个国家,与当时许多诸侯公卿打过交道,弟子子禽曾问子贡道:"夫子至于是邦也,必闻其政,求之与？抑与之与？"①可见孔子对于各国的政务情况比较了解,对于各国政治的优劣得失也有所研究。与此同时,孔子周游列国十四年间,几乎一直没有直接从政,他始终游离于各国政治体制之外,这反而有利于他跳出具体的行政事务来深入思考具有宏观意义的重大问题,于是他站在周王朝大一统的政治立场上提出了"四方之政"的概念。

孔子提出的"四方之政"大致有以下几方面内容:

一、"谨权量,审法度",统一度量衡。"权量"和"法度"分别是重量、容积和长度的度量衡单位,"法"为配字。《国语·周语下》载周景王欲铸巨钟之事,周大夫单穆公劝谏道:"先王之制钟也,大不出均,重不过石。律度量衡于是乎生,小大器用于是乎出,故圣人慎之。"由此可见,度量衡既是礼制的组成部分,也是礼制的重要象征,因此统一度量衡,对于恢复周朝礼制具有非常重要的意义。

二、"修废官"。职官制度是周公"制礼作乐"的一个重要内容,也是推行政令、维持统治的重要保障。《周礼·天官冢宰第一》:"惟王建国,辨方正位,体国经野,设官分职,以为民极。"因此恢复礼制,首先要修复西周时期的职官制度,选拔和任用称职的官吏。

三、"兴灭国,举绝世"。周初分封诸侯七十余国,姬姓诸侯五十余国,以此作为王室藩屏。此外,黄帝、尧、舜、夏、商等上古帝王后裔皆有

---

① 《论语·学而》。

封国,以承继嗣。然而春秋以降,诸侯争霸,弱肉强食,西周初年建立起来的天下诸侯一家亲的局面遭到严重破坏,因此有必要重建旧国,让先王之后永继不绝。

四、"举逸民"。"逸民"是在各国权力之争中落败流亡的旧贵族,诸如楚狂接舆、长沮、桀溺、荷蓧丈人等人,这些人愤世嫉俗,清高孤傲,远离政治,隐姓埋名,不愿与当权者同流合污。但他们却是传统礼制和中原文化的传承者,所以必须把他们请回来,委以重任,这样天下百姓就会闻风而动,纷纷归附。

五、"所重:民、食、丧、祭。"要切实关注民生问题,重视百姓的物质需求和精神信仰。

六、"宽则得众,信则民任焉,敏则有功,公则说。"这几句话是对执政者提出的为政要求,即所谓"孔子陈后王之法"①,总体要求是"仁",具体要求是"宽""信""敏""公"等。《阳货篇》中也有类似文字:

> 子张问仁于孔子。孔子曰:"能行五者于天下为仁矣。""请问之。"曰:"恭、宽、信、敏、惠。恭则不侮,宽则得众,信则人任焉,敏则有功,惠则足以使人。"

孔子在本章中比较全面系统地阐述了他的政治主张,这在《论语》中是不多见的。所谓"四方之政"可以和《礼记·礼运》中孔子关于"天下有道"的论述结合起来研读,两者在精神上是一致的,代表了孔子复古主义的政治路线。

---

① 《汉书·历律志》。

13. 正名(共3章)

世间万物皆有名有实,名实相符,秩序井然;名不符实,天下大乱。所谓"实",就是"物以物其所物,而不过焉";所谓"名",就是"实以实其所实,而不旷焉"①。名物而不过,实物而不旷,这是孔子"正名"思想的认识基础。

先秦时期,"名"是一个与礼乐制度和刑罚措施密切相关的政治概念,因此人们经常将其与"礼""义""政""信"等概念联系在一起进行论述:

  夫名以制义,义以出礼,礼以体政,政以正民。是以政成而民听,易则生乱。②

  夫先王之制……有不祭则修意,有不祀则修言,有不享则修文,有不贡则修名,有不王则修德,序成而有不至则修刑。③

  信于名,则上下不干。④

  名有五:有信,有义,有象,有假,有类。以名生为信,以德命为义,以类命为象,取于物为假,取于父为类。不以国,不以官,不以山川,不以隐疾,不以畜牲,不以器币。周人以讳事神,名终将讳之。故以国则废名,以官则废职,以山川则废主,以畜牲则废祀,其器币则废礼。⑤

---

① 《公孙龙子·名实论》。
② 《左传·桓公二年》。
③ 《国语·周语上》。
④ 《国语·晋语四》。
⑤ 《左传·桓公六年》。

> 王命诸侯,名位不同,礼亦异数,不以礼假人。①

在现实政治中,"名"的作用主要在于"上以明贵贱,下以辨同异"②。从这个意义上说,"名"代表了尊卑贵贱有别的统治秩序,是周朝礼制的一个重要内容,所以《春秋》"五十凡"大多是从定名分开始的,如"凡师,敌未陈曰败某师,皆陈曰战,大崩曰败绩,得儁曰克,覆而败之曰取某师,京师败曰王师败绩于某"③、"凡邑有宗庙先君之主曰都,无曰邑。邑曰筑,都曰城"④。

春秋末年,礼制败坏,名分错乱,现实生活中种种违反礼制、僭越名分的行为随处可见,日甚一日,孔子对此强烈不满,他甚至放言道:"是可忍也,孰不可忍也?"⑤孔子认为,发生种种违礼行为的重要原因就在于名实错位,名不符实,所以他提出了"正名"的政治主张。所谓"正名",就是"以其所正,正其所不正;不以其所不正,疑其所正"⑥。意思就是,用事物原有的概念或名称来规定和纠正事物现有的客观存在。这是孔子"正名"思想的现实基础。

在我国历史上,最早把"名"作为一个哲学命题提出来进行研究的是春秋时期的思想家老子,他说:"道可道,非常道;名可名,非常名。无名,天地始;有名,万物母。"⑦"道"生万物而"名"以名之,所以"道"和"名"都具有世界本源意义。孔子则是最早将"正名"思想运用到政治领域的思想家,他在观察和分析鲁、齐、卫等国政治乱局的基础上,提出了"必也正名乎"的政治主张,并且明确将其作为整饬"礼乐不兴""刑罚不中"⑧等政

---

① 《左传·庄公十八年》。
② 《荀子·正名》。
③ 《左传·庄公十一年》。
④ 《左传·庄公二十八年》。
⑤ 《论语·八佾》。
⑥ 《公孙龙子·名实论》。
⑦ 《老子》第一章。
⑧ 《论语·子路》。

治乱象的为政措施,因此"正名"思想具有很强的政治功利性。

在《论语》中,孔子关于"正名"的言论并不多,但是对后世的影响却很大。在孔子"正名"思想的影响下,战国时期形成了以"合异同"和"离坚白"为思辨特征的名家学派,其代表人物惠施、公孙龙等人对于"名实"问题进行了深入系统的研究,提出了许多很有价值的观点,在相互驳难中,相关理论(认识论和方法论)日趋成熟,"别同异,离坚白"[1]的逻辑思想达到了一个新的高度。司马谈在《论六家之要旨》中说:"名家苛察缴绕,使人不得反其意,专决于名而失人情,故曰'使人俭而善失真'。若夫控名责实,参伍不失,此不可不察也。"[2]这种评价把名家学派的学说思想特点概括得相当到位。

《论语·颜渊》:"齐景公问政于孔子。孔子曰:'君君,臣臣,父父,子子。'公曰:'善哉!信如君不君,臣不臣,父不父,子不子,虽有粟,吾得而食诸?'"

本章言论的时间、地点、人物以及对话情景等要素都很明确,《史记·孔子世家》基本原文抄录,并还原了历史现场。此外,《管子·形势》中亦有相同记载:"君不君,则臣不臣;父不父,则子不子。上失其位,则下踰其节。上下不和,令乃不行。"可见本章关于君臣父子各守其名、各安其分的论述影响深远。

孔子关于君臣父子各守其名、各安其分的思想观点是在春秋时期诸侯各国礼制崩坏的特定历史背景下提出来的,因此具有很强的针对性。公元前517年,鲁国发生"斗鸡之变"[3],在公室与卿家的权力之争中,以季氏为

---

[1]《淮南子·齐俗训》。
[2]《史记·太史公自序》。
[3]《左传·昭公二十五年》。

首的"三桓"集团反败为胜,鲁昭公最后被迫出逃齐国。这一历史事件不仅改变鲁国的政治格局,在诸侯各国中也造成恶劣影响。孔子当年三十五岁,他亲身经历了这一事变,思想受到很大触动。此后不久,他也到齐国寻求发展,在齐国大约滞留了两年多时间(鲁昭公二十五年冬至二十七年),本章言论当在这一时期,反映了孔子早期的政治主张和思想观点。

根据《史记》记载,孔子在齐国期间,通过齐国贵族高昭子引荐得以面见齐景公。齐景公先后两次向他征询为政策略,他提出的具体建议是"君君,臣臣,父父,子子"和"政在节财"①。在现实生活中,君与臣、父与子是两种最重要的人伦关系,对于安定内政具有十分重要的意义,孔子用"君臣父子"四组叠字作为回答,言简意赅,意味深长。叠字的前一个字是名词,是事状之"名","君"是国君,"臣"是臣属;后一个字则是对事状进行描述的形容词,是事状之"实","君"是国君应有的行状和作为,"臣"是臣属应有行状和作为。所谓"君君,臣臣,父父,子子",就是国君要有与国君名分相符的行状和作为,臣属要有与臣属名分相符的行状和作为,父亲要有与父亲名分相符的行状和作为,儿子要有与儿子名分相符的行状和作为。君臣父子都要恪守其道,遵从礼制,尽到与自己名分相符的义务,做好与自己名分相符的事情,循名责实,各安其分。

孔子从维护尊卑长幼有序的周朝礼制出发,向齐景公提出了"君君,臣臣,父父,子子"的为政建议,要求君臣父子各守其道,各安其分,这是治国理政的根本之道。孔子这种观点集中代表了以齐景公为首的公室贵族的政治利益,因而得到了齐景公的认同和赞赏,他连称"善哉",并打算重用孔子,"以季、孟之间待之"②。齐景公已经意识到,如果自己国君的名分和地位守不住,权力就守不住,以后连吃饭都难以保证,所以他说:"虽有粟,吾得而食诸?"然而孔子的"正名"主张却受到晏婴等人的强

---

① 《史记·孔子世家》。
② 《论语·微子》。

烈反对,齐景公最后不得不弃用孔子,孔子只好失落地离开齐国。

就"齐景公问政"这一历史事件来说,孔子提出君臣父子各循其名、各安其分的"正名"主张确实是判断精准,切中时弊,如果齐景公能够付诸实施,也许可以在一定程度上缓解国内矛盾,但是难以从根本上解决问题,因为礼乐制度崩坏的真正原因是当时社会已经发生根本改变,旧有的社会制度已经不能适应时代的发展变化。在这种历史背景之下,孔子仍然坚持用过时的"名"来纠正变化的"实",用名存实亡的周朝礼制来纠正深刻变化的社会秩序,这显然是行不通的,因此他所提出的"正名"主张必定流产!

《论语·子路》:"子路曰:'卫君待子而为政,子将奚先?'子曰:'必也正名乎!'子路曰:'有是哉,子之迂也!奚其正?'子曰:'野哉,由也!君子于其所不知,盖阙如也。名不正,则言不顺;言不顺,则事不成;事不成,则礼乐不兴;礼乐不兴,则刑罚不中;刑罚不中,则民无所错手足。故君子名之必可言也,言之必可行也。君子于其言,无所苟而已矣。'"

本章是孔子与子路之间的一次对话,也是孔子首次明确提出并完整阐述"正名"观点的言论,对于研究孔子政治思想具有非常重要的意义。

孔子提出"正名"主张,主要是出于政治方面的考虑,当时周朝等级制度所规定的各种职责和名分在现实政治中已经发生错乱,礼制秩序也遭到严重破坏,因此他希望通过以"名"正"实"的方式来恢复礼制秩序。孔子对于"正名"问题思考已久,早在齐景公向他请教为政问题时,他就提出了"君君,臣臣,父父,子子"的建议,其基本精神就是整饬礼制。这一次,子路根据卫国政治形势向孔子提出一个假设:"卫君待子而为政,子将奚先?"这里的"卫君",多数人认为是卫出公辄,"待"是延请、聘用,"先"是优先、先行,对话时间应该在鲁哀公七年(公元前488年),即孔子自楚返卫的第二年。《史记·孔子世家》基本还原了历史现场：

> 孔子曰："鲁卫之政，兄弟也。"是时，卫君辄父不得立，在外，诸侯数以为让。而孔子弟子多仕于卫，卫君欲得孔子为政。子路曰："卫君待子而为政，子将奚先？"孔子曰："必也正名乎！"子路曰："有是哉，子之迂也！何其正也？"孔子曰："野哉由也！夫名不正则言不顺，言不顺则事不成，事不成则礼乐不兴，礼乐不兴则刑罚不中，刑罚不中则民无所错手足矣。夫君子为之必可名，言之必可行。君子于其言，无所苟而已矣。"

卫出公辄是卫灵公的嫡孙，他的父亲是卫国原太子蒯聩。蒯聩因为得罪卫灵公夫人南子，被罢黜太子身份，流亡晋国。卫灵公去世后，公子辄继位，是为卫出公。此时流亡在外的原太子蒯聩也在晋国国卿赵鞅的护送下匆匆赶回卫国争夺君位。此后十余年间，这对亲生父子为了争夺君权，各自网罗人才，积蓄力量，争斗得你死我活。孔子当时名重天下，他不仅拥有丰富的为政经验和强大的政治号召力，而且门下弟子众多，个个出类拔萃，精明能干，因此卫出公急欲拉拢孔子加入他的执政团队，几次三番派人来试探孔子口风，估计提供的俸禄也比较优厚，应该不会低于当年卫灵公提供的"奉粟六万"。此事在当时闹得沸沸扬扬，孔门弟子对此事也比较关心，冉有和子贡曾用"伯夷、叔齐何人"的问题当面向孔子请教，想试探他的出仕意向，不过孔子打算效仿古代圣贤伯夷、叔齐，宁愿归隐山林，洁身自好，也不愿与卫国当政者同流合污，自毁清誉，因此冉有和子贡最终得出的结论是"夫子不为也"①。子路不像冉有和子贡那样沉稳含蓄，他是那种心里不能藏事的人，听到各种风言风语之后就直接跑去问孔子，当听到孔子"必也正名乎"的回答后，他觉得好事要黄，大为不满，居然口无遮

---

① 《论语·述而》。

拦地说孔子迂腐,公开对孔子的"正名"主张提出质疑。

孔子对于卫国当时的政治形势始终保持着清醒的认识和理性的判断,他提出"必也正名乎"的为政主张也是切中要害的。《集注》:"是时出公不父其父而祢其祖,名实紊矣,故孔子以正名为先。"孔子认为,当时卫国君臣父子的名分全乱套了:蒯聩是卫出公的亲生父亲,原本是名正言顺的卫国太子,现在却流亡在外而不得立,这是为君不君,为父不父,诸侯各国对此多有非议;而卫出公虽然名义上是卫国国君,实则名不正言不顺,他不仅剥夺了原太子的合法继承权,而且还借助齐国军力来围攻蒯聩临时栖居的戚邑,必欲将其置于死地,这是为臣不臣,为子不子。面对卫国如此混乱复杂的政治局面,孔子清醒地意识到,想要通过"正名"来维持君臣父子各安其分的礼制秩序几乎是没有任何成功希望了,所以他不愿意卷入这场荒唐的君臣父子名分之争,经过慎重考虑,他最终回绝了卫出公的延请。

在本章中,孔子为了论证"正名"的必要性,他从"名不正"→"言不顺"→"事不成"→"礼乐不兴"→"刑罚不中"→"民无所错手足"一步步推演下来,思维缜密,条理清晰,比较完整地展现了他的执政理念和为政思路。在这个严密的逻辑体系中,"名"既是逻辑起点,也是为政前提,"言"和"事"随"名"而定,而"礼乐"和"刑罚"则是直接关系到执政效果和统治秩序的两个关键环节。礼乐刑罚必须言之有据,行之有名,否则国民就会不知所措,无所适从,孔子由此而得出了"君子名之必可言也,言之必可行也"的结论。从义理上说,这种逻辑推理是非常具有说服力的,然而在现实运用中却并不具有可行性,因为礼乐制度已经"皮之不存",礼乐名分也就"毛将焉附"了。

《论语·子路》:"冉子退朝。子曰:'何晏也?'对曰:'有政。'子曰:'其事也。如有政,虽不吾以,吾其与闻之。'"

对于名实问题,孔子向来较真,有时甚至有点不可理喻,比如有一种

"觚"的酒器,按照礼制规定,上面应该有棱角,当时有人对其器型稍作改变,名与实不一致了,于是孔子提出批评:"觚不觚,觚哉!觚哉!"①意思就是,既然称之为觚,就不应该改变器型。再比如他与叶公对于"直"的理解不同,于是他非要抬杠,一定要辩出一个是非曲直来②。又比如弟子子张向他请教"士何如斯可谓之达"的问题,他又在"闻"与"达"的概念上纠缠不清,说了一大通道理③。还有一次,季孙氏有一个叫通的家宰问他道:"君使人假(借)马,其与之乎?"他答道:"吾闻君取于臣谓之取,不曰假。"意思就是,人君向臣属索物不应说"假",而应说"取",两字表面上看没有什么区别,但是内涵却大不相同,如果混淆,君臣名分就乱了,所以汉儒认为孔子是"正假马之名,而君臣之义定矣"④。

本章是孔子较真于名实之辨的又一实例。由于弟子冉有对"政"与"事"的理解和表述不准确,孔子就小题大做,大发雷霆,他表面上是冲着冉有发火,实际是矛头直指执政国卿季康子。

冉有擅长"政事",他出任季氏宰长达十余年,大小事务,得心应手,因此深得季康子的赏识和重用。当时季氏在鲁国大权独揽,以家为国,孔子对此十分不满。有一天,冉有在季氏府中议事到很晚才结束,他匆忙赶到孔子家中问候。孔子问他今天为什么这么迟,他说他在季氏府中议政,孔子认为他言辞不当,"政"与"事"不分,容易造成君臣名分错乱,因为周朝礼制规定,议政在朝,议事在家,两者不可混淆!《国语·鲁语下》中记载了这样一件事情:

> 公父文伯之母如季氏,康子在其朝,与之言,弗应,从之及寝门,弗应而入。康子辞于朝而入见,曰:"肥也不得闻命,无乃罪乎?"曰:"子

---

① 《论语·雍也》。
② 《论语·子路》。
③ 《论语·颜渊》。
④ 《韩诗外传》卷五第三十四章。

弗闻乎？天子及诸侯合民事于外朝，合神事于内朝；自卿以下，合官职于外朝，合家事于内朝；寝门之内，妇人治其业焉。上下同之。夫外朝，子将业君之官职焉；内朝，子将庀季氏之政也，皆非吾所敢言也。"

公父文伯之母是鲁大夫公父穆伯之妻敬姜，当时在鲁国是一位受人尊敬的女性，她熟知礼仪，通情达理，孔子对她也非常敬重。敬姜是季康子的长辈，她有事找季康子，严格遵从"外朝""内朝"有别的礼制规定，朝中不与其言，等回到寝门之内才和他说话。按照敬姜的说法，"政"与"事"是有区别的："政"是国政，通常由国君召集国中公卿大夫议于外朝，只有拥有大夫以上身份的贵族才有资格听政于朝，发表意见。孔子是下大夫身份，可以入朝听政，即便此时他已无心从政，但是对于朝中议政内容还是有所耳闻的，所以他说："如有政，虽不吾与，吾其与闻之。"从这个细节中可以明显感受到隐藏在孔子内心深处的贵族意识。冉有是普通士人身份，即便他出任季氏宰已有多年，平时协助季康子处理各种政务，但是按照礼制规定，他没有资格入朝听政，更不可能参政议政。鲁哀公十一年（公元前484年），齐、鲁郊之战前夕，鲁哀公召集"三桓"入朝共商退敌之策，冉有随从，但是他不得入朝参政，只能在党氏之沟以外等候，如果季康子临时有事需要向他征询意见，只好与他隔沟喊话①。"事"则是家事，由氏族宗主召集族人和冢宰议于内朝。冉有是季氏宰，在季氏府中商议的必然是家事，所以孔子对于冉有"有政"的说法不以为然，嗤之以鼻。然而到了春秋末年，政治情势已经大不一样了，季康子完全架空了鲁哀公，独揽朝政，为所欲为，他经常在自己家中商议国政，许多事情（如"用田赋""伐颛顼""旅泰山"等）还刻意回避孔子等人。这也许才是孔子大为光火的真正原因。

---

① 《左传·哀公十一年》。

14. 刑（杀）(共4章)

刑与杀(刑罚与诛杀)是强权政治的必然产物。历代统治者为了巩固政权，维持统治，必须采取各种强制措施和暴力手段来逼迫被统治者听命就范，因此刑杀的本质就是压迫，包括族群压迫、种族压迫和阶级压迫等。根据史书记载，我国早在父系氏族社会晚期就已出现刑杀，虞舜在担任部落联盟首领时期就设有"五刑"(墨、劓、剕、宫、大辟)和"五流"(地域远近不同的五种流放)，并命人把五刑的形状刻画在器物上，以此来威慑部众，禁暴止乱。虞舜还任用皋陶担任刑戮之官("士")，对"寇贼奸宄"和"蛮夷猾夏"实施刑戮或流放，从而达到"天下咸服"的统治效果①。

夏、商、周三代，无论天下有道或天下无道，刑杀仍然是统治者推行强权政治的重要手段：

> 夏有乱政而作《禹刑》，商有乱政而作《汤刑》，周有乱政而作《九刑》②。

> 敷求哲人，俾辅于尔后嗣，制官刑，儆于有位。③

> 古者，先王既有天下……犹有散、迁、懈慢而著在刑辟，流在裔土，于是乎有蛮、夷之国，有斧钺、刀墨之民，而况可以淫纵其身乎？④

---

① 《尚书·舜典》。
② 《左传·昭公六年》。
③ 《尚书·伊训》。
④ 《国语·周语上》。

上述史料说明,古代统治者不仅采取暴力手段(斧钺、刀墨)来残酷镇压那些敢于反抗的氏族部众和异族首领,而且还通过血腥杀戮来解决统治集团内部的权力之争。

商朝末年,周文王从商纣暴政中汲取历史教训,提出"明德慎罚"的施政理念①,周公在"制礼作乐"时又将刑杀纳入礼制,从制度层面加以规范。

> 古之王者知命之不长,是以并建圣哲,树之风声,分之采物,著之话言,为之律度,陈之艺极,引之表仪,予之法制,告之训典,教之防利,委之常秩,道之以礼,则使无失其土宜,众隶赖之而后即命。圣王同之。②

> 先君周公制周礼曰:"则以观德,德以处事,事以度功,功以食民。"作誓命曰:"毁则为贼,掩贼为藏,窃贼为盗,盗器为奸。主藏之名,赖奸之用,为大凶德,有常无赦,在《九刑》不忘。"③

周公"制礼作乐",目的是从社会制度层面将国家治理的大政方针确定下来,希望后代周王坚持推行周礼,不断振兴周人事业。《九刑》是实施刑罚的法典,对于各种犯罪行为(如"贼""藏""盗""奸"等)都做出了明确界定,从而有效地杜绝了滥用刑杀的残暴现象,较好地体现了周文王的"慎罚"思想。

春秋时期,社会动荡加剧,礼乐制度崩坏,刑罚和诛杀逐渐取代礼制规范,成为统治者施政的一个重要选项,许多有识之士也从不同角度广泛阐述了刑杀在施政过程中的重要作用:

> 政以治民,刑以正邪,既无德政,又无威刑,是以及邪。④

---

① 《尚书·康诰》。
② 《左传·文公六年》。
③ 《左传·文公十八年》。
④ 《左传·隐公十一年》。

德以施惠,刑以正邪。①

刑五而已,无有隐者,隐乃诪也。②

与此同时,当时政坛也涌现出一批主张强化刑罚手段、推行以法治国的政治家,如齐国的管仲、晏婴,郑国的子产、邓析,晋国的赵盾、赵鞅、范武子,宋国的子罕等人。这些人在政治实践中勇于突破传统礼制限制,有的通过内政改革来顺应时代变迁,实现富国强兵;有的则通过"铸刑书"③或"铸刑鼎"④等方式来打破氏族贵族对于刑罚的垄断,推进公平正义。当时中国历史正处在德治与法治的分水岭,这些改革举措不仅为战国时期法家学派提供了宝贵经验,对后世也产生了深远影响。

孔子在政治上主张实行礼治,通过对民众实施礼乐教化来达到施政目的,但是他并不排斥刑杀,甚至认为刑杀是施政的必要手段,这种态度与他的从政经历有关。孔子曾经当过鲁国大司寇,负责听讼断狱,实施刑罚⑤,因此他对于刑杀之事有着自己独到的见解和深切的感受,并形成了自己的思想观点。在《论语》中,孔子关于刑杀的言论并不多,而且在大多数情况下是为了验证"德政""礼治"的政治功效而提出来的。在孔子看来,刑杀似乎是一种万般无奈的选择。

《论语·为政》:"子曰:'道之以政,齐之以刑,民免而无耻;道之以德,齐之以礼,有耻且格。'"

本章中的"政""刑""德""礼"都是统治手段,两两一组,代表了两种

---

①《左传·成公十六年》。
②《国语·鲁语上》。
③《左传·昭公六年》。
④《左传·昭公二十九年》。
⑤《周礼·秋官司寇·大司寇》:"大司寇之职,掌建邦之三典,以佐王刑邦国,诘四方。"

不同的政治理念和为政风格,相关内容已在《政(令)》中另作评析,这里重点评析"刑"。

"刑"是一种具有强制性的施政措施,可以对被统治者起到威慑作用,因此历代统治者都非常重视,他们不仅在为政实践中经常使用刑杀手段来维持统治秩序,而且还通过制订法典来做出制度性的安排。孔子作为一位有远见的政治家,虽然他在政治上崇尚礼治,但是在为政实践中对于刑杀手段也非常重视,他在本章中将"刑""政""德""礼"四者并列,足以说明其重视程度。

《孔子家语·刑政》中载有孔子与弟子仲弓之间关于刑政问题的一番对话,可以作为理解本章言论的重要参考:

> 仲弓问于孔子曰:"雍闻至刑无所用政,至政无所用刑。至刑无所用政,桀纣之世是也;至政无所用刑,成康之世是也。信乎?"孔子曰:"圣人之治化也,必刑政相参焉。太上以德教民,而以礼齐之。其次以政言导民,以刑禁之。刑,不刑也。化之弗变,导之弗从,伤义以败俗,于是乎用刑矣。制五刑必即天伦,行刑罚则轻无赦。刑,侀也;侀,成也。壹成而不可更,故君子尽心焉。"

在孔子看来,对民众实施礼乐教化是为政的最佳策略,当政者理应优先选择。但是道德教化不仅实施周期长,而且未必能解决所有问题,因此还必须运用刑杀手段作为补充,即所谓"刑政相参"。对于那些冥顽不化、伤风败俗的刁民就应该施以刑罚,绝不手软!

在为政实践中,孔子绝不是只有温文尔雅、和蔼可亲的一面,有时也有威武刚猛、令人生畏的一面。他在担任鲁国大司寇期间,天天听讼断狱,实施刑罚,刑杀手段也很残忍。据相关史料记载,孔子当政以前,鲁国社会秩序很乱,有人每天早上用水把羊灌饱后再拉到集市上去贩卖,欺诈买家,赚昧心钱;有人妻子在外面与人私通,伤风败俗,丈夫却不能严加管束,实施惩戒;还有人生活奢侈无度,僭越礼制,却没有人出面干预,加以谴责。孔子出任大司寇后,采取严厉措施打击各种违法犯罪和败坏礼俗的行为;仅用了三个月,鲁国社会风气大为改观,"鬻牛马者不储价,卖羊豚者不加饰,男女行者别其塗,道不拾遗"①。此后,孔子又以"臣无藏甲,大夫毋百雉之城"为由,发起了"堕三都"军事行动,将公山不狃、叔孙辄等叛乱分子驱逐出境,有效地扭转了家臣坐大逞强的混乱局面②。由此可见,孔子并不是只会道德说教,在必要的时候也会挥舞刑杀大棒,严厉打击。

孔子担任大司寇期间,经手办理的最具有争议的案件是诛杀少正卯。少正卯是鲁国大夫,和孔子是同时期人,他当时也在曲阜城中开办私学,设帐授徒,与孔门儒学形成竞争关系。《论衡·讲瑞》:"少正卯在鲁,与孔子并。孔子之门,三盈三虚。"孔子出任大司寇后才七天就诛杀了少正卯,他为少正卯共罗列了五大罪状:"心逆而险""行辟而坚""言伪而辨""记丑而博""顺非而泽"。事后弟子子贡对此提出疑问,孔子又援引了历史上七桩圣贤诛恶事件来说明实施刑杀的正当性和必要性:

> 夫殷汤诛尹谐,文王诛潘正,周公诛管蔡,太公诛华士,管仲诛付乙,子产诛史何,凡此七子皆异世而同诛者,以七子异世而同恶,故不可赦也。③

上述行诛者非圣即贤,说明刑罚诛杀与道德教化并不矛盾,当教则教、当诛则诛才是正确的为政之道。

关于孔子诛杀少正卯之事,经后人考证,完全是由荀子等人编造

---

① 《孔子家语·相鲁》,并见《荀子·儒效》。
② 《左传·定公十二年》,并见《史记·孔子世家》。
③ 《孔子家语·始诛》,并见《荀子·宥坐》等。

出来的一桩伪案①。但是就这一历史事件本身而言,在一定程度上是符合逻辑的,因为在孔子政治思想中,德刑并举、宽猛相济是他一贯坚持的为政主张,他说:"君子怀德,小人怀土;君子怀刑,小人怀惠。"②在为政实践中,他也始终把"道之以政,齐之以刑"作为施政的必要手段,面对那些破坏礼制、聚徒成群的乱政者,他会毫不犹豫地动用刑杀手段!

《论语·颜渊》:"季康子问政于孔子曰:'如杀无道,以就有道,何如?'孔子对曰:'子为政,焉用杀? 子欲善而民善矣。君子之德风,小人之德草。草上之风,必偃。'"

本章是孔子关于"德"与"杀"两种施政手段取舍问题的重要言论,"德"是德道教化,"杀"是刑罚诛杀。文中有关"德"的内容将在《德》中进行评析,这里重点评析"杀"。

季康子当政时期,对外频繁用兵,对内加重赋税,因而激起民众的强烈怨忿,导致政令难以推行。季康子无计可施,打算加大刑罚力度来强制国民就范。但是此举风险很大,如果刑罚过度,不仅有可能激起民众反抗,而且还有可能引发公族内讧。季康子心里没底,所以来向孔子请教,希望能得到孔子的理解和支持。所谓"有道"和"无道",只是季康子"用杀"的托词而已。

孔子首先否定了季康子的"用杀"方案,他认为执政者应该以德为政,而不应以杀为政,刑杀只是德政的补充手段。他接着又提出了自己的正确方案:"子欲善而民善矣。"这句话的潜台词是,执政者不善,民则

---

① 钱穆:《先秦诸子系年》,北京:商务印书馆,2001年,第29页。
②《论语·里仁》。

不善。这种说教方式在两人对话中多次出现：

> 季康子问："使民敬、忠以劝，如之何？"子曰："临之以庄，则敬；孝慈，则忠；举善而教不能，则劝。"①
>
> 季康子问政于孔子。孔子对曰："政者，正也。子帅以正，孰敢不正？"②
>
> 季康子患盗，问于孔子。孔子对曰："苟子之不欲，虽赏之不窃。"③

孔子认为，鲁国民众发生不善、不敬、不忠、不劝、不正等"无道"情况，原因在于季康子本人不善、不正，不能做到"临之以庄""孝慈""举善而教不能""不欲"。所以孔子要求季康子应该先从自身查找原因，努力提高个人道德修养，率先以正，用道德力量来感化民众，而不是用刑杀手段来威逼民众，这样才能达到风上草偃的执政效果。

值得注意的是，孔子在本章中反对季康子"用杀"，主要是根据鲁国当时特定的政治情形提出的，并不能完全代表他的政治主张。在中国古代政治实践中，历来有先德后刑的思想传统："皋陶于是敬禹之德，令民皆则禹。不如言，刑从之。舜德大明。"④"惟乃丕显考文王，克明德慎罚。"⑤孔子继承了这一思想传统，他认为刑杀只是为政手段，而不是为政目的，他说："圣人之设防，贵其不犯也。制五刑而不用，所以为至治也。"⑥又说："刑罚之所从生有源，不务塞其源，而务刑杀之，是为民设陷

---

① 《论语·为政》。
② 《论语·颜渊》。
③ 《论语·颜渊》。
④ 《史记·夏本纪》。
⑤ 《尚书·康诰》。
⑥ 《孔子家语·五刑解》。

以贼之也。"[1]季康子不务修德，专用刑杀，这是孔子反对"用杀"的真正原因。

《论语·子路》："名不正，则言不顺；言不顺，则事不成；事不成，则礼乐不兴；礼乐不兴，则刑罚不中；刑罚不中，则民无所错手足。"

本章主要阐述了孔子的"正名"思想，相关内容已在《正名》中另作评析。这里重点评析与"刑罚"相关的内容。

本章言论的特点是概念清晰，逻辑严密，环环相扣。孔子通过演绎推理，一步一步把"名""事""礼乐""刑罚"以及"民"等概念之间的因果关系表述得非常清晰。在这个推理系列中，"刑罚"的上位是"礼乐"，下位则是"民"："礼乐不兴，则刑罚不中；刑罚不中，则民无所错手足。""兴"是通行、盛行；"中"是中正、得当；而"无所错手足"是指行为失据，不知所措。从孔子的表述中可以看出，他对于"刑罚"在施政过程中的作用是充分肯定的。

上述排序的主要依据是西周时期建立起来的宗法制度，氏族组织内部讲求血缘关系，因此主要以礼乐来协调关系，规范言行；氏族组织以外的庶民则是没有血缘关系的异族，因此必须用刑罚手段来加以威慑和惩处，即所谓"礼不下庶人，刑不上大夫"[2]。

春秋时期，礼乐制度是社会最基本的政治制度，刑罚措施只是维持礼制秩序的必要手段。在为政实践中，礼乐制度是实施刑罚的根本依据，如果礼乐制度能够顺利推行（"兴"），氏族组织内部人际关系和谐，那么刑罚措施就能够发挥其最大的威慑和惩戒功效（"中"）；反之，如

---

[1]《大戴礼记·盛德》。
[2]《礼记·曲礼上》。

果礼制失序,刑罚失度,民众就会手足无措,行为失范,进而造成社会混乱。

《论语·子路》:"子曰:'"善人为邦百年,亦可以胜残去杀矣。"诚哉是言也!'"

本章言论是一句古语,孔子加以引用,并高度认可——"诚哉是言也",因此可以视作孔子观点。

"善人"是贤达之人,不过根据"为邦"二字推断,这里应该是指诸侯国君。孔子曾说:"善人,吾不得而见之矣;得见有恒者,斯可矣。"[①]可见,他对善人是无比景仰的。善人为政需要上百年的时间才能达到"胜残去杀"的境界。《皇疏》:"胜残,谓政教理胜而残暴之人不起也。去杀,谓无复刑杀也。言贤人为诸侯已百年,则残暴不起,所以刑辟无用。"《集注》:"胜残,化残暴之人,使不为恶也。去杀,谓民化于善,可以不用刑杀也。"其他注本大同小异。可见"胜残去杀"是一种以政教化残暴、以无杀代有杀的善政。

孔子引用这句古语,目的是进行道德说教,他要求统治者禁暴去杀,践行仁道。与此同时,他又强调实现德治是一项艰巨而伟大的任务,对民众实施礼乐教化需要经历"百年"的漫长过程。

无独有偶,本章前后两章也是有关践行仁道的内容,《论语》编纂者们有意无意地把三章编排在一起,形成一个等次系列,如果结合起来研读,可以加深对这个问题的理解:

> 子曰:"苟有用我者,期月而已可也,三年有成。"
> 子曰:"'善人为邦百年,亦可以胜残去杀矣。'诚哉是言也!"

[①]《论语·述而》。

子曰:"如有王者,必世而后仁。"

孔子把"我"(孔子)"善人""王者"作为践行仁道的同道人来进行比较:"我"是辅政大夫,地位不高,能力有限,因此施政只能做到"三年有成"。孔子说:"事不成,则礼乐不兴。"①可见能够做到"三年有成"已经是政绩不俗了,如果想更进一步,则有待善人。"善人"是一国之君,当时诸侯各国崇尚武力征伐,礼制失序,积重难返,因此善人治理国家,实施礼乐教化,至少需要经过一百年的努力才能达到"胜残去杀"的境界。"王者"在孔子心目中应该是文武、周公之类的圣人,他们品德高尚,尊礼尚施,但是实现行仁于天下的理想仍需经历三十年("世")。

"我""善人"和"王者"三者因地位不同,使命不同,践行仁道的境界也不同。"胜残去杀"是境界之一,不过想要达到这种境界至少需要经过百年努力,可见践行仁道之难!

---

① 《论语·子路》。

15. 听讼(共1章)

《论语·颜渊》:"子曰:'听讼,吾犹人也。必也使无讼乎!'"

鲁定公时期,孔子曾担任鲁国司寇、大司寇等职,主掌刑狱,"以五刑听万民之狱讼,附于刑,用情讯之"①,因此他对于听讼断狱事务比较熟悉。当时听讼的基本程序是有人发生争执,向官方(司寇或士师)提起诉讼,听讼者根据诉讼者的请求和争讼双方的陈述来判断是非曲直,并对触犯刑律者实施刑罚。在此过程中,听讼者的主观意识或个人因素将直接影响到听讼断狱的公正性,因此周朝礼制要求听讼者必须客观公正,"以五声听狱讼,求民情",即"辞听""色听""气听""耳听""目听"②。

孔子听讼秉持客观公正的原则,这一点与别人没有区别,即"吾犹人也"。不同的是他听讼所追求的目标是"必也使无讼"。何谓"无讼"?《皇疏》:"言我所以异于人者,当讼未起,而化之使不讼耳。"《集注》引范氏言曰:"听讼者,治其末,塞其流也。正其本,清其源,则无讼矣。"可见"无讼"就是尽量让争讼双方自我反省,辨明是非,提前化解矛盾,这样就没有必要再提起诉讼了。

《孔子家语·始诛》中记载了一则孔子化解争讼的实例:

---

① 《周礼·秋官司寇》。
② 《周礼·秋官司寇》。

> 孔子为鲁大司寇,有父子讼者,夫子同狴执之,三月不别。其父请止,夫子赦之焉。季孙闻之不悦,曰:"司寇欺余,曩告余曰:'国家必先以孝。'余今戮一不孝以教民孝,不亦可乎?而又赦,何哉?"冉有以告孔子,子喟然叹曰:"呜呼!上失其道而杀其下,非理也。不教以孝而听其狱,是杀不辜。"①

父子相讼,有违父慈子孝伦常,无论谁是谁非,都应诛杀。但是孔子认为,听讼断狱的真正目的是教化百姓,让他们自觉遵从礼乐规范和人伦纲常,所以他把这件讼案生生压了三个月。三个月以后,这对父子认识到自己的错误,主动撤销诉讼。这就是孔子所追求的"无讼"境界。

孔子倡导仁爱精神,他希望人与人之间如果发生争执,要相互宽恕和礼让,亲情之间更应该"父为子隐,子为父隐"②,相互隐瞒包庇,这样就可以实现天下"无讼"。

此外,《礼记·大学》中也引用了本章言论,并对"无讼"做出不同解释:"无情者不得尽其辞,大畏民志。"这里的"无情者"是指那些不据实陈情者,因此"无讼"的意思是,圣明的听讼者必定不会让那些企图隐匿真情的人有狡辩申诉的机会,而是要让百姓心怀敬畏,不敢诈讼。

---

① 并见《荀子·宥坐》《说苑·政理》《韩诗外传》卷三等。
②《论语·子路》。

16. 折狱(共1章)

《论语·颜渊》:"子曰:'片言可以折狱者,其由也与?'子路无宿诺。"

本章是孔子对子路的褒扬之言。据前人统计,《论语》中记孔子赞子路之言凡五见,贬子路之言凡四见,褒贬参半,瑕不掩瑜①。其实仔细推敲孔子赞子路之言,有许多都是明褒暗贬,比如孔子说:"道不行,乘桴浮于海。从我者,其由与?"子路听后暗喜,可是孔子随后又补充了一句:"由也好勇过我,无所取材。"②这句话就让人苦笑不得了。本章似乎也有这种意思。

"折狱"就是断狱、判狱,即对争讼做出公正判决,这是刑狱之官的重要职责。《周礼·秋官司寇》在描述司寇和士师的职责时分别表述为"以三刺断庶民狱讼之中"和"察狱讼之辞,以诏司寇断狱弊讼"。周穆王对刑狱之官提出的折狱要求也是在做出判决时一定要秉持"中正"原则:"非佞折狱,惟良折狱,罔非在中。察辞于差,非从惟从。哀敬折狱,明启刑书胥占,咸庶中正。"③一切刑罚都要罚当其罪,臻于中正,令人信服。孔子曾任鲁国司寇、大司寇等职,因此子路也有机会参与听讼断狱。不过子路与其他人有所不同,他可以根据"片言"断狱,而且不会发生错误,

---

① 蒋伯潜著:《诸子通考》,杭州:浙江古籍出版社,1985年,第124页。
② 《论语·公冶长》。
③ 《尚书·吕刑》。

这一点连孔子都表示佩服。

"片言",亦称"单辞",就是一面之词。古人听讼断狱,诉讼双方必须都到场,即所谓"两造"。《尚书·吕刑》:"两造具备,师听五辞,五辞简孚,正于五刑。"《周礼·秋官司寇》:"以两造禁民讼,入束矢于朝,然后听之。"郑玄注曰:"讼,谓以财货相告者。造,至也。使讼者两至,既两至,使入束矢乃治之也。不至,不入束矢,则是自服不直者也。必入束矢,取其直也。"古代狱讼制度规定,听讼必须听取争讼双方的陈述意见,不能只听一面之词就做出判决。而且在听讼之前,争讼双方都要取出一束箭置入专用法器之中①,取"其直如矢"②之义,表明自己坦诚正直,不说假话。

子路能够片言折狱,可见他确实有过人之处,按照通常理解,要么他道德高尚,能够感化讼者,要么他洞若观火,能够明辨真伪。可是实际情况并非如此,因为在孔子言论之后又有一句时人给子路下的考语:"子路无宿诺。"意思就是,子路为人诚实守信,对别人做出的承诺绝对不会隔夜兑现,所以大家对他非常信任,他在听讼断狱时没有人敢在他面前撒谎说假话,他完全可以根据"片言"做出判决,而且争讼双方都不会有异议。

综合上述分析,孔子本章对子路的褒扬之言似乎又回归到他的性格特征方面了,因此让人听起来还是明褒暗贬。

---

① 郑玄注曰,一束箭为百矢,似不确。此"束"当依《述而篇》"自行束脩以上"来理解,为十矢。
②《诗经·小雅·大东》:"周道如砥,其直如矢。"

17. 教(共5章)

"教"在甲骨文和金文中就已出现,会意字,字形如长者手执棍杖(攴)训导孩童(子)算筹(爻)。《说文解字》:"教,上所施下所效也。"《广雅·释诂三》:"教,效也。"可见,最初"教"的施教范围主要是家庭或氏族内部上对下、长对幼的示范、训导,施教内容主要是与生产生活相关的各种技能,如"后稷教民稼穑,树艺五谷;五谷熟而民人育"①。随着"教"的功能在现实生活中不断扩大,并发展成为统治者对民众实行统治的一种政治手段,因此字义逐渐引申为教育、教化、训练、训导等。

在古代政治实践中,"教"和"刑(杀)"一样,也是统治者施政措施之一,目的在于御民,"古之王者建国君民,教学为先"②。从施政效果来看,"教"重在化民,"教,文之施也"③,"刑(杀)"则重在禁民,"刑以正邪"④。

我国早在氏族社会时期,部落首领就已经把"教"运用到氏族内部管理实践中,而且成效显著,影响久远。据史籍记载,黄帝"生而民得其利百年,死而民畏其神百年,亡而民用其教百年"⑤。虞舜担任部落联盟首领期间,任用商契为司徒,专门执掌教化事务,他对契说:"汝作司徒,敬敷五教,在宽。"⑥《国语·郑语》:"商契能合五教,以保于百姓者也。"韦昭

---

① 《孟子·滕文公章句上》。
② 《礼记·学记》。
③ 《国语·周语下》。
④ 《左传·僖公二十八年》。
⑤ 《大戴礼记·五帝德》。
⑥ 《尚书·舜典》。

注曰:"五教,谓父义、母慈、兄友、弟恭、子孝也。"一说五教为父子有亲,君臣有义,夫妇有别,长幼有序,朋友有信。尽管这些内容是由后儒附会而成的,不足为信,但是不可否认,"教"的社会功能已经受到历代统治者的高度重视,并广泛运用于政治实践。

周朝立国之初,周公辅佐成王治国理政,他在一系列施政诰谕训辞中反复强调"用康保民"①,其主要措施无非是推行德政和施教于民。

> 昔先王之教,懋帅其德也,犹恐殒越。若废其教而弃其制,蔑其官而犯其令,将何以守国?②
>
> 古者,先王既有天下,又崇立上帝、明神而敬事之,于是乎有朝日、夕月以教民事君。③

先王之教主要是"教民事君",施教内容仍然与人们的生产生活相关。周定王时期,周卿士单襄公受命聘于宋,途径陈国,他发现国中"道路若塞,野场若弃,泽不陂障,川不舟梁",返回后他向周定王汇报说:"是废先王之教也。"④可见,管理道路、野场、陂障、舟梁等事务也是"先王之教"的内容。

春秋时期,各国诸侯为了在争霸战争中赢得胜利,大多都通过施教于民的为政措施来培养国人的团结协作精神,从而提高劳动效率和军队战力。齐国贤相管仲在进行内政改革时,实行士、农、工、商四民分处,其主要目的就是"其父兄之教不肃而成,其子弟之学不劳而能"⑤。晋文公继位之初,为了扭转国内经济凋敝、人心涣散的颓败局面,也是先从实施教化入手的。《左传·僖公二十七年》:

---

① 《尚书·康诰》。
② 《国语·周语中》。
③ 《国语·周语上》。
④ 《国语·周语中》。
⑤ 《国语·齐语》。

> 晋侯始入而教其民，二年欲用之。子犯曰："民未知义，未安其居。"于是乎出定襄王，入务利民，民怀生矣，将用之。子犯曰："民未知信，未宣其用。"于是乎伐原以示之信。民易资者不求丰焉，明征其辞。公曰："可矣乎？"子犯曰："民未知礼，未生其共。"于是乎大蒐以示之礼，作执秩以正其官，民听不惑而后用之。出穀戍，释宋围，一战而霸，文之教也。

根据这段文字记载推算，晋文公对国民实施教化前后至少持续了五年以上的时间，从培养安居、务利、听命等基本素质到提升义、信、礼等道德品质，最终才能在城濮之战中实现一战而霸。

在《论语》中，"教"主要有两层含义：一是礼乐教化或军事训练，对象是所有国民，这属于孔子为政之道的内容；二是文化教育或知识传授，此义大多用"诲"来表述，如"诲人不倦"①，对象主要是孔门弟子和求学之人，这属于孔子为学之道的内容。关于"教"在为政之道和为学之道方面的区别，赵纪彬先生通过比较"人"与"民"的身份不同和"教"与"诲"的词义不同做出深入分析："与'诲'字以'人'为对象不同，'教'字则以'民'为对象；并且受教者为'民'，而'教民'者则为'人'（'善人教民'一语最明显）；此与字书释'教'为'上所施下所效'之义正合。与'诲'字常和'学'、'知'相连不同，'教'字则只与'戎'、'战'相连；足证'教'不以启发知能为目的，而以军事技术为内容。"②简单地说，《论语》中的"教"与当今启智教育是不同的，因此相关言论有必要回到春秋时期的特定语境中结合其他相关概念来具体解读。据此，这里重点评析孔子为政之道的"教"，而为学之道的"教"则在《学》《诲》等部分中另作评析。此外，"四教"是孔子教育思想中的一个特殊概念，相关内容也在《四教》中另作评析。

---

① 《论语·述而》。
② 赵纪彬：《论语新探》，北京：人民出版社，1959年，第9页。

《论语·为政》:"季康子问:'使民敬、忠以劝,如之何?'子曰:'临之以庄,则敬;孝慈,则忠;举善而教不能,则劝。'"①

本章与前一章哀公问"何为则民服"内容相同,都是讨论御民问题的,可见当时鲁国民众对上不敬、不忠、不劝、不服的情况非常严重,已经影响到正常施政成效,当政者深为忧虑,故而反复向孔子请教应对之策。

民众不服,政令不行,通常有两个原因:一是当政者自身出现问题,因施政不当而导致民众不服;二是民众愚昧无知,狭隘自私,见利忘义。在以宗法制为主体的政治体制和文化传统下,季康子等氏族贵族是不可能承认自己施政不当的,也不可能进行认真反思,他们只会把所有的过错和责任都推到百姓身上。孔子出身于没落贵族,少年生活贫困,所以他对于民间疾苦比较了解,能够站在民众立场来思考问题。孔子认为,贵族与平民尽管在身份和地位上存在差别,但是在道德修养方面的要求是平等的、一致的,因此在施政过程中,当政者想要民众恭敬对上,自己必须先示之以严肃庄重;想要民众效忠尽力,自己必须先示之以孝慈仁爱。总之,当政者一定要以身作则,率先垂范,凡是要求民众做到的,自己必须率先做到,凡是禁止民众做的,自己必须率先不做。当然,孔子这种具有平民化的思想倾向并不是真正为平民代言,而是以一种相对温和的方式来追求更佳的施政效果。

"举善而教不能"是直接讨论当政者如何施教于民问题的,这与孔子答哀公问时所说的"举直错诸枉"的观点基本一致。《皇疏》:"言若民中有善者,则举而禄位之;若民中未能善者,则教令使能。若能如此,则民竞为劝慕之行也。"《集注》:"善者举之而不能者教之,则民有所劝而乐于为善。"需要指出的是,这里的"善"与"不能"相对,"善"是指品行端庄的人;"不能"因

---

① 本章有关"忠""善"等内容将分别在《忠》《善(善人)》中进行评析。

前省略了一个"善"字,应为"不能善",即品行低劣的人,而非"能力弱的人"①或"没本事的人"②。"善"和"直"都是具有积极意义的正面典型。当政者施政,不仅要"道之以政,齐之以刑"③,做到令行禁止,还要对民众实施礼乐教化,而施教于民最有效的方法就是"举善""举直",即通过树立正面典型来激励民众勤勉效力,"宣所以教施也"④,这是当政者的职责和义务。

关于施教于民问题,结合《论语》相关言论,孔子大致提出了以下几个观点:首先,当政者要以身示教,他曾明确对季康子说:"子欲善而民善矣。"⑤意思就是,当政者必须先为民众树立一个欲善求善的榜样。其次,选人用人要坚持正确导向,即"举善""举直",把品行端庄的优秀人才选拔出来,委以重任,为民众树立榜样,发挥示范作用,这样民众自然闻风而动,纷纷效法从善。再次,对民众实施教化,要采取正确的施教方法。《礼记·乐记》中说:"教者,民之寒暑也,教不时则伤世。"可见,实施教化如果不合时宜,反而会伤害世道人心。季康子曾就为政问题向孔子请教:"如杀无道,以就有道,何如?"所谓"无道"和"有道",与本章中的"善"和"不能"意思相同,季康子采取的为政措施是"杀"和"就",这是一种治标不治本的方法。孔子则主张采取"举"和"教"的方法,只有最大限度地发挥人的主观能动性,才有可能获得最佳的施教效果。

《论语·子路》:"子适卫,冉有仆。子曰:'庶矣哉!'冉有曰:'既庶矣,又何加焉?'曰:'富之。'曰:'既富矣,又何加焉?'曰:'教之。'"

本章是孔子与弟子冉有之间关于为政问题的一次对话,对话发生在孔子去鲁适卫途中,冉有为御,因此时间是明确的,当在鲁定公十三年

---

① 杨伯峻译注:《论语译注》,北京:中华书局,1958年,第20页。
② 李零:《丧家狗——我读〈论语〉》,太原:山西人民出版社,2007年,第83页。
③《论语·为政》。
④《国语·周语中》。
⑤《论语·颜渊》。

(公元前497年)①。孔子当时失意于鲁,不得不到别国去寻求发展,虽然前途未卜,但是他对未来还是充满希望的,因此言语之中透露出一种自信。

孔子离开鲁国后,首选卫国,因为"鲁卫之政,兄弟也"②,而且当时卫国国君卫灵公执政相对开明,善于任用贤能,所以孔子希望能在卫国施展才干,实现理想。孔子一行人进入卫国境内后,沿途看到一幅人丁兴旺的景象,不由感叹道:"庶矣哉!"孔安国注曰:"庶,众也。言卫民众多也。"冉有顺着这个话题请教道:"既庶矣,又何加焉?""加"是增加、更进。意思就是,实现人口庶众之后将如何施政?孔子答以"富之",继而又答以"教之",这里的"之"均代指卫国百姓。

在与冉有的对话中,孔子把为政分为三个阶段:"庶""富""教"。"庶"是人口庶众,"富"是生活富裕,"教"是礼乐教化,三者必须循序渐进,逐步实施。当然,这只是孔子所描绘的一幅政治蓝图,并未真正付诸实施,而且事实证明礼乐教化只是空洞的道德说教,既不能提高国民素质,也不能改善为政状态,各国诸侯都忙于应付争霸战争,无不急功近利,根本无暇顾及礼乐教化,所以当时的"教"大多以军事训练为主,目的在于使民"即戎",真正像弟子子游在武城任职期间城中"弦歌之声"不断的情况是绝无仅有的③。尽管孔子提出的"教之"只是一种理想状态,但是他坚信对民众实施礼乐教化不仅可以发扬氏族亲情的优良传统,而且还可以巩固执政者的统治地位,有利于政令推行。

在《论语》中,孔子关于"教"的言论并不多,"教"字总共出现7次,而且施教内容也不甚明确,因此需要结合相关史料来进行分析。《大戴礼记·主言》中载有孔子关于"七教"的相关言论:

---

① 著作按:《史记·孔子世家》中记载孔子去鲁适卫时间为鲁定公十四年。但是据钱穆先生考证,孔子去鲁适卫当在鲁定公十三年(详见《先秦诸子系年·孔子去鲁适卫考》),此从。
② 《论语·子路》。
③ 《论语·阳货》。

> 虽有国焉,不教不服,不可以取千里。虽有博地众民,不以其地治之,不可以霸主。是故昔者明主内修七教,外行三至。七教修焉可以守,三至行焉可以征。
>
> 上敬老则下益孝,上顺齿则下益悌,上乐施则下益谅,上亲贤则下择友,上好德则下不隐,上恶贪则下耻争,上强果则下廉耻。民皆有别则贞,则正亦不劳矣。此谓七教。七教者,治民之本也,教定是正矣。

以上两段文字虽然未必是孔子本人的原话,但是大致体现了孔子关于"教"的基本观点。"七教"是实施礼乐教化的具体内容,也是氏族社会的为政特点。氏族社会以家为国,家国不分,国家政治秩序是建立在"孝悌为本"的宗法制度之上的,因此"七教"中的政治观念和伦理道德完全裹挟在一起,父子即君臣,伦常即政治,一个人如果能够在氏族内部讲求孝悌,在社会关系中就能够做到忠信仁义。这就是实施教化的政治功效。

本章中的"教"和"七教"都是指执政者对国民实施道德教化的具体为政措施,两者在思想内容上应该是一致的。不过本章言论的理论价值在于"教"是建立在"庶"和"富"基础之上的,即先富后教。孔子认为,百姓富裕是实施礼乐教化的前提条件,也是当政者施政的必然选择。当政者若要实行有效统治,在解决民生问题以后,就必须加大实施礼乐教化的力度,在氏族组织内部积极倡导仁慈孝悌、团结友爱的精神,人与人之间关系和谐了,社会风气好转了,国家也就可以实现富强和安定了。因此先富后教是一种高明的为政之道,代表了统治集团的长远利益。当然,孔子提出这种观点的根本出发点在于追求最佳的施政效果,但是在客观上也维护了普通民众的部分权益,体现了关爱民生的人道主义精神。

战国时期,经过孟子、荀子等人的不断发展和完善,孔子先富后教的思想逐渐成为儒家思想的一个重要内容,孟子说:"民为贵,社稷次之,君为轻。"①齐国稷下学派也从中汲取养分,提出了"仓廪实则知礼节,衣食足则知荣辱"的著名观点,并在此基础上形成了"先与后取"的"重民""富民"思想②。

《论语·子路》:"子曰:'善人教民七年,亦可以即戎矣。'"

本章中的"人"与"民"分别代表了统治和被统治两个阶层,"即戎"是军事行动,因此言论内容与国家军政事务有关。

"善人"是"人"中能善者,除此之外,还应有身份和地位特殊的含义。在《论语》中,"善人"多指封国诸侯中的善政者,如"善人为邦百年,亦可以胜残去杀矣"③。春秋时期,各国政权下移,大夫篡政,因此"善人"有时也特指那些实际执掌国政的公族大夫。"教民"是组织国民(包括专职武士)进行军事训练和战阵演练,以此来培养团结协作精神。《国语·周语上》:"三时务农而一时讲武,故征则有威,守则有财。""三时"是春、夏、秋三季,"一时"是冬季,"教"则是以打仗为目的的军事训练,与礼乐教化不同。"戎"是兵器,这里引申为兵事、战争。《皇疏》引苞氏言曰:"即戎,就兵,可以功战也。"意思就是,国民经过军事训练之后就可以开赴战场、投入战斗了。

本章最难解释的是"七年"。孔子为什么要把"善人教民"设定为七年之期?有何特定含义?《集注》引程子言曰:"七年云者,圣人度其时可矣。如云期月、三年、百年、一世、大国五年、小国七年之类,皆当思其作为如何乃有益。"钱穆《论语新解》亦曰:"古人约言数字,常举奇数,如一

---

① 《孟子·尽心章句下》。
② 《管子·牧民》。
③ 《论语·子路》。

三五七九是也。三载考绩,七年已逾再考,此乃言其久。"这些说法都比较含糊,似乎并没有把问题解释清楚。据考,古时军队兵种主要有步兵和车兵两种,成年男子(十五岁以上)每年冬季都要参加军事训练,即所谓"讲武"。步兵每年训练结束后要举行一次阅兵,称之为"蒐(蓃)";车兵每三年举行一次阅兵,称之为"大阅";步兵和车兵混成训练每五年举行一次大型的阅兵仪式,称之为"大蒐"①。步兵训练通常三年为一个周期,即所谓"三岁一考功,三考绌陟"②,经过三年训练,把优秀的士兵选拔出来进入下一个周期的训练,而那些体能和战力弱者则被淘汰。在通常情况下,士兵需要经过三考九年的讲武训练才能达到参战状态,所以《先进篇》中孔子让几个弟子各言其志,子路大言不惭地说自己训练士兵只需三年时间就"可使有勇,且知方也",孔子对他这种不切实际的想法并不认可,故而"哂之"。当然在特殊情况下,士兵也可以经过二考以上(六至八年)的讲武训练提前投入战争,所以孔子在"可以"前面加了一个"亦"字,表明士兵训练年限是可以适当变通的。

那么是什么"特殊情况"让孔子做出教民七年"即戎"的变通?根据《左传》记载,鲁哀公十一年(公元前484年),齐、鲁两国爆发了一场大规模战争,史称郊之战(清之战)。当时齐国大兵压境,来势汹汹,鲁国执政国卿季康子在全国范围动员所有兵力上战场御敌,孔门弟子冉有组织武城徒卒三百人担任敢死队,另外一个孔门弟子樊迟当时只有二十二岁,也响应号召参战,担任左师统帅冉有的右乘,连鲁昭公之子公叔务人也亲自上阵御敌。战争异常激烈,冉有、樊迟等孔门弟子在战争中表现十分英勇,鲁国最终取得胜利,但是伤亡也很惨重,公族大夫公为和他的嬖童(未成年)均战死沙场,孔子闻知后说:"能执干戈以卫社稷,可无殇也。"同时,他对于冉有率领敢死队突入齐军阵中英勇杀敌的壮举也给予

---

① 《春秋公羊传·桓公六年》何休注曰:"故比年简徒,谓之蒐;三年简车,谓之大阅;五年大简徒,谓之大蒐。存不忘亡,安不忘危。"
② 《史记·五帝本纪》。

了高度评价:"义也。"①此后,齐、鲁两国又连续爆发几场战争,鲁国兵力已经严重不足,实在难以继续抵御齐军。在战事频发的特殊历史背景下,孔子认为士兵讲武训练未必一定要经历三考九年,国难当头,大战在即,提前二年投入战争也是可以接受的,甚至未经正规训练的童子和弱者走上战场也是值得肯定的。此外,"七年"在时间还有一个巧合:鲁哀公三年(公元前492年),季康子正式继任鲁国执政国卿,他执掌国政以后便开始推行穷兵黩武的政策,加大国防动员力度,在全国大规模地训练和选拔兵卒,不断提高战力。从季康子执政到郊之战爆发,时间正好是七年多。所以孔子所说的"七年"有可能是特指鲁哀公三年至十一年,而本章和下章都是孔子对季康子在全国提前征招兵卒投入战争之事所发表的言论。孔子当时虽然淹居在外,但是他对国内战事十分关心,他认为国家危难之际,国人都应该奋勇争先,让那些受教七年者提前参战亦无不可。当然,从根本上来说,孔子要求善政者平时要积极组织国民进行军事训练,提高士卒军事素质和军队战力。如果真正遇有紧急情况,也可以不必拘泥于礼制规范和兵制教条,做到审时度势,主动求变,这样才能最大限度地减少伤亡,并取得最终胜利。

《论语·子路》:"子曰:'以不教民战,是谓弃之。'"

本章与前章"善人教民七年"是相互关联的,内容都是关于"教民"问题,即定期组织国民进行军事训练。教民七年"即戎"虽然并不符合三考九年的礼制规定,但是善人为政"亦可以";不教民而战则完全是草菅人命的暴政,因此谓之"弃"。这里的"不教民"是一个复合词,意思就是"没有接受过正规军事训练(三考九年)的国民",如果当政者让这些人上战

---

① 《左传·哀公十一年》。

场去打仗,无异于让他们白白送死!《皇疏》引琳公言曰:"德教不及于民,而令就战,民无不死也,必致破败,故曰'弃'也。"

在孔子政治思想中,"教"并不仅限于军事训练,也包括道德教化方面的内容。孔子在回答子张"何如斯可以从政"的问题时,系统地提出了"尊五美,屏四恶"的理论,其中"四恶"之首就是"不教而杀谓之虐"①,这里的"教"显然是指道德教化。"不教而杀"和"以不教民战"的性质是一样的,都是残民暴政。

"教"与"杀"都是实行统治的必要措施,两者一宽一猛,一柔一刚,手段不同,施政效果也不同。孔子认为,不教而杀错在上,先教后杀则罪在下,因此在施政过程中,能教则教,当杀则杀,两者不可偏废,但是必须做到先教后杀或先教后战,因为当政者的施政目的不在于"杀",而在于通过"杀"来让民众明政令、辨是非、知荣辱。《国语·周语下》:"言教必及辨。"韦昭注曰:"辨,别也。能分别是非,乃可以教。"当政者有责任和义务施教于民,让民众清楚地知道自己应该做什么、不应该做什么以及因行为不当而应承担的处罚后果等。如果当政者不能履行施教于民的责任和义务,不教而杀或不教而战,就是滥杀无辜,草菅人命。

《孔子家语·始诛》中载有一段孔子关于先教后杀的言论,把相关道理论述得非常清楚:

> 三军大败,不可斩也;狱犴不治,不可刑也。何者?上教之不行,罪不在民故也。夫慢令谨诛,贼也;征敛无时,暴也;不试责成,虐也。政无此三者,然后刑可即也。《书》云:"义刑义杀,勿庸以即汝心,惟曰未有慎事。"言必教而后刑也。既陈道德以先服之,而犹不可,尚贤以劝之;又不可,即废之;又不可,而后以威惮之。若是三年,而百姓正矣。其有邪民不从化者,然后待之以刑,则民咸知罪矣。

---

① 《论语·尧曰》。

由于刑杀等强制手段与孔子一贯倡导的仁爱精神相悖,因此他一再要求当政者教而又教,宽而又宽,仁而又仁,最大限度地发挥德道教化的政治功效,尽力做到"服之""劝之""废之""威惮之",等到各种手段穷尽之后再实施刑罚,这样既可以彰显当政者的仁慈,又可以显示刑杀的威严。孟子后来在此基础上加以发挥,把不教而杀上升到祸国殃民的高度:"不教民而用之,谓之殃民。殃民者,不容于尧舜之世。"①

《论语·卫灵公》:"子曰:'有教无类。'"

本章是《论语》中文字最少的一章,总共只有一句话四个字,但是意涵却很丰富,而且历来争议颇多。

本章中的"有"和"无"都是词义简单明了的配字,无须多做分析。"教"则是关键词,并且连带着"类"的定义,因此有必要重点分析。本章中的"教"主要有两种解读:

"教"的第一种解读是礼乐教化或军事训练,与"善人教民七年"②、"以不教民战"③等同义,主要与"刑""杀"相对;"类"则是种族、族类。《左传·成公四年》载史佚之《志》曰:"非我族类,其心必异。"意思就是,异姓蛮夷邦国(楚国)和姬姓中原诸侯(鲁国)在血缘关系上不属于同宗同族,因此离心离德,不可轻信。据此理解,"有教无类"就是施教不分同姓异姓族类,所有适龄国民都要统一接受军事训练和道德教化。以鲁国为例,周初分封时,鲁公伯禽代周公就封于鲁,当时除姬姓宗族外,随行就封的还有殷民六族以及条氏、徐氏、萧氏、索氏、长勺氏、尾勺氏等异姓氏族,周公命他们"使帅其宗氏,辑其分族,将其类丑,以法则周公,用即命

---

①《孟子·告子章句上》。
②《论语·子路》。
③《论语·子路》。

于周"①。西周时期,建立在氏族等级制度之上的礼制相对完备,因此许多种族奴隶是没有资格代表国家参战的,这种情况应该属于"有教有类"。到了春秋末年,原有的氏族组织逐渐瓦解,许多异姓氏族或种族奴隶已经摆脱了氏族组织的限制,成为身份自由的国民。当时各国当政者为了应对诸侯争霸战争,不得不打破原有氏族的身份限制,以此来扩大兵源,扩充军力。从这个意义上说,孔子提出"有教无类"的主张,打破了传统的礼制限制,顺应了时代的发展变化,是具有积极意义的。

"教"的第二种解读是以启智为主的文化教育或技能训练,也就是现代意义的教育,主要与"学""知"相对;"类"是类别,具体涉及身份贵贱、家境贫富、人性善恶、地域远近、智力智愚、年龄长幼等方面。目前绝大多数《论语》注本均取此义。《皇疏》:"人乃有贵贱,同宜资教,不可以其种类庶鄙而不教之。"《集注》:"人性皆善,而其类有善恶之殊者,气习之染也。故君子有教,则人皆可以复于善,而不当复论其类之恶矣。"孔子是我国历史上第一位伟大的教育家,他的教育思想、教学方法、治学态度以及他所倡导的互敬互爱的师生关系等等,对于当今教育仍具有重要影响。在教育实践中,孔子设帐授徒,广揽才俊,只要有志于学者,不论贫富贵贱长幼智愚贤不肖,都可以投到他的门下接受教育,他说:"自行束脩以上,吾未尝无诲焉。"②又说:"二三子以我为隐乎?吾无隐乎尔。吾无行而不与二三子者,是丘也。"③这些言论充分体现了孔子"有教无类"的教育理念,因此把本章中的"教"解读为启智教育,似乎更符合孔子身份,也更贴近历史实际。

司马迁说:"孔子以诗书礼乐教,弟子盖三千焉,身通六艺者七十有二人。"④如果对这些孔门弟子进行分类研究就可以发现,孔子在教育实

---

① 《左传·定公四年》。
② 《论语·述而》。
③ 《论语·述而》。
④ 《史记·孔子世家》。

践中确实贯彻了"有教无类"的教育理念:

一、贫富。孔门弟子,有的家境殷实,如公西赤受命出使齐国,"乘肥马,衣轻裘",一副富家子弟的派头,所以冉有想为他从公室支取一点口粮,却被孔子以"君子周急不继富"为由否决了[①]。有的则家境贫寒,如仲弓家"无置锥之地"[②];颜渊身居陋巷,每天以"一箪食,一瓢饮"度日[③],生活无比清贫;而原宪的居所是"环堵之室,茨以生草;蓬户不完,桑以为枢"[④]。

二、贵贱。孔门多为士人子弟,但也有少数几人身份高贵,如鲁国"三桓"孟孙氏的孟懿子、南宫敬叔都是世袭贵族,他们遵从其父孟僖子遗命,曾学礼于孔子,不过他们是否正式拜入孔门目前尚存争议[⑤]。司马牛则是宋国桓氏贵族,其长兄向巢为宋国左师,二兄桓魋为宋国司马。子禽为齐国大夫,《孔子家语·七十二弟子解》中将其列为七十二贤。身份卑贱者则有野鄙之人子路、刑余之人公冶长、工匠之后漆雕开等。

三、长幼。孔子行教四十余年,弟子分"先进""后进"若干批次,因此年纪相差很大,年长者如颜路,他只比孔子小五岁,年幼者如子张,他比孔子小四十八岁。像颜路和颜渊、曾晳和曾参父子二代同时拜到孔子门下的也不在少数。

四、国别。孔门弟子主要来自今山东境内的齐(子禽、公冶长、公晳哀等)、鲁(子路、颜渊、冉有、曾参等)两国,也有从卫(子贡、子羔、子夏等)、宋(司马牛等)、陈(子张、巫马期等)、蔡(漆雕开等)、吴(言偃等)等国慕名而来的,几乎遍及当时主要诸侯国。而且许多弟子学成后返回祖国,或出仕,或讲学,或经商,都取得不俗成就。

五、智愚。孔门弟子才情秉性差异很大,比如颜渊和子贡都是孔门

---

① 《论语·雍也》。
② 《荀子·非十二子》。
③ 《论语·雍也》。
④ 《庄子·让王》。
⑤ 钱穆:《先秦诸子系年》,北京:商务印书馆,2001年,第3页。

中的佼佼者,他们勤奋好学,悟性极高,因而深得孔子赏识,甚至孔子也自叹弗如。有一次孔子问子贡:"女与回也孰愈?"子贡答道:"赐也何敢望回?回也闻一以知十,赐也闻一以知二。"孔子后来也感叹道:"弗如也;吾与女弗如也。"①然而有的弟子则比较愚钝,思想境界也不高,比如樊迟对稼穑之事很热衷,竟然向孔子"请学稼""请学为圃"②,他还总是向孔子"问仁""问知",孔子回答了,他却不动脑筋认真思考。孔子被他一遍一遍地问烦了,就用"爱人""知人"来搪塞他,他仍然不理解,又跑去向子夏请教③,所以孔子后来直呼其名地批评道:"小人哉,樊须也!"④

六、贤不肖。在孔门十哲名单中,颜渊、闵子骞、冉伯牛、仲弓列于"德行"优等,他们理所当然是贤者;宰我则因在"仁""知"以及"三年之丧"等许多重大问题上与孔子看法不一致,形成思想对立,并由此产生厌学情绪,发生"昼寝"事件,按理说他应该属于不肖者,但是孔子并没有因此对他产生偏见或刻意疏远,在孔门十哲中,宰我仍然列于"语言"优等,可见孔子的"有教无类",包括在学说思想上与自己对立者。

据《荀子》《说苑》等书记载,曾经有一个叫南郭惠子的人问子贡道:"夫子之门,何其杂也。"子贡答道:"君子正身以俟,欲来者不距(拒),欲去者不止。且夫良医之门多病人,檃栝之侧多枉木。是以杂也。"⑤"檃栝"是矫正竹木的工具。意思就是,但凡拜到孔子门下者,孔子一视同仁,不分亲疏,均以诗书礼乐教,至于能否成才则全凭个人的修为和悟性了。子贡这几句话从另一个角度诠释了孔子的"有教无类"。

---

① 《论语·公冶长》。
② 《论语·子路》。
③ 《论语·颜渊》等篇。
④ 《论语·子路》。
⑤ 《荀子·法行》,并见《说苑·杂言》。

18. 诲(共1章)

《论语·宪问》:"子曰:'爱之,能勿劳乎?忠焉,能勿诲乎?'"

在古代汉语中,"教"与"诲"的词义基本相同,所以经常连用:"饮之食之,教之诲之。"①"瞽、史教诲,耆、艾修之。"②不过在《论语》中,"教"与"诲"在实际使用中还是有一定区别的:"教"主要是一种上对下的施政(教化)手段,带有一定的强制性,适用范围是全体国民,所以孔子说"有教无类"③;"诲"则是人际交往中的一种为人处事方法,带有规劝、教诲的意思,并不具有强制性,适用范围主要是身份和地位相对平等的"人",所以孔子反复说"诲人不倦"④。关于这一点,赵纪彬先生在对《论语》中的"诲"字进行全面分析后得出如下结论:"'诲'的概念是以'人'为对象,以'忠'为动机,以'不倦'为精神,以'行束脩'为条件,以'知'为内容,以'平等'关系为媒介,务令所诲之'人','学而不厌',习为君子。"⑤

在《论语》中,孔子关于"诲"的言论共五见,大体有两种用法,第一种用法是教导、教诲之义,属于孔门教学之法:

---

① 《诗经·小雅·绵蛮》。
② 《国语·周语上》。
③ 《论语·卫灵公》。
④ 《论语·述而》。
⑤ 赵纪彬著:《论语新探》,北京,人民出版社,1959年,第7页。

由！诲女知之乎！知之为知之，不知为不知，是知也。①

　　默而识之，学而不厌，诲人不倦，何有于我哉？②

　　若圣与仁，则吾岂敢？抑为之不厌，诲人不倦，则可谓云而已矣。③

　　自行束脩以上，吾未尝无诲焉。④

　　从上述言论中可以看出，"诲人不倦"并不局限于孔门教学，同时也是孔子为人处事的一种方法。如果能及时对他人提出中肯的意见和建议，给人以启发和帮助，这样的"诲"是仁爱精神的具体体现。

　　"诲"的第二种用法就是本章的"忠焉，能勿诲乎"，这是一个政治概念，属于事君之道的内容。本章共有两句，前一句从"劳"字推断，讨论的应该是"使民"问题，"之"字代指"民"。子路曾问政于孔子，孔子说："先之劳之。"⑤这个"劳"与本章的"劳"都是劳民的意思。孔子在解释"尊五美"问题时又说："因民之所利而利之，斯不亦惠而不费乎？择可劳而劳之，又谁怨？"⑥子夏也说："君子信而后劳其民。"⑦可见，符合情理的劳民是爱民的具体体现。后一句从"忠"字来推断，讨论的应该是"事君"问题，孔子说："君使臣以礼，臣事君以忠。"⑧当然，臣下效忠君上并不是一句不着边际的空话，而是有许多具体的规范要求的：

　　事君以礼，人以为谄也。⑨

---

① 《论语·为政》。
② 《论语·述而》。
③ 《论语·述而》。
④ 《论语·述而》。
⑤ 《论语·子路》。
⑥ 《论语·尧曰》。
⑦ 《论语·子张》。
⑧ 《论语·八佾》。
⑨ 《论语·八佾》。

> 子路问事君。子曰:"勿欺也,而犯之。"①
> 事君数,斯辱矣。②
> 所谓大臣者,以道事君,不可则止。③
> 事君,敬其事而后其食。④

从上述言论中可以看出,事君敬忠至少应该包括遵从礼制、先事后食、坦诚进谏以及适可而止、免受羞辱等内容,而"诲"则是其中的一个重要内容,其基本要义是效忠于君上必须出于公心,尽心尽力,及时提出必要的忠告和劝导,因此这里的"诲"是进谏、规劝的意思。

---

① 《论语·宪问》。
② 《论语·里仁》。
③ 《论语·先进》。
④ 《论语·卫灵公》。

19. 中（中庸）(共6章)

在中国古代思想中，"中"的观念起源很早，运用也非常广泛，近代学者孙海波编纂的《甲骨文编》中共收录了33个"中"的独体字和5个含有"中"的合体字，其写法大多为一竖或一旗游（飘带）自上而下贯穿于一圆形。目前学界普遍认为，一竖为矢（箭）的象形，一圆形则为侯鹄（箭靶）的象形，因此"中"的原义是"矢着正"①。

随着人类对自然和社会认知能力的不断提高，"中"的含义逐渐延伸拓展，形成了空间地域之"中"的观念，即"地中"。夏禹建国之初，把全国分为九州，"芒芒禹迹，画为九州"②，并在嵩山之阳建立阳城（今河南登封县告成镇），作为夏朝王都。阳城位于颍水上游，西面是伊洛一带的河南地区，东北是兖豫大平原，东南则是淮上，地理位置处于中原地区的中心地带，便于结合东南地区的众多邦国和部落，这种以阳城为中心的区划布局集中体现了当时人们关于"地中"的观念："九州攸同，四隩既宅，九山刊旅，九川涤源，九泽既陂，四海会同。"③

在"地中"观念的支配下，人们进而形成"尚中"观念，这种观念在商代就已比较流行。《尚书·盘庚中》："今予告汝不易，永敬大恤，无胥绝远，女分猷念以相从，各设中于乃心。"这里的"中"是统治者所崇尚的一

---

① [清]朱骏声撰：《说文通训定声》。
② 《左传·襄公四年》引《虞人之箴》。
③ 《尚书·禹贡》。

种行为准则,因此通常解释为中正之道①。孟子说:"汤执中,立贤无方。"②意思就是,商汤用人坚持中正的原则,左相仲虺是世袭贵族,右相伊尹则是种族奴隶,他任人唯贤,一视同仁,可见"中"的原则已经实际运用于政治领域,成为统治者的施政手段之一。

周朝时期,"尚中"观念非常流行,清华简《保训》中记载,周文王临终前专门把太子发(周武王)找来向他颁布政治遗训,主要内容就是要求他以上古帝王虞舜为榜样,认真贯彻执行"中"的为政之道:"舜既得中,言不易实变名,身滋备惟允,翼翼不懈,用作三降之德。"③周人崇德,因此"中"又被赋予了道德内涵:"丕惟曰:尔克永观省,作稽中德。尔尚克羞馈祀,尔乃自介用逸。"④这是周公训诫康叔的一段诰谕,周公要求康叔崇尚"中德",言行举止都要符合中正之道。此外,周公还把"尚中"观念引入刑罚实践之中:"兹式有慎,以列用中罚。"⑤这里的"中"就是刑罚宽严适度的意思,体现了周代先王"明德慎罚"的精神。周穆王也要求刑狱之官在实施刑罚时一定要秉持"中正"原则:"非佞折狱,惟良折狱,罔非在中。察辞于差,非从惟从。哀敬折狱,明启刑书胥占,咸庶中正。"⑥听讼断狱必须符合中正之道,力求令人信服。

孔子继承了传统的"尚中"观念,并开创性地运用中庸思想来诠释和阐述"尚中""执中""中和"等理念,在理论研究方面更加系统深入,相关言论主要保存在《礼记》的《中庸》《缁衣》等篇中。孔子提出的中庸之道,思想内涵非常丰富,影响也非常深远。在哲学意义上,中庸是研究、探索以及处理一切事物的合乎客观规律或一定标准的正确方法和应有态度,因此属于认识论和方法论的范畴;在实际运用中,中庸是治国理政和道

---

① 杨筠如《尚书覈诂》:"各设中于乃心,各于女心求合中正之道也。"
② 《孟子·离娄章句下》。
③ 李学勤:《初识清华简》,上海:中西书局,2013年,第27页。
④ 《尚书·酒诰》。
⑤ 《尚书·立政》。
⑥ 《尚书·吕刑》。

德修养的准则和规范,因此又属于政治学和伦理学的范畴。

此外,孔子还将中庸思想运用于《易经》研究。《周易·系辞下》:"初辞拟之,卒成之终。若夫杂物撰德,辨是与非,则非其中爻不备。""中爻"是指卦中的第二、五爻,分别居于上下两卦的中间位置,不上不下,不偏不倚,因此中爻的爻辞通常都比较重要,大多表达了相对吉利和进取的含义,体现了"尚中"的理念,所以清代学者钱大昕说:"尝谓六十四卦,三百八十四爻,一言以蔽之,曰中而已矣。"①

《论语·雍也》:"子曰:'中庸之为德也,其至矣乎!民鲜久矣。'"

道德范畴的"中庸"已在《德》中做出评析,这里主要结合《论语》《礼记》中的相关言论,对政治范畴的"中庸"再作深入研究和评析。

"中庸"二字,历来有多种解说。关于"中",朱熹《四书章句集注》中的解说最为精要:"中者,不偏不倚、无过不及之名。"所谓"不偏不倚",就是使处于矛盾对立的事物保持一种相对平衡的状态,这既是道德修养的最高境界,也是为人处世的最高法则。关于"庸",郑玄的解说比较具有代表性:"名曰中庸者,以其记中和之为用也。庸,用也。"②由此可见,"中庸"就是"用中"的意思。综合各种解说,"中庸"就是把"尚中""执中""中和"等观念作为一种普遍规律或通用法则在现实政治和人生修养中加以广泛运用。

孔子中庸思想的形成是有其深刻历史背景的。春秋末年,社会矛盾不断加剧,各种利益集团争斗不已,历史正处在一个由旧秩序向新体制过渡的重要转折期。面对日益恶化的政治形势,孔子清醒地意识到,许

---

① [清]钱大昕著:《潜研堂集》,上海:上海古籍出版社,2009年,第46页。
② 《礼记·中庸》郑玄注。

多深层次的社会问题难以根本解决,但是他又不愿意看到矛盾不断加深,局势持续恶化,他希望寻找一种相对温和的方法来化解各种矛盾冲突,于是就从传统的"执中"观念中汲取养分,提出了采取折中调和的方式来化解各种纷争的中庸之道,并以此作为当政者进行自我约束的行为准则和道德修养的最高标准。为了说服各国当政者放弃极端对立,遵从中庸之道,他甚至强调说:"天下国家可均也,爵禄可辞也,白刃可蹈也,中庸不可能也。"①由此可见,孔子的中庸之道从开始提出,就是着眼于解决现实政治中的矛盾冲突问题,因此具有明确的功利色彩和政治动机。

  孔子不仅是中庸之道的理论创建者,也是积极践行者。在现实政治中,孔子反对激烈对抗、残酷斗争,主张采取富有智慧的温和态度和富有弹性的灵活方法来调和矛盾,折中对立,避免冲突,他要求当事各方都要努力寻求和尽力维持"中"的最佳状态,这样就可以有效地化解现实危机,让社会恢复应有的礼制秩序,最终回归于"天下有道"。所以季康子问政于孔子,他回答道:"政者,正也。子帅以正,孰敢不正?"②这里的"正",从某种意义上说,就是秉持中正的原则立场,做到"不偏不倚"。此外,他还建议当政者在施政手段和策略上,力求在"政""刑"等强制措施与"礼""德"等柔性约束之间寻求"无过不及"的平衡,做到恩威并重,软硬兼施③。弟子子夏出任莒父宰时,他又告诫子夏不要好大喜功,急功近利,要妥善处理好"速"与"达"、"小利"与"大事"之间的平衡关系,力求在对立关系中实现利益的最大化④。孔子把中庸之道广泛运用于施政实践中,尽管不能解决社会的本质问题,但是对于缓解矛盾冲突多少起到一定的积极作用。

  在人类社会走向文明的进程中,有人坚持斗争哲学,有人倡导构建

---

① 《礼记·中庸》。
② 《论语·颜渊》。
③ 《论语·为政》。
④ 《论语·子路》。

和谐社会,无论动态的"斗"还是静态的"和","中"始终是维持对立统一的最佳平衡点。从这个意义来说,中庸之道是具有特殊价值和现实意义的。

在《论语》中,孔子关于"中"和"中庸"的言论并不多,相比较而言,他更注重中庸原则的实际运用,相关内容将结合《论语》《中庸》等儒家经典进行具体评析。

在孔子中庸思想的传承与发展中,真正使之理论化、体系化的是思孟学派,而子思则是承前启后的关键人物,司马迁说他尝困于宋而作《中庸》[1]。另据《汉书·艺文志》记载,子思曾有著述二十三篇,但是现今大多佚失,根据汉儒分析,《礼记》中的《中庸》《坊记》《表记》《缁衣》等篇均为子思著述,因此历来为学人所重。《中庸》为《四书》第二部,是儒家学派最重要的经典之一。朱熹在《中庸章句序》中说:"子思惧夫愈久而愈失其真也,于是推本尧舜以来相传之意,质以平日所闻父师之言,更互演绎,作为此书,以诏后之学者。盖其忧之也深,故其言之也切;其虑之也远,故其说之也详。其曰'天命率性',则道心之谓也;其曰'择善固执',则精一之谓也;其曰'君子时中',则执中之谓也。"林语堂则认为《中庸》是儒家思想纲领性的文献,他说:"我之所以把《中庸》这部书置诸儒家典籍之首,即因为研究儒家哲学自此书入手,最为得法。研究儒家哲学时,《中庸》一书本身,可说就是相当适宜而完整的基础。"[2]可见子思在儒家思想发展中居于前承孔子、后续孟子的重要地位。

子思对于传承和发展孔子中庸思想的突出贡献主要体现在两个方面:一是他把孔子有关中庸的言论集中整理出来,并以《中庸》为题而独立成篇,从而使孔子中庸思想理论化、系统化;二是他在阐述孔子中庸思想的过程中又提出了"时中""中立""执中"(相关内容将在《尧曰篇》的

---

[1]《史记·孔子世家》。
[2] 林语堂:《孔子的智慧》,长沙:湖南文艺出版社,2016年,第96页。

"允执其中"中另作评析)以及"至诚""尽心"等新命题,从而在思想内容上大大丰富了孔子中庸思想。

关于"时中"。就思辨形式而言,中庸思想是以讲求在平列的对立双方取其中点为特征的,思维方式表现为二维空间;而"时中"则是在二维空间之上又加入了时间维度,思维空间由二维变成三维,因此"时中"是中庸思想的一种重要发展形态。在现实生活中,万事万物无时无刻不处于运动变化之中,旧时的"中"随着时间推移和条件变化,很有可能成为现在的"偏"或"倚",而昨天的"偏"或"倚"在新形势下也有可能变成今天的"中"。对于执中者来说,这无疑是一个新问题。如何才能做到时时而"中",处处而"中"呢?这就要求人们不能拘泥于一时一地的"中",要在空间范围坚持"中"的同时,还要考虑到处于不断变化的"时"的因素,也就是说,要在流动变化之中把握"中"。

其实,"时中"这种思辨形式在《论语》中已经初具雏形,孔子在很多方面都自觉不自觉地贯彻了"时中"的原则。例如在言行举止方面,孔子要求做到顺势而为,随时而变,"邦有道,危言危行;邦无道,危行言孙"[1];在进退出处方面,孔子要求做到"用之则行,舍之则藏"[2],"天下有道则见,无道则隐"[3];在臧否人物方面,卫国大夫公叔文子能够恰当把握"言""笑""取"的时机,做到"时然后言""乐然后笑""义然后取"[4],孔子对于他这种审时度势、谨言慎行的处世方法大加赞赏。孔子还试图引用《诗》中的诗句来阐述"时中"观念:"深则厉,浅则揭。"[5]意思就是,一切都要从实际出发,时势发生变化,为人处世的方法也应随之而变。所以孟子说:"孔子,圣之时者也。"[6]当然,在孔子思想中,"时中"观念尚处于萌发阶

---

[1]《论语·宪问》。
[2]《论语·述而》。
[3]《论语·泰伯》。
[4]《论语·宪问》。
[5]《论语·宪问》。
[6]《孟子·万章章句下》。

段,理论阐述还不够明晰,真正完成理论升华任务的是子思。

子思在《中庸》中解释孔子"君子中庸,小人反中庸"这两句话时首次提出了"时中"的概念:"君子之中庸也,君子而时中。小人之中庸也,小人而无忌惮也。"需要说明的是,目前学界普遍把上述两段言论笼统地归为孔子一人所言,进而认为"时中"思想最早是由孔子提出的。但是经过认真比较分析之后,就会得出不一样的结论。首先,从两段言论的关系来看,前者是立论,后者是阐述,如果均为一人所言,就完全没有必要如此叠床架屋,反复赘言。其次,通过与《中庸》其他章节比对校验,也可以发现子思对于"时中"思想具有独到见解,他不仅明确提出了"时中"概念,而且还自觉地运用"时中"原则来处理人生问题。《礼记·中庸》:

> 君子素其位而行,不愿乎其外。素富贵行乎富贵,素贫贱行乎贫贱,素夷狄行乎夷狄,素患难行乎患难,君子无入而不自得焉。在上位,不陵下;在下位,不援上。正己而不求于人,则无怨。上不怨天,下不尤人。故君子居易以俟命,小人行险以徼幸。

这段言论的主旨是要求人们遵从礼制,安于现状,无论处于何种境地都要坚持中正,保持独立,既不要有所僭越,也不要有所懈怠。显然,子思这番议论是有感而发的,因为他生活在一个旧制度和新秩序矛盾日趋尖锐的时代:各国新兴势力在本国已经基本完成了夺取政权的任务,并先后进行了程度不同的社会改革;而贵族势力则在政治斗争中日趋衰落,集团内部分化迅速,有的改弦易张,变成新贵,有的则心灰意冷,避世隐居。凡此种种,在子思看来,都是不符合"时中"的原则要求的。因此他郑重地告诫人们,不要因为今天的得势而忘乎所以,为所欲为,也不要因为今天的失势而一蹶不振,无所作为。尽管随着"时"与"势"的变化,人们的身份和地位也发生了相应变化,但是秉持"中"的原则不能变,每个人都必须在现有的地位和处境中继续履行各自的职责和义务。显然,子思已经在传统的"执中"观念中纳入了"时"与"势"的新因素。这种观点正是"时中"思想的具体运用和生动体现。

综上所述,"时中"思想的基本要求是做到时时而"中",处处而"中",这就要求人们具有敏锐的洞察力和果敢的判断力,必须时刻保持清醒头脑,在任何情况下都能够审时度势,随机应变。与"中庸"相比,践行"时中"的难度确实增大了许多,同时在思辨形式上也相应地深刻和丰富了许多。必须承认,在儒学发展过程中,由"中庸"到"时中"的思辨深化过程,是由得"孔门传授心法"而又善解夫子之意的子思完成的。此后,经过孟子等人进一步充实与完善,"时中"思想在中华民族二千多年的漫长发展过程中不断凝聚与发展,成为本民族所特有的一种思维方式和心理习惯。

关于"中立"。"中立"作为一个哲学命题,最早也出自《中庸》:

> 君子和而不流,强哉矫!中立而不倚,强哉矫!国有道,不变塞焉,强哉矫!国无道,至死不变,强哉矫!

值得注意的是,这里的"中立"是被当作衡量强弱的标准提出来的。如果说"时中"着重讲求的是中庸之道的灵活性,那么"中立"强调的则是中庸之道的原则性,其基本内涵是坚持"仁"的立场,即坚持天下中正之道,虽与世俗同流,但立场至死不变。这种观念反映了子思等人对政治理想的执着追求以及为此而不惜杀身成仁的斗争精神和大丈夫气概。

关于"至诚""尽心"等内容,因为与中庸思想关系不大,这里就不作具体评析了。

关于中庸之道,许多人都认为中庸思想是以讲求调和折中、反对立冲突为基本特征的,代表了愚昧保守、不思进取的处世原则和消极态度,因此千百年来遭受了各种严厉批判,甚至有人将其视为本民族劣根性之一。长期以来,中庸思想之所以被人视若糟粕,屡遭诟病,真正原因并不在于中庸思想,而在于历史上那些失败者或失意者借此来自我解嘲,为己开脱,把中庸当作一种实用主义的工具。诚如鲁迅先生分析的那样:"遇见强者,不敢反抗,便以'中庸'这些话来粉饰,聊以自慰。所以中国人倘有权力,看见别人奈何他不得,或者有'多数'作他护符的时候,多是凶残横恣,宛然一个暴君,做事并不中庸;待到满口'中庸'时,乃是势力已失,早非'中庸'不可的时候了。"①事实上,在儒家先君子那里,中庸并不意味着失势或失意,也不同于庄子所谓"不遣是非以与世俗处"②的混世哲学,中庸是儒家学派为人处世和治国理政的特有智慧,也是道德修养的最高境界。

《论语·尧曰》:"尧曰:'咨!尔舜!天之历数在尔躬,允执其中。四海困穷,天禄永终。'舜亦以命禹。"

本章是上古帝王唐尧禅让帝位于虞舜时的训诫之辞,《古文尚书·大禹谟》中也有相同记载,文字稍有不同。这段文字到底是何来历,与《论语》之间又是什么关系,自宋代苏轼以来就争议不休,莫衷一是,有人说是《大禹谟》抄《论语》,也有人说是《论语》抄《大禹谟》。

既然这段文字存在真伪问题,那么后人为什么还要花费心思反复考证研究呢?因为文中提出了"执中"的重要观念。往往在文字不可靠时,一种观念(概念)却可以通过思想发展脉络把各种微妙联系串联起来,进而重新确认其价值。通过"中"→"地中"→"尚中"→"执中"→"中庸"诸多概念之间的逻辑联系,就可以把古人关于"中"的观念的发展脉络清晰完整地展现出来,这就是"执中"观念的理论价值和现实意义。换言之,

---

① 鲁迅:《鲁迅全集》,北京:人民出版社,1973年,第32—33页。
②《庄子·齐物论》。

尽管这段文字真伪难辨，或许后于《论语》出现，但是"执中"观念则是先于孔子形成的，并且对孔子的中庸思想产生影响。因此在言论评析过程中，比较明智的做法是不必在细枝末节问题上纠缠不清，而应着重厘清"执中"观念的形成与发展脉络。

从这段文字提供的语境来看，"执中"观念凝聚了尧舜禹三代帝王的政治智慧，非常重要，因此被后人当作政治遗言记载在册，奉为圭臬，时时警醒，世代相传。如何理解"允执其中"的具体内涵？必须结合《尚书·大禹谟》中的完整文字："人心惟危，道心惟微，惟精惟一，允执厥中。"这里"人心"与"道心"相对，表现的是内思于心和外形于道的关系，因此本章中的"中"应该理解为一种正确的义理或原则，进而引申为一种行之有效的为政方略。《皇疏》："允，信也。执，持也。中，谓中正之道也。言天位运次既在汝身，则汝宜信执持中正之道也。"此外，清华简《保训》中有一段文字亦可参考：

昔舜旧作小人，亲耕于历丘，恐求中，自稽厥志，不违于庶万姓之多欲。厥有施于上下远迩，迺易位迩稽，测阴阳之物，咸顺不逆。舜既得中，言不易实变名，身滋备惟允，翼翼不懈，用作三降之德。①

根据李学勤先生释读，这里的"中"是治世的中正之道，虞舜当年身处民间时就积极寻求"中"、学习"中"，继位以后，他更是加倍努力践行"中"，以造福庶民百姓。这段文字在思想上与《尚书》《论语》等典籍记载是一致的，说明我国早在上古时期，统治者就把"执中"自觉地运用于为政实践之中，并且取得了成功经验。

孔子出于调和现实矛盾的需要，从三代帝王的为政实践中归纳总结出"允执其中"的成功经验，并且将这句话单独抄录下来，留待细心揣摩，

---

① 李学勤：《初识清华简》，上海：中西书局，2013年，第27页。

反复研究。孔子之所以如此重视"执中",是因为他需要向当政者进行说教,而三代帝王的政治遗言是具有足够的权威性和说服力的!

从"中"的思想发展脉络来看,孔子的"允执其中"是在继承"执中"观念的基础上进行理论改造和理性升华而形成的,因此不仅在哲学上具有普遍意义,在现实政治中也具有实践意义。

《论语·子罕》:"子曰:吾有知乎哉?无知也。有鄙夫问于我,空空如也。我叩其两端而竭焉。"①

孔子在本章中提出"叩其两端而竭焉"的命题,是其中庸思想在认识论方面的具体运用。就思辨形式而言,这一命题具有辩证思维的特征,因此值得关注。

在上古帝王中,虞舜最受儒家推崇,所以儒学后人总是想方设法把孔子和虞舜联系在一起。《礼记·中庸》:

> 子曰:"舜其大知也与!舜好问而好察迩言,隐恶而扬善,执其两端,用其中于民,其斯以为舜乎!"

后儒认为,虞舜之所以能够成为无所不知的圣王,是因为他在观察和思考问题时善于在对立的"两端"之间把握"中",并能充分发挥其神奇功效而用之于民。孔子提出的"叩其两端而竭焉"就是对虞舜"执其两端,用其中于民"的继承和发展。不过这种刻意为孔子言论寻找权威依据的说法过于牵强,不足为取。

在"叩其两端而竭焉"中,"两端"是指事物的对立状态,从某种意义

---

① 本章有关学习方法的内容将在《叩其两端》中进行评析。

上说,"两端"也可以理解为两个"极端",因为二者都偏离了"中",并形成危害,所以孔子说:"攻乎异端,斯害也已。"①"叩"和"竭"分别代表认知过程中的两种方法,"叩"是叩问,带有试探、摸索的意思;"竭"是穷尽,在认知过程中越"竭"就越"中",越对立就越统一,这是一种辩证的思维模式。

综上所述,"叩其两端而竭焉"的基本要义是在认知过程中一定要克服偏于一隅、走向极端的错误倾向,应该耐心探问,全面考察,整体把握,这样才能得到正确的认知,做出正确的选择。

清代学者焦循在概括"叩其两端而竭焉"的功效时说:"处则以此为学,出则以此为治,通变神化之妙,皆自此两端而宜之也。"②可见,"叩其两端而竭焉"的思维模式和认知方法,在治国和学习等许多领域用途很广,作用也很大。

《论语·先进》:"子贡问:'师与商也孰贤?'子曰:'师也过,商也不及。'曰:'然则师愈与?'子曰:'过犹不及。'"

本章是孔子中庸之道在臧否人物(评价弟子)方面的具体运用,集中体现了孔子在为人处世方面的基本原则和要求。师是子张,姓颛孙,名师,字子张,陈国人。商是子夏,姓卜,名商,字子夏,卫国人。他们都是孔门"后进"弟子中的佼佼者,年纪很轻,所以孔子对他们直呼其名。

子贡问孔子,子张和子夏相比,谁更优秀? 这里的"贤"是更胜一筹的意思。根据有关史料记载,子张为人清高孤傲,行为乖张偏激,"孔子门人友而弗敬"③。荀子对他也是颇为微词:"弟佗其冠,神襌其辞,禹行

---

①《论语·为政》。
②[清]焦循著,陈居渊主编:《雕菰楼经学九种》上册,南京:凤凰出版社,2015年,第642页。
③《孔子家语·七十二弟子解》。

而舜趋,是子张氏之贱儒也。"①批评他整天装腔作势的样子,做派有点浮夸。所以孔子评价他为"过",即"师也辟"②,"辟"是偏执、便辟。子夏为人处世则偏于拘谨、保守,他在生活中过分注重送迎交接之类的繁文缛节,《孔子家语》中说他"为人性不弘,好论精微,时人无以尚之"③。意思就是,他心胸不够开阔,遇事爱钻牛角尖。荀子评价他说:"正其衣冠,齐其颜色,嗛然而终日不言,是子夏氏之贱儒也。"④意思就是,他整天绷着脸,不苟言笑,行为拘谨、琐碎。所以孔子评价他为"不及"。显然,孔子对于"师也过"和"商也不及"都不认可,因为这两种人生态度和处世方法均不符合中庸之道。子贡接着又自作聪明地问道:"然则师愈与?""愈"是较优、胜于。孔子则明确回答道:"过犹不及。"孔子在另一个场合也曾说:"不得中行而与之,必也狂狷乎!狂者进取,狷者有所不为也。"⑤这里所说的狂狷之人,正是子张、子夏之流。孔子认为,任何一种偏离中道的行为,或"过"或"不及",或"狂"或"狷",错误性质都是一样的,也都是不可取的。

在孔门弟子中,能够做到得其中道而不懈行之者只有颜渊一人,所以孔子对他大加赞赏:"回之为人也,择乎中庸,得一善,则拳拳服膺而弗失之矣。"⑥颜渊为人处世的最大优点在于能够择善而从,坚守仁道,孔子说:"回也,其心三月不违仁,其余则日月而至焉而已矣。"⑦可见颜渊的人生修养境界是子张、子夏等人无法比拟的。

---

① 《荀子·非十二子》。
② 《论语·先进》。
③ 《孔子家语·七十二弟子解》。
④ 《荀子·非十二子》。
⑤ 《论语·子路》。
⑥ 《礼记·中庸》。
⑦ 《论语·雍也》。

《论语·先进》:"子路问:'闻斯行诸?'子曰:'有父兄在,如之何其闻斯行之?'冉有问:'闻斯行诸?'子曰:'闻斯行之。'公西华曰:'由也问闻斯行诸,子曰,"有父兄在";求也问闻斯行诸,子曰,"闻斯行之"。赤也惑,敢问。'子曰:'求也退,故进之;由也兼人,故退之。'"

孔子答"闻斯行诸"之问最能体现他因材施教的教育理念,故而历来为人称道。尤其是关于求(冉有)进由(子路)退之说,充分显示了孔子中庸之道的智慧和功效。

孔门弟子才情秉性各异,其中子路和冉有的性格特征比较鲜明:子路为人刚毅果敢,"果烈而刚直,性鄙而不达于变通"①,所以孔子说"由也喭"②,《皇疏》引王弼注曰:"喭,刚猛也。"《集注》:"喭,粗俗也。"冉有则为人谨小慎微,"为性多谦让"③,他任季氏宰期间,身处季康子和孔子矛盾冲突之中,处处小心谨慎,唯唯诺诺,然而孔子对他仍不满意,时有责难。

孔子根据每个弟子的不同情况,因材施教,区别对待。子路和冉有向他提出"闻斯行诸"的相同问题,他对子路的回答是"有父兄在",要求他慎重行事,当缓则缓;但是他对冉有的回答则是"闻斯行之",要求他果敢行动,该行则行。对于同样的问题,孔子却做出截然不同的回答,弟子公西华感到困惑不解,因此向孔子求教。孔子对此做出的解释很简单:退者(冉有)进之,进者(子路)退之,这里的"兼人"是激进、勇为之义。孔子对冉有和子路分别提出"进"或"退"的建议,主要依据的是中庸原则,退者纠之以进,进者纠之以退,从而使各种"偏"和"倚"回到"中"的最佳状态,这就是中庸之道的妙用。

在《论语》中,孔子在评价弟子或臧否人物时常常用一两个字来加

---

①《孔子家语·七十二弟子解》。
②《论语·先进》。
③《孔子家语·七十二弟子解》。

以概括,诸如子路之"果"、子贡之"达"、冉有之"艺"、高柴之"愚"、曾参之"鲁"、子张之"辟"、令尹文子之"忠"、陈文子之"清"、宁武子之"愚"、史鱼之"直"、祝鮀之"佞"、宋朝之"美"、蘧伯玉之"智"、卞庄子之"勇"、季文子之"三思"等等①。尽管这些人物的个性特征鲜明,但是都偏离了中道,超越了尺度,走向了极端,按照中庸原则来进行评判,他们都失之偏颇,理应警醒,因此孔子在对他们做出评价时均持以审慎的保留态度。

《论语·微子》:"逸民:伯夷、叔齐、虞仲、夷逸、朱张、柳下惠、少连。子曰:'不降其志,不辱其身,伯夷、叔齐与!'谓:'柳下惠、少连,降志辱身矣,言中伦,行中虑,其斯而已矣。'谓:'虞仲、夷逸,隐居放言,身中清,废中权。我则异乎是,无可无不可。'"

本章共列举了七位历史人物,统以"逸民"称之。《皇疏》:"逸民者,谓民中节行超逸不拘于世者也。"《集注》:"逸,遗逸。民,无位之称。"简单梳理一下,这些人大致有以下几个共同特征:一是道德高尚,为人景仰;二是不为世用,流落民间;三是洁身自好,不与俗化。

孔子把这些历史人物分为三组,以中庸之道为标准,分别对他们做出评价,同时也阐明了自己的处世原则和人生态度。

第一组人物是伯夷、叔齐。他们是殷末孤竹国的两位王子,周代殷商后,他们标榜清高,不愿合作,于是就采取"义不食周粟,隐于首阳山"②的极端方式与周朝统治者相对抗。这种处世方式显然是不符合中庸之道的,所以孔子对他们的评价有所保留,偏于负面。

---

① 分见《公冶长》《雍也》《先进》诸篇。
②《史记·伯夷列传》。

第二组人物是柳下惠、少连。少连为东夷之人,善居丧①,其他事迹阙如。柳下惠是鲁国公族贵族,曾任鲁国士师,他任职期间因为政治理念不同,被执政国卿臧文仲连续罢黜三次,当时有人劝他干脆去别国发展,他却忍辱负重,"降志辱身",他说:"直道而事人,焉往而不三黜?枉道而事人,何必去父母之邦?"②柳下惠的处世方法是不愿意为了现实利益而放弃自我,所以不受重用,屡遭罢黜,所以孟子说:"柳下惠不以三公易其介。"③孔子认为,柳下惠的"降志辱身"和伯夷、叔齐的"不降其志,不辱其身"是从一个极端走向另一个极端,同样不足为取,因此不置可否地说:"其斯而已矣。"意思就是,也只能如此而已了。

第三组人物是虞仲、夷逸。关于这两个人的真实身份,史书中均无确切记载,因此只能根据孔子言论来进行推断。"隐居放言"是归隐山林,离群索居,不务世事;"身中清"是洁身自好,不与世俗同流合污;"废中权"则是放弃所有的人伦规范和世俗事务。据此推断,他们应该和楚狂接舆、长沮、桀溺等人一样,都是在现实政治斗争中失势的没落贵族。他们既无力改变现实,也不愿改变自己,因此干脆放弃人之所以为人的权力,幽居独处,与鸟兽为伍。孔子对于他们的处世方式也不认同,因为这种消极避世的人生态度并不符合孔子"知其不可而为之"④的积极进取精神。孔子在遭受长沮、桀溺等人奚落后曾明确表示:"鸟兽不可与同群,吾非斯人之徒与而谁与?天下有道,丘不与易也。"⑤

孔子认为,上述三组历史人物的处世方式和人生态度或激进(伯夷、

---

① 《礼记·杂记下》:"孔子曰:'少连、大连善居丧,三日不怠,三月不解,期悲哀,三年忧,东夷之子也。'"
② 《论语·微子》。
③ 《孟子·尽心章句上》。
④ 《论语·宪问》。
⑤ 《论语·微子》。

叔齐),或保守(柳下惠、少连),或颓废(虞仲、夷逸),均不符合中庸之道,因此是不可取的。在此基础上,他表明了自己的处世原则和态度:"我则异乎是,无可无不可。"意思就是,我和这些"逸民"不一样,我奉行中庸之道,处世不极端,为人不自我,择善而取中,随世而变化。除此之外,没有什么是可以的,也没有什么是不可以的。孟子后来对孔子秉持中庸的处世之道做出具体阐述:"可以速而速,可以久而久,可以处而处,可以仕而仕,孔子也。"①又说:"仲尼不为已甚者。"②

---

①《孟子·万章章句下》。
②《孟子·离娄章句下》。

20. 和（同）(共3章)

"和"和"中"一样,也是中国古代特有的哲学观念,充分体现了东方文明的智慧。相比较而言,"中"所追求的是物理空间事物的最佳位置,而"和"所追求的则是不同属性事物的共生状态,因此海外汉学家将"和"翻译为harmony(和谐)或collaterality(协重),他们是这样评价"和"的思想价值的:"兼收并蓄的'和而不同',以及对'同而不和'的摒弃,才使得儒家思想成为我们自己的历史时刻中全球文化的一种丰富可能性。"①

在思维方式上,中国古代思想家与古希腊哲学家从一开始就表现出不同倾向,用孔子(公元前551—前479年)和古希腊哲学家赫拉克利特(公元前540—前470年)来进行比较,两位伟大的思想家几乎是同一时期人,他们的学术思想对于东西方哲学思想和民族思维习惯都产生巨大而深远的影响。在赫拉克利特的哲学思想中,他首先关注的是世界的本源问题,即世界万物是由何种物质构成的,他认为构成世界万物最原始的物质是火,他在《论自然》中说:"这个有秩序的宇宙(科斯摩斯)对万物都是相同的,它既不是神也不是人所创造的,它过去、现在和将来永远是一团永恒的活火,按一定尺度燃烧,一定尺度熄灭。"赫拉克利特将其哲学思考锁定在探究世界的唯一性上,即世界的本源不是"火"就是"水",或者是其他什么唯一的物质。同样,对于人类社会而言,任何事情也只

---

① [美]安乐哲著:《和而不同——中西哲学的会通》,温海明译,北京:北京大学出版社,2009年,第4页。

有一个正确答案,其他答案都是错误的,这种思考问题的方式进而形成一种非赢即输的零和思维定式,火与水、对与错、是与非、黑与白、赢与输等,所有的对立只能选择其一。然而以孔子为代表的先秦儒家学派首先关注的不是世界本源问题,而是世界万事万物之间的相互联系问题,比如人与自然(人与天)关系、人与社会关系(人与人)以及人与自我关系等。在处理天与人、水与火、黑与白、对与错、是与非、赢与输等关系时,他们不需要选择一个非对即错的唯一性结果,而是倾向于选择一种能够使各种事物或观点兼容共生的和谐状态。"和"就是儒家学派处理万事万物关联存在的最高境界(这种思维模式在以老子为代表的道家思想中同样表现为"知白守黑""知雄守雌""无为而无不为"等事物的关联性)。所以法国社会人类学家葛兰言(Marcel Granet)早在20世纪30年代就曾提出,中国人的思维是把各种事物看成关联性的存在,认为这是中国人思维的主要特征。

《论语・子路》:"子曰:'君子和而不同,小人同而不和。'"①

"和"(龢)是"龠"和"禾"的合体字,最早出现在金文中。《说文解字》:"龢,调也。从龠禾声。""龠"象形为口,表示吹奏,"禾"兼声形,表示禾类植物的芦管,"和"的本意是吹奏用芦管编成的排笛,形成不同声部乐音的美妙和谐共振。由此可见,"和"最初只是音乐方面的一个术语,"夫耳目,心之枢机也,故必听和而视正。听和则聪,视正则明"②。《左传・昭公二十一年》记载了周景王耗费巨资铸乐钟(无射)之事,当时朝廷重臣都以"听之不和,比之不度"为由表示反对,乐官州鸠劝谏道:

---

① 本章有关"君子"和"小人"的内容将在《君子与小人》中进行评析。
②《国语・周语下》。

> 夫乐，天子之职也。夫音，乐之舆也。而钟，音之器也。天子省风以作乐，器以钟之，舆以行之，小者不窕，大者不槬，则和于物。物和则嘉成。故和声入于耳而藏于心，心亿则乐。窕则不咸，槬则不容，心是以感。

这里的"窕"和"槬"，杜预分别解释为"细不满"和"横大不入"，指的是细小不闻和洪大不入这两种与人的思想感情无法产生共鸣的音乐声，所以下文中说"窕则不咸，槬则不容"。"和"则是指声音虽细小却清晰可闻、虽洪大却不震耳欲聋的美妙音乐与人的思想感情形成共鸣的状况。《国语》中亦载此事，也提出"钟声不可以知和，制度不可以出节，无益于乐"的观点①。

在实际运用中，"和"的观念逐渐从音乐方面延伸拓展到许多领域，泛指人或事的一种和谐状态。《尚书·皋陶谟》："同寅协恭和衷哉。"这里的"和"为和睦、协调之义，"协恭和衷"是指君臣之间同心同德，团结一致。《尚书·康诰》："惟民其敕懋和。"这里的"和"为和顺之义，统治者只要"用康保民"，民众就会心悦诚服，和睦相处。《国语·周语下》中则说：

> 夫政象乐，乐从和，和从平。声以和乐，律以平声。金石以动之，丝竹以行之，诗以道之，歌以咏之，匏以宣之，瓦以赞之，革木以节之。物得其常曰乐极，极之所集曰声，声应相保曰和，细大不踰曰平。
>
> 细钧有钟无镈，昭其大也。大钧有镈无钟，甚大无镈，鸣其细也。大昭小鸣，和之道也。和平则久，久固则纯，纯明则终，终复则乐，所以成政也，故先王贵之。

---

① 《国语·周语下》。

"政"和"乐"是相通的,两者都以"和"为准则,以"平"为目标。如果音乐能够达到"和"的状态就是"乐正",而施政能够达到"和"的状态就是"政平"。

春秋时期,"和"的观念已经相当流行,其思辨特征是两种或多种不同性质事物或观念之间的彼此渗透和融合,因此人们思考问题和处理事务更具有完整性、连贯性和统一性,在现实生活和施政实践中逐渐成为一种行之有效的准则和规范。《国语·周语上》载周内史过言:

> 民之所急在大事,先王知大事之必以众济也,是以祓除其心,以和惠民。考中度衷以莅之,昭明物则以训之,制义庶孚以行之。祓除其心,精也;考中度衷,忠也;昭明物则,礼也;制义庶孚,信也。然则长众使民之道,非精不和,非忠不立,非礼不顺,非信不行。

这里的"和"是当政者实行有效统治的一项重要举措,即"长众使民之道",但凡国家要举"大事"(戎与祀),必须先协调民心,排除杂念,使其达到精诚专一的"和"的境界,否则就会"远不至而近不和",当政者也将无以守国。

与"和"相对的是"同","同"是没有意义的同类叠加或意见苟合,《集注》:"同者,有阿比之意。"周太史史伯和齐贤相晏婴等人在比较"和"与"同"的基础上,进一步提出了和同论,从而极大地丰富了"和"的哲学意涵。《国语·郑语》载史伯言曰:

> 夫和实生物,同则不继。以他平他谓之和,故能丰长而物归之;若以同裨同,尽乃弃矣。故先王以土与金木水火杂,以成百物。是以和五味以调口,刚四支以卫体,和六律以聪耳,正七体以役心,平八索以成人,建九纪以立纯德,合十数以训百体。出千品,具万方,计亿事,材兆物,收经入,行姟极。故王者居九畡之田,收经入以食

305

> 兆民，周训而能用之，和乐如一。夫如是，和之至也。于是乎先王聘后于异姓，求财于有方，择臣取谏工而讲以多物，务和同也。声一无听，物一无文，味一无果，物一不讲。

"和"的本质特征是"以他平他"，即不同性质事物之间的彼此融合渗透，其实际功效在于实现万物丰长的发展状态；而"同"的本质特征是"以同裨同"，即相同性质事物之间的重复叠加，事物并没有发生本质变化，因此事物发展难以为"继"，终将被"弃"。史伯的和同论，不仅具有思辨高度，而且在现实生活中也被广泛运用，功效显著。

晏婴是辅佐齐景公实现复霸的重要功臣之一，他为人正直，足智多谋，敢于秉直进言，孔子对他评价很高："晏仲平善与人交，久而敬之。"①晏婴关于"和""同"相异的论述主要是为了向齐景公进行政治说教。据《左传》记载，晏婴随齐景公外出田猎，侍坐于遄台之上，嬖臣梁丘据突然前来造访，百般问候，大献殷勤。梁丘据离去之后，齐景公对晏婴说："唯据与我和夫。"意思就是，梁丘据事事顺从于我，我与他相处最为和谐愉快。然而晏婴却不以为然，他对梁丘据不谴是非、曲意讨好的做法非常反感，因此答道："据亦同也，焉得为和？"齐景公对此不解，于是问道："和与同异乎？"由此而引出晏婴关于"和""同"相异的论述，非常精辟：

> 和如羹焉，水火醯醢盐梅以烹鱼肉，燀之以薪。宰夫和之，齐之以味，济其不及，以洩其过。君子食之，以平其心。君臣亦然。君所谓可而有否焉，臣献其否以成其可。君所谓否而有可焉，臣献其可以去其否。是以政平而不干，民无争心。故《诗》曰："亦有和羹，既戒既平。鬷嘏无言，时靡有争。"先王之济五味，和五声也，以平其心，成其政也。声亦如味，一气，二体，三类，四物，五声，六律，七音，

---

① 《论语·公冶长》。

八风,九歌,以相成也。清浊,小大,短长,疾徐,哀乐,刚柔,迟速,高下,出入,周疏,以相济也。君子听之,以平其心。心平德和。故《诗》曰:"德音不瑕。"今据不然。君所谓可,据亦曰可。君所谓否,据亦曰否。若以水济水,谁能食之?若琴瑟之专壹,谁能听之?同之不可也如是。①

晏婴以"济五味""和五声"的道理来论述君臣相处之道,告诫齐景公不要一味听信身边嬖臣的谄媚之言,这些人云亦云的言论对于国君施政没有任何帮助;而要善于听取和综合各种不同的意见和建议(包括反对自己的声音),在"可"与"否"的驳难中形成兼顾各方利益的施政方案,这样才能避免犯错。

《论语·学而》:"有子曰:'礼之用,和为贵。先王之道,斯为美;小大由之。有所不行,知和而和,不以礼节之,亦不可行也。'"

有子是有若,他在孔门之中地位特殊,孟子谓"宰我、子贡、有若,智足以知圣人"②,可见其眼界与学识非同寻常。孔子死后,子夏、子张、子游等人曾因"有若似圣人",想推举他出来主持孔门事务,"欲以所事孔子事之",后因曾子反对而作罢③。不过他后期在孔门中地位颇高,受人尊敬,有人认为他在《论语》编纂过程中具有举足轻重的话语权④,因此他的言论被冠以"有子曰",甚至被安排在"榜眼"的位置⑤。

根据文义,本章可以从"大小由之"断句,分为前后两个部分(《皇疏》

---

① 《左传·昭公二十年》。
② 《孟子·公孙丑章句上》。
③ 《孟子·滕文公章句上》。
④ 杨义:《论语还原》上册,北京:中华书局,2015年,第102页。
⑤ 《论语·学而篇》第二章为有子言孝悌。

以"有所不行"断句,颇为勉强,故此不从)。从内容来看,前一部分着重阐述了"和"的政治功效,后一部分则着重强调了"和"的循礼原则。

前一部分的核心内容是"礼之用,和为贵",这一观点显然源自孔子,甚至就是有子引述孔子的原话,因为孔子曾多次阐述"礼"具有"和"的重要功能。《周易·系辞下》:"《履》,和而至。《谦》,尊而光。……《履》以和行。《谦》以制礼。"《周易·序卦》:"《履》者,礼也。"《周易·象》:"'鸣谦贞吉',中心得也。"《礼记》诸篇亦有相关记载:

> 儒有博学而不穷,笃行而不倦,幽居而不淫,上通而不困;礼之以和为贵,忠信之美,优游之法;慕贤而容众,毁方而瓦合。其宽裕有如此者。①

> 乐者为同,礼者为异。同则相亲,异则相敬。乐胜则流,礼胜则离。合情饰貌者,礼乐之事也。礼义立,则贵贱等矣。乐文同,则上下和矣。②

在孔子看来,礼与乐的功能在于调节和规范人们的言行举止,使之保持"和"的最佳状态,避免发生"穷""倦""淫""困"等情况。不过在实际运用中,礼与乐有时也会发生"流"和"离"的偏差,"流"是放荡,"离"是离心离德,因此必须加以矫正,使之真正发挥"上下和"的功效。由此可见,礼乐而具,并非一劳永逸,关键还要考察其在实际运用中能否达到"和"的效果,这就是"和为贵"。

"先王之道,斯为美;大小由之"几句,是围绕"礼之用,和为贵"来进行论述的。"先王"指用礼乐化民为治的古代圣王,"由之"是循道而行。古代先王之所以能够获得成功,是因为他们善于发挥礼乐制度的"和"的

---

① 《礼记·儒行》。
② 《礼记·乐记》。

功效,无论大事小事,均遵从"和"的原则,最终达到"和之至"的境界。

后一部分的核心内容是"以礼节之"。《礼记·中庸》:"喜怒哀乐之未发谓之中,发而皆中节谓之和。中也者,天下之大本也;和也者,天下之达道也。"可见"和"必须以礼节之,以乐和之,否则就是"同而不和""比而不周"。那么如何才能循礼而行呢?关键是"知和而和",这里的两个"和"字,前一个是"和"的原则,即"天下之达道",后一个是"和"的状态,即"发而皆中节"。只有理解并遵从礼乐原则,"和"才具有无限能量,并能发挥巨大功效。

关于"和"的运用,《左传·昭公二十年》载有一段孔子评论郑相子产的言论,他结合子产宽猛相济的为政实践,深刻阐述了"和"所特有的政治功效,观点新颖深刻,可以作为研究孔子"和"的观念的重要资料:

> 政宽则民慢,慢则纠之以猛。猛则民残,残则施之以宽。宽以济猛,猛以济宽,政是以和。《诗》曰:"民亦劳止,汔可小康。惠此中国,以绥四方。"施之以宽也。"毋从诡随,以谨无良。式遏寇虐,憯不畏明。"纠之以猛也。"柔远能迩,以定我王。"平之以和也。又曰:"不竞不絿,不刚不柔。布政优优,百禄是遒。"和之至也。

"宽"与"猛"都是为政的重要手段,手段不同,功效自然也不同。子产在为政实践中注重发挥"宽"与"猛"的不同功效,使之相互协调,形成综合效应,并取得了不俗的政绩,孔子对此大加赞赏。孔子将子产执政的成功经验总结为"宽以济猛,猛以济宽",最终实现"政是以和"的为政效果,他认为这就是"和"在政治领域里的成功运用。

战国时期,儒家思孟学派继承了孔子关于"和"的理论,进而提出了"中和"的观念。子思在《礼记·中庸》中论及"中和"时强调的仍然是和谐、和顺的性质,不过他重点探讨的是人的内在本性与外在环境和谐统一的境界,将传统的"中和"理论与神秘的人性论糅合在一起,致使"中和"坠入神秘主义的云雾之中:"中也者,天下之大本也;和也者,天下之达道也。致中和,天地位焉,万物育焉。"显然,这里的"中和"不再是单纯的思辨形式或为政措施,也不是简单的道德修养功夫,而是一种能够破析天地、化育万物的主观神奇力量,也就是子思津津乐道的"诚"——既是本体论的最高范畴,又是伦理学的最高范畴。子思将"中和"思想伦理化,进而神秘化,体现了儒学以伦理道德学说为理论基础,以人性论为哲学基础的基本精神和思想倾向。

《论语·述而》:"子与人歌而善,必使反之,而后和之。"

《述而篇》许多言论都是孔子自谓之语,因此文意比较浅显。本章记录了孔子在社交活动中注重礼仪的一个细节,非常生动。这里的"和"为赋诗唱和之义,代表了君子风度。

春秋时期,有身份地位的贵族在社交场合多以吟诵《雅》《颂》中的诗句来相互问候或应答,《左传》《国语》等史书记载了许多善于赋诗唱和的谦谦君子,他们机智过人,举止优雅,受到时人的尊敬,所以孔子当庭教训孔鲤时说:"不学诗,无以言。"[1]意思就是,不好好学习《诗》,以后在重要场合就无法开口说话。

孔子在与人交往中,如果觉得对方吟唱诗句在内容和形式上高雅得体,就会要求对方"再来一个",然后自己跟着轻轻唱和,以表达对对方的欣赏和尊重。"善""反""和"三字形成了一个连贯动作,生动地表现了孔子的音乐素养和优雅风度。

---

[1]《论语·季氏》。

21. 权（共1章）

"权（權）"的本义是木制（黄花木）手杖，长者执有，象征着权威、权力等，进而引申为权重、权量之义，即所谓"谨权量，审法度"①。《说文解字》："权，黄华木，从木，藋声。一曰反常。"后来在此基础上，"权"又引申为居中权衡、平衡、制衡、权变等义，《左传》中记载楚国令尹芳敖善于用典治军："芳敖为宰，择楚国之令典，军行，右辕左追蓐，前茅虑无，中权后劲，百官象物而动，军政不戒而备，能用典矣。"②这里的前后左右中是指排兵布阵，杜预注曰："中军制谋。"这里的"中权"有两个基本涵义：一是居于中，二是权于变。《公羊传》中亦载郑国贤相祭仲"知权"之事："古人之有权者，祭仲之权是也。权者何？权者反于经，然后有善者也。权之所设，舍死亡无所设。行权有道，自贬损以行权，不害人以行权。"③这里首次提出了"权者反于经"的重要观点，权经关系问题是先秦儒家思想中的一个重要内容。"权"是权变、变通，"经"是经常、原则，只有"万变不离其中"才能终归于"善"。不过孟子却提出相反观点："执中无权，犹执一也。所恶执一者，为其贼道也，举一而废百也"④他强调既要坚持中道，又要贯彻权变，否则就是"贼道"。他还以嫂溺之事为例，对"权"的意义做出进一步解释："男女授受不亲，礼也；嫂溺，援之以手者，权也。"⑤赵岐注

---

①《论语·尧曰》。
②《左传·宣公十二年》。
③《公羊传·桓公十一年》。
④《孟子·尽心章句上》。
⑤《孟子·离娄章句上》。

曰："权者，反经而善者也。"《韩诗外传》中也说："夫道二，常之谓经，变之谓权。怀其常道而挟其变权，乃得为贤。"①李泽厚先生则用"原则性"和"灵活性"来诠释"经"与"权"的关系，这种解读是比较贴切的②。

在先秦典籍中，"权"的核心意涵是随世事而灵活变化，在精神上与孔子的"中和"思想是基本一致的，所以孔子以此来表达自己困中求变的处世方法和人生态度。

《论语·子罕》："子曰：'可与共学，未可与适道；可与适道，未可与立；可与立，未可与权。'"

本章言论主要阐述的是不同阶段的人生体验，孔子连续提出了"学""道""立""权"等系列概念，各种概念之间是依次递进的关系：能够共同学习礼乐知识的人，未必能共同求道；能够共同求道的人，未必能树立相同的人生理想；能够树立相同人生理想的人，又未必能拥有相同的人生态度。这组概念恰好与孔子在《为政篇》中自我陈述的人生经历一一对应：

> 吾十有五而志于学，三十而立，四十而不惑，五十而知天命，六十而耳顺，七十而从心所欲，不踰矩。

这里与"权"相对应的是"四十而不惑"，因此可以结合孔子四十岁前后的人生遭际和思想变化来解读"权"的含义。孔子从"十有五而志于学"到"三十而立"期间，基本完成了知识储备，确立了人生目标，政治信仰也日益坚定，他迫切希望得到从政机会，从而施展自己的才华和抱负。然而直到四十岁前后，他在政治上一直郁郁不得志，因此思想陷入迷惘

---

① 《韩诗外传》卷二第三章。
② 李泽厚：《论语今读》，北京：生活·读书·新知三联书店，2008年，第294页。

和困惑。《史记》中载:"孔子不仕,退而修诗书礼乐,弟子弥众,至自远方,莫不受业焉。"①在理想与现实的矛盾冲突中,孔子不得不对自己的人生理想进行认真反思,他懵懂地意识到,在社会发生深刻变革的大背景下,自己必须在人生态度和处世方法上做出某种调整和改变,不能一成不变地固守"吾其为东周"的政治立场,否则就无法获得从政机会,也不可能实现政治理想。这一时期,孔子思想经历了由"惑"到"不惑"的转变,促使这一转变的就是"权"。孔子这种人生态度的微妙变化反映在出仕问题上,就是他开始积极主动地采取一种灵活务实的处世态度。关于这一点,在他与阳货(阳虎)、公山弗扰(公山不狃)、佛肸等人的对话中均有所反映。阳货是鲁国新兴势力的代表人物,他以陪臣身份执掌国命,孔子则是守旧势力的代表人物,他以复兴周朝礼制为己任,两人在政治理念上是格格不入的,然而当阳货打算拉拢孔子加入他的执政团队时,孔子却动心了,做出"吾将仕"的承诺②。同样,公山弗扰、佛肸等人和孔子也不是同道人,当他们向孔子发出邀请时,他也打算前往应聘,子路对此提出质疑,他却美其名曰地说:"如有用我者,吾其为东周乎?""吾其匏瓜也哉?焉能系而不食?"③孔子这些话都是大实话,因为人不可能永远靠理想和信念生活。如果想改变世界,就必须先改变自己,要主动调整理想与现实之间的差距,该坚持的坚持,该改变的改变,真正做到"无可无不可"④,这就是"权"的人生境界。

"权"是孔子人生经历中的一次重要转变。此后不久,他就迎来了人生的政治巅峰期,官位一路升迁,直至鲁国大司寇行摄相事,权极一时。到了老年,他虽然被边缘化,但是仍然能够"从心所欲,不踰矩",这也是一种"权"的态度。

---

① 《史记·孔子世家》。
② 《论语·阳货》。
③ 《论语·阳货》。
④ 《论语·微子》。

22. 仁（仁者）(共28章)

"仁"是孔子思想的核心内容，也是他对中国古代思想最重要的贡献。孟子说："仁，人心也；义，人路也。……学问之道无他，求其放心而已矣。"①朱熹在《论语集注》中也说："仁者，爱之理，心之德也。"可见"仁"是关于"人心"的学问，标志着人们在情感和心理方面的自我认知已经达到一个自觉自省的状态。

人类的认知是从自然世界开始的，在处理天人关系的过程中，才逐渐转向自我认知，因此反映人类情感认知和自觉精神的"仁"字虽然早在甲骨文和金文中就已经出现，但是含义一直比较抽象、模糊，难以具体表述。《说文解字》："仁，亲也，从人从二。"郑玄注曰："仁者兼爱，故从二。"可见"仁"的本义是人与人之间的亲善友爱，然而仁爱毕竟是一种心理活动，究竟何为仁爱？怎样做才算得上仁爱？这就很难解释清楚了。

《尚书·金縢》："予仁若考，多材多艺，能事鬼神。"徐复观认为，这是中国古代典籍中最早出现的"仁"字，这句话是周公比于周文王有仁德而能"昭事上帝"的自况之辞②，不过经清代俞樾等人考证，此"仁"当作"佞"解，而"考"则作"巧"解③，因此这个"仁"字就另当别论了。《尚书》中还有几例"仁"字，但是在总体上远没有"德"字的使用频率高：

---

① 《孟子·告子章句上》。
② 徐复观：《中国人性论史（先秦篇）》，北京：九州出版社，2013年，第83页。
③ 李民 王健撰：《尚书译注》，上海：上海古籍出版社，2012年，第188页。

用人惟己，改过不吝；克宽克仁，彰信兆民。①

惟天无亲，克敬惟亲；民罔常怀，怀于有仁；鬼神无常享，享于克诚。②

予小子既获仁人，敢祗承上帝，以遏乱略。③

这里的"仁"与"宽""敬""信""诚"等道德观念并列，因此应该理解为人的一种内在美德，从属于"德"，内涵则比较宽泛。

《诗经》中也有两个"仁"字：

不如叔也，洵美且仁。④
卢令令，其人美且仁。⑤

这里的"仁"均与"美"相对，"美"是指外表美，那么"仁"当然是指内在美，亦即一种美德。

春秋时期，"仁"的观念渐渐流行起来，意涵也逐渐明确。根据有关统计，"仁"字在《左传》中共出现 33 次⑥，而且大多出自贤达名流之口：

酒以成礼，不继以淫，义也。以君成礼，弗纳于淫，仁也。⑦

背施无亲，幸灾不仁，贪爱不祥，怒邻不义。四德皆失，何以守国？⑧

---

① 《尚书·仲虺之诰》。
② 《尚书·太甲下》。
③ 《尚书·武成》。
④ 《诗经·郑风·叔于田》。
⑤ 《诗经·齐风·卢令》。
⑥ 杨义：《论语还原》上册，北京：中华书局，2015 年，第 189 页。
⑦ 《左传·庄公二十二年》。
⑧ 《左传·僖公十四年》。

> 因人之力而敝之,不仁。失其所与,不知。①
>
> 不背本,仁也。不忘旧,信也。无私,忠也。尊君,敏也。仁以接事,信以守之,忠以成之,敏以行之,事虽大,必济。②
>
> 恤民为德,正直为正,正曲为直,参和为仁。③
>
> 体仁足以长人,嘉德足以合礼,利物足以和义,贞固足以干事。④

在《国语》中,"仁"字出现的次数相对要多一些,周室大夫经常用"仁"等道德概念来进行说教,如游孙伯、单襄公、内史过等人,他们的言论对孔子多有启发:

> 章怨外利,不义;弃亲即狄,不祥;以怨报德,不仁。夫义所以生利也,祥所以事神也,仁所以保民也。不义则利不阜,不祥则福不降,不仁则民不至。古之明王不失此三德者,故能光有天下,而和宁百姓,令闻不忘。⑤
>
> 夫仁、礼、勇,皆民之为也。以义死用谓之勇,奉义顺则谓之礼,畜义丰功谓之仁。姦仁为佻,姦礼为羞,姦勇为贼。⑥
>
> 仁,文之爱也。……爱人能仁。⑦
>
> 听慧质仁。⑧

从《左传》《国语》相关言论中大体可以得出以下几点结论:

一、"仁"是春秋时期比较流行的一种观念,这种观念源自周室,老子

---

① 《左传·僖公三十年》。
② 《左传·成公九年》。
③ 《左传·襄公七年》。
④ 《左传·襄公九年》。
⑤ 《国语·周语中》。
⑥ 《国语·周语中》。
⑦ 《国语·周语下》。
⑧ 《国语·齐语》。

是周朝守藏室之史,他在《道德经》中说:"天地不仁,以万物为刍狗;圣人不仁,以百姓为刍狗。"①后来"仁"的观念逐渐在诸侯各国流行起来,甚至成为一种时尚,因为"仁"在当时是具有风向标作用的价值理念。过去人们有一种误解,以为当时只有孔子一个人讲求"仁",其实孔子只是其中之一。

二、"仁"是在各国当政者和贵族之间讲求的一种仁爱精神和道德规范,即所谓"爱人能仁",而不是不分贵贱差等的普世之爱。落实到具体施政过程中,"仁"的政治功效在于"保民""讲功""和宁百姓""畜义丰功"等,因此"仁"之于"民",只是一种"人"主动施及和"民"被动接受的关系。

三、在各种言论中,"仁"大多与"德""义""信""忠""知""正""直""祥""爱""勇""慧"等道德观念并列,有时组合成"四德"或"三德"等综合概念,各种概念互不相统,不成体系,规范领域和适用范围也有所不同,甚至互有交叉,如《左传·襄公七年》杜预注曰:"德、正、直三者备,乃为仁。"由此可见,"仁"在孔子之前仍停留在实践层面,尚未经过理性概括而上升到理论层面。

做出上述分析,目的是对传统的"仁"的观念和孔子的仁学思想进行比较研究,进而了解孔子在仁学方面所做出的重要贡献。

孔子生活在春秋末年,必然受到当时各种社会思潮的影响,因此他对于"仁"的问题格外关注,倾注其毕生精力来研究"仁"、践行"仁"、推广"仁",并将其改造成为儒家思想的理论核心。当然,孔子热衷于"仁"与他个人的政治信仰和文化素养是密切相关的:首先是因为他对于西周礼制的崇拜和对于周朝文化的热爱;其次是因为现实政治急需大力倡导和发扬"仁"的精神;再次是因为"仁"的概念具有很强的包容性和可塑性,便于进行学术改造。

---

① 《老子》第五章。

根据统计,"仁"字在《论语》中共出现 109 次①,这种频次要远远高于其他词汇或概念。孔子关于"仁"的言论主要有三方面内容:一是释"仁",即孔子在各种对话和应答中对"仁"(包括"近仁")的具体内涵、行为规范以及政治功效等进行诠释,这是人生论方面的内容;二是"为仁",即孔子对实现"仁"("得仁")的主要途径和方法做出种种论述,这是方法论方面的内容;三是"仁者",即孔子以"仁"为标准对各种人物进行道德评判,这是"仁"在实践运用方面的内容。

　　相较于《左传》《国语》等书,《论语》中的"仁"经过孔子的系统改造和理性升华,在哲学基础、理论体系、基本内涵、人生意义以及适用范围等方面均有较大程度的提升,形成了具有创新意义的仁学思想。具体而言,主要有以下几方面的内容:

　　一、在哲学来源方面。孔子把"仁"与其人性论观点结合起来,指出"仁"是人先天而具的一种天性,即所谓"仁者,人也"②,他反复强调:"仁远乎哉?我欲仁,斯仁至矣。"③"为仁由己,而由人乎哉?"④可见,他把践行"仁"看作是一个"欲仁而得仁"⑤的自我完善过程。孟子后来说得更加直白:"仁义礼智,非由外铄我也,我固有之也。"⑥"仁"是人与生俱有的天性,它根植于人性之中,这样就比较合理地解释了"仁"的来源问题,同时也加强了"仁"的哲学基础。

　　二、在理论体系方面。孔子把"仁"的观念上升成为伦理思想的最高范畴,而其他道德概念或范畴都从属于"仁",是"仁"的普世精神的具体体现。以"仁"为核心的仁学思想和以"礼"为核心的政治制度形成二位一体的结构,进则治世,退则修身,显示出儒家思想内外兼顾的功利特色

---

① 杨伯峻译注:《论语译注·论语词典》。
② 《礼记·中庸》。
③ 《论语·述而》。
④ 《论语·颜渊》。
⑤ 《论语·尧曰》。
⑥ 《孟子·告子章句上》。

和学术张力。

三、在适用范围方面。孔子虽然仍然坚持传统观念,把"仁"这种仁爱精神和道德规范限定在当政者和贵族阶层的有限范围内来讲求和践行,但是随着贵族阶层的日趋没落和新兴阶层的迅速崛起,稳定的氏族组织已经逐渐瓦解,传统的礼制界限也越来越模糊,因此要继续发扬"仁"的博爱精神,就必须在一个更加广泛的范围来推广和运用。孔子对此是保持清醒认识的,他虽然没有明确做出相关陈述,但是在实践运用中已经突破传统观念的限制,因此《论语》中的"仁"已经是一种具有全社会普世价值的道德观念。

四、在践行途径方面。个人践行"仁"的途径是"爱人",即不分差等地爱天下所有人。但是仅仅个人做到"爱人"是不够的,因为"仁"不是个人道德或个体行为,而是天下所有人的共同追求,所以践行"仁"的正确途径和真正意义在于"己欲立而立人,己欲达而达人"①,也就是说,只有感化和带动普天之下所有人求仁而得仁,才是真正的"仁"。这是孔子仁学思想的一个重要观点。

总体而言,孔子所创立的仁学思想,在政治上更具有功利性,在理论上更具有系统性,在方法上更具有实践性,但是由于理想化色彩过于浓重,说教空洞,脱离实际,因此在实践运用中难免陷于无人响应、处处碰壁的窘境,孔子晚年言论中也透露出一种对"仁"悲观失望的情绪。

《论语·子罕》:"子罕言利与命与仁。"

有人将本章概括为"罕言三命题",即"利""命""仁"。评析孔子有关"仁"的言论,必须先对孔子罕言"仁"做出合理解释,否则许多问题就难

---

① 《论语·雍也》。

以深入下去。关于孔子罕言"利"与"命"的问题,将在《命(天命)》中进行评析,此不赘述。

孔子罕言"仁",一直是困扰古今学者的一个问题。《皇疏》:"仁是行盛,非中人所能,故亦希说许与人也。然希者,非都绝之称,亦有时而言与人也。"《集注》引程子言曰:"计利则害义,命之理微,仁之道大,皆夫子所罕言也。"刘氏《正义》亦曰:"今《论语》夫子言'仁'甚多,则又群弟子记载之力,凡言'仁'皆详书之,故未觉其罕言尔。"他又援引清人阮元《论语·论仁篇》之言曰:"孔子言仁者详矣,曷为曰'罕言'也?所谓罕言者,孔子每谦不敢自居于仁,亦不轻以仁许人也。"《集释》引宋人史绳祖《学斋占毕》言曰:"子罕言者,独利而已。当以此四字为句作一义。曰命曰仁,皆平日所深与,此当别作一义。与,如'吾与点也'、'吾不与也'等字之义。"清人焦循在《论语补疏》中则说:"古所谓利,皆以及物言。至春秋时,人第知利己,其能及物,遂别为之义。故孔子赞《易》,以义释利,谓古所谓利,今所谓义也。孔子言义,不多言利,故云'子罕言利',若言利,则必与命并言之,与仁并言之。利与命并言,与仁并言,则利即是义。'子罕言'三字,呼应两'与'字,味其词,意甚明。"①

今人在古人释义的基础上,对于孔子罕言"仁"也做出多种解释,其中比较具有代表性的观点有杨伯峻《论语译注》:"《论语》中讲'仁'虽多,但是一方面多半是和别人问答之词,另一方面,'仁'又是孔门的最高道德标准,正因为少谈,孔子偶一谈到,便有记载。不能以记载的多便推论孔子谈得也多。孔子平生所言,自然千万倍于《论语》所记载的,《论语》出现孔子论'仁'之处若用来和所有孔子平生之言相比,可能还是少的。"于省吾则主要从文字学的角度来进行论证,认为"仁""尸""夷"三字在古文字中相通,字形接近,因此本章中的"仁"当作"夷"字,即孔子平时很少

---

① [清]焦循著,陈居渊主编:《雕菰楼经学九种》上册,南京:凤凰出版社,2015年,第640—641页。

与人谈论夷狄问题①。杨义则从分析"言"字入手:"一部《论语》20篇中,有16篇用了109个仁字,怎么还将仁列入'罕言'呢?这主要要弄清楚'言'字的意义。言、语两个字意义相通,但对比着讲的时候,意义又存在着微妙的差别。《说文解字·言部》说:'直言曰言,论难曰语。'《周礼·春官·大司乐》'兴道讽诵言语',郑玄注曰:'发端为言,答述为语。'这就是说,《论语》中孔子虽然反复谈论仁,但那多是回答弟子和他人的提问,以及进行论辩的话,自己作为一个命题首先发端,并且正面做出界定,就非常少见,因此只能说是'罕言'。"②

上述观点主要从思想、释义、训诂、语言、文字或断句等方面对孔子罕言"仁"做出解释,却没有从历史的角度来进行分析,因此各种解说虽然都有道理,但是总觉得勉强。

如前所述,"仁"在春秋时期是一种比较流行的观念,开始由周室大夫倡导,在各国当政者和贵族之间讲求,所以孔子说:"君子而不仁者有矣夫,未有小人而仁者也。"③可见"仁"是君子之德,地位卑贱的小人是没有资格讲求和拥有的。同样,有关"仁"的问题也是限定在一定范围内的"官方语言"或"高层话题",如同"礼不下庶人"一样,不是什么人都可以谈论的,所以孔子在与弟子或时人讨论"仁"的问题时总是先引用几句古语作为导语,如"克己复礼,仁也"④、"出门如宾,承事如祭,仁之则也"⑤等等,然后自己再借题发挥,进行阐述。换言之,"仁"在当时是贵族阶层的垄断话题,讨论"仁"是有一定身份和地位限制的,如果与普通庶人讨论"仁"的问题就是行为不当,有违礼制,这就是孔子罕言"仁"的历史原因,而非所谓"行盛""道大"或"发端为言"等。

孔门弟子大多是士人身份或出身寒门,与孔子交往的人(尤其是后

---

① 于省吾:《论语新证》(《社会科学战线》1980年4期)。
② 杨义:《论语还原》上册,北京:中华书局,2015年,第189页。
③ 《论语·宪问》。
④ 《左传·昭公十二年》。
⑤ 《左传·僖公三十三年》。

期)大多也是普通国人,所以孔子严格按照礼制规定,很少和他们主动谈论"仁"的话题,即使在比较私密的孔门内部,他也是出言谨慎,口风很紧。如有人请教,他偶一作答,弟子们便兴奋不已,立即将其言论记录下来,这就是《论语》中明明载有许多孔子关于"仁"的言论而弟子却偏偏得出"子罕言"结论的真正原因。不过到了春秋末年,社会动荡加剧,礼制秩序崩坏,氏族贵族原有的特权渐渐丧失,而一些出身卑微的士人则凭借着自己的努力慢慢跻身于统治阶层的执政团队,并且在现实政治中扮演着越来越重要的角色,发挥着越来越重要的作用。为了顺应时代发展和社会变革,孔子思想也发生了一些转变,他希望打破"仁"的原有限制,扩大"仁"的适用范围,于是提出了"泛爱众而亲仁"①的观点,希望把"仁"改造成为一种全社会人人讲求的普世之爱。在这种思想指导下,他有时也会突破礼制限制,主动与人谈论"仁"的问题。

从历史的角度分析,就可以摆脱繁缛的词义阐释和文字训诂的羁绊,"罕言"就是"罕言",无须自圆其说,只需找到"罕言"的真正原因就行了。

《论语·颜渊》:"颜渊问仁。子曰:'克己复礼为仁。一日克己复礼,天下归仁焉。为仁由己,而由人乎哉?'颜渊曰:'请问其目。'子曰:'非礼勿视,非礼勿听,非礼勿言,非礼勿动。'颜渊曰:'回虽不敏,请事斯语矣。'"

《颜渊篇》开篇三章均为弟子问仁,孔子集中释仁。在编排秩序上也颇有讲究,颜渊为首,仲弓次之,司马牛再次,前面两位弟子在孔门四科十哲中均列"德行"优等,司马牛则是因为身份特殊而紧随其后。还有一

---

① 《论语·学而》。

个值得注意的问题:孔子本篇释仁,大多以引用古志之语或时人言论开场,然后再阐述自己的观点,说明他对于"仁"的问题仍然比较谨慎,如有所言,必有所本。

本章孔子重点阐述了"仁"与"礼"的关系以及"仁"的政治功效,集中体现了他关于"仁"的主要思想观点,因此为历代《论语》注家和学者所重视。宋儒将孔子释仁言论分为"专言"和"偏言"两类,"专言"论五常之德,"偏言"则主一事,本章即为"专言",可见其意义十分重要①。

孔子释仁,大多属于被动应答。在《论语》中,向孔子问仁的弟子有很多,如樊迟、宰我、子贡、子张、冉有、仲弓、司马牛等人。孔子对每个人的答复不尽相同,有详有略,有虚有实,关键看提问者的才学和悟性。本章"颜渊问仁",孔子格外认真,因为颜渊是孔子最得意的门生,他不仅安贫乐道,勤奋好学,而且道德修养也已达到了很高的境界,赢得了孔子的赞赏:"回也,其心三月不违仁,其余则日月至焉而已矣。"②

"克己复礼为仁"是古《志》之语,《左传·昭公十二年》中载:"仲尼曰:'古也有志,克己复礼,仁也。'"可见孔子语出有本,并非自我杜撰,泛泛而谈。本章在文字上比较简单,属于 A 是 B 的判断句式。A 是"克己复礼",核心是"礼",《论语》中的"礼"是一个政治概念,具体是指西周时期"天下有道"的礼制秩序。"复礼"显然隐含了原有的礼制秩序已经遭到严重破坏、甚至不复存在的含义,故而要"复",即重新建立,这是孔子所面临的政治任务,也是他终生追求的终极目标。孔子认为,实现"复礼"的政治理想关键在于"克己","克"是约束、克制,"克己"是"复礼"的前提。B 是"仁",由 A 推导,"仁"的具体内涵是严格约束自己遵从礼制规范的一种道德修养和博爱精神,孔子把践行"仁"作为"复礼"的重要途径。那么由 A 到 B 有多远呢? 孔子认为只在一日之间——"一日克己复

---

① [宋]朱熹:《朱子语类》,北京:中华书局,1986 年,第 470 页。
② 《论语·雍也》。

礼，天下归仁焉"，甚至只在一念之间——"为仁由己，而由人乎哉"。由"为仁由己"而推至"天下归仁"，这是何等的政治自信！

不得不承认，孔子的口气确实有点大，他把"仁"的政治功效夸大到一日而化天下的神奇地步，即便是孔门高足颜渊也坠入云雾，战战兢兢地问道："请问其目。"他希望孔子能说得再具体一点，于是孔子又从"视听言动"四个方面做出具体阐述，要求一举一动都必须依"礼"而行，绝对不可僭越礼制，这是践行"仁"的基本方法。后来有人将"视听言动"概括为"四勿"，并以此作为孔门修身律己的基本戒律。上博楚简《君子为礼》中有一段与"四勿"类似的言论，可以参阅（引文依张光裕整理校订）：

> 颜渊侍于夫子。夫子曰："回，君子为礼，以依于仁。"颜渊作而答曰："回不敏，弗能少居也。"夫子曰："坐，吾语汝。言之而不义，口勿言也；视之而不义，目勿视也；听之而不义，耳勿听也；动之而不义，身毋动焉。"颜渊退，数日不出。①

这段文字生动地记录了颜渊在聆听孔子高谈阔论时惶恐不安的窘状。孔子难得兴致很高，主动聊起"仁"的话题，颜渊居然吓得要逃走，因为他觉得"仁"理解起来容易，践行起来却很难，既然做不到，不如不听。孔子强行让他坐下，然后从"言""视""听""动"四个方面提出明确具体的要求，内容与《论语》中的"四勿"基本相同，唯有不同的是"四勿"的规范所依：一者是"礼"，一者是"义"。孔子曾说："不羞不义，不犯非礼。"②可见"义"与"礼"可以互训。在孔子看来，"礼"是言行准绳，"义"是道德操守，两者有着不可分割的联系。听完孔子关于"仁"的高论后，颜渊吓得躲在家中数日不出，因为对照孔子提出的"四勿"要求，他简直无法做人！对比本章，

---

① 马承源主编：《上海博物馆藏战国楚竹书》（五），上海：上海古籍出版社，2005年，第254—255页。
②《左传·昭公二十年》。

颜渊聆听孔子教诲后,毕恭毕敬地说道:"回虽不敏,请事斯语矣。""不敏"是自谦愚钝,"事"是躬行。这种情况显然是经过《论语》编纂者们刻意美化和修饰的结果。如果从编辑学的角度来进行研究,对比分析两段内容大致相同的史料,就可以发现编纂者的主观意图和思想倾向往往能够起到很大作用。

本章言论集中反映了孔子以"仁"为体、以"礼"为用的思想特征。"仁"是孔子伦理思想的核心,"礼"是孔子政治思想的核心,两者互为表里,相互依存,没有"礼","仁"就失去了实用价值,没有"仁","礼"也就失去了精神依托。

《论语·颜渊》:"仲弓问仁。子曰:'出门如见大宾,使民如承大祭。己所不欲,勿施于人。在邦无怨,在家无怨。'仲弓曰:'雍虽不敏,请事斯语矣。'"

本章承接上章,为仲弓问仁。仲弓,姓冉名雍,在孔门四科十哲中列"德行"优等,因此孔子对他高看一眼,曾评价他道:"雍也可使南面。"①所谓"南面",就是称赞他的才学和能力已经可以独当一面,为任一方。

《史记·仲尼弟子列传》中收录本章,不过太史公把"问仁"改成"问政","仁"是修身,"政"是治世,一字之差,谬之千里!此外,《史记》中未录"己所不欲,勿施于人"两句,估计太史公另有所本,笔者不敢妄自揣测。

本章孔子仍然采取引述古语或时言的方式来答问,他共引述了三句话:

第一句是"出门如见大宾,使民如承大祭"。这句话是从古语转化而

---

① 《论语·雍也》。

来的,早在春秋初年晋国大夫胥臣就曾对晋文公说:"敬,德之聚也。能敬必有德,德以治民,君请用之。臣闻之,出门如宾,承事如祭,仁之则也。"①既然胥臣说"臣闻之",可见说这话的人年代要更久远。孔子为了加重语气,在"宾"和"祭"前面各加了一个"大"字,"大宾"是指出席重要场合或会见重要宾客,"大祭"则是指主持国家祭祀大典,《皇疏》引范宁言曰:"大宾,君臣嘉会也。大祭,国祀也。""出门"和"使民"是互文,代指君临天下,因此这句话是针对诸侯国君而言的。孔子认为,一国之君治理国家,就要像面临"大宾"或主持"大祭"一样勤勉恭敬,因为"敬"最能够体现"仁"的精神,故而孔安国注曰:"为仁之道,莫尚乎敬也。"在孔子的仁学体系中,"仁"是最高道德规范,"敬"则是"仁"的具体体现,主要用于规范诸侯国君的政治行为和礼仪姿态,孔子对此反复强调道:"道千乘之国,敬事而信,节用而爱人,使民以时。"②"居上不宽,为礼不敬,临丧不哀,吾何以观之哉?"③

第二句是"己所不欲,勿施于人"。这句话也是孔子引述古人言论,管仲就曾对齐桓公说:"非其所欲,勿施于人,仁也。"④从具体语境推断,管仲也是引述前人言论。《礼记·中庸》中也有"施诸己而不愿,亦勿施于人"的类似表述。此外,《卫灵公篇》子贡问"有一言而可以终身行之者乎",孔子又把这句话重复了一遍:"其恕乎!己所不欲,勿施于人。"可见,孔子这里只是借题发挥,而非主动发论。"己所不欲,勿施于人",主要讨论的是在践行"仁"的过程中应当遵循的基本原则,即"推己及人",这属于方法论方面的问题,与"仁"的内涵关系不大,因此相关内容在《恕》中另作评析。

第三句是"在邦无怨,在家无怨"。这句话是当时比较流行的一种表述习惯,比如孔子和子张讨论"闻"与"达"问题时,子张说:"在邦必闻,在

---

① 《左传·僖公三十三年》。
② 《论语·学而》。
③ 《论语·八佾》。
④ 《管子·小问》。

家必闻。"孔子则说:"在邦必达,在家必达。"①"在邦……,在家……",就是无论何时何地的意思。春秋时期,氏族宗法制度与国家政治制度合为一体,因此对于诸侯国君来说,"邦"与"家"是一回事情,出则在邦为国君,入则在家为宗主。"无怨"是指没有人对自己怀有怨愤,这句话的主语仍然是诸侯国君,这样理解可以保持逻辑连贯一致:"敬"和"恕"是"无怨"之因,"无怨"则是"敬"和"恕"之果。《皇疏》:"既出门、使民皆敬,又恕己及物,三事并足,故为民人所怀,无复相怨者也。"意思就是,只要诸侯国君能做到"敬"和"恕",道德修养就达到了"仁"的境界,举国上下也就不会有人对他心怀怨恨。

在孔子引述的三句话中,第一句话强调的是"敬",第二句话强调的是"恕",这些都是"仁"的主要内涵,第三句话则重点阐述了"敬"和"恕"的政治功效,三者之间的逻辑关系非常清晰。

前章颜渊问仁,孔子答之以"克己复礼为仁","礼"不仅是全社会都必须遵循的政治制度,也是所有人践行"仁"的道德依据;而本章仲弓问仁,孔子重点强调的则是"敬"与"恕",虽然这些都是践行"仁"的重要内容,但是适用范围仅限于"使民"的诸侯国君,对于"可使南面"的冉雍来说,则具有较强的针对性。比较孔子对颜渊和冉雍的答复,前者立意更高,思想也更深刻,所以朱熹在《论语集注》中评论道:"克己复礼,乾道也;主敬行恕,坤道也。颜冉之学,其高下浅深,于此可见。"

《论语·颜渊》:"司马牛问仁。子曰:'仁者,其言也讱。'曰:'其言也讱,斯谓之仁已乎?'子曰:'为之难,言之得无讱乎?'"

本章是司马牛继续问仁,孔子主要从日常言语表达方面提出了具体

---

① 《论语·颜渊》。

的规范要求,相较于颜渊、冉雍问仁,思想内容浅显许多,这也许和司马牛的性格特征和修养境界有关。

司马牛,姓向,名耕①,宋国桓氏公族之后,地位显赫,家境富有,后因受其长兄向巢叛乱牵连,出奔齐、吴等国,几经辗转,最后到了鲁国,投在孔子门下,因此他应该是孔门后期弟子。司马牛的性格特征是性情急躁,说话啰唆,《论语》中载有他向孔子"问仁""问君子"等内容,往往是孔子话音刚落,他就立即追问,所以史书中说他"多言而躁"②,"性躁,好言语"③。

司马牛向孔子请教"仁"的问题,孔子针对他"多言而躁"的性格特征,提出了"其言也讱"的具体要求。"讱"在《说文解字》中释为"顿也",在《广雅》中释为"难也"。此外,"讱"和忍是同源字,因此其中还应包含克制、忍耐之义。综合各种释义,"讱"的基本含义是出言要谨慎迟钝,保持克制,不要夸夸其谈,花言巧语,这是践行"仁"的必备品质之一。

孔子认为,一个人的语言表达方式("言")能够比较真实地反映其道德修养境界("仁"),他说:"刚、毅、木、讷近仁。"④说话木讷之人因为道德修养已经接近"仁"的境界了,因此不需要再用花言巧语或能言善辩来证明自己,这是从正面来论述的。他又说:"巧言令色,鲜矣仁!"⑤夸夸其谈之人因为缺乏"仁"的涵养与德行,所以他们需要用华丽的语言和伪善的表情来伪饰自己,这是从反面来论述的。孔子把"言讱"作为践行"仁"的一个重要内容,要求司马牛努力加强这方面的修养,做到"敏于事而慎于言"⑥。

"言讱"是一种内在美德,孔子不仅以此来回答司马牛问仁,平时也

---

① 著者按:因其先祖历代世袭宋司马之职,故以司马为氏。
②《史记·仲尼弟子列传》。
③《孔子家语·七十二弟子解》。
④《论语·子路》。
⑤《论语·学而》,并见《论语·阳货》。
⑥《论语·学而》。

以此来教育和评价弟子：

> 或曰："雍也仁而不佞。"子曰："焉用佞？御人以口给，屡憎于人。不知其仁，焉用佞？"①
>
> 鲁人为长府。闵子骞曰："仍旧贯，如之何？何必改作？"子曰："夫人不言，言必有中。"②

冉雍和闵子骞在孔门四科十哲中均列"德行"优等，两人深受孔子赏识。他们有一个共同特质：平时沉默寡言，不善言辞，然而不言则已，有言必中。有人对孔子说冉雍"仁而不佞"，意思是说，冉雍道德修养还可以，但是语言表达却不行。孔子当即反驳道："不知其仁，焉用佞！""佞"与"讱"相对，是巧舌如簧、能言善辩的意思，孔子对于用佞之人向来反感，因为他们强词夺理，善与人辩，只会逞口舌之能，却不注重道德修养，因此面目可憎，令人生厌。同样，闵子骞为人厚重缄默，出言谨慎，但是在一些重大问题上却往往能一语中的，发人深省，故而孔子对他也是青睐有加。

孔子用"言讱"来释仁，沿用了"仁"的传统涵义，可见他对于颜渊、仲弓和司马牛三人"问仁"是有所区别的，由于各人道德修养的境界不同，所以他答问内容的深浅程度也不同。司马牛似乎对孔子的回答心存疑惑，所以他并没有像颜渊、仲弓那样明确表态"请事斯语"，而是进一步向孔子求证道："其言也讱，斯谓之仁已乎？"孔子又解释道："为之难，言之得无讱乎？"这里的两个"之"均代指"仁"，意思就是，践行"仁"不容易，谈论"仁"就应该严谨少言。这句话可以用孔子的另一句话来解释："其言之不怍，则为之也难。"③说得越多，做起来就越难！

---

① 《论语·公冶长》。
② 《论语·先进》。
③ 《论语·宪问》。

《论语》言论评析

《论语·颜渊》:"樊迟问仁。子曰:'爱人。'问知。子曰:'知人。'樊迟未达。子曰:'举直错诸枉,能使枉者直。'樊迟退,见子夏曰:'乡也吾见于夫子而问知,子曰"举直错诸枉,能使枉者直",何谓也?'子夏曰:'富哉言乎!舜有天下,选于众,举皋陶,不仁者远矣。汤有天下,选于众,举伊尹,不仁者远矣。'"

樊迟属于孔门后进,年弱无知①,所以平时问题比较多,在《论语》中至少有三次记载了他向孔子请教有关"仁"的问题(《雍也篇》《颜渊篇》《子路篇》),孔子每次回答都不一样,也有一定的思想深度,反映了孔子晚年对于"仁"的思考成果。在本章中,孔子对"仁"做出的解释是"爱人",后来孟子在此基础上又概括为"仁者爱人"②。

"爱人"是"仁"的核心意涵,这种观念在孔子以前就已广泛流行,人们常常把保护弱小和体恤互助的行为和品德表述为"仁",反之则为"不仁":"幸灾不仁"③,"大所以保小,仁也"④,"爱人能仁"⑤。孔子在继承传统观念的基础上,对"仁"进行了系统改造和理性升华,使之成为一种具有普世价值的"爱"。这种"爱"的属性很难界定,它既属于思想意识范畴,也属于伦理道德范畴,同时又属于心理体验范畴。这种"爱"已经超越了所有的人伦关系和世俗观念(社会上的尊卑、血统上的贵贱、血缘上的亲疏、财富上的贫富、心智上的智愚等等),是一种不分差等、没有区别的普世之爱。如果用现代汉语词汇来定义,这种"爱"只能勉强用"仁爱""博爱""大爱""泛爱"等抽象概念来加以概括和表述。如果用最简单的言词来表述,"仁"就是大爱无疆,即爱天下的所有人,而且爱得诚挚、真切、热烈、持久。

---

① 《孔子家语·七十二弟子解》:"樊须,鲁人,字子迟。少孔子四十六岁。"
② 《孟子·离娄章句下》。
③ 《左传·僖公十四年》。
④ 《左传·襄公七年》。
⑤ 《国语·周语下》。

孔子用"爱人"来解释"仁",是有着深刻的社会和历史背景的。先师刘毓璜曾从社会分析和历史研究的角度做出阐述:"历史表明,'仁'成为流行的观念,是春秋中叶以后的事。从那时起,原有的村社和井田结构开始瓦解,整个奴隶主阶级阵营呈现出普遍的危机,奠基于宗法尊严的伦理道德体系也一天天趋于崩溃。这个严重的矛盾形势要求重新发扬'仁'的宗法互助精神,尽快调整好人与人的关系,来适应现实环境的需要。"①春秋末年,诸侯争霸的严峻形势导致各国社会发生深刻变革,原本维系社会秩序的氏族血缘关系被各种利益关系所取代,传统的礼乐制度在现实利益的冲击下也已失去作用,难以为继,人们无不私欲横流,追名逐利,道德沦丧,冷漠无情。面对"礼崩乐坏"的乱局,孔子陷入迷茫与困惑,他冷静观察,苦苦思考,最终认为造成天下大乱的根源是因为人们心中缺失了"爱",因此提出了关于"仁"的学说,即仁学思想,希望通过唤醒人们心中彼此的"爱"来修复人性,重建道德,拯救危世。由此可见,孔子是把"仁"作为救世良方提出来的。

在孔子的仁学思想中,"仁"是一种具有普世价值的爱。然而在现实生活中,人与人之间是有差等的,各种人际关系也是有差等的,比如在社会关系中,人有尊卑贵贱贫富之分;在血缘关系中,人有长幼亲疏远近之分。在不同的人际关系中,同样一种心理状态或内心体验也是有差等的。以"爱"为例,在不同的人伦关系中,"爱"的表现形式是不同的,《左传·昭公二十六年》中载郑相子产言曰:

> 礼之可以为国也久矣,与天地并。君令臣共,父慈子孝,兄爱弟敬,夫和妻柔,姑慈妇听,礼也。君令而不违,臣共而不贰,父慈而教,子孝而箴,兄爱而友,弟敬而顺,夫和而义,妻柔而正,姑慈而从,妇德而婉,礼之善物也。

---

① 刘毓璜:《先秦诸子初探》,南京:江苏人民出版社,1984年,第23页。

显然,在不同的人伦关系中,"爱"所体现的具体内涵和道德规范是有区别的:在君臣关系中具体表现为"令"(德)和"共"(恭),在父子关系中具体表现为"慈"和"孝",在血缘兄弟关系中具体表现为"爱"和"敬",在夫妻关系中则具体表现为"和"和"柔"等。在先秦典籍中,此类表述有很多,内容基本大同小异。孔子在构建仁学思想体系的过程中,把原本有差等的"爱"从各种人伦关系中抽象出来,形成了一个没有差等的"仁",并使之成为具有普世精神的价值理念和统领各种道德观念的最高范畴。这种理性概括和理论升华,使"仁"在思辨形式上更具高度,在适用范围上更具广度,因此在实践运用中就更有价值。

孔子把"仁"作为调节各种人际关系的最高道德规范,在理论上是一种有意义的创举,但是在现实政治和人生实践中却是根本行不通的,因为人们心中"爱"的缺失是社会发展和历史进步所必须付出的代价。换言之,当"爱"的社会基础已经不复存在,"爱"即使再高尚、再动人,也将毫无意义。此时社会需要一种新的制度和法则来维持秩序,然而在新的制度和法则没有建立之前,社会动荡是不可避免的,就如同黎明前的黑暗。

《论语·雍也》:"子贡曰:'如有博施于民而能济众,何如?可谓仁乎?'子曰:'何事于仁!必也圣乎!尧舜其犹病诸!夫仁者,己欲立而立人,己欲达而达人。能近取譬,可谓仁之方也已。'"[①]

本章子贡问仁,与其他弟子泛泛而谈不同,他预先设定了一个标准:"如有博施于民而能济众,何如?可谓仁乎?""博"是广博、遍及,"施"是施与、施及,"济"是救济、帮助。这句话的意思是,如果能够把仁爱传递

[①] 本章有关"圣"的内容将在《圣(圣人)》中进行评析。

给天下所有人,让他们都过上幸福美好的生活,这样的人称得上"仁"了吧? 孔子则回答说:"必也圣乎! 尧舜其犹病诸!""病"是心有余而力不足的意思。孔子认为,这种博爱天下的人简直就是圣人,这样的功德连尧舜等古代帝王都难以企及。他接着又对"仁"做出具体解说:"夫仁者,己欲立而立人,己欲达而达人。"孔子在这里对"圣"与"仁"做出明确界定:"圣"是恩泽天下,包括"民""众""人"在内的所有人,这样的功德只有在大位者才有能实现;"仁"则是从爱及身边的"人"开始,推己及人,由近而远,慢慢放大功效,至于普天之下的"民"和"众",则有待于圣人。明确这一点是非常重要的,有助于准确理解孔子的仁学思想。

"己欲立而立人,己欲达而达人",这两句话是孔子仁学思想的核心内容。在《论语》的语境中,"立"与"达"所表达出来的都是有所成就的积极意义。"立"是提高道德修养,遵从礼制规范,孔子反复强调:"兴于《诗》,立于礼,成于乐。"①"不学礼,无以立。"②可见"立"就是克己复礼,循礼而行。"达"是到达、通达、明白,即人生修养已经达到"下学而上达"③的境界,孔子说:"夫达也者,质直而好义,察言而观色,虑以下人。"④"君子上达,小人下达。"⑤可见"达"就是通晓人事,知天达命。孔子认为,一个人积极进取,有所成就,人生修养已经达到"立"与"达"的境界,同时他还能发扬仁爱精神,用道德的力量来感化和带动身边的"人"共同提高道德修养,实现"立人"和"达人",这就是"仁"的境界。

此外,从孔子仁学思想体系方面来分析,"己欲立而立人,己欲达而达人"也是具有特殊意义的。根据曾子门人透露,孔子曾向曾子单独传授儒学心经。《论语·里仁篇》:

---

① 《论语·泰伯》。
② 《论语·季氏》。
③ 《论语·宪问》。
④ 《论语·颜渊》。
⑤ 《论语·宪问》。

> 子曰:"参乎!吾道一以贯之。"曾子曰:"唯。"子出,门人问曰:"何谓也?"曾子曰:"夫子之道,忠恕而已矣。"

孔子把自己的仁学思想概括为"吾道",亦即曾子所说的"夫子之道",在这个看似庞杂的思想体系中,有一个"一以贯之"的理论核心——"忠恕"。至于"忠恕"的具体内涵,曾子后来归纳总结道:"夫子之道,忠恕而已矣。"可见"忠"和"恕"是孔子仁学思想的两个重要内容:"忠"的基本含义是为人谋事始终保持尽心尽力、积极有为的心理和姿态,也就是孔子在本章中所说的"己欲立而立人,己欲达而达人",这种态度主要体现了"仁"积极进取的一面,所以孔子反复强调:"臣事君以忠。"①"主忠信,徙义,崇德也。"②"居处恭,执事敬,与人忠。"③"恕"的基本含义则是"己所不欲,勿施于人",就是用一种宽容大度的心理和姿态来对待己立而人不欲立、己达而人不欲达的被动情况。子贡曾向孔子请教道:"有一言而可以终身行之者乎?"孔子回答道:"其恕乎!己所不欲,勿施于人。"④意思就是,做好自己是求仁的底线,对待别人则要怀有宽恕、容忍之心,不要把自己的意志强加于别人。这种态度体现了"仁"消极保守的一面。

综上所述,在孔子的仁学思想体系中,"忠"和"恕"是理论构成的两个核心概念,分别体现了"仁"积极和消极两种思想倾向:"己欲立而立人,己欲达而达人"是推己及人,兼济天下,这是相对积极的内容;"己所不欲,勿施于人"则是为仁由己,独善其身,这是相对消极的内容。后来孟子在此基础上又做出精辟概括:"穷则独善其身,达则兼济天下。"⑤

本章最后两句是"能近取譬,可谓仁之方也已",这是关于为仁之道

---

① 《论语·八佾》。
② 《论语·颜渊》。
③ 《论语·子路》。
④ 《论语·卫灵公》。
⑤ 《孟子·尽心章句上》。

方面的内容,将在下文中结合相关言论另作评析。

《论语·子路》:"**樊迟问仁。子曰:'居处恭,执事敬,与人忠。虽之夷狄,不可弃也。'**"①

本章樊迟问仁,内容与《卫灵公篇》的"子张问行"章有相似之处,因此过去有人认为本章"问仁"或为"问行"之误②。然而仔细比对研究就不难发现,两者虽然在文字上有相似之处,但是在内容上却是各有侧重,故不从。

本章孔子释仁,把"仁"的要义从"爱人"进一步细化到"恭""敬""忠"等内容,这些都是对食禄之臣提出的具体道德规范。

"居处恭"和"执事敬"是君子修德的行为(外在)要求。"居处"和"执事"分别代表了入居奉亲和出仕事君,即所谓"出则事公卿,入则事父兄"③。"恭"和"敬"是互文,意思是举止恭敬有礼,容色严肃端庄。"恭"和"敬"不仅是食禄之臣的事君之道,也是君子修德的重要内容,所以孔子说:"事君,敬其事而后其食。"④子夏也说:"君子敬而无失,与人恭而有礼。"⑤

"与人忠"则是君子修德的心理(内在)要求。"与人忠"和曾子所说的"为人谋而不忠乎"⑥的意思相同,值得注意的是,这里的"人"不是身份普通的人,而是居于大位的效忠对象。"忠"是尽心尽力,认真勤勉,这是臣事君(下事上)应有的一种心理状态或情感体验,所以孔子说:"臣事君

---

① 本章有关"忠"的内容将在《忠(敬)》中进行评析。
② 程树德《论语集释》引宋人杨时《杨龟山文集》。
③ 《论语·子罕》。
④ 《论语·卫灵公》。
⑤ 《论语·颜渊》。
⑥ 《论语·学而》。

以忠。"①又说:"居之不倦,行之以忠。"②

综上所述,"与人忠"和"居处恭""执事敬"是内与外的关系:"忠"外化于形就是"恭"和"敬";而"恭"和"敬"内化于心则是"忠"。孔子认为,如果内能"忠",外能"恭""敬",道德修养就可以达到"仁"的境界了。

孔子为了强调"忠""敬""恭"三者的重要性,最后又特意补充一句:"虽之夷狄,不可弃也。""之"是"到……去";"弃"是丢弃、放弃。意思就是,即使到了尚未开化的夷狄之邦,仁义道德全然无用,也不可放弃"忠""敬""恭"的道德修养。

《论语·雍也》:"樊迟问知。子曰:'务民之义,敬鬼神而远之,可谓知矣。'问仁。曰:'仁者先难而后获,可谓仁矣。'"

本章仍然是樊迟"问知""问仁"。有关"问知"的内容已在《神(鬼神)》中另作评析,这里重点评析有关"问仁"的内容。

孔子在本章中把"仁"释为"仁者先难而后获",这里的"仁者"是假设之语,具体身份并不明确,所以历代《论语》注家对此多存歧义。《皇疏》将"仁者"释为食禄之臣:"言臣必先历为难事,而后乃可得禄受报,则是仁也。若不先劳事而食,则为不仁。"《集注》则将"仁者"释为向孔子求教的樊迟:"先其事之所难,而后其效之所得,仁者之心也。此必因樊迟之失而告之。"《集释》中引清人王闿运《论语训》言曰:"此问为政之知仁,故以务民不惑为知,言不以姑息为仁。先令民为其难,乃后得其效。"显然,这里的"仁者"是指诸侯国君。如何判定本章"仁者"身份,只需分析"先难而后获"的确切含义就可以了然了。

---

①《论语·八佾》。
②《论语·颜渊》。

"先难而后获",字面意思很简单,就是先付出、后获得,这是孔子一贯坚持的观点,他在谈及其他问题时亦有相同表述,比如樊迟向他请教"崇德"问题时,他说:"先事后得,非崇德与?"①他又说:"事君,敬其事而后其食。"②比较几处言论,意思基本相同:"先难"就是"先事"或"敬其事","后获"就是"后得"或"后其食"。在《论语》语境中,"事"专指下对上(臣对君),如"事君尽礼,人以为谄也"③,"君使臣以礼,臣事君以忠"④,说明本章"仁者"不应是诸侯国君。此外,"获""得""食"等词通常只用于臣属,谓非己而获得,而国君则用"取",谓取己之物。因此"先难而后获""先事后得"或"敬其事而后其食"均应指食禄之臣,当然也包括学干禄的樊迟。

如果再进行深入分析:樊迟为人心浮气躁,凡事急于求成,他一会儿"请学稼",一会儿"请学为圃"⑤,即使师从孔子研修儒业之后也不能脚踏实地、刻苦学习、独立思考、循序渐进,不想通过刻苦努力来获得"仁"和"知"的真谛,所以孔子有针对性地对他说:"仁者先难而后获。"所谓"仁者",可以是孔子为樊迟之类的求仕者设定的人生修养目标。意思就是,要想成为一个道德高尚的仁者,就必须从最基本的言行规范开始做起,只有先付出艰辛努力,学识素养才能提高,道德修养才能达到"仁"的境界。

《论语·阳货》:"子张问仁于孔子。孔子曰:'能行五者于天下为仁矣。''请问之。'曰:'恭,宽,信,敏,惠。恭则不侮,宽则得众,信则人任焉,敏则有功,惠则足以使人。'"

本章是子张问仁,不过在内容和体例上存在诸多疑点,《论语》编纂

---

① 《论语·颜渊》。
② 《论语·卫灵公》。
③ 《论语·八佾》。
④ 《论语·八佾》。
⑤ 《论语·子路》。

时也没有将其归类到弟子问仁相对集中的《颜渊篇》,故而前人对此多有质疑,甚至有人认为本章可能是《齐论》混入,程树德在《论语集释》中就明确提出:"此章疑系《齐论·子张篇》文,错简在此。其体裁与五美四恶相同,不应阑入此篇,疑莫能明也。"

《论语》编排看似漫无章法,不成体系,其实篇章之间还是有一定逻辑联系的。清人重视篇章结构研究,并逐渐发展成为一门学科——篇章学。清人钱大昕说:"读古人书,先须寻其义例,乃能辨其句读。"① 杨义先生在《论语还原》中也说:"探寻《论语》蕴含的生命密码,相对可靠的方法是从《论语》篇章结构出发进行深入细致的'以意逆志'的回溯。因为《论语》在春秋战国之际编成,经四百年传承后在汉代形成定本,其传承方式是在不同地域群体中虽然难免传闻异辞,却总是对篇章字句尽量恪守所闻,这是尊重道统传承使然。"② 由此可见,编辑体例并不是单纯的技术问题,有时其中也透露出一些有价值的信息,甚至直接关系到字词的释义和章句的解读,因此《论语》的篇章结构问题值得关注。不过前人对本章编排问题都没有做出相对合理的解释,只是"阙疑"而已,看来许多问题还需要深入研究下去。

在孔门众多弟子"问仁"当中,孔子对于子张的答复相对完整系统,表述也比较清晰,富有条理。孔子从施政的角度提出"恭""宽""信""敏""惠"五种道德品质,并将其作为"仁"的基本内容,如果当政者能够具备上述"五者",道德修养就可以达到"仁"的境界了。显然,这些内容与孔子答颜渊等人问仁有所不同,这大概与子张热衷于学干禄有关。为了帮助子张加深理解,孔子又对"五者"做出具体解释:"恭则不侮,宽则得众,信则人任焉,敏则有功,惠则足以使人。"《尧曰篇》中也有一段孔子与子张的对话,其中有关"尊五美"的内容与本章的"五者"颇为相似:"惠而不

---

① [清]钱大昕撰:《潜研堂集》,上海:上海古籍出版社,1989年,第179页。
② 杨义:《论语还原》上册,北京:中华书局,2015年,第91页。

费""劳而不怨""欲而不贪""泰而不骄""威而不猛"。比较而言,两者内容互有交叉,可以相互发明,因此通常人们把两章结合起来进行研读。

值得注意的是,孔子本章答复子张问仁时说:"能行五者于天下为仁矣。"这里的"天下"是一个功利色彩很浓的政治概念,而《尧曰篇》中子张则是直接向孔子请教有关"从政"问题,这也是一个具有明确功利目的的政治议题。因此在"五者"或"五美"中,既有修身之德,也有为政之德,总体偏重于各种道德规范在政治领域的实际运用。

关于"恭宽信敏惠"的具体内涵以及它们与"仁"之间的关系问题,清人黄式三在《论语后案》中做出了比较全面的概括:"恭而不肆,仁之慎也;宽而不隘,仁之宏也;信而不伪,仁之诚也;敏而不缓,仁之勤也;惠而不刻,仁之厚也。论仁者或谓以恭为本,或谓以惠为实。式三谓:欲行仁道,必以五者旋相为宫,不得偏主一端也。""恭宽信敏惠"分别体现了"仁"在某一方面的精神特质,相互之间形成相辅相成的关系,最后又总归于"仁",从而极大地丰富了"仁"的思想内涵。

在孔子仁学思想体系中,"仁"既是最高道德范畴,又是理论体系核心,即逻辑学中的属概念(上位概念)。"仁"以各种人伦关系为经,以行为规范为纬,依次形成若干层级的道德观念或道德规范,如"德""忠""恕""慈""孝""悌""友""义""信""知""勇""直"等,这些都是比"仁"低一个层级的道德观念或道德规范,即逻辑学中的种概念(下位概念)。比如在君臣关系中,"仁"具体体现为"德"("礼")和"忠",孔子说:"为政以德,譬如北辰居其所而众星共之。"①又说:"君使臣以礼,臣事君以忠。"②也就是说,"德"("礼")与"忠"主要是调节君臣关系的道德观念或道德规范。在实际运用中,"德"("礼")又具体体现为"宽""惠"等,"宽"是宽容大度,"惠"是和惠富民,这些又是比"德"("礼")再低一个层级的道德观

---

①《论语·为政》。
②《论语·八佾》。

念或道德规范。同样,"忠"在实际运用中则具体体现为"敬""恭"等,这些又是比"忠"再低一个层级的道德观念或道德规范。而比"敬""恭"还要再低一个层级的道德观念或道德规范还有"慎""敏"等,"敏"是执礼认真,做事严谨。再比如在朋友关系中,"仁"具体体现为"义""信""友"等,这些都是直接从属于"仁"的道德观念或道德规范,"信"是言行一致,诚实可信。此外,还有一些普遍适用于各种人伦关系的道德观念或道德规范,比如"忠恕"①、"温良恭俭让"②以及"君子有九思"③中的相关内容……总之,在孔子仁学思想体系中,各种观念纵横交错,分层分级,对于各种人伦关系起到规范和调节作用。当然,在实际运用中,各种观念有时也会出现交叉或错位的情况,不过就整个理论体系而言,孔子仁学思想的总体结构是统一的、稳定的、和谐的。

经过简单梳理后就不难发现,孔子仁学思想虽然体系庞大,内容复杂,各种观念纵横交错,层层叠叠,但是细细寻绎,仍能从中梳理出内在的逻辑联系和清晰的层级关系。本章中的"恭宽信敏惠"在孔子仁学体系中主要位于第二、第三层级,主要是用来调节君臣关系的重要道德观念或道德规范,具体内容则在《恭宽信敏惠》中另作评析。

《论语·学而》:"有子曰:'其为人也孝弟,而好犯上者,鲜矣;不好犯上,而好作乱者,未之有也。君子务本,本立而道生。孝弟也者,其为仁之本与!'"

本章是有子(有若)论孝悌,相关内容将在《孝(悌)》中进行评析,这里重点评析有关"仁"的内容。

---

① 《论语·里仁》。
② 《论语·学而》。
③ 《论语·季氏》。

运用篇章学理论进行分析,本章被编排在《论语》"榜眼"(首篇第二章)位置,而且全书第一个"仁"字又出自有若之口,其中必有深意。清代学人(阮元、刘宝楠、简朝亮等人)多从《论语》成书过程来进行分析,认为《论语》最早出自有子、曾子门人之手,因此他们有可能尊崇本师而上下其手。其实研读《论语》,分析篇章结构只能起到一定的辅助作用,关键还在于对思想内容的深入分析和总体把握。因此评析本章言论,既不要因为出自有若之口而人为贬低,也不要因为位于"榜眼"位置而刻意拔高,正确的方法应该是对言论内容进行客观理性的分析。

从思想内容来看,本章言论的主要观点与孔子仁学思想是基本一致的,因此可以视为儒家学派的共同认识。全章可以分为三节:第一节以"未之有也"为断,主要阐述了孝悌观念可以起到有效遏制"犯上""作乱"等行为的作用,"孝弟"即孝悌,这是建立在氏族血缘关系之上的道德观念和行为规范;第二节是"君子务本,本立而道生","本"是本源、根本、来源的意思,"道"既是为人处世的基本方法,也是治理国家的根本策略,这里的"本""道"和下文中的"孝弟""仁"相对应,孝悌就是仁道;第三节是"孝弟也者,其为仁之本与",重点阐述了孝悌之本与为仁之道的关系,这是儒家学派(以孔子、有若为代表)的重要观点,因此本章言论具有开宗明义的特殊意义。

如果从孔子仁学思想的理论构成方面来进行深入分析,孝悌是建立在氏族血缘关系之上的亲情之爱,因此其适用范围和思想内容都比较明确具体;而"仁"是建立在相对广泛的社会关系之上的普世之爱,适用范围比较宽泛,思想内容也比较抽象。具体地说,孝悌是用来处理氏族和家庭内部问题的,是调节氏族和家庭人伦关系的道德规范;"仁"则是用来解决社会问题和调节社会关系的,是儒家学派拯救乱世的政治纲领。如何将孝悌和仁爱在精神上实现融会贯通,进而使规范氏族和家庭伦理关系的孝悌观念在维护现实社会秩序中发挥政治功效,这是儒家学派始终关注并着力解决的问题。他们从理论构建入手,一方面在逻辑上建立联系,把传统的孝悌观念纳入仁学思想体系之中,使之成为儒家伦理道德思想的重要内容之一；另一方面，又在"仁"的本源和生成问题上大做文章，提出了"孝弟也者,其为仁之本与"的观点，明确了孝悌与"仁"的本源关系，这是非常具有哲学意义的。

孔子一贯强调"仁"的主观性和先验性，他不厌其烦地重复道："仁远乎哉？我欲仁,斯仁至矣。"①"为仁由己，而由人乎哉？"②"欲仁而得仁。"③不过这些表述都过于抽象、空洞，很难让人能有真实体验或切身感受，因此缺乏说服力和感染力。孝悌则是根植于氏族血缘关系之中的原始人性，先天而具，无法割断，把孝悌作为"仁"的生成本源，这就很好地把"仁"的空洞说教和"孝弟"的真实感受结合起来，从而有效地解决了"仁"的理想与现实脱节问题。从这个意义上说，把本章编排在"榜眼"位置似乎也合情合理。

《论语·子路》："子曰：'刚、毅、木、讷近仁。'"

在人性中，"仁""义""孝""悌"等都是道德之性或义理之性，这些是与生俱来的天性，人人相同，没有太大差别；而本章中的"刚""毅""木""讷"等则是生理之性或气质之性，这些是各人不同的个性，随俗而化，因人而异。孔子认为，这些个性气质与"仁"的品质比较接近，故曰"近仁"。

"刚"是性情清静寡欲。孔子在评价弟子申枨时说："枨也欲，焉得刚？"④可见"刚"与"欲"相对，无欲则刚。孔子并不反对人有正常的生理和物质欲望，他说："富与贵，是人之所欲也；不以其道得之，不处也。"这里的"道"就是节欲之道，孔子紧接着又对此做出明确解释："君子去仁，恶乎成名？君子无终食之间违仁，造次必于是，颠沛必于是。"⑤可见，无

---

① 《论语·述而》。
② 《论语·颜渊》。
③ 《论语·尧曰》。
④ 《论语·公冶长》。
⑤ 《论语·里仁》。

欲之"刚"和节欲之"仁"几乎就是一步之遥。

"毅"是性格果敢刚毅，意志坚定，无所畏惧。曾子曾说："士不可以不弘毅，任重而道远。仁以为己任，不亦重乎？死而后已，不亦远乎？"① 可见"弘毅"是仁人志士必须具备的优秀品质。"仁"是人生理想，"毅"则是践行"仁"的重要品质，"志士仁人，无求生以害仁，有杀生以成仁"②，因此"毅"与"仁"无限接近。

"木"是本性质朴，不事矫饰，与"令色"相对。孔子非常讨厌虚伪狡诈之人，认为他们违背了仁德的精神，损害了仁德的高尚，他多次表述："巧言令色，鲜矣仁！"③"乡愿，德之贼也。"④如果一个人能够摒弃虚伪，保持纯真，那么也就无限接近"仁"了。

"讷"是言语迟钝，不善言辞，与"巧言"相对。孔子认为，践行"仁"是一项长期而艰巨的任务，与其巧舌如簧，夸夸其谈，不如踏踏实实地付诸行动，因此修德君子应该"其言也讱"⑤，"讷于言而敏于行"⑥。

所谓"近仁"，是一种似仁而非仁的状态，如果能够持续保有，勤加修炼，亦可臻入"仁"的境界。因此孔子对于"刚""毅""木""讷"四种品质给予充分关注，并以此作为勉励弟子之言。

《论语·宪问》："宪问耻。子曰：'邦有道，谷；邦无道，谷，耻也。''克、伐、怨、欲不行焉，可以为仁矣？'子曰：'可以为难矣，仁则吾不知也。'"

原宪，字子思，鲁国人，是孔子比较器重的弟子之一。孔子发达之

---

① 《论语·泰伯》。
② 《论语·卫灵公》。
③ 《论语·学而》。
④ 《论语·阳货》。
⑤ 《论语·颜渊》。
⑥ 《论语·里仁》。

时,曾打算聘他为孔氏宰,并为他提供了粟九百斛的俸禄,可是他却推辞不受①。孔子去世后,他隐居草泽,自守清贫,乐道忘忧,受人敬重。

原宪出身卑微,家境贫寒,为人过于敏感,遇事常以反向思维,比如孔门弟子多从积极方面来"问仁""问知""问勇""问孝""问友""问礼之本""问行""问明""问崇德辨惑""问政""问为邦""问事君""问君子""问成人"等,只有他从消极方面来"问耻",这在《论语》中是绝无仅有的。孔子说:"道之以政,齐之以刑,民免而无耻;道之以德,齐之以礼,有耻且格。"②这里的"有耻"和"无耻"是做人的底线要求,可见他思考问题与常人大不相同。本章原宪问仁,也是从反面来发问的:A 是仁,B 是不仁,那么不 B 就是 A? 这种思维方式对于理解"仁"另有启发。

"克、伐、怨、欲"与"刚、毅、木、讷"一样,都是人的生理之性或气质之性,不过对于践行"仁"的作用恰好相反,故而钱穆先生将其概括为"四者贼心"③。原宪是从反面来推论的:如果努力克服和改变"克、伐、怨、欲"这四种性格或气质缺陷,就可以有效提高道德修养,进而达到"仁"的境界。这是从另外一个角度来理解"仁"。

"克"是好胜、争胜,这里引申为逞能、争胜之心,与之相对的是"让",即谦让、礼让,不"克"为"让"。"让"是一种传统美德:"让,礼之主也。"④"卑让,德之基也。"⑤"圣人贵让。"⑥"德莫若让。"⑦孔子也说:"能以礼让为国乎? 何有? 不能以礼让为国,如礼何?"⑧他把发扬礼让精神作为践行礼制的重要保证。"克"与"让"是此消彼长的关系,在修德过程中能够不"克","让"的品德就会慢慢累积,渐至于"仁"。

---

① 《论语·雍也》。
② 《论语·为政》。
③ 钱穆:《论语新解》,北京:生活·读书·新知三联书店,2002 年,第 319 页。
④ 《左传·襄公十三年》。
⑤ 《左传·文公元年》。
⑥ 《国语·周语中》。
⑦ 《国语·周语下》。
⑧ 《论语·八佾》。

"伐"是自我夸耀,彰显功德。《左传·襄公十三年》:"君子称其功以加小人,小人伐其技以冯君子,是以上下无礼,乱虐并生,由争善也。"杜预注曰:"自称其能为伐。"可见,自伐其功是祸乱的根源。"不伐"则是谦虚低调,称功于人,这是一种受人尊敬的美德,所以孔子说:"劳而不伐,有功而不德,厚之至也。"①鲁哀公十一年(公元前484年),孟孙氏族人孟之反在齐、鲁郊之战中英勇杀敌,撤退时又负责殿后,战后他谦虚地对人说:"非敢后也,马不进也。"孔子听说此事后称赞道:"孟子反不伐。"②对孟之反"不伐"的谦逊品德大加赞赏。在《论语》中,与"伐"相对的是"孙(逊)",这是一种谦虚、谨慎的品格,孔子要求弟子们勤加修炼,他说:"君子义以为质,礼以行之,孙以出之,信以成之。"③又说:"邦有道,危言危行;邦无道,危行言孙。"④为人处世能够保持谦虚谨慎的品德,就可以不犯自伐其功的错误了。

"怨"是埋怨、报怨,含有隐瞒不发的意思,故而《皇疏》将其释为"小小忌怨"。与"怨"相对的是"恕",两者都是指心理状态,"怨"是心有怨忿,"恕"则是心无挂碍,两种心境直接导致两种修养状态和人生境界。不过从道德意义来理解,与"怨"直接相对的应该是"德"。有人曾问孔子:"以德报怨,何如?"孔子回答道:"何以报德?以直报怨,以德报德。"⑤这里的"德"应该是一种宽容大度的品德,而"怨"则是一种小家子气的计较,所以孔子说:"放于利而行,多怨。"⑥

"欲"是欲得之心。孔子说:"富与贵,人之所欲也;不以其道得之,不处也。"⑦可见"欲"有"以其道"和"不以其道"之别:"以其道"之"欲"是符

---

① 《周易·系辞上》。
② 《论语·雍也》。
③ 《论语·卫灵公》。
④ 《论语·宪问》。
⑤ 《论语·宪问》。
⑥ 《论语·里仁》。
⑦ 《论语·里仁》。

合道义的,故而谓之"得"或"取",卫国大夫公叔文子能够做到"义然后取",所以"人不厌其取"①;而"不以其道"之"欲"则是不符合道义的,对修身求仁有害无益,故而谓之"贪",本章中的"欲"即为此类,所以孔子说:"欲仁而得仁,又焉贪?"②

原宪理解"仁"的基本思路是:不"克"为"让",不"伐"为"孙(逊)",不"怨"为"德",不"欲"为"取",如果从这四个方面来加强道德修养,抑或"可以为仁",这似乎是一种符合逻辑的认知。但是孔子并没有被他的问题绕糊涂,因为按照逻辑推理,A是仁,B是不仁,但是不B的结果未必是A,比如克服了"克"的缺点,道德修养未必能达到"让"的境界,A与B之间并不是非此即彼的关系。不过孔子对于原宪提出的修德思路还是给予了充分肯定:"可以为难矣,仁则吾不知也。"意思就是,能够做到不克、不伐、不怨、不欲已经是难能可贵的了,至于"仁",仍需继续努力。

孔子本章释仁,以反证正,看似复杂,其实"仁"的核心意涵并没有发生变化,却有助于加深对"仁"的理解。

《论语·卫灵公》:"子曰:'民之于仁也,甚于水火。水火,吾见蹈而死者矣,未见蹈仁而死者也。'"

本章是孔子对当政者(鲁哀公、季康子之流)进行说教的重要言论,他着重阐述了"仁"在施政过程中的重要作用和意义,为先秦儒家学派建立仁政学说奠定了思想基础。

研读本章言论,首先必须弄清楚"民"与"仁"的关系问题,即所谓"民之于仁也"。在《论语》中,"民"与"人"是两个完全不同的概念,"民"是指

---

① 《论语·宪问》。
② 《论语·尧曰》。

处于社会底层的普通民众,而"人"则是指居于统治地位的贵族阶层。在尊卑贵贱有别的等级制度下,"民"与"人"在政治地位和经济待遇等方面都是不平等的,其中也包括"仁"。简单地说,"仁"也是一种社会特权,只有"人"才有资格主动讲求和拥有,"民"则是"仁"的施及对象,只能被动接受。所以孔子关于"仁"的言论都是就"人"而言的:"人而不仁,如礼何?人而不仁,如乐何?"①"人而不仁,疾之已甚,乱也。"②"事其大夫之贤者,友其士之仁者。"③本章言论也不例外,"民"只是"仁"的需求者和受惠者,而不是修行者和拥有者。

"民"对于"仁"的需求程度,与"水火"相比,则更为紧迫、重要。水与火是人类维持生存最基本的生产生活资料,不可须臾或缺。但是孔子认为,"仁"比"水火"更为重要,因为"仁"是人类文明和社会进步的重要标志,如果没有"仁",人类就会倒退到构木为巢、钻燧取火的愚昧年代!孔子如此夸大"仁"的政治功效,目的就是游说当政者加强个人道德修养,积极推行德政,他说:"君子笃于亲,则民兴于仁。"④在位君子如果能够发扬氏族组织传统的亲情之爱,那么民众就会受到感化而敬忠于上。值得注意的是,这里的"民兴于仁"不是民"仁"而兴,而是民因"仁"而兴,"民"仍然是"仁"的受惠客体。他在对季康子进行政治说教时也说:"子欲善而民善矣。君子之德风,小人之德草。草上之风,必偃。"⑤可见,他反复强调的是当政者修德行善对于引导民众向善的决定作用。

本章比较难理解的是"水火,吾见蹈而死者矣,未见蹈仁而死者也"。"蹈"是践行、履行,进而引申为奉行、遵循。民众蹈水火而死比较好理解,民众只知水火之利,却不知水火之害,故而无所畏惧。然而水火无

---

①《论语·八佾》。
②《论语·泰伯》。
③《论语·卫灵公》。
④《论语·泰伯》。
⑤《论语·颜渊》。

情,一旦失去控制就会发生意外,致人以死,所以郑相子产说:"夫火烈,民望而畏之,故鲜死焉。水懦弱,民狎而玩之,则多死焉。"①但是"仁"完全是有益无害的,民众何至于"蹈仁而死"?历代《论语》注家对于这个问题大多含糊其词,不得要领。《皇疏》:"仁是恩爱,政行之,故宜为美,若误履蹈而则未尝杀人,故云'未见蹈仁而死者也。'"《集注》:"水火或有时而杀人,仁则未尝杀人,亦何惮而不为哉?"刘氏《正义》引惠栋《周易述》言曰:"仁乃《乾》之初生之道,故未见蹈仁而死,极其变,如求仁得仁,杀身成仁,乃全而归之之义,不可言死。"上述解说基本都没有跳出"杀人"的思路,所以很难把问题解释清楚。清人黄式三在《论语后案》中提出"成仁"的新观点:"蹈仁而死,如伯夷、比干,能择正命之处,虽死犹生,圣人荣之。此圣人望死身者不死其心,求见之切而叹之也。"值得注意的是,这里的"蹈仁而死者"不是普通民众,而是指伯夷、比干之类的古代圣贤,他们为了正义而杀身成仁,舍生取义,这种殉道精神在孔子生活的时代已经消亡,故曰"未见"。李零先生在此基础上又进一步诠释道:"这(本章)并不是表达人民对仁的依赖有甚于水火,而是说人民避仁唯恐不及,有甚于水火。这话表达了孔子的失望。孔子不仅对统治者失望,对老百姓也失望。他的意思是,老百姓对他的'仁'都是躲着走,绕着走,如避水火。"②如果从历史实际情况来看,这种观点有一定的可取之处,因为孔子在进行仁爱说教过程中确实是屡屡受挫,无人响应。但是如果从整章文意来看,这种观点的思维跳跃度太大,很难与前文形成呼应,因此只能作为一种颇有新意的解读而暂存备考。

本章言论究竟如何解读,思路应该再回到"民"与"仁"的关系问题上。孔子认为,"仁"和"水火"一样,都是普通民众渴望得到的一种恩惠,如果当政者能够将其运用到施政领域,"仁"就能发挥出难以估量的神奇

---

① 《左传·昭公二十年》。
② 李零:《丧家狗——我读〈论语〉》,太原:山西人民出版社,2007年,第281页。

功效，现实政治中的所有问题也都能迎刃而解。而且"仁"还有一个最大的好处，就是从来不会对民众造成伤害，有人溺水而死，也有人玩火而亡，但是从来没有人死于"仁"。不得不承认，孔子这套说辞确实能打动人，不过治国御民不能只靠脱离实际的理想和信念，"仁"确实不会伤人，但有可能误国。

《论语·卫灵公》："子贡问为仁。子曰：'工欲善其事，必先利其器。居是邦也，事其大夫之贤者，友其士之仁者。'"

此前诸章主要是孔子释仁，以下诸章则是孔子论为仁之道，即所谓"仁之方"①。

若论才学和悟性，子贡在孔门之中估计无人能及（包括颜渊），所以孔子有时会和他谈论一些比较深奥或敏感的问题，诸如天命、人性等。本章子贡"问为仁"，与其他弟子"问仁"亦有所不同，其它弟子"问仁"还只是停留在对于"仁"的理解问题上，而子贡"问为仁"关注的则是践行"仁"的途径和方法问题，两者在境界和格局方面显然有高下之分。《集注》引程子言曰："子贡问为仁，非问仁也，故孔子告之以为仁之资而已。"

"工欲善其事，必先利其器"一句是比喻，但是这个比喻未必确切。"工"是以冶铜、烧陶、制骨、琢玉等手艺为业的工匠。《左传·成公二年》中记载，楚国兴师伐卫，随即侵入鲁境，鲁国为了避免战祸，只好向楚国提供执斲（匠人）、执针（女工）、织纴（织缯布者）各一百人作为议和条件，楚人后来同意退兵。可见，拥有一技之长的工匠群体在当时是受到各国当政者重视的。工匠手艺在很大程度上依赖于专业工具，即所谓"器"，所以至今还有"三分手艺七分工具"之说。"利"同厉，砥砺之义。这句话

---

①《论语·雍也》。

的意思是,工匠想要做成一件东西,就必须选择适当的工具。同样,修德君子想要提高道德修养,也应该与那些能对自己有所帮助的人相处。"居是邦也"是无论身居何处的意思,"事其大夫之贤者"是指选择为人正派、处事公道的上司,因为"君子易事而难说(悦)也"①,在这种人手下做事比较容易成功;"友其士之仁者"是指选择志同道合的士人相与为友,因为"唯仁者能好人,能恶人"②,这种人爱憎分明,受到他们的思想熏陶和道德感化,就会自然而然地亲近君子,远离小人。孔子这里用"工"来比喻为仁者(子贡),用"器"来比喻"大夫之贤者"和"士之仁者",似乎有点牵强,不够贴切。

此外,朱熹、刘开等人认为,孔子本章言论主要是针对子贡的个人情况而言的。子贡为人精致,才情秉性都高于常人,孔子称其为瑚琏之器③,这些都是为仁之资(先天条件)。但是他在人际交往中多友不若己者,而且还喜欢比较和议论他人之优劣短长,即所谓"子贡方人",孔子因此批评他道:"赐也贤乎哉?夫我则不暇。"④孔子根据子贡与人相处的特殊情况,有针对性地向他提出多与"贤者"和"仁者"相处为友的建议,因为"就有道而正焉"⑤也是为仁之道的重要内容。

《论语·述而》:"仁远乎哉?我欲仁,斯仁至矣。"

本章言论只有短短两句话,但是对于研究孔子仁学思想具有非常重要的意义,因为内容涉及"仁"的来源以及为仁的自主原则和自觉精神等问题。

---

①《论语·子路》。
②《论语·里仁》。
③《论语·公冶长》。
④《论语·宪问》。
⑤《论语·学而》。

"仁远乎哉?"这是通过反问来强调"仁"不远人的命题。在孔子看来,"仁"是根植于人心之中的一种天然秉性,所以他说:"人而不仁,如礼何? 人而不仁,如乐何?"①礼乐制度是人类社会的基本特征,礼乐以"仁"为基础,发端于人心,终结于人心,因此"仁"既是人与生俱来的道德属性,也是实施礼乐教化的主要依据。这种观点着重阐明了"仁"的来源问题。

　　"我欲仁,斯仁至矣",这是强调为仁过程中的自主原则和自觉精神,孔子说:"为仁由己,而由人乎哉?"②意思就是,为仁是一个自我觉醒、自我完善的过程,因此只能依靠自己,不能依赖他人。孔子非常重视为仁的自觉自主意识,他在谈论"仁"时,反复强调"欲"和"求"的重要意义,要求首先解决好"欲仁""求仁"的主观能动性问题,他对弟子子张说:"欲仁而得仁,又焉贪?"③在评价古代贤人伯夷、叔齐时又说:"求仁而得仁,又何怨?"④由此可见,"欲仁""求仁"的主观愿望是"得仁"的重要前提,有了强烈的主观愿望,就不会再有其他贪欲之心,即使不成功,也不会自怨自艾。

　　既然"仁"根植于人心,那么为什么在现实生活中却鲜见仁者呢? 这种理论与现实之间的矛盾情况应当如何解释呢? 孔子对此做出认真分析,他认为主要原因有两个:一是不能尽力为仁,付诸行动。孔子说:"有能一日用其力于仁矣乎? 我未见力不足者。盖有之矣,我未之见也。"⑤可见当时有人虽然有"欲仁"的主观愿望,但是他们认为"仁"远离自己,遥不可及,因此不愿意为此付出艰辛的努力。二是不能尽心为仁,长期坚守。孔子曾以弟子为例来加以说明:"回也,其心三月不违仁,其余则

---

① 《论语·八佾》。
② 《论语·颜渊》。
③ 《论语·尧曰》。
④ 《论语·述而》。
⑤ 《论语·里仁》。

日月至焉而已矣。"①之所以颜渊的道德修养能在孔门弟子中出类拔萃，是因为他内心有强烈的求仁欲望和践行动力，所以能够长期坚守，不断进步；其他弟子则因为在各种欲望的取舍中常常迷失"仁"的原始本性，他们时而心中"违仁"，时而行为"去仁"，不能长期坚守，所以道德修养难以提高。

为了激发人们"为仁"的自主意识和自觉精神，孔子在本章中不无夸张地把"为仁"描述成一个由"欲"而"至"的简单过程，同时也表现出他对于仁学思想的理论自信和政治自信。在为仁方法上，他则更加强调"仁"的内心体验和长期坚守，做到"无终食之间违仁，造次必于是，颠沛必于是"②，通过日积月累来实现"斯仁至矣"。

《论语·里仁》："子曰：'苟志于仁矣，无恶也。'"

孔子对于立志问题向来重视，他经常组织弟子们讨论人生理想，要求他们"各言尔志"③，并一一做出点评。本章是孔子关于立志问题的言论，"仁"是立志的具体内容。

"苟志于仁矣"是假设句，"苟"训诚，为诚心、决心之义。"志"是心意、志向，这是一个主观色彩很浓的词语，孔子说："吾十有五而志于学。"④又说："志于道，据于德，依于仁，游于艺。"⑤可见"志"具有明确的价值取向，一旦确定下来就不会轻易改变，因此带有某种神圣的仪式感。"志于仁"就是有志于"仁"，这既是孔子为仁之道的重要内容，也是儒家救世主张的思想原点。相比较而言，"志于仁"的主观意愿和

---

① 《论语·雍也》。
② 《论语·里仁》。
③ 《论语·公冶长》。
④ 《论语·为政》。
⑤ 《论语·述而》。

自觉意识要比"欲仁"强烈许多:"欲仁"偏重于个人道德修养,并不具有强制性;"志于仁"则是以行仁于天下为己任,这是一种自觉的使命担当,所以孔子说:"志士仁人,无求生以害仁,有杀身以成仁。"①

"无恶也"一句是本章难点,关键在于如何理解"恶"。"恶"有两种读法,意思也不相同:一读如字,用作名词,与"善"相对,为罪恶、恶行之义,如"攻其恶,无攻人之恶"②。《皇疏》:"言人若诚能志在于仁,则是为行之胜者,故其余所行皆善,无复恶行也。"《集注》:"其心诚在于仁,则必无为恶之事矣。"这里均把"恶"释为"恶行""恶之事",意思就是,既然已经有心向善,就自然不会作恶害人,因为"志于仁"是一个去恶从善的修身过程。一读乌路反,用作动词,与"好"相对,为憎恨、厌恶之义,如"惟仁者能好人,能恶人"③。刘氏《正义》:"前后章皆言好恶,此亦当读乌路。"据此理解,"无恶"当作无憎于人解,这与孔子所倡导的忠恕之道是一致的。此外,"恶"还有损害、危害之义,"无恶"就是没有危害的意思,杨伯峻《论语译注》中就把这句话译为:"假如立定志向实行仁德,总没有坏处。"孔子为了加大有志于仁的说服力,有意把"有益"说成"无恶",诚如今人常言"退一万步说……",以表明此言不谬。可见,儒家所宣扬的仁学思想在当时确实没有多少市场,甚至有人认为"仁"有害无益,所以孔子不得不对此做出回应。还有一个问题,"无恶"是对有志于仁者本人而言,还是对他人而言?抑或兼而有之?从具体语境来分析,本章重点讨论的是有志于仁者,因此"无恶"首先应该是对本人无害。既然对本人无害,对他人自然也无害。当然,志于仁未必行于胜,行于胜未必利于人,所以"无恶"之说为时尚早。

---

①《论语·卫灵公》。
②《论语·颜渊》。
③《论语·里仁》。

《论语·里仁》:"子曰:'我未见好仁者,恶不仁者。好仁者,无以尚之;恶不仁者,其为仁矣,不使不仁加乎其身。有能一日用其力于仁矣乎?我未见力不足者。盖有之矣,我未之见也。'"

本章言论表现了孔子晚年面对理想与现实之间的深刻矛盾无法调和的悲观失望情绪。孔子是一位理想主义者,他为了拯救乱世危局,不遗余力地宣扬"克己复礼"的仁学思想,然而在现实生活中却很少有人响应,满眼望去,既不见"好仁者",也不见"恶不仁者",甚至孔门弟子中也有人(冉求)以"非不说(悦)子之道,力不足也"[①]为借口而放弃为仁。孔子对此深感失望,此番言论脱口而出,表达了他对当时种种"违仁"状况的不满。

以"不使不仁加乎其身"为断,本章可以分为两个部分。

前半部分是关于"好仁者"和"恶不仁者"的论述。孔子认为,在为仁实践中,需要经历各种修炼阶段,道德修养和人生境界才能逐步提高,日臻完善。具体地说,为仁主要包括以下三个阶段:

第一阶段是"恶不仁者"。"恶不仁者"的词汇结构是"恶不仁+者",即憎恶不仁的人,而不是"恶+不仁者"。这一阶段为仁者以提高个人道德修养为主要任务,为了防止那些妨碍修行的负面因素干扰自己("不使不仁者加乎其身"),他们必须明辨是非,有所好恶,首先要做到"恶不仁"。

第二阶段是"好仁者"。"好仁者"的词汇结构也是"好仁+者",而不是"好+仁者",具体是指那些道德修养尚未达到"仁"的境界的好仁之人,他们与真正的"仁者"仍有差距。在"恶不仁"的修养基础上,"好仁者"为了进一步提高自己的道德修养,实现普世之爱的弘大理想,就必须超越是非之争和好恶之辨,因此他们在为仁实践中,主要是从积极的方

[①]《论语·雍也》。

面来"好仁",而不是从消极的方面来"恶不仁"。

第三阶段是"仁者"。为仁者通过坚持不懈的努力,不仅人生修养已经达到了"仁"的完美境界,而且还能够做到"己欲立而立人,己欲达而达人"①,甚至可以行仁于天下。孔子认为,这种人是社会的中流砥柱,他们能够明辨是非,区分善恶,所以孔子说:"唯仁者能好人,能恶人。"②

从"恶不仁者"到"好仁者"再到"仁者",其间经历了一个循序渐进、日臻完善的过程,每一个阶段都有不同的目标和任务,这些内容都具体体现在"好"与"恶"两个字上。孔子不惜在文字上颠来倒去,啰里啰唆,无非是想借此来表达他对现状的不满,因为在现实生活中,从"恶不仁者"到"好仁者"再到"仁者",任何形式或各个阶段的为仁者均"未见"!《礼记·表记》中也从"无欲"和"无畏"的角度对"好仁者"和"恶不仁者"做出描述:"无欲而好仁者,无畏而恶不仁者,天下一人而已矣。是故君子议道自己,而置法以民。"所谓"天下一人而已矣",是极言其少("未见"),亦极言其难,这种观点可作参考。

后半部分是关于致力于"仁"的论述。第一句是反问句,用以加强语气。"用其力于仁"强调的是为仁的主动性和行动力,即所谓"力行近乎仁"③。在孔子看来,任何远大的理想只有付诸行动,才有可能实现其价值。"一日"是一种夸张的表述,与此相同的还有"一日克己复礼,天下归仁焉"④。一日之功,何难之有?可见,那些声称"力不足者"显然是用心不诚,所以孔子说"我未见"。后面两句是补充陈述,再次强调"我未之见","之"代指"力不足者"。

子思后来在此基础上又进一步总结道:

---

① 《论语·雍也》。
② 《论语·里仁》。
③ 《礼记·中庸》。
④ 《论语·颜渊》。

> 诚者自成也,而道自道也。诚者物之始终,不诚无物,是故君子诚之为贵。诚者非自成己而已也,所以成物也。成己,仁也;成物,知也。①

子思在这里提出了一个"诚"的概念,所谓"诚者自成也",就是为仁者通过实际行动实现自我完善。子思这段论述着重强调了为仁的自主性和行动力。

孔子提出的为仁之道具有很强的实践性:一方面,他强调为仁要从每一天每一时的身体力行做起,做到"君子无终食之间违仁,造次必于是,颠沛必于是"②;另一方面,他又要求为仁必须长期坚守,勤修不辍,他说:"如有王者,必世而后仁。"③古人三十年为一世,对于拥有至高无上权力的君王来说,尚需经历至少三十年以上的执着坚持和勤奋努力,才能行仁于天下;对于大多数普通人来说,就更需要日积月累、勤勉百倍!

《论语·里仁》:"子曰:'里仁为美。择不处仁,焉得知?'"

"志于仁"是关于为仁的主观动因问题,"里仁为美"则是关于为仁的客观环境问题,二者都是孔子为仁之道的重要内容,值得认真研读。

"里"是古时计算面积的计量单位,后引申为居住区域,如"以与尔邻里乡党乎"④。本章中的"里"用如动词,"里仁"就是主动选择仁者所居之乡里而居。"美"为善,郑玄注曰:"里者,民之所居也。居于仁者之里,是为善也。"《皇疏》:"文云'美'而注云'善'者,夫美未必善,故郑深明居仁

---

① 《礼记·中庸》。
② 《论语·雍也》。
③ 《论语·子路》。
④ 《论语·雍也》。

者里必是善也。"

为了强调"里仁为美"的重要性,孔子接着又补充道:"择不处仁,焉得知?"古汉语中"知"和"智"相通,所以有的版本"知"写作"智",意思就是,如果不能择善而处,里仁而居,就称不上聪明、智慧。由于"知"("智")属于上智下愚的智力问题,所以过去有许多《论语》注家把本章与孔子性近习远的人性论观点联系起来解读,认为本章言论重点讨论的是心智问题。《皇疏》:"此篇明凡人之性易为染著,遇善则升,逢恶则坠,故居处宜慎,必择仁者之里也。"又说:"中人易染,遇善则善,遇恶则恶。若求居而不择仁里而处之,则是无智之人,故云'焉得智'也。"这种解读固然文从字顺,言之有理,但是在思想境界上却是大打折扣。孔子所说的"中人以上,可以语上也;中人以下,不可以语上也"①,是就普通人提高智力而言的,而本章的"里仁为美"则是就志士仁人提高道德修养的途径和方法而言的,前者是被动接受,后者是主动选择,两者在动机和效果等方面是截然不同的。

孔子非常重视人际关系对于个人道德修养的重要影响作用,子贡向他请教为仁之道,他立即答复道:"居是邦也,事其大夫之贤者,友其士之仁者。"②这里的"贤者"和"仁者"都是道德楷模,孔子希望子贡每到一处都要择善相处,见贤思齐,这样才有助于提高个人道德修养。孔子这种观点可以通过其他相关言论得到佐证:

主忠信,无友不如己者。③

君子食无求饱,居无求安,敏于事而慎于言,就有道而正焉,可谓好学也已。④

见贤思齐焉,见不贤而内省也。⑤

---

① 《论语·雍也》。
② 《论语·卫灵公》。
③ 《论语·学而》。
④ 《论语·学而》。
⑤ 《论语·里仁》。

受到孔子思想影响，弟子曾子也说：

君子以文会友，以友辅仁。①

上述言论显然都是针对承担为仁使命的有德君子提出的，而非庸庸碌碌的"中人"之辈，因此本章言论应当从孔子为仁之道的高度来解读。

本章还有一个值得关注的问题，在当时特定的历史条件下，孔子提出"里仁为美"的观点是具有特殊意义的。古人聚族而居，安土重迁，血缘关系是维系氏族成员之间的唯一纽带，也是选择居所的主要依据。春秋时期，氏族组织逐渐瓦解，人员流动也逐渐频繁，统治者为了实施有效统治，不得不在原有氏族组织的基础上，对国人居所进行重新规划和编制，以加强管理和控制。比如管仲在齐国推行内政改革时，实行"四民分业"的政策，根据士、农、工、商的行业特点，统一划定不同的居住区域，"五家为轨，轨为之长；十轨为里，里有司；四里为连，连为之长；十连为乡，乡有良人焉"②。在"四民分业"的基础上，管仲又明令规定四民必须世代承袭本业，不得自由迁徙，"四民者，勿使杂处，杂处则言咙，其事易"③。由此可见，此时的"里"已经突破原有氏族聚族而居的传统，具有行政区划和军事编制的意义。而孔子在本章中又提出了"里仁为美"的观点，强调以仁德为标准来选择居所，这不仅突破了氏族聚族而居的传统，也突破了国人分业而处的政令，因此是具有积极意义的。

---

① 《论语·颜渊》。
② 《国语·齐语》。
③ 《国语·齐语》。

《论语·里仁》:"子曰:'人之过,各于其党。观过,斯知仁矣。'"

前章的"里仁为美"是从正面论述,本章的"观过知仁"则是从反面立论。以反论正是孔子惯常的思维方式和说理方法。

"人之过也,各于其党"是把各种性质的错误进行统一分类。"党"是同类朋党,孔安国注曰:"党,党类也。"孟子说:"凡同类者,举相似也。"①意思就是,同类人往往有相同的行为和意识,因此容易犯相同的错误。在《论语》中,"党"是一个偏于贬义的词汇,鲁昭公违反礼制,娶吴国同姓女子为妻,陈司败故意问孔子鲁昭公是否知礼,孔子当时违心地说:"知礼。"事后陈司败质疑道:"吾闻君子不党,君子亦党乎?"②孔子自己也说:"君子矜而不争,群而不党。"③可见"党"是没有原则的趋同、妥协,非有德君子之作为。"过"是过失、过错,《皇疏》:"人之有失,各有党类。小人不能为君子之行,则非小人之失也。犹如耕夫不能耕乃是其失,若不能书,则非耕夫之失也。若责之,当就其辈类责也。"相同身份和职业的人,他们所犯的过错也是相同的,君子(人)所犯的过错是"不仁",小人(民)所犯的过错则是不耕不作,却不会犯"不仁"的过错,所以孔子说:"君子而不仁者有矣夫,未有小人而仁者也。"④

"观过,斯知仁矣"是通过比较来进行鉴别。"观"是观察、考察,孔子说:"视其所以,观其所由,察其所安。人焉廋哉?人焉廋哉?"⑤可见"观"是获得正确认知的有效方法,而"观过"则是反向考察。这句话的意思是,通过观察和分析过错类别,就可以判断一个人的道德水准和身份特征。《礼记·表记》:"与仁同功,其仁未可知也。与仁同过,然后其仁可知也。"意思就是,与仁者取得相同成就的人,未必能证明他是仁者,而与

---

① 《孟子·告子章句上》。
② 《论语·述而》。
③ 《论语·卫灵公》。
④ 《论语·宪问》。
⑤ 《论语·为政》。

仁者犯相同错误的人,则可以确认他是仁者。这两句话颇富有哲理,因为人皆有争功之心,却无犯过之意,所以犯错能比较真实地反映一个人的思想境界和内在素质。

本章需要补充说明一点:清人焦循在《论语补疏》中引用了史书中两个关于"观过知仁"的实例:一是《后汉书·吴祐传》中的"私赋民钱,市衣进父",文中用"观过知仁"来进行评述;二是《汉书·外戚传》中的"子路姊丧,期而不除,孔子非之",文中亦用"观过知仁"来进行评述①。然而仔细核对上述二事,均与"观过知仁"无关,然而却以"观过知仁"论之,不知当时对"观过知仁"是否另有解说?不敢妄测。另,《后汉书·吴祐传》中引用本章时"仁"写作"人",不知是否另有所本?春秋时期,"仁"与"人"相通,此说似乎更加简单明了,存此备考。

《论语·雍也》:"子曰:'知者乐水,仁者乐山。知者动,仁者静。知者乐,仁者寿。'"

《论语》中有关"仁者"的种种论述,也是孔子仁学思想的一个重要内容,相关言论主要有两个方面:一是结合释仁,对仁者的道德特征进行阐述;二是以"仁"为标准,对各种历史人物进行道德评判。两者相互发明,丰富了孔子的仁学思想。

本章是《论语》的经典言论,孔子采取意象手法把仁者特征概括为"山""静""寿",把知者的特征则概括为"水""动""乐"(相关内容已在《知(知者)》中另作评析)。由于言辞过于简约隐晦,其深刻意涵只能意会,难以言传。孔门弟子虽然各有所本,但是也难有论定。

《说苑·杂言》中载有子贡向孔子请教"仁者何以乐山"问题,孔子回

---

① [清]焦循撰,陈居渊主编:《雕菰楼经学九种》上册,南京:凤凰出版社,2015年,第633页。

答道：

> 夫山岿然萃嵂，万民之所观仰。草木生焉，众物立焉，飞禽萃焉，走兽休焉，宝藏殖焉，奇夫息焉，育群物而不倦焉，四方并取而不限焉。出云风，通气于天地之间，国家以成。是仁者之所以乐山也。《诗》曰："太山岩岩，鲁侯是瞻。"乐山之谓也。

《韩诗外传》中亦有相同记载，不过发问者不是子贡，而是身份不确定的"问者"，其中也许隐含了儒学传承中的许多信息：

> 问者曰：夫仁者何以乐于山也？曰：夫山者万民之所瞻仰也。草木生焉，万物植焉，飞鸟集焉，走兽休焉，四方益取焉。出云道风，岚乎天地之间。天地以成，国家以宁，此仁者所以乐于山也。《诗》曰："太山岩岩，鲁邦所瞻。"乐山之谓也。①

上述两段文字基本相同，都是从山所具有的植万物、出风云、育万民、利国家等特性来阐述"仁者乐山"的。由于仁者也拥有博爱天下、普惠万民、兴邦利国的高尚情操，所以山对于仁者来说，是具有象征意义的。

在《孔丛子》中，子张也曾向孔子提出相同问题：

> 子张曰："仁者何乐于山？"子曰："夫山者，岿然高。"子张曰："高则何乐尔？"孔子曰："夫山，草木植焉，鸟兽蕃焉，财用出焉，直而无私焉，四方皆伐焉。直而无私，兴吐风云，以通乎天地之间。阴阳和

---

① 《韩诗外传》卷三第二十六章。

合，雨露之泽，万物以成，百姓咸飨，此仁者之所以乐乎山也。"①

这里的山又增加了"直而无私"的道德属性。孔子采用意象化的手法，使抽象的"仁"和具象的"山"逐渐靠近。这种思维特征和表述方式充分显示了儒家思想的张力。

历代《论语》注家大多从"山"之体貌特征或"仁"之内在义理等方面来进行解读，似乎并没有把道理说透彻。

其实，山（与水相比）还具有一个非常显著的特征：高耸而稳定。水一直处于流动变化之中（"动"），山却始终恒定不变（"静"），这一特性恰恰象征着孔子远大而坚定的政治理想。在孔子仁学思想中，"仁"既是人生修养的最高境界，也是政治理想的终极目标。孔子一生矢志于仁，终生不渝，他说："君子无终食之间违仁，造次必于是，颠沛必于是。"②又说："仁者安仁，知者利仁。"③这种执着坚定的求仁理想只有高耸而恒定的山才可比拟，故曰"仁者乐山"。

理解山所具有的象征意义，对于仁者的"静"和"寿"就不难理解了：仁者志存高远，恒定不变，内安外静，故曰"仁者静"；仁者无私无欲，无得无失，无取无舍，故曰"仁者寿"。

《论语·宪问》："子曰：'君子道者三，我无能焉：仁者不忧，知者不惑，勇者不惧。'子贡曰：'夫子自道也。'"

《子罕篇》中也有相同言论，只是"仁者不忧"和"知者不惑"两句前后秩序不同。

---

①《孔丛子·论书》。
②《论语·里仁》。
③《论语·里仁》。

在儒家思想体系中,"知""仁""勇"三者是并列关系,都是道德修养的重要规范,也是君子修身的重要标准,孔子称其为"君子道者三",《礼记·中庸》中则将其概括为"三达德":

> 知、仁、勇三者,天下之达德也,所以行之者一也。……好学近乎知,力行近乎仁,知耻近乎勇。知斯三者,则知所以修身;知所以修身,则知所以治人;知所以治人,则知所以治天下国家矣。

儒家学说以"修身"作为"治天下国家"的起点,修身的主要内容是"知""仁""勇",修身的主要方式则是"好学""力行""知耻"。在"三达德"中,"仁"是"君子道"的核心,"仁者不忧"则是有德君子的主要特征,这里将作重点评析。至于"知者不惑"和"勇者不惧"的内容将分别在《知(知者)》和《勇(勇者)》中进行评析。

"仁者不忧"是从有德君子的人生修养境界来论述的。"忧"是忧愁、忧虑,孔子说:"人无远虑,必有近忧。"[①]"虑"和"忧"显然是受到"远"或"近"的不同利益因素干扰而产生的。人心之中如有所挂碍,大小轻重远近难以取舍,就会产生忧愁、忧患的情绪。司马牛曾忧伤地对人说:"人皆有兄弟,我独亡。"如此伤感,说明他心中仍有割舍不下的兄弟之情,所以子夏宽慰他道:"四海之内,皆兄弟也——君子何患乎无兄弟也?"[②]意思就是,如果能超出血缘亲情关系,把天下所有人都当作兄弟,那么就无忧无患了。"不忧"则与之相反,仁者的道德修养已经达到大爱无疆的高尚境界,那么他必定心胸坦荡,博爱无私,无忧无虑,无怨无悔。孔子说:"旁行而不流,乐天知命,故不忧。"[③]只要坚持正确的认知态度和处世方法,就没有什么值得担忧的。此外,"不忧"还体现了有德君子的反省精

---

① 《论语·卫灵公》。
② 《论语·颜渊》。
③ 《周易·系辞上》。

神,司马牛向孔子请教君子之道,孔子说:"君子不忧不惧。"接着他又补充道:"内省不疚,夫何忧何惧?"①日日反省自己,心中无所愧疚,自然也就无忧无惧了。这种自我反省精神表现了孔子的道德自信。

《论语·里仁》:"子曰:'不仁者不可以久处约,不可以长处乐。仁者安仁,智者利仁。'"

"里仁为美"阐述的择邻相处问题,本章的"仁者安仁"阐述的则是一人独处问题,这也是仁者的重要特质。

孔子说事论理,善于从正反两个方面来进行比较分析。本章主说仁者,却先从不仁者说起,"约"通训为贫穷、窘困,孔子把不仁者的行为特征概括为不能"久处约"和"长处乐",就是心神不定、反复折腾的意思。《礼记·坊记》对此做出具体解释:

> 子云:"小人贫斯约,富斯骄。约斯盗,骄斯乱。礼者,因人之情而为之节文,以为民坊者也。故圣人之制富贵也,使民富不足以骄,贫不至于约,贵不慊于上,故乱益亡。"

不仁者见识浅薄,性情浮躁,既不能"贫而无怨",又不能"富而无骄"[②]。究其原因,是因为他们道德修养欠缺,整天热衷于追名逐利而不受礼义节制,所以不能安分守己,久约长乐。

与不仁者相比,仁者最显著的行为特征是"安"。在《论语》中,"安"主要有两层意思:一是安贫乐道。孔子说:"饭疏食饮水,曲肱而枕之,乐

---

① 《论语·颜渊》。
② 《论语·宪问》。

亦在其中矣。不义而富且贵,于我如浮云。"①仁者淡泊名利,理想坚定,贫富贵贱处之泰然,不为所动,当行则行,当安则安,这一点与不仁者形成鲜明对比。二是居仁爱人。孔子说:"安土敦乎仁,故能爱。"②"仁"具有明确的利他性,"夫仁者,已欲立而立人,已欲达而达人"③。因此仁者爱人是真情流露,本性使然,没有任何前置条件,即使不利于己,也不会有所犹豫或退缩,这是仁者的本质特征。《皇疏》:"若禀性自仁者,则能安仁也。何以验之?假令行仁获罪,性仁人行之不悔,是'仁者安仁'也。"由此可见,"安仁"的真正意义在于"爱人"。

《论语·里仁》:"子曰:'唯仁者能好人,能恶人。'"

本章言简意赅,观点鲜明。"唯"是语气助词,强调"仁者"的特定身份。"好"与"恶"都用作动词,为喜好和厌恶之义。与本章仁者形成鲜明对比的是"乡愿",即不谴是非的伪君子,他们为了个人私利而放弃原则,四处讨好,八面玲珑,因此孔子怒斥他们是"德之贼"④。

本章中的"仁者"是何特定身份?其所好所恶又有何特定意义?《礼记·大学》中有一段文字提供了相关背景材料,可作参考:

《泰誓》曰:"若有一介臣,断断兮,无他技;其心休休焉,其如有容焉。人之有技,若己有之;人之彦圣,其心好之,不啻若自其口出,寔能容之。以能保我子孙黎民,尚亦有利哉!人之有技,媢疾以恶之;人之彦圣,而违之,俾不通,寔不能容。以不能保我子孙黎民,亦

---

①《论语·述而》。
②《周易·系辞上》。
③《论语·雍也》。
④《论语·阳货》。

曰殆哉!"唯仁人流放之,迸诸四夷,不与同中国。此谓唯仁人为能爱人,能恶人。

根据上述记载,本章应该是孔子在解释《尚书·泰誓》时发表的言论。《泰誓》是周武王讨伐商纣的誓词,《史记·周本纪》:"十一年十二月戊午,师毕渡盟津,诸侯咸会。曰:'孳孳无怠!'武王乃作《太誓》,告于众庶。"可见这里的"仁者"应该是特指周武王以及在大位者。不过这段文字并没有被收录到今本《泰誓》中,或许另有所本,今已亡佚。

周武王所好所恶之人分别是"能容"和"不能容"的"一介臣",二者主要区别在于能否团结("容")人,这是周人克商的制胜法宝。周武王说:"受有臣亿万,惟亿万心;予有臣三千,惟一心。"①孔子对此也评述道:"三分天下有其二,以服事殷。周之德,其可谓至德也已矣。"②如果从政治层面来解读,在大位的"仁者"若想完成一统天下的大业,就必须在政治上辨明是非,爱憎分明,团结一切可以团结的力量,即"能好人",反对一切不可团结的力量,即"能恶人",只有这样才能"一德一心,立定厥功,惟克永世"③。弟子子夏曾从历史研究的角度对此做出深刻诠释:"舜有天下,选于众,举皋陶,不仁者远矣。汤有天下,选于众,举伊尹,不仁者远矣。"④

如果从道德层面来解读本章言论,似乎更具有普遍意义。在人际交往中,好人者人亦好之,恶人者人亦恶之(除非对方是仁者),这是不言自明的道理。清代学者焦循说:"仁者好人之所好,恶人之所恶,故为能好能恶。必先审人之所好所恶,而后人之所好好之,人之所恶恶之,斯为能

---

① 《尚书·泰誓上》。
② 《论语·泰伯》。
③ 《尚书·泰誓中》。
④ 《论语·颜渊》。

好能恶也。"①"能好人"和"能恶人"是两种处世态度,必然带来两种不同的人生结果,如何取舍?这是对仁者的考验。如果从一己之私出发,当然是宁好人而不恶人或多好人而少恶人,这样就可以实现个人利益的最大化;但是如果从"仁"的公正立场出发,就必须明辨是非,好恶分明,否则就是害"仁"!孔子认为,真正的仁者以行仁于天下为己任,因此就不应该计较个人的利害得失,更不应该放弃"仁"的公正立场,应该好人恶人一断于"仁"!

关于仁者好人恶人的话题在当时比较流行,《国语·楚语下》中载有楚国令尹子西与子高之间的一段对话,讨论的也是关于仁者好人恶人的问题,孔子与他们二人均有所交结②,因此可作参考:

> 子西曰:"德其忘怨乎!余善之(白公胜),夫乃其宁。"子高曰:"不然。吾闻之,唯仁者可好也,可恶也,可高也,可下也。好之不偪,恶之不怨,高之不骄,下之不惧。不仁者则不然,人好之则偪,恶之则怨,高之则骄,下之则惧。"

白公胜是楚太子建之子,楚平王之孙,其为人"展而不信,爱而不仁,诈而不智,毅而不勇,直而不衷,周而不淑"③,总之身上毛病很多。当时他在吴国避难,令尹子西想召他回国驻守白邑,子高则认为,仁者应该好可好之人,而不应该好可恶之人,否则自己将会反受其害。然而子西没有听从子高的劝谏,执意召回白公胜。白公胜回国后不久,果然发动叛乱,杀死子西、子期等执政大臣,劫持了楚惠王,应验了子高当初的判断。"白公之乱"这一历史事件恰好可以作为本章言论的最好注解。

---

① [清]焦循著,陈居渊主编:《雕菰楼经学九种》上册,南京:凤凰出版社,2015年,第633页。
② 《史记·孔子世家》:"(楚)昭王将以书社地七百里封孔子。楚令尹子西曰:'王之使使诸侯有如子贡者乎?'曰:'无有。'……昭王乃止。"
③ 《国语·楚语下》。

《论语·雍也》:"宰我问曰:'仁者,虽告之曰:"井有仁焉。"其从之也?'子曰:'何为其然也?君子可逝也,不可陷也;可欺也,不可罔也。'"

本章是孔子与宰我之间的一次对话,虽然话题是"仁者",但是内容却很无厘头,说明孔子提出的仁学思想在当时是有争议的,而且这种争议在孔门内部也有所反映。

宰我是孔门另类人物,他思想活跃,追求时尚,敢于公开挑战权威,对于孔子提出的"仁""孝"等观念也不以为然,甚至故意用一些刁钻古怪的问题来为难孔子。本章中,他就向孔子提出一个两难问题:如果欺骗一个仁者说有人掉到井里了,那么他会不会跳进井里施救?这里的"仁者"是一个虚拟人物,"井有仁焉"的"仁"是"人"的通假字。宰我这句话隐含的潜台词是,如果这个仁者跳进井里施救,那么他就受骗上当了,说明他不智;如果他不跳进井里施救,则说明他不仁。"仁"和"知(智)"都是孔子学说思想的核心内容,宰我故意将两者置于尖锐冲突的同一情景之中,让孔子顾此失彼,陷于两难。

孔子认为,宰我的问题实在太荒唐,有违君子之道!对待正人君子的正确方法应该是可逝而不可陷,可欺而不可罔。这两句话历来有多种解读,《皇疏》:"逝,往也。陷,没也。言闻有人堕井乃可往看之耳,不遂投井取之也。欺者,谓遥相语也。罔者,谓面向诬也。初彼来见告云:井中有仁人,我往视之,是可欺也。既至井实无人,不可受(变)通而自投入井,是不可罔也。"《集注》:"逝,谓使之往救。陷,谓陷之于井。欺,谓诳之以理之所有。罔,谓昧之以理之所无。"上述两种解说大同小异,总体意思是,不可利用正人君子的仁爱之心来实施欺骗,更不可一而再、再而三地弄假成真。

根据《孟子》记载,郑相子产就曾遭遇过类似欺骗:有人送给子产一条活鱼,子产让人把鱼放进水塘里蓄养,可是那人却把鱼杀了吃了,他回来骗子产说,已经把鱼放归水塘,鱼开始还病恹恹的,后来就欢快地摆动着尾巴游走了。子产信以为真,连声说道:"得其所哉!得其所哉!"那人出来后对人说,谁说子产聪明?我把他要放养的鱼杀了吃了,他还一本正经地说"得其所哉"。孟子后来评论道:"君子可欺以其方,难罔以非其道。"[1]意思就是,对于正人君子,必须以君子之道处之,方能显示出君子风范;如果以小人之道待之,即使君子被蒙骗了,也不能说明君子无知,只能说明小人卑鄙。孟子这两句话似乎把道理说得更加透彻,可以作为孔子本章言论的最好注解。

本章对话虽然无厘头,但是却从中传递出这么一层含义:仁者博爱,但不可滥爱,否则就会被小人利用而陷入不仁不智的陷阱。因此"仁"中应该包含"知(智)",仁者首先应该是一个不惑的智者。

《论语·微子》:"微子去之,箕子为之奴,比干谏而死。孔子曰:'殷有三仁焉。'"

孔子以"仁"为标准来评述历史事件,臧否历史人物,并在实践运用中丰富了其仁学思想,也加深了人们对于"仁"的理解,因此加强这方面内容的研究会有别样的收获。

"殷有三仁"是人们普遍关注的一个话题,"三仁"是指商朝王室成员微子、箕子和比干,孔子对他们做出的评价是具有非常深刻的政治内涵的。

殷商末年,商纣王昏庸残暴,"弗敬上天,降灾下民,沉湎冒色,敢行暴虐,罪人以族,官人以世。惟宫室、台榭、陂池、侈服,以残害于尔万民。焚炙忠良,刳剔孕妇"[2]。面对商纣王的暴政,"三仁"分别采取了不同的

---

[1]《孟子·万章章句上》。
[2]《尚书·泰誓上》。

抗争方式:微子不愿与商纣同流合污,愤然离去,回到自己的封地;箕子屡次进谏无效,于是就披发佯疯,降为奴隶;比干则强谏不止,最后剖心而死。武王克殷后,微子、箕子以关爱天下民生大局为重,改变了他们原有的政治立场,臣服于周,并接受了周武王的分封。

孔子评价微子等人为"殷有三仁",鲜明地表达了自己的政治立场和史学观点:如果站在商王朝的政治立场来看,微子等人的行为就是政治背叛;但是站在周王朝的政治立场来看,他们与商纣王抗争的行为则是超出阶级和种族的普天大爱,符合"仁"的精神。道理很简单,因为商纣王残害百姓,天怒人怨,武王伐纣则是受命于天,顺应民意。由此可见,仁者的一个重要标准是能够突破政治局限,普爱天下苍生。

《论语·述而》:"冉有曰:'夫子为卫君乎?'子贡曰:'诺;吾将问之。'入,曰:'伯夷、叔齐何人也?'曰:'古之贤人也。'曰:'怨乎?'曰:'求仁而得仁,又何怨?'出,曰:'夫子不为也。'"

本章言论当在孔子自楚返卫之时(鲁哀公六年),当时卫出公辄新立为君,迫切需要像孔子这样名重天下的贤能之士辅佐朝政,然而孔子本人对此事却态度暧昧,不置可否。时间长了,孔门弟子沉不住气了,因为此事毕竟关系到众人的前途和生计。子路为人下急,心直口快,他直接跑去问孔子道:"卫君待子而为政,子将奚先?"孔子回答道:"必也正名乎!"①冉有和子贡也在私底下议论"夫子为卫君"之事,这里的"为"是动词,可以理解为出仕辅佐的意思。由于卫国当时政局太复杂,许多问题过于敏感,不便明言,子贡善言辞,设法绕着弯子问孔子,于是就引出了孔子对伯夷、叔齐的评价。

---

① 《论语·子路》。

伯夷、叔齐是商朝末年孤竹国的两位王子，伯夷是长子，叔齐是幼子。相传孤竹国国君在世时曾立下遗嘱，让叔齐继承王位。孤竹君死后，叔齐想让位于长兄伯夷，伯夷则认为父王遗命不可更改，否则就是不孝，于是跑到北海之滨隐居去了。叔齐认为王位应该由长子伯夷继承，如果自己继承王位就是不悌，因此也跑到北海之滨隐居去了。武王伐纣时，伯夷、叔齐"叩马而谏"，表示反对，后来他们"不食周粟"而饿死在首阳山中①。伯夷、叔齐放弃王位，避世隐居，后来又拒绝了周公"加富二等，就官一列"②的优厚待遇，坚守自己的政治立场和道德操守，成就了"不降其志，不辱其身"③的美名，所以他们对于自己让位隐居的行为感到自豪，毫无怨悔之意，即所谓"何怨"。

显然，孔子对于伯夷、叔齐二人的评价标准与"殷有三仁"有所不同，他主要是从道德层面来进行评判的。从政治立场来看，伯夷、叔齐完全站在周王朝的对立面，与周室势不两立，以死抗争，宁为玉碎，不为瓦全；但是从道德层面来看，伯夷遵从父王之命，让位于叔齐，此举可谓孝；叔齐则敬重兄长（父在尊父，父亡敬长），让位于伯夷，此举可谓悌。孝悌为仁之本，故而孔子评价他们是"欲仁而得仁"的仁者。

子贡从孔子对伯夷、叔齐"古之贤人"的评价中揣摩出"夫子不为"的意图，因为当时卫出公辄和原卫国太子蒯聩这对血亲父子为了争夺卫国君位相互争斗得你死我活，君臣父子不礼不忠，不慈不孝，名分不清，行为不礼，完全违背了孔子所倡导的孝悌之道，所以孔子是不愿意与他们同流合污而自毁清誉的。

从孔子对伯夷、叔齐做出"欲仁而得仁"的评价中可以明确了解到，孝悌之道是"仁"的重要内容和价值判断，坚持正确选择而无怨无悔则是

---

①《史记·伯夷列传》。
②《庄子·让王》。
③《论语·微子》。

仁者应该具备的重要品质,所以孔子说:"伯夷、叔齐不念旧恶,怨是用希。"①意思就是,仁者于己无怨,于人亦无怨。

《论语·宪问》:"子路曰:'桓公杀公子纠,召忽死之,管仲不死。'曰:'未仁乎?'子曰:'桓公九合诸侯,不以兵车,管仲之力也。如其仁,如其仁。'"

仁者是道德高尚完美之人,因此孔子对于仁者的标准和条件极其严苛,轻易不许人以"仁"。楚国的令尹子文、齐国的陈文子、郑国的子产和鲁国的臧文仲等人都是春秋时期受人敬重的贤达名流,当有人向孔子求证他们"仁矣乎"时,他总是三缄其口,讳莫如深,或以"未知——焉得仁"而敷衍过去②。鲁国贵族大夫孟武伯曾向孔子打听孔门弟子情况,问子路、冉求、公西赤等人是否得仁,他也一概回答"不知其仁也"③。弟子颜渊身居陋巷,箪食瓢饮,勤以修德,乐而忘忧,然而孔子认为他道德修养只能做到"其心三月不违仁",其他弟子则是"日月至焉而已矣"④。当然,他本人也非常低调,对人说:"若圣与仁,则吾岂敢?抑为之不厌,诲人不倦,则可谓云而已矣。"⑤可以说,孔子对于春秋时期的人物几乎没有许之以"仁"的,只有管仲一人是例外,而且他对管仲做出高度评价,绝非偶一为之的信口开河,他不仅对子路如此作答,对子贡也是如此,口径完全一致:

子贡曰:"管仲非仁者与?桓公杀公子纠,不能死,又相之。"子

---

① 《论语·公冶长》。
② 《论语·公冶长》。
③ 《论语·公冶长》。
④ 《论语·雍也》。
⑤ 《论语·述而》。

曰:"管仲相桓公,霸诸侯,一匡天下,民到于今受其赐。微管仲,吾其被发左衽矣。岂若匹夫匹妇之为谅也,自经于沟渎而莫之知也?"①

管仲,名夷吾,字仲,谥敬仲,春秋首霸齐桓公的重要辅臣。按照孔子说法,管仲一生最大的功绩是辅佐齐桓公完成了"九合诸侯""一匡天下"的霸业。从政治功绩来评判,孔子许管仲以"仁"是有充分依据的,但是从具体历史事件来考察,当年管仲和召忽同为齐公子纠的重要辅臣,公子纠被杀后,召忽以身殉死,管仲却卖身求荣,子路和子贡正是在对"召忽死之,管仲不死"的历史事实进行比较之后,才对管仲提出"未仁"质疑的。孔子一再宣称"无求生以害仁,有杀身以成仁"②,然而实际情况是召忽杀身而未仁,管仲求生而成仁,这不是自相矛盾吗?

面对弟子们的质疑,孔子表现出对于历史问题的深刻理解和宏观把握。孔子评判历史,臧否人物,一贯坚持以华夏族为正宗、以周王室为正统的史学观点,管仲辅佐齐桓公,以"攘夷"为号召,会同诸侯各国共同发兵抵御戎狄等异族入侵,北上救邢、救卫、救北燕,南下责问楚王包茅不贡,加强了中原地区诸侯各国的团结,保护了中原地区的先进经济和文化传统,使中原人民免受"被发左衽"之辱;他又以"尊王"为旗号,"九合诸侯""一匡天下",尤其是在葵丘盟会上重新树立了周王权威,有效遏制了诸侯争霸战争,使中原地区免受战乱之苦。与这些辉煌的历史功绩相比,生杀死活都是微不足道的个人小节问题,实在不值一提!所以孔子非常肯定地说了二遍:"如其仁!如其仁!"要知道,当时书写条件是极其简陋的,刻写每一个字都十分费事,所以一句话重复两遍,就如同今人所说的"重要的事情说三遍"一样,肯定是有其深刻含义的。

---

①《论语·宪问》。
②《论语·卫灵公》。

《论语·尧曰》:"欲仁而得仁。"①

　　评析孔子关于"仁"的言论,最后用"欲仁而得仁"作为结语,因为这五个字不仅蕴含了孔子仁学思想的深刻内涵,也体现孔子行仁于天下的自信精神。"仁"是孔子学说思想的核心,也是实现"天下有道"的救世良方,孔子本人对此深信不疑。然而现实是无情的,历史车轮无法倒转,因此孔子的仁学思想在当时并没有得到广泛认同和积极响应,甚至遭到种种质疑,他自己也如同丧家之犬一样四处奔走游说,经受了无数磨难,遭受了各种讥讽,最终郁郁不得志,以悲剧结束一生。但是孔子在追求理想的过程中始终意志坚定,充满自信,永不放弃,因为他坚信"欲仁而得仁"!

　　有时候,伟人的伟大之处未必在于理想伟大,而在于坚持理想、百折不挠的伟大精神!

---

① 在《论语·述而》中,孔子说伯夷、叔齐是"求仁而得仁"的贤人。

23. 义(共7章)

"义(義)"在甲骨文中是由"羊"和"我"的象形组合而成的会意字,"羊"象征着吉祥,"我"是带有利齿的戈,表示威猛。从造字本义来看,"义"是战前祭祀占卜显示吉兆,预示战争能够得到神灵保佑,因此是正义的、必胜的。后来"义"字中的正义、合理、适宜等含义逐渐从战争中抽象出来,成为日常生活中必须遵循的法则、原则、规范等,从而具有了普遍性意义。从词义的演变过程可以看出,最初的"义"代表了扬善惩恶的天意或公理,强调的是普遍性和客观性,这与"意"字强调个人意愿的主观性和个体性形成差异。

商周时期,"义"的主要含义仍然是一种具有外在强制约束力的行为准则或规范,《国语·周语上》中说:"制义庶孚以行之。"韦昭注曰:"义,宜也。庶,众也。孚,信也。当制立事宜,为众所信而行之也。"可见"义"是指适宜的、公正的、被人们广泛认可的制度或规则,与内在的"孚"相对,即所谓"制义庶孚,信也"。在实际运用中,"义"在维持基本含义不发生变化的基础上,又逐渐衍生出内生道德的含义,因而具有一定的个体主观性:

  同力度德,同德度义。①
  年均择贤,义均则卜,古之道也。②

---

① 《尚书·泰誓上》。
② 《左传·襄公三十一年》。

> 居利思义,在约思纯。①
> 礼所以观忠、信、仁、义也。②

与诸多观念相比,"义"是一个内涵相对单一的概念,因此其适用范围比较广泛,可以和各种概念组合在一起形成一个新的概念,而且性质也会随之发生变化。比如义与道组合为"道义",就有了客观法则的本体属性;义与礼组合为"礼义",就有了外在强制约束力的制度规范属性;义与仁组合为"仁义",又有了内生自我约束的道德规范属性。此外,义还可以与事理组合为"义理",与行为组合为"义举",与某类人物组合为"义士",与气质组合为"义气",与职责组合为"义务"……这些新合成的概念都有了不同于先前的特定涵义。

正因为"义"的词义可以通过不同组合而时常发生转移或变化,因此在释义时就不能机械地固定在某种一成不变的意义上,而应结合具体的语言环境来进行分析和判断,"任何情况下的'义'都与它特殊的情境相关"③。关于这一点,可以通过两个具体历史事件来加以说明。鲁昭公二十八年(公元前514年),晋国执政大臣魏献子在国内大刀阔斧地推行改革,不避亲疏,任用贤能,孔子闻知此事后评论道:"近不失亲,远不失举,可谓义也。"④根据这个具体语境判断,"义"应该是举贤合理、得当、适宜等义。鲁哀公十一年(公元前484年),齐、鲁郊之战中,冉有执矛率先突入齐军阵中,大败齐军,孔子后来评论道:"义也。"⑤杜预注曰:"言能以义勇。"在这个具体语境中,"义"又可以理解为作战英勇,舍生取义。"义"的此类用法在先秦典籍中有很多,如果一一梳理出来,词义恐难穷尽。

---

① 《左传·昭公二十八年》。
② 《国语·周语上》。
③ [美]郝大维、安乐哲著:《通过孔子而思》,何金俐译,北京:北京大学出版社,2005年,第61页。
④ 《左传·昭公二十八年》。
⑤ 《左传·哀公十一年》。

23. 义

在《论语》中,"义"是出现频次较高的一个概念或范畴,也是儒家伦理思想中的一个重要内容,但是如何定义却是莫衷一是,有人认为"它是道德自律"①,也有人认为"它基本上是某种供实用的理性原则或范畴"②,还有人认为"'义'是某种独为人类拥有的品格,它源于自我,也决定独一无二的'尊贵'(或实现的)自我,并且以某种积极、规范方式引导人的行为"③。从《论语》原本出发,在不同的语境中,"义"的含义和属性各有不同,很难统一界定,所以只能具体问题具体分析。

孔子重"义",他把"义"视为君子实现人生价值必须具备的一种优秀品质,他反复强调:"君子义以为上。"④又说:"德之不修,学之不讲,闻义不能徙,不善不能改,是吾忧也。"⑤把"尚义""徙义"作为人生修养的重要内容之一。孔子论"义",大多与"礼""信""勇"等道德概念相结合,在与各种观念的联系和对比中来表达思想观点,其中关于义与利的取舍问题尤为重要,相关内容将在《义与利》中进行评析。

《论语·颜渊》:"子张问崇德辨惑。子曰:'主忠信,徙义,崇德也。爱之欲其生,恶之欲其死。既欲其生,又欲其死,是惑也。"诚不以富,亦祗以异。"'"⑥

本章是子张问"崇德"和"辨惑",这是孔门师生经常讨论的话题,弟子樊迟也曾向孔子请教过同样问题,孔子当时回答说:"善哉问!先事后得,非崇

---

① 李零:《丧家狗——我读〈论语〉》,太原:山西人民出版社,2007年,第354页。
② 李泽厚:《论语今读》,北京:生活·读书·新知三联书店,2008年,第47页。
③ [美]郝大维、安乐哲著:《通过孔子而思》,何金俐译,北京:北京大学出版社,2005年,第107页。
④《论语·阳货》。
⑤《论语·述而》。
⑥ 本章有关"信"的内容将在《信》中进行评析。

德与?"①他把"崇德"归纳为"先事后得"。在《论语》中,"得"与"义"经常并列对举,《季氏篇》《子张篇》中都分别提到"见得思义",《宪问篇》中又说:"义然后取,人不厌其取。"可见"得""取"必须符合"义"。同样,"事"也必须以"义"(适宜)为准则,子夏出任莒父宰,临行前孔子特别告诫他道:"见小利,则大事不成。"②因此这里的"先事后得"隐含"先义后得"的意思。

本章孔子又将"崇德"归纳为"主忠信,徙义"。显然,在孔子的思想观念中,"义"是道德修养的一个重要内容,应属于道德规范的范畴。然而在孔子所构建的仁学思想体系中,"义"主要指具有普遍意义的行为准则或道德规范,与"仁""忠""孝悌"等核心伦理道德观念之间并没有明确的逻辑联系,因此几乎是一个被边缘化的概念。而且在实际运用中,"义"主要指具有一定强制约束力的行为准则、规范、责任和义务等,其规则义大于道德义。换言之,"义"的规范性作用经历了一个由外而内、先客观而后主观的发展过程。做出如此界定,有助于区分《论语》中"义"的不同含义。

本章最后两句是"诚不以富,亦祗以异",这是《诗经·小雅·我行其野》中的诗句,宋儒考证是错简,应该放在《季氏篇》"齐景公有马千驷"章的"其斯之谓与"句前。

《论语·子路》:"樊迟请学稼。子曰:'吾不如老农。'请学为圃。曰:'吾不如老圃。'樊迟出。子曰:'小人哉,樊须也!上好礼,则民莫敢不敬;上好义,则民莫敢不服;上好信,则民莫敢不用情。夫如是,则四方之民襁负其子而至矣,焉用稼?'"

本章言论的语境是弟子樊迟一会儿请学稼,一会儿又请学为圃,孔

---

① 《论语·颜渊》。
② 《论语·子路》。

子认为，稼、圃之类都是小人所习的生产劳动技能，而习儒君子所学的"礼""义""信"等则是与文武之道和御民之术相关的内容，两者不可同日而语，因此不愿意多搭理他。等樊迟离开后，孔子又无比自信地阐述了"上好礼""上好义""上好信"之类的神奇功效，并刻意补充道："焉用稼？"孔子这番话中透露出儒学的优越感，他希望有人转告樊迟，让他日后能有所领悟。

孔门儒学的优越感主要体现在研习内容的"高大上"方面，所谓"礼""义""信"等，都是当政者使民众"莫敢不敬""莫敢不服""莫敢不用情"的御民之术，目的在于上对下实施最有效的统治。显然，这里的"义"是一种为政策略和政治手段，具有明确的政治目的——"四方之民襁负其子而至"。因为"义"是公平合理的，所以民众才会心悦诚服地接受统治，服从政令。孔子曾称赞郑相子产"有君子之道四焉"，其中之一就是"其使民也义"[1]，意思就是，子产为政注意策略与方法，施政措施"宽猛相济"，得当适宜，故而受到民众的认可和爱戴。他又说："隐居以求其志，行义以达其道。"[2]"道"是"文武之道"，具体是指以周朝礼制为主体的理想社会秩序，这是孔子一生孜孜以求的政治理想，"义"则是实现这一政治理想的合适（正确）方法与途径，因此"达道"必须通过"行义"来实现。

综上所述，孔子本章所讲求的"义"并不是单纯的道德修养或日常的行为规范，而是一种政治规范和施政要求。"上好义"，不仅体现了他所代表的利益集团的道德观念和道德情感，还凝聚了他们的人生信仰和政治追求。孟子后来在此基础上进一步总结道："君仁，莫不仁；君义，莫不义；君正，莫不正。一正君而国定矣。"[3]

---

[1]《论语·公冶长》。
[2]《论语·季氏》。
[3]《孟子·离娄章句上》。

《论语·学而》:"有子曰:'信近于义,言可复也。恭近于礼,远耻辱也。因不失其亲,亦可宗也。'"

本章是有子言论,但是代表了孔子观点,如前文所述,这是《论语》的一种编辑体例。甚至可以这么理解,整部《论语》是一个完整的思想体系,各种言论彼此关联,相互诠释,形成了一个有机整体,因此具体篇章言论的归属问题没有必要分辨得太清。

"信近于义,言可复也。恭近于礼,远耻辱也",这两句句式完全相同,"信"与"恭"相对,"义"与"礼"相对,具体可以从以下两个方面来理解:

一是"义"与"信"的关系。这里的"义"应该理解为一种适宜的、合理的、正确的行为准则。在《论语》中,"信"是一种内生的道德约束,"义"则是一种外在的社会认同(准则),两者虽然对人们的行为都能起到规范和约束作用,但是实现途径一内一外,有所不同。"近于"就是类似、相似的意思。在"义"与"信"的对比中可以看出,"义"是"信"的前提条件和判定依据,更具有强制性和约束力。"复言"是履行诺言,《集注》:"复,践言也。"《左传·哀公十六年》中记载了楚国大夫叶公对白公胜的评论:"周仁之谓信,率义之谓勇。吾闻胜也好复言,而求死士,殆有私乎?复言,非信也。期死,非勇也。"杜预注曰:"言之所许,必欲复行之,不顾道理。"白公胜是楚国太子建之子,太子建因遭人陷害而举家流亡国外,楚国公族大夫子西出任令尹后,打算把白公胜召回楚国。白公胜为人有两大特点:一是说话算话,言出必行(复言);二是私欲极重,重利轻义(有私)。但是叶公没有把白公胜的为人特点当作优点,因为他"好复言"的品行不是"近于义"的"信",所以他提醒令尹子西对他要多加防范,否则将会引狼入室,养虎为患。结合叶公有关"复言"的言论,这两句话可以理解为:如果是符合(近于)仁义原则的诺言,就应该努力履行;如果是不符合仁义原则的诺言(有私),就不应该坚守,也可以不履行,甚至可以彻底背弃。孟子说:"大人者,言不必信,行不必果,唯义所在。"①这种观点显然是受到了孔子言论的启发。

二是"义"与"礼"的关系。春秋时期,"礼"主要是用来协调个人与国家(氏族)之间利益关系的一种政治制度,集中体现了统治者(宗主)的统治意志,在规范个人言行和维护统治秩序等方面均具有较强的约束作用;"义"则是用来协调个人与个人之间利益关系的一种公共行为准则,主要体现了个人的价值判断和义务观念,两者虽然都是外在的行为规范,但是在实际功效和适用范围上还是有所区别的。相比而言,"礼"在政治功效方面比"义"更具有强制性,而"义"在适用范围方面则比"礼"更加宽泛,甚至在一定程度上可以把"义"作为"礼"的来源和基础,"夫名以制义,义以出礼"②。"恭近于礼"中的"恭"与"敬"互训,两者都是奉行礼制应有的正确态度和行为,所以孔子说:"居处恭,执事敬,与人忠。"③"远"是形容词用如动词,义为"使……远离"或"免于……"。孟子说:"恭者不侮人,俭者不夺人。侮夺人之君,惟恐不顺焉,恶得为恭俭?"④可见,受到侮辱是执礼不恭的必然结果。如果一个人执礼恭敬,就可以免于耻辱。

"因不失其亲,亦可宗也"两句比较突兀,虽然语句结构相似,但是内容并不连贯,也许是孔子不同时期的言论。孔安国注曰:"因,亲也。言所亲不失其亲,亦可宗敬也。"《集注》:"因,犹依也。宗,犹主也。言约信而合其宜,则言必可践矣。致恭而中其节,则能远耻辱矣。所依者不失可亲之人,则亦可以宗而主之矣。"意思就是,在人际交往中,要以血缘亲疏远近为依据,毕竟血浓于水,这是周人夺取天下、坐定江山的法宝之一。当年鲁公伯禽代周公就封于鲁,周公就谆谆教导他道:"君子不施

---

① 《孟子·离娄章句下》。
② 《左传·桓公二年》。
③ 《论语·子路》。
④ 《孟子·离娄章句上》。

(弛)其亲,不使大臣怨乎不以。故旧无大故,则不弃也。无求备于一人。"①说来说去,无非是要依靠血缘关系亲近和利益关系相同的"亲"和"旧"来治国理政。由此可见,孔子这里所强调的是要注重发挥氏族组织血缘关系在凝聚人心方面的维系作用,用家庭伦理道德来规范国民行为。

《论语·卫灵公》:"子曰:'君子义以为质,礼以行之,孙以出之,信以成之。君子哉!'"

本章可以与前一章结合起来研读:"群居终日,言不及义,好行小慧,难矣哉!"前一章讨论的是小人之于"义"的问题,无聊小人整天聚在一起家长里短,不辨是非,靠耍小聪明来占小便宜,这种人终究难成大事!本章讨论的则是君子之于"义"的问题:君子具有较高的道德修养和较强的是非观念,因此他们能够自觉遵守社会公共准则,做到"见利思义"②,不会因为个人私利而损害公共利益,这就是"义以为质"。这里的"义"大致有几层意思:第一,"义"是一种内生气质,"质"在《论语》中主要与"文"相对:"质胜文则野,文生质则史。"③可见"质"是一种未经修饰的原始状态,刘殿爵将其译为"raw stuff"。第二,与小人"好行小慧"相比,"义"是大格局、大规则、大智慧,即社会普遍认同的行为准则和价值取向。第三,"义"这种内生气质在实现过程中必须受到"礼""孙(逊)""信"等道德规范的节制,否则就无法实现其内在价值。

"礼以行之,孙以出之,信以成之"三句,主要阐述了"义"的实现途径和方法。"孙"是"逊"的通假字,"出"是出语阐发、论证,郑玄注曰:"逊以

---

① 《论语·微子》。
② 《论语·宪问》。
③ 《论语·雍也》。

出之,谓言语也。""成"是成全、成就,和"杀身以成仁"的"成"用法相同。三个"之"字均代指"义"。"行""出""成"三个动词分别描述了"义"在实现过程中的三种形式:行为、言语和结果。三句话的意思是,"义"在实现过程中,要用礼制规范来加以节制,用谦逊的语言来进行表述,用诚信的品德来成功实现。

李泽厚在解读本章时提出了一个颇有新意的观点:"此似可作社会性公德及制度方向解,固不同于一己修养之宗教性私德。"[1]内生气质的"义"是宗教性私德,如果这种宗教性私德转化为社会性公德,就必须经过"礼""孙""信"等社会制度和道德修养的调节和规范。本章所讨论的正是"义"由内而外,由"质"(宗教性私德)而"成"(社会性公德)的转变过程。

《论语·里仁》:"子曰:'君子之于天下也,无适也,无莫也,义之与比。'"

本章主要论述了"义"的广泛适用性,孔子特别为此预先设置了两种情形:"天下"和"无适无莫"。"天下"是极言其适用范围之广泛,"无适无莫"则是极言其适用情况之复杂。

"适"与"莫"是正反对比关系,旧有两种解读:一是敌(恶)与慕(好)。在古代汉语中,"适"与"敌"相通,"莫"与"慕"为一声之转。刘氏《正义》:"《释文》云:'适,郑作敌。莫,郑音慕,无所贪慕也。'窃谓'敌',当即仇敌之义。'无敌无慕,义之与比',是言好恶得其正也。"二是厚与薄。《皇疏》引范宁言曰:"适、莫,犹厚、薄也。"《集释》引毛奇龄《论语稽求篇》曰:"适莫与比皆指用情言。适者,厚也,亲也。莫者,薄也,漠然也。比者,

---

[1] 李泽厚:《论语今读》,北京:生活·读书·新知三联书店,2008年,第460页。

密也,和也。当情为和,过情为密,此皆字义之有据者。若言君子之于天下何厚何薄何亲何疏,惟义之所在与相比焉。"上述两种解读均有可取之处,也都能成立。其实如何解读"适""莫"二字并不重要,重要的是通过"适"与"莫"的对立状态来理解"义"可以适用于各种矛盾复杂的情况,即所谓"义有长短大小"①。所以"无适也,无莫也"的意思就是"在任何对立复杂的情况下"。

"义之与比"是用以强调的倒装句,即"比于义"。"与比"既可以作为一个复合词,即晋国大夫叔向见司马侯之子时所说的"自此其父之死,吾蔑与比而事君矣"②,也可以作为两个单词的组合,"与"是参与、与同,"比"是亲近、相伴。这句话的意思是,一切都要以"义"作为准则、规范、标准。

孔子认为,"义"是适用范围最广的行为准则或道德规范,一个人无论身居何处,遇到什么复杂情况,都要唯"义"是从,坚守"义"的道德判断和价值取向。

《论语·微子》:"子路曰:'不仕无义。长幼之节,不可废也;君臣之义,如之何其废之?欲洁其身,而乱大伦。君子之仕也,行其义也。道之不行,已知之矣。'"

本章记载的是子路遇荷蓧丈人之事,具体情况已在《〈论语〉事件评述》中做出评述③。这里重点评析有关"义"的内容,因此只摘录了子路言论。

---

① 《礼记·表记》。
② 《国语·晋语八》。
③ 卞宁甯:《〈论语〉事件评述·子路遇荷蓧丈人》,南京:江苏人民出版社,2016年,第345—347页。

子路遇荷蓧丈人后颇有感触,他从儒家政治立场出发,较为全面理性地阐述了君臣之道的合理性和必要性,观点鲜明,论述有力,实为难得。

荷蓧丈人和长沮、桀溺等人一样,都是避世隐居的方外高人,他们愤世嫉俗,藐视人伦纲常,不愿与当政者同流合污,在人生观和道德观等方面与孔子的"吾其为东周"形成尖锐对立。

出仕为官是为学之人应有的责任和义务,孔子曾经多次表达这种观点:

三年学,不至于谷,不易得也。①
邦有道,贫且贱焉,耻也;邦无道,富且贵焉,耻也。②
邦有道,谷;邦无道,谷,耻也。③

"谷"是谷物,这里代指出仕为官,领取俸禄。孔子认为,在"邦有道"的情况下,一个人完成了知识储备,具备了从政能力,就应该积极出仕为官,获取俸禄,否则就是一件耻辱的事情。孔子本人积极奉行这种理念,一生奔波鞅掌,四处求仕为官。在孔子这种思想的熏陶下,孔门弟子大多都热衷于出仕为官,弟子子夏就公开宣称:"仕而优则学,学而优则仕。"④子路由于年纪较长,生活负担较重,因此求仕欲望更加迫切,他不仅自己早早就效力于季氏,还积极推荐小师弟子羔出任季氏费宰,当受到孔子呵斥后,他又振振有词地狡辩道:"有民人焉,有社稷焉,何必读书,然后为学?"⑤可见在子路心目中,君臣之义高于一切!

---

① 《论语·泰伯》。
② 《论语·泰伯》。
③ 《论语·宪问》。
④ 《论语·子张》。
⑤ 《论语·先进》。

在儒家思想中，"君臣"和"长幼"是两种最重要的人伦关系，即所谓的"大伦"，"义"和"节"则是调节和规范人伦关系的重要准则和观念。对于"臣（民）"而言，"义"就是固有的本分、应尽的义务、通行的道理，其基本内容就是"君子之仕也，行其义也"，即君臣（君民）关系一旦确定以后，臣就必须无条件地承担其应尽的责任，民也必须无条件履行应尽的义务，否则就是"无义"。当时社会上有一些没落贵族（包括荷蓧丈人在内）因诸侯争霸或国内争权而失去了原有的权势和地位，他们从个人利益出发，为了标榜清高，洁身自好，"隐居放言，身中清，废中权"①，不仅放弃履行君臣之义，反而讥讽孔子"知其不可为而为之"②，"滔滔者天下皆是也，而谁以易之"③。子路对于他们"不仕无义"的行为提出批评，说他们是"欲洁其身而乱大伦"的伪君子真小人！

在与荷蓧丈人的思想交锋中，子路关于"君臣之义"的观点代表了当时社会的普遍认同，也代表了儒家积极有为的政治主张，因此是符合"义"的原则的，而荷蓧丈人的消极避世态度则代表了少数没落贵族的颓废思想和厌世心理，他们所标榜的"欲洁其身"其实是"不义"行为。历史证明，消极颓废的人生态度终究是没有出路的。

《论语·阳货》："子路曰：'君子尚勇乎？'子曰：'君子义以为上，君子有勇而无义为乱，小人有勇而无义为盗。'"④

子路最显著的性格特征是尚勇，他生于勇，行于勇，死于勇，所以他向孔子请教问题也离不开勇："君子尚勇乎？"

---

① 《论语·微子》。
② 《论语·宪问》。
③ 《论语·微子》。
④ 本章关于"勇"的内容将在《勇（勇者）》中进行评析。

"勇"是修德君子必须具备的一种优秀品质,孔子对于培养"勇"的品德非常重视,他对君子修身之道曾做出这样概括:"仁者不忧,知者不惑,勇者不惧。"①后来,思孟之儒又把"仁""知""勇"三者概括为"三达德",并将其作为君子修身之本,"知斯三者,则知所以修身"②。但是在孔子思想体系中,"勇"是层级比较低的一种道德规范,不仅要受到"礼""仁""学"等观念的制约,即所谓"勇而无礼则乱"③,"仁者必有勇,勇者不必有仁"④,"好勇不好学,其蔽也乱"⑤,还要受到"义"的节制,即所谓"见义不为,无勇也"⑥。

孔子施教灵活多样,因人而异,扬者抑之,抑者扬之。子路为人勇猛有余,谋略不足,孔子多次对他提出批评,本章又告诫他要以"义"节"勇",这里的"义"是符合道义的处事原则和行为规范。意思就是,"勇"虽然是君子修德的重要内容,但是必须要以"义"为前提和准则,符合道义的"勇"才是真正的勇,违背道义的"勇"则是"乱"或"盗",这些都是危害社会公共秩序的"无义"行为。

---

① 《论语·宪问》。
② 《礼记·中庸》。
③ 《论语·泰伯》。
④ 《论语·宪问》。
⑤ 《论语·阳货》。
⑥ 《论语·为政》。

24. 忠（敬）(共4章)

在中国古代思想中，"忠"是一个非常重要的道德观念，对于民族心理的形成影响至深。《说文解字》："忠，敬也。从心，中声。"段玉裁注曰："尽心曰忠。"朱熹《论语集注》亦曰："尽己之谓忠。"他又进一步解释道："尽时须是十分尽得，方是尽。若七分尽得，三分未尽，也不是尽。"刘殿爵在英译《论语》时也把"忠"的传统译法"Loyalty"改为"doing one's best"。他们在解释"忠"时都不约而同地强调"尽己"的主观动因。可见，"忠"是对人尽心尽力、全心全意的一种处世态度与方法，也是处理人际关系的一种重要行为准则和道德规范。

殷商时期，忠（中）的观念就已形成，如"显忠遂良"①、"为下克忠"②、"各设中于乃心"③等等。春秋时期，"忠"不仅是人们在社会生活中为人处世的基本原则，也是政治领域里调节君臣（上下）关系的道德规范，因此具有忠于国家和忠于国君的特定含义：

  公家之利，知无不为，忠也。④
  忠，社稷之固也。⑤

---

① 《尚书·仲虺之诰》。
② 《尚书·伊训》。
③ 《尚书·盘庚中》。
④ 《左传·僖公九年》。
⑤ 《左传·成公二年》。

君薨不忘赠其名,将死不忘卫社稷,可不谓忠乎?①

临患不忘国,忠也。②

孔子在创建儒家学派理论体系的过程中,继承了"忠"的传统观念,并将其纳入仁学思想体系,使之成为儒家伦理思想的一个重要内容。在《论语》中,"忠"和"恕"分别体现了"仁"的精神,既是"一以贯之"的为仁之道,也是"臣事君以忠"的道德规范,因此在实际运用中经常与"敬""恭"等词形成互文,"忠"是内在体验,"敬"和"恭"则是外在表现,《尔雅·释训》:"穆穆,肃肃,敬也。肃肃,翼翼,恭也。"

《论语·里仁》:"子曰:'参乎!吾道一以贯之。'曾子曰:'唯。'子出,门人问曰:'何谓也?'曾子曰:'夫子之道,忠恕而已矣。'"

孔子在本章中主动透露了"吾道一以贯之"的重要信息,因此对于研究孔子思想具有极其重要的意义。"吾道"就是曾参所说的"夫子之道",指孔子整个学说思想体系,亦即为学之道("多学而识之")、为人之道("忠恕而已矣")和为政之道("为政以德")三位一体。这个体系构成的重要特征是"一以贯之"。所谓"贯",皇侃在《论语义疏》中作了一个形象比喻:"贯,犹统也,譬如以绳穿物,有贯统也。"他又引用王弼言论做出补充解说:"譬如以君御民,执一统众之道也。"由此可见,"贯"是"吾道"的构成形式,"一"则是"吾道"的核心内容。那么这个"一"的具体内涵是什么?孔子本人又是如何表述的?本章中并没有明确记载,不过根据曾参事后透露:"夫子之道,忠恕而已矣。"也就是说,孔子"吾道一以贯之"的"一"就是"忠恕"。从

---

① 《左传·襄公十四年》。
② 《左传·昭公元年》。

字面上理解,"忠恕"是指与人相处过程中的两种心理状态:"忠"是勤勉认真,即"为人谋而不忠乎"①;"恕"是宽容大度,即"躬自厚而薄责于人"②。"忠恕"的总体要求是与人谋事,自己要态度诚恳,尽心尽力,即使受到误解或委屈,也不要与人计较,更不要有怨愤情绪,而应该加强自我反省。

在孔子思想体系中,"仁"是最高范畴和理论核心,"忠恕"则是"仁"在人际交往中的具体运用,属于为仁之道的内容。"忠恕"分别从积极和消极两个方面体现了"仁"的精神:积极方面是"己欲立而立人,己欲达而达人"③,即为人处事要尽心竭力,成人之美;消极方面是"己所不欲,勿施于人"④,即凡事要设身处地地为他人着想,不要把自己的意志强加于人。"忠"与"恕"主要区别在于前者强调的是有为的精神,而后者强调的则是不为的自愿。

从"一"到"仁"再到"忠恕",孔子思想体系("吾道")通过这种内在逻辑联系("贯")串联起来,这种观点从内容到形式都能成立,目前学界对此也普遍认可。但是值得注意的是,这些都是建立在曾参个人理解基础之上的,无论内证或外证,孔子本人都从来没有做出明确阐述,因此现有结论只是一种符合逻辑的推论。不过在更具说服力的新观点没有出现之前,这种结论仍然是目前唯一可以接受的。

《论语·八佾》:"定公问:'君使臣,臣事君,如之何?'孔子对曰:'君使臣以礼,臣事君以忠。'"

在各种人伦关系中,君臣(上下)关系无疑是最重要的,对于维持礼

---

① 《论语·学而》。
② 《论语·卫灵公》。
③ 《论语·雍也》。
④ 《论语·卫灵公》。

制秩序影响也最大,因此历代帝王对此都非常重视,提出了许多具体的原则和规范。

对于君王而言,处理君臣关系(上对下)主要有"德""敬""明""令"和"宽肃宣惠"等规范要求,但是具体内涵则比较模糊,表述也不太统一:

> 明王慎德,四夷咸宾。①
> 为人上者,奈何不敬?②
> 居上克明,为下克忠。③
> 君令臣共。④
> 宽肃宣惠,君也。⑤

对于臣属而言,处理君臣关系(下对上)虽然也有许多规范要求,如"敬""共(恭)""恕""俭"等,但是"忠"的要求则是相对明确一致的:

> 违命不孝,弃事不忠。⑥
> 以私害公,非忠也。⑦
> 考中度衷,忠也;施其所恶,弃其忠也。⑧
> 敬恪恭俭,臣也。⑨

此外,《左传·文公三年》中有一则用"忠"来评价人物的具体事例:

---

① 《尚书·旅獒》。
② 《尚书·五子之歌》。
③ 《尚书·伊训》。
④ 《左传·昭公二十六年》。
⑤ 《国语·周语中》。
⑥ 《左传·闵公二年》。
⑦ 《左传·文公六年》。
⑧ 《国语·周语上》。
⑨ 《国语·周语中》。

子桑是秦穆公时期的重要辅臣,他为人坦荡无私,忠心耿耿,为秦国的发展做出了巨大贡献。秦、晋殽之战中,秦军统帅孟明打了败仗,受到众人质疑,然而子桑力排众议,建议秦穆公继续重用孟明。孟明果然没有让子桑失望,最终大败晋人,秦国"遂霸西戎"。左氏君子后来评论道:"子桑之忠也,其知人也,能举善也。"从以上事例和言论中可以看出,"忠"既是一种公正无私的做人品质,也是一种勤勉谨慎的处事态度。

孔子继承了"忠"的传统观念,将其纳入儒家仁学思想体系,作为处理君臣(上下)关系的重要德道规范,在理论上丰富了"忠"的思想内涵,在实践中强化了"忠"的政治功效。孔子关于"忠"的言论,主要有以下几方面内容:

一、"忠"是一种美德,体现了"仁"的普爱精神。子张请教"崇德"问题,孔子回答道:"主忠信,徙义,崇德也。"① 樊迟问仁,孔子又说:"居处恭,执事敬,与人忠。"② 可见,"忠"是进行道德修养的一种重要方法,也是实现"欲仁而得仁"的一条重要途径。

二、与"仁"一样,提高"忠"的道德境界,必须勤以修炼,长期坚守,日日反省,不断累积。孔子设定孔门"四教","忠"就是其中之一③,修学与修身相结合,把"忠"作为日常修身求知的必修科目。子张向孔子请教为政问题,他的回答很明确:"居之不倦,行之以忠。"④ 在他看来,只要对上坚持不懈地践行"忠",为政也就不是难事了。曾子也把"为人谋而不忠乎"作为"吾日三省吾身"的重要内容之一⑤。加强自我反省是提高道德修养的重要途径,如果每天能自省无忧,那么也就做到"忠"了。

三、"忠"的基本要求是为人处事秉持公正,不携私心。孔子说:"放

---

① 《论语·颜渊》。
② 《论语·子路》。
③ 《论语·述而》:"子以四教:文、行、忠、信。"
④ 《论语·颜渊》。
⑤ 《论语·学而》。

于利而行，多怨。"①意思就是，为人谋事，掺杂私心，就不符合"忠"的道德规范，也不会得到别人的信任和尊重，因此他要求尽忠要有不畏犯上的精神："忠焉，能勿诲之？"②"勿欺也，而犯之。"③只要出于公心，就不怕得罪位尊权重者，这就是"忠"的价值所在。

四、君臣（上下）关系不是单一的，而是双向的，因此"忠"与"礼"的道德规范是对等的，没有"君使臣以礼"，就没有"臣事君以忠"。后来孟子在此基础上进一步阐述道："君之视臣如手足，则臣视君如腹心；君之视臣如犬马，则臣视君如国人；君之视臣如土芥，则臣视君如寇仇。"④

综上所述，"忠"是孔子仁学思想中的一个重要内容，孔子不仅在理论方面加强研究，反复论述，在实践中也非常重视培养和提高"忠"的道德修养，充分发挥其特有的政治功效。

《论语·为政》："季康子问：'使民敬、忠以劝，如之何？'子曰：'临之以庄，则敬；孝慈，则忠；举善而教不能，则劝。'"⑤

本章"忠"的主体是"民"，而不是"臣"，因此这是一种广义的"忠"，泛指下对上的应有态度（季康子要求），而非专指处理君臣关系的道德规范。这种表述在当时比较普遍。

季康子要求民众对上做到"敬""忠""劝"，说明鲁国当时已经出现民众表面顺从、内心抗拒的反常情况，各种政令也难以贯彻执行。"敬"与"忠"其实是同一概念的不同表述，《国语·周语下》："夫敬，文之恭也；

---

① 《论语·里仁》。
② 《论语·宪问》。
③ 《论语·宪问》。
④ 《孟子·离娄章句下》。
⑤ 本章有关"教""善"等内容将分别在《教》《善（善人）》中进行评析。

忠,文之实也。"这里的"恭"当训为忠实奉行之义,即"汝不恭命"①;"实"则是真实存在之义。"恭"与"实"相对,"恭"是外在表现形式,"实"是内在真实状态。同样,"忠"与"敬"相对,"忠"是"敬"的内在情感体验,"敬"则是"忠"的外在表现形式,两者互为表里,含义相同。由此可见,季康子提出的"使民敬、忠以劝",就是要求表里如一,绝对忠诚。

在《论语》中,"敬"也是一个重要的道德观念。孔子认为,当政者要求民众敬上,自己必须先做到"临之以庄","庄"是严肃、认真、庄重。孔子与冉雍讨论秦国大夫子桑伯子为政之道问题时,冉雍评论道:"居敬而行简,以临其民,不亦可乎?居简而行简,无乃大简乎?"②意思就是,居上位者为政态度一定要严肃认真,至于具体行政事务则可以删繁就简。孔子对于这种观点表示高度认可。可见,若要"使民敬",当政者自己必须有可敬之处。

在实际运用中,"敬"不仅与"忠"相对,而且与"孝"的观念也密切相关。《论语·为政》:

> 子游问孝。子曰:"今之孝者,是谓能养。至于犬马,皆能有养;不敬,何以别乎?"

"养"和"孝"完全是两种不同状态,一者是生理的,一者是精神的,"敬"则是判别两者的重要依据。孔子认为,内心有"孝",行为才能"敬"。

由于贵族(君子)和民众(小人)道德修养的层次不同,因此他们实现"敬"的途径与方法也有所不同:对于君子而言,"敬"主要是通过培养"忠"的道德修养来实现的;对于小人而言,"敬"则主要是通过激发根植于内心的"孝慈"的情感来实现的。所以孔子回答季康子的问题时说:"孝慈,则忠。"意思就

---

① 《尚书·甘誓》。
② 《论语·雍也》。

是，如果要求民众对上尽忠，就必须大力倡导"孝慈"的传统观念。

《论语·公冶长》："子张问曰：'令尹子文三仕为令尹，无喜色；三已之，无愠色。旧令尹之政，必以告新令尹。何如？'子曰：'忠矣。'曰：'仁矣乎？'曰：'未知；——焉得仁？'"

令尹子文是春秋时期楚国令尹，他出身于楚国公族斗氏，子文是谥号。他担任楚国令尹期间，辅佐文、成二代君王北上争霸，功绩卓著。本章子张掇拾旧事，向孔子求证。

关于令尹子文的从政事迹，《国语·楚语下》中有明确记载：

昔斗子文三舍令尹，无一日之积，恤民之故也。成王闻子文之朝不及夕也，于是乎每朝设脯一束、糗一筐，以羞子文。至于今秩之。成王每出子文之禄，必逃，王止而后复。人谓子文曰："人生求富，而子逃之，何也？"对曰："夫从政者，以庇民也。民多旷者，而我取富焉，是勤民以自封也，死无日矣。我逃死，非逃富也。"

令尹子文为官清廉，体恤国民，不求自富，他把家中所有粮食全部赈济给国民，自己"无一日之积"，以至于"朝不及夕"。他的从政理念是"庇民""恤民"，所以在国家危难之际，他能够"自毁其家以纾楚国之难"①。孔子根据他的从政事迹，对他做出了"忠"的评价。这个"忠"有对上忠于国君和对下忠于国民的双重含义。然而在个人道德修养方面，他既不能辅佐君王实行德政，又不能对民众实施礼乐教化，因此当子张进一步问"仁矣乎"时，孔子并未认可。

---

①《左传·庄公三十年》。

25. 恕(共2章)

"恕"与"忠"词义相近,可以互训,两者都是春秋时期的流行观念。《国语·周语上》:"考中度衷,忠也;昭明物则,礼也。"韦昭注曰:"忠,恕也。"《左传·隐公三年》记载了周、郑两国从交质(人质)到交恶的历史事件,左氏君子发论道:"信不由中,质无益也。明恕而行,要之以礼,虽无有质,谁能间之?"这里的"中"就是文中所说的"昭忠信"之义,可见"忠"与"恕"在当时都是处理人际或国际关系的重要道德规范和行为准则,即所谓"恕而行之,德之则也,礼之经也"[①]。当事双方如果共同遵从"忠"与"恕"的道德规范,比用公子、太子当人质更加可信、有效。

在《论语》中,"恕"的基本含义是"己所不欲,勿施于人"[②],朱熹以"推己及人"来释之,也就是将心比心的意思。孔子在创建儒家学派理论体系的过程中,对当时流行的"恕"和"忠"的观念进行整合和改造,使之成为统贯仁学思想体系的忠恕之道,从而实现了理论升华。在为仁实践中,孔子对两者也做出了明确区分,"忠"主要体现了"仁"的进取精神,即"己欲立而立人,己欲达而达人"[③];而"恕"主要体现了"仁"的自觉精神,即"己所不欲,勿施于人"[④]。

值得注意的是,孔子有关"恕"的言论在《论语》中仅有三次,一次是

[①]《左传·隐公十一年》。
[②]《论语·卫灵公》。
[③]《论语·雍也》。
[④]《论语·卫灵公》。

《里仁篇》中他主动向曾参提及的"吾道一以贯之",不过孔子并未直接陈述或未能被记录下来,是后来曾参根据个人的理解将其概括为"忠恕"的,至于具体内容则语焉不详,因此后人对这次对话的真实性多有质疑。另外两次都是在与子贡的对话中提出的,两人有交流,有论述,有发明,因此思想内容比较明确具体。从年龄、学识、悟性以及思想境界等方面来看,曾参都远不及子贡,因此孔门之中真正传承孔子忠恕之道的弟子应该是子贡。

《论语·卫灵公》:"子贡问曰:'有一言而可以终身行之者乎?'子曰:'其恕乎!己所不欲,勿施于人。'"

子贡向孔子请教问题,很少泛泛而谈,通常都有比较强的针对性和目的性。他本章提出的问题就非常明确具体:所谓"一言",未必是一个字或一句话,而是经过高度概括的主题思想或核心要义。这种表述在当时比较普遍,鲁定公也曾向孔子求问"一言而可以兴邦"和"一言而丧邦"①。所谓"终身行之",就不可能是此一时彼一时的即兴言论,而是经过深思熟虑之后的成熟意见或理论观点。

孔子认为能够满足"一言"和"终身行之"等诸多条件的只有一个字——"恕",他接着又对"恕"做出具体解说:"己所不欲,勿施于人。"这是一句古语,仲弓问仁时,孔子也曾引用。意思就是,如果自己不愿意做的事情或不愿意要的东西,就不要强加于人。《国语·周语上》中有一句话恰好与此相反:"施其所恶,弃其忠也。"把自己的爱憎好恶强加于人,这是不道德的,有违"忠"的原则。换言之,凡事都能够顾及别人的内心感受,充分尊重和体谅别人的主观意愿和自主选择,不强迫别人做不情

---

①《论语·子路》。

愿做的事情或接受不想要的东西,那么道德修养就达到了"恕"的境界了。

《礼记·大学》中对"恕"又提出了几个具体的原则要求:

> 所恶于上毋以使下,所恶于下毋以事上,所恶于前毋以先后,所恶于后毋以从前,所恶于右毋以交于左,所恶于左毋以交于右,此之谓絜矩之道。

概括地说,"恕"就是不要把自己所厌恶的事情(事物)施之于上下前后左右。"絜"是量围长的绳子,"矩"画直角的尺子,这里引申为在位君子治国平天下的基本原则和规范。所谓"絜矩之道",就是有德君子以身作则、推己及人的正确方法和道德规范。

《论语·公冶长》:"子贡曰:'我不欲人之加诸我也,吾亦欲无加诸人。'子曰:'赐也,非尔所及也。'"

任何人际关系都是双向或多向的:一方面是推己及人,"我"是行为主体;另一方面则是推人及己,"人"是行为主体。"恕"的道德规范要求在推己及人时做到"己所不欲,勿施于人",也就是子贡所说的"吾亦欲无加诸人";同样,在推人及己时也应该做到"人所不欲,勿施于我",即子贡所说的"我不欲人之加诸我"。孟子也说:"无为其所不为,无欲其所不欲,如此而已矣。"[①]这也是"恕"的一个重要内容,应该予以关注。

法国著名哲学家孟德斯鸠指出:"在一个有法律的社会里,自由仅仅

[①]《孟子·尽心章句上》。

是:一个人能够做他应该做的事情,而不被强迫去做他不应该做的事情。"①在一个统一的规则框架内,"恕"的双向规范作用是可以有效发挥的,但是在"礼崩乐坏"的现实面前,自己虽然可以通过不断提高道德修养,做到"己所不欲,勿施于人",但是却无法保证别人也能做到"人所不欲,勿施于我"。所以孔子认为子贡的这种想法是"非尔所及",即在现实生活中难以实现。当然,孔子并没有因此而放弃,他仍然坚持从自身("我")来寻找解决问题的办法,他说:"人不知,而不愠,不亦君子乎?"②"不患人之不己知,患不知人也。"③别人不了解我,甚至要把他的思想观点强加于我,我不气不恼,不与其争辩、计较,始终保持谦谦君子宽容豁达的态度,这也是"恕"的一种具体表现。孔子此类言论有很多,较好地体现了"恕"的另外一层深刻含义。

---

① [法]孟德斯鸠:《论法的精神》上册,孙立坚、孙丕强译,北京:商务印书馆,1997年,第154页。
② 《论语·学而》。
③ 《论语·学而》。

26. 孝（悌）(共9章)

中国民间有百善孝为先的说法,"孝"在传统伦理道德体系中列于善德之首,可见其在中国传统文化中具有特别重要的意义。经过几千年的传承与发展,孝的观念深入人心,内涵也越来越丰富,在促进家庭和睦和维护社会稳定等方面均发挥了重要的作用。

在中国历史上,孝的观念起源很早,最早可以追溯到氏族社会时期。在氏族社会中,人们以血缘为纽带,以氏族为单位,形成了一个命运共同体。氏族成员共同崇拜祖先和神灵,共同承担赡养族中孤寡老人的义务,这种"人不独亲其亲,不独子其子"①的原始情感就是维系氏族繁衍发展的共同意识和价值判断,也是形成孝的观念的重要基础。

夏、商二代,社会构成仍然以氏族制为主体,个体家庭经济因素还很薄弱,因此孝的观念并没有从宗教、政治中分离出来,形成一个相对独立的伦理观念。《尚书·太甲中》:"奉先思孝,接下思恭。"可见,此时"孝"是与祖先崇拜("奉先")和政治治理("接下")联系在一起的,殷商统治者把"孝"作为维持统治的政治要求,而不是个人讲求的道德规范。

西周时期,统治者为了控制全国广大区域,对殷商旧制做出一些变革,即所谓"周虽旧邦,其命维新"②。这种"维新"体现在社会组织方面就是在氏族制的旧框框中,个体家庭逐渐成为决定经济、政治的基本社会

---

① 《礼记·礼运》。
② 《诗经·大雅·文王》。

单位。个体家庭经济的形成以及与此相联系的家庭权利和义务关系的确立,是形成孝的道德观念的重要前提。《诗经·大雅·卷阿》:"有冯有翼,有孝有德,以引以翼。岂弟君子,四方为则。"这里的"有孝有德"显然是一种社会普遍认同的道德观念,具备"有孝有德"的"岂弟君子"就可以成为"四方"效法的楷模。与此相反,如果像周成王训诫康叔那样:"子弗祗服厥父事,大伤厥考心;于父不能字厥子,乃疾厥子。于弟弗念天显,乃弗克恭厥兄;兄亦不念鞠子哀,大不友于弟。"[1]这些都是"不孝不友"的"元恶大憝",应当按照周文王制定的法度实施惩罚,绝不赦免!

春秋时期,社会动荡,权力下移,随着氏族组织的严重破坏和私有制经济的发展扩大,个体家庭的主体地位日益凸显,孝的观念也逐渐从宗教意识中分离出来,成为调节家庭人伦关系的重要道德规范和行为准则。与此同时,各国统治者也借助孝的伦理观念来维持和巩固现实统治,从而进一步丰富了"孝"的思想内涵,扩大了"孝"的社会功能。

孔子生活在春秋末年,此时社会由氏族组织向个体家庭的变革已经基本完成,然而意识形态领域里的变革才刚刚开始,因此孔子所面临的重要任务就是对个体家庭的伦理道德做出新的规范和界定,并在此基础上建立新的社会秩序。在《论语》中,孔子关于"孝(悌)"的言论很多,内容也比较广泛,涉及孝养、孝敬、孝顺(无违)、追孝以及服丧、祭祖等许多方面。在孔子的仁学思想体系中,"孝(悌)"是一个重要的道德规范,在调节家庭人伦关系和维护社会秩序等方面均具有十分重要的作用。在孔子思想的影响下,儒家后学对孝的观念进行了深入研究,并逐渐形成了以"孝"为核心的理论体系(孝道),因此尽管产生"孝"的社会基础——氏族宗法制度——已经不复存在,但是孝的观念仍然能够延绵不断,广泛流传,并且对现代人的生活也产生了重要影响。

---

[1]《尚书·康诰》。

《论语·学而》:"有子曰:'其为人也孝弟,而好犯上者,鲜矣;不好犯上,而好作乱者,未之有也。君子务本,本立而道生。孝弟也者,其为仁之本与!'"

本章从"孝弟"为"仁之本"立论,重点阐述了孝悌的社会功效——制止"犯上"和"作乱"。文中有关"仁"的内容已在《仁(仁者)》中另作评析,这里重点评析"孝弟",这里的"弟"同悌,"孝"是善事父母,"弟(悌)"是敬爱兄长。孔子说:"弟子,入则孝,出则悌。"①又说:"孝悌之至,通于神明,光于四海,无所不通。"②

在中国古代社会中,社会公共管理往往是通过家庭内部管理来实现的,防止社会上的"作乱",就必须先解决家庭内部的"犯上",因此家庭伦理道德规范(孝悌)也就成为统治者施政的政治规范。儒家学派为了迎合统治者的需要,对孝悌等传统观念进行理论改造,使其由家庭私德变成社会公德。

孝和悌都是家庭伦理观念。孝的基本要求是子女必须善事父母,做到奉养、尊敬、顺从等;悌的基本要求则是幼弟必须敬爱兄长,做到友善、敬重、服从等。《孝经·广至德》:"教以孝,所以敬天下之为人父者也。教以悌,所以敬天下之为人兄者也。教以臣,所以敬天下之为人君者也。"在传统观念中,各种人伦道德规范都是双向互动的,即所谓"君令臣共,父慈子孝,兄爱弟敬,夫和妻柔,姑慈妇听"③,君臣父子兄弟夫妻等人伦关系都必须遵从相应的道德规范,否则就会"父不慈,子不祗,兄不友,弟不恭"④,所以孔子在批评故旧原壤时说:"幼而不孙弟,长而无述焉,老而不死,是为贼。"⑤可见为老不尊和少不称悌一样令人生厌。不过有子在本章中把"孝

---

① 《论语·学而》。
② 《孝经·感应章》。
③ 《左传·昭公二十六年》。
④ 《左传·僖公三十三年》。
⑤ 《论语·宪问》。

弟"提取出来单独表述,不仅因为孝和悌都体现了传统的仁爱精神,还因为两者都具有一种无条件服从的敬上精神,这种敬上精神来自天然的血缘关系,对于维持现实政治秩序具有十分重要的意义。

任何理论的形成都是缘于客观现实的需要。在现实生活中,孔子为了维护社会秩序,规范人际关系,提出了仁的观念,倡导人与人之间相亲相爱,互敬互助。但是在实际运用中,"仁"却未能达到预期效果,"犯上"和"作乱"的情况时有发生,君臣上下关系也比较紧张,因为"仁"所讲求的是自觉自省精神,缺乏的是无条件服从的敬上精神,因此很难取得实际成效。出于现实政治的需要,儒家学派对于各种传统观念进行理性升华和理论改造,把孝悌观念与仁的观念结合起来,形成了运用家庭伦理认知来维护社会政治秩序的伦理政治思想,其重要理论依据就是孝悌的敬上精神。

敬上是孝悌的基本要求,如果在家庭内部用孝悌等道德观念来规范人伦关系,就不可能发生"犯上"行为;同样,如果在现实政治中也用孝悌的敬上精神(忠)来规范君臣上下关系,也就不会发生"作乱"行为。下不犯上,民不作乱,天下就实现大治了。通过家庭伦理规范来解决国家治理问题是儒家伦理政治思想的核心内容,所以当季康子向孔子请教"使民敬、忠以劝"问题时,孔子回答道:"孝慈,则忠。"[1]因为"忠"和"孝慈"的本质要求都是下敬上,两者在精神上是一脉相通的。

《论语·为政》:"或谓孔子曰:'子奚不为政?'子曰:'《书》云:"孝乎惟孝,友于兄弟,施于有政。"是亦为政,奚其为为政?'"

本章中的"或"向孔子提出"子奚不为政"问题。在《论语》中,"或"有

---

[1]《论语·为政》。

时用来代指某些身份比较特殊的人,但凡"或"发问,大多不怀好意,这已成为一种固定体例,如"或问禘之说"①、"或曰孰谓鄹人之子知礼乎"②等等。所谓"为政",就是出仕为官,有职有位有俸禄。"奚"是疑问词,为何之义。"或"问孔子为什么不从政,话里显然带有一点讥讽的意味,因为孔子求仕心切,对于为政之事向来热心,他之所以"不为政",不是不愿意,而是没机会。朱熹在《论语集注》中推断本章言论当在"定公初年,孔子不仕",进而有人认为孔子本章言论是暗指鲁定公不友不孝:"定公为逐其兄者所立,而定公不能讨其罪,是定公不友,即不孝。"③结合孔子从政经历分析,把本章言论时间定在定公初年是准确的,《史记·孔子世家》:"(定公五年),孔子不仕,退而修诗书礼乐,弟子弥众。"但是"盖亦微示讽切以晓鲁人"云云则解读过度,故此不从。

面对"或"的讥讽,孔子并没有做出正面回应,而是引用了《书》中言论作答:"孝乎惟孝,友于兄弟,施于有政。"这几句话是《尚书》逸文,后收录在《周书·君陈》中。

"孝乎惟孝",前一个"孝"是动词,孝敬、孝顺之义,后一个"孝"字用作代词,代指那些应该受到孝敬的老人,比如父母以及氏族组织中的长者。"乎"是介词,"惟"是语气助词,用于强调。在传统氏族组织中,人们的生活方式以群居为主,个体家庭的边界并不明确,所以"孝"主要是在氏族群体范围内讲求的一种道德规范,也就是说,赡养和孝敬氏族组织中有血缘关系的长者(包括他人父母)是子女(包括他人子女)应尽的责任和义务,所以《尚书》中用"孝"来代指氏族组织中的所有老人。值得注意的是,从西周初年到春秋末年,社会构成已经发生了很大变化,氏族组织已经逐步瓦解,个体家庭成为社会的基本构成单位,因此"孝"就成为在个体家庭内部对亲生父母讲求的一种道德规

---

① 《论语·八佾》。
② 《论语·八佾》。
③ 钱穆著:《论语新解》,北京:生活·读书·新知三联书店,2002年,第42页。

范,"孝"则是专指自己的亲生父母。注意到"孝"的这种内涵变化,有助于准确把握《论语》中"孝"的基本定义和精神实质。《论语》中的"孝"主要是用于规范父子关系的道德观念,即"父慈子孝"。然而在实际运用中,孔子似乎并没有把"孝"严格限定在个体家庭范围内,他还是从氏族血缘关系出发,要求发扬"孝"的敬上精神来规范现实生活中的尊卑长幼关系,因此这句话可以理解为孝敬所有应该孝敬的老人,即孟子所说的"老吾老以及人之老"[1],延伸到现实政治领域就是尊敬所有应该尊敬的人。

"友于兄弟",这里的"友"也是在氏族组织内部讲求的一种道德规范,主要用于有血缘关系的宗族兄弟,即"兄友弟恭(悌)",这种道德规范在维系氏族组织的内部团结和亲情关系方面发挥着无可替代的重要作用。然而随着氏族组织的蜕化和衰落,传统氏族血缘关系逐渐被各种社会利益关系所取代,"兄弟"的概念也发生了变化。宋司马桓魋作乱,被宋景公剿灭后,桓氏兄弟四处奔散,司马牛跑到鲁国投到孔子门下,每当他想起自己的同胞兄弟时就会忧伤地说:"人皆有兄弟,我独亡。"于是同门子夏宽慰他道:"君子敬而无失,与人恭而有礼。四海之内,皆兄弟也——君子何患乎无兄也。"[2]显然,子夏所说的"兄弟"并不是那种有血缘关系的兄弟,而是志同道合的修德君子。同样,此时"友"也不再是仅仅局限在氏族组织内部讲求的一种道德规范,而是在更加广泛的人际关系中讲求的一种行为方式和社交规范。因此在《论语》中,"友"主要是"朋友"或"交结朋友"之义,而用于"敬爱兄弟"的仅此一例。孔子希望把"友"的传统精神应用到现实政治中,以此来规范各种社会关系,提高当政者的统治能力。

"施于有政"中的"施"是施及、延及,进而引申为推广、运用等义。这

---

[1]《孟子·梁惠王章句上》。
[2]《论语·颜渊》。

句话的意思是,继承和发扬上古帝王的为政经验,把氏族组织内部讲求的"孝""友"等道德观念推广、运用到施政实践中,用血缘亲情来维系天下太平。

"是亦为政,奚其为为政"一句中的"是"是代词,代指"孝乎惟孝,友于兄弟"。意思就是,如果每一个人都能够发扬传统的孝悌精神,这就是实实在在的"为政",何必为"为政"而为政?

在宗法政治体制中,国与家二位一体,相互依存,因此"君令臣恭"和"父慈子孝"在精神上是相通的。一个人如果在家能善事父母、敬爱兄长,在国就能遵从礼制、效忠国君。孔子把传统的"孝""友"等氏族组织的伦理观念运用到国家治理的政治范畴之中,通过氏族族权来巩固国家政权,即所谓"修身齐家治国平天下",这正是儒家政治思想的独特之处。

《论语·学而》:"子曰:'弟子,入则孝,出则悌,谨而信,汎爱众,而亲仁。行有余力,则以学文。'"①

上古时期,社会结构开始逐步从氏族组织向个体家庭逐渐演进、过渡。孝悌等伦理观念萌生于氏族,形成于家庭,因此从适用范围来说,孝悌有广义和狭义之分。广义的孝悌适用于氏族宗亲,即所谓"宗族称孝焉,乡党称弟焉"②,狭义的孝悌则专属于家庭亲情,即所谓"事父母,能竭其力"③。本章孝悌当为广义。

"弟子"为氏族子弟。古人聚族而居,族中年少弟子统一由德高望重的长者实施启蒙教化,因此彼此在氏族血缘关系之上又多了一层师生关

---

① 本章有关"学文"的内容将在《学》中进行评析。
② 《论语·子路》。
③ 《论语·学而》。

系。后来别族弟子也慕名而来,投其门下,弟子也就成为师从授业者的泛称。孔门弟子大多是这种情况。

"孝""悌""谨""信""爱""亲"等,都是氏族组织的道德规范和传统观念,这些道德规范对于维护氏族组织内部人际关系的和谐稳定发挥了极为重要的作用。"入"与"出"是就个体家庭和氏族组织的边界而言的。根据相关史籍记载,在氏族生活中,儿童一般在十岁以后就要离开个体家庭,在氏族组织中统一接受各种技能教育和军事训练。《礼记·内则》:"十年,出就外傅,居宿于外,学书记,衣不帛襦袴,礼帅初,朝夕学幼仪,请肄简谅。"儿童尽管已经离开个体家庭,但是仍然会定期回到家中探望父母,这就是"入"与"出"的特定含义。"入则孝"是指子女回到个体家庭要孝敬父母长辈;"出则悌"是指弟子在氏族范围要尊敬共同生活和学习的平辈兄长,这里的"悌"是那种打断骨头连着筋的宗亲;而"信""爱""亲"等则是要求对全体氏族成员(不分男女老少亲疏远近)做到诚实、友善和亲爱。"谨"是谨慎寡言;"仁"是"人"的通假字,在本章中与"众"形成互文,泛指族人。

从个体家庭的孝悌而敬到氏族组织的泛爱而亲,道德的力量在不断放大,仁爱的精神也在逐渐升华。如果再把这种仁爱精神扩大到一个民族一个国家,那么任何僭越礼制、犯上作乱的问题都可以迎刃而解了!

最后两句"行有余力,则以学文",强调的是培养上述道德修养的实践意义,"行"是道德实践,"文"是文献知识[①]。孔子教学,知行并重,"子以四教:文,行,忠,信"[②]。在道德修养方面,他更加注重身体力行,加强实践。

[①] 刘氏《正义》曰:"凡文皆古人所遗,故言'遗文'。马(融)以弟子所学,别有一书,如《弟子职》之类,后或失传,故只言古之遗文而已。"
[②]《论语·述而》。

《论语·为政》:"孟懿子问孝。子曰:'无违。'樊迟御,子告之曰:'孟孙问孝于我,我对曰,无违。'樊迟曰:'何谓也?'子曰:'生,事之以礼;死,葬之以礼,祭之以礼。'"①

《为政篇》从五至八章都是时人或弟子问孝,发问者依次是孟懿子、孟武伯、子游和子夏,这种编排方式是有讲究的,值得关注。从内容上来看,编排在最前面的未必是最重要的,比如比较孔子答子游问孝和答孟武伯问孝,前者内容显然更为重要,但是却被编排在后面。仔细研究就不难发现,《论语》编纂者是根据发问者的身份和地位来确定编排秩序的,孟懿子、孟武伯都是鲁国世袭贵族,身份显贵,因此尽管他们与孔子问答的内容无关紧要,但是必须编排在前面。孟懿子和孟武伯是父子关系,因此父在前、子在后。子游和子夏则是普通士人身份,所以被编排在孟孙氏之后。子游和子夏年龄相仿②,辈分相同,道德学问也在伯仲之间,但是当年孔子在确定孔门四科十哲排名时把子游排在子夏前面:"文学:子游、子夏。"③所以子游问孝的言论被编排在子夏之前。由此可见,篇章排序与问答内容并没有太大关系,大多是由对话者的身份和地位决定的。

孟懿子是鲁国"三桓"孟孙氏宗主,公族贵族,身份高贵,地位显赫,他向孔子请教有关孝道问题,孔子当着他的面不便多说,只是简单地回答了"无违"二字,这是当时人们对"孝"的基本共识,《左传·闵公二年》:"违命不孝,弃事不忠。"事后孔子又主动向弟子樊迟谈及此事,特别强调尽孝要在生事、死葬和祭祀等重大问题上恪守礼制,即"无违礼"。对于孟懿子来说,孔子这番言论是有针对性的,因为孟懿子并没有遵从其父

---

① 本章有关"葬"的内容将在《丧(葬)》中进行评析。
② 《史记·仲尼弟子列传》:"言偃,吴人,字子游。少孔子四十五岁。卜商,字子夏。少孔子四十四岁。"
③ 《论语·先进》。

孟僖子的生前遗训，在日常生活中时常发生违礼行为。

孔子为什么有话当面不说背后说呢？或者说他为什么当面只说"无违"，而不把那个关键的"礼"字说出来呢？这是因为当时贵族之间对话彼此都要留有余地，有碍情面的话一般都推说"不知"，事后则通过其他人来转述，这也是一种问对之礼，比如卫出公流亡期间曾派使者来询问子贡："吾其入乎？"子贡当着众人面不便明说，就推脱道："臣不知也。"事后他又私下对使者说："若得其人，四方以为主，而国于何有？"①不过东汉时期的王充对孔子这种隐晦的表达方式提出质疑：

> 孔子之言毋违，毋违者，礼也。孝子亦当先意承志，不当违亲之欲。孔子言毋违，不言违礼。懿子听孔子之言，独不为嫌于无违志乎？樊迟问何谓，孔子乃言"生，事之以礼；死，葬之以礼，祭之以礼。"使樊迟不问，毋违之说遂不可知也。懿子之才，不过樊迟，故《论语》篇中不见言行。樊迟不晓，懿子必能晓哉？②

孟懿子虽然身份显贵，但是若论才情秉性和道德修养，均不及樊迟。樊迟尚且不能领会"无违"二字的真正含义，何况孟懿子？所以王充认为孔子说话讲求礼仪，欲言又止，真正是误人子弟。其实孔子对孟懿子说出"无违"二字，原本就是虚与委蛇，真正要紧的是他后来对樊迟说的三个"礼"字，他从生事、死葬和祭祀三个方面着重阐述了"礼"对于"孝"的重要意义。

孔子认为，"孝""祭""礼"三者是紧密联系的："孝"是建立在氏族血缘关系之上的重要道德规范，其基本精神是"无违"，即生养、死葬都必须符合礼制规范，不能尊礼就不能尽孝。"祭"的对象是先祖，目的是激发

---

① 《左传·哀公二十六年》。
② 《论衡·问孔篇》。

和生成孝心,"祭者,所以追养继孝也"①,人们在祭祀活动中通过追思先祖,强化敬畏之心,激发感恩之情,从而完成了"孝"的内心体验和情感积累,所以孔子说:"禹,吾无间然矣。菲饮食而致孝乎鬼神。""礼"则是通过相关礼仪规制来规范祭祀进程中的行为举止,使祭祀者的孝敬之心油然而生,由外而内地发生心理和情感变化,"夫祭者,非物自外至者也,自中出,生于心也,心怵而奉之以礼"②,"祷祠祭祀,供给鬼神,非礼不诚不庄。是以君子恭敬、撙节、退让以明礼"③。简单地说,在"孝""祭""礼"三者中,"祭"是过程,"孝"是结果,而"礼"则是确保由过程到结果真实有效的外在约束力。

春秋末年,礼制废弛,世风日下,孔子敏锐地观察到,失去礼制规范的丧葬和祭祀活动已经流于形式,对于人们的内心情感也无法产生多少影响,因此他对于"葬之以礼,祭之以礼"之类的问题格外重视,反复强调,希望用礼制来规范丧葬和祭祀行为,进而激发人们的敬畏之心和孝悌之情。

《论语·为政》:"孟武伯问孝。子曰:'父母唯其疾之忧。'"

孟武伯是孟懿子之子,鲁国"三桓"孟孙氏十世宗主,世袭贵族,武伯是谥号,也是后人对他的盖棺论定。若按年龄论,孟武伯比孔子小一辈,因此他与孔门弟子多有交结,他曾向孔子打听子路、冉求、公西赤等人情况,显然是有所企图的④。

本章解读比较绕人,"问孝"当然是请教子女对父母(下对上)的应有

---

① 《礼记·祭统》。
② 《礼记·祭统》。
③ 《礼记·曲礼上》。
④ 《论语·公冶长》。

态度和行为,然而孔子却以父母对子女(上对下)的行为(心理)来作答——"父母唯其疾之忧","疾"是疾病,即孔子谓冉伯牛"斯人也而有斯疾";"忧"是担忧、担心、牵挂。对于这句话,历来有不同解读:一说是子女担忧父母的疾病(读作倒装句为"忧父母之疾"),《论衡·问孔》:"武伯善忧父母,故曰'唯其疾之忧'。"一说是父母担忧子女的疾病(读作陈述句为"父母忧其疾"),《集注》:"言父母爱子之心,无所不至,惟恐其有疾病,常以为忧也。"如果是后一种理解,那么是因为子女平时谨言慎行,方方面面做得都很好,父母除了疾病以外,其他无所担忧呢,还是因为子女平时行事莽撞,不注意爱惜身体、珍惜生命而令父母担忧呢？上述解读各有道理,都能成立。孔子言论常常因人而异,有很强的针对性,结合孟武伯其人其事分析,后一种解读似乎更加符合孔子本意。

史书中关于孟武伯的记载并不多,因此难以勾勒出一个完整的形象。从有限的史料记载中大致可以了解到,孟武伯不是一个怀有远大志向的人,也不像父辈那样善于经营。他给人留下比较深的印象是性格乖张,行事鲁莽,行为粗暴,现代成语中的"谁执牛耳"和"食言而肥"都与他蛮横霸道的性格和行为有关。《左传·哀公十四年》:

> 初,孟孺子洩(孟武伯)将围马于成。成宰公孙宿不受,曰:"孟孙为成之病,不围马焉。"孺子怒,袭成。从者不得入,乃反。成有司使,孺子鞭之。秋八月辛丑,孟懿子卒。成人奔丧,弗内。袒免哭于衢。听共,弗许。惧,不归。

成邑是孟孙氏经营多年的重要私邑,孔子"堕三都"时,孟懿子顶住巨大压力才得以保全,因此他非常重视成邑的繁衍生息,规定孟孙氏族人一律不得到成邑围马。然而孟武伯却不顾禁令,经常去成邑围马扰民。成邑派使者来向他请愿,他居然野蛮地鞭挞使者。孟懿子去世后,成邑民众自发到孟孙氏宗庙吊唁,他又下令不让成邑人进入宗祠。成邑人担心服丧结束后,孟武伯会对他们实施报复,于是第二年就举邑投奔齐国,孟孙氏宗族从此大伤元气,一蹶不振。仅从这一历史事件中就可以看出,孟武伯为人飞扬跋扈,粗暴无礼,所作所为确实令其父母担惊受怕①。因此他向孔子请教为孝问题,孔子答曰:"父母唯其疾之忧。"意思就是,你平时为人不要太张狂任性,四处惹祸,不要让父母为你的生命安全担忧,这就是孝!

《大戴礼记·曾子本孝》中记载了曾子的一段言论,可以作为解读本章言论的参考:

>曾子曰:忠者,其孝之本与!孝子不登高,不履危,痺亦弗凭,不苟笑,不苟訾,隐不命,临不指,故不在尤之中也。孝子恶言死焉,流言止焉,美言兴焉,故恶言不出于口,烦言不及于己。

《礼记》中也有相同言论:

>孝子不服闇,不登危,惧辱亲也。父母存,不许友以死,不有私财。②

真正的孝子应该对自己的行为负责,平时远离危险之境、是非之地,不要去做那些莽撞无知、危及生命的事情,免得父母整天担惊受怕,烦忧不断。诚如现今许多父母对子女说:父母不要你们为我们做什么,只希望你们消停一点,少折腾,别生事,不让父母担忧就是最大的孝!

《论语·为政》:"子游问孝。子曰:'今之孝者,是谓能养。至于犬马,皆能有养;不敬,何以别之?'"

---

① [宋]朱熹《论语集注》引程子言曰:"(孔子)告武伯,以其人多可忧之事。"
② 《礼记·曲礼下》。

子游是孔门后起之秀,孔门四科十哲之一,"文学"优等,后来他出任武城邑宰,以礼乐教化民众,取得了不俗的政绩,故而颇受孔子赏识①。他向孔子请教为孝问题,孔子悉心施教,从"养"与"敬"之别谈起,着重探讨了"孝"的本质意义——"敬"。这是孔子论孝的重要观点。

本章的两个"养"字含义不同,前一个"养"是孝养父母,后一个"养"是豢养犬马。"至于"二字在古代汉语中多为"延及至"或"扩展到"等义,因此有人据此以"至于犬马"句为断,将本章分为前后两个部分②。这种断句方法固然有一定道理,但是对于解读本章并无新意,故不从。

在传统观念中,"孝"有孝养和孝敬之分:前者是物质层面的奉养,即所谓"养口体";后者则是精神层面的孝敬,即所谓"养志"③。两者显然是不可同日而语的。

"今之孝者,是谓能养",这两句是以古非今,这是孔子惯常的表达方式。不过他在本章中却犯了一个常识性错误,因为"是谓能养"恰恰是"古之孝者"的特征。在氏族社会中,孝的道德观念尚未完全形成,"能养"是氏族群体的本能和义务,也是"孝"的原始形态。大量考古发现证明,许多失去生存能力的伤残老人只有在集体奉养和关爱之下才能得以存活,因此人们把奉养父母(长者)作为一种共同义务,而养活则是"孝"的全部意义。

"至于犬马,皆能有养",这两句有两种解读:一是犬能看家护院,马能载物代步,因此犬马能养人;二是犬马亦能得人豢养,不过这种口体之养与孝养父母是有本质区别的。从全章文义来看,第二种解读比较合理。

在是古非今和犬马比较的基础上,孔子最终提出了"孝"的核心意涵——"敬"。在古代简书中,"敬"有时写作"憼",说明"敬"是一种发自

---

① 《论语·阳货》。
② 李竞恒:《论语新劄:自由孔学的历史世界》,福州:福建教育出版社,2014年,第29页。
③ 《孟子·离娄章句上》。

内心的心理活动,也是一种自觉自愿的理性行为。孔子认为,"孝"的本质意义在于"敬","敬"是孝养父母和豢养犬马的本质区别,所以他说:"不敬,何以别乎?"又说:"小人皆能养其亲,君子不敬何以辨?"①意思就是,有德君子尽孝必须心怀敬意,情真意切,否则就与豢养犬马无异!后来孟子对此做出了具体阐述:

  食而弗爱,豕交之也;爱而不敬,兽畜之也。恭敬者,币之未将者也。恭敬而无实,君子不可虚拘。②

  奉养父母是建立在父慈子孝等情感互动基础之上的,如果失去诚挚之爱、恭顺之敬,就与"豕交之""兽畜之"没有区别了。
  关于"敬"的具体要求,孔子在本章中虽然没有明确阐述,但是相关言论有很多:

  事父母,能竭其力。③
  事父母几谏,见志不从,又敬不违,劳而不怨。④
  父母在,不远游,游必有方。⑤
  父母之年,不可不知也。一则以喜,一则以惧。⑥

  综合上述言论,孔子对于"敬"的规范要求大致有以下几方面的内容:一是孝敬父母必须竭尽全力,真心真意;二是侍奉父母必须自觉自愿,绝无怨言;三是父母如有不当之处,只能委婉提出,父母如不听从,就

---

① 《礼记·坊记》。
② 《孟子·尽心章句上》。
③ 《论语·学而》。
④ 《论语·里仁》。
⑤ 《论语·里仁》。
⑥ 《论语·里仁》。

要顺从他们的心意,不要争辩或违逆,"子之事亲也,三谏而不听,则号泣而随之"①;四是出游不远足,去向也必须明确告知父母,不要让他们为自己担忧、牵挂;五是谨记父母之年,因为"二亲之寿,忽如过客"②。当然,孔子关于孝道的理论研究和实践要求远远不止这些,许多内容在儒学传承中散落在各种典籍中。

根据相关史料记载,曾参是孔子孝道的正统传人。《史记·仲尼弟子列传》:"曾参,南武城人,字子舆。少孔子四十六岁。孔子以为能通孝道,故授之业。作《孝经》。"《汉书·艺文志》:"凡《孝经》十一家,五十九篇。《孝经》者,孔子为曾子陈孝道也。夫孝,天之经,地之义,民之行也。举大者言,故曰《孝经》。"今本《孝经》仅存十八篇(《十三经清人注疏》),此外《大戴礼记》中有《曾子立事》《曾子本孝》《曾子大孝》《曾子事父母》诸篇,相关内容传承了孔子孝道的重要思想,与《论语》相关言论也能形成呼应。当然,对于这些儒家经典是否出自曾参之手等问题,目前尚无定论,但是不可否认的是,曾参是传承儒家孝道的重要人物。

关于孝敬问题,需要补充几句。现在许多人认为孝敬父母、赡养老人是中华传统美德,与西方观念相比,中国传统孝的观念主要是针对子女的行为或态度提出的道德规范,但这些都不是从父母内心感受出发的,在中国传统孝的观念中缺少顾及老人体面与尊严的内容。在西方社会中,子女年满十八岁通常会离开家庭到外面去独立生活,老人生活无法自理后就住进养老院,也无需子女奉养照顾,彼此都是为了维持体面和尊严而做出的自主选择,抚养子女或赡养老人只是简单的社会问题,与伦理道德并没有太大关系。然而在中国传统观念中,养老首先是道德问题,家庭义务和社会公德裹挟在一起,反而扯不清道不明,因此不符合时代潮流。其实,孔子在本章中提出的"敬",其中已经包含了顾及父母

---

① 《礼记·曲礼下》。
② 《韩诗外传》卷一第十七章。

体面和尊严的内容,他又说:"孝有三:大孝尊亲,其次弗辱,其下能养。"①所谓"弗辱",就是从父母的内心感受出发的,只不过和"尊亲"相比,"弗辱"是低一个层次的"孝"而已。

《论语·为政》:"子夏问孝。子曰:'色难。有事,弟子服其劳;有酒食,先生馔,曾是以为孝乎?'"

本章是弟子子夏问孝,孔子从正反两个方面做出回答:正面的回答是"色难"。孔子在"君子有九思"中强调"色思温"②,把容色温和作为儒家道德修养的内容之一。《礼记·祭义》:"孝子之有深爱者必有和气,有和气者必有愉色,有愉色者必有婉容。"可见,这里的"色"是特指子女侍奉父母时自然流露出来的温和愉悦的容色,这种容色是由内而外的,无法伪装,因此说"色难"。反面的回答是反问:"有事,弟子服其劳;有酒食,先生馔,曾是以为孝乎?"这些虚应礼仪能称得上孝吗?古时弟子和先生的关系如同父子,因此弟子侍奉先生也应尽心效力。"馔",《说文解字》释为"具食也",也就是具陈饭食、侍奉用餐的意思。先生有事,帮着跑跑腿,先生吃饭,帮着斟酒添饭,这些都是生活琐事,无需用心,做得再好也称不上"孝"。

同样问孝,孔子对于每个人的回答各不相同,这本身就说明"孝"具有很强的实践性和差异性。由于每个人的具体情况不同,因此行孝的内容和方式也不相同。子夏为人过于注重礼仪细节,"送迎必敬,上交下接若截然"③,孔子曾告诫他道:"女为君子儒,无为小人儒!"④子游也批评

---

① 《礼记·祭义》。
② 《论语·季氏》。
③ 《孔子家语·弟子行》。
④ 《论语·雍也》。

他道:"子夏之门人小子,当洒扫应对进退,则可矣,抑末也。本之则无,如之何?"①可见,子夏虽然在"服其劳""先生馔"或"洒扫应对进退"等礼仪细节方面能够做到中规中矩,符合规范,但是在道德修养方面却有所欠缺,没有达到"君子儒"的标准。由于内在修为欠缺,故而外在容色就会显得比较勉强、生硬。孔子用"色难"来对子夏释"孝",显然是有针对性的。

古人认为,一个人的外在容色最能真实地反映其内在情感,"上之人所遇,容色为先,声音次之,事行为后"②。因此真正的"孝"应该是一种内在真实情感与外在容色行为和谐一致的自然状态。

《论语·学而》:"子曰:'父在,观其志;父没,观其行;三年无改于父之道,可谓孝矣。'"

"孝"有生孝和死孝之分:生孝是对在世父母而言的,具体判别标准是"观其志";死孝是对去世父母而言的,具体判别标准是"观其行"。这里的"其"都是代指孝子。生孝和死孝的观念在周代已普遍流行,孔子在这里只是复述和强调,他曾说:"武王、周公其达孝矣乎!夫孝者,善继人之志、善述人之事者也。"③所谓"志",就是藏在内心里的真实想法,《皇疏》:"在心而未行也。""孝"的道德规范是要求子女必须把自己的所有想法(无论对错)都藏在心里,绝不表露出来,也绝不冒犯父母。孔子则相对开明,他说:"事父母几谏,见志不从,又敬不违,劳而不怨。"④意思就是,对于父母的错误,不妨委婉地提出自己的意见,如果父母不接受,就

---

① 《论语·子张》。
② 《韩诗外传》卷二第二十八章。
③ 《礼记·中庸》。
④ 《论语·里仁》。

无条件地顺从父母的意见而绝无怨言。所谓"行",就是把自己的想法付诸行动。如果自己内心想法与父母生前想法一致,那么就不会发生错误行为;如果自己内心想法与父母生前想法不一致,那么就不能轻易改变父母生前的意愿和做法,否则就是不孝。

"三年无改于父之道,可谓孝矣"二句,在《里仁篇》中也重复出现,因此应该是孔子个人观点。此外,《礼记·坊记》中也转录了这段文字:

> 子云:"君子弛其亲之过而敬其美。"《论语》曰:"三年无改于父之道,可谓孝矣。"《高宗》云:"三年其惟不言,言乃谨。"

"三年"是当时为父母服丧守孝的通行年限,"父之道"统指父母生前的意愿和做法。按照丧礼规定,孝子居丧期间不言不语,专心守孝,所有事务必须暂时放下,一切皆遵从父母生前旧规行事,这是孝德的基本规范,所以荀子说:"三年之丧,人道之至文者也。夫是之谓至隆。是百王之所同、古今之所一也。"①

关于"三年无改于父之道",在当时有一个具体事例。根据《左传》记载,鲁襄公十九年(公元前554年),鲁国公族大夫孟献子去世,其子孟庄子继任孟孙氏宗主。次年春天,孟庄子遵循孟献子早年代表鲁国与莒国订立的督扬之盟,又与莒国订立了向之盟;当年秋天,他又率领孟献子旧部讨伐邾国②。这些行动都是孟献子生前确定下来的计划,孟庄子只是遵照执行而已,所以曾子转述了孔子对他的高度评价:"吾闻诸夫子:孟庄子之孝也,其他可能也;其不改父之臣与父之政,是难能也。"③

"三年无改于父之道",不仅是"孝"的道德规范,在一定程度上也体现了古人的处事智慧。无论国政家事,前后都有一个承继和转换的过

---

①《荀子·礼论》。
②《左传·襄公二十年》。
③《论语·子张》。

程,在三年时间内无所作为,对前人的行事计划和处事方式既不肯定也不否定,这样可以使诸事稳妥平顺地完成过渡。

《论语·先进》:"子曰:'孝哉闵子骞! 人不间于其父母昆弟之言。'"

闵子骞是孔门早期弟子之一,因为他年高德劭,善行孝道,因此被列为孔门十哲"德行"优等。《史记·仲尼弟子列传》:"闵损字子骞,少孔子十五岁。孔子曰:'孝哉闵子骞! 人不间于其父母昆弟之言。'不仕大夫,不食汙君之禄。"《论语·雍也篇》记载,鲁国季氏曾打算聘他为费邑宰,但是被他断然拒绝。《韩诗外传》亦载,战国时期孟尝君也曾派使者来迎请他到齐国为师,然而他对使者说:"礼有来学无往教,致师而学不能学,往教则不能化君也。君所谓不能学者也,臣所谓不能化者也。"①可见他是一个爱憎分明、固守本分的性情之人。

本章孔子称赞闵子骞为人孝悌,这种情况在《论语》全书中仅此一例②。"不间"与《泰伯篇》中"禹,吾无间然矣"的"间"的用法相同,就是无可非议的意思。"父母昆弟"代指闵子骞全家人。这句话的意思是,闵子骞为人孝悌,处理和协调家庭各种人伦关系妥当、得体,他父母兄弟对他的称赞之词大数人都表示认可,没有非议。那么闵子骞究竟有何孝行? 根据相关史籍记载,闵子骞原本有兄弟二人,生母去世后,父亲再娶,又生有二子。闵子骞事继母如生母,恪守孝道,然而继母对他却很刻薄,冬天制作棉衣,亲生儿子用的都是棉絮,而闵子骞用的却是芦花,但是他假装不知,也不对外声张。有一日,闵子骞为其父御车,因为天气寒冷,马辔脱手,马车失去控制,其父恼怒,夺过马鞭向他身上抽去,一鞭子抽打

---

① 《韩诗外传》卷三第十四章。著者按:闵子骞与孟尝君不同世,两人相去二百余年,故而"孟尝君请学于闵子"之事为后人附会之说。
② 《论语·子张》:"曾子曰:'吾闻诸夫子:孟庄子之孝也。'"此为曾子转述,非孔子直接评述。

下去，打得芦花飞扬，再摸摸他身上的棉衣，发现里面全是芦花，根本不能御寒。回到家中后，其父把继母所生的两个儿子叫过来，摸摸他们的手很温暖，再摸摸他们身上的棉衣很厚软，知道继母待子厚此薄彼，因此很生气，打算休妻。然而闵子骞极力劝阻，他说："母在一子单，母去四子寒。"后来其父接受了他的劝告，召回继母。继母得知此事后，不仅自己痛改前非，还教育两个幼弟以后也要尊敬兄长。从此一家人父慈子孝，兄爱弟友，夫和妻柔，和睦相亲①。这个故事后来被收入元朝编纂的《二十四孝图》中，名为"鞭打芦花"。不过这些记载都是后人附会之说，姑妄听之。

---

① 刘氏《正义》曰："《艺文类聚·孝部》引《说苑》。"又曰："《韩诗外传》载此事云：'母诲改之后，至均平，遂成慈母。'"

27. 友（朋、朋友）(共6章)

在氏族社会中，"友"是指在有血缘关系的同宗兄弟之间讲求的一种道德规范，其基本要求是兄友弟恭（兄爱弟敬）。周初分封时，周公代表周成王诰谕康叔说："于弟弗念天显，乃弗克恭厥兄；兄亦不念鞠子哀，大不友于弟。……乃其速由文王作罚，刑兹无赦。"①如果周部族内部发生兄不爱弟、弟不敬兄的情况，就要立即依照周文王制定的刑法实施惩罚，绝不姑息，可见"友"在当时是具有一定道德约束力的。春秋初年，卫大夫石碏说："君义臣行，父慈子孝，兄爱弟敬，所谓六顺也。"②"六顺"仍然以血缘关系为主。然而到了春秋末年，社会结构发生深刻变化，氏族组织逐步瓦解，建立在血缘关系之上的"孝""悌""友"等观念不再局限于家人或族人，逐渐成为处理各种社会关系的行为准则和道德规范，因此其道德约束力大打折扣。

在《论语》中，传统道德意义的"友"只有一处，即《为政篇》中孔子在回答"子奚不为政"问题时引用《尚书·君陈》的言论："孝乎惟孝，友于兄弟，施于有政"，相关内容将在《孝（悌）》中进行评析，其他的"友（朋）"均为非血缘关系的朋友或交友之道，有时亦用作动词，为交结朋友之义，这是本文评析的重点。

---

① 《尚书·康诰》。
② 《左传·隐公三年》。

《论语·学而》:"学而时习之,不亦说乎?有朋自远方来,不亦乐乎?人不知,而不愠,不亦君子乎?"

　　本章是《论语》首篇首章,具有开宗明义的特殊意义。邢昺在注疏《孝经·开宗明义章第一》时说:"开,张也;宗,本也;明,显也;义,理也。言此章开张一经之宗本,显明五孝之义理,故曰开宗明义章也。第次也一,数之始也,以此章揔标诸章以次结之,故为第一,冠诸章之首焉。"① 日本江户时代儒学名家伊藤仁斋在《论语古义》中也说:"《论语》以'学'之一字,为一部开首,而门人以此章置诸一书之首,盖一部小《论语》云。"运用篇章学的观点来分析,本章蕴含了儒学的思想脉络和学说密码,对于全书诸篇章具有统领作用。

　　过去有人认为本章是孔子在弟子入门时的训诫之语,他对弟子着重提出三点要求,所有内容都归结到一个字——"乐":第一乐是"学而时习之",这是关于为学之道的问题,相关内容将在《学而时习之》中进行评析;第二乐是"有朋自远方来",这是关于为人(交友)之道的问题,这里将作重点评析;第三乐是"人不知,而不愠",这是关于君子之道的问题,相关内容也将在《君子与小人》中进行评析。

　　"有朋自远方来",孔子为何而乐?解答这个问题,首先必须弄清楚"有朋"或"朋"的确切含义。"有朋"二字,在《齐论》和《古论》中均作"朋友",不过"朋"和"友"是有区别的。《周礼·地官司徒》:"以本俗六安万民:一曰媺宫室,而曰族坟墓,三曰联兄弟,四曰联师儒,五曰联朋友,六曰同衣服。"郑玄注曰:"同师曰朋,同志曰友。"贾公彦疏曰:"《学而》云:'有朋自远方来。'是'朋'者在学之称。此友与朋连文,则亦是在学之称。且此朋友之文,复在师儒之下。但朋疏(疏)而多,友亲而少,故云同师曰朋,同志曰友。此朋友据(俱)在学。"刘氏《正义》也引用宋氏翔凤《朴学斋札记》的观点加以佐

---

① [清]阮元校刻:《十三经注疏(影印版)》下册,北京:中华书局,1980年,第2545页。

证:"《史记·孔子世家》:'定公五年,鲁自大夫以下,皆僭离于正道,故孔子不仕,退而修《诗》《书》,弟子弥众,至自远方,莫不受业焉。'弟子至自远方,即'有朋自远方来'也。'朋'即指弟子。"综上所述,这里的"有朋"应该是特指来自四面八方、甚至遥远国度的孔门弟子。

春秋时期,社会仍然以氏族宗法制为主体,人们聚族而居,人际关系也以血缘关系为主,同龄人大多是宗亲兄弟,平时大家聚在一起谈论的都是琐碎、低俗的家长里短,没有什么"高大上"的内容,长期生活在这种环境之中,个人的学识素养和思想境界都难以提高,所以孔子深以为忧,他说:"德之不修,学之不讲,闻义不能徙,不善不能改,是吾忧也。"①而来自远方的"有朋"虽然与自己没有血缘关系,但是彼此志同道合,情趣相投,大家为了共同的事业和理想聚集在一起,相互切磋琢磨,学业不断进步,道德日臻完善,这当然是值得高兴的事情。由此可见,"不亦乐乎"的"乐"应该是对孔门集体而言的。对于孔子个人来说,孔门兴旺,弟子弥众,儒学影响越来越大,当然也是可乐之事!孟子说"君子有三乐",其中之一就是"得天下英才而教育之"②,这正是对孔子看到"有朋自远方来"而心情愉悦的正解。

《论语·公冶长》:"颜渊季路侍。子曰:'盍各言尔志?'子路曰:'愿车马衣轻裘与朋友共敝之而无憾。'颜渊曰:'愿无伐善,无施劳。'子路曰:'愿闻子之志。'子曰:'老者安之,朋友信之,少者怀之。'"

本章是孔门师生之间的一次思想交流,内容是"各言尔志"。这类活动在孔门内部经常举行,内容丰富,形式多样,气氛活跃,引人入胜。

---

① 《论语·述而》。
② 《孟子·尽心章句上》。

子路的志向是"车马衣轻裘与朋友共敝之而无憾"。"车马"是出行工具，相当于今天的私家车，当时乘车马出行是贵族大夫的身份标志，因此不会轻易与朋友共享。颜渊死时，其父颜路请求孔子卖掉车乘来为颜渊置办棺椁，孔子却说："吾不徒行以为之椁。以吾从大夫之后，不可徒行也。"①"衣轻裘"有两种解说：一说"衣"是动词，《集注》："衣，服之也。""轻裘"是裘皮大衣，公西华出使齐国，"乘肥马，衣轻裘"，一副富家子弟的派头，所以孔子说："君子周急不继富。"②一说"轻"是衍字，"衣裘"泛指高档的衣服。上述两种解说均有道理，但是后一种解说文意更顺，此从。"车马"和"衣裘"都是个人贵重物品，子路不仅愿意拿出来与朋友分享，而且还愿意一直分享到"敝之"，"敝"是破旧、损坏，最关键的是子路对此毫无悔憾，反而会觉得欣慰、高兴，这充分表现了他对朋友坦荡、真诚、大度的真君子性情。子路的坦诚和大度不仅表现在他有好东西愿意拿出来与朋友分享，还表现在他与人交往能够做到不卑不亢，孔子曾说："衣敝缊袍，与衣狐貉者立，而不耻者，其由也与？"③这样的评价是令人鼓舞的，所以子路"终身诵之"。

颜渊的志向是"愿无伐善，无施劳"，这也是关于与人相交的一种基本原则和方法。"伐"是夸耀、炫耀，"施"是"弛"的通假字，张扬、夸大之义，"劳"是功劳、功绩。这里的"伐"与"施"是互文，"善"与"劳"是互文。意思就是，在与人相处的过程中，希望自己能够保持谦逊、温和的态度，既不夸耀自己的优点，也不表白自己的功劳。清人黄式三《论语后案》引俞硕园言曰："此章俱以及人者言，则'伐善'当言伐人之善，'施劳'当言施人以劳。"如果单纯从文意来分析，此说有一定的可取之处；如果放到现实生活中来具体分析，则难以立论：孔子一贯重视正面导向对于君子修身立德的积极意义："择其善者而从之，其不善者而改之。"④"里仁为

---

① 《论语·先进》。
② 《论语·雍也》。
③ 《论语·子罕》。
④ 《论语·述而》。

美。择不处仁,焉得知?"①"见贤思齐,见不贤而内自省也。"②因此伐人之善、称人之劳是儒家修身的基本要义,然而"无伐善""无施劳"则是反向思维,并不具有正面导向意义,令人费解,而且颜渊还要将此作为自己的人生志向,就更加说不通了。

孔子在子路、颜渊各自表达志向之后,也表达了自己的志向:"老者安之,朋友信之,少者怀之。""老者""朋友""少者"代表了各个年龄层次的人,三个"之"字有两种解说:一说代指孔子本人,《皇疏》:"若老人安己,己必是孝敬故也;朋友信己,己必是无欺故也;少者怀己,己必是慈惠故也。"另一说代指"老者""朋友""少者",《集注》:"老者养之以安,朋友与之以信,少者怀之以恩。"相比较而言,后一种解说更为合理,因为"安""信""怀"都是使动词,是"使……安(信、怀)"的意思。"安""信""怀"三者意思基本相同,即安怀、感怀、信服之义。

这里重点评析"朋友信之"。在各种人际关系中,朋友关系是一种比较宽泛的社会关系,相对缺乏有效的约束力。朋友相处,大多是为了共同利益,利在则聚,利去则散,因此世俗观点认为:世界上从来没有永恒的朋友,只有永恒的利益。然而孔子是一个理想主义者,他认为朋友之间应该拥有共同的理想和志向,大家为了追求共同的政治目标而结成生死与共的朋友关系,即所谓"君子以文会友,以友辅仁"③,所以孔子自信地说:"德不孤,必有邻。"④

为了有效地维系朋友关系,孔子把"信"作为交友的首要原则和道德规范,他要求与朋友相处必须做到以诚相待,言而有信,因为朋友关系既没有君臣关系的强制约束力,也没有血缘关系的亲情凝聚力,所以只能依靠"信"的道德自律力。

---

① 《论语·里仁》。
② 《论语·里仁》。
③ 《论语·颜渊》。
④ 《论语·里仁》。

孔门弟子来自五湖四海,出自各个社会阶层,弟子之间应该如何和睦相处？孔子要求讲求信义,因此他把"信"列为孔门"四教"之一①,要求弟子们努力培养讲求信义的品德。在孔子的教导下,孔门弟子无不把"信"作为人生修养的重要内容,曾子把"与朋友交而不信乎"作为"吾日三省吾身"的内容之一②,子夏也把"与朋友交,言而有信"视作修身立德重要原则③。

《论语·颜渊》："子贡问友。子曰：'忠告而善道之,不可则止,毋自辱焉。'"

本章子贡所问之"友"为交友之道。子贡交游甚广,朋友众多,上至王公贵族,下至郊野鄙人,无不呼朋唤友。但是他交友不太注意方式方法,"子贡方人"④,"好说不如己者"⑤,司马迁也说他"喜扬人之美,不能匿人之过"⑥。由于子贡把握不住交友分寸,该说的和不该说的他都照实说,所以经常会得罪那些心胸狭隘的小人,以至于朋友越来越少。

对于子贡的问题,孔子结合忠恕之道提出了两方面的具体建议："忠"的方面是"忠告而善道之",这与"己欲立而立人,己欲达而达人"的精神是一致的。"道"是引导、劝导,与《为政篇》中的"道之以政""道之以德"义同；"之"代指朋友。"告"和"道"是对待朋友(不善)的正确方法,"忠"和"善"则是对待朋友的正确态度。朋友如有不善,就应该忠言相告,加以劝导,而不应该隐瞒自己的观点,否则就是不道德,所以孔子说：

---

① 《论语·述而》："子以四教：文,行,忠,信。"
② 《论语·学而》。
③ 《论语·学而》。
④ 《论语·宪问》。
⑤ 《说苑·杂言》,并见《孔子家语·六本》。
⑥ 《史记·仲尼弟子列传》。

"匿怨而友其人,左丘明耻之,丘亦耻之。"①"恕"的方面是"不可则止",这与"己所不欲,勿施于人"的精神是一致的。"止"是停止一切行动,即便是出于善意。朋友关系,主要靠道义来维系,并不具有强制约束力,因此朋友对于"忠告"和"善道",可以接受,也可以不接受,接受当然皆大欢喜,不接受也情有可原,遇事要善于从对方的角度来思考和理解问题,这是"恕"的道德要求。

孔子认为,与朋友相处的正确方法应该是自己尽到善意劝导的责任和义务,如果朋友听不进去,那就不争不辩,适可而止,没有必要再坚持下去,更不要不依不饶地把自己的意志强加于朋友,否则就会自取其辱,自讨没趣,这是儒家的处世智慧。子游也曾说过类似的话:"事君数,斯辱也;朋友数,斯疏也。"②意思就是,与朋友相处要保持适度距离,交往过于频密,关系反而会慢慢疏远。

《论语·学而》:"子曰:'君子不重,则不威;学则不固。主忠信。无友不如己者。过,则勿惮改。'"

本章是孔子关于君子修德的言论,话虽不多,内容却很丰富,大体有以下几个内容:一是神情举止要严肃、庄重,否则就难以树立权威,学业也难以扎实有成;二是修德要以"忠信"为主,事上敬忠,交友主信;三是交友要慎重,亲近君子,远离小人;四是知错即改。这里重点评析"无友不如己者",其他内容则分别在《忠(敬)》《信》《学》《过毋惮改》等部分中另作评析。

"无友不如己者"是孔子交友之道的一个重要内容,"友"是动词,为

---

① 《论语·公冶长》。
② 《论语·里仁》。

结交朋友之义,相同言论亦见《子罕篇》,只是个别文字稍有出入。

关于"无友不如己者"一句,历代《论语》注家意见不一,莫衷一是,分歧主要在"如"字上,大体有以下三种观点:

一、"如"作"比得上""比及于""优胜于"解,这句话的意思是"不要和那些比不上自己的人交朋友"。那么"比不上自己"的标准是什么呢?持这种观点的注家把上句"主忠信"与本句联系起来解读,认为"忠信"就是"如"的标准。《皇疏》:"凡结交朋友,必令胜己,胜己,则己有日所益之义;不得友不如己,友不如己,则己有日损,故云'无友不如己者'。或问曰:'若人皆慕胜己为友,则胜己者岂友我耶也?'或通云:'择友必以忠信者为主,不取忠信不如己者耳,不论余才也。'或通云:'敌则为友,不取不敌者也。'蔡谟云:'本言同志为友。此章所言,谓慕其志而思与之同,不谓自然同也。'夫上同乎胜己,所以进也;下同乎不如己,所以退也。"前人几乎把所有容易让人产生疑惑的问题都问到了。确实如此,如果人人都抱着"无友不如己者"的交友心态与人相处,那么天下岂不是没有朋友了吗?所以孔子所说的"无友不如己者",是特指"忠信"方面比不上自己的人,而非泛指其他方面。《集注》、刘氏《正义》以及今人杨伯峻、钱穆等人均持此说。

二、"如"作"如同""类似""均齐"解,这句话的意思是"不要和那些与自己不同道(同类)的人交朋友"。晚清学人黄式三说:"'不如己'者,不类乎己,所谓'道不同,不相为谋'也。……依旧注,承'主忠信',反言之,'不如己'谓不忠不信而违于道者也,义亦通。"[1]《集释》:"不如己、如己、胜己凡三等。不如己者,下于己者也。如己者,与己相似,均齐者也。胜己者,上于己者也。如己者德同道合,自然相友。孟子曰:'一乡之善士斯友一乡之善士,一国之善士斯友一国之善士,天下之善士斯友天下之善士。'此皆友其如己者也。如己者友之,胜于己者己当师之,何可望其

---

[1] 黄式三撰:《论语后案》,南京:凤凰出版社,2008年,第12页。

为友耶?"季羡林在《耄耋新作》中也说:"孔子说:'无友不如己者。''如'字有两解:一是'如同';二是'赶得上'。我取前者。"以上诸说均将"如"训为类同、如同。其实这种观点与第一种观点并无本质区别,"如己者"和"胜己者"只是道德修养的境界不同而已。

三、全句读法完全改变,"友"作名词"朋友"解,"无友"就是"没有哪个朋友"的意思,"如"仍然作"比得上"解,这句话的意思是"没有哪个朋友比不上你"。南怀瑾《论语别裁》:"'无友不如己者',不要认为你的朋友不如你,没有一个朋友是不如你,世界上的人,聪明智慧大约相差不多,反应快叫聪明,反应慢叫笨。你骗了聪明的人,他马上会知道,你骗了笨人,尽管过了几十年之久,他到死终会清楚的。……那么,我如何来证明这个'无友不如己者'是这样解释呢? 很自然的,还是根据《论语》。如果孔子把'无'字作动词,便不用这个'无'了。比如说,下面有的'毋意'、'毋我'等等,都用这个'毋'字。而且根据上下文,根据整个《论语》精神,这句话是非常清楚的,上面("君子不重,则不威")教你尊重自己,下面教你尊重别人。过去一千多年来的解释都变成交情当中的势利,这怎么通呢?"李泽厚在《论语今读》中也说:"'无友不如己者',作自己应看到朋友的长处解。即别人总有优于自己的地方,并非真正不去交结不如自己的朋友,或所交朋友都超过自己。如是后者,在现实上不可能,在逻辑上作为普遍原则,任何人将不可能有朋友。所以它只是一种劝勉之辞。"这些说法虽然突破了传统意义,标新立异,但是想当然的成分居多,容易对《论语》初学者造成误导。尽管南怀瑾说"根据整个《论语》精神"来解读孔子言论,但是"精神"不是游离于文字之外的信马由缰,比如他说孔子如果把"无"作动词用就会用"毋",恰好《子罕篇》中就写作"毋友不如己者"。

上述三种观点,究竟哪一种更符合孔子本意? 第三种观点显然已经没有讨论的必要了。第一、第二种观点的差别并不大,关键在于如何理解"如"字。根据"内证高于外证"的原则,大致可以从以下三方面来进行

分析:

首先,分析《论语》中"如"字的基本用法。"如"在《论语》共出现111次,用作动词的主要是"像……""似……"的意思,比如"如切如磋,如琢如磨"①,"吾与回言终日,不违,如愚"②。显然,这里的"如"是"像""似"的意思,而不是"同"的意思,孔子说颜渊"如愚",其实颜渊并不是真的"愚"。换言之,在"如"的用法中没有"如同""类似"等义,如果需要表达"如同""类似"等义时一般都单用一个"同"字,比如"道不同,不相为谋"③,"君子和而不同,小人同而不和"④。所以把"如"释为"如同""类似"并不符合当时的语言表述习惯。

其次,孔子尚贤崇德,他反复强调:"里仁为美。择不处仁,焉得知?"⑤"见贤思齐焉,见不贤而内自省也。"⑥"居是邦也,事其大夫之贤者,友其士之仁者。"⑦"见贤思齐"是孔子交友的一个重要原则,他希望能和道德高尚的贤能之人结交朋友,从他们身上发现自己的不足,学到有益的东西。按照这样的逻辑反向推理,孔子当然不愿意和那些道德修养低下的不贤不肖之人交结朋友,即"无友不如己者",因为这些人对自己不仅没有任何帮助,反而会妨碍自己修身立德。为了能够多结交良师益友,少结交拖累自己的朋友,孔子把朋友分为"益友"和"损友"两类,《论语·季氏篇》:

> 孔子曰:"益者三友,损者三友。友直,友谅,友多闻,益矣。友便辟,友善柔,友便佞,损矣。"

---

① 《论语·学而》。
② 《论语·为政》。
③ 《论语·卫灵公》。
④ 《论语·子路》。
⑤ 《论语·里仁》。
⑥ 《论语·里仁》。
⑦ 《论语·卫灵公》。

正直、诚实、学识渊博的人值得多交朋友,虚伪、浅薄、夸夸其谈的人则不适合做朋友。后来有人对孔子的这种交友观念提出质疑,认为这是典型的功利主义,鲁迅先生曾批评道:"孔老先生说过:'无友不如己者。'其实这样的势利眼睛,现在的世界上还多得很。"①其实,"无友不如己者"和"择仁而处""见贤思齐""择其善者而从之"的道理是一样的,只是取舍不同而已。况且不主动结交不如自己的朋友并没有什么不对,近朱者赤,近墨者黑,与懦夫交朋友,自己就永远不可能成为勇士。所以孔子进一步解释道:

> 与善人居,如入兰芷之室,久而不闻其香,则与之化矣。与恶人居,如入鲍鱼之肆,久而不闻其臭,亦与之化矣。故曰丹之所藏者赤,乌之所藏者黑。君子慎所藏。②

社交环境会对人产生潜移默化的影响,人在不知不觉之中就会被同化,所以交友不可不慎!

再次,孔子所说的"无友不如己者",主要是指"忠信"等道德修养方面,他曾明确说:"十室之邑,必有忠信如丘者焉,不如丘之好学也。"③这里的"如"与本章用法相同。可见,孔子所要结交的朋友必定是"忠信"如己者或胜己者,这样才能相互勉励,共同提高;而"忠信"不如己者,他则敬而远之,不愿意主动与他们结交朋友。孔子认为,他身边并不缺少讲求"忠信"的同道之友,真正缺少的是"好学"之友。孟子后来进一步发挥道:"不挟长,不挟贵,不挟兄弟而友。友也者,友其德也,不可以有挟也。"④

---

① 鲁迅:《鲁迅全集》第1卷,北京:人民出版社,1973年,第321页。
②《说苑·杂言》,并见《孔子家语·六本》。
③《论语·公冶长》。
④《孟子·万章章句下》。

综上所述，"无友不如己者"应解读为：不要主动和那些在忠信等道德修养方面比不上自己的人交朋友，因为和他们相处无助于自己修身立德。

《论语·乡党》："朋友死，无所归，曰：'于我殡。'朋友之馈，虽车马，非祭肉，不拜。"

《乡党篇》通篇为一章，可分为二十七节，也可分为二十五节。"朋友死"和"朋友之馈"原本是两件事情，但是内容都是关于朋友的，因此可分可合。

"朋友死，无所归，曰：'于我殡。'"一节，参照《礼记·檀弓上》中的记载，实为孔子的假设之语：

宾客至，无所馆。夫子曰："生于我乎馆，死于我乎殡。"

刘氏《正义》引三国魏人郑小同（郑玄之孙）《郑志》言曰：

问：朋友死，无所归，于我殡，若此者，当迎彼还己馆，皆当停柩于何处？答曰：朋友无所归，故呼而殡之，不谓己殡迎之也。馆而殡之者，殡之而已，不于西阶也。

所谓"殡"，是人死后停柩待葬，孔子说"于我殡"，并不是停柩于自己家中，而是由自己出资来办理停柩下葬等丧事。孔子认为，对待朋友要真诚大方，自己有的东西，朋友都可以分享。弟子原思家境贫寒，生活拮据，孔子聘他为孔氏宰，给他粟九百的报酬，原思不愿意接受，孔子知道他碍于情面,于是就故意说:"毋!以与尔邻里乡党乎!"①在本节中,孔子再次表达了对待朋友要重情重义的交友原则:朋友生前没有地方居住,他可以提供住所;朋友死后没有人帮助料理丧事,他可以出资来帮助办理。无论生前或身后,都义无反顾地提供帮助,这才是真朋友!在现实生活中,孔子就是这样真诚待友的,《礼记·檀弓上》:

> 孔子之卫,遇旧馆人之丧,入而哭之哀。出,使子贡说骖而赙之。子贡曰:"于门人之丧,未有所说骖,说骖于旧馆,无乃已重乎?"夫子曰:"予乡者入而哭之,遇于一哀而出涕。予恶夫涕之无从也,小子行之。"

这里的"旧馆人"可能是孔子居卫期间的老友,孔子见他丧事办理得比较俭朴,于是就把自己驾乘的边马解下来送给丧家,资助他们办理丧事,可见他对朋友是重情重义的。

"朋友之馈,虽车马,非祭肉,不拜"一节,主要讨论的是朋友交往中的礼仪问题。"馈"是赠送,亦为馈赠物品,"车马"是顶级馈赠品,这里用来代指除"祭肉"以外的所有馈赠品。朋友关系与君臣父子关系不同,朋友之间是相对平等的,无需过多讲究礼节,也不受礼制节制,因此朋友有所馈赠,不必依礼拜谢。

对于拜或不拜以及一拜、再拜、三拜等礼仪问题,孔子是非常讲究的:

> 问人于他邦,再拜而送之。②
> 康子馈药,拜而受之。曰:"丘未达,不敢尝。"③

---

① 《论语·雍也》。
② 《论语·乡党》。
③ 《论语·乡党》。

厩焚,孔子拜乡人为火来者。拜之,士壹,大夫再。亦相吊之道也。①

季康子是鲁国执政国卿,世袭贵族,身份和地位都比孔子高,所以他给孔子送药,孔子必须拜谢。孔子家马厩失火,乡亲近邻前来吊问,士人身份的,孔子一拜致谢,大夫身份的,孔子再拜致谢。孔子托人给异国他乡的朋友带信送礼,送受托者出门,必定要拜谢。这些"拜"都是有礼制规定的,因此孔子严格遵照执行。然而朋友之间相互馈赠,礼制没有相关的拜谢规定,所以孔子可以受而不拜,不过祭肉等祭祀用品除外,因为祭祀用品是用于祭祀祖先的,因此收受祭肉后要代表祖先和族人拜谢。可见孔子在与朋友相处过程中,拜与不拜或拜多拜少,他都严格按照礼制规定执行。

上述两个事例,生动反映了孔子交友的基本原则和态度。与朋友相处,必须遵循共同的价值理念和礼制规范,友谊才有可能维持长久。

《论语·子张》:"子夏之门人问交于子张。子张曰:'子夏云何?'对曰:'子夏曰:"可者与之,其不可者拒之。"'子张曰:'异乎吾所闻:君子尊贤而容众,嘉善而矜不能。我之大贤与,于人何所不容?我之不贤与,人将拒我,如之何其拒人也?'"

子夏和子张都是孔门后辈弟子,他们年轻才俊,勤奋好学,对于儒学传承均发挥了重要作用。然而由于两人才情禀赋不同,所学各有专长,因此在为人处世方面也表现出较大差异。根据各类古籍记载,子张为人清高孤傲,行为乖张偏激,孔子评价他道:"师也辟。"②又说:"师能庄而不

---

① 《礼记·杂记》。
② 《论语·先进》。

能同。"①子夏为人处世则偏于拘谨,相对保守,孔子评价他道:"商之为人也,甚短于财。"②意思就是,子夏为人格局不大,过于小气。孔子根据两人的性格特点,在传授交友之道时因材施教,各有侧重:过者退之,不及者进之。这是孔子的教学特点。"交"是交友或交友之道,孔子说:"晏平仲善与人交,久而敬之。"③

  本章中的"子夏之门人"是一个耐人寻味的人物,他有问题不去向自己的老师请教,而是跑来向子张请教,这件事情本身就不合常理,颇为蹊跷。合乎情理的推断是,这个门人已经意识到孔子在向子夏和子张二人传授的交友之道时内容有所不同,他对此感到疑惑,故而特来向子张求证。按理说,子张是不应该对子夏门人指手画脚、说三道四的,他作答或不作答都很为难,于是就先了解子夏是如何说的,然后再把孔子向他传授的内容告诉这个门人。

  根据子夏门人转述,孔子向子夏传授的交友之道是"可者与之,其不可者拒之","与"是相与交往,"拒"是拒绝交往。意思就是,值得交往的人与其交往,不值得交往的人则干脆断绝交往。子夏交友较广,这与他对许多事情都持以相对开放的态度有关,他曾说:"大德不逾闲,小德出入可也。"④"大德"是原则问题,"小德"是小节问题。子夏认为,与人交往不必太苛刻、严谨,只要重大原则问题不犯错,小节问题就不必过于计较。他又说:"虽小道,必有可观者焉;致远恐泥,是以君子不为也。"⑤《集注》中说:"小道,如农圃医卜之属。"孔子对于此类旁门左道的技艺一概排斥,子夏却认为"必有可观",而且他平时与这些人也多有交往。孔子针对子夏的交友情况,在向他传授交友之道时特别强调一个"拒"字,拒绝泛泛之交,不要与那些品行低下或职业卑贱的人相与为友,即"无友不

---

① 《说苑·杂言》。
② 《说苑·杂言》,并见《孔子家语·致思》。
③ 《论语·公冶长》。
④ 《论语·子张》。
⑤ 《论语·子张》。

如己者"。子夏按照孔子提出的"可者与之，其不可者拒之"的交友要求，贤德者与之，卑贱者拒之，不仅学业渐进，而且道德修养也有所提高。后来孔子对他的交友之道予以肯定："丘死之后，商也日益，赐也日损。商也好与贤己者处，赐也好说不如己者。"①

根据子张的个人理解，孔子向他传授的孔子交友之道与子夏门人转述的有所不同："尊贤而容众，嘉善而矜不能。""容"是宽容、包容，"嘉"是奖掖，"矜"是怜悯。这两句话的意思是，有德君子的交友之道是尊崇贤人，包容众人，表彰善者，同情弱者。孔子为了强调个人道德修养在交友中的重要意义，又补充道："我之大贤与，于人何所不容？我之不贤与，人将拒我，如之何其拒人也？"意思就是，如果我是一个道德高尚的人，就应该感召身边人共同提高道德修养，而不应该不容纳不如自己的人；如果我是一个道德败坏的人，别人就会拒绝与我交往，根本就轮不到我拒绝别人。显然，孔子这番话也是有针对性的。子张为人清高孤傲，平时总是摆出一副拒人千里之外的架势，不能包容别人，尤其是不能善待不如自己的人，因此孔子在向他传授交友之道时重点强调了一个"容"字，这与子夏之"拒"形成鲜明对比。

子夏之"拒"和子张之"容"，两种交友之道截然不同，那么孔子的真实想法到底是什么？孔子本人并没有明确表述，所以历代《论语》注家莫衷一是，甚至观点对立。《皇疏》引苞氏言曰："友交当如子夏，泛交当如子张。"郑玄注曰："子夏所云，伦党之交也。子张所云，尊卑之交也。"王肃亦曰："子夏所云，敌体交。子张所云，覆盖交也。"朱熹《论语集注》认为"子夏之言迫狭，子张讥之"，刘氏《正义》则认为两人"各有所宜，非互訾也"。其实，孔子的交友之道并不是固定不变的，往往因人因事因时不同而异，因此子夏之"拒"和子张之"容"都是孔子交友之道的基本内容。

---

① 《说苑·杂言》，并见《孔子家语·六本》。

28. 信(共8章)

在中国古代思想中,"信"是一个应用非常广泛的道德观念,其基本要义是为人诚实守信,说话算数。《说文解字》:"信,诚也。从言从人。"段玉裁注曰:"人言则无不信者,故从人言。"古代社会,由于交通、资讯等条件落后,信息往往无法及时传达,因此信守承诺、履行约定至关重要,民间普遍认同和讲求,《诗经》中就有许多歌颂诚实守信美德的诗句:"乃如之人也,怀昏姻也。大无信也,不知命也。"①"信誓旦旦,不思其反。反是不思,亦已焉哉!"②当然,"信"的重要意义不仅仅在于建立个人的人际信任,还在于国家赢得民众的信任和支持,在古代典籍中,这种信念被反复强调:"信,国之宝也,民之所庇也。"③"长众使民之道,非精不和,非忠不立,非礼不顺,非信不行。"④这充分说明,取信于民是治国理政的重要前提。

春秋时期,周朝礼制是调节诸侯国之间利益关系的政治规范,而"信"则是奉行礼制的道德规范。在处理诸侯国之间关系时,"信"往往意味着权威、实力和尊严,因此以信立国的观点在当时普遍流行,此类事例在《左传》《国语》等史书中也多有记载:鲁成公六年(公元前585年),晋国大夫伯宗、夏阳说率领诸侯联军讨伐宋国,晋军临时驻扎在卫国铖邑

---

① 《诗经·鄘风·蝃蝀》。
② 《诗经·卫风·氓》。
③ 《左传·僖公二十五年》。
④ 《国语·周语上》。

城郊,卫人相信晋国诚信不欺,所以城中没有设防。夏阳说打算趁机偷袭铫邑,伯宗则不同意,他说:"卫唯信晋,故师在其郊而不设备。若袭之,是弃信也。虽多卫俘,而晋无信,何以求诸侯?"①鲁哀公十二年(公元前483年),鲁、吴二国在橐皋举行会盟,吴国要求鲁国兑现当年"征百牢"的承诺,子贡受鲁哀公委派,前去与吴太宰伯嚭进行交涉,子贡据理力争道:"盟所以周信也,故心以制之,玉帛以奉之,言以结之,明神以要之。"②所谓"周信",就是用"心(诚意)""礼(玉帛)""言""神"等作为背书的盟约,分量是很重的!

在《论语》中,"信"既是个人道德修养的基本规范,也是为人处事的基本原则,孔子对于"信"的本质意义、基本内涵、适用范围以及社会功效等均有论述,并将其列为儒学基础教程之一:"子以四教:文,行,忠,信。"③不过从总体来看,"信"在孔子思想体系中只是一般意义的道德规范,不仅道理浅显,而且道德修养的境界也不高,必须受到"仁""义""忠"等层级更高的道德规范制约。

《论语·颜渊》:"子张问崇德辨惑。子曰:'主忠信,徙义,崇德也。爱之欲其生,恶之欲其死。既欲其生,又欲其死,是惑也。"诚不以富,亦祗以异。"'"④

在《论语》中,"信"经常与"德""仁""忠""义"等观念结合在一起论述,因此可以通过各种概念之间的比较分析来加深理解"信"的本质意义。

---

① 《左传·成公六年》。
② 《左传·哀公十二年》。
③ 《论语·述而》。
④ 本章有关"义"的内容将在《义》中进行评析。

"信"与"德"。本章中将"主忠信"和"徙义"作为实现"崇德"的主要途径,从而阐明了"信"的道德本义。"信"的道德意义在于坚守约定,履行诺言,因此要求人们谨言慎行,诚实守信。孔子说:"谨而信,汎爱众,而亲仁。"①又说:"敏于事而慎于言。"②由此可见,"谨""敏""慎"等都是培养和提高"信"的道德水准的重要内容。

"信"与"仁"。在孔子仁学思想中,"仁"是最高道德规范,"信"则是从属于"仁"的一个德目。楚大夫叶公说:"周仁之谓信。"③意思就是,只有密合仁道的行为才能谓之"信"。"仁"与"信"的重要区别在于道德修养的层次和境界不同:"仁"是君子之德,只有君子才可以求仁而得仁,所以孔子说:"君子而不仁者有矣夫,未有小人而仁者也。"④"信"则是君子和小人都可以讲求的品德或品行,所以有君子之信(大信)和小人之信(小信)之分。君子之信以礼义节之,行为符合仁道精神,因此信守诺言是一种美德;小人之信则不受礼义制约,虽然言之凿凿("硁硁然"),却不能明辨是非曲直,因此信守诺言往往没有道德意义,也未必符合仁道精神。孔子对于培养"信"的道德品质提出的具体要求是:"君子贞而不谅。"⑤"贞"是正,《易大传·乾·传解》:"贞,正也。""谅"是不正,《集注》:"谅,则不择是非而必于信。"可见"贞"是合道得理的君子之信,而"谅"则是不辨是非、自经于沟渎的小人之信。《论语》中的"信"大多是具有道德意义的君子之信(仅有《子路篇》中孔子答子贡问士时所说的"言必信,行必果,硁硁然小人哉"是小人之信)。就君子之信而言,"信"与"仁"是外在表现(言行)与内在本质的关系,"仁"决定了"信"的意义,"信"则体现了"仁"的精神。子张曾向孔子请教有关"仁"的问题,孔子回答说:"能行五者于天下为仁。"所谓"五者",就是"恭""宽""信""敏""惠",他又进一

---

① 《论语·学而》。
② 《论语·学而》。
③ 《左传·哀公十六年》。
④ 《论语·宪问》。
⑤ 《论语·卫灵公》。

步解释说:"信则人任焉。"①可见,能够得到他人信任,也是仁者必须具备的重要品德之一。

"信"与"忠"。"忠"与"信"都是儒学基础教程,也是为人处事的基本原则和道德规范,因此"主忠信"并称的表述方式在《论语》中多次出现,这里的"主"用作动词,是"以……为主"的意思。关于"主忠信"三个字,钱穆先生的解释最为精到:"忠信存于我心,若不以忠信为主,而徒争在外之事业功名,则立德已远,不能谓之崇德。"②相比较而言,"忠"比"信"的道德责任更重,约束力更强,因为"忠"所调节和规范的往往是身份和地位不对等的君臣(上下)关系,而"信"所调节和规范的则大多是身份和地位对等的普通朋友关系。曾子在谈到"吾日三省吾身"时说:"为人谋而不忠乎？与朋友交而不信乎？"③显然,这里的"人"绝不是身份普通的人,而是有权势的事主,因此要尽忠,而与普通朋友交往只需要做到诚实守信就可以了。

"信"与"义"。本章"主忠信"和"徙义"并列,说明两者性质相同,都是德目。但是在具体的适用范围和实际功效等方面,两者则存有差异,"信"是个人之间的道德承诺,属于私德,因此有其相对性；"义"则是社会公共行为准则,属于公理或公德,因此具有绝对性。孔子说:"信近于义,言可复也。"④意思就是,"信"在实际生活中只有受到"义"的节制,符合"义"的原则,才有可能真正具有道德意义。

通过比较研究,大致可以对"信"的基本含义做出如下概括:一、"信"是个人履行承诺的价值取向和道德判断；二、"信"在实践中只有受到"德""仁""忠""义"等层级更高的道德规范的节制,才具有道德意义；三、"信"的应用范围很广,既有君子之信(贞),也有小人之信(谅),因此是一

---

① 《论语·阳货》。
② 钱穆:《论语新解》,北京:生活·读书·新知三联书店,2002年,第284页。
③ 《论语·学而》。
④ 《论语·学而》。

种具有普遍意义的道德规范。

《论语·学而》:"子夏曰:'贤贤易色;事父母,能竭其力;事君,能致其身;与朋友交,言而有信。虽曰未学,吾必谓之学矣。'"

在本章所列举出来的三种人伦关系中,父子关系最为重要,道德责任最重,因此要求尽心竭力;君臣关系相对重要,政治责任要大于道德责任,因此要求恭敬从事;朋友关系则是普通社会交往,道德责任较轻,因此只需做到"言而有信"就可以了。

"信"是交友的基本原则和道德规范,孔子对此非常重视,他与颜渊、子路等弟子谈论自己志向时说:"老者安之,朋友信之,少者怀之。"①把取信朋友作为自己的人生信条,终身践行,为弟子们树立了一个诚实守信的学习榜样。

"言而有信"是取信于人的基本要求,因为"言"与"信"密切相关,因此是守信的重要因素之一。守信必须慎言,失言必然失信,时人有言曰:"志以发言,言以出信,信以立志,参以定之。"②意思就是,发言必须表达自己的真实想法,不能信口开河,否则就无法兑现诺言。在《论语》中,孔子对于"言"提出许多具体要求:

君子食无求饱,居无求安,敏于事而慎于言,就有道而正焉,可谓好学也已。③

多闻阙疑,慎言其余,则寡尤。④

---

① 《论语·公冶长》。
② 《左传·襄公二十七年》。
③ 《论语·学而》。
④ 《论语·为政》。

> 古者言之不出，耻躬之不逮也。①

综合分析上述言论，孔子对于"言"的总体要求是能简则简，能默则默，先行而后言或敏事而慎言，因为一言既出，驷马难追，与其"躬之不逮"，不如"言之不出"，与其失信在后，不如慎言在前。他甚至把出言谨慎与"仁"的道德修养联系起来："刚、毅、木、讷近仁。"②"巧言令色，鲜矣仁！"③

对于那些没有能力履行诺言而又要夸下海口的人，孔子也表现出不屑和鄙夷：

> 狂而不直，侗而不愿，悾悾而不信，吾不知之矣。④
> 其言之不怍，则为之也难。⑤

"悾"是空的通假字，空洞、无知之义，"悾悾而不信"，就是无知无能而又不能信守承诺，"怍"是羞愧。说大话不脸红的人，就别指望他兑现诺言了。

孔子认为，"言而有信"是一种美德，"巧言令色"则难以取信于人，所以他说："有德者必有言，有言者不必有德。"⑥老子也曾说过类似的话："信言不美，美言不信。"⑦意思就是，可信之言未必能打动人心，而打动人心的话则未必可信。

---

① 《论语·里仁》。
② 《论语·子路》。
③ 《论语·学而》。
④ 《论语·泰伯》。
⑤ 《论语·宪问》。
⑥ 《论语·宪问》。
⑦ 《老子》第八十一章。

《论语·为政》:"子曰:'人而无信,不知其可也。大车无輗,小车无軏,其何以行之哉?'"

本章讨论的是与"信"相关的另外一个重要因素——"行"。

"信"的道德规范是要求言行一致,即主观愿望与客观效果相统一,因此"行"和"言"一样,也是与"信"密切相关的重要因素之一。子张向孔子请教有关"行"的问题时,孔子说:"言忠信,行笃敬。"①"忠"是内在要求,"敬"是外在表现,内外统一才可以称之为"信"。

在践行"信"的过程中,个人的口头承诺或主观愿望("言")其实并不具有道德意义,只有在行为上履行承诺以后("行"),"信"的道德价值和社会功效才能得以体现,因此与"言"相比较,"行"也许更为重要。孔子曾因"宰予昼寝"之事做出深刻反省:"始吾于人也,听其言而信其行;今吾于人也,听其言而观其行。"②他又说:"君子名之必可言也,言之必可行也。"③可见,脚踏实地的"行"比信誓旦旦的"言"更能取信于人,也更具有说服力。

本章观点是"人而无信,不知其可也","而"字是转折连词,意思是"应该这样而不这样","不知其可"是"不可"的委婉表达。全句意思是,做人不守信,这样能行吗? 接下来,孔子用车马器具来做比喻,强调"信"在日常生活中的重要意义。"大车"是牛车(柏车),"輗"是大车上的一个重要构件,《说文解字·车部》:"輗,大车辕端以持衡者也。"可见"輗"的作用是保持行车平衡。"小车"是马车(郑注为羊车),"軏"也是小车上的一个重要构件,《皇疏》引苞氏言曰:"軏者,辕端上曲拘衡者也。"显然,"軏"的作用也与保持行车平衡有关。关于"輗"与"軏"的构造图形,刘氏《正义》介绍说,在凌焕所著《古今车制图考》中有复制图,此外在出土的

---

① 《论语·卫灵公》。
② 《论语·公冶长》。
③ 《论语·子路》。

铜鉴刻纹和砖石画像中亦可略窥大概①,因为文字描述难以周全,故略。

大车小车的功能是载物前行,"輗"和"軏"是保持车行平衡的关键部件,如果缺少了这些关键部件,车乘就无法前行,所以孔子说:"其何以行之哉?"与朋友交往也是同样道理,"信"就像"輗"和"軏"一样,也是不可或缺的关键品德,如果缺少诚信,人就无法立世,所以孔子说:"人而无信,不知其可也。"

孔子说道理常常是深入浅出,"輗"和"軏"等车马器具在当时日常生活中都是常见之物,他信手拈来,用来比喻做人诚实守信的重要性,浅显易懂,印象深刻。

《论语·泰伯》:"曾子有疾,孟敬子问之。曾子言曰:'鸟之将死,其鸣也哀;人之将死,其言也善。君子所贵乎道者三:动容貌,斯远暴慢矣;正颜色,斯近信矣;出辞气,斯远鄙倍矣。笾豆之事,则有司存。'"

从孟僖子嘱咐其子孟懿子和南宫敬叔师从孔子学礼开始②,孔门与孟孙氏之间就一直保持着良好关系,这一传统一直延续到曾子和孟敬子时期(孟懿子之孙、孟武伯之子)。曾子病重期间,孟敬子亲自登门探问,曾子也毫无保留地把自己的人生感悟和盘托出,希望能与他分享。"鸟之将死,其鸣也哀;人之将死,其言也善。"这是《论语》中的名句,言之切切,表现出曾子的真诚和友善。

从内容来看,本章曾子谈论的是君子执礼之道,因为他提出的相关要求都与礼仪相关。《礼记·冠义》:"礼义之始,在于正容体,齐颜色,顺辞令。容体正,颜色齐,辞令顺,而后礼义备,以正君臣,亲父子,和长

---

① 李竞恒:《论语新劄:自由孔学的历史世界》,福州:福建教育出版社,2014年,第38—39页。
②《左传·昭公七年》。

幼。"曾子这里所说的"君子所贵乎道者三"就是指"容貌""颜色""辞气"。"容貌"是仪容、仪貌,这是给人的第一印象;"颜色"是表情、神色,这是给人的第二印象;"辞气"是说话的语气、声调,这是给人的第三印象。在祭祀过程中,主祭者如果在"容貌""颜色""辞气"等方面都能够符合礼制规范,就可以赢得他人的信任和尊重,即所谓"远暴慢""近信""远鄙信"。"笾豆"是礼器,《尔雅·释器》:"木豆谓之豆,竹豆谓之笾。""笾"是用来盛放果实的器物,"豆"是用来盛放菹醢的器物。"笾豆之事"就是摆放祭祀贡品,这些都是祭礼中的琐碎小事;"有司"是负责祭祀事务的小官吏。这句话的意思是,大人物主持祭祀时,礼仪细节交给助祭者料理就行了,主祭者不必为此分心。

古人对于仪容问题是很重视的,《尚书·洪范》中提出的"敬用五事"中,第一项就是"貌",具体要求是"貌曰恭","恭作肃"。儒者以帮人料理丧事为业,因此他们对于仪容、仪貌以及说话时的语气等格外讲究。在长期的从业经历中,儒者逐渐养成了一种一本正经、不苟言笑的职业习惯,并且把这种职业习惯带到日常生活中。孔子对于仪容、仪貌等就曾提出许多要求:

> 君召使摈,色勃如也,足躩如也。①
> 享礼,有容色。②
> 有盛馔,必变色而作。③
> 未见颜色而言谓之瞽。④

"正颜色,斯近信矣"一句,是在"言"与"行"之外,又提出另外一个与

---

① 《论语·乡党》。
② 《论语·乡党》。
③ 《论语·乡党》。
④ 《论语·季氏》。

"信"密切相关的因素——"颜色",即容貌、表情。"正颜色"就是表情端庄严肃,从容镇定,充满自信,既不紧张局促,也不轻佻浮夸,这种表情足以赢得他人的信任。不过在可信度上,"正颜色"要略逊于"慎言""慎行",因此只能是"近信"。

儒者是通过"正颜色"的方式来取信于人的,他们同样也是通过这种方式来了解人的。

《论语·颜渊》:"子贡问政。子曰:'足食,足兵,民信之矣。'子贡曰:'必不得已而去,于斯三者何先?'曰:'去兵。'子贡曰:'必不得已而去,于斯二者何先?'曰:'去食。自古皆有死,民无信不立。'"

本章有关"问政"的内容将在《政(令)》中进行评析,这里重点评析与"信"相关的内容。

对于统治者来说,"信"既是取信于人的私德,也是取信于民的公德,这是一种政治之信。如果要安邦治国,就必须取信于民,如果要夺取天下,就必须取信于天下,这是周朝统治者在长期政治实践中总结出来的成功经验。当年周武王伐纣,先后两次会师于孟津,第一次中流而返,天下诸侯皆曰:"纣可伐矣。"然而周武王却说:"女未知天命,未可也。"其实,周武王会师于孟津的真实意图是观察天下诸侯是否信任自己,能否做到"同心同德"。两年之后,周武王认为自己已经取信于天下诸侯,于是再次誓师于孟津,随后兴兵伐纣,一举溃商朝军队,最终夺取天下①。同样,实施有效统治,也必须取信于民,孔子在其施政纲领中就明确提出:"道千乘之国,敬事而信,节用而爱人,使民以时。"②"信"是实施统治

---

① 《史记·周本纪》。
② 《论语·学而》。

的重要手段,也是为政者的重要品德,所以左氏君子强调指出:"信其不可不慎乎!"①

孔子对于"信"的重要意义和政治功效是非常重视的,所以他在"足食""足兵"和"民信之"三者中毫不犹豫地选择了"信"。"兵"是一个国家武力的象征,也是国家安全的保障,但是施政者如果不能取信于民,国家兵力再强,也只是一盘散沙、乌合之众,根本无法形成战力。"食"代表了国家的经济实力和民生福祉,天下百姓丰衣足食是所有施政者追求的为政目标,但是仅仅满足于物质生活的充足和丰裕,却忽视了礼乐教化等精神层面的需求,就会导致民众道德水准下降,缺乏羞耻之心,这种统治也是难以长久维持的。"信"则是具有政治影响力和道德感召力的施政策略,施政者如果能够实行德政,广泛赢得民众的信任和支持,其政治功效要远远大于"足兵"和"足食"。所以孔子最后强调:"自古皆有死,民无信不立。"把"信"的作用和意义提高到生死的高度。

取信于民是孔子政治思想中的一个重要内容。在社会变革的宏观背景下,孔子敏锐地意识到民众对于现实统治的影响力越来越大,因此他提醒统治者在推行政令的过程中必须考虑到民众的内心感受,照顾到他们的切身利益,做到修德从善,率先以正,取信于民,否则就会发生有令不行、有禁不止的情况。

《论语·子张》:"子夏曰:'君子信而后劳其民;未信,则以为厉己也。信而后谏;未信,则以为谤己也。'"

根据《论语》记载,子夏曾出任莒父宰,他赴任前专门向孔子请教为政问题,孔子对他说:"无欲速,无见小利。欲速,则不达;见小利,则大事

---

① 《左传·襄公三十年》。

不成。"①本章言论当为子夏为官时期的个人感悟,重点阐述了"信"在为政过程中的重要意义以及践行方法,与孔子当年的忠告言论形成呼应。

本章言论分前后两句,四个"信"都是君子之信。前一句讨论的是为政者如何取信于下(民)的问题。"劳"是劳役、劳动;"厉"通训为病,即折磨、伤害之义。全句意思是,为政者施政不能急于求成,自己必须率先以正,取得民众的信任和支持,即所谓"先之劳之"②;如果未能取信于民,就采取强制措施使民、劳民,民众就会觉得你在折磨、戕害他们,他们当然会拒绝服从政令,其结果必然是伤民、害民,进而引起民众的怨愤。孔子说:"君子惠而不费,劳而不怨。"又说:"择可劳而劳之,又谁怨?"③显然,子夏这里提出的"信而后劳其民"是受到了孔子思想的影响。后一句讨论的是为政者如何取信于上(君)的问题。"谤"是诽谤、毁谤。为人臣者对上(君)进谏,首先要赢得居上位者的理解和信任,只有他信任你,才能听得进你的话(无论好话坏话),否则他就会认为你是在毁谤他,你说得越多,对自己越不利。

"信"通常是在对等关系(人与人、国与国)或上对下关系(君对民)中讲求的一种道德规范,在下对上(臣对君)关系中,儒家通常要求做到内"忠"外"敬"。然而子夏在下对上关系中也提出了"信"的要求,这种思维方式与其他人不太一样,这种说法也比较少见,有可能是子夏的个人心得,或许是与某些具体事情有关。从总体来看,子夏在处理人际关系时比较关注一些琐碎具体的事务,缺乏原则高度,这说明他为人格局和气度不够,所以孔子提醒他道:"女为君子儒,无为小人儒。"④

---

① 《论语·子路》。
② 《论语·子路》。
③ 《论语·尧曰》。
④ 《论语·雍也》。

28. 信

《论语·公冶长》："子使漆雕开仕。对曰：'吾斯之未能信。'子说。"

漆雕开以"未能信"为由，婉拒出仕为官，确实令人不解。他是主观不愿，还是能力不够？这就需要对其人其事做出具体分析。

漆雕开在《论语》中仅此一见，其他信息阙如。《史记·仲尼弟子列传》只比《论语》多了"字子开"三个字，其他照抄不误。《孔子家语》则提供了相对完整的信息：

> 漆雕开，蔡人，字子若。少孔子十一岁。习《尚书》，不乐仕。孔子曰："子之齿可以仕矣，时将过。"子若报其书曰："吾斯之未能信。"孔子悦焉。①

从上述记载中大体可以梳理出以下几点信息：一、漆雕开的国籍和年龄；二、研习《尚书》是他的兴趣和志向；三、孔子主动劝他出仕为官，说明他在能力、学识和年龄（他比子羔年长20岁左右）等方面都已具备出仕条件，这一点与子羔的情况有所不同；四、他以书信方式婉言谢绝出仕，理由合情合理："吾斯之未能信。"王肃注曰："言未能明信此书义。""此书"自然是他所热衷的《尚书》，因此这里的"信"可以理解为领会、参悟、通晓等义；五、漆雕开不愿出仕为官的真实原因是他对仕途没有兴趣。如果上述分析能够成立，那么孔子为何要"说（悦）"？孔子一贯教导弟子们要勇于承担社会责任，积极出仕为官，他多次强调："邦有道，谷。"②"邦有道，贫且贱焉，耻也。"③然而漆雕开却以尚未完全领会《尚书》的深奥道理为由，拒绝出仕为官，此举与孔门教义相悖，显然不合情理。

通过其他典籍中的零星记载也可以增加对漆雕开的了解。从姓氏

---

① 《孔子家语·七十二弟子解》。
② 《论语·宪问》。
③ 《论语·泰伯》。

分析来看,古人有以官名或职业为姓氏的传统,比如史官以史为氏,祝官以祝为氏,乐官以师为氏,司马以司马为氏等等。"漆"和"雕"都是与木工行业相关技艺,因此"漆雕"应该是一个从事木工行业的氏族,这个氏族中的大多数人都是手工业者,主要靠"漆""雕"等木工技艺为生,没有土地恒产,社会地位也不高,在士农工商四业中属于"工"这一社会阶层。子夏说:"百工居肆以成其事,君子学以致其道。"①可见"百工"和"君子"不同居处,不同谋道,身份属于种族奴隶,因此从严格意义上说,他们是没有资格应征出战或出仕为官的。当然,漆雕氏中的佼佼者是可以通过士人教育来改变身份和地位的,在孔门弟子中,除漆雕开之外,还有漆雕哆、漆雕徒父二人,他们也在"受业身通者七十有七人"之列。但是出身卑微的阴影在漆雕氏族人心里始终挥之不去,无形中对他们的人生发展形成障碍。心理越自卑,行为就越叛逆,因此他们在人际交往中或处理事务时往往会不顾情理,容易走向极端。

《墨子·非儒下》中有"黍(漆)雕刑残"之说,吴毓江认为此处应作"黍雕刑杀残暴"解②。《韩非子·显学》中有关"儒分为八"的记载也有"漆雕氏之儒"③,并对其行状做了具体描述:

> 漆雕之议,不色挠,不目逃,行曲则违于臧获,行直则怒于诸侯,世主以为廉而礼之。宋荣子(宋钘)之议,设不斗争,取不随仇,不羞囹圄,见侮不辱,世主以为宽而礼之。夫是漆雕之廉,将非宋荣子之恕也;是宋荣之宽,将非漆雕之暴也。

根据韩非子的描述,漆雕氏族人为人处世保留了无产无业的"产业工人"特点,他们行为正直,不畏权贵,仗义勇敢,具有重义守信的侠士气质和

---

① 《论语·子张》。
② 吴毓江撰:《墨子校注》上册,北京:中华书局,1993年,第459页。
③ 《汉书·艺文志》中有"漆雕子十三篇",注曰:"孔子弟子漆雕启后。"今已佚。

风范。他们这种爱憎分明的为人风格与宋钘等人不谴是非的混世风格形成鲜明对比。

结合漆雕开的身份背景和为人风格分析，他所说的"吾斯之未能信"，应该理解为"未能取信于人"的意思。出仕为官，首先要取得民众的信任和尊重，所以子夏说："君子信而后劳其民；未信，则以为厉己也。"①对于工匠出身的漆雕开来说，他出仕为官，不仅需要克服自卑心理，还需要得到他人的身份认可，因此"信"就显得尤为重要。孔子是一个情商极高的人，他对于漆雕开的内心感受和谨慎态度完全理解和尊重，并带有鼓励性质地表示"说(悦)"。

此外，对于本章的"信"还有多种解读，比如漆雕开本人对于出仕为官之事没有信心、没有把握等等。各种解说都有道理，关键是不能脱离孔子之"说(悦)"。

《论语·子路》："子贡问曰：'何如斯可谓之士矣？'子曰：'行己有耻，使于四方，不辱君命，可谓士矣。'曰：'敢问其次。'曰：'宗族称孝焉，乡党称弟焉。'曰：'敢问其次。'曰：'言必信，行必果，硁硁然小人哉！——抑亦可以为次矣。'曰：'今之从政者何如？'子曰：'噫！斗筲之人，何足算也？'"②

本章是子贡问士人的标准，孔子按照德行高低，把士人分为三等：第一等是尽忠报国、不辱使命的国士（达士），他们在道德修养方面已经达到了"忠"；第二等是行善守孝、闻名乡里的乡士（闻士），他们在道德修养方面已经达到了"孝"和"弟（悌）"；第三等是诚实守信、言行一致的信士（友士），他们在道德修养方面已经达到了"信"。有关士人的内容将在

---

① 《论语·子张》。
② 本章有关"士"的内容将在《士》中进行评析。

《士》中进行评析,这里重点评析有关"信"的内容。显然,本章中的"信"是小人之信,因此在德行方面只是"忠"的"其次"的"其次",属于等而下之。

孔子对于小人之信的具体描述是"言必信,行必果",其特征是"硁硁然"。"硁硁"原本是敲打石磬发出的声音,孔子居卫期间曾在家中演习古乐,当时恰好有一个人挑着草筐路过,这人驻足听了一会儿说道:"鄙哉,硁硁乎!"①他从铿锵有力的磬声中听出孔子固执坚守政治信念而不愿随世事变通的心志和意愿,觉得可惜,故而鄙之。本章中的"硁硁然"是形容固执己见、冥顽不化的样子,进而引申为思想保守,态度固执,行为偏颇。《皇疏》:"硁硁,坚正难移之貌也。"可见,"硁硁"是一种外表坚定而内在鄙陋的小人行径,不符合礼制规范,故而不足称道。孔子认为,只追求形式上的"言必信,行必果",而不注重本质上的"仁"和"义",这种"信"只是一种修养境界不高的小人之信,对于君子修德并没有什么帮助。

---

①《论语·宪问》。

29. 知（知者）(共11章)

在儒家思想中，"知"是一个非常重要的道德规范。《礼记·中庸》中说："知、仁、勇三者，天下之达德也。"又说："好学近乎知，力行近乎仁，知耻近乎勇。知斯三者，则知所以修身。"由此可见，"知"不仅居于"三达德"之首，而且还是所有道德观念的认知基础："所以行之（三达德）者一也。或生而知之，或学而知之，或困而知之，及其知之，一也。"但是在《论语》中，"知"是否具有道德意义？这是必须首先弄清楚的问题，因为这个问题直接关系到对于"知"的认知和定性。

据统计，"知"在《论语》中共计出现116次，频次要远远高于"仁"①，但是在大多数情况下都用作动词，为知晓、明白、懂得等义，比如子贡拿自己与颜渊进行比较时说："回也闻一以知十，赐也闻一以知二。"②这里的"知"就是知道、明白的意思。在英文翻译中，通常把这一词义译为"to know"、"to understand"或"to realize"。再比如孔子在臧否人物或评论事件时经常用"不知"作为推脱之词，这种没有实质意义的用法至少有二、三十次。"知"有时也用来表达认知过程中的已知状态，与此相对应的是"惑"，即所谓"知者不惑"，"惑"为疑惑、困惑之义。这里的"知"和"惑"都属于认识论（致知论）的范畴，本身并不具有道德意义。

"知"也可以作名词用，词义有二：一是知识，即认知的施及对象，在

---

① 杨伯峻译注：《论语译注·论语词典》。
② 《论语·公冶长》。

英文翻译中,通常译为"knowledge",如"吾有知乎哉?无知也"①;二是智力,即认知的资质和能力,在英文翻译中,通常译为"wise"或"wisdom",如"臧武仲之知"②。显然,这些词义都是由动词派生而来的。当"知"用作智力之义时,其义与"智"同,与"愚"相对,为聪明、智慧、认知能力强等义,即所谓"唯上知与下愚不移"③。"知(智)"有时也可以活用为形容词,词义不变,用以形容一种聪明的、智慧的、明智的认知状态。在孔子思想体系中,有关"知"与"愚"的认知能力问题属于人性论范畴,因此也不具有道德意义。

"知(智)者"也是由"知"派生出来的另外一个重要概念,在《论语》中经常与"仁者""勇者"并列,孔子将其作为评判人物的一个重要标准,如"知者乐水""知者动"等等④,但是在实际运用中,其道德评判的意义并不明显。

上述分析说明,"知"本身并不具有道德意义,而是在实际运用中被赋予了道德意义,具体体现在两个方面:一是认知内容,即"知什么"问题。在《论语》中,"知"有时和"天(命)""道""礼""仁""义"等观念组合成为一个相对固定的词组,用以表述一种道德境界或认知结果,如"知天命""知道""知礼""知仁"等,于是"知"就被赋予了某种特定的道德意义。孔子说:"不知命,无以为君子;不知礼,无以立也;不知言,无以知人也。"⑤因为"知命""知礼""知言"是"知"的核心内容,因此"知"就成为君子修德的主要途径,同时也就具有了道德意义。二是认知意愿,即"怎么知"问题。人们的认知能力有高下优劣之分,这是先天而成、无法改变("不移")的,但是人们的主观认知意愿以及努力程度则是由个人后天决定的,向善向恶、知多知少、或趋或避、何取何舍等等,这些都是具有道德

---

① 《论语·子罕》。
② 《论语·宪问》。
③ 《论语·阳货》。
④ 《论语·雍也》。
⑤ 《论语·尧曰》。

意义的。

总体而言,《论语》中的"知"主要是致知义,较少有道德义,所以孔子相关言论主要讨论的是"知什么""怎么知"的问题,却很少讨论"是什么"问题。在孔子的论述中,人们从"不知"到"知"不仅是一个知识积累和能力提升的过程,有时也是一个道德修养不断提高和逐步完善的过程,其中涉及主观和客观等诸多因素,因此"知"的含义往往具有很大的不确定性,需要根据具体情况做出具体分析。

《论语·学而》:"子曰:'不患人之不己知,患不知人也。'"

"知人"是"知"的一个重要内容,主要包括"人知己"和"己知人"两个方面。"患"是担忧、忧虑。

在孔子看来,建立良好的人际互动关系,必须相互了解,彼此信任,既要做到"人知己",又要做到"己知人"。但是在两者之中,他似乎更注重"己知人"的意义,因为他在人际交往中的思维习惯是把对方("人")放在主体位置上来进行思考,强调"见贤思齐焉,见不贤而内自省"的自省精神①。别人不了解自己,说明自己做得不够好,因此需要加强自我反省,做到"人不知,而不愠"②;自己不了解别人,说明自己在道德修养方面仍有欠缺,不能发现和学习别人的长处,因此需要努力提高自身的道德修养,否则就难以进步。可见,"知人"在一定程度上也是具有道德意义的。

对于当政者来说,"知人"的意义还在于选拔和任用人才。樊迟向孔子请教"知",孔子回答说:"知人。"樊迟请他做出具体解释,他又进一步

---

① 《论语·里仁》。
② 《论语·学而》。

解释道:"举直错诸枉,能使枉者直。"①把正直无私的人才选拔出来,安排在重要位置上,这样就可以改变政治生态,实现政治清明,这就是"知人"的政治功效。

《论语·为政》:"子曰:'视其所以,观其所由,察其所安。人焉廋哉?人焉廋哉?'"

"知人"很难,因此方法很重要,本章孔子提出了"视""观""察"三种方法,很有启发意义。

"视""观""察"三者词义相近,但是在具体运用中有细微差别:"视"是审视、审度,有"就某一方面审视"的意思。"所以"的"以"有多种解释,既可以理解为"用",即功利目的,也可以理解为"与",即人际交往,还可以理解为"为",即所作所为。从"知人"的角度来理解,"以"作"为"解更加合理,在内容上也可以与"由"和"安"形成呼应。"观"是观察,有"从大局方面总览"的意思。"所由"的"由"是经由、行由,即所谓"行不由径"②,这里指为了实现目标而采取的方法或途径。"察"亦为观察,有"见微知著"的意思。"所安"的"安"是安心,即所谓"仁者安仁"③,这里可以引申为一种精神追求。"廋"是隐藏、藏匿,这个字在《论语》中仅此一例。全句意思是,想要了解一个人,就应该从他做什么、怎么做以及价值取向和精神追求等方面来进行全面细致的考察,这样就不会被假象蒙蔽而发生认识偏差。总之,"知人"必须由外而内、由大而小、由显而隐、有百密而无一疏地全面考察,这样才能真正做到"知人"。

孔子为人谦和,善与人交,他一生阅人无数,积累了丰富的知人识人

---

① 《论语·颜渊》。
② 《论语·雍也》。
③ 《论语·里仁》。

经验：

> 人之过也，各于其党。观过，斯知仁矣。①

人以群分，各有其党，因此只需观察一个人所犯的错误，就大致可以判断他属于哪一种类型的人。

> 子贡问曰："乡人皆好之，何如？"子曰："未可也。""乡人皆恶之，何如？"子曰："未可也；不如乡人之善者好之，其不善者恶之。"②
> 众恶之，必察焉；众好之，必察焉。③

人各有好恶，这种主观情绪必然有碍客观公正，对于评判人物会产生负面影响，因此知人识人不能主观臆断，偏听偏信，一定要坚持客观公允的立场，对于各种评论意见要进行全面细致的分析。

> 君子不以言举人，不以人废言。④
> 始吾于人也，听其言而信其行，今吾于人也，听其言而观其行。⑤

对于各种言论，也应该仔细辨析，既不要因为言辞动人而盲目信从其人，也不要因为忠言逆耳而断然排斥其人。

孔子在"知人"方面积累了许多非常实用的经验，至今仍具有借鉴意义。

---

① 《论语·里仁》。
② 《论语·子路》。
③ 《论语·卫灵公》。
④ 《论语·卫灵公》。
⑤ 《论语·公冶长》。

《论语·里仁》:"子曰:'不患无位,患所以立。不患莫己知,求为可知也。'"

关于"人知己"的问题,孔子似乎并不在意,因为他是一个自我反省精神很强的人,在人际交往中主要要求"厚自躬而薄责于人"①,遇有事情,不要责怪别人,而应加强自我反省,先在自己身上查找原因。如果别人不了解自己,说明自己在某些方面做得不够好,没有得到别人的认可:

不患人之不己知,患其不能也。②
君子病无能焉,不病人之不己知也。③

孔子所"患"所"病"主要是自己的能力问题,他相信,如果自己能力具备了,别人自然就会关注和了解自己。

本章孔子继续沿用"厚自躬"的思维模式。"位"是官位、职位,"立"与"位"相通,指胜任职位的才干和能力,"为"是动词,为做事、干事、修为、作为等义,"可知"是值得别人了解自己的才干和本领。这两句话的意思是,与其为没有职位发愁,不如为不具备胜任职位的才干和能力而担忧;与其为别人不了解自己发愁,不如为自己不具备值得别人了解的才干和本领而担忧。

深入分析,孔子反复说"人之不己知",真实反映的是他在政治上不被人理解的失落和焦虑情绪。根据史书记载,孔子一生游说大大小小诸侯有七十多位,可是没有人理解和接受他提出的政治主张,各国当政者要么虚与委蛇,要么避而不见,不仅有冷嘲热讽,甚至还有武力威胁。在一次次碰壁之后,孔子只好自求宽慰,虽然他在口头上一再对人说:"不患人之不己

---

① 《论语·卫灵公》。
② 《论语·宪问》。
③ 《论语·卫灵公》。

知。"其实,这句话并不能掩饰他内心里的空虚和寂寞。有一次,他无意中对子贡透露了这种孤独的心情:"莫我知也夫。"子贡当时不解地问道:"何为其莫知子也?"他无奈地回答道:"不怨天,不尤人,下学而上达。知我者其天乎!"①意思就是,世人不知我,只有上天知我!

《论语·述而》:"子曰:'盖有不知而作之者,我无是也。多闻,择其善者而从之;多见而识之;知之次也。'"

《述而篇》主要是讨论学习和认知方面的问题,粗略统计,相关言论约占全篇一半以上。本章讨论的是知识的来源问题,因此也应归为此类言论。

孔子先把人分为"知"和"不知"两类,在"不知"当中,还有一类"不知而作之者","不知"是一个模糊的定性概念,可以理解为缺乏历史知识和现实依据,"作"应理解为以言立说,四处传播。孔子首先和这类人划清界限——"我无是也。""是"代指"不知而作之"的无知行为。

孔子之时,私学兴起,各种异端邪说标新立异,挑战传统,对西周礼制和文化传统构成严重威胁。当时社会上有一些思维活跃的年轻士人受到"不知而作之者"的影响,对孔子仁学思想产生怀疑,孔门弟子宰我就是其中的典型代表,他不仅采取"昼寝"的方式消极抵抗儒学,还对传统礼制中的"三年之丧"公开提出质疑②。显然,这些"不知而作之者"与孔子政见不同,但是孔子并没有在政见问题上多作纠缠,而是在"知"与"作"的关系问题上做文章。孔子认为,"作"必须建立在"知"的基础上,否则就是凭空想象,穿凿附会,胡说八道。"不知而作"是违反认知常识

---

① 《论语·宪问》。
② 《论语·阳货》。

的,这种错误做法严重扰乱了人们的思想认识,危害极大,因此应该加以抵制和批判。

在"知"之中,孔子重点阐述了知识的来源问题。人们获取知识的途径无非是书本(古代典籍)和实践。相比较而言,孔子更加注重通过实践获取知识的重要意义,即"多闻""多见",而通过书本学习获取知识则为"知之次"。关于"知之次也"一句,关键是对"之"字的理解,如果"之"用作连接定语的助词,那么这句的词汇结构是:定语+助词(之)+中心语,句中的"知"是名词"知识"的意思,即"这是次一等的知"(钱穆译);如果"之"用作代词,代指"知"的施及对象,那么这句的词汇结构是:词组(动词+代词)+形容词,句中的"知"则是动词"知道"的意思,即"这样的知,是仅次于'生而知之'的"(杨伯峻译)。以上两种解读各有道理,都能成立,对于全章理解影响不大,不过有一点是明确的:"闻""见""知(学)"三者的主次顺序是不会变化的。

孔子生活的时代,由于受到信息传递和书写条件的限制,人们获取知识的主要方式是"闻"和"见",即口口相传,这种知识传播方式具有很大的局限性,容易发生道听途说、以讹传讹的失真情况。孔子对于知识的实践性和有效性非常重视,他一方面要求广闻博识,另一方面又要求分析甄别,他多次强调"多闻阙疑""多见阙殆"[1],因为任何知识只有在实践中才能辨明善恶,去伪存真。这种观点对于资讯发达、知识爆炸的今天仍具有警示意义。

孔子也非常重视书本学习,即"行有余力,则以学文"[2]。他认为研读古代典籍,不仅可以学习历代先贤治国理政的思想和经验,还可以学习古人为人处世的方法和智慧,提高修养,陶冶情操,乃至于"多识于鸟兽草木之名"[3]。由于当时学在官府,民间阅读古代书简受到种种限制,因

---

[1]《论语·为政》。
[2]《论语·学而》。
[3]《论语·阳货》。

此学人必须要有求学的主观愿望,孔子本人就为时人树立了一个好学求知的榜样。根据史书记载,孔子年轻时曾适周向老子问礼,后来又到杞、宋等国考证夏礼、殷礼。周游列国期间,他每到一处,都要拜访贤人达士,虚心请教各类问题,所以给人留下了博学多知的印象。他是这样描述自己的:

> 述而不作,信而好古,窃比于我老彭。①
> 我非生而知之者,好古,敏而求之者也。②
> 知之者不如好之者,好之者不如乐之者。③

求知既有追求现实功利的一面,也有满足精神需求的一面,如果把二者有机地结合起来,真正做到"发愤忘食,乐以忘忧,不知老之将至"④,人生就达到了一个完美境界。

《论语·卫灵公》:"子曰:'知及之,仁不能守之;虽得之,必失之。知及之,仁能守之,不庄以临之,则民不敬。知及之,仁能守之,庄以莅之,动之不以礼,未善也。'"

本章的说教对象显然是高高在上的当政者,因此孔子言论周密严谨,富有条理,从内在素质涵养到外在容颜举止都提出了明确具体的要求,虽然在文字上显得繁复、拖沓,但是在逻辑上则是层层递进,慢慢推演,句句相扣,通过不断否定的方式来表达肯定的意思,颇具说服力。

---

① 《论语·述而》。
② 《论语·述而》。
③ 《论语·雍也》。
④ 《论语·述而》。

全章可分为以下几个层次：

第一个层次是"知及之"。"知"是指一个人的认知能力或思想觉悟，这是提高个人道德修养的重要前提；"及之"就是思想认识已经达到应有的程度或境界。这里强调的是"知"对于"仁"的基础作用，如果思想认识不到位，就不会有"求仁"的自觉自愿，这种人只能是品行低劣的小人。

第二个层次是"仁能守之"。"守仁"就是"不违仁"，即用心体验，长久不失，这是进行道德修养的重要方法。孔子说："回也，其心三月不违仁，其余则日月至焉而已矣。"①连孔门高足颜渊也只能做到"其心三月不违仁"，可见长期固守何其难，如果稍有松懈，就会得而复失。

第三个层次是"庄以临之"。"庄"是神情举止庄重、肃穆，令人望而生畏。"知"和"仁"都是内在素质，其外在表现则是"庄"。孔子说："临之以庄，则敬。"②对于当政者来说，居上位实行统治，就必须态度认真，严肃不苟，这样才能使民众心怀敬畏，服从政令。

第四个层次是"动之以礼"。"礼"是实行统治的根本遵循，因此统治者个人的一举一动都必须符合礼制规范。孔子反复强调："君使臣以礼，臣事君以忠。"③"上好礼，则民莫敢不敬。"④当政者循礼而动，礼制秩序就可以重新建立，"天下有道"的盛世局面也有望重现。

在上述"知""仁""庄""礼"等诸多观念中，"知"是所有道德规范（"仁"）和容颜举止（"庄""动"）的认知基础。正确的思想和行为只有建立在正确的认知基础上才能符合礼制规范，同样，正确的认知也只有通过正确的思想和行为才能得到验证，两者是表里合一的关系。由此可见，"知"的道德意义是在道德实践中得以体现的，这就是王阳明后来总结的"知行合一"的观点。

---

① 《论语·雍也》。
② 《论语·为政》。
③ 《论语·八佾》。
④ 《论语·子路》。

《论语·为政》:"子曰:'由!诲女知之乎!知之为知之,不知为不知,是知也。'"

本章是孔子对子路的教诲之言,从语气来看,似乎不是子路向孔子求问,而是孔子主动向子路发话,而且言辞峻苛,似有所指。

孔子对于"知"的问题向来态度严谨,他反对那些"不知而作之者"的胡编乱造,信口开河。有人向他请教问题,他回答最多的是"不知"二字,因为他认为自己不是"生而知之者",比如稼穑和为圃之事,他就老老实实地承认"吾不如老农"或"吾不如老圃"①。同样,他对弟子们也要求诚实求知,不要不懂装懂,卖弄知识,否则就会显得自己更加无知。鲁哀公曾向宰我询问有关社木的问题,宰我回答说:"夏后氏以松,殷人以柏,周人以栗。"他为了显示自己博学多知,又想当然地加上一句:"使民战栗。"孔子听说后,认为宰我妄自揣度,信口开河,自作聪明,因此委婉批评道:"成事不说,遂事不谏,既往不咎。"②子路为人心直口快,经常用言语顶撞孔子,他打算举荐子羔出任季氏费邑宰,孔子不同意,他当场呛声道:"有民人焉,有社稷焉,何必读书,然后为学?"③孔子说如果自己受聘于卫国国君,必将从"正名"开始来整饬礼制,子路又呛声道:"子之迂也!奚其正?"孔子当时十分恼怒,呵斥他道:"野哉,由也!君子于其所不知,盖阙如也。君子于其言,无所苟而已矣。"④此类事例有很多,可见子路平时说话基本不过大脑,不管知或不知,都敢胡说八道,所以孔子不得不时常敲打("诲")他。《集注》:"子路好勇,盖有强其所不知以为知者,故夫子告之曰:我教女以知之之道乎!"

批评宰我,孔子说话相对含蓄;教诲子路,他说话就要简单直接许多:"由,诲女知之乎!"这是一句没有意义的祈使句,"诲"是教导、教诲之

---

① 《论语·子路》。
② 《论语·八佾》。
③ 《论语·先进》。
④ 《论语·子路》。

义,孔子说:"默而识之,学而不厌,诲人不倦,何有于我哉?"①可见他把"诲人"当作自己的重要使命。"女"通汝,"知之"的"之"代指后面所说的道理,即知之之道。接下来的几句话用词极简,总共不过四、五个字,重复使用,寓意却很深刻。孔子强调指出:"知之为知之,不知为不知,是知也。"最后一个"知"是对前面几个"知"的概括和总结,应该理解为"求知的正确态度和基本道理"。全句意思是,实事求是才是求知的正确态度。

"知之为知之,不知为不知",主要强调的是实事求是的求知态度,孔子虽然没有把这两句话上升到道德层面来进行诠释,但是实际上已经具有了道德意义。

《论语·卫灵公》:"子曰:'君子不可小知而可大受也,小人不可大受而可小知也。'"

本章中的"小知"和"大受"是辨别君子与小人的重要标准。"小知"是通过胜任小事来观察一个人的才学和技能,"知"是动词,为了解、知晓之义;"大受"是通过委以重任来考察一个人的才干和气魄,"受"也是动词,为承受、担当之义。《集注》:"知,我知之也。受,彼所受也。盖君子于细事未必可观,而材德足以任重;小人虽器量浅狭,而未必无一长可取。"黄式三《论语后案》:"君子大受,则修齐治平,外内合一,而王化行矣。小人小知,则吏事文章各尽专长,而群策毕矣。"综上所述,对于不同身份和地位的人,就要用不同的方法来加以甄别:农人考之以农事,工人考之以工事,在上位者考之以担当大任,在下位者考之以胜任小事,有德君子考之以理想境界,无德小人考之以一技之巧。

有人把"小知"解读为小聪明、小智慧,"知"同智。刘氏《正义》引用

---

① 《论语·述而》。

《淮南子·主术训》中的言论来加以佐证:"是故有大略者,不可则以捷巧;有小智者,不可任以大功。"李泽厚在《论语今读》中也把这两句话译为:"君子没有小聪明,却可以承担大任务。小人不能承担大任务,却可以有小聪明。"海外学者则根据《雍也篇》中"知之者不如好之者,好之者不如乐之者"的言论,将"知"概括为三种境界:知(realization)、好之之知(realization that is a consequence of intention)、乐之之知(realization that effects harmony and enjoyment),他们又进一步指出:"对孔子来说,这最后一个是最有意义最珍贵的'知'。没有想往、没有欢乐的'知'就是'小知'。"①当然,如果不涉及"知"字的理解问题,这种解读文从字顺,亦无不可,但是如果一定要精准解读"知"字的确切含义,"小知"就不可以用"小聪明"或"小智慧"含混过去了。

孔子论君子和小人,常常采用词义对比的方式,本章中的"大受"和"小知"亦如此:"大受"是以大授之,让君子接受重大任务,从大处来考察他;"小知"则是以小知之,让小人承办琐碎小事,从小处来了解他。据此分析,本章中的"知"当为了解、知悉之义。

《论语·公冶长》:"子曰:'宁武子,邦有道,则知;邦无道,则愚。其知可及也,其愚不可及也。'"

本章中的"知"同智,用作名词(有时亦用作形容词),与"愚"相对,为聪明、智慧之义。这种用法在《论语》中有两层意思:一是先天而具的一种认知能力,如"唯上知与下愚不移"②,这种"知"是"生而知之者"③;二

---

① [美]郝大维、安乐哲:《通过孔子而思》,何金俐译,北京:北京大学出版社,2005年,第57—58页。
② 《论语·阳货》。
③ 《论语·季氏》。

是后天而成的一种人生智慧,如"敬鬼神而远之,可谓知矣"①、"择不处仁,焉得知"②等。前者属于人性论范畴,孔子罕言,因此相关言论不多;后者则属于认识论(致知论)范畴,与人的道德修养和人生境界有关,故而孔子经常以此来臧否人物,比如他批评鲁国大夫臧文仲道:"臧文仲居蔡,山节藻棁,何如其知也。"③

孔子认为,通过努力学习和积累知识,人生可以实现从"愚"到"知(智)"的转变,这种转变是人人"可及"的;然而要想再实现从"知(智)"到"愚"的人生转变,就需要不断提高道德修养,丰富人生历练,这种转变对于普通人来说是"不可及"的。卫国大夫宁武子为人处世能够做到"愚不可及",堪称智者。

宁武子是春秋初期卫国世袭贵族,公族成员,他从政期间前后辅佐了文、成二代国君。在卫国历史上,卫文公是一位贤明务实的诸侯国君,他在位期间大力推行节俭材用、发展农业、通商惠工、敬教劝学、选贤任能等为政措施,卫国国力逐步增强,百姓安居乐业,这大概就是孔子所说的"邦有道"时期。在此期间,宁武子积极入仕辅政,充分发挥其智慧和才干,辅佐卫文公完成重建卫国大业。卫文公去世后,太子郑继位,是为卫成公。卫成公是一位昏庸无道的国君,他继位后不思进取,骄奢淫逸,卫国内外交困,民生凋敝,国家再度陷入混乱,这大概就是孔子所说的"邦无道"时期。这一时期,宁武子为了国家利益和人民福祉,忍辱负重,多方斡旋,当智则智,当愚则愚,在卫成公复国和卫国迁都等重大事件中均发挥了至关重要的作用。在各类史书记载中,最能体现宁武子"愚不可及"人生境界的是《左传·文公四年》中记载的"卫宁武子来聘":

卫宁武子来聘,公与之宴,为赋《湛露》及《彤弓》。不辞,又不答

---

① 《论语·雍也》。
② 《论语·里仁》。
③ 《论语·公冶长》。

赋。使行人私焉。对曰:"臣以为肄业及之也。昔诸侯朝正于王,王宴乐之,于是乎赋《湛露》,则天子当阳,诸侯用命也。诸侯敌王所忾而献其功,王于是乎赐之彤弓一,彤矢百,玈弓矢千,以觉报宴。今陪臣来继旧好,君辱贶之,其敢干大礼以自取戾。"

宁武子受命出使鲁国,鲁文公亲自设宴款待。席间,鲁文公让乐师吟诗助兴,乐师吟诵的是《诗经·小雅》中的《湛露》《彤弓》,这两首诗都是周天子宴飨诸侯时吟诵的,这种场合吟诵显然不合礼仪。对于鲁文公的不礼行为,如果宁武子当场制止,有违君臣之礼,如果与鲁文公一同欣赏,又有僭越礼制之嫌。面对这种两难的尴尬局面,宁武子只好佯作不知,毫无反应,事后他对人解释说,他以为乐师在研习技艺,所以当时既没有按照礼仪答赋,也没有向鲁文公致谢。宁武子的"愚",既保全了鲁文公的面子,又避免自己违犯礼制,所以孔子认为,这是人生智慧的最高境界。

宁武子的"愚"其实是"知"的另外一种表现形式,其实际功效在于关键时刻不仅可以迷惑对方,还可以保全自己,因此这是"知"的最高境界。此外,孔子论"成人"时也曾提到"臧武仲之知"[1],他认为臧武仲为人足智多谋,能言善辩,在遇到复杂问题时能够急中生智,化解危机。但是臧武仲的聪明仅仅达到了"知"的境界,与宁武子之"愚"是无法比拟的,因为他的聪明是人人都看得懂、学得会的,孔子就曾公开戳穿他的聪明把戏:"臧武仲以防求为后于鲁,虽曰不要君,吾不信也。"[2]相比较而言,宁武子的"知"是当智则智,当愚则愚,智与愚之间的转换随时势而定,这种"知"的境界是常人难以企及的,所以孔子说"其知可及也,其愚不可及也"。

---

[1]《论语·宪问》。
[2]《论语·宪问》。

《论语·雍也》："子曰：'知者乐水,仁者乐山。知者动,仁者静。知者乐,仁者寿。'"①

"知(智)者"是儒家的一个重要标签,标签内涵很丰富,几乎涵盖了儒家所有道德观念。但是就本质特征而言,"知者"又具有某种特定内涵,本章将其概括为"乐水""动""乐",这种通过具体意象来表述抽象概念的方式是很具有画面感和冲击力的,可以达到令人顿悟的神奇效果。

"知(智)"是为人处世的智慧和能力,代表了儒家积极入世的人生哲学和顺势而为的处世态度。"水"是与人们生活联系最为紧密的一种物质,水不仅可以造福于民,还可以给人带来启示。孔子喜欢观水,并从中获得感悟,比如他在大川之上观水,不禁感叹道:"逝者如斯夫!不舍昼夜。"②时间就像奔腾的河水一样匆匆流逝,一去不返,因此人们要珍惜生命,积极有为。他西渡黄河受阻时,又临河而叹道:"美哉水,洋洋乎!丘之不济此,命也夫!"③洋洋大水,波澜壮阔,蕴含了许多自然法则和人生哲理。

在中国古代文化中,水是一个具有特殊意义的文化符号,具有许多象征意义。从形态来看,水具有柔弱谦下、流动不息、千变万化的特性,然而一旦水流成河,便滔滔不绝,顺势而下,奔流不息,虽然经历了百转千回,起伏跌宕,但是流淌的方向始终是明确的。先秦时期,道家学派偏重于水的柔弱谦下等特性,强调的是致虚守静,柔弱无为;儒家学派则偏重于水的流动不息、瞬息万变等特性,强调的是顺势而为,积极进取,乐观其成。正因为"水"具有"动""乐"的特性,与儒家所推崇的"知"的人生哲学和处世态度高度契合,故而君子"乐"之。

---

① 本章有关"仁者乐山"的内容将在《仁(仁者)》中进行评析。
②《论语·子罕》。
③《史记·孔子世家》。

《说苑》《韩诗外传》等书中均载有孔子关于"知者乐水"的论述,这些文字虽然是后儒所作,但是可作参考:

> 夫智者何以乐水也?曰:泉源溃溃,不释昼夜,其似力者。循理而行,不遗小间,其似持平者。动而下之,其似有礼者。赴千仞之壑而不疑,其似勇者。障防而清,其似知命者。不清以入,鲜洁而出,其似善化者。众人取乎品类,以正万物,得之则生,失之则死,其似有德者。淑淑渊渊,深不可测,其似圣者。通润天地之间,国家以成。是知之所以乐水也。《诗》云:"思乐泮水,薄采其茆。鲁侯戾止,在泮饮酒。"乐水之谓也。[1]

以上描述,把"水"的种种特性与儒家的道德观念一一对应,虽然有些表述牵强附会,但是仍能给人以启示和激励。

《论语·宪问》:"子曰:'君子道者三,我无能焉:仁者不忧,知者不惑,勇者不惧。'子贡曰:'夫子自道也。'"

本章孔子将君子之道概括为"仁""知""勇"三个方面,有关"仁者""勇者"的内容将在《仁(仁者)》《勇(勇者)》中进行评析,这里重点评析"知者"。

《子罕篇》中也有与本章相同的言论,不过三者秩序稍有不同,"知者不惑"在"仁者不忧"之前。《礼记·中庸》也依此排序:"好学近乎知,力行近乎仁,知耻近乎勇。"说明人们已经意识到,"仁能守之"必须

---

[1]《说苑·杂言》,并见《韩诗外传》卷三第二十五章。

先做到"知及之"①，因为从行为发生的顺序来看，应该是先"知"而后"仁""勇"，正确认知是所有道德修养的基础。孔子说自己"四十而不惑"②，也就是说，他在四十岁前后就已经达到了"知"（"不惑"）的人生修养境界。而孔子在本章中谦称自己"无能焉"，说明这是他"四十而不惑"之前的言论。

"知者不惑"，这句话看似简单，其实蕴含深刻。春秋末年，社会动荡加剧，礼乐制度崩坏。在意识形态领域里，各种异端邪说摒弃传统，挑战权威，导致人们思想混乱，是非不分，善恶不辨，所以"辨惑"问题成为孔门教学的一个重要内容，《颜渊篇》中有"子张问崇德辨惑"，又有樊迟请教"崇德、修慝、辨惑"。他们把"辨惑"和"崇德"问题并列在一起，可见"辨惑"是具有道德意义的。从内容来看，当时人们对许多问题都感到迷惘和困惑，所以孔子在回答"辨惑"问题时所指也比较宽泛：

爱之欲其生，恶之欲其死。既欲其生，又欲其死，是惑也。③
一朝之忿，忘其身，以及其亲，非惑与？④

大到爱恨生死，小到喜怒情绪变化，人们在各种问题上都有可能发生认知错误，在知识错乱的背景下，想成为一个"不惑"的智者，确实需要付出许多艰辛的努力！所以孔子说"吾无能焉"，"能"是力有所不逮的意思。他谦称自己道德修养尚未达到如此境界，可见成为一个有德君子何其难哉！

---

① 《论语·卫灵公》。
② 《论语·为政》。
③ 《论语·颜渊》。
④ 《论语·颜渊》。

《论语·里仁》:"子曰:'不仁者不可以久处约,不可以长处乐。仁者安仁,知者利仁。'"①

"知者利仁"是相对于"仁者安仁"而言的,与"知者动,仁者静"两句形成呼应,"安"为"静","利"为"动",这是两种不同的人生境界。

"利仁"是知者的一个重要特征,所谓"利",就是取其利而用之。知者致力于发挥"仁"利于天下的功效,知仁乐仁利于仁,就像水一样流动变化,通润万物,故而"动"。"安仁"则是仁者的一个重要特征,仁者专注于道德修养的自我完善,求仁得仁安于仁,就像山一样高耸恒定,心无旁骛,故而"静"。

---

① 本章有关"仁"的内容将在《仁(仁者)》中进行评析。

30. 勇（勇者）(共5章)

就个体的人而言，"勇"是一种可贵的精神和品质，体现了人们克服困难的决心、勇气和力量；但是在群体社会中，"勇"必须受到种种社会契约和道德观念的制约，否则其人生价值和道德意义就难以体现，所以古有"言勇必及制"①之说。在儒家思想中，"勇"虽然是一个重要的道德规范，为"三达德"之一，但是在实际运用中，其道德价值往往被低估，甚至有时会成为一种负面评价。

在《论语》中，"勇"主要是指敢作敢为、无所畏惧的行为、精神或气质，含义相对简单。在孔子心目中，"勇"只有和"礼""德""仁""义"等社会规范和道德理念相结合才具有道德意义，值得称赞和推崇。孔子认为，"勇"是人生修养的重要内容，也是有德君子的必备素质，所以他在论"成人"时专门提到"卞庄子之勇"②。但是由于"勇"具有某种不确定性和不可控性，如果不以理性节制，很容易突破限制而走向极端（"乱"），所以孔子关于"勇"的言论大多是从反面来论述其危害性的，他反复强调运用各种道德观念对"勇"加以规范和限制的重要性。

"勇者"也是孔子着力塑造的一个道德形象，经常与"仁者""知者"并列，但是这个形象过于抽象，没有多少实际内容，因此只具有标志性或象征性的意义。

---

① 《国语·周语下》。
② 《论语·宪问》。

《论语·泰伯》:"子曰:'恭而无礼则劳,慎而无礼则葸,勇而无礼则乱,直而无礼则绞。君子笃于亲,则民兴于仁;故旧不遗,则民不偷。'"

本章重点论述了"礼"在道德修养中的规范和调节作用,相关内容将在《礼(乐)》中进行评析,这里重点分析"礼"对于"勇"的制约作用。

"勇"是君子修德的重要内容之一,孔子非常重视培养"勇"的品格和气质,他把"勇"和"仁""知"并列为"君子之道三":"仁者不忧,知者不惑,勇者不惧。"[1]但是"勇"不是孤立的,首先必须受到"礼"的制约和调节,也就是说,只有符合礼制规范的"勇"才真正具有价值和意义,否则就是暴虎冯河的莽夫行为,发展下去将有可能演变为"乱"。在《论语》中,"乱"是指破坏礼制秩序的种种行为,即《学而篇》中所说的"犯上作乱"。

春秋时期,诸侯争霸战争需要大量武士,武士也希望通过建功立业来改变身份,提高地位,因此"勇"是当时士人阶层普遍讲求的一种价值取向和做人标准,甚至成为一种社会时尚,乃至于子路大咧咧地向孔子提出"君子尚勇乎"之类的问题。但是如果片面追求"勇"而破坏礼制,那么将适得其反。当时像这种"勇而无礼"的人有很多,所以在孔子列举的"四恶"(四种可恶之人)和子贡列举的"三恶"中都有"勇而无礼者"和"不孙(逊)以为勇者"[2],孔门师生对于这种傲慢无礼、好勇争胜的匹夫之勇都表现出反感和憎恶。

---

[1]《论语·宪问》。
[2]《论语·阳货》。

《论语·宪问》:"子曰:'有德者必有言,有言者不必有德。仁者必有勇,勇者不必有仁。'"

本章前面两句阐述的是"德"与"言"的关系问题,相关内容将在《德》中进行评析。后面两句阐述的是"仁"与"勇"的关系问题,这里将作重点评析。"必有……,不必有……"是一种限定性的句式,在《论语》中经常出现,主要用于陈述属种关系。

在孔子仁学思想中,"仁"是最高道德规范,而"勇"则是从属于"仁"的一个德目,所以"仁"必然包含"勇",而"勇"则和令尹子文之"忠"或陈文子之"清"一样未必"得仁"①。《国语·周语中》:"夫仁、礼、勇,皆民之为也。以义死用谓之勇,奉义顺则谓之礼,畜义丰功谓之仁。"从上述表述中可以看出,"勇"和"仁"虽然都是循"义"而行的,但是两者在道德意义和实际功效等方面均有很大差别,"勇"的功效仅限于个人行为,而"仁"的功效则可以无限放大。

孟子后来在与齐宣王对话中,将"仁者必有勇"诠释为"一怒而安天下之民"的文王之勇和武王之勇,而将"勇者不必有仁"诠释为"敌一人者"的匹夫之勇②。

《论语·阳货》:"子路曰:'君子尚勇乎?'子曰:'君子义以为上,君子有勇而无义为乱,小人有勇而无义为盗。'"

"勇"不仅要受到"礼"的制约和"仁"的规范,还要符合"义"的准则。从行为特征来分析,"勇"和"义"的关系最直接:"勇"是一种符合个人价

---

① 《论语·公冶长》。
② 《孟子·梁惠王章句下》。

值判断的勇敢举动,"义"则是一种符合社会公共利益的理性行为。《左传·文公二年》引《周志》言曰:"死而不义,非勇也。共用之谓勇。"杜预注曰:"共用,死国用。"由此可见,"勇"的行为必须符合"义"的准则,无"义"则无"勇",所以孔子明确说:"见义不为,无勇也。"①

本章子路问君子是否"尚勇",这个"勇"显然是君子之勇,所以孔子直接回答说:"君子以义为上。""上"同尚,为崇尚、尊崇之义。言下之意,真正的君子之勇不是"勇",而是"义"。《左传》中有一条史料恰好可以作为佐证:齐、鲁郊之战中,孔门弟子冉有作战英勇,他率领三百勇士突入齐阵,击溃来敌,从而为鲁国赢得最终胜利,然而孔子并未称其"勇",而是称其"义也"②,这里的"义"就是国家利益。由此可见,孔子所理解的"勇"必须能体现国家的最高利益,"义"决定了"勇"的价值和意义。

为了进一步强调"义"对于"勇"的制约作用,孔子又分别阐述了"君子有勇而无义"和"小人有勇而无义"的危害性,"乱"是犯上作乱,"盗"是沦为贼寇,即"姦勇为贼"③。孔子又说:"好勇不好学,其蔽也乱。"④可见,任何人的任何行为都必须符合"义"的准则和规范,如有偏颇,必须通过学习来加以矫正,否则就会对社会造成极大危害。

关于君子是否"尚勇"的问题,孔子在本章中没有做出正面回答,后来在曾子与门人的对话中有所论及:

> 昔者曾子谓子襄(曾子弟子)曰:"子好勇乎?吾尝闻大勇于夫子矣:自反而不缩,虽褐宽博,吾不惴焉;自反而缩,虽千万人,吾往矣。"⑤

---

① 《论语·为政》。
② 《左传·哀公十一年》。
③ 《国语·周语中》。
④ 《论语·阳货》。
⑤ 《孟子·公孙丑章句上》。

"缩"是曲直的直,这里引申为正直,合乎道义;"褐宽博"代指衣着简单随便的卑微之人;"揣"是使动词,义为使对方感到恐惧不安。在曾子看来,孔子崇尚的是"大勇"①,其主要特征是:遇事先扪心自问,如果觉得自己的行为不符合道义,即使对方是卑微之人,也不去威胁他;如果扪心自问,觉得自己站在正义一方,纵然对方有千军万马,也将义无反顾,勇往直前。

《论语·公冶长》:"子曰:'道不行,乘桴浮于海。从我者,其由与?'子路闻之喜。子曰:'由也好勇过我,无所取材。'"

在孔门弟子中,子路几乎是"勇"的化身,但凡有用武之地,他都不会缺席。本章原本是他显示好勇特长的大好时机,然而后来剧情反转,他却反遭奚落,未免悻悻。

孔子在政治上遇到挫折时,偶尔也会流露出"乘桴浮于海"的厌世情绪,"海"是海外,和"子欲居九夷"②一样,泛指蛮夷居住之地。到蛮夷之地生活,礼乐仁义自然用不上了,有用的只有"勇",所以好勇过人的子路闻讯大喜,觉得自己终于可以大显身手了,结果反被孔子讥讽。"好勇过我"一句的潜台词是该有的没有,不该有的却有过于我,而"无所取材"一句则无异于"一无所用"。类似情况不止一次:

子谓颜渊曰:"用之则行,舍之则藏,惟我与尔有是夫!"子路曰:"子行三军,则谁与?"子曰:"暴虎冯河,死而无悔者,吾不与也。必

---

① 著者按:孟子将"勇"分为"大勇""小勇"。关于"小勇",《孟子·梁惠王章句下》中有具体描述:"王请无好小勇。夫抚剑疾视曰:'彼恶敢当我哉!'此匹夫之勇,敌一人者也。"
②《论语·子罕》。

也临事而惧,好谋而成者也。"①

孔子认为,能和自己一样做出"用之则行,舍之则藏"理性选择的只有颜渊,然而子路却不以为然,他认为自己勇力过人,可行三军,因此也希望能得到孔子的认可。不过孔子的回答却令他失望:"暴虎冯河,死而无悔者,吾不与也。"真正的"勇"应该是有所畏有所不畏,凡事先要认真谋划,理性思考,规避风险,而不是一味地好勇逞强,去做那些没有意义的傻事。

《论语·子罕》:"子曰:'知者不惑,仁者不忧,勇者不惧。'"

相对于"仁者"和"知者"而言,"勇者"的形象过于单薄,道德意义也比较模糊,不太明确,因此很难打动人。在孔子仁学思想中,"仁"与"勇"是属种关系,"仁"是上位概念,"勇"是下位概念,两者的道德修养境界是有很大差距的。

"勇者"的基本特征是"不惧",即拥有无所畏惧、勇往直前的胆魄和气概。弟子司马牛曾向孔子请教君子之道,孔子说:"君子不忧不惧。"司马牛又问道:"不忧不惧,斯谓之君子已乎?"孔子答道:"内省不疚,夫何忧何惧?"②可见"勇者"的力量首先来自"内省不疚"。在孔子看来,完美的"勇者"应该能够自觉遵从"礼""义"等行为规范,在日常生活中能够保持理性克制,而不是不计后果,莽撞冲动,只有遇到重大问题时他们才会表现出无所畏惧、勇敢坚定的品质:

---

① 《论语·述而》。
② 《论语·颜渊》。

士不可以不弘毅,任重而道远。仁以为己任,不亦重乎? 死而后已,不亦远乎?①

　　志士仁人,无求生以害仁,有杀身以成仁。②

　　在大仁大义面前,"勇者"可以将生死置之度外,这种大无畏的牺牲精神和英雄气概是值得推崇的,也是符合儒家修身标准的。

---

①《论语·泰伯》。
②《论语·卫灵公》。

31. 直（直道）(共6章)

从词源分析来看，"直(直)"是词根，本义为树木挺直生长。后来由"直(直)"派生出"植""埴""悳"等字。"悳"由"直"和"心"组合而成，因此仍保留了"挺直"的本义，指为人正直。《说文解字·心部》："悳，外得于人，内得于己也。"段玉裁注曰："内得于己谓身心所自得也。外得于人谓惠泽使人得之也。俗字假德为之。德者，升也。古字或假得为之。"《释名·释言》："德者得也，得事宜也。"《广雅·释诂三》亦曰："德，得也。"由此可见，"悳"与"德"同音，二字因"得"义而相通，互为假借。

"直"为古德，在皋陶提出的"九德"中就有"直而温"①。上古时期，由于受到自然条件的种种限制，人类社会活动的范围有限，内容单一，因此"直"（简单直接）是处理人际关系的主要方式，并逐渐成为氏族群体共同讲求的道德准则。在原始的五行观念中，"木曰曲直"，因此"直"属木德，列于"三德"之首。由此可见，当时人们已经把"平康正直"作为一种优秀品德，其基本内涵是为人正直温和，中规中矩②。后来，随着人类活动范围不断扩大，社会关系日益复杂，各种适应社会新变化的道德观念逐渐生成，导致"直"的道德功效有所减弱，但其作为一种有效的处事方法和为人原则一直延续下来，并在现实生活中继续发挥作用。

春秋时期，"直"的观念仍然比较流行。在实际运用中，"直"与"曲"

---

① 《尚书·皋陶谟》。
② 《尚书·洪范》。

相对,多用于有形的"木";"直"与"枉"相对,多用于无形的"道"(为人之道或为政之道);"直"与"罔"相对,多用于处世方法和人生态度;"直"与"绞"相对,则多用于道德修养。在古代典籍中,"直"还经常与"正""仁""德"等概念联系在一起,因而又有了正直、公正、仁义等含义。鲁襄公七年(公元前566年),晋国执政大夫韩献子告老致仕,因为庶子韩宣子"好仁",所以他打算让韩宣子继位,他对人说:"恤民为德,正直为正,正曲为直,参和为仁。"①所谓"参和",就是"德""正""直"三者合而为一,可见"仁"是更高层级的道德规范,其中包含了"直"的内容。到了战国时期,齐人邹衍又提出了"五德始终说",用"仁礼信义智"五德配"木火土金水"五行,"仁"与"木"相对,属于木德,这就与《尚书》中的"木曰曲直"形成了呼应。

在《论语》中,"直"是一个相对独立的道德观念,也是为人处事的基本态度、方法或原则。总体而言,孔子对于"直"和"直道"是持正面肯定态度的,他不仅对当政者提出"举直错诸枉"的为政建议,而且还经常以"直"为标准来议论时事,评判人物。

《论语·卫灵公》:"子曰:'吾之于人也,谁毁谁誉?如有所誉者,其有所试矣。斯民也,三代之所以直道而行也。'"

本章言论,孔子似乎想分辩什么。这种情况不足为奇,因为孔子一生遭受了无数质疑,偶尔分辩几句也属于正常反应。全章有三句,前两句为孔子自证之词,没有多少实质内容。第三句则提出了上古先民"直道而行"的重要观点,值得认真评析。

第一句是反问句,用以加重语气。"毁"和"誉"就是批评和表扬,孔

---

① 《左传·襄公七年》。

子强调自己评价人物从来不携私心,完全站在公正的立场上,因此不存在刻意褒扬或贬低人的情况。他这里强调的是公正。

第二句依前省略了一个"毁"字,原句应为"如有所毁誉者"。孔子进一步强调自己"有所毁誉",都是经过认真调查和核实的,理由充分,证据确凿,绝非信口开河,胡言乱语。"有所试"就是考察验证,具体方法应该是"视其所以,观其所由,察其所安"①。他这里强调的是客观。

第三句是是古非今。在《论语》中,"三代"通常指夏、商、周三代,"二代"则指夏、商二代,如"周监于二代,郁郁乎文哉"②。所谓"直道",就是坦诚正直的处世方法。"斯民"是指上古先民。上古时期,先民思维简单,性情率真,为人正直,即所谓"直道而行",这种纯朴的品质经历了夏、商、周三代嬗递,流传至今。然而今人却不识上古之德,他们为人狡诈,心术不正,以直为枉,自以为是,对孔子妄加揣测,说三道四,公开提出质疑,因此孔子用上古先民的"直道而行"来驳斥质疑者的浅薄与无知。他又说:"古之愚也直,今之愚也诈而已矣。"③古今之"愚"有"直"与"诈"的本质区别!他这里强调的是正直。

综上所述,公正、客观、正直就是"直"的本质意义。

《论语·泰伯》:"子曰:'恭而无礼则劳,慎而无礼则葸,勇而无礼则乱,直而无礼则绞。君子笃于亲,则民兴于仁;故旧不遗,则民不偷。'"④

在《论语》中,孔子并未对"直"的内涵做出直接阐述,而是通过各种对比关系(正反、古今以及人生遭际等)来进行论述的。本章中的"直"与

---

① 《论语·为政》。
② 《论语·八佾》。
③ 《论语·阳货》。
④ 本章有关"礼""勇"等内容将在《礼(乐)》《勇(勇者)》中进行评析。

"绞"就是正反对比关系。

孔子认为,所有道德规范都必须符合礼制要求,否则就会发生错乱,适得其反。就"直"而言,如果不受到礼制约束,就会走向其反面——"绞"。"绞"通释为绞急、绞刺,就是说话直接、卞急,甚至于尖刻、刺人,对他人造成伤害。可见"绞"为乱德,危害极大。子贡曾说"恶讦以为直者"①,所谓"讦",就是当面揭露别人的隐私或短处,这种人的可恶之处在于对他人造成伤害,却以为人正直当借口来为自己开脱责任。"绞"虽然没有伤害他人的主观动因,但是客观结果和"讦"一样,都会对他人造成伤害。在"直"与"绞"的对比中可以了解到,"直"虽然是一种为人正直、说话直率的品德,但是也要有所节制,不能过度,否则就会变成"绞",在无意中伤害无辜。

既然了解到"直而无礼"的危害性,那么如何才能避免发生此类错误呢?孔子认为应该加强学习,努力提高道德修养,所以他说:"好直不好学,其蔽也绞。"②关于"学",首先要学习礼乐知识,自觉用礼制精神来规范"直",做到"非礼勿言";其次要学习君子修身之道,既要坚持坦诚正直、知无不言的道德品质,又要提高文质彬彬、温和委婉的君子气质。孔子本人在这方面为弟子们树立了一个很好的榜样:"孔子于乡党,恂恂如也,似不能言者。其在宗庙朝廷,便便言,唯谨尔。"③说话明白流畅,行事恭敬勤勉,关键是一举一动都符合礼制规范。

《论语·雍也》:"子曰:'人之生也直,罔之生也幸而免。'"

本章中的"直"可以理解为"直道",即正直坦诚的为人处事方法与态

---

① 《论语·阳货》。
② 《论语·阳货》。
③ 《论语·乡党》。

度。"生"既可理解为生存,也可理解为人生,此外"生"与"性"相通,因此也可以理解为人之本性(相关内容将在《性》中进行评析)。"免"是免于刑戮与灾祸,即"邦有道,不废;邦无道,免于刑戮"①。

根据"罔之生也幸而免"句推论,"人之生也直"句应该为"人之生也直(而不免)"。在本章中,"直"与"罔"代表了两种截然不同的人生态度或处事方法:"直"是正直无私,刚正不阿,"罔"是不谙是非,随波逐流。两种处世态度必然带来两种人生遭际:一是"直而不免",即坚持正直而招致刑戮;二是"幸而免",即放弃原则而苟且偷生。孔子虽然没有对这两种人生态度做出是非判断,但是结合《论语》其他篇章的相关言论可以得知他的价值取向:

子曰:"直哉史鱼!邦有道,如矢;邦无道,如矢。"②
柳下惠为士师,三黜。人曰:"子未可以去乎?"曰:"直道而事人,焉往而不三黜?枉道而事人,何必去父母之邦?"③
子曰:"臧文仲其窃位者与!知柳下惠贤而不与立也。"④

"矢"是箭,此处取其"直"义。史鱼和柳下惠都是春秋时期的贤达名流,孔子虽然和他们不是同时代人,但对他们非常敬重。他们二人的共同特点是为人正直无私,坚持"直道"事人,即使仕途屡遭挫折,甚至有可能招致杀身之祸,但是他们绝不会为了个人的进退荣辱、利害得失而趋炎附势,随波逐流。言辞之中,孔子对他们流露出敬佩和赞许之意。

在"直(直道)"与"罔(枉道)"两种处世方法和人生态度的对比中,"直"还应该包含坚持正义、绝不妥协的道德内涵,这也是正人君子应该

---

① 《论语·公冶长》。
② 《论语·卫灵公》。
③ 《论语·微子》。
④ 《论语·卫灵公》。

具备的政治素质和道德操守。

  《论语·为政》："哀公问曰：'何为则民服？'孔子对曰：'举直错诸枉，则民服；举枉错诸直，则民不服。'"

  如何解决"民服"问题，当政者极为关切，故而鲁哀公殷勤求问，执政国卿季康子也曾向孔子请教过类似问题："使民敬、忠以劝，如之何？"①可见在"礼崩乐坏"的大背景下，民心涣散，政令不行，让当政者伤透脑筋！孔子对鲁哀公提出的解决方案是"举直错诸枉"，"错"是措的通假字，安排、放置之义。相同的言论，孔子在向樊迟解释"知人"时也曾说过："举直错诸枉，能使枉者直。"②可见，孔子这几句话的出发点是知人用人。

  本章中的"直"代指公道正派之人，这种人能够秉公办事，不徇私利，因此民众对他们心悦诚服，令行禁止；"枉"则代指自私自利之人，这种人假公济私，唯利是图，"放于利而行"，故而"多怨"③，民众对他们不信任，不顺从。

  "举直错诸枉"，就是要把正直无私的正人君子选拔出来，安排在重要位置上，让奸邪自私的卑鄙小人没有市场。值得注意的是，后来子夏又用上古帝王的用人之道对这两句话做出具体解说："舜有天下，选于众，举皋陶，不仁者远矣。汤有天下，选于众，举伊尹，不仁者远矣。"④仁者在位，不仁者必然自行消失。这里的"仁"与"直"形成互文，说明"直"也是从政者必须具备的品德之一。

---

① 《论语·为政》。
② 《论语·颜渊》。
③ 《论语·里仁》。
④ 《论语·颜渊》。

《论语·公冶长》:"子曰:'孰谓微生高直? 或乞醯焉,乞诸其邻而与之。'"

本章孔子以"直"为标准来评判人物,被评判者是一个叫微生高的人,《庄子》《史记》等书中都有关于他诚实守信的记载,时人认为他是一个有德君子。然而孔子却从一个生活细节中观察到了他的道德瑕疵:有一个人到微生高家来讨要一点醯,"醯"就是醋,烹饪时用的一种调味品。当时微生高家里恰好也没有醋,可是他不对来人直接说明,而是跑到邻居家去转借来给人。从这件事情中可以看出,微生高做人有点琐碎、复杂,不够简单、直接。在生活中,醋实在是无关紧要的东西,有就是有,没有就是没有,实话实说,没有必要拐弯抹角,来回折腾。孔子为此对他的为人和品行提出质疑:"孰谓微生高直?"意思就是,微生高小题大做,曲意掠美,缺乏直率和真实,在道德修养方面有所欠缺。

如果孤立地评判此事,微生高为人确实有问题,不符合"直"的道德规范,孔子对他提出质疑亦无不可。但是如果以儒家的仁学观点来进行评判,微生高为人友善,关爱他人,富有仁爱之心,所作所为完全符合儒家"仁"的道德规范,孔子为何不许之以"仁"? 这个问题与全面深刻理解"仁"的内涵有关。"仁"是孔子伦理思想的最高道德范畴,内涵非常丰富,绝不是一句简单空洞的"爱人"或"克己复礼"就能解释清楚的。换言之,"仁"是各种道德规范的总和,其中也包括"直"。在孔子看来,小德不修,大德难成,如果一个人在道德修养方面做不到"直",那么"仁"也就无从谈起了。

《论语·子路》:"叶公语孔子曰:'吾党有直躬者,其父攘羊,而子证之。'孔子曰:'吾党之直者异于是:父为子隐,子为父隐。——**直在其中矣**。'"

"父攘羊而子证之"是《论语》中最值得认真研究的一个事件。孔子和叶公分别是中原文化和荆蛮文化的代表,在不同的文化背景下,两人在"直"的理解问题上产生了意见分歧。叶公认为,父亲偷盗犯罪,儿子应该"证",即举证告发,这就是"直",这种正直无私的品德应该大力弘扬;孔子则认为,父子如有过失,应该"隐",即相互隐瞒、包庇,这才是"直",这种父慈子孝的精神应该大力倡导。

显然,叶公所理解的"直"是做人的基本原则,在任何人际关系(包括父子兄弟等亲情关系)中都不能违背这一原则。而孔子所理解的"直"则是受到孝悌等伦理观念制约的道德规范,因此在父子兄弟等亲情关系中,本义的"直"未必是直,不直的"隐"才符合"直"的要义。《礼记·檀弓上》:"事亲有隐而无犯,左右就养无方,服勤至死,致丧三年。事君有犯而无隐,左右就养有方,服勤至死,方丧三年。事师无犯无隐,左右就养无方,服勤至死,心丧三年。"可见在中原地区的传统文化中,对于血亲必须"有隐而无犯",对于国君和师长则应该"有犯而无隐"或"无犯无隐"。

再作进一步分析,"直"的道德价值并不取决于为人正直,而取决于行为是否合宜,亦即"直"是否符合"义"的道德标准,所以孔子说:"质直而好义。"①"质直"是为人正直的纯朴本性,"好义"则是以义节之,"直"的纯朴本性必须受到"义"的更高规范节制。可见"直"是有许多限制条件的,这也是中原文化与荆楚文化之间的差异。

关于"直"与"义"的关系,还可以通过孔子对叔向的评价来进一步了解。叔向是春秋时期晋国贤相,他在处理"邢侯之狱"时秉公执法,不徇私亲,当事三方(包括叔向之弟叔鱼)同罪诛杀,孔子后来评论道:

> 叔向,古之遗直也。治国制刑,不隐于亲,三数叔鱼之恶,不为末减。曰义也夫,可谓直矣。……刑侯之狱,言其贪也,以正刑书,

---

① 《论语·颜渊》。

晋不为颇。三言而除三恶,加三利,杀亲益荣,犹义也夫?①

  叔向大义灭亲,诛杀自己的血亲胞弟叔鱼,按理说,这与"父攘羊而子证之"的性质是一样的,然而孔子却突破了孝悌观念,评价他为"古之遗直",是何道理?仔细研读孔子言论就可以发现,在"不隐于亲"之上还有"杀亲益荣"的更大利益,即所谓"加三利",也就是说,国家公共利益要高于血脉亲情关系。在时人观念中,公利即为"义","义"和"孝悌"都是比"直"更为重要的道德范畴,但是叶公所理解的"直",在道德意义上要小于"孝悌",所以孔子并不认可;而叔向的"古之遗直"则是符合"义"的公利,这种"直"更具有道德意义,所以孔子高度认可。孔子似乎已经意识到各种观念之间的逻辑关系,所以他在具体表述时不停地在"直"与"义"等概念之间来回切换,最终以"犹义也夫"来确定了"古之遗直"的断语。

---

① 《左传·昭公十四年》。

32. 思(共2章)

"思"是人类生存的基本能力,善于思考显然具有道德意义,对于古代帝王来说,遇事善思就更是一种值得赞赏的美德。《尚书·尧典》:"帝尧曰放勋,钦明文思安安,允恭克让,光被四表,格于上下。"这里的"钦""明""文""思"分别代表了四种"俊德"。殷周之际,在箕子提出的"洪范九畴"中,"思"也是"五事"之一,具体要求是"思曰睿"①。"睿"在《古文尚书》中作"容",为通达、睿智之义,所以孔颖达注曰:"心虑所行,必通于微。"《说文解字》中也说:"思,容也。"春秋时期,人们非常重视发挥"思"的政治功效,《左传·桓公六年》:"上思利民,忠也。"可见"思"是当政者必须具备的一种能力和素质,以思维细致、缜密、广远为特征。但凡心思缜密之人,谋事更周密,行事更稳慎,因此成事的概率就更高。

《尔雅·释诂》:"悠、伤、忧,思也。怀、惟、虑、愿、念、惄,思也。"可见在古代汉语中,"思"的词义非常广泛,几乎涵盖了人们的所有心理活动。在《论语》中,"思"字出现的次数不多,共有 24 次②,词义也比较简单,主要用作动词,如"见贤思齐""见利思义"等,为思考、谋虑或理性判断等义,有时也用作名词,如"思无邪"等,为思想、想法等义。尽管孔子关于"思"的言论不多,但是并不代表他不重视"思",而是因为"思"的重要作用大多隐含在具体的行为之中,比如令尹子文的"三仕三已"、宁武子的

---

① 《尚书·洪范》。
② 杨伯峻译注:《论语译注·论语词典》。

"愚不可及"以及孔子的"欲居九夷"等等,这些都是经过深思熟虑之后的结果。

《论语·公冶长》:"季文子三思而后行。子闻之,曰:'再,斯可矣。'"

在《论语》中,"思"与"学"是一组相对应的概念,如"学而不思则罔,思而不学则殆"①,相关内容已在《学》中另作评析;"思"与"行"则是另一组相对应的概念,本章中的"季文子三思而后行"即为此类。在两组概念的对比中,"思"的词义并无变化,只是适用范围与功效略有不同。

季文子是鲁国公族大夫,执政国卿,他辅政长达五十余年,在鲁国历史上是一位很有影响的人物。孔子与季文子相去未远(季文子卒于公元前 568 年,孔子生于公元前 551 年),因此对他的生平事迹有所了解。孔子认为季文子的为政特点是谨慎有余而进取不足,然而根据史书记载,季文子施政期间,驱逐公族东门氏,在国内推行"初税亩""作丘甲"等制度改革,显示出敢作敢为的勇气和魄力,不知孔子为何要把"三"改为"再",清人毛奇龄曾对此解释说:"文子三思,自是善行,故汉、晋旧注皆曰:'文子忠而有贤行,其举事寡过,不必三思。'"②这是从积极方面来理解的,可作参考。

在"思"与"行"的关系中,"思"是决定性因素,善谋者方能成大事,多思者才能行致远,所以孔子反复告诫弟子们遇事要沉着冷静,深思熟虑:"必也临事而惧,好谋而成者也。"③"君子有九思:视思明,听思聪,色思温,貌思恭,言思忠,事思敬,疑思问,忿思难,见得思义。"④事前反复思考

---

① 《论语·为政》。
② [清]毛奇龄:《四书改错》上册,上海:华东师范大学出版社,2015 年,第 237 页。
③ 《论语·述而》。
④ 《论语·季氏》。

和仔细斟酌固然是一种好习惯，但是从另一个角度来理解，"思"的目的在于"行"，因此"行"在一定程度上又决定了"思"的价值实现，如果一件事情反复权衡，久思不决，那么就会贻误时机，影响效率，"思"也就失去了意义。而且任何事情都是处于不断运动变化之中的，事前思考不可能穷尽所有变化，因此思考不能久拖不决，当断不断，只有付诸行动才具有实际意义。也许正是基于这样的考虑，孔子把季文子的"三"改成了"再"，"再"就是两次，曹刿论战时说："一鼓作气，再而衰，三而竭。"①

真正的成大事者不仅要有缜密的思维能力，还要有果断的决断能力和坚定的执行能力，这样才能让"思"转化为"行"。

《论语·卫灵公》："子曰：'人无远虑，必有近忧。'"

本章言论是春秋时期的流行语，时人多有类似表述，鲁大夫子服惠伯说："君子有远虑，小人从迩。"②孔门弟子冉求也说："君子有远虑，小人何知？"③晋大夫中行文子又说："君子之谋也，始衷（中）终皆举之，而后入焉。"④从上述言论中可以看出，时人是把深思熟虑作为有德君子的一种优秀品质。

本章的主语是"人"，这是在位主事者的身份标识，代表其肩负着某种责任和使命；"远虑"和"近忧"相对，"远"和"近"都是时间概念，泛指无论何时；"虑"和"忧"都是"思"的一种形式，词义基本相同。这句话的意思是，主事者遇事必须考虑周全，每一个时间节点都要审慎预判，做到万无一失。

---

①《左传·庄公十年》。
②《左传·襄公二十八年》。
③《左传·哀公十一年》。
④《左传·哀公二十七年》。

由于缺少相关信息，因此无法确定孔子本章言论具体所指。《季氏篇》中载有"季氏将伐颛臾"之事，孔子当时提出严正警告："吾恐季孙之忧，不在颛臾，而在萧墙之内也。"这在时间节点和事件紧迫程度方面倒比较契合"近忧"的事状。当然，两者未必存在必然联系，因为孔子这句话的适用范围太广，几乎事事适用。

"人无远虑，必有近忧"，反映了古人思维审慎、加强预判的思维能力，人们希望通过仔细观察和理性分析来准确把握事物发展的客观规律。后来《礼记·中庸》中又进一步总结说："凡事豫则立，不豫则废。言前定则不跲，事前定则不困，行前定则不疚，道前定则不穷。"古人这种超前谋划的思维方式至今仍具有借鉴意义。

33. 明(共1章)

《论语·颜渊》:"子张问明。子曰:'浸润之谮,肤受之愬,不行焉,可谓明也已矣。浸润之谮,肤受之愬,不行焉,可谓远也已矣。'"

"明"的本义是日月发光,照亮天空,后引申为认知方面的明白、明察、明辨、圣明等义。《尚书》《诗经》等古代典籍中经常用"明"来形容古代帝王公正贤明的高尚品德,如"居上克明"①、"惟明克允"②、"方施象刑惟明"③、"知之曰明哲,明哲实作则"④、"其德克明"⑤、"明明天子"⑥等等。《左传·昭公二十八年》中有"九德"之说,"照临四方曰明"为其中之一,可见"明"是古德,为人赞颂。

子张喜欢研究古代历史,对古德之"明"亦有所关注,并以此求教于孔子。"明"并不是儒家的学术命题,在《论语》中,除本章"子张问明"以外,只有《季氏篇》的"君子有九思"中提到"视思明",不过这也是炒《尚书·洪范》"视曰明"的冷饭。孔子本章在回答子张问明问题时也引用了《遗周书·谥法解》中的"谮诉不行曰明"来进行解释。这句话共涉及进谮者、受谮者和

---

①《尚书·伊训》。
②《尚书·舜典》。
③《尚书·益稷》。
④《尚书·说命上》。
⑤《诗经·大雅·皇矣》。
⑥《诗经·大雅·江汉》。

听谮者三方,只有缕清三者关系,才能理解"明"的意义。

"浸润之谮","谮"是谗言诽谤,"浸润"是一点一滴地浸渍渗透。郑玄注曰:"谮人之言,如水之浸润,以渐成人之祸也。"《集注》中也说:"浸润,如水之浸灌滋润,渐渍而不骤也。谮,毁人之行也。"可见"浸润之谮"就是进谮者通过难以察觉的隐蔽方式来让听谮者慢慢听信谗言,最终达到诋毁受谮者的目的。"肤受之愬","愬"在《汉书》《后汉书》等史书引文中均为"诉",一说义同"谮",一说义同"诉",就是受谮者表达不满、诉说怨愤的意思;"肤受"是切肤之感受。这句话有两种解说:一说以《皇疏》为代表:"拙相诉(谮)者亦易觉也,若巧相诉害者,亦日日积渍稍进,如人皮肤之受尘垢,当时不觉,久久方睹不净。"意思就是,巧妙的谗言就像落在人皮肤上的细微灰层一样,开始不易察觉,因此并不在意,可是时间久了,就会突然发现皮肤上落满了污垢。这与"浸润之谮"意思基本相同,主语都是进谮者。另一说以《集注》为代表:"毁人者渐渍而不骤,则听者不觉其入,而信之深矣。愬冤者急迫而切身,则听者不及致详,而发之暴矣。"意思就是,进谮者采取日积月累的渐进方式,慢慢让听谮者相信谗言,而受谮者则因为事关自己的切身利益,急于澄清冤情,因此情绪激动,言辞激烈,结果反而无法取得听谮者的信任。这种解说与"浸润之谮"的意思不同,主语是受谮者。上述两种解说各有所长,相比较而言,前一种解说简单明了,词义通达,人物关系也不太复杂,因此这里取前一种解说。

概括地说,"浸润之谮"和"肤受之愬"都是一种让人难以察觉到的细微变化,"不行"是行不通,不管用,意思就是,再隐蔽的谗言诽谤在明察秋毫的听谮者面前都会被识破而不能得逞。孔子认为,如果能敏锐地察觉到"浸润之谮""肤受之愬"的微妙变化,并且能采取积极、正确的应对措施,这就可以称得上"明"了。他觉得这样的解说似乎还不能充分说明问题,于是又补充道:"可谓远也已矣。""远"是富有远见卓识,比"明"更加高明,所以《集注》中说:"远则明之至也。"

34. 佞(共3章)

"佞"是口才捷利,能言善辩,这是一种特殊才能,所以《说文解字》中说:"佞,巧谄高才也。"在古汉语中,"佞"有美训,也有恶训,因人因事而异。《尚书·金縢》:"予仁若考,能多材多艺,能事鬼神。乃元孙不若旦多材多艺,不能事鬼神。"清代学者桂馥、阮元等人均认为这里的"仁"当训"佞",因为古人常以佞为美,借仁代佞。《左传》《国语》等书中也常有人以"某不佞""寡人不佞"自谦,这也是美训。

不过任何"材巧"都不能表现过头,否则就会走向反面。"佞"过头了就成了"巧言""利口""御人以口给",难免令人生厌。在《论语》中,"佞"是一个重要概念,共有六章十次谈论到"佞",词义主要是口齿伶俐、能言善辩等,大多为恶训。赵纪彬先生曾对此做出具体分析:"凡'仁'者皆美名,凡'佞'者皆恶称,是知'仁'、'佞'二字,在孔丘用语上,则义不相近而相反的对立概念。这就可以证明:'仁'、'佞'庋异,始见《论语》;崇'仁'、恶'佞',发自孔丘。"①

《论语·雍也》:"子曰:'不有祝鮀之佞,而有宋朝之美,难乎免于今之世矣。'"

本章应该是孔子第二次居卫期间(鲁哀公六年至十一年)针对卫国

---

① 赵纪彬:《论语新探》,北京:人民出版社,1959年,第227页。

政坛乱象所发表的批评言论。当时原卫国太子蒯聩和卫出公辄争夺君位,他们君不君,臣不臣,父不父,子不子,把卫国上下闹得乌烟瘴气,人人自危。祝鮀和宋朝都是卫灵公的宠臣,卫灵公去世后,他们也失去庇护,身处险境,不过他们最终靠"佞"和"美"而得以保全性命。于是孔子感叹道:天下失序,世道险恶,如果没有祝鮀的才华或宋朝的美貌,是难以免于灾祸的。

"不有……,而有……"是假设句式,是"如果没有"的意思,两者是并列关系,而不是转折关系。"佞"和"美"相对,原本都应是美训。宋朝是当时公认的美男子,貌美本身并无过错,只是他利用美貌来和卫灵公的夫人南子偷情,又和卫灵公"断背","宋朝之美"才成为恶名。同样,"祝鮀之佞"也不是贬义。祝鮀,字子鱼,卫国太祝,主掌宗庙祭祀事务,太祝必须口才便给,能说会道,这样在祭祀祖先和神灵时才能打动鬼神,降福禳灾,《说文解字》:"祝,祭主赞辞者。"可见"佞"原本是祝史之官的职业特长,这是一项特殊才能。鲁定公四年(公元前506年),诸侯各国举行昭陵之盟,卫、蔡两国在排位秩序上发生争议,相持不下,祝鮀充分发挥口若悬河、能言善辩的特殊才能,说服了周大夫苌弘,为卫国维护了尊严①。由此可见,佞才在关键时刻是很管用的。

同样是"佞",如果用在强词夺理、恶意狡辩等方面,就会令人生厌。比如子路打算推荐子羔出任季氏费邑宰,孔子不同意,于是子路狡辩道:"有民人焉,有社稷焉,何必读书,然后为学?"意思就是,读书的目的就是出仕为官,服务于"民人"和"社稷",所以多学一天少学一天没有什么关系。孔子当时很生气,厉声骂道:"是故恶夫佞者。"②"恶"是憎恶,"佞"则是巧言强辩,"佞者"就是无理也要辩三分的人。由于子路无理狡辩,这里的"佞"便成了恶训。

---

① 《左传·定公四年》。
② 《论语·先进》。

《论语·公冶长》:"或曰:'雍也仁而不佞。'子曰:'焉用佞?御人以口给,屡憎于人。不知其仁,焉用佞?'"

本章"仁"与"佞"相对,孔子崇仁恶佞,观点鲜明。

雍是弟子冉雍,字仲弓,他在孔门十哲中列"德行"优等,孔子对他多有赞许之词:"雍也可使南面。"①"犁牛之子骍且角,虽欲勿用,山川其舍诸?"②上博楚简中有《仲弓》一篇,记载了孔子与仲弓之间的对话,许多内容与《论语》密切相关。仲弓出身卑微,为人敦厚老实,不善言辞,故而有人("或")对他做出"仁而不佞"的评价。这里的"或"不知是什么来路,现已无法考证,不过根据孔子的语气推断,此人似乎对孔门不太友善。

在当时的语言体系中,"仁而不佞"未必是贬义,"仁"是仁爱、博爱,这是儒家所倡导的一种美德;"佞"是口才捷利,这是一项非常特殊的处世才能,两者未必冲突,所以"或"认为"仁"的品质之中应包含"佞","仁而不佞"就不能算"仁"。这种观点恰好与孔子崇仁恶佞的观点相反。司马牛向孔子请教"仁",孔子说:"仁者,其言也讱。"③他又说:"刚、毅、木、讷近仁。"④"讱""讷"与"佞"相反,都是不善表达、言语迟钝的意思。在孔子看来,这些品质才能真正体现"仁"的道德要求。

孔子认为,"不佞"是"仁"的重要品质之一,因此他连续用了两句"焉用佞"来反问,语气十分肯定。他对于"佞"的解释是"御人以口给,屡憎于人","御"是驾驭车马,"御人"就是控制别人。"给"是供给充足,"口给"就是口齿伶俐,何晏《论语集解》引孔注曰:"佞人口辞捷给。""憎"是为人所憎恶。这两句话的意思是,佞人总想用他们能言善辩的材巧和特长来说服别人接受他们的思想观点,进而控制别人的行为,这种做法令

---

① 《论语·雍也》。
② 《论语·雍也》。
③ 《论语·颜渊》。
④ 《论语·子路》。

人憎恶!

在《论语》中,与"口给"词义相同的还有"利口""巧言""便佞""徼(绞)讦"等,孔子对这些材巧均表现出极大的反感:

  恶利口之覆邦家者。①
  巧言令色,鲜矣仁。②
  巧言乱德。③
  友便辟,友善柔,友便佞,损矣。④

从上述言论中可以看出,"巧言""利口""便佞"等,均以逞口舌之能为特征,这些人巧舌如簧,混淆视听,颠倒是非,蒙蔽人心,不仅有害于君子修身立德,还有可能危及国家安全,所以颜渊问"为邦"时,孔子把"远佞人"作为施政的重要措施之一,因为"佞人殆"⑤。

战国时期荀子等人受到孔子影响,对口舌之便利也提出尖锐批判:

  辩说譬谕齐给便利而不顺礼义,谓之奸说。⑥
  齐给便敏而无类,杂能旁魄而无用,析速粹孰而不急,不恤是非,不论曲直,以期胜人为意,是役夫之知也。⑦

汉魏时期的徐干在《中论·覈辩》中对"利口"的表现特征以及危害做出全面分析:

---

① 《论语·阳货》。
② 《论语·学而》。
③ 《论语·卫灵公》。
④ 《论语·季氏》。
⑤ 《论语·卫灵公》。
⑥ 《荀子·非十二子》。
⑦ 《荀子·性恶》。

> 俗之所谓辩者,利口者也。彼利口者,苟美其声气,繁其辞令,如激风之至,如暴雨之集,不论是非之性,不识曲直之理,期于不穷,务于必胜,以故浅识而好奇者见其如此也,固以为辩。不知木讷而达道者,虽口屈而心不服也。
>
> 夫利口者,心足以见小数,言足以尽巧辞,给足以应切问,难足以断俗疑,然而好说而不倦,谍谍如也。夫类族辩物之士者寡,而愚闇不达之人者多,孰知其非乎?此其所以无用而不见废也,至贱而不见遗也。先王之法,析言破律、乱名改作者杀之,行辟而坚、言伪而辩、记丑而博、顺非而泽者亦杀之,为其疑众惑民,而溃乱至道也。孔子曰:"巧言乱德。""恶似而非者也。"

此外,唐代孔颖达等人也有相同言论,他们都不同程度地受到了孔子崇仁恶佞思想观点的影响。

《论语·宪问》:"微生亩谓孔子曰:'丘何为是栖栖者与?无乃为佞乎?'孔子曰:'非敢佞也,疾固也。'"

孔子周游列国期间,每到一处都要宣传其礼治思想,然而却无人响应,有时甚至会遭人质疑,微生亩就是其中之一。

微生亩是何人?现已无考。《汉书·古今人表》在"下中"之人中有微生晦,颜师古注曰:"即微生亩也。晦,古亩字。"可见其人品有问题,关键是对孔子不太友善。从说话的语气来推断,他对孔子直呼其名,孔子对他则比较谦逊,估计他的年岁可能长于孔子。

微生亩见孔子不辞劳苦,四处游说,结果却是不受待见,屡屡碰壁,于是就不无讥讽地对孔子说道:"丘何为是栖栖者与?无乃为佞乎?""栖栖",是栖栖遑遑、奔走劳碌的样子。"无乃……"是通过反问来加强语气。"佞"在这里含有贬义。整句意思是,孔丘啊,你终日奔走,四处游说,难道是为了逞口舌之能吗?微生亩和本篇中的石门晨门、荷蒉者等人一样,他们认为孔子所宣扬的礼治主义已经过时了,在现实政治中根本行不通,然而孔子却不识时务,坚持"吾其为东周"的政治主张,为了实现其政治理想,他终日栖栖遑遑,孔席不暖,因而遭到众人的冷嘲热讽,石门晨门说他是"知其不可而为之者",荷蒉者说"莫己知也,斯已而已矣",而微生亩则公开质疑他"为佞",即为佞而佞,这是孔子无法接受的。

  面对微生亩的质疑,孔子辩解道:"非敢为佞也,疾固也。"这里的"固"是固陋、闭塞的意思,孔子提出的"绝四"中有"毋固"①,即杜绝固执己见的毛病。孔子说:"君子不重,则不威;学则不固。"②孔安国注曰:"固,蔽也。"可见"固"就是顽固地坚持自己的错误立场而不愿意做出任何改变。孔子这句话的意思是,因为各国当政者思想顽固保守,难以改变,所以我不得不竭尽口舌之能来游说他们。

---

①《论语·子罕》。
②《论语·学而》。

35. 温良恭俭让(共1章)

《论语·学而》:"子禽问于子贡曰:'夫子至于是邦也,必闻其政,求之与?抑与之与?'子贡曰:'夫子温、良、恭、俭、让以得之。夫子之求之也,其诸异乎人之求之与?'"

孔子周游列国期间,每到一国,必闻其政,有时也能不同程度地参政议政,但是他的政治主张却无人响应,甚至被人误解。《史记·儒林列传》:"世以混浊莫能用,是以仲尼干七十余君无所遇。"当时各国诸侯,一方面无贤能可用,另一方面又弃用孔子,这种情况确实令人费解,因此子禽对此提出疑问。

本章中的子禽就是《季氏篇》中的陈亢,郑玄注曰:"子禽,弟子陈亢也。"他在《论语》中共出现三次,但是从来没有和孔子直接对话,《史记·仲尼弟子列传》中也未载其人,因此有人认为他不是孔门弟子,也有人认为他是子贡门人。其实子禽的身份并不重要,重要的是他每次问话之中总有一些耐人寻味的内容。比如他问伯鱼道:"子亦有异闻乎?"[1]这句话的潜台词是,因为你是孔子的儿子,身份特殊,孔子平时肯定私下向你传授知识吧?再比如他对子贡说:"子为恭也,仲尼岂贤

---

[1]《论语·季氏》。

于子乎？"①显然，这句话明里是恭维子贡，暗里却是贬低孔子。本章也是这种情况，他对于"夫子至于斯邦也，必闻其政"的真实性表示怀疑，因为孔子当时在诸侯各国受欢迎的程度并不高，甚至有时境遇"累累若丧家之狗"②，因此他向子贡求证："夫子至于是邦也，必闻其政，求之与？抑与之与？""之"代指孔子所到国家的国政，"求之"是孔子主动求问，"与之"是国人主动告知。其实答案已经在子禽心里，他是揣着明白装糊涂，明知故问。当时天下诸侯无不背弃礼制，追逐名利，有谁还相信孔子"吾其为东周"的政治说教？如果孔子不主动"求之"，谁还会主动"与之"？

子贡不愧是孔门高足，"言语"优等，他不直接回答"求之""与之"的问题，而是强调"夫子之求之"和"人之求之"有所不同，孔子是凭借自己的渊博学识和高尚品德赢得各国诸侯的仰慕和尊重，如果为人处世达到这种境界，再在"求之"或"与之"的问题上纠缠不清就没有意义了，于是"温良恭俭让"的话题也就由此提出。

目前普遍认为，"温良恭俭让"是五种美德，因此一字一断，也有人根据古鼎铭文和上博楚简中的文字材料，把"温良"和"恭俭"作为一断，认为这样更加符合先秦时期的语言习惯，亦无不可③。先秦时期，各种道德概念并不统一，表述也很不规范，许多概念成组提出，意涵似是而非，含糊不清。"温良恭俭让"在当时应该是一种比较通行的表述习惯，用以形容君子温文尔雅、谦和恭敬的美德，故而子贡信手拈来。当然，如果仔细分析，每一个词都有特定含义，而且未必全都包含道德意义。

"温"是为人温和、宽厚、柔顺，《尔雅·释训》："晏晏，温温，柔也。""温"是一种上古美德，早在皋陶提出的"行有九德"中就有"直而温"④，

---

① 《论语·子张》。
② 《史记·孔子世家》。
③ 李竞恒：《论语新劄：自由孔学的历史世界》福州：福建教育出版社，2014年，第21页。
④ 《尚书·皋陶谟》。

"温"是态度温和,"直"是性情直率。孔子在"君子有九思"中也提出"色思温"的要求①,"色"是颜色、容色,即所谓"正颜色,斯近信矣。"②时人对于孔子的评价是"温而厉"③,子夏也说:"君子有三变:望之俨然,即之也温,听其言也厉。"④可见,"温"是在与人交往中自然流露出来的一种亲切温和的容色,这种外在的"温"体现了内在的"直"。

"良"即善,贤良、忠良之义,亦为上古美德。商纣暴政,残害忠良,武王伐纣,历数其罪状:"焚炙忠良,刳剔孕妇。""惟受(商纣王)罪浮于桀,剥丧元良,贼虐谏辅。"⑤这里的"忠良""元良"是指微子、箕子、比干等忠良之臣。由于"良"的道德含义和适用范围比较宽泛,孔子在创建儒家学说的过程中,并未将其纳入仁学思想体系之中,所以平时很少论及。汉儒试图通过概念归并的简单方式来阐述"良"与"仁"的关系:"温良者,仁之本也。"⑥这种说法显然过于牵强。

"恭"即敬,庄重、恭敬之义,在"君子有九思"中,孔子也提出"貌思恭"的要求⑦。"恭"和"敬"都是"忠"的外在表现,《国语·周语下》:"夫敬,文之恭也;忠,文之实也。"孔子在回答樊迟问仁时也说:"居处恭,执事敬,与人忠。"⑧子夏也说:"君子敬而无失,与人恭而有礼。"⑨可见,孔门把"恭"作为君子修德求仁的一个重要内容。

"俭"是节俭、节制,这是一种符合礼制精神的传统美德,商代统治者就非常推崇,贤相伊尹曾语重心长地对商王太甲说:"慎乃俭德,惟怀永

---

① 《论语·季氏》。
② 《论语·泰伯》。
③ 《论语·述而》。
④ 《论语·子张》。
⑤ 《尚书·泰誓》。
⑥ 《礼记·儒行》。
⑦ 《论语·季氏》。
⑧ 《论语·子路》。
⑨ 《论语·颜渊》。

图。"①春秋初年,贵族阶层尚能遵从礼制,崇尚节俭。《左传·桓公二年》载鲁大夫臧哀伯言曰:"君人者将昭德塞违,以临照百官,犹惧或失之。故昭令德以示子孙。是以清庙茅屋,大路越席,大羹不致,粢食不凿,昭其俭也。"为了昭示节俭的美德,诸侯国君大多都能主动摒弃各种物质享受,过着俭朴清贫的生活。然而到了春秋末年,礼制崩坏,奢靡之风日盛,许多贵族不仅在生活上贪图享受,穷奢极欲,在礼仪程式上也极尽奢华,铺张浪费,孔子认为各国都应该采取有效措施来坚决遏制这种奢华浮夸的风气。他在回答林放问"礼之本"时说:"礼,与其奢也,宁俭。"②他明确反对华而不实的形式主义。同样,在一些生活细节方面,他也倡导节俭务实,反对奢侈浪费,比如按照传统礼制要求,礼冕应用麻料来织,可是当时人们为了节俭,改用丝料,孔子认为这种节俭品德是符合礼制精神的,所以他说:"麻冕,礼也;今也纯,俭,吾从众。"③在《论语》中,"俭"与"奢"相对,孔子对于二者的取舍态度是非常明确的,他说:"奢则不孙,俭则固。与其不孙也,宁固。"④"固"是鄙陋、寒碜之义,他宁愿选择寒碜的俭朴生活,也不愿选择张扬的奢华生活。

"让"是谦让、不争,这是道德修养的至高境界,泰伯能"三以天下让",故而孔子盛赞其为"至德"⑤。春秋时期,礼崩乐坏,天下纷争,因此许多有识之士大力倡导礼让精神:"圣人贵让。"⑥"德莫若让。"⑦"让,礼之主也。"⑧孔子也说:"君子无所争。必也射乎!揖让而升,下而饮。其

---

① 《尚书·太甲上》。
② 《论语·八佾》。
③ 《论语·子罕》。
④ 《论语·述而》。
⑤ 《论语·泰伯》。
⑥ 《国语·周语中》。
⑦ 《国语·周语下》。
⑧ 《左传·襄公十三年》。

争也君子。"① 又说："能以礼让国乎？何有？不能以礼让为国，如礼何？"②在孔子看来，礼让不仅体现了君子的优雅气质和高尚品德，也体现了当政者的政治智慧和宽广胸襟。

从上述分析中可以看出，"温良恭俭让"原本是由五个内涵不同的概念组合而成的一个复合词，概念之间并没有内在联系，与儒家的伦理思想也没有逻辑关系，由于子贡用来称赞孔子美德，因此被赋予了某种特殊意义，流传至今就成了"品德高尚"的代名词，原有含义则基本消失。

---

① 《论语·八佾》。
② 《论语·八佾》。

36. 恭宽信敏惠(共1章)

《论语·阳货》:"子张问仁于孔子。孔子曰:'能行五者于天下为仁矣。''请问之。'曰:'**恭,宽,信,敏,惠。恭则不侮,宽则得众,信则人任焉,敏则有功,惠则足以使人。**'"

"恭宽信敏惠"是与"仁"密切相关的一组概念,因此大多具有道德意义。在以氏族制为主体的政治体制内,孔子倡导发扬"忠""孝""友"等传统美德;然而在超出氏族范围以外的"天下",孔子则要求践行"恭宽信敏惠"等道德规范,因为就政治功效而言,"恭宽信敏惠"的适用范围更广,功利色彩也更浓。

关于"恭宽信敏惠"与"仁"的关系问题已在《仁(仁者)》中做出分析,这里重点对"恭则不侮""宽则得众""信则人任焉""敏则有功"和"惠则足以使人"进行具体评析,这些内容都与当政者的为政之德和为政之道有关。

"恭则不侮"强调的是"恭"与"不侮"之间的因果关系。"恭"是执事谨慎、恭敬,"恭所以给事也"[①],体现了"臣事君以忠"的道德境界。孔子认为,为人谋事应该始终保持庄重的容色和恭敬的姿态,这样不仅能够体现"仁"的美德,同时也能赢得他人尊重,避免受到轻辱和怠慢,所以他

---

① 《国语·周语中》。

说:"恭近于礼,远耻辱也。"①

"宽则得众"强调的是"威而不猛"②。"宽"是居上位者宽容大度的为政之德和为政之策,其政治功效是"得众",即所谓"宽所以保本也"③,所以历代圣贤一再要求实施宽政,虞舜说:"敬敷五教,在宽。"④皋陶说:"临下以简,御众以宽。"⑤商代贤相伊尹说:"惟我商王,布昭圣武,代虐以宽,兆民允怀。"⑥孔子也说:"居上不宽,为礼不敬,临丧不哀,吾何以观之哉?"⑦当然,历朝历代统治者实施宽政,其根本目的是"御民",孔子对此并不避讳,他明确表示,统治者实行宽政的目的是"得众"。

"信则人任焉"强调的是居上位者取信于下的重要性。"信"是为政者的重要品质,孔子非常重视,他一再强调:"人而无信,不知其可也。"⑧"上好信,则民莫敢不用情。"⑨"任"是受动词,受到民众信任之义。《皇疏》:"人君立言必信,则为人物所见委任也。"《集注》:"任,依仗也,又言其效如此。"值得注意的是,这里的"信"是针对居上位者(人君)的,而"任"则是针对在下位者(人臣)的。意思就是,居上位者能够取信于下,在下位者就能够听信其言,效忠于上,即所谓"君使臣以礼,臣事君以忠"⑩。

"敏则有功"强调的是居上位者为政以礼,勤勉谨慎,礼成而功就。"敏"是与执礼活动相关的一个概念,即所谓"君使臣以礼"。《左传·僖公三十三年》中记载,齐国庄子聘于鲁,执礼恭敬,"礼成而加之以敏"。

---

① 《论语·学而》。
② 《论语·述而》。
③ 《国语·周语中》。
④ 《尚书·舜典》。
⑤ 《尚书·大禹谟》。
⑥ 《尚书·伊训》。
⑦ 《论语·八佾》。
⑧ 《论语·为政》。
⑨ 《论语·子路》。
⑩ 《论语·八佾》。

杜预注曰："敏,审当于事。"《尔雅·释训》："躁躁,踏踏,敏也。"《乡党篇》中也说："君在,踧踖如也,与与如也。"可见"敏"是执礼恭敬、容色安详的样子,主要表现了君子尊礼崇礼的可贵品质。所以孔子一再要求:"君子欲讷于言而敏于行。"①"君子食无求饱,居无求安,敏于事而慎于行。"②

"惠则足以使人"强调的是和惠厚民,"惠"是恩惠、普惠,其政治功效是"使人""养民",即所谓"惠以和民则阜(厚)"③。孔子在回答子张"何如斯可以从政"问题时提出了"尊五美"的观点,即从政者必须具备和遵从的五种美德,"惠而不费"就是其中之一。他进一步解释道:"因民之所利而利之,斯不亦惠而不费乎?"④意思就是,当政者必须充分考虑民众的切身利益,尽量满足他们的各种合理需求,只有做到"惠人",才能有效"使人",这是为政的基本要求。孔子在总结郑国子产为政经验时也把"其养民也惠"作为重要内容之一⑤,所以他对子产的评价是"惠人也"⑥,并将其列为"严事"之一⑦。

综上所述,"恭宽信敏惠"是孔子根据宗法制日益废弛的社会现实对当政者提出的新的道德要求。由于这些道德观念既缺乏政治基础,也缺乏理论基础,因此在现实政治中并没有产生多少影响,孔子的继承者们也没有再进行深入研究和理论整理,因此这组概念也就这样不了了之了。

---

① 《论语·里仁》。
② 《论语·学而》。
③ 《国语·周语中》。
④ 《论语·尧曰》。
⑤ 《论语·公冶长》。
⑥ 《论语·宪问》。
⑦ 《史记·仲尼弟子列传》。

37. 内省不疚(共1章)

《论语·颜渊》:"司马牛问君子。子曰:'君子不忧不惧。'曰:'不忧不惧,斯谓之君子已乎?'子曰:'内省不疚,夫何忧何惧?'"

弟子司马牛向孔子请教有关君子之道的问题,孔子回答说:"君子不忧不惧。""不忧"意味着道德修养已经达到"仁"的境界,"不惧"则意味着道德修养已经达到"勇"的境界。孔子曾不止一次地说过:"君子道者三,我无能焉:仁者不忧,知者不惑,勇者不惧。"①这就是说,不断加强"仁""知""勇"的道德修养,是成为有德君子的重要途径和方法。那么如何才能做到"不忧不惧"呢?孔子这里提出了"内省不疚"的重要观点。"内省"是自我反省,"疚"或作"疾",通指疾病,这里引申为问心无愧的意思。

儒家重修身,加强自我反省是修身立德的重要方法,孔子相关言论有很多:

见贤思齐焉,见不贤而内自省也。②
已矣乎,吾未见能见其过而内自讼者也。③

---

① 《论语·颜渊》。
② 《论语·里仁》。
③ 《论语·公冶长》。

躬自厚而薄责于人,则远怨矣。①
君子求诸己,小人求诸人。②

"内自省""内自讼""躬自厚"等,不仅是提高个人道德修养的重要方法,也是解决现实世界诸多问题的有效途径。孔子认为,遇到问题首先应该通过自我反省来发现自身存在的问题,这样才有可能及时改正错误,提高道德修养,进而达到"不忧不惧"的心理状态和修养境界;如果遇事一味地怨天尤人,不断地表达负面情绪,这样反而会令人反感,甚至会招致怨愤。

关于内省内容,曾子具体概括为三个方面:"为人谋而不忠乎? 与朋友交而不信乎? 传不习乎?"③"忠""信""习"是君子修德每天必须坚持反省的主要内容,三者分别代表了为政之道("为人谋")、为人之道("与朋友交")和为学之道("传")三个方面的道德规范和修身要求,如果一个人坚持在这三个方面日日反省,做到"不忧不惧",那么他就可以成为有德君子了。

先秦儒家思想具有明显的内倾倾向,即注重人们的内心体验和心理感受。他们在处理人与自然、人与社会以及人与人之间的关系时,首先要求人们一切从内心出发,追求内心世界与外部环境和谐一致的境界。当人们的内心感受与外部世界发生不和谐时,他们则要求人们应该在自己的内心世界里查找原因,如果人人都能够加强内省,做到克己复礼,那么外部世界的所有问题就迎刃而解了。这种由内(心)而外、推己及人的思维特征充分显示了儒家思想的处世智慧,这也是儒家学派对中国传统文化的重要贡献。

---

① 《论语·卫灵公》。
② 《论语·卫灵公》。
③ 《论语·学而》。

38. 见贤思齐(共1章)

《论语·里仁》:"子曰:'见贤思齐,见不贤而内自省也。'"

"见贤思齐"和"内省不疚"一样,主要体现了儒家学派的自省精神,不过两者有所不同,前者是从正面来发现和学习别人的长处,目的在于求仁向善,做到"见贤思齐";后者则是从反面来检讨自己的错误,目的在于改过纠错,求得"无忧无惧"。显然,两者在思想境界上是存在差距的。

本章文字比较浅显:"贤"是贤德之人;"齐"是齐等、齐同;"思"和"省"都是心理活动,一者外倾,一者内向,功效相同。这两句话的意思是,见到贤德之人,就应该努力向他学习、看齐;见到不贤之人,则应该加强反思,认真查找自己身上有没有类似的毛病。相同言论在《论语》中有很多:

  君子食无求饱,居无求安,敏于事而慎于言,就有道而正焉,可谓好学也已。①
  三人行,必有我师焉:择其善者而从之,其不善者而改之。②
  多闻,择其善者而从之。③

---

① 《论语·学而》。
② 《论语·述而》。
③ 《论语·述而》。

> 见善如不及,见不善如探汤。①

有心向善是君子修身立德的开始,善于学习他人的长处则是向善求仁的有效方法,如果能够长期坚持,日积月累,不断增强道德自律力和道德自信心,道德修养必将能与贤德之人齐等。

孔子认为,君子在修身立德过程中,"见贤思齐"比"见不贤而内自省"更具有积极意义,因为摒弃"不贤"并不能解决"贤"的问题,他说:"好仁者,无以尚之;恶不仁者,其为仁矣,不使不仁者加乎其身。"②可见,"见不贤而内自省"只能做到"不使不仁者加乎其身",却未必能做到"能有一日用其力于仁";而"见贤思齐"则是"无以尚之"的"好仁者",求仁行仁的姿态更加积极主动。

对于当政君子来说,不断加强"见贤思齐"的自觉自省意识,不仅可以提高道德修养,还可以提高施政效果。孔子把"修己"作为解决一切现实问题的出发点,从"修己以敬"到"修己以安人",再到"修己以安百姓"③,随着个人道德力量的不断提升,政治功效也在逐渐放大。孔子的这种观点对后儒影响很大,《礼记·大学》中将此过程概括为"修身齐家治国平天下",并且明确指出:"所谓修身在正其心。"孟子也说:"人有恒言,皆曰:'天下国家。'天下之本在国,国之本在家,家之本在身。"④把个人的道德修养与国家的实政策略有机地结合起来,这是儒学思想的特征之一。

---

① 《论语·季氏》。
② 《论语·里仁》。
③ 《论语·宪问》。
④ 《孟子·离娄章句上》。

39. 过勿惮改(共3章)

"过勿惮改"和"内省不疚"在精神上是一致的:内省强调的是自我反省的精神,改过强调的则是自我批判、自我否定的精神,两者都是儒家修身的重要内容。古代圣贤从来就不缺乏改过精神,商朝贤臣仲虺就曾明确提出:"用人惟己,改过不吝。"①《周易·益卦·象》亦曰:"君子以见善则迁,有过则改。"此类言论在古代典籍中有很多,可见这种观点在先秦时期比较流行。

《论语·学而》:"子曰:'君子不重,则不威;学则不固。主忠信。无友不如己者。过,则勿惮改。'"②

本章是有关君子之道的论述,"过则勿惮改"是君子修身立德的一个重要内容,《子罕篇》中也有相同言论。"过"是过失、过错;"惮"是畏惧、害怕。这句话的意思很简单:如果犯错,既不要怕难堪,也不要怕麻烦,及时改正就行了,因为闻过即改是君子风度。

知错即改,这是非常简单的道理,但有许多人却做不到,他们一错再错,屡错不改。人们犯错的原因是多方面的,危害程度也有轻有重。简单梳理一下,所犯错误大致有以下几种类型:

---

① 《尚书·仲虺之诰》。
② 本章有关"忠信""无友不如己者"等内容将分别在《忠(敬)》《友(朋、朋友)》中进行评析。

有一种错误是明知故犯，比如鲁哀公娶吴国同姓女子为妻，严重违反了"男女辨姓"①的礼制规定，陈司败故意刁难孔子，问鲁哀公是否知礼，孔子为君讳言，不得不违心地说"知礼"，后来陈司败在私底下诋毁孔子，弟子巫马期将此事告诉孔子，孔子说："丘也幸，苟有过，人必知之。"②其实，孔子所犯的过错是一种以错为对的主观故意，因此就不存在改错不改错问题。

有一种错误是在认知方面出现问题，比如孔门弟子宰予思想活跃，勇于表达自己的观点，孔子对他颇为赏识，多有期许。然而宰予后来受到异端邪说的影响，对儒学渐渐产生厌倦情绪，他不仅经常用言语顶撞孔子，甚至还在白天睡大觉，孔子发现后严厉批评他道："朽木不可雕也，粪土之墙不可杇也！"事后孔子又对人说："始吾于人也，听其言而信其行；今吾于人也，听其言而观其行。于予与改是。"③"听其言而信其行"就是认知方面发生错误，孔子认识到自己的错误后，及时改过纠错，从此以后，他对宰予就改为"听其言而观其行"了，避免再发生认知错误，这就是及时改正错误的效果。知错是改错的前提，如果不知错，改错也就无从谈起。根据《史记》记载，孔子一生中对两个弟子存有偏见，一个是宰予，另一个是澹台灭明，直到晚年他才意识自己在认知方面发生错误，所以他自责道："吾以言取人，失之宰予；以貌取人，失之子羽。"④可见，提高认知能力才是避免犯错的最有效方法。

还有一种最常见的错误，就是有错不认错，也不愿意认真改正错误，这完全是主观原因造成的。孔子说："过而不改，是谓过矣。"⑤意思就是，知错不改才是真正的过错！

孔子是一个极具道德自律能力和自我反省精神的人，因此他对于错

---

① 《左传·昭公元年》。
② 《论语·述而》。
③ 《论语·公冶长》。
④ 《史记·仲尼弟子列传》。
⑤ 《论语·卫灵公》。

误的态度是不隐瞒、不忌惮、不纠结,愿意开诚布公,欢迎所有人对他提出批评,并监督自己改正错误。他把别人对自己的批评看作幸事:"丘也幸,苟有过,人必知之。"这个"幸"字集中体现了他闻过则喜、知错必改的勇力和魄力。后来子贡总结道:"君子之过也,如日月之食焉:过也,人皆见之;更也,人皆仰之。"①孟子也说:"古之君子,过则改之;今之君子,过则顺之。古之君子,其过也,如日月之食,民皆见之;及其更也,民皆仰之。今之君子,岂徒顺之,又从为之辞。"②一个人勇于把自己的过错公布于众,说明他有知错必改的勇气和决心,这是有德君子的涵养和气度。与此形成鲜明对比的是那些道德低下的小人,子夏说:"小人之过也必文。"③"文"是文过饰非。小人犯错,不仅拒不认错,还要强词夺理,百般狡辩,结果必然是害人害己!

《论语·子罕》:"子曰:'法语之言,能无从乎?改之为贵。巽与之言,能无说乎?绎之为贵。说而不绎,从而不改,吾未如之何也已矣。'"

人非圣贤,孰能无过?闻过即改,不失为君子。然而现实情况是人们往往无法认识到自己的错误,因此需要他人提醒。如何对待他人的善意提醒,这是本章重点讨论的问题。

从内容来看,本章应该是孔子对当政者进行说教的言论。当政者如有过错,理应虚心接受批评,及时改正错误,不论批评意见是尖锐还是委婉。"法语之言"是尖锐的批评意见,"法"是法则、法度,"法语"就是符合法度的官话,《集注》:"法语者,正言也。"人们常说,忠言逆耳,"法语之言"就是这种逆耳忠言。"巽与之言"则是委婉的批评意见,"巽"是和顺、

---

① 《论语·子张》。
② 《孟子·公孙丑章句上》。
③ 《论语·子张》。

恭顺，"与"是赞同、附和，《集注》："巽言者，婉而导之也。"两种不同批评方式产生两种不同效果：对于尖锐批评是"从"，对于委婉批评则是"说（悦）"。孔子认为，"法言"也许过于严厉，听起来让人难以接受，但是却有利于认识和改正错误，所以他强调"改之为贵"，知错能改才是最可贵的；"巽言"完全顺从己意，听起来让人高兴，但是却起不到批评教育的作用，因此他要求"绎之为贵"，"绎"就是寻绎其理，细加分析，面对问题开动脑筋认真思考才是最可贵的。孔子最后强调指出，"说之不绎，从而不改"，这些都是低级愚蠢的错误，如果不能认真改正，那就无可救药了！

"改之为贵"进一步重申了"过毋惮改"的要求，对于当政者来说尤为重要。

《论语·卫灵公》："子曰：'过而不改，是谓过矣。'"

如何正确面对自己的过错？这几乎是一个无需讨论的问题，稍有是非观念的人都能明白有错必改的道理，但是有些人却知错不改，他们不撞南墙不回头，不到黄河心不死，只有在严酷的现实面前他们才会幡然悔悟，接受教训。当然，对于普通个人来说，改过纠错也许无关紧要；但是对于担当国家大任的政治人物来说，改过纠错直接关系到国家的兴衰存亡，因此孔子说："昔桀纣不任其过，其亡也忽焉。成汤文王知任其过，其兴也勃焉。过而改之，是不过也。"[①]

在现实生活中，是非对错往往和政治立场、思想意识、道德修养、个人利益、性格特征以及认知能力等因素联系在一起，因此事情就变得复杂起来。当然，如果撇开"过"的认知判断，仅就处世方法而论，孔子认为，世上最大的错误就是"过而不改"。

---

① 《韩诗外传》卷三第十七章。

40. 见利思义(共3章)

"义"是公共法则,也是道德规范,属于伦理论的范畴,相关内容已在《义》中做出评析。如何处理义与利的关系问题,则属于人生论的范畴,这里将作重点评析。

春秋时期,随着氏族制的逐步瓦解和私有制的不断扩大,私利和公义之间的矛盾冲突日益尖锐。在现实生活中,有人舍生取义,有人见利忘义,凡此种种,很容易造成人们思想混乱。在义与利之间,如何做出正确取舍或有效兼容,这是君子修身立德的重要问题,因此引起社会的普遍关注和热议,当时人们"言义必及利"①。值得注意的是,"利"在先秦时期有公利和专利之分,共享为公利,独专则为专利(私利)。公利是一种符合社会公共利益的"利",因此从某种意义上说,"利"(公利)就是"义"(道义):

"利"者,义之和也。利物足以和义。②

夫义所以生利也,祥所以事神也,仁所以保民也。不义则利不阜,不祥则福不降,不仁则民不至。古之明王不失此三德者,故能光有天下,而和宁百姓,令闻不忘。③

---

① 《国语·周语下》。
② 《周易·乾卦·文言》。
③ 《国语·周语中》。

"利"生于百物,载于天地,理应为天下共享,因此能"导利而布之上下者也,使神人百物无不得其极",这样的"利"就是"义";好利而独专,窃利而私有,这样的"利"则是专利,"匹夫专利,犹谓之盗"①,危害是极大的!

孔子是中国历史上第一位关注义与利关系问题的思想家,他对义利问题有比较深入的思考,虽然相关言论不多,但是观点鲜明,思想深刻。在义与利的取舍问题上,孔子具有明确的重义轻利倾向,这种思想观点为形成儒家学派的义利观奠定了理论基础。

《论语·里仁》:"子曰:'君子喻于义,小人喻于利。'"②

本章文字简约直白,内容却很重要,集中表达了孔子在义与利关系问题上的基本观点。

在《论语》中,君子与小人是一对具有道德判断的概念,基本处于对立状态。据此推断,"义"与"利"也应是对立关系。"喻"是知晓、明白,这里还应含有主观(主动)取舍的意思,因此可以理解为"喻而后取"或"喻而后舍"。

在本章中,孔子虽然没有对义与利的关系问题做出直接阐述,但是结合《论语》相关言论进行分析,孔子重义轻利的思想倾向是十分明确的:

不义而富且贵,于我如浮云。③

---

① 《国语·周语上》。
② 本章有关"君子"与"小人"的内容将在《君子与小人》中进行评析。
③ 《论语·述而》。

见利思义,见危授命。①

子罕言利与命与仁。②

放于利而行,多怨。③

"义"与"利"分别代表了两种价值取向:"义"是一种社会广泛认同的内在道德判断或外在行为准则,它要求人们的思想言行必须适宜、得当、合理、正确、规范等,即所谓"义者宜也"④;"利"则是指与人们物质利益相关的内容,确切地说,凡是能够满足人们物质欲望或改善人们现实生活的均可以称作为"利",因此"利"有时表述为"得"或"取"。

由于"义"与"利"所固有的内涵,决定两者只能是一种对立关系,尽管这种对立有时是显性的,有时是隐性的,有时是直接的,有时是间接的。进一步分析,由于在孔子的人生哲学中具有重视道德修养的内倾倾向,因此就决定了他在义与利的取舍问题上必然采取重义轻利或取义舍利的基本立场和态度。在孔子的义利观中,"义"是具有主导作用的核心内容,他反复强调"义"在现实政治和日常生活中的重要意义:"上好义,则民莫敢不服。"⑤"行义以达道。"⑥"君子义以为质。"⑦相反,"利"则是一个偏于负面的消极概念,因为"言利"会妨碍"徙义",所以他要求"见利"必须"思义",在他的潜意识中甚至有意无意地排斥"利",乃至于"罕言利"⑧。

在本章中,孔子把"义"与"利"作为判别君子与小人的重要标准,有德君子重义舍利,无德小人取利弃义。《皇疏》引范宁言曰:"弃货利而晓

---

① 《论语·宪问》。
② 《论语·子罕》。
③ 《论语·里仁》。
④ 《礼记·中庸》。
⑤ 《论语·季氏》。
⑥ 《论语·季氏》。
⑦ 《论语·卫灵公》。
⑧ 《论语·子罕》。

仁义,则为君子;晓货利而弃仁义,则为小人。"孔子一方面极力夸大君子行义的社会功效和道德意义,另一方面又对小人追逐利益持以极度冷漠、鄙视的态度。这种情况说明"义"与"利"并不处于对等地位,因此两者也不存在对立关系。严格地说,孔子的义利观是一种"义"的内容过分膨胀而"利"的内容过度萎缩的畸形理论。

《论语·宪问》:"子问公叔文子于公明贾曰:'信乎,夫子不言,不笑,不取乎?'公明贾对曰:'以告者过也。夫子时然后言,人不厌其言;乐然后笑,人不厌其笑;义然后取,人不厌其取。'子曰:'其然?岂其然乎?'"

公叔文子是卫国元老级人物,卫国国君对他非常敬重,言听计从。鲁定公六年(公元前504年),鲁国军队借道卫国,鲁军统帅阳虎想挑起鲁、卫战争,故意命令军队从卫都南门入,然后再由东门出。卫灵公当时情绪激动,打算下令攻击鲁军,幸亏公叔文子及时劝阻,才避免了一场无谓的战争。《左传》中是这样描述的:"公叔文子老矣,辇而如公。"[1]"辇"是一种两人抬的轻便轿子,可见公叔文子当时已经老到无法自行走动的地步。七年后,孔子去鲁适卫,听到许多关于公叔文子的传说,其中包括"不言,不笑,不取",孔子对此不解,故而向公明贾求证。

公明贾也是卫国大夫,他与孔子意气相投,过从甚密。关于公叔文子"不言,不笑,不取"的传言,公明贾认为传言者只知其然而不知其所以然,所以并不确切。所谓"不言",是因为公叔文子说话注意把握时机,当说则说,不当说则不说,所以人们对他说话不反感;所谓"不笑",是因为他为人老成持重,平时不苟言笑,但是如有可乐之事,他也能与人同乐欢笑,所以人们也能与其同乐;所谓"不取",则是因为他有所取有所不取,

---

[1]《左传·定公六年》。

符合道义则取,违反礼义则不取,所以人们对他多方得利表示充分理解。

根据《左传》记载,公叔文子善于敛财,富可敌国,但是他能够自觉遵从礼乐制度,见利思义,取财有度,做到"富而能臣""富而不骄"①,所以卫灵公对他依然非常倚重。此外,公叔文子每逢饥荒之年,都会在家中支锅煮粥,分食国人,这种义举也赢得了民众的爱戴。他去世后,卫灵公对他做出高度评价:"昔者卫国凶饥,夫子为粥与国之饿者,是不亦惠乎!"②由此可见,义与利(取)之间的对立关系并不是绝对的,正当的利益和合理的需求也应该得到认可和尊重,所以孔子听后连续追问道:"其然?岂其然乎?"说明公叔文子的"义然后取"对他很有启发。

《论语·宪问》:"子路问成人。子曰:'若臧武仲之知,公绰之不欲,卞庄子之勇,冉求之艺,文之以礼乐,亦可以为成人矣。'曰:'今之成人者何必然?见利思义,见危授命,久要不忘平生之言,亦可以为成人矣。'"③

本章是孔子论"成人"的言论。所谓"成人",就是道德高尚、品行完美之人,"见利思义"则是"成人"的标准之一。在《季氏篇》和《子张篇》中也有相同表述:"见得思义。""利"与"得"义词基本相同。

其实孔子的义利观并不复杂,所有内容可以概括在"见利思义"四个字之中,其中"思"是关键。"利"是人们的普遍欲望,具有相对合理性,所以孔子并不反对正当得利,他自己也曾明确表示:"富而可求也,虽执鞭之士,吾亦为之。"④但是个人得利不能违反社会公义,也不能损害他人利益,这是"义"的绝对正义性。孔子说:"富与贵,是人之所欲也;不以其道

---

① 《左传·定公十三年》。
② 《礼记·檀弓下》。
③ 本章有关"成人"的内容将在《成人》中进行评析。
④ 《论语·述而》。

得之,不处也。"①这里的"道"就是获得利益的正当途径和正确方法。在相对合理的"利"和绝对正义的"义"之间应该如何做出正确选择?孔子唯一的要求是"思",即权衡利弊,比较得失,检点自己的行为,如果不违反公义则得利,如果违反公义则取义。由此可见,孔子在处理义与利关系问题上的总体要求是以义节利,取利成义。

孔子在义与利关系问题上的有关论述对儒学后来的发展影响很大,战国时期孟氏之儒和孙氏之儒继承并发展了孔子的思想观点,他们在诸子百家义利之辨的学术背景下,对于义与利的关系问题进行了深入研究,并提出了不少新观点和新见解,极大地丰富了儒家义利观的思想内容。比如孟子在拜见梁惠王时说的第一句话就是"王何必曰利,亦有仁义而已矣",他接着分析道:

> 王曰,"何以利吾国?"大夫曰,"何以利吾家?"士庶人曰,"何以利吾身?"上下交征利而国危矣。万乘之国,弑其君者,必千乘之家;千乘之国,弑其君者,必百乘之家。万取千焉,千取百焉,不为不多矣。苟为后义而先利,不夺不厌。未有仁而遗其亲者也,未有义而后其君者也。②

显然,孟子对"利"采取的是全面否定的态度。荀子的观点和孟子基本相同:

> 义与利者,人之所两有也。虽尧、舜不能去民之欲利,然而能使其欲利不克其好义也。虽桀、纣亦不能去民之好义,然而能使其好义不胜其欲利也。故义胜利者为治世,利克义者为乱世。上重义,

---

① 《论语·里仁》。
② 《孟子·梁惠王章句上》。

则义克利;上重利,则利克义。故天子不言多少,诸侯不言利害,大夫不言得丧,士不通财货。①

战国时期,义利之辨是一个热点话题,各个学术派别基于不同的哲学思想和政治主张,对于义与利的取舍问题都提出了各自的观点,形成了尖锐的对立,其中儒、墨、法三家观点最为鲜明(道家崇尚自然,义与利均属人事,故而较少论及):儒家重仁义道德,强调个人心理上的和谐平衡和道德上的自我完善,因此在处理义利关系时要求重义轻利,反对见利忘义,以利害义;墨家重利,同时也贵义,他们认为义与利两者是统一的,于民有利则为义,于民无利则为不义,所以他们直接把"义"解释为"利也"②;而以急功近利为思想特征的法家学派则公开讲求功利,他们认为道德教化只有在百姓生活富足的基础上才有可能实现,因此他们主张先富后义,或者干脆以眼前的实利来取代虚伪的仁义。各家各派的义利观分别代表了社会不同阶层的政治观点和经济利益,也生动反映了那个时代的思想特征,因此具有很高的研究价值。

先秦儒家学派的义利观对当今不少读书人影响很深,有些人片面地认为追求物质利益是不光彩的,甚至是不道德的,所以他们宁愿固守清贫,也不愿"为五斗米折腰"。这些认识都是错误的,并不符合孔子的思想观点。其实,孔子虽然重义轻利,但是他对于"利"还是持以相对理性、务实的态度的,并未一味排斥。因此对于义与利的正确态度应该是义节利多,既不要唯利是图,见利忘义,也不要重义轻利,舍生取义。

---

① 《荀子·大略》。
② 《墨子·墨经上》。

41. 用行舍藏(共3章)

所谓"用行舍藏",其实是关于人生进退出处的选择问题,属于人生论范畴。人生有顺境逆境,仕途有得意失意,这些都不是由人的主观意志决定的。面对"用"与"舍",如何做出"行"与"藏"的选择?这是儒家修身的重要内容。孔子一生仕途坎坷,失意时多,得意时少,因此他对于进退出处问题多有思考,也形成了一些特有的见解,并以此来臧否人物,对后人颇有启发。

《论语·述而》:"子谓颜渊曰:'用之则行,舍之则藏,惟我与尔有是夫!'子路曰:'子行三军,则谁与?'子曰:'暴虎冯河,死而无悔者,吾不与也。必也临事而惧,好谋而成者也。'"

颜渊和子路是孔门两大弟子,但是两人才情秉性迥异,颜渊勤奋好学,善思好谋;子路则好勇争胜,鲁莽冲动。孔子对他们两人的态度也截然不同。

孔子认为颜渊属于"好谋而成者",这一点与自己很相像,因此对他比较偏爱,"惟我与尔有是乎"是对他的高度认可;子路则属于"死而无悔者",这种人经常拿自己的生命当儿戏,所以孔子明确表示"吾不与也"。"暴虎冯河"是当时流行的一句俗语,"暴虎"是徒手搏虎,"冯河"是徒足涉河,"冯"同凭。《尔雅·释训》:"暴虎,徒搏也。冯河,徒涉也。"这些都是拿自己生命当儿戏的鲁莽举动,不值得效仿和鼓励。显然,在"谋"与"勇"之间,孔子的选择是非常明确的:不赞同不计后果的"勇",而赞成深思熟虑的"谋"。

"用之则行,舍之则藏"两句是本章重点,《皇疏》:"用者,谓时世宜可行之事也。藏者,谓时世不宜行之事。"由此可见,"用"和"舍"都是就仕途而言的,"用"是受到任用,"舍"是遭到弃用;"行"是出仕为官,行道天下;"藏"则是归隐山林,等待时机。这两句话意思是,如果当政者任用我,我就积极行道;如果当政者不任用我,我就归隐修身。尽管孔子这两句话有点言不由衷,但至少表明他不愿意为了出仕为官而放弃自己政治立场的基本态度。

《说苑·至公》中载:"孔子生于乱世,莫之能容也,故言行于君,泽加于民,然后仕;言不行于君,泽不加于民,则处。"可见孔子对于出仕为官问题比较理性,也比较谨慎,能进则进,不能进则退,审时度势,顺其自然,一切"无可无不可"①。孟子后来也总结道:"可以仕则仕,可以止则止,可以久则久,可以速则速,孔子也。"②

《论语·泰伯》:"子曰:'笃信好学,守死善道。危邦不入,乱邦不居。天下有道则见,无道则隐。邦有道,贫且贱焉,耻也;邦无道,富且贵焉,耻也。'"

本章孔子重点阐述了为人处世的几个基本原则:"守死善道"与求仁有关,主要强调的是求仁者的决心和意志;"危邦不入,乱邦不居"与求知有关,主要强调的是修德君子的理性和智慧,相关内容将在《道》中进行

---

①《论语·微子》。
②《孟子·公孙丑章句上》。

评析。"天下有道"和"邦有道"两句是与孔子进退出处观相关的内容,这里作重点评析。

"天下有道则见,无道则隐","见"犹现,显现、出世的意思,《易传·乾·象》:"见龙在田。""隐"是藏,退隐、归藏的意思。"天下"是一个政治意味很浓的概念,因此"见"和"隐"都是一种带有明确政治目的的选择,这种选择是无须考虑贫富贵贱等个人因素的,比如泰伯"三以天下让"就是一种着眼于长远的政治算计。孔子认为,政治人物或"见"或"隐",首先应该从政治方面来进行考量,而不应该计较个人得失,如果有利于天下,就应该挺身而出,勇于担当;如果不利于天下,也可以归隐山林,远离纷争。

"邦有道"和"邦无道"是另外一种情形,"邦"是邦国,这是一个有别于"天下"的概念。在以氏族宗法制为主体的政治体制中,"邦"本身就是代表氏族利益的政治集团,不具有"天下为公"的政治属性。《礼记·礼运》:"大道既隐,天下为家,各亲其亲,各子其子,货力为己。"在这种政治体制中,出仕为官者无须承担多少政治责任,获取优厚的俸禄才是最实际的选择。

撇开政治因素不说,"见"和"隐"还需要从道德层面来进行考量,求仕者必须清楚地知道什么是羞耻,这样才能守住道德底线,做到有所为有所不为。"耻"是孔子进行道德评判的一个重要标准。那么什么是"耻"呢?弟子原宪曾专门向孔子请教,孔子回答道:"邦有道,谷;邦无道,谷,耻也。"① 可见"耻"与"谷"(俸禄)有关,得该得的不为耻,得不该得的则为耻。孔子在这里又列举了两种情况:一是"邦有道,贫且贱焉";二是"邦无道,富且贵焉"。前一种情况比较好理解,邦国政治清明而不能出仕为官,以至于沦落到穷困潦倒的地步,说明自己没有本事,因此得不到聘用是令人感到羞耻的事情;后一种情况则相对复杂,从语境分析,孔

---

①《论语·宪问》。

子似乎并不反对"邦无道"时出仕为官,他所反对的是借社会动荡而攫取不义之财,比如季氏已经富比周公,然而弟子冉求还积极帮助他推行"用田赋"改革,敛财无度,这就是"邦无道,富且贵焉",同样令人感到羞耻,所以孔子号召孔门弟子"鸣鼓而攻之"①。

人生在做出进退出处的选择时,既要考虑政治因素,也要考虑道德因素。做人既要积极进取,又要坚守底线,在进退出处之间把握好度,这是孔子在本章中想要表达的思想观点。

《论语·卫灵公》:"子曰:'直哉史鱼!邦有道,如矢;邦无道,如矢。君子哉蘧伯玉!邦有道,则仕;邦无道,则可卷而怀之。'"

史鱼和蘧伯玉都是卫国有名望的贵族大夫,他们活动年代稍早于孔子。孔子居卫期间与他们均有所交结,对他们也很敬重。

根据史书记载,史鱼为人正直,敢于仗义执言,处理事务往往不计较政治后果和个人得失,有时难免弄得人际关系紧张,所以孔子用了一个模棱两可的"直"字来对他做出评价。蘧伯玉则为人谦和,处事沉稳,在进退出处方面也比较圆滑老到,进则出仕为官,退则"卷而怀之","卷"是收,"怀"是藏,这一点与孔子的"用之则行,舍之则藏"比较相似,所以孔子高度评价他为"君子"。此外,孔子对于南容、宁武子等人也有大致相同的评价:

子谓南容,"邦有道,不废;邦无道,免于刑戮"。以其兄之子妻之。②

---

① 《论语·先进》。
② 《论语·公冶长》。

子曰："宁武子，邦有道，则知；邦无道，则愚。其知可及也，其愚不可及也。"①

综合孔子各种言论，他对于进退出处问题大致有以下几个观点：

一、孔子主张政治条件许可时应该积极出仕，有所作为。孔子是一个政治责任感和使命感极强的政治家，出仕态度一贯积极，他曾公开表示："如有用我者，吾其为东周乎？"②"苟有用我者，期月而已可也，三年有成。"③孔子认为，在"邦有道"的政治环境下，应该像蘧伯玉、宁武子、南容等人一样"仕""知""不废"，这样不仅可以行道于天下，也可以实现自己的人生价值。如果碌碌无为，一事无成，反而是可耻的事情。

二、选择出仕必须对政治形势进行冷静分析，对政治风险也要做出客观评估，评估风险的最低限度是"免于刑戮"。孔子认为，真正的智者应该是"危邦不入，乱邦不居"④，做到"邦有道，危言危行；邦无道，危行言孙"⑤，要始终把规避风险放在第一位。只有全身远耻，才能行稳致远，这是一种富有智慧的处世策略。蘧伯玉的"卷而怀之"、宁武子的"愚不可及"以及孔子的"舍之则藏"等，都是这种政治智慧的具体体现。

三、生逢乱世，天下无道，可以暂时选择避世归隐，洁身自好。孔子失意于鲁后，曾多次向弟子表达"乘桴浮于海"和"欲居九夷"的退隐想法，其实这只是一种姿态，因为他是不可能真正放弃自己的政治理想的。有一次子贡试探性地问道，有一块美玉，是把它放在柜子里藏起来呢，还是找一个识货的商人卖掉呢？孔子迫不及待地说："沽之哉！沽之哉！我待贾者也。"⑥孟子曾引用古《传》中的话来形容孔子求仕为官的急切心

---

① 《论语·公冶长》。
② 《论语·阳货》。
③ 《论语·子路》。
④ 《论语·泰伯》。
⑤ 《论语·宪问》。
⑥ 《论语·子罕》。

情:"孔子三月无君,则皇皇如也,出疆必载质。""皇皇如也"是焦虑、忧愁的样子,"质"同挚或贽,是拜访公侯大人的见面礼。意思就是,不管大人待见不待见,见面礼随时备上。孟子又进一步解释道:"士之失位也,犹诸侯之失国家也。……士之仕也,犹农夫之耕也。"①由此可见,孔子所标榜的"舍之则藏",只是一种带有政治算计的权宜之计,一方面可以避祸远耻,另一方面又可以以局外人的身份来冷静观察和分析时局的发展变化,所谓"藏"也只是一种以退为进、以处待出的姿态而已。

---

① 《孟子·滕文公章句上》。

42. 贫而安乐，富而好礼(共3章)

贫富差距是客观存在,造成贫富差距的原因是多方面的,因此消除贫富差距需要综合施策,不过这些都是经济学研究的范畴。如何看待贫富问题,体现了一个人的思想境界和道德修养,这些是伦理学研究的范畴,因此在孔子伦理思想中,贫富观是一个很重要的内容。孔子关于贫富问题的言论虽然不多,但是观点非常鲜明,对于培养"富贵不能淫,贫贱不能移"[1]的品质和气节有很强的激励作用。

《论语·学而》:"子贡曰:'贫而无谄,富而无骄,何如?'子曰:'可也;未若贫而乐,富而好礼者也。'子贡曰:'《诗》云:"如切如磋,如琢如磨",其斯之谓与?'子曰:'赐也,始可与言《诗》已矣,告诸往而知来者。'"[2]

子贡兼职"货殖"(经商做买卖),他囤积货物,异地倒卖,从中获利,财富迅速积累,一跃成为孔门首富。《史记·货值列传》:"子赣(子贡)既学于仲尼,退而仕于卫,废著鬻财于曹、鲁之间,七十子之徒,赐最为饶益。"子贡的致富经历当时在社会上必然招致各种非议,在孔门之中也显得格格不入,因此孔子不得不加以关注,他曾有意无意地说:"赐不受命,

---

[1]《孟子·滕文公章句上》。
[2] 本章有关学人为学之道和孔门教学之道的内容将分别在《切磋琢磨》和《〈诗〉》中进行评析。

而货殖焉,亿则屡中。"①所谓"不受命",就是不能安分守己,听天由命。子贡是一个情商极高的人,他不希望自己给孔子留下一个贪财求利的小人印象,于是就用"贫而无谄,富而无骄"来试探孔子,因为孔子曾经说过类似的话:"贫而无怨难,富而无骄易。"②"谄"是谄谀、谄媚,就是说好话来讨好别人。人在贫困之时,为了生存,不得不巴结有钱有势的人,说一些违心的话,做一些昧心的事,这是可以理解的,但是任何事情都不能突破道德底线,否则就违背了儒家礼乐仁义的道德准则。"骄"是骄奢、夸矜、傲慢,这是许多富人的通病,人一有钱就心理膨胀,骄奢淫逸,颐指气使,得意忘形,无法控制,这是缺乏道德修养的典型表现。孔子对于这类人极为反感,他曾多次说:"君子泰而不骄,小人骄而不泰。"③"君子惠而不费,劳而不怨,欲而不贪,泰而不骄,威而不猛。"④"以富贵为人下者,何人不与。以富贵敬爱人者,何人不亲。"⑤综合以上言论解读,"贫而无谄,富而不骄"的意思是人在贫穷时不卑屈于人,在富有时也不陵慢于人,这是有德君子的风度和修为。

对于一个富有的商人来说,能够做到"富而不骄",虽然道德修养的境界未必很高,但也确实难能可贵了,至少守住了做人的道德底线,所以孔子对此表示认可。然而仅仅做到有所"不"是不够的,还要做到有所"好",因此孔子又对子贡提出了更高的要求:"贫而乐,富而好礼。"

在《论语》传世本中,"贫而乐,富而好礼"二句显然有缺漏字。《礼记·坊记》:"子曰'贫而好乐,富而好礼,众而以宁者,天下其几矣。'""好乐"与"好礼"相对,意思相对完整。此外,在《皇疏》中这两句作"贫而乐道,富而好礼",在"乐"字后面多了一个"道"字,"乐道"与"好礼"相对,这

---

① 《论语·先进》。
② 《论语·宪问》。
③ 《论语·子路》。
④ 《论语·尧曰》。
⑤ 《说苑·杂言》。

种表述也比较符合儒家的精神追求,因此清代以来大多数学者均从此说①。但是仔细研读就不难发现,"道"与"礼"在学术概念上并不匹配,放在一起也显得勉强。上博楚简《颜渊问于孔子》第十三简记有孔子"贫而安乐"的言论②,这四个字极具价值,较好地解决了本章的文字问题。孔子曾说:"饭疏食饮水,曲肱而枕之,乐亦在其中矣。不义而富且贵,于我如浮云。"③可见,身处贫困之中,仍然能够好学勤修,自得其乐,这是孔子一贯秉持的人生态度。"贫而安乐"与"富而好礼"相对应,"安乐"和"好礼"代表了儒家修身立德的一种境界。孔子要求子贡无论贫富贵贱,都不能放弃研修儒学和道德修养,既要有所"不",又要有所"安"与"好"。

总体来看,孔子对于贫富问题的态度是相对理性、包容的,他承认贫富差距存在的客观现实,但是他并不要求刻意去改变现状,而是要求加强道德修养,既不要因为贫穷而丧失道德操守,也不要因为富有而道德败坏。

《论语·述而》:"子曰:'富而可求也,虽执鞭之士,吾亦为之。如不可求,从吾所好。'"④

本章言论很重要,对于正确理解孔子的贫富观很有帮助。刘氏《正义》引用《史记·孔子世家》中的相关记载作为本章言论的背景:

(鲁定公五年),阳虎由此益轻季氏。季氏亦僭于公室,陪臣执国政,是以鲁自大夫以下皆僭离于正道。故孔子不仕,退而修诗书

---

① 黄怀信:《论语汇校集释》上册,上海:上海古籍出版社,2008年,第86—88页。
② 马承源主编:《上海博物馆藏战国楚竹书》(八),上海:上海古籍出版社,2011年,第156页。
③《论语·述而》。
④ 本章有关"执鞭之士"的内容将在《士》中进行评析。

礼乐,弟子弥众,至自远方,莫不受业焉。

这一期间,鲁国公室与卿大夫之家、卿大夫与陪臣以及陪臣与陪臣之间矛盾重重,阳虎(阳货)、公山不狃(公山弗扰)等人都曾打算拉拢孔子加入他们各自的团队,并许之以荣华富贵。然而孔子经过再三考虑,最终都一一拒绝了,因为孔子觉得自己和这些得志小人不是同道人,与他们为伍有违自己的政治信念,也是没有出路的。

孔子认为,求富心理人皆有之,此乃人之常情,天经地义。但是求富必须符合"道"或"正道"。"执鞭之士"是管理市场的小吏,虽然地位很卑微(下士),俸禄也很微薄,但毕竟是一份正当职业,所以孔子愿意尝试,因为这符合"道"。而鲁国季氏富可敌国,执政国卿季康子更是贪得无厌,在国内推行"用田赋"税制改革,强行提高赋税征收比例,中饱私囊。孔门弟子冉有当时为季氏宰,"为之聚敛而附益之",孔子认为他们取财无道,违反"周公之典",故而号召孔门弟子"鸣鼓而攻之"①!同样,鲁国贵族大夫南宫敬叔失意于鲁,他希望能够得到重用,因此每次出访回国时都要带回许多金玉珠宝进献给鲁公,孔子对此批评道:"若是其货也,丧不如速贫之愈也。"②意思就是,南宫敬叔虽然富有,但是如此花费来讨好鲁公,还不如让他尽快贫穷来得好,因为他的所作所为不符合"道"。"从吾所好"一句,结合《史记》记载,当指通过研习《诗》《书》《礼》《乐》等古代典籍来修身求道的儒业。

在孔子的贫富观中,"道"是欲与恶、处与去的唯一标准,他在《里仁篇》中说:

> 富与贵,是人之所欲也;不以其道得之,不处也。贫与贱,是人

---

① 《论语·先进》。
② 《礼记·檀弓上》。

之所恶也；不以其道得之，不去也。

"人之所欲"和"人之所恶"都必须符合"道"。所谓"道"，就是儒家所倡导的礼制规范和道德标准。孔子认为，自觉遵从礼乐制度规范，加强仁义道德自律，才是实现富有的正当途径和正确方法。

《论语·述而》："子曰：'饭疏食饮水，曲肱而枕之，乐亦在其中矣。不义而富且贵，于我如浮云。'"

由于孔子不愿意放弃自己的政治理想和道德追求，所以他一生都基本生活在贫困之中，最严重的一次是在陈、蔡之间断粮七日，"从者病，莫能兴"①。孔门弟子大多也出身寒门，像颜渊、闵子骞、原宪等人更是家贫如洗，生活艰辛。所以在孔门之中，"求富"只是一句空洞的口号，安贫乐道才是儒家贫富观的主基调。

"饭疏食"是吃粗粮菜食，"饭"是名词用如动词，"疏食"是素食、菜羹；"饮水"是喝凉水，在古汉语中，"水"是凉水，"汤"是热水；"曲肱而枕之"，就是枕着自己的胳膊而卧，"肱"是胳膊。这几句话极言生活条件之艰苦、恶劣，常人难以忍受，然而孔子却不以为苦，因为他觉得自己精神是富足的，道德是高尚的。

"不义而富且贵，于我如浮云"一句很有气魄，也很有感召力。意思就是，如果靠出卖自己的理想和灵魂来换取荣华富贵，这种事情就像天上的浮云一样毫无价值和意义！这里的"不义"，根据清代经学家刘逢禄在《论语述何》中分析，具体是指卫出公辄与原卫国太子蒯聩之间争权之事，当时孔子淹居在卫，蒯聩父子都竭力想拉拢他，许之以高官厚禄。在

---

① 《论语·卫灵公》。

前一章中,弟子冉有和子贡曾私下议论道:"夫子为卫君乎?"后来子贡用"伯夷、叔齐何人"的问题来试探孔子,孔子答道:"古之贤人也。"子贡据此推断,孔子是不会为了"富且贵"而卷入蒯聩父子之间的不仁不义之争的,所以本章言论是对前章"夫子为卫君"问题的深入阐述。

在孔子的感召下,孔门弟子大多都能甘守清贫,标榜清高,即使有出仕为官的机会,他们也不愿意放弃原则,突破底线。

> 子使漆雕开仕。对曰:"吾斯之未能信。"①
> 季氏使闵子骞为费宰。闵子骞曰:"善为我辞焉!如有复我者,则吾在汶上矣。"
> 一箪食,一瓢饮,在陋巷,人不堪其忧,回也不改其乐。②
> 原思为之宰,与之粟九百,辞。子曰:"毋!以与尔邻里乡党乎!"③

漆雕开和闵子骞不愿出仕,颜渊和原思甘守清贫,他们在道德修养方面堪称楷模。但是这种情况也值得深思,道德观念不应通过排斥物质生活来体现其价值。颜渊、漆雕开等人的所作所为说明,儒学在精神上对人的影响力和改造力是巨大的,甚至是可怕的!如果一个人对于物质生活已经完全麻木不仁,一无所求,即使他在精神上再强大,也必定是扭曲的!

安贫乐道,是一种道德境界,但有时也是一种无奈的选择。子夏曾说:"生死有命,富贵在天。"④既然贫富贵贱是由上天决定的,那么泰然处之就是最好的选择。

---

① 《论语·公冶长》。
② 《论语·雍也》。
③ 《论语·雍也》。
④ 《论语·颜渊》。

43. 言忠信，行笃敬(共5章)

言与行，能最直观地体现一个人的道德修养和思想境界，因此古人常把"德""行""言"三者联系起来进行表述。春秋时期鲁国公族大夫臧文仲曾说："大上有立德，其次有立功，其次有立言，虽久不废，此谓之不朽。"①"立德"是崇礼，"立功"是善行，"立言"则是善言，如果有人能做到"三立"，就可以永垂不朽了。可见古人对"言"与"行"的重视程度。

儒家重修身立德，对于日常言行有许多规范要求。孔子也很重视言行问题，相关言论有很多，根据杨伯峻先生统计，在《论语》中，"言"字共出现126次，多用作动词，即发表言论，用作名词时为言语、言论等义，有时也用"一言"来代指一句话或一段言论，如"一言以蔽之"②、"六言六蔽"③。"行"字共出现72次，词义比较复杂，用作动词时，一方面是指个人的走、动、做、为等具体的行为动作或遵从、奉行某种相对抽象的观念、准则、规范等，如"放于利而行，多怨"④、"其行己也恭"⑤、"不以礼节之，亦不可行也"⑥；另一方面又是指某种客观规律或政治制度的运行、推行、

---

① 《左传·襄公二十四年》。
② 《论语·为政》。
③ 《论语·阳货》。
④ 《论语·里仁》。
⑤ 《论语·公冶长》。
⑥ 《论语·学而》。

实行,如"四时行焉,百物生焉"①、"行夏之时"②、"道不行,乘桴浮于海"③。"行"在用作名词时,主要是指各种行为、作为、举动等义(有时也包含"言"),如"父没,观其行"④、"居敬而行简"⑤。在特定的语境中,"行"又有德行、品行、修行等抽象意义。在孔子言论中,"言"与"行"经常连用,泛指人们的言行举止或道德品行。

孔门以"文、行、忠、信"为"四教"⑥,其中"行(德行)"是"立德","忠"是"立功"(行事),"信"是"立言",这些内容都与"言"与"行"有关。孔子以此为教,要求弟子从日常的一言一行做起,努力提高道德修养。孔子对于言与行的要求是多方面的,主要有三个层面:一是政治层面,具体要求是"言忠信,行笃敬",即言行举止必须符合礼制规范;二是道德层面,具体要求是"慎言慎行""危言危行""危行言逊"或"讷于言而敏于行"等等;三是行为层面,具体要求是"言必信,行必果"⑦。相比较而言,行为层面的言行要求对于君子修身立德并没有太大帮助,孔子平时很少言及,因此这里不作具体评析。此外,孔子对于发表言论还有一些特殊要求,相关内容将在《一言》《三愆》《六言六蔽》等部分中进行评析。

《论语·颜渊》:"颜渊问仁。子曰:'克己复礼为仁。一日克己复礼,天下归仁焉。为仁由己,而由人乎哉?'颜渊曰:'请问其目。'子曰:'非礼勿视,非礼勿听,非礼勿言,非礼勿动。'颜渊曰:'回虽不敏,请事斯语矣。'"⑧

本章是孔子在政治层面对于"言"与"行"提出的总体要求,他要求言

---

① 《论语·阳货》。
② 《论语·卫灵公》。
③ 《论语·公冶长》。
④ 《论语·学而》。
⑤ 《论语·雍也》。
⑥ 《论语·述而》。
⑦ 《论语·子路》。
⑧ 本章有关"仁"的内容将在《仁(仁者)》中进行评析。

行举止必须符合礼制规范,做到"非礼勿视,非礼勿听,非礼勿言,非礼勿动"。有子也说:"有所不行,知和而和,不以礼节之,亦不行也。"①这里的"和"就是人们的言行举止与礼制的规范要求达到和谐一致的理想状态。

由于儒者的职业原因,孔子的礼制观念非常强,他本人就是一个严格遵从礼制规范的楷模。《乡党篇》以记录孔子言行、容色为主,从宗庙朝廷到日常起居,事无巨细,极其繁缛,孔子一言一行一颦一蹙无不中规中矩,符合礼仪。这里抄录篇首三节来具体体会:

> 孔子于乡党,恂恂如也,似不能言者。其在宗庙朝廷,便便言,唯谨尔。
>
> 朝,与下大夫言,侃侃如也;与上大夫言,誾誾如也。君在,踧踖如也,与与如也。
>
> 君召使摈,色勃如也,足躩如也。揖所与立,左右手,衣前后,襜如也。趋进,翼如也。宾退,必复命曰:"宾不顾矣。"

前两节记述的是孔子之"言"。"乡党"是宗族聚居之所,"恂恂如"是谦卑、恭顺的样子。有些人在外面发达了,衣锦还乡时趾高气扬,傲慢无礼。然而孔子回到乡党,在同宗父兄长辈面前,举止恭顺有礼,说话唯唯诺诺,从不与人争辩,好像不会说话一样。"宗庙朝廷"是国家祭祀先祖和商议国政的场所,"便便言"是说话清晰而富有条理。《尔雅·释训》:"诸诸,便便,辩也。"到了正式场合,孔子为了国家社稷大计畅所欲言,言之有理,但是他每一句话都很谨慎。在朝廷上,他与大夫说话,如果对方身份与自己相等(下大夫),就表现得轻松自如,"侃侃如"是和乐融洽;如果对方身份比自己高贵(上大夫),就表现得诚实恭敬,"誾誾如"是中正恭敬;在国君面前,他表现得严肃认真,"踧踖"是恭敬而不安的样子。由

---

① 《论语·学而》。

于说话的场合、对象、内容不同,礼制规范也相应不同,所以孔子与人说话的语气、动作、表情也有所不同,他完全遵循礼制规范,一丝不苟。

后一节记述的是孔子之"行"。"摈"同傧,接引宾客之义。"色勃如"是表情矜持、庄重,"足躩如"是步履沉稳,"襜如"是衣冠整洁,《说苑·杂言》:"子路盛服而见孔子,孔子曰:'由,是襜襜者何也?'"可见"襜襜"就是身着盛装、一本正经的样子,"翼如"是动作舒展。国君安排孔子负责迎送宾客,他容色持重,步履沉稳,衣冠整洁,左右作揖礼拜,动作中规中矩。等到送走宾客之后,他一定要回来向国君禀报。孔子对于礼仪细节近似于苛刻的执着追求,这主要是因为他内心对周朝传统礼制的崇敬和向往。

在日常生活中,孔子也严格遵从礼制规范,在"言"与"行"的许多细节方面尽量做到周密、细致。《乡党篇》中亦有记载:

食不语,寝不言。
席不正,不坐。
乡人饮酒,杖者出,斯出矣。
升车,必正立,执绥。车中,不内顾,不疾言,不亲指。

这些礼仪规范十分琐碎繁复,但是只有严格遵从,长期坚持,才能提高道德修养,所以孔子时时处处依礼而行,绝不马虎。同样,他对于那些安分守己、循规蹈矩的弟子们也格外赏识,子游当武城宰期间,手下有一个叫澹台灭明的小吏,他为人正派,遵从礼制,"行不由径",意思就是,他走路只走正道,从来不抄小路、走捷径,后来子游把他推荐给孔子,尽管他为人愚钝,但是孔子还是将其收归门下①。

孔子生活在一个"礼崩乐坏"的年代,贵族大夫肆意僭越礼制,"季氏

---

①《论语·雍也》。

旅于泰山""三家者以《雍》彻"以及"八佾舞于庭"等违礼行为屡屡发生,孔子对此深恶痛绝,并提出尖锐批评。然而旧的礼制时代大势已去,人们的"言"与"行"已经不再受到礼制节制,这是孔子无法容忍的事情!

《论语·卫灵公》:"子张问行。子曰:'言忠信,行笃敬,虽蛮貊之邦,行矣。言不忠信,行不笃敬,虽州里,行乎哉?立则见其参于前也,在舆则见其倚于衡也,夫然后行。'子张书诸绅。"

司马迁在《史记》中把本章言论时间定在孔子困于陈、蔡期间:"(子张)他日从在陈蔡间,困,问行。"[1]随后孔子便说出"言忠信,行笃敬"这番言论。据此,子张"问行"应该是探问下一步行程或去向的意思,"蛮貊之邦"有可能是指他们即将前往的楚国。不过这种说法值得推敲,因为从文意来看,这里的"行"显然不是行程之义,况且孔子等人困于陈、蔡之际,已经断粮数日,陷于绝境,"从者病,莫能兴"[2],众弟子心灰意冷,无精打采,子路等人更是牢骚满腹,怨声载道,在这种令人沮丧的困境中,谁还有心思讨论忠信仁义之类的问题呢?所以本章言论应该在孔子返鲁之后,子张所问之"行"应与修身有关,而与求生无关。

从孔子答问中可以看出,子张所问之"行"包括"言"与"行"两个方面,那么这个"行"应该如何解读,需要结合具体语境来进行分析。《论语》中有许多"行"字都需要结合上下文才能理解确切词义,比如《雍也篇》的"居敬而行简",结合下文"以临其民"来理解,这个"行"字应理解为行政、执政、治理等义。再比如《学而篇》的"行有余力,则以学文",根据文中"入则孝,出则悌,谨而信,汎爱众而亲仁"等内容分析,这个"行"字

---

[1]《史记·仲尼弟子列传》。
[2]《论语·卫灵公》。

应该是践行孝悌仁义之义,《卫灵公篇》中的"君子义以为质,以礼行之"亦同此义。本章根据孔子行于蛮貊和州里的相关言论推断,"行"应该是出仕为官的意思,这种用法在《论语》中比较多见:

> 子谓颜渊曰:"用之则行,舍之则藏,惟我与尔有是夫!"①
> 子路问:"闻斯行诸?"子曰:"有父兄在,如之何其闻斯行之?"冉有问:"闻斯行诸?"子曰:"闻斯行之。"②

"用行舍藏"是孔子仕途进退的基本原则,"行"代表出仕,已经超出了"行"的本义。子路和冉有二人都热衷于"政事",他们分别就"闻斯行诸"问题征询孔子意见,他们所问之"行"也是出仕为官的意思。

朱熹在《论语集注》中把子张所问之"行"训为"达",钱穆先生亦取此说。在《颜渊篇》中,子张曾向孔子请教:"士何如斯可谓之达矣?"孔子答道:"夫达也者,质直而好义,察言而观色,虑以下人。"他又说:"君子义以为质,礼以行之,孙以出之,信以成之。"③可见"达"既有道德义,又有行为义,而且"达"所能达到的人生境界是"在邦必达,在家必达",这与本章的行于蛮貊和州里是基本一致的。因此这里的"行"也可以理解为一种得到广泛认可的德行或行止。孔门"四教"中有"行","四科"排名中也有"德行",均同此义。

对于"子张问行",孔子从"言"与"行"两个方面提出要求:"言忠信,行笃敬。""忠信"是一个偏正词组,主要强调的是"信",即所谓"言而有信"④;同样,"笃敬"主要强调的也是"敬",即所谓"居处恭,执事敬"⑤。"忠信"和"笃敬"集中体现了"克己复礼"的基本要求,是古人修身立德的

---

① 《论语·述而》。
② 《论语·先进》。
③ 《论语·卫灵公》。
④ 《论语·学而》。
⑤ 《论语·子路》。

重要内容,齐国贤相晏平仲曾说:"忠信笃敬,上下同之,天之道也。"①此外,据《说苑》《孔子家语》等书记载,颜渊打算西游宋国,临行前求教于孔子:"何为修身?"孔子答道:"恭敬忠信,可以为身。恭则免于众,敬则人爱之,忠则人与之,信则人恃之。人所爱、人所与、人所恃,必免于患矣,可以临国家,何况于身乎!"②可见"忠信恭敬"是修身立德之本,能够做到"言忠信,行笃敬",就可以周游列国,通行无阻,否则将寸步难行。

为了强调"言忠信,行笃敬"的重要性,孔子又补充了两句:"立则见其参于前也,在舆则见其倚于衡也,夫然后行。""立"是站立,"参"是参与、加入,"参于前"就是浮现在眼前的意思;"衡"是车轭,"倚于衡"就是刻写在车乘前面的横木上。《集注》:"言其于忠信笃敬念念不忘,随其所在,常若有见,虽欲顷刻离之而不可得。然后一言一行,自然不离于忠信笃敬,而蛮貊可行也。"意思就是,无论身处何处,或站立或驾乘,都要谨记"言忠信,行笃敬"的修身要求,须臾不离,永远不忘,这就是"行"。子张为了谨记教诲,立即把孔子关于"行"的言论写在自己的衣服大带上。

《论语·为政》:"**子张学干禄。子曰:'多闻阙疑,慎言其余,则寡尤;多见阙殆,慎行其余,则寡悔。言寡尤,行寡悔,禄在其中矣。'**"

本章是孔子在道德层面对"言"与"行"提出的具体要求。

慎言慎行是做人做事的基本规范,也是君子修德的基本要求。古人对于慎言慎行的品德极为重视,时时警醒自己,事事严格要求,《诗经·小雅·巷伯》:"慎而言也,谓尔不信。"《周易·系辞上》:"言行,君子之所以动天地也,可不慎乎?"可见言行不慎,不仅会失信于人,而且还会自绝

---

① 《左传·襄公二十二年》。
② 《说苑·敬慎》,并见《孔子家语·贤君篇》。

于天地鬼神。孔子也把慎言慎行作为君子修身立德的主要内容,根据《说苑·敬慎》记载,孔子到周朝观于太庙,见门前石阶旁边立着一个铜人,铜人背后铭文写道:"古之慎言人也。戒之哉!戒之哉!无多言,多言多败;无多事,多事多患。"孔子深受启发,他后来对人说:"君子道人以言,而禁人以行,故言必虑其所终,而行必稽其所敝,则民谨于言而慎于行。"①

孔门弟子中有许多人和子张一样,他们研修儒学的目的是"学干禄",即出仕为官,获取俸禄,因此经常会有人向孔子提出此类问题,孔子总是悉心指导,提出中肯建议。孔子在本章中着重强调了慎言慎行问题,因为弟子一旦学成出仕,受到重用,一言一行都有可能影响到国家安危和民生福祉,所以必须言行谨慎,高度负责。"多闻阙疑"和"多见阙殆"两句,"多闻"和"多见"是慎言慎行的认知基础,只有广见博闻,才能知晓如何言、如何行;"阙"是空隙、空缺,进而引申为废缺、遗弃;"疑"是疑惑,"殆"是危殆,两者是互文,泛指那些没有可靠依据的想法或方案。《皇疏》:"人居世间,必多有所闻。所闻之事,必有疑者,有解者。解者则心录之,若疑者则废阙而莫存录。人若眼多所见,阙废其危殆者,不存录之。"简单地说,有把握的事情就干,没有把握的事情就暂时放一放,尽量避免犯错误。总之,一切都要慎之又慎,这就是出仕为官的基本要求。

对于干禄者来说,慎言慎行有积极和消极两方面的意义。从积极方面来理解,慎言慎行可以有效保证所承担的事务顺利推行,这样就可以保住饭碗,获得俸禄;从消极方面来理解,慎言慎行可以保证"言寡尤,行寡悔",不至于处处遭人责难和批评。

在政治生态恶劣的环境中,慎言慎行还可以使自己免于刑戮,保全

---

① 《礼记·缁衣》。

性命。孔子说:"邦有道,危言危行;邦无道,危行言孙。"①"危"的本义是人站在崖顶,担心坠落,《说文解字》:"危,在高而惧也。"可见"危"比"慎"的警醒程度更深,已经到了极度惶恐的地步。在孔门弟子中,曾子为人最谨慎,他认为身体发肤受之于父母,因此不能有任何缺损,否则就是不孝。在日常生活中,他对自己的一言一行都很谨慎,甚至对于面部表情和说话语气都很在意。有一次,他大病初愈后对门人说:"启予足!启予手!《诗》云:'战战兢兢,如临深渊,如履薄冰。'而今而后,吾知免夫!"②他一生就是在这种"战战兢兢"的极度恐惧状态下度过的!

《论语·里仁》:"子曰:'君子欲讷于言而敏于行。'"

孔子关于"言"与"行"的言论,大多与君子之道有关。"讷于言而敏于行"就是君子修身立德的基本要求。

"讷于言","讷"是语言迟钝,不善表达,与"巧言"相对。不过孔子这里所说的"讷于言"并不是生理性的表达障碍,而是一种道德自我约束,他说:"刚、毅、木、讷近仁。"③又说:"巧言令色,鲜于仁!"④可见"言"与"仁"直接相关。孔子认为,夸夸其谈是不利于培养"仁"的道德品质的,寡言少语则更接近于"仁"的精神。孔门弟子闵子骞平时沉默寡言,然而每到关键时刻,他总能一语中的,所以孔子称赞他道:"夫人不言,言必有中。"⑤相反,弟子宰我则才思敏捷,能言善辩,他曾就"三年之丧"等问题与孔子展开激辩,孔子后来对人说:"始吾于人也,听其言而信其行;今吾

---

① 《论语·宪问》。
② 《论语·泰伯》。
③ 《论语·子路》。
④ 《论语·学而》。
⑤ 《论语·先进》。

于人也,听其言而观其行。"①由于宰我的"言"与"行"不一致,孔子因此而改变了对他的看法。显然,言行一致是孔子判断一个人道德修养的重要标准。

"敏于行","敏"是反应迅速,行动敏捷。子张问仁于孔子,孔子说"仁"至少包括"恭、宽、信、敏、惠"五种品质,他又进一步解释道:"敏则有功。"②"有功"就是"三立"中的"立功",与"政事"有关。孔子又说:"敏于事而慎于言。"③由此可见,本章中的"行"应该是专指处理政务(行政)。孔子认为,办事果敢、利索,不拖泥带水,这是"行"的基本要求。在孔门弟子中,冉有、子路都有这种雷厉风行的特质,"子路有闻,未之能行,唯恐有闻"④,所以他们二人先后出仕为官,政绩不俗,均被列为孔门"四科十哲"中的"政事"优等。

那么如何才能做到"讷于言而敏于行"呢?孔子提出了先行而后言或有行而无言的要求:

先行其言而后从之。⑤
君子耻其言而过其行。⑥
古者言之不出,耻躬之不逮也。⑦
其言之不怍,则为之也难。⑧

在"言"与"行"的关系问题上,孔子强调"先行其言"或"言之不出",这种务实态度表现了儒家积极有为的进取精神。

---

① 《论语·公冶长》。
② 《论语·阳货》。
③ 《论语·学而》。
④ 《论语·公冶长》。
⑤ 《论语·为政》。
⑥ 《论语·宪问》。
⑦ 《论语·里仁》。
⑧ 《论语·宪问》。

《论语·卫灵公》:"子曰:'可与言而不与之言,失人;不可与言而与之言,失言。知者不失人,亦不失言。'"

本章讨论的是"贵言"问题,主要观点是君子要因人而言,因时而言,当言则言,不当言则不言。当言而不言为"失人",不当言而言则为"失言"。何谓当言不当言?《说苑·杂言》:

> 仲尼曰:"非其地而树之,不生也;非其人而语之,弗听也。得其人,如聚沙而雨之;非其人,如聚聋而鼓之。"①

当言不当言的关键在于听言者,对于不明事理或心里另有主张的人,即所谓"不可与言"者,对他们说再多的道理也没有用,他们就像聋子一样根本听不进去,说了白说就是"失言"。比如鲁国执政国卿季康子打算在国内推行"用田赋"改革,连续三次派人来征询孔子意见,孔子坚决不表态,因为孔子知道季康子是不可能听取自己意见的,所以没有必要和他多费口舌②!对于讲求事理或虚心求教的人,即所谓"可与言"者,对他们讲道理,他们不仅能虚心听取,而且能付诸行动,因此就应该坦诚相待,知无不言,言无不尽。比如弟子澹台灭明因为"状貌甚恶",孔子开始对他略有嫌弃之意,不愿与他多言。后来澹台灭明"退而修行","南游至江,从弟子三百人,设取予去就,名施乎诸侯"。孔子为此自责道:"以貌取人,失之子羽。"③孔子认为,只有智者才能辨言识人,做到既不"失人",又不"失言"。

与人言需要分清"得其人"和"非其人",听人言也需要辨明"有德者"和"有言者":

---

① 并见《孔子家语·六本》。
② 《左传·哀公十一年》。
③ 《史记·仲尼弟子列传》。

> 有德者必有言,有言者不必有德。①
> 君子不以言举人,不以人废言。②

这两章言论看似矛盾,其实有一个"德"字贯穿其中,前一章强调要以"德"取"言",后一章则强调要以"德"取"人"。选拔和任用人才要坚持唯"德"是举,不要因为有人能言善辩就加以重用,也不要因为有人身份卑贱就不重视他的意见。

孔子有关"贵言"的言论,凝聚了他的处世智慧和人生经验,对后儒影响很大,荀子、孟子等人对此都有许多精辟的论述,东汉徐干《中论》中还有《贵言》一篇,他结合君子修身行道等问题,对"贵言"进行了全面阐述。

---

① 《论语·宪问》。
② 《论语·卫灵公》。

《论语》言论评析

下册

卞朝宁 著

江苏人民出版社

44. 学(共8章)

教育是人类社会的基础功能,学习则是人类活动的基本内容。人类为了维持生存和发展,就必须通过学习(主动或被动)来认知和改造世界。孟子说:"夏曰校,殷曰序,周曰庠;学则三代共之,皆所以明人伦也。"①《礼记》中也说:"古之王者建国君民,教学为先。《兑命》曰:'念终始典于学。'其此之谓乎!"②可见,"学"或"教学"是伴随人类成长和社会进步的一项重要活动。

就社会活动而言,"学"有广义和狭义之分。广义的"学"从牙牙学语、蹒跚学步就已经开始,《礼记·内则》:"子能食食,教以右手;能言,男唯女俞。"随着年龄的增长和生活的需要,"学"的内容越来越丰富,形式也不受条件限制。狭义的"学"则是在各种教育机构中接受正规教育,学习各种知识和技能,这是一种偏于理性认识的认知活动,常与"思"相对,即所谓"学而不思则罔,思而不学则殆"③。孔子关于"学"的言论大多是狭义的,而且主要与研习儒学和君子修德有关。

根据史书记载,周朝官学制度相当完备,"古之教者,家有塾,党有庠,术有序,国有学"④,贵族子弟在各级官办学校中学习成人社会的社交礼仪和人生道理等。关于学习内容,根据《礼记·学记》中记载,分为"小

---

① 《孟子·滕文公章句上》。
② 《礼记·学记》。
③ 《论语·为政》。
④ 《礼记·学记》。

成"和"大成"两个部分:完成"离经辨志""敬业乐群""博习亲师""论学取友"等学习内容,谓之"小成";达到"知类通达,强立而不反"等学习要求,谓之"大成"。在完成"小成"和"大成"学习任务以后,在知识积累和道德修养等方面能够做到"化民易俗,近者说服而远者怀之",则可谓"大学之道"。相传《学记》为孟子弟子乐正克所作,后经汉儒整理而成。乐正氏是周朝学官,职有专司,世代相传,篇中相关内容比较真实地反映了周朝时期的教育状况和教学理念,对于正确理解和深入分析孔子的为学之道是很有帮助的。

在《论语》中,孔子关于"学"的言论很多,"学"字共有四十三章凡65见。为学之道是孔子思想的一个重要内容,也是其为人之道(仁学思想)和为政之道(礼治思想)的知识来源和认知基础。在评析孔子关于"学"的相关言论之前,必须先了解两个背景情况:

一是官学下移,私学渐兴。春秋以前,"学在官府",许多重要的古代典籍和贵重礼器都珍藏在宗庙或官府,平时很少示人,晋国国卿韩宣子出使鲁国期间,观书于大史氏,有幸看到《易象》《鲁春秋》等珍贵典籍,不禁赞叹道:"周礼尽在鲁矣。吾乃今知周公之德,与周之所以王也。"[①]所谓"大学"(祭祀礼仪等)教育,也是王公贵族所享有的特权,普通士人子弟是不得参与的。然而到了春秋末年,官学垄断的局面发生变化,官学下移,私学渐兴。民间兴办私学,目的在于培养新型社会管理人才和专业实用人才,在学习内容和形式上,对于传统官学既有继承,也有创新,因此更加有利于各类优秀人才脱颖而出。

二是士人阶层的规模不断扩大,社会影响力也日益增强。春秋末年,以氏族宗法制为主体的政治体制全面崩坏,社会关系也发生了重大变化:传统体制内的许多身份显赫的贵族逐渐失去原有的政治地位和经济特权,沦为依靠贩卖知识吃饭的士大夫(孔子就是这类人物的典型代

---

① 《左传·昭公二年》。

表)。与此同时,许多在经济上逐渐取得优势的个体农民、小工商业者迅速发展起来,慢慢跻身于士人行列,他们不仅有参与国家公共事务的强烈愿望,也有通过学习来提高自己身份、改变社会地位的现实需求。《说文解字》:"推十合一为士。士,事也。"这里的"推"是演绎,"合"是归纳,同属思维活动的范畴,二者综合运用就为"士"所操持的"事"规定了明确内容,即通过脑力劳动来体现社会价值。随着士人数量不断增加,影响不断扩大,在社会上兴起一股求学热潮,从而为私学发展奠定了坚实的社会基础。

孔子出身于贵族世家,自幼受到贵族礼仪的熏陶,对于儒业产生浓厚兴趣,"孔子为儿嬉戏,常陈俎豆,设礼容"[①],儒者是孔子的终生职业。孔子又是我国历史上最早创办私学的教育家,他一生勤奋好学,广识多能,设帐授徒,教授儒学,成为万世师表。在《论语》中,孔子结合自己多年学习的切身体会和理性思考,对于学习的目的与意义、动机与效果、内容与方法以及学习与修身求道的关系(即"学"与"思"、"学"与"行"、"学"与"知(智)"、"学"与"禄"之间的关系)等诸多问题都做出了精辟而全面的论述,形成了具有儒家学说特点的教育思想,许多思想观点至今仍具有积极的指导意义。概括地说,孔子关于"学"的言论主要集中在三个方面:为何学、如何学、学什么。

尤其值得关注的是,孔子在学习方法上提出了许多有价值的观点,如"一以贯之""攻乎异端""叩其两端""愤启悱发和举一反三""诲人不倦""切磋琢磨""不耻下问"以及"四毋"等等,由于这些观念意义比较特殊,因此将另设专题单独进行评析。此外,"好学"也是孔子关于"学"的一个重要观点,也将另作评析。

[①]《史记·孔子世家》。

《论语·为政》:"子曰:'吾十有五而志于学,三十而立,四十而不惑,五十而知天命,六十而耳顺,七十而从心所欲,不踰矩。'"

学习首先要解决志向问题,即了解学习的目的和意义,明确今后的人生发展方向。古人论学,首先强调立志问题:"惟学逊志,务时敏,厥修乃来。"①《礼记·学记》中亦引古《记》言曰:"凡学,官先事,士先志。"又说:"比年入学,中年考校。一年视离经辨志。"古代贵族子弟年满十五岁都要行成人礼,开始接受正规教育,因此"辨志"必须在入学一年之内完成,这是学习过程中的一个规定程序,也是人生经历中的一个重要节点。

孔子"十有五而志于学",在年龄问题上,他完全按照贵族教育的有关规定行事,人人皆如此,因此无须过多解读。真正值得关注的是"志于学"问题,《礼记·学记》:"大德不官,大道不器,大信不约,大时不齐。察于此四者,可以有志于学矣。"这几句话的基本意思是,大德之人不必专注于职官的具体事务,天下大道不必涵盖万事万物的各种小道理,真正的信义不必拘泥于具体的文约条款,天时运行也不必具体体现为春夏秋冬四季变化。显然,这里重点强调的是一种超越具体事物或微观现象的理性思维能力,具备这种思维能力就可以"志于学"了。由此可见,"志于学"对于求学者的认知能力是有一定要求的,要求必须心智成熟,能够独立进行理性思考和分析。

孔子对于立志问题非常重视,他说:"三军可夺帅也,匹夫不可夺志也。"②关于"志于学"的具体内容,孔子曾说:"志于道,据于德,依于仁,游于艺。"③这里的"道"是一个政治概念,具体是指"先王之道"或"文武之道"。卫大夫公孙朝曾问子贡:"仲尼焉学?"子贡回答道:"文武之道,未坠于地,在人。贤者识其大者,不贤者识其小者。莫不有文武之道焉。

---

① 《尚书·说命下》。
② 《论语·子罕》。
③ 《论语·述而》。

夫子焉不学?"①可见,治国安邦的"文武之道"是孔子"志于学"的主要内容。孔子又说:"可与共学,未可与适道;可与适道,未可与立;可与立,未可与权。"②"共学"是"志于学"之前的状态,此时人人相同,并无差别,但是到了"志于学"之后,人生理想就出现分歧,于是各人分道扬镳,因此孔子就没有"可与适道"的同道者了。这种志向分歧在以后的"立""权"等人生阶段还会重复出现,有许多人必将渐行渐远,也有许多人必将殊途同归。人生之路莫不因"志"而同,因"道"而殊。

孔子在成人之初,就已经确立以儒为教、以恢复西周盛世礼制秩序为政治追求的人生志向,这是他"十有五而志于学"的意义。

《论语·季氏》:"孔子曰:'生而知之者上也,学而知之者次也;困而学之,又其次也;困而不学,民斯为下矣。'"

本章言论主要阐述了学习的意义,非常重要。

在孔子看来,学习的重要意义在于能够改变一个人的心智,提高认知和思维能力,进而改变社会地位,甚至改变人生命运。在等级观念占绝对主导地位的社会环境中,人们普遍认为,尊卑贵贱智愚等等都是由先天血统决定的,孔子提出通过后天的"学"来改变先天的"知"的观点确实难能可贵。

毋庸讳言,孔子在人性论方面具有唯心主义倾向,他认为人的智力先天存在差异,后天很难改变,"唯上智与下愚不移"③。不过在"上智"和"下愚"之间,大多数是那些智力平平的凡庸之辈,孔子称之为"中人":

---

①《论语·子张》。
②《论语·子罕》。
③《论语·阳货》。

"中人以上,可以语上也;中人以下,不可以语上也。"①孔子认为,"中人"是可以通过后天的勤奋学习来弥补先天智力不足的,他以自己为例:"我非生而知之者,好古,敏以求之者也。"②基于这样的认识,孔子又把人分为四等:

第一等人是"生而知之者",即所谓"上智",这类人天生血统高贵,即便弱智,也必定是"生而知之者",因为以血统而论,人的身份和地位已经决定了智力。比如鲁昭公原本是一个心智不全的国君,十九岁时"犹有童心"③,他违反礼制娶吴国同姓女子为妻,在当时造成恶劣影响,然而当陈司败向孔子求证此事时,孔子也不得不违心地说他"知礼"④。

第二、三等人是"学而知之"和"困而学之",即所谓"中人",这两类人可以通过后天学习来提高或改善认知能力,两者的区别在于前者是主动学习,后者则是被动学习。孔子本人就是主动求学者,他说:"十室之邑,必有忠信如丘者焉,不如丘之好学也。"⑤孔门弟子也大多出身卑微,家境贫寒,他们通过努力学习,一个个成为出类拔萃的人才,不仅改变了身份和地位,而且还出仕为官,受到重用,冉有、子贡、公西赤等人更是跻身于执政核心团队。孔子关于"学而知之"和"困而学之"的理论在孔门弟子身上得到成功验证。

第四等人是"困而不学",即所谓"下愚",这类人天生就是下贱坯子,他们整日无所事事,不思进取,因此只能接受被人驱使的命运。孔子把"民"归为此类,如果用阶级分析的观点来进行评析,这种认识必将受到猛烈批判,然而就历史的实际情况而言,"民"确实是"困而不学"的愚昧者,没有必要过度解读。荀子把这类人称作"妄人":"学,老身长子,而与

---

① 《论语·雍也》。
② 《论语·述而》。
③ 《左传·襄公三十一年》。
④ 《论语·述而》。
⑤ 《论语·公冶长》。

愚者若一,犹不知错,夫是之谓妄人。"①这类人一辈子没有追求,不学无术,到老还是愚妄无知,不明是非,不知对错。孔子的乡党故旧原壤就是这样的人,孔子见到他就气不打一处来,用手杖敲着他的小腿,恨恨地骂道:"幼而不孙弟,长而无述焉,老而不死,是为贼。"②"无述"就是不学习,不思考,不求上进。

综上所述,在"生而知之"和"学而知之"的问题上,孔子虽然承认先天的决定作用,但是他更看重后天的人为努力,强调学习对于提高智力乃至于改变人生命运的重要意义,这种认识对于激励平民子弟勤奋学习起到了积极的作用。

《论语·宪问》:"子曰:'古之学者为己,今之学者为人。'"

本章言论主要阐述了学习的目的,即"为己"还是"为人"问题,虽然文字简约,但是思想深刻。

关于本章解读,有内证和外证两种方法。内证是引用《论语》中的相关言论相互印证,加以诠释。孔子说:"夫仁者,己欲立而立人,己欲达而达人。"③由此推断,"为己"就是立己达己,"为人"则是立人达人,因此这两句话可以解读为:古时学者是为了完善自我而学,现在学者不仅是为了完善自我、也是为了成全别人而学。外证则是引用相关古籍资料来间接佐证,进行诠释。目前最直接的外证资料是《荀子·劝学》,荀子在篇中对本章解读提出了比较明确的思路:

君子之学也,入乎耳,箸乎心,布乎四体,形乎动静;端而言,蠕

---

① 《荀子·解蔽》。
② 《论语·宪问》。
③ 《论语·雍也》。

而动,一可以为法则。小人之学也,入乎耳,出乎口。口、耳之间则四寸耳,曷足以美七尺之躯哉?

古之学者为己,今之学者为人。君子之学也,以美其身;小人之学也,以为禽犊。

荀子把"古之学者"解释为"君子之学",其学习目的完全是为了完善自我,故而"入乎耳,箸乎心";他把"今之学者"则解释为"小人之学",其学习目的是为了卖弄学问而教训别人,故而"入乎耳,出乎口"。显然,荀子认为孔子本章言论是站在是古非今的立场上的,这两句话可以解读为:古时学者是为了完善自我而学,现在学者则是为了教训别人而学。荀子的这种观点也可以从孔子相关言论中得到间接佐证,因为孔子在论述古今关系时大多采取是古非今的态度:

吾犹及史之阙文也。有马者借人乘之,今亡矣夫!①

古者民有三疾,今也或是之亡也。古之狂也肆,今之狂也荡;古之矜也廉,今之矜也忿戾;古之愚也直,今之愚也诈而已矣。②

今之孝者,是谓能养。至于犬马,皆能有养;不敬,何以别乎?③

全面复古是孔子的基本立场,他在许多问题上都表现出一种是古非今的倾向,这就为解读本章言论提供了一个很好的参考和佐证。也就是说,孔子对于"古之学者"是持以肯定态度的,而对于"今之学者"则持以否定态度。

孔子认为,学习的根本目的在于博学多识,开阔视野,不断提高个人的学识素养和道德修养,入能孝敬父母,出能敬事国君,在社会上能与人

---

① 《论语·卫灵公》。
② 《论语·阳货》。
③ 《论语·为政》。

为善,广交朋友,使自己成为一个受人尊敬的有德君子。然而当时社会上有一些学人自我标榜学识渊博,大肆宣扬离经叛道的异端邪说,严重扰乱了人们的思想,败坏了学习风气,鲁国大夫少正卯就是其中的代表人物,根据《论衡》等书记载:"少正卯在鲁,与孔子并。孔子之门,三盈三虚,唯颜渊不去。"①在各种新潮思想的影响下,孔门弟子纷纷改换门庭,投到少正卯门下,弄得儒学正统难以为继,可见"今之学者"的种种奇谈怪论确实能蛊惑人心,危害极大!所以孔子说:"攻乎异端,斯害也已。"②他要求弟子一定要明确学习目的,不要见异思迁,哗众取宠,而要修身律己,帮助他人。

《论语·卫灵公》:"子曰:'君子谋道不谋食。耕也,馁在其中矣;学也,禄在其中矣。君子忧道不忧贫。'"③

春秋时期,士农工商"四民分业",各有各的谋生手段,原本并无高下优劣之分,彼此相安无事。随着社会动荡加剧,"四民分业"的局面逐渐被打破,于是就出现了士农工商职业相斥相轻的情况,甚至职业之间形成竞争关系。比如以荷蓧丈人、长沮、桀溺等人为代表的农耕者讥讽以儒为业的孔子是"四体不勤,五谷不分"④,曲阜司门人也批评孔子是"知其不可为而为之者"⑤。同样,弟子樊迟"请学稼","请学为圃",孔子也很不以为然,他对人说:"小人哉,樊须也!"他在说了一通礼乐仁义之类的大道理后,又特别强调指出:"夫如是,则四方之民襁负其子而至矣,焉用

---

① 《论衡·讲瑞篇》,并见《荀子·宥坐》《孔子家语·始诛》。
② 《论语·为政》。
③ 本章有关"道"的内容将在《道》中进行评析。
④ 《论语·微子》。
⑤ 《论语·宪问》。

稼?"①总之,当时判别一个职业优劣高下的标准就是能不能吃饱肚子,这是孔子本章言论的背景情况。

首先需要说明的是,孔子并不是那种为了人生理想而不食人间烟火的超凡脱俗之人,他的生活态度非常务实,也渴望过上物质充裕的无忧无虑生活,他曾说:"富而可求也,虽执鞭之士,吾亦为之。"②他明确表示,如果能获得财富,即使去做市场管理员之类的鄙事也心甘情愿。他也从来不隐瞒研修儒学就是为了出仕为官、获取俸禄的功利思想:

三年学,不至于谷,不易得也。③
邦有道,谷;邦无道,谷,耻也。④
子贡曰:"有美玉于斯,韫匵而藏诸?求善贾而沽诸?"子曰:"沽之哉!沽之哉!我待贾者也。"⑤

孔子认为,研修儒学三年时间,如果还没有出仕为官的念头,实在是太难得了!可见,他平时给弟子们灌输的就是读书做官的思想。他要求弟子们应该选择适当时机("邦有道")积极出仕为官,获取俸禄,因为这是天经地义的事情。在他的教导和带领下,孔门弟子人人求学干禄,积极入仕,子夏甚至直言不讳地说:"仕而优则学,学而优则仕。"⑥

既然士农工商都是谋生职业,那么在选择职业时就应该首先考虑职业前景(受益)和职业风险(亏损)等问题。从职业发展前景来看,"学"肯定要优于"耕"。孔门弟子中有许多都是亦耕亦战的士人子弟,他们通过研修儒学,不仅获得了出仕为官的机会,改变了身份和地位,而且还获取

---

① 《论语·子路》。
② 《论语·述而》。
③ 《论语·泰伯》。
④ 《论语·宪问》。
⑤ 《论语·子罕》。
⑥ 《论语·子张》。

了巨大的经济利益,比如子贡利用经常出使诸侯各国的机会,兼职做买卖,异地倒卖,大发横财,家累千金。所以孔子说:"学,禄在其中矣。"这句话有意无意地透露出一种儒学的职业优越感。而"耕"则是一个没有什么发展前途的职业,一家人一年四季背负青天面朝黄土,年景好的时候只能勉强维持温饱而已。如此年复一年,没有机会,也看不到希望,这种人生毫无意义。再从职业风险方面来看,以儒为业者有"君子儒"和"小人儒"之分:"君子儒"把"学"当作生命本身的存在形式,研修儒学的目的就是为了提高自身的道德修养,因此他们具有崇高的理想和坚定的信念,以恢复"天下有道"的礼制秩序为己任,积极从政或四处奔走,推行他们的政治主张,从不计较个人功名利禄,也不考虑职业风险,即所谓"君子谋道不谋食""君子忧道不忧贫"。"小人儒"则是把"学"当作一种纯粹的谋生手段,他们通过研修儒学,具备了从政所需的专业知识和能力素质,就有机会出仕为官,获取俸禄,改善生活。当然,当时出仕为官的机会并不多,能够得到当政者的礼聘,不仅要看求仕者本人的能力与学识,还要看他的政治背景和教育背景。孔子后期在诸侯国中声名显赫,影响很大,于是孔门弟子成为当政者选拔人才的资源库,出仕为官者甚众。在《论语》中,鲁哀公、季康子、孟武伯等人都曾向孔子打听过孔门弟子的具体情况,冉有、子路、子贡、子游、公西赤、子羔等人都先后受到鲁国当政者的重用,后期子张、子夏、澹台灭明等弟子也有出仕为官的经历。即使没有机会出仕为官,他们仍然可以以儒为业,在祭祀或丧事活动中帮人操持各种礼仪事务,获取一定的报酬,因此研修儒学者的职业风险相对要小一些。农耕者只能望天收,风险无法预测和掌控,如果遇到饥馑之年,粮食歉收,家人受冻挨饿,生活困苦不堪,所以孔子说:"耕也,馁在其中矣。"郑玄注曰:"馁,饿也。言人虽念耕而不学,故饥饿。学则得禄,虽不耕,而不饥饿。"可见,"耕"的职业风险要远远大于"学"。

经过比较分析,"学"的职业优势明显优于"耕",还有政治上的"道"和道德上的"仁"等堂而皇之的理由作为背书。所以孔子对于研修儒学充满信心,他郑重其事地告诫弟子和时人:"君子谋道不谋食。""君子忧道不忧贫。"

《论语·雍也》:"子曰:'君子博学于文,约之以礼,亦可以弗畔矣夫!'"

本章是关于孔门儒学的学习内容与方法问题,类似于现今的教学大纲。《颜渊篇》中也有相同言论,文字基本相同。此外在《子罕篇》中,颜渊也以受教者的身份表达了自己师从孔子的学习体会和感受:"夫子循循然善诱人,博我以文,约我以礼,欲罢不能。"几处文字可以参阅。

"博学于文","文"是指以《诗》《书》《礼》《乐》等古代典籍为代表的文化知识和典章制度,即所谓"郁郁乎文哉"[1],这是研修儒学的主要内容(有关"文"的内容已在《文》中另作评述)。对于"学于文",孔子要求做到"博",即"多闻""多见""多识",通过"博"来丰富知识,开阔视野,拓展思路,这是"学"的基本方法和要求。"约之以礼","礼"是行为规范,"约"是约束、节制。孔门四教为"文,行,忠,信"[2],"行"就是践行、遵行,其所依据的就是"礼",可见"礼"是与行为实践相关的学习内容,"不学礼,无以立"[3],因此孔子要求一举一动都必须符合礼制规范。

孔子认为,在修学求道的过程中,如果在"文"与"礼"两方面能够达到"博"与"约"的要求,那么就不会发生离经叛道的行为,这里的"畔"同"叛",为违反、背离之义。再作进一步分析,"博"与"约"相对,两者一放一收,"文""礼"兼修,相得益彰,这既是儒学独特的学习方法,也是儒家独有的修身之道。

---

[1]《论语·八佾》。
[2]《论语·述而》。
[3]《论语·季氏》。

《论语·学而》:"子曰:'弟子,入则孝,出则悌,谨而信,汎爱众,而亲仁。行有余力,则以学文。'"①

在学习的内容和方法上,孔子提出了"博学于文,约之以礼"的总体要求;在处理"文"与"礼"的关系问题上,孔子则在本章中明确了以"礼"为主、以"文"为辅的基本原则。

在现实生活中,"礼"并不是一个空泛的概念,而是体现在君臣、父子、兄弟、族众以及朋友等各种人伦关系中的行为准则和道德规范。所谓"约之以礼",就是在各种人伦关系中言行举止都必须受到礼制的调节和规范。孔子认为,遵从和践行各种礼制规范,必须努力提高"孝""悌""信""爱""仁"等道德修养,因此他非常重视道德修行,把"德行"列为孔门四科的重点研修和考察科目。他要求研修儒学者必须以德为先,这里的"弟子"未必特指孔门弟子,而是泛指适龄求学者。"孝""悌""信""爱"等等,是根据各种人伦关系提出的道德规范,而"仁"则是各种道德规范的总和。"仁"与"礼"互为表里,"仁"是道德约束,"礼"是制度约束,所以孔子说:"克己复礼为仁。一日克己复礼,天下归仁焉。"②

在进行道德修养和践行礼制规范("行")的过程中,孔子还要求"学文",即学习古代文化知识和典章制度,从而加深对礼乐制度的理解和认识,提高践行礼制的自觉性和有效性。所谓"行有余力,则以学文","行"是习礼、执礼、行礼,"行"与"学"并不是先后关系,而是主次关系,孔子要求在研修儒学的过程中要以"执礼"为主,以"学文"为辅,两者必须同步进行,不可偏废。当然在特定条件下,"学"也可以促进修德,纠正偏差,孔子有关"六言六蔽"的言论,就系统地论述了"学"在修德行礼过程中的重要作用,相关内容将在《六言六蔽》中进行评析。

---

① 本章有关"孝""悌"等内容将在《孝(悌)》中进行评析。
②《论语·颜渊》。

《论语·先进》:"子路使子羔为费宰。子曰:'贼夫人之子。'子路曰:'有民人焉,有社稷焉,何必读书,然后为学?'子曰:'是故恶夫佞者。'"

孔子和子路因"子羔为费宰"之事而发生激烈争执,此事当发生在鲁国"堕三都"后不久,当时季氏急需用人,子路为季氏宰,有一定的话语权,于是就顺理成章地把小师弟子羔引荐给季氏,不料却遭到孔子的严厉斥责。

对于读书出仕问题,孔子和子路的观点是基本一致的,有机会就应该积极出仕,有所作为,这也是孔门上下的共识。但是在学什么和怎么学等问题上,他们之间存在较大分歧。

孔子认为,"学"是出仕为官的重要前提,所有人都必须先学而后仕,即所谓"学而优则仕"①。鲁哀公曾问子夏道:"必学然后可以安国保民乎?"子夏明确回答道:"不学而能安国保民者,未之有也。"②在学习内容上,孔子认为,"学"应包含"博学于文"和"约之以礼"两个方面,即学习礼乐知识和提高道德修养,所以他要求弟子在研读古代典籍("读书")的同时,还要加强自身道德修养,只有道德修养和学识素养都达到了从政要求,才可以出仕为官,为任一方。然而子羔在年资、学识、能力以及道德修养等方面均有所欠缺,根据《史记·仲尼弟子列传》记载:"高柴字子羔。少孔子三十岁。子羔长不盈五尺,受业孔子,孔子以为愚。"如果按照"堕三都"的时间推算,子羔当时只有二十四、五岁,基本学业尚未完成,人生也缺少历练,关键是在道德修养方面难以服众,因此确实难以胜任费宰之职,然而子路却一厢情愿地推荐他担此重任,确实是误人子弟,所以孔子怒斥道:"贼夫人之子。""贼"是祸害人的意思。

子路则认为,"学"应该是学习为国("社稷")为民("民人")服务的本

---

① 《论语·子张》。
② 《韩诗外传》卷五第二十八章。

事,而不是学习那些礼乐仁义之类的大道理,如果把"学"仅仅理解为枯燥的"读书",那么读不读书也无关紧要。子路是一个听到"读书"就头大的人,他对"读书"很排斥,所以他敢于公开宣称:"何必读书,然后为学。"意思就是,"学"不仅限于"读书",还有其他很多内容。子路这句话是很富有挑战性和煽动性的,故而孔子怒斥他是一个强词夺理、胡搅蛮缠的家伙!"佞"是强词诡辩的意思,孔子曾说:"御人以口给,屡憎于人。不知其仁,焉用佞。"①可见,他对佞者是非常讨厌的。

儒学到底应该学什么、怎么学?其实这个问题并无统一答案,孔子也从未做出系统阐述,完全因人而异。在孔门弟子中,颜渊等人注重德行,冉有等人擅长政事,言语文学,各有所长,殊途同归。不过如果以出仕为官作为"学"的目的,在当时的历史背景下,礼乐知识和伦理道德应该是儒学的必修科目,因此"读书"自然是免不了的,不管子路愿意不愿意、喜欢不喜欢。

《论语·卫灵公》:"**卫灵公问阵于孔子。孔子对曰:'俎豆之事,则尝闻之矣;军旅之事,未之学也。'明日遂行。**"②

在学习问题上,孔子坚持有所学有所不学。孔子所学的是"俎豆之事",即礼乐知识;孔子不学的是"军旅之事",即军旅战阵。这种选择本身就表明了他的政治态度。

孔子对卫灵公说自己不懂"军旅之事",其实是推脱之词。根据史书记载,孔氏先祖是宋国公室贵族,后因避祸迁至鲁国,孔子父亲叔梁纥曾任鲁国陬邑大夫,以孔武有力而闻名,偪阳之役时,他一人抉举城门,使城内的人得以复出,鲁国孟氏宗主孟献子当时称赞他道:"《诗》所谓'有

---

① 《论语·雍也》。
② 本章有关"俎豆之事"的内容将在《祭(旅、禘、祷)》中进行评析。

力如虎'者也。"①孔氏氏族的这种武士气质对孔子不可能没有影响。鲁定公十年(公元前500年),孔子任鲁国大司寇行摄相事,齐、鲁夹谷之会期间,他居中调度,运筹得当,文事武备,周密严谨,从而一举挫败了齐人的阴谋,充分显示出他杰出的军事才能②。当时士人子弟都有应征出战的义务,因此孔门弟子平时除了学习儒学知识以外,还要进行射、御等军事技能训练,军旅战阵也是必须学习的内容之一,所以孔子让弟子们"各言其志"时,子路率尔对曰:"千乘之国,摄乎大国之间,加之以师旅,因之以饥馑;由也为之,比及三年,可使有勇,且知方也。"③如果子路没有系统地学习过"军旅之事",是不敢夸下如此海口的。弟子冉有在齐、鲁郊之战中担任左军统帅,他亲自率领武城三百勇士突入齐军阵中,英勇作战,杀敌无数,为夺取胜利发挥了至关重要作用。季康子后来问冉有:"子之于军旅,学之乎?性之乎?"冉有回答道:"学之于孔子。"④可见孔子在军事方面是颇有研究心得的,而且也有一定的实战经验,他之所以对卫灵公说自己没有学过"军旅之事",是因为他对卫灵公试图通过武力征伐来称霸诸侯的做法不认可。孔子认为,争霸战争愈演愈烈的真正原因是周朝礼制失序,诸侯野心膨胀,如果想消除纷争,依靠武力征伐("军旅之事")是不能解决问题的,应该依靠崇礼修德("俎豆之事")来感化人心。由此可见,孔子所说的"未之学也",真实意思是"军旅之事"学而无用,"俎豆之事"才是唯一正确的选择。

此外,孔子对于樊迟"请学稼""请学为圃"也表示不屑,这些谋生技艺也是孔子弃而不学的,因为"君子谋道不谋食"⑤,只有学习礼乐知识才是君子正道。必须承认,孔子这种重理论知识而轻实践技能的教学理念,对于中国古代教育产生了极为消极的影响。

---

①《左传·襄公十年》。
②《左传·定公十年》,亦见《史记·孔子世家》。
③《论语·先进》。
④《史记·孔子世家》。
⑤《论语·卫灵公》。

45. 好学(共1章)

《论语·学而》:"子曰:'君子食无求饱,居无求安,敏于事而慎于言,就有道而正焉,可谓好学也已。'"

在《论语》中,"学"与"好学"是两个不同的概念,代表了两种不同的境界,应该分别进行评析。孔子说:"知之者不如好之者,好之者不如乐之者。"①"学"是"知之者"或"好之者",而"好学"则是"乐之者"。

从表面上看,"学"与"好学"的区别在于乐与不乐,实质上反映的则是有我和忘我两种境界:有我就有是非得失,有是非得失就有喜怒哀乐,子夏说:"贤贤易色;事父母,能竭其力;事君,能致其身;与朋友交,言而有信。虽曰未学,吾必谓之学矣。"②可见"学"周旋于各种人伦关系之中,处处被动应付,何乐之有?忘我则无是非得失,无是非得失则乐而忘忧,所以孔子说:"学而时习之,不亦说乎?"③孔子觉得自己已经达到这种乐而忘我的"好学"境界:

叶公问孔子于子路,子路不对。子曰:"女奚不曰,其为人也,发

---

① 《论语·雍也》。
② 《论语·学而》。
③ 《论语·学而》。

愤忘食,乐以忘忧,不知老之将至云尔。"①

饭疏食饮水,曲肱而枕之,乐亦在其中矣。不义而富且贵,于我如浮云。②

安贫乐道,追求真知,乐而忘忧,连"老之将至"都不知道,这就是"好学"的境界。

在本章中,孔子对"好学"做出明确定义,具体有三方面内容:

一是"食无求饱,居无求安"。真正的好学者是不在意衣食住用等物质生活条件的,他们更注重精神生活和道德追求,完全沉浸在学习和思考的乐趣之中,达到忘我境界,这是常人难以做到的。在孔门弟子中,只有颜渊能够达到这种境界:

哀公问:"弟子孰为好学?"孔子对曰:"有颜回者好学,不迁怒,不贰过。不幸短命死矣,今也则亡,未闻好学者也。"③

子曰:"贤哉,回也!一箪食,一瓢饮,在陋巷,人不堪其忧,回也不改其乐。贤哉,回也。"④

颜渊身居陋巷,箪食瓢饮,过着极其简朴的生活,他却能不坠其志,勤学苦修,乐在其中。他在道德修养方面也已经达到很高境界,遇事从不迁怒于人,自己也不会犯同样的错误。因此孔子对他特别赏识,不仅多次称赞他"好学",而且还把他列为孔门十哲"德行"优等之首。

二是"敏于事而慎于言"。这是与"忠信"等道德品质相关的内容,因为外在的言与行体现了内在的忠与信,所以孔子要求修德君子必须做到

---

① 《论语·述而》。
② 《论语·述而》。
③ 《论语·雍也》。
④ 《论语·雍也》。

"言忠信,行笃敬"①,而"好学"则是提高"忠信"等道德修养的有效途径和正确方法。他说:"十室之邑,必有忠信如丘者焉,不如丘之好学也。"②意思就是,言行能够做到"忠"和"信"的人有很多,但是像他一样"好学"的人却少之又少,因为"学"只能知其然而未必知其所以然,"好学"则能知其然而又能知其所以然。

三是"就有道而正焉"。这句话有两层意思:就学习内容而言,"学"的内容是"文",即"行有余力,则以学文"③,这些都是有关个人道德修养方面的内容;而"好学"的内容则是"道",即"先王之道"或"文武之道",这些则是有关治国安邦的内容。显然,两者在思想境界上是不可同日而语的。就学习目的而言,"学"是一个完成知识积累和完善知识结构的学习过程,而"好学"则是一个道德逐渐完善的修身过程。"就有道而正焉"强调的就是学习过程中的自觉意识和自省精神,"就"是对标,"正"是矫正,从"就"到"正",就是实现道德自我完善的过程。

从认知过程来看,"学"是从无到有,通过学习来不断积累知识,提高道德修养;"好学"则是从有到无,通过学习来发现自己的无知和不足,进而激发主动求知的欲望,所以子夏说:"日知其所亡,月无忘其所能,可谓好学也已矣。"④意思就是,每天勤奋学习,学到的知识越多,就越觉得没有学到的知识更多,能有这样的自觉意识,就达到了"好学"的境界。

孔子有关"好学"的观点在儒学传承中已成为一种道德追求和精神激励。北宋理学家张载在教授程颢、程颐兄弟时,让他们先去整理和研究"孔颜处乐"问题,因为只有了解"孔子、颜渊之所以乐",才能明确学习目的,端正学习态度,真正做到"好学"。

---

① 《论语·卫灵公》。
② 《论语·公冶长》。
③ 《论语·学而》。
④ 《论语·子张》。

46. 一以贯之（共1章）

《论语·卫灵公》："子曰：'赐也，女以予为多学而识之者与？'对曰：'然，非与？'曰：'非也，予一以贯之。'"

"一以贯之"，既是儒家思想的学理根脉，也是格物致知的重要方法，两者在思维方式上殊途同理，一脉相承。有关学理根脉方面的内容，孔子在与曾参、子贡的对话中已经阐明，根据曾参事后透露："夫子之道，忠恕而已矣。"① 而他在回答子贡"有一言而可以终身行之者乎"问题时又说："其恕乎！己所不欲，勿施于人。"② 相关内容已在《忠（敬）》中另作评析，这里重点评析有关格物致知方面的内容。

孔子博学多识，温文尔雅，子贡虽然悟性极高，但是仍然觉得力不从心，故而常作"日月也，无得而逾焉"③ 之叹。孔子为解其惑，将自己多年的学习心得传授给他：各种知识看起来互不相属，杂乱无章，但是如果进行分类整理，理性概括，用一个统一的理念或概念将各种漫无头绪的知识串联起来，任何人都可能成为"多学而识之者"。学习一定要掌握正确的方法，即"一以贯之"。

"一"为元，万物之初始，世界之本源。老子说："道生一，一生二，二

---

① 《论语·里仁》。
② 《论语·卫灵公》。
③ 《论语·子张》。

生三,三生万物。"①又说:"昔之得一者:天得一以清,地得一以宁,神得一以灵,谷得一以盈,万物得一以生,侯王得一以为天下正。"②《周易·系辞下》中也说:"天下之动,贞夫一者也。"显然,"一以贯之"的"一",就是孔子知识体系的初始或本源。"贯"是线索、脉络或纲领等,《皇疏》:"贯,犹穿也。"前人曾用散钱和钱绳来做比喻,"一"好比是穿钱的钱绳,"多学而识之"则是散钱,如果零散的知识不用"一"串联起来,就会零乱散落,不成体系。在学习过程中,"贯"就是归纳、概括、总结和提高。

春秋时期,"一"是一个非常流行的观念,人们在思辨过程中,希望能透过纷繁复杂的现象总结归纳出某种具有本质意义的规律,从而实现理性升华。孔子是一个善于思考的智者,这种思维特征在《论语》中多有出现:

《诗》三百,一言以蔽之,曰:"思无邪。"③
子曰:"参乎!吾道一以贯之。"曾子曰:"唯。"④
君子一言以为知,一言以为不知,言不可不慎也。⑤

"一言"就是"一",是经过高度概括的核心理念,对于整个知识体系具有统而贯之的作用。如果能够正确掌握"一以贯之"的学习方法,就可以执简御繁,闻一知十,有效地提高学习效率。

"一以贯之"的学习方法,是孔子在长期实践中摸索总结出来的成功经验,尽管他没有做出系统阐述,但是结合其相关言论和实践活动分析,至少有以下三方面内容:

首先是博于学,即"多学而识之",这是格物致知的基础。孔子一贯

---

① 《老子》第四十二章。
② 《老子》第三十九章。
③ 《论语·为政》。
④ 《论语·里仁》。
⑤ 《论语·子张》。

主张"博学于文"①,要求弟子"多闻阙疑""多见阙殆"②。他曾对弟子说:"小子何莫学夫诗?诗,可以兴,可以观,可以群,可以怨。迩之事父,远之事君;多识于鸟兽草木之名。"③学习通常是从"多识鸟兽草木之名"的感性认识开始的,经过慢慢积累,知识越来越丰富,思想也越来越深刻。清代学者焦循说:"一以贯之,则天下之知皆我之知,天下之能皆我之能,何自多之有?自执其多,乃执一矣。"④意思就是,因为先有"多",然后才有"一"。

其次是精于思,即"默而识之"⑤,这是进行理性概括和思辨总结。在庞杂的知识体系中,如何才能剥茧抽丝、理出头绪?这对于每一个求知者来说,都是一个严峻的考验。在孔门弟子中,颜渊的思辨能力最强,孔子曾评价他说:"吾与回言终日,不违,如愚。退而省其私,亦足以发,回也不愚。"⑥所谓"发",是通过理性思考而有所发明,即所谓"不悱不发"⑦。所以孔子问子贡:"女与回孰愈?"子贡答道:"赐也何敢望回?回也闻一以知十,赐也闻一以知二。"孔子也不得不承认:"弗如也;吾与女弗如也。"⑧在学习能力方面,与颜渊相比,孔子自叹弗如,这并非是一句客套话。从认知过程来看,"闻一以知十",是一种从无到有、从少到多的推演能力,而"一以贯之"则是一种从有到无、从多到少的概括能力。孔子虽然不能闻一知十,却能以"一"贯百、贯千、贯万、贯无穷,在思辨层次上显然要高出许多。

再次是贯于"一",即"下学而上达"⑨,这是学习的最高境界。孔子

---

① 《论语·雍也》。
② 《论语·为政》。
③ 《论语·阳货》。
④ [清]焦循:《雕菰楼经学九种》上册,南京:凤凰出版社,2015年,第666—667页。
⑤ 《论语·述而》。
⑥ 《论语·为政》。
⑦ 《论语·述而》。
⑧ 《论语·公冶长》。
⑨ 《论语·宪问》。

说:"君子上达,小人下达。"①所谓"上达",就是达于天道、穷于极致。清代学者戴震对此解释说:"曰'一以贯之',非言'以一贯之'也。道有下学上达之殊致,学有识其迹与精于道之异趋。'吾道一以贯之',言上达之道即下学之道也。"②可见,"一"在学说体系中的作用在于上下贯通,殊途同归,天人合一,掌握了"一以贯之"的学习方法就可以臻入"下学而上达"的最高境界。

总体而言,"一以贯之"是一种从极繁到极简、再由极简到极繁的思维方式和学习方法,对于训练思维能力和提高学习效率是很有帮助的。

---

① 《论语·宪问》。
② [清]戴震:《孟子字义疏证》,北京:中华书局,1982年,第55—66页。

47. 攻乎异端(共1章)

《论语·为政》:"子曰:'攻乎异端,斯害也已。'"

本章虽然只有寥寥数字,但是素谓难读,几乎每一个字都有争议,一字理解不同,意思则相去千里。

所有争议都集中在"异端"二字上,这是问题的焦点。从字面上来理解,"异端"是"两端"之一,彼此各以为异。《韩诗外传》中说:"别殊类,使不相害,序异端,使不相悖。"可见,这是一种在对立之中把握统一的思维模式,有知己知彼、触类旁通的意思。孔子这里所说的"异端"显然是指与儒学正统(大道)相对立的旁门左道(小道)或异端杂说。相对而言,"异端"的性质决定了危害的程度,旁门杂技未必能对儒学构成威胁,思想上的对立才有可能真正危害到儒学,因此对于"异端"性质的理解就成为解读本章言论的关键。关于这个问题,古来众说纷纭,具有代表性的观点主要有以下两种:

第一种观点认为"异端"是指儒学以外的别派杂学。何晏《论语集解》:"善道者有统,故殊途而同归。异端,不同归者也。"《皇疏》:"异端,谓杂书也。言人若不学六籍正典,而杂学于书史百家,此则为害之深。"《集注》:"异端,非圣人之道,而别为一端,如杨墨是也。"此外,《春秋公羊传·文公十二年》中说:"惟一介断断焉无他技。"何休注曰:"断断,犹专一也。他技,奇巧异端也。孔子曰:'攻乎异端,斯害也已。'"以上诸说均将"异端"释为儒学正统以外的杂学他技,即子夏所说的"小道"。"攻"训为"治",即钻研、研究之义。按照这样的理解,孔子这句话应该是对孔门弟子说的,他希望弟子们研修儒学要专心致志,心无旁骛,吃得了苦,耐得住寂寞,不要三心二意,见异思迁,花费无谓的时间和精力去学习和研究那些杂学他技,因为儒学是修身立德、治国安邦的"大道",而杂学他技则是有害无益的"小道"。这里的"斯"是代词,代指"攻乎异端","也已"是语气助词。

这种观点在《论语》中可以得到佐证,孔子对于儒学一直有一种优越感,而对于学习儒学以外的其他知识或技艺则一概持以轻蔑和排斥的态度,比如弟子樊迟"请学稼""请学为圃",他就没好气地说:"吾不如老农。""吾不如老圃。"事后他又对人说:"小人哉,樊须也!"①再比如他在病重期间,子路按照民间流传的杂书《诔》来为他祈祷,他苏醒过来后对子路的做法很不以为然,因为他觉得这些都是骗人的旁门左道②。子夏也说:"虽小道,必有可观者焉;致远恐泥,是以君子不为也。"③这里的"小道"就是各种旁门左道,雕虫小技,亦即"异端",虽然有用,但也有害,如果沉溺其中,必然影响儒学修身立德之大计,所以孔子希望为学之人不要"攻乎异端",而应专心研修礼乐仁义之学。

第二种观点认为"异端"是在政治上与儒学思想形成尖锐对立的异端邪说。程树德在《论语集释》中引述宋人孙奕的观点:"攻如'攻人之恶'之攻。已如'末之也已'之已。已,止也。谓攻其异端,使吾道明,则异端之害人者自止。"清人钱大昕、王闿运、焦循以及今人杨伯峻等人均持此说。这种解说是从"攻"的词义来反推"异端"的含义,因为《论语》中的"攻"都是攻击、批判的意思:

---

① 《论语·子路》。
② 《论语·述而》。
③ 《论语·子张》。

季氏富于周公,而求也为之聚敛而附益之。子曰:"非吾徒也。小子鸣鼓而攻之,可也。"①

攻其恶,无攻人之恶,非修慝与?②

既然"攻"是攻击、批判,那么"异端"就是一种与孔门儒学形成对立的学说思想或政治主张,比如少正卯之流鼓吹的异端邪说,"其居处足以撮徒成党,其谈说足以饰褎莹众,其强御足以反是独立"③,对儒学的传播和发展形成极大影响,因此必须与之作坚决斗争。按照这样的理解,孔子这句话是针对当时社会上的种种学术乱象而言的,他希望儒学研修者应该共同批判那些蛊惑人心的异端邪说,不能任其再继续危害儒学传播,这里的"已"是停止、终结的意思。

此外,李泽厚把这句话译为:"攻击不同于你的异端学说,那反而是有危害的。"他认为本章言论表现了儒学"主张求同存异,不搞排斥异己"的宽容精神④。台湾学者傅佩荣亦持相同观点:"孔子的原则就是不要批判别人,因为批判不同立场的说法,难免带来后遗症,别人可以反过来用更可怕的方式批判你。"⑤这种观点主要是对"害"字的解读与旧注不同,不过此解亦有可取之处。

总之,无论"异端"是杂学他技,还是异端邪说,孔子都站在儒学正统的立场上表示反对,因为求学必须精诚专一,思想必须一以贯之,修德必须持之以恒,否则将难有成就。

---

① 《论语·先进》。
② 《论语·颜渊》。
③ 《孔子家语·始诛》。
④ 李泽厚:《论语今读》,北京:生活·读书·新知三联书店,2008年,第73页。
⑤ 傅佩荣:《〈论语〉新解》上册,南京:译林出版社,2012年,第62页。

48. 学而时习之(共1章)

《论语·学而》:"子曰:'学而时习之,不亦说乎? 有朋自远方来,不亦乐乎? 人不知,而不愠,不亦君子乎?'"①

关于"学而时习之"的观点,不仅是孔子为学之道的出发点,也是为人之道的立足点,因此有人将本章定性为孔子留给国人的"第一遗训":"他希望国人通过坚持不懈、世代相传的学习、学习、再学习,以延续、提升和发展自身的文明。"②

研修儒学,首先必须掌握正确的学习方法,"学而时习之"就是最基本的学习方法。"学"是认知基础,"习"则是认知升华。在古代汉语中,"习(習)"的本义是雏鹰振动双翅,反复练习,最终学会飞行本领,翱翔蓝天,所以《说文解字》中说:"习(習),数飞也,从羽,从白。"《逸周书》《礼记》等书中也有"鹰乃学习"之说。这里的"时",有人根据《礼记·王制》中的"春秋教以《礼》《乐》,冬夏教以《诗》《书》"而理解为"四时",也有人根据"时是日中之时"而理解为白昼,"宰予昼寝"就是因为没有按照孔子"学而时习之"的要求而受到严厉批评③。如果按照学习规律来解读,这个"时"字可以简单地理解为时常、按时、定时等义。

---

① 本章有关"朋""君子"的内容将在《友(朋、朋友)》《君子与小人》中进行评析。
② 杨义:《论语还原》上册,北京:中华书局,2015年,第97页。
③ 《论语·公冶长》。

从认知过程来看,"学"是从不知到已知、从不能到已能的过程,而"习"则是从已知到自觉、从已能到本能的过程。"习"的重要意义在于化人为己、化外而内。从"学"到"习",就是把别人的东西完全变成为自己的东西,这才是学习的乐趣所在。

"学而时习之"是孔子对入门弟子提出的第一个要求,这句话必须结合古人的阅读和书写条件来理解。当时古代典籍大多珍藏在宗庙或官府之中,平时难得一见,用时全凭记忆,因此要求反复背诵,精确记忆。孔子说:"学如不及,犹恐失之。"①可见,通过及时默诵来巩固记忆是提高学习效率的有效方法。同样,当时书写方式主要是用刀在竹简或木版上镌刻,一笔一画都很不容易,如果出现书写错误,修改起来很麻烦,所以平时所学知识必须扎实,记忆必须精准,这样才能少出差错。反复默诵和独立思考不仅可以巩固已学知识,还可以获得新的启发和感悟,从而达到"温故而知新"的学习效果②。此外,儒学不仅重视学习书本知识("文"),也很重视实践操持训练("行"),比如在"执礼"过程中,升降揖让每一个动作都必须演练到位,符合礼仪规范,这就需要反复演习。同样,操琴鼓瑟等技艺也必须经过反复操练才能达到和谐状态。因此对于习儒者来说,"习"还具有实际演习和反复操练的特殊意义。

"不亦说乎"是一个用以强调的反问句,"说"同悦,愉悦、高兴之义,这是全句的核心意涵。孔子认为,学习应该是一个身心愉悦的过程,人们在学习中不仅可以获取知识,提高思想境界,还可以愉悦心情,满足精神需求。把学习当作一种人生享受,这是贯穿于《论语》全书的一个基调,在孔子言论中随处可以感受到这种乐观、欢悦的情绪:

饭疏食饮水,曲肱而枕之,乐亦在其中矣。不义而富且贵,于我

---

① 《论语·泰伯》。
② 《论语·为政》。

如浮云。①

其为人也,发愤忘食,乐以忘忧,不知老之将至。②

知之者不如好之者,好之者不如乐之者。③

如何才能好而乐之呢?答案其实很简单,少一点功利,多一点情趣,视富贵如眼前浮云。为什么许多人越学越苦,毫无乐趣?因为他们心不静,想法太多,反而忘记了学习的真谛。梁启超说孔子是"常把精神放在安乐的地方"④,李泽厚也用"乐感文化"来诠释这种乐观精神,并且认为"'乐观文化''实用理性'乃华夏传统的精神核心"⑤。确实如此,学而好之、乐在其中是儒家思想的一个重要内容,也是人生修养的一个重要标识。

---

① 《论语·述而》。
② 《论语·述而》。
③ 《论语·雍也》。
④ 梁启超:《梁启超文集》,昆明:云南教育出版社,2001年,第3310页。
⑤ 李泽厚:《论语今读》,北京:生活·读书·新知三联书店,2008年,第29页。

49. 学而不厌(共1章)

《论语·述而》:"子曰:'默而识之,学而不厌,诲人不倦,何有于我哉?'"

本章是孔子关于教学问题的三点思考,言简意赅,易知难行,所以孔子说"何有于我哉",表明自己尚有不能,仍须继续努力。他在谈论"圣与仁"问题时也有相同言论:"若圣与仁,则吾岂敢?抑为之不厌,诲人不倦,则可谓云尔已矣。"①"默而识之"是通过默诵的方式来加深记忆;"诲人不倦"是耐心教导别人而不知疲倦;"学而不厌"一句对后人影响最大,许多莘莘学子都将此作为激励自己发愤学习的座右铭,然而许多《论语》注本对这句话往往含混带过,既没有说明何为"不厌",也没有解释何以"不厌",因此有必要专门做出评析。

"学而不厌",既是学习态度,也是学习方法,只有选择正确的学习方法才能保持正确的学习态度。关于"厌"字,杨伯峻译为"厌弃",李泽厚译为"厌烦",李零译为"疲倦",钱穆先生则比较谨慎,他不在"厌"字上多作纠缠,干脆把这句话译为"勤学不厌"。各种译法虽然大体做到文从字顺,但是未必确切,而且容易与后面一句"诲人不倦"形成重复。从文字构成来看,"厌(厭)"的本字是"猒","肙"象形为猛兽吞噬,"犬"则代表猎物,"厌(厭)"的本义是猛兽饱食之后对猎物失去了兴趣,亦即满足、知足

---

①《论语·述而》。

之义。这种用法在当时非常普遍,《左传·隐公元年》:"姜氏何厌之有?"《左传·闵公元年》:"戎狄豺狼,不可厌也。"两处"厌"都是满足的意思。显而易见,比较"厌弃"和"满足",两者有积极和消极之分,"厌弃"偏于消极,"满足"则偏于积极。这句话的意思应该是:坚持学习,永不满足。

  如何才能做到"学而不厌"呢?孔子并没有做出明确阐述,不过从他的相关言论中大致可以梳理出以下几点:首先,要有强烈的求知欲望和浓厚的学习兴趣。孔子要求弟子们学《诗》,因为除了"兴观群怨"等现实目的外,还可以"多识于鸟兽草木之名"等等[1],这些都是益智怡情的内容,能够满足人们的精神需求。其次,要把学习当作一个自我完善的过程。人生修养永无止境,学习也就永不满足,孔子说自己是"发愤忘食,乐以忘忧,不知老之将至"[2],他一生都沉浸在求学修德之中,即便已经达到"多能""多识""多知"的超凡境界,但是仍然要求自己"学而不厌"。再次,要始终保持乐观向上的精神。孔子说:"君子坦荡荡,小人长戚戚。"[3]如果把这两句话倒过来理解:积极乐观、心胸坦荡之人就能成为道德高尚的君子,消极悲观、患得患失之人只能成为见识浅薄的小人。孔子一生经历无数凶险与困厄,被人误解,受人讥讽,遭人暗算,但是他始终坚持积极乐观的人生态度,"不怨天,不尤人,下学而上达"[4],这种乐观向上的精神不仅成就了自己,也感染和带动了别人。最后,还要有远大的理想和坚定的信念。长沮、桀溺、荷蓧丈人等人不愿与当政者同流合污,他们愤世嫉俗,弃世厌学,迷失了人生方向。孔子在三十岁前后就已确立全面恢复西周盛世礼制秩序("文武之道")的政治理想,他一生求道、行道、乐道,抱着"朝闻道,夕可死矣"的决心[5]。因为志向高远,信念坚定,人生就有意义,学习也有动力。

---

[1]《论语·阳货》。
[2]《论语·述而》。
[3]《论语·述而》。
[4]《论语·宪问》。
[5]《论语·里仁》。

50. 学而不思则罔(共1章)

《论语·为政》:"子曰:'学而不思则罔,思而不学则殆。'"

本章讨论的是"学"与"思"的关系问题,这两句话是人人皆知的治学格言,但是未必人人皆能。现今有的学人只知埋头苦学,却不善于独立思考,不能把知识有效转化为自己的东西,结果读了一辈子书,只有掉书袋的功夫。还有的学人就像杨绛先生批评的那样:你的问题主要在于读书太少而想得太多。这种人没正经读过几本书,只知其然而不知其所以然,就开始天马行空,胡思乱想,胡说八道,结果必然是贻笑大方,洋相百出。由此可见,格言只能"格"有德君子,对于无知小人并不管用!

"学而不思则罔","学"是学习,这里可以具体理解为学习儒学知识,即所谓"行有余力,则以学文"[1];"罔"有两解:一是迷惘、疑惑;二是诬罔、欺骗,即所谓"可欺也,不可罔也"[2]。目前通行《论语》注本均采用前一种解说。这句话的意思是,学习不动脑筋,就会越学越糊涂。

"思而不学则殆","思"是思考,即通过独立的理性思考来加深对所学知识的理解,最终形成自己的认识。"殆"也有两解:一是怀疑、疑惑,子张学干禄时,孔子提出"多闻阙疑""多见阙殆"的要求[3],这里的"疑"和

---

[1]《论语·学而》。
[2]《论语·雍也》。
[3]《论语·为政》。

"殆"是互文,后来在此基础上进而引申为危险、危殆之义;二是疲惫、懈怠。从文意来看,前一种解说更加贴切,故从。这句话的意思是,独自一人苦思冥想,遇到问题不能求学于书或求问于人,这种认死理、爱钻牛角尖的学习方法是不可取的,也是很危险的。

  单就学习过程而言,"学"与"思"应该是一个有机整体,因为学习本身就包含了思考的成分,而思考也必须建立在学习基础之上,所以没有"思"的"学"和没有"学"的"思"都是不成立的。孔子曾以自己的切身体会来说明"思"离不开"学"的道理:"吾尝终日不食,终夜不寝,以思,无益,不如学也。"①"不学而好思,虽知不广矣。"②同样,他对于那些学习不动脑筋、不求甚解的人也不以为然,他说:"不曰'如之何,如之何'者,吾未如之何也已矣。"③善于学习的人总会不停地问"为什么",如果连"为什么"都懒得问,那就无可救药了!海外学者对于《论语》中"学"与"思"的关系问题也有独到见解,他们对两者关系做出如下概括:"孔子之'思'的动态过程可被解释为'学'(學)与'思'的不断相互作用,其结果就是由'信'而达'知'。'学'/'思'的反向作用可大致被解读为西方思维范式中'reasoning'之功能上的对等物,'知'与'knowing'相对应,'信'可能会对应于至少是'truth'的一个意思。"④如果把"学"与"思"作为一个完整统一的过程,那么两者有机结合的结果就是获得真知(truth)。

---

① 《论语·卫灵公》。
② 《韩诗外传》卷六第九章。
③ 《论语·卫灵公》。
④ [美]郝大维、安乐哲著:《通过孔子而思》,何金俐译,北京:北京大学出版社,2005年,第46—47页。

51. 叩其两端(共1章)

《论语·子罕》:"子曰:'吾有知乎哉?无知也。有鄙夫问于我,空空如也。我叩其两端而竭焉。'"

"叩其两端"是孔子就求知问题提出的一个重要命题,"端"("两端"或"异端")与"中"相对,颇具哲学意味,因此本章既可以从认识论方面来解读,也可以从方法论方面来诠释,甚至还可以从人生论方面来阐述,相关内容将在《中(中庸)》和《鄙夫》中分别进行评析,这里主要从学习求知方面来进行评析。

从内容上看,本章言论存在许多矛盾之处,比如孔子一开始说:"吾有知乎哉?无知也。"他谦虚地称自己孤陋寡闻,知识有限,然而后面他又以"鄙夫问于我"之事来显示自己的高明,前后矛盾,他到底是想说明自己"有知"还是"无知"?再比如"空空如也"的"空空"和"叩其两端而竭焉"的"竭"是指鄙夫还是指孔子本人?这些问题都需要结合言论语境来进行具体分析。

分析言论语境,首先需要确定对话双方。用篇章学的观点来分析,本章与前面两章之间应该存在某种联系,因为孔子说话的语气是基本一致的:在"太宰问于子贡"章中,孔子说:"君子多乎哉?不多也!"在"牢曰"章中,他又说:"吾不试,故艺。"本章中他又说:"吾有知乎哉?无知也。"几章说话方式都是先自行设问,然后再做出否定回答,而且内容也有关联。因此可以推论,本章对话的对象应该是子贡之类的孔门弟子。

再从对话的内容来分析,本章孔子与弟子们讨论的是为学之道,即获取知识的方法,因此他应该是从正面阐述自己从"无知"到"有知"的求知过程和体会,同时也体现了"不耻下问"的美德。"鄙夫"是愚昧无知、缺乏教养的野鄙之人,孔子对于这类人是比较反感的,他说:"鄙夫可与事君也与哉?其未得之也,患得之。既得之,患失之。苟患失之,无所不至矣。"①了解孔子对鄙夫的这种轻蔑态度是非常重要的。不过孔子在这里用"鄙夫问于我"为例,是为了追求说理效果。"空空如也"一句历来最有争议,一说指孔子,一说指鄙夫。如果指鄙夫,"空空"又有两种解说:一是与《泰伯篇》中"悾悾而不信"的意思相同,指为人老实、诚恳;二是何晏等人所说的"其意空空然",指愚昧无知。无论"空空"作何解读,这顶帽子必须由鄙夫来戴,因为孔子是不可能"空空如也"的,后儒也不答应,因此这种观点在历史上略占上风。今人对此则各执一说,各有道理。另一种观点认为"空空如也"是指孔子。从整体语境来分析,孔子其实从一开始就为自己确定了"无知"的调子,所以"空空如也"应该是呼应孔子自谦的"无知",毕竟孔子也有知识盲点,比如樊迟向他"请学稼","请学为圃",他也不得不承认:"吾不如老农。""吾不如老圃。"②这种解读与前面两章语气一致,更具有说服力。

最后具体分析"叩其两端而竭焉",这是一种通过逻辑推理来获取知识的方法。"叩"的本意是敲击,这里可以理解为反复提问、追问。《礼记·学记》中说:"善待问者,如撞钟,叩之以小者则小鸣,叩之以大者则大鸣,待其从容,然后尽其声。""两端"是指一个事物的正反两面(旧注或释为"本末",或释为"始终"),义即全面考察,而非片面定谳;"竭"是穷尽、彻底,就是全面掌握相关信息,并进行整体分析。孔子的具体做法

---

①《论语·阳货》。
②《论语·子路》。

是,有人向他请教问题,他原本一无所知,但是他从叩问关联问题入手,通过推理来进行比较分析,不断排除错误信息,最终得到正确答案。比如东南西北四个方位,有人向他问南,他不直接回答南,而是通过反问东、西、北的方法获取参照信息,进而从事物的各种联系中推导出正确答案。这种求知方法有点类似于今天的排除法,就是把所有的"无"逐步排除,最后剩下的就是"有"。

过去有人把孔子"叩其两端而竭焉"的求知方法比作苏格拉底式提问,两者在驳难方面确实有异曲同工之处。孔子认为,"叩其两端而竭焉"是获取知识、启迪心智的一种有效方法,所以他把这种方法也运用到教学实践中:"不愤不启,不悱不发。举一隅不以三隅反,则不复也。"[1]如果学习不能做到举一反三,触类旁通,这样的弟子就不值得继续施教了。

其实,"叩其两端而竭焉"是一个不折不扣的伪命题,试想在愚昧无知的鄙夫和"空空如也"的孔子之间进行对话,能有什么样的结果?所以李零先生不无调侃地把这场对话形容为"在傻瓜面前,我一无所知"[2]。事实也是如此,"叩其两端而竭焉"的求知方法在实际运用中有很大局限,难有认知收获,尤其是当"两端"无法穷尽时,答案往往会更加离谱。

---

[1]《论语·述而》。
[2] 李零:《丧家狗——我读〈论语〉》,太原:山西人民出版社,2009年,第181页。

52. 愤启悱发与举一反三(共1章)

《论语·述而》:"子曰:'不愤不启,不悱不发。举一隅不以三隅反,则不复也。'"

孔子设帐授徒的门槛很低,"行束脩以上"者皆可为徒。但是他对入门弟子的学习要求却很高,懒学生不教,笨学生也不教。

"不愤""不悱"是懒学生。"愤"和"悱"都是求通未通、欲达未达的一种心理状态,所以两个字都从心。《皇疏》:"愤,谓学者之心思义未得而愤愤然也。悱,谓学者之口欲有所谘而未能宣,悱悱然也。""悱"是一个冷僻字,在《论语》中仅此一见,在其他先秦典籍中也很少见。在教学过程中,学生是受教主体,如果他们不主动学习,积极思考,都像宰予那样"昼寝"或子路那样"率尔而对",就永远不会出现"愤"和"悱"的主动求知状况,这样的学生就是懒学生。孔子是不愿意教懒学生的,即"不启""不发"。"启"和"发"是互文,就是启发、开导、教导的意思。老师施教的前提是学生自己必须有求知欲望,学生的求知欲望越强,老师的施教效果就越好。《礼记·学记》:

> 君子之教喻也,道而弗牵,强而弗抑,开而弗达。道而弗牵则和,强而弗抑则易,开而弗达则思。和易以思,可谓善喻矣。

好老师是不会强迫学生学习的,他善于调动每一位学生学习的自主性和主动性,引导和启发学生进行独立思考,获得最佳教学效果。比如颜渊的求知欲很强,他学习刻苦,勤于思考,孔子就经常在一些关键问题上有针对性地点拨他,孔子每次授课结束后,颜渊"退而省其私,亦足以发"[1],这就是启发式教育的效果。如果学生缺乏学习的主动性,老师的教诲左耳朵进右耳朵出,根本不往心里去,那么老师就没有必要白费力气了。

"举一隅不以三隅反"是笨学生。"隅"是方形的一角,比如桌隅、房隅等等,所以老子说:"大方无隅。"[2]"反"同返,反馈、回答之义。"举"与"反"相对,孔子这里用方形来打比方,你告诉他方形的一角,他却不能回答另外三个角,这就是笨学生,没法教,即所谓"则不复也",这里的"复"与"信近于义,言可复也"[3]的意思相同,就是没有必要再继续施教了,因为学生太笨会累死老师!举一反三是一种最简单的类比式学习方法。老师教会学生明白一个普遍道理,学生就应该运用这个道理来推知所有相同事物,这是一种最基本的学习能力。颜渊在这方面就很优秀,子贡说他能够"闻一知十",而自己只能"闻一知二"[4],可见掌握类比式的学习方法是非常重要的。

"愤启悱发"是启发式教育,"举一反三"是类推式学习,孔子短短几句话就把深刻道理说得如此透彻,这种表述确实值得后人认真反思和学习。

---

[1]《论语·为政》。
[2]《老子》第四十一章。
[3]《论语·学而》。
[4]《论语·公冶长》。

53. 不耻下问(共1章)

《论语·公冶长》:"子贡问曰:'孔文子何以谓之"文"也?'子曰:'敏而好学,不耻下问,是以谓之"文"也。'"

孔文子是春秋时期卫国公族大夫,他在卫灵公、卫出公时期主掌宾客事务。孔子两次居卫,与他多有交往,对他的政绩也给予充分肯定①。但是根据《左传》等史书记载中,孔文子的形象似乎不太光彩,他行事荒唐,性格乖戾,帷薄不修,礼义不崇,因此子贡对谥之以"文"提出质疑,孔子只能按照周朝谥法来做出解释,《逸周书·谥法解》:"勤学好问为文。"孔子在此基础上稍加修饰,把"文"概括为"敏而好学,不耻下问",多了几个字,内涵却丰富了许多。儒学后人以此作为励志格言,却把孔文子其人忘掉了。

"问"是求知的基本方法,困而知学,疑而求问,才能有效提高学习效率。当然,提问者不能像樊迟那样不动脑子,张口就问,提问之前自己必须先进行独立思考,百思不得其解再向人求问。古人在生活实践中已经意识到主动求问的重要性,商汤的重要辅臣仲虺就曾说:"好问则裕,自用则小。"②意思就是,谦虚好问能使人不断进步,刚愎自用则会让人变得

---

①《论语·宪问》:"孔子曰:'仲叔圉治宾客,祝鮀治宗庙,王孙贾治军旅。夫如是,奚其丧?'"
②《尚书·仲虺之诰》。

越来越狭隘。《礼记·学记》：

> 善问者,如攻坚木,先其易者,后其节目,及其久也,相说以解；不善问者反此。善待问者,如撞钟,叩之以小者则小鸣,叩之以大者则大鸣,待其从容,然后尽其声；不善答问者反此。此皆进学之道也。

向人求问是有技巧的,一定要选择关键点提问,这样才能达到一通百通的效果。孔子就是这样的"善问者",年轻时他到太庙中去助祭,遇到不懂的事情就向人求问,因此有人质疑道："孰谓鄹人之子知礼乎？入太庙,每事问。"[1]孔子一生中曾向老聃、剡子、师襄子、苌弘等许多高人请教求问,不过这些都是"上问",即向德高望重者求问,与"下问"有所不同。

所谓"下问",是指向那些地位卑贱或智力平平的人求问,比如无知的鄙夫之类,这确实让人感到为难,因为需要克服心理障碍。古代民间有孔子拜七岁项橐为师的传说[2],这就是"下问"。孔子认为,"下问"是一种值得称赞的美德,所以他把"疑思问"作为君子修德("君子有九思")的内容之一[3]。"耻"是意动词,"不耻"就是"不以……为耻",孔子曾说："衣敝缊袍,与衣狐貉者立,而不耻者,其由也与？"[4]意思就是,穿着破衣烂衫和穿着狐皮貉裘的人站在一起,只有子路能够做到不以为羞耻。如果在学习中能够做到不以"下问"为耻,就更加难能可贵了！孔子在生活中有许多以为羞耻的事情："巧言、令色、足恭,左丘明耻之,丘亦耻之。匿怨而友其人,左丘明耻之,丘亦耻之。"[5]但是他从来没有以"下问"为耻。他

---

[1]《论语·八佾》。
[2]《三字经》："昔仲尼,师项橐,古圣人,尚勤学。"
[3]《论语·季氏》。
[4]《论语·子罕》。
[5]《论语·公冶长》。

在周游列国期间,曾经途遇楚狂接舆、荷蓧丈人等野鄙之人,每次他都想主动"下问",可惜都被他们拒绝了,然而他并没有因此而感到羞耻,反倒是觉得遗憾。

在孔子的影响和带动下,孔门弟子个个好问,他们向孔子提出了各种各样问题,孔子许多重要的思想观点都是通过答问的方式进行阐述的,一部《论语》几乎成为孔子的答问语录。

孔门这种好问风气一直延续到儒学后代,曾子就曾对"下问"做出具体概括:

> 以能问于不能,以多问于寡;有若无,实若虚,犯而不校——昔者吾友尝从事于斯矣。[①]

曾子所说的这位"吾友",旧说是颜渊。颜渊勤学好问,故而道德学问在孔门之中无人能比。"以能问于不能"是自己有能力而主动向无能者请教,"以多问于寡"是自己知识丰富而主动向无知者求问,"有若无,实若虚,犯而不校"是始终保持谦虚好学的姿态。凡此种种,都是典型的"不耻下问"。

[①]《论语·泰伯》。

54. 多闻阙疑(共1章)

《论语·为政》:"子张学干禄。子曰:'多闻阙疑,慎言其余,则寡尤;多见阙殆,慎行其余,则寡悔。言寡尤,行寡悔,禄在其中矣。'"①

子张求教为官之道,孔子在"言"与"行"两方面提出要求,具体落实在"多""阙""慎"上,这些内容既是为官之道,也是为学之道。

"多"是"多闻""多见"。从政者遇事需要做出决断,就应该全面收集相关信息,包括正面和负面、积极和消极、有利和不利等各个方面,这样才能确保决策正确;求学者求知、益智、修德,也需要广闻博识,多多益善,所以孔子反复强调"君子博学于文"②。太宰问孔子"何其多能"时,他又说:"君子多乎哉?不多也。"③

"阙"的本义是缝隙、空缺,后引申为存而不议,孔子曾因子路信口开河而怒骂道:"君子于其所不知,盖阙如也。"④意思就是,对于自己不明白的事情应该暂且搁置,不要不懂装懂,妄加评议。文中的"疑"和"殆"是互文,都是怀疑、疑惑的意思。"疑"是学习中的一种常态,即便像孔子这样的饱学之士也难免会遇到疑惑问题,他说自己"四十而不惑","惑"是

---

① 本章有关"言"与"行"的内容将在《言忠信,行笃敬》中进行评析。
② 《论语·雍也》。
③ 《论语·子罕》。
④ 《论语·子路》。

思想上的困顿和迷惑,比"疑"的程度更加严重,说明孔子在四十岁以前思想也常常陷于困惑之中。遇到疑惑问题应该怎么办?这是孔子认真思考的问题,积极的应对方法是努力求证,释疑解惑。孔子曾经介绍他在学习夏礼、殷礼过程中遇到疑难问题的情况:

夏礼,吾能言之,杞不足征也;殷礼,吾能言之,宋不足征也。文献不足故也。足,则吾能征之矣。①

由于历史文献缺失等原因,孔子对于夏礼、殷礼中的许多内容产生怀疑,为了消除心中疑虑,他亲自到杞、宋等地实地考察求证,后来他对弟子言偃说:

我欲观夏道,是故之杞,而不足征也,吾得《夏时》焉。我欲观殷道,是故之宋,而不足征也,吾得《坤乾》焉。《坤乾》之义,《夏时》之等,吾以是观之。②

如有疑问,积极求证,哪怕是千里之外也不辞劳苦,亲力亲为,这种科学严谨的学习态度是令人尊敬的,孔子在这方面为世人树立了一个很好的榜样。但是有些问题由于受到条件限制,一时难以消除疑问,那么对于这些存有疑问的部分就应该暂时搁置下来,留待以后再加以证实,而对于已经确认的部分("其余")则可以谨慎实施,这就是"阙"的方法。孔子研究夏、商、周三代礼制问题时采取的就是这种方法:

子曰:"吾说夏礼,杞不足征也。吾学殷礼,有宋存焉。吾学周

---

① 《论语·八佾》。
② 《礼记·礼运》。

礼,今用之,吾从周。"①

夏礼由于年代久远,史料阙如,因此孔子基本不采用;殷礼虽然尚有史料遗存,但是许多内容模糊不清,无法证实,所以孔子一般也不考虑;周礼是现行制度,如果相关内容与夏礼、殷礼不一致,孔子则以周礼为依据。孔子一贯治学严谨,对于那些存疑之事,他宁愿选择"不作""不语""不知":

> 述而不作,信而好古,窃比于我老彭。②
> 子不语怪,力,乱,神。③
> 知之为知之,不知为不知,是知也。④

与通过积极求证来消除疑虑相反的方法是主观臆断,自以为是。比如鲁哀公向宰我询问有关社木问题时,宰我回答说:"夏后氏以松,殷人以柏,周人以栗。"这三句话并没有问题,夏商周三代社木各有不同,因地而异,随后他又自作聪明地把"周人以栗"解释为"使民战栗"的意思,这就是没有经过历史考证的主观推断,极不严谨,所以事后孔子委婉地批评道:"成事不说,遂事不谏,既往不咎。"⑤意思就是,对于过去发生的事情,如果没有充分依据,就不要主观臆测,信口开河。

"慎"是相对于"言"和"行"而言的。孔子认为,如果能够做到谨言慎行,不仅可以在生活中减少犯错("寡尤""寡悔"),而且还可以得到一份稳定的俸禄。

用现代科学的观点来分析,"多闻阙疑"是一种科学严谨的治学态度

---

① 《礼记·中庸》。
② 《论语·述而》。
③ 《论语·述而》。
④ 《论语·为政》。
⑤ 《论语·八佾》。

和求学方法,知识有真知、假知、疑知,求学就是要辨明真伪,释疑解惑,古今学人无不如此。王国维为古文字学家容庚所编著的《金文编》作序时说:"孔子曰:'多闻阙疑。'又曰:'君子于其所不知,盖阙如也。'徐氏重撰《说文解字》,窃取此义于文字之形、声、义,有所不知者,皆注云'阙'。……余尝欲撰《尚书注》,尽阙其不可解者而但取其可解者著之,自坿于孔氏阙疑之义。"[1]可见,"多闻阙疑"经过历代传承,已经成为学人治学的重要方法之一。

---

[1] 容庚编著:《金文编·王序》,北京:中华书局,1985年,第9页。

55. 切磋琢磨(共1章)

《论语·学而》:"子贡曰:'贫而无谄,富而无骄,何如?'子曰:'可也;未若贫而乐,富而好礼者也。'子贡曰:'《诗》云:"如切如磋,如琢如磨",其斯之谓与?'子曰:'赐也,始可与言《诗》已矣,告诸往而知来者。'"

"切磋琢磨",既是君子修身立德之道,也是学人求学致知之道,《礼记·大学》:"如切如磋者,道学也。如琢如磨者,自修也。"除此之外,"切磋琢磨"还是孔门教学之道,体现了孔门师生之间相互启发、教学相长的教学特色。本章有关修身之道和求学之道的内容已分别在《贫而安乐,富而好礼》和《〈诗〉》中另作评析,这里重点评析有关孔门教学之道的内容。

《论语》是语录体,书中主要记录了"孔子应答弟子、时人及弟子相与言而接闻于夫子之语"①,因此"切磋琢磨"的教学案例在《论语》中有很多,也很生动精彩,值得仔细体会。

在孔门的教学实践中,"切磋琢磨"主要表现在师生共同讨论问题,讨论的形式灵活多样,有时是师生之间一对一对话,有时是孔子带着几个弟子集体讨论。在讨论过程中,孔子通常是先让弟子发表意见,各种观点相互驳难,相互启发,相互补充和完善,整个过程就像对玉石兽骨进行切磋琢磨加工一样,从而使认识逐渐深化,观点愈加鲜明。

---

① 《汉书·艺文志》。

55. 切磋琢磨

师生之间一对一讨论(问答)是"切磋琢磨"的最普遍形式,本章子贡和孔子就贫富问题展开的讨论就是其中典范。子贡认为,一个人如果能够做到"贫而无谄,富而无骄",在道德修养方面就应该得到认可。然而孔子则提出了更高的要求:"贫而乐,富而好礼。"孔子作为老师,思想境界自然要比弟子高,他对于像子贡这样的得意门生,就更加注重从积极的方面来加以引导。子贡在孔子的启发和教导下,对于贫富问题又有了新的认识和体会,于是就用《诗》中"如切如磋,如琢如磨"来形容自己在思想认识上的新收获。这种通过对话讨论来提高思想认识的事例有很多,比如子夏向孔子请教《诗》中"巧笑倩兮,美目盼兮,素以为绚兮"几句诗的思想内涵,孔子说:"绘事后素。"子夏由此领悟到"礼后(于仁义)"的道理,孔子本人也在讨论中受到启发,所以他说:"起予者商也。"[1]再比如子贡向孔子请教为政问题,孔子说:"足食,足兵,民信之矣。"子贡接着又用排除法来与孔子进行深入讨论,最终得出"民无信不立"的重要结论[2]。

师生之间这种一对一的对话形式不受时间、场所等限制,随时随地都可以进行,因此往往会有意想不到的收获。比如孔子在去鲁适卫途中,看到卫国人口众多,百姓富庶,于是他在车上与冉有讨论为政过程中"庶""富""教"的关系问题[3]。这个问题虽然是临时提出的,但是却很有意义。在师生一对一对话(讨论)的形式中,孔子往往是对话(讨论)的主导者,他充分调动弟子进行独立思考和理性分析,通过问答互动和启发提示,最终让弟子找到自己想要的答案,所以颜渊由衷赞叹道:"仰之弥高,钻之弥坚。瞻之在前,忽焉在后。夫子循循然善诱人,博我以文,约我以礼,欲罢不能。"[4]

组织弟子集体讨论问题是"切磋琢磨"的另一种形式,这种形式有点

---

[1]《论语·八佾》。
[2]《论语·颜渊》。
[3]《论语·子路》。
[4]《论语·子罕》。

类似于现在的无领导小组讨论，通常是几位资深弟子在孔子身边侍坐，由孔子提出一个问题来让大家展开讨论，最具有代表性的是《先进篇》中的"子路、曾皙、冉有、公西华侍坐"章：孔子先提出一个假设性的问题："如或知尔，则何以哉？"意思就是，如果得到当政者赏识和重用，你们将如何施政？孔子要求弟子们畅所欲言，"各言其志也已矣"。接下来，子路等人分别从军事、政治、经济和外交等方面充分阐述了自己的施政思路和为政理念，其中曾皙标新立异，他表达了"浴乎沂，风乎舞雩，咏而归"的避世愿望和独特情趣。各种观点汇集在一起，"如切如磋，如琢如磨"，在相互驳难中得到理性升华。在整个讨论过程中，孔子只听不说，尽管他对几位弟子的人生理想和施政思路并不完全认同，但是他坚持让弟子们充分表达自己的思想观点，让他们在"切磋琢磨"中来校正和完善各自的观点。类似的讨论还有《公冶长篇》中的"颜渊子路侍"章：仍然是由孔子先提出一个讨论话题："盍各言尔志？"子路和颜渊根据要求分别表达了自己的志向，最后孔子也兴致勃勃地参与了讨论，表达了"老者安之，朋友信之，少者怀之"的人生志向。由于是与弟子共同讨论问题，师生之间相互启发，教学相长，所以孔子此时表现出平易近人、和蔼可亲的一面，表达更富有感性和温情，也更能感染人，子夏对此是深有感触的："君子有三变：望之俨然，即之也温，听其言也厉。"①

孔子从事平民教育，师生之间是相对平等的，因此采取"切磋琢磨"的教学方法可以提高弟子们自主学习的能力，培养勤于思考的习惯，也能达到教学相长的目的。当然，"切磋琢磨"的功效不仅仅体现在学习中，在生活中遇到的所有问题，只有经过反复研究，深入讨论，思路才会清晰，决定才会正确，为学如此，为人如此，为政亦如此。

---

① 《论语·子张》。

56. 四毋(共1章)

《论语·子罕》:"子绝四——毋意,毋必,毋固,毋我。"

"四毋"("绝四")既是为人之道,也是为学之道,两者类通。"绝"是杜绝、摒弃;"毋"是没有、无有。从时态来分析,"四毋"应该是完成时,而不是将来时,也就是说,孔子在学习中已经做到了"绝四",并为弟子们树立了一个学习榜样。

仔细推敲,这句话有语病,孔子所"绝"者应该是"意""必""固""我"四种毛病,在前面再加上一个"毋"字,意思就完全相反了,因为否定之否定就是肯定。好在两千多年来没有人在这个问题上钻牛角尖,毕竟原文的意思是非常明确的。

"意"通亿,臆测、推断之义。孔子说子贡会做生意,"亿则屡中"①,这里的"亿"就是预测市场行情的意思。他又说:"不逆诈,不亿不信,抑亦先觉者,是贤乎!"②意思就是,不主观怀疑别人的狡诈,也不无端臆测别人的虚伪,这是贤者的标准。可见,"毋意"就是不要凭空想象,胡乱推测。

"必"是武断,带有一定的强制性。子路问孔子道:"卫君待子而为

---

① 《论语·先进》。
② 《论语·宪问》。

政,子将奚先?"孔子斩钉截铁地回答:"必也正名乎!"①这里的"必"就是没有任何商量、通融的余地。"毋必"就是不要刚愎自用,主观武断。

"固"是固执己见,难以改变。孔子曾对微生亩说:"非敢为佞也,疾固也。"②意思就是,我不是要逞口舌之快,而是有些人思想太顽固了!任何事情不可能是一成不变的,客观情况发生变化,主观认识也应该随之而变。"毋固"就是遇事不要钻牛角尖,一成不变往往是死路一条。

"我"是以自我为中心,自以为是,主观主义。老子说:"不自见,故明;不自是,故彰;不自伐,故有功;不自矜,故长。"③可见最能蒙蔽人心的就是自我,放弃自我反而会豁然开朗。"毋我"就是不要先入为主,坚持自我,不考虑任何客观因素。

上述四种毛病是学习的大敌,然而人们对其危害性认识不足,所以孔子提出"四毋"来加以警戒。在总体精神上,"四毋"要求在认知过程中一切要从客观实际出发,防止主观臆断,克服固执己见。这些内容已经涉及认识的基本规律,因此很有价值。

---

① 《论语·子路》。
② 《论语·宪问》。
③ 《老子》第二十二章。

57. 四教(共1章)

《论语·述而》:"子以四教:文,行,忠,信。"

"四教"是孔子设帐授徒的基础课程,不论长幼贤愚,只要拜到孔子门下,都必须先从学习这四门基础课程开始,循序渐进,登堂入室。其实"四教"并非孔子首创,而是周朝官学的国教传统,《礼记·王制》:

> 命乡论秀士,升之司徒,曰选士。司徒论选士之秀者而升之学,曰俊士。升于司徒者不征于乡,升于学者不征于司徒,曰造士。乐正崇四术,立四教,顺先王《诗》《书》《礼》《乐》以造士,春秋教以《礼》《乐》,冬夏教以《诗》《书》。王大子,王子,群后之大子,卿、大夫、元士之適子,国之俊选,皆造焉。

这里的"乐正"是周朝主掌国教事务的职官,"四教"则是周朝培养和选拔人才的方法。"四教"的受教对象主要是王公贵族子弟。孔子开办私学,在继承周朝官学的基础上,根据孔门大多为庶人子弟的实际情况,对"四教"做出适当调整,使课程内容更加贴近现实需求。

《史记·孔子世家》:"孔子以诗书礼乐教,弟子盖三千焉,身通六艺者七十有二人。"当然,这里的"三千"只是一个概数,而且分布在不同时期,即便如此,孔子门下应常有上百名弟子。由于弟子人众,先进后进,层次不同,所以孔子不得不把各种课程学习分为"庭""堂""室"几个阶段。"四教"是基础课程,通常安排在场地比较宽敞的庭院中集中进行,孔子就近督学,所以孔鲤"趋而过庭",总会被孔子拦住考问:"学诗乎?""学礼乎?"①完成基础课程学习以后,弟子就有资格由庭院进入大堂内侍坐了,他们不仅可以当面向孔子请教问题,还可以参与讨论,发表自己的看法和意见。能够登堂者在"四教"方面都是学有所成的,并且得到了孔子的认可。子路虽然是孔门第一批弟子,但是他性情浮躁,学业不精,所以孔子评价他说:"由也升堂矣,未入于室也。"②意思就是,子路学业勉强达到了"升堂"阶段,却未能达到"入于室"阶段。"入于室"是孔门授业的最高阶段,只有少数得意门生才有资格享有如此待遇,他们可以进入内室之中单独接受儒学心传,曾子曾独闻孔子的"吾道一贯之道",即属此类情形。

为了激发弟子们学习的主动性和积极性,孔子还按照"四教"科目进行考核,他曾列出一份各科学习优等的弟子名单:

> 德行:颜渊,闵子骞,冉伯牛,仲弓。言语:宰我,子贡。政事:冉有,季路。文学:子游,子夏。③

过去很少有人注意"子以四教"与"孔门四科"之间的关系,因此在解释"四教"时总是顾此失彼,语焉不详,难以周全。仔细分析就不难发现,"四教"与"四科"不仅在内容上基本吻合,在精神上也高度契合,两者集中体现了孔子"行"重于"文"、"行"先于"文"的教学理念。

"文"与"行"是"四教"中的两个重要内容。"文"与孔门四科中的"文学"相对应,主要是通过学习《诗》《书》《礼》《乐》等古代典籍知识来开阔

---

① 《论语·季氏》。
② 《论语·先进》。
③ 《论语·先进》。

视野,陶冶性情,增强才干,这是儒学基础的基础,人人必修,不可偏废;"行"则与孔门四科的"德行"相对应,主要是通过学礼、执礼、行礼等实践活动来提高道德修养,增强遵从礼制规范的自觉性和规范性,这是一门实践性很强的课程。在教学实践中,孔子对于这两门科目提出了明确要求:"君子博学于文,约之以礼,亦可以弗畔矣夫!"①颜渊也从受教者的角度说出自己的体会和感受:"夫子循循然善诱人,博我以文,约我以礼,欲罢不能。"②可见,"文"的科目要求是"博",即博学多识,身通六艺,"行"的科目要求是"约",即严格自律,践行礼制。

从教学内容来看,"文"与"行"分别代表了理论和实践两个方面,孔子都非常重视。对于两者之间的关系,孔子提出的总体原则是"行"重于"文","行"难于"文",他曾结合自己的亲身感受对弟子们说:"文,莫吾犹人也。躬行君子,则吾未之有得。"③意思就是,他自己在"文"的方面已经基本做到和别人一样,但是在"行"的方面却仍有不如人意之处,需要继续努力,不断提高。基于"行"重于"文"的总体原则,孔子在教学实践中明确要求弟子们先致力于"入则孝,出则悌,谨而信,汎爱众,而亲仁"等道德培养,在此基础上"行有余力,则以学文"④。

"忠"与"信"也是"四教"中的两个重要教学内容。"忠"与孔门四科中的"政事"相对应,主要是指精于行政事务(包括外交事务)的能力和素质。子张曾问政于孔子,孔子说:"居之无倦,行之以忠。"⑤"忠"是从政者必须具备的政治素质和道德品质,因此孔子非常重视,他反复强调:"臣事君以忠。"⑥"居处恭,执事敬,与人忠。"⑦曾子也把"为人谋而不忠乎"

---

① 《论语·雍也》,并见《颜渊》。
② 《论语·子罕》。
③ 《论语·述而》。
④ 《论语·学而》。
⑤ 《论语·颜渊》。
⑥ 《论语·八佾》。
⑦ 《论语·子路》。

作为"吾日三省吾身"的内容之一①。可见,孔子在"四教"中设置"忠"这一教学科目,主要是着眼于培养弟子们的政治素质和从政能力。"信"则与孔门四科的"言语"相对应,主要是指在各种场合精于言辞表达的应对能力。孔子说:"诵《诗》三百,授之以政,不达;使于四方,不能专对;虽多,亦奚以为?"②意思就是,如果从政者不善于言辞表达,上有国政不能准确下达,受命出使不能随机应对,即使《诗》三百背得滚瓜烂熟,仍然没有达到"信"的教学要求。子贡曾向孔子请教"何如斯可谓之士"的问题,孔子说:"行己有耻,使于四方,不辱使命,可谓士矣。"他接着又说:"言必信,行必果。"③可见"信"这一科目主要是培养弟子在人际交往(包括代表国家进行国际交往)中的能力和素质,具有很强的实用性和目的性。孔子曾经极力推荐弟子漆雕开出仕为官,可是他却推脱说:"吾斯之未能信。"④漆雕开认为自己在"信"这门课程上还未能达到学习要求,因此暂时不宜出仕,孔子听后表示理解,不怒反悦。在孔门弟子中,子贡是"信"这门课程的优等生,他曾代表鲁国在许多重要外交场合据理力辩,折冲樽俎,把"信"的教学效果发挥得淋漓尽致,所以孔子将他列为"言语"优等。

---

① 《论语·学而》。
② 《论语·子路》。
③ 《论语·子路》。
④ 《论语·公冶长》。

58. 文（质）(共4章)

先秦时期，"文"是一个非常重要的概念，意涵也非常丰富。

首先，"文"具有文化意义。在甲骨文中，"文"是象形字，写作在岩石或兽骨上刻画各种线条交错的图案和符号，用以表达某种特定意思（比如记录战争、天象、祭祀等重大事件）。《说文解字》："文，错画也，象交文。"远古时期，在人们的观念中，经过人工刻画、雕饰的是"文"，而没有经过刻画、雕饰的则是"质"，"文"与"质"相对，即所谓"文质彬彬"①，这就是"文"的最初含义。

随着人类社会活动内容的不断丰富，人们需要记录的事情越来越多，需要传递的信息也越来越复杂，因而促使书写载体和书写方式快速发展，尤其是出现竹简和木版以后，人类的智慧得以保存，世代传承，而那些刻满文字符号、收藏于宗庙秘府之中的古代典籍仍然统称为"文"或"文献"。春秋时期，诸侯各国对"文"都非常重视，因为这些古代典籍记载了上古帝王治国理政的格言、思想和方略，具有神奇的政治功效。据《左传》记载，鲁哀公三年(公元前492年)夏五月，鲁国曲阜城中发生一场重大火灾，过火面积很大，已经危及桓、僖之庙，鲁大夫子服景伯第一时间赶到火灾现场指挥救火，"命宰人出礼书，以待命，命不共，有常刑"②。鲁人在救火过程中，最先抢救出来的是"礼书"，可见当时人们对

---

① 《论语·雍也》。
② 《左传·哀公三年》。

古代典籍的重视程度。

周朝立国以后,非常重视贵族教育,"文"则是国教的主要教材:"乐正崇四术,立四教,顺先王《诗》《书》《礼》《乐》以造士,春秋教以《礼》《乐》,冬夏教以《诗》《书》。"①"四教"是周朝历代培养和选拔"秀士""俊士""造士"的教育制度,《诗》《书》《礼》《乐》等古代典籍则是施教的主要教材。

孔子开办儒学,在继承"四教"的基础上又有所发展,他根据当时人才需求情况,在教学中增加了一些实践内容,以此来适应庶人子弟的学习需求,因此《论语》中的"文"主要是指《诗》《书》《礼》《乐》等古代典籍(相关内容已在《诗》《书》《礼》《乐》中另作评析)。在教学实践中,孔子还对《诗》《书》《礼》《乐》进行了大量的考证、整理和修订工作,同时他又开设了《易》和《春秋》两门全新课程(相关内容已在《易》《古(春秋)》中另作评析),为孔门儒学奠定了系统的经学基础,也为儒家思想奠定了坚实的理论基础。

其次,"文"具有政治意义。"文"主要记载了历代帝王治国理政的政治智慧和为政方略,尤其是周文王、周公旦等人创制的周朝礼乐制度,不仅"郁郁乎文哉"②,而且可以"经纬天地"③,实现王道。然而春秋以降,"礼崩乐坏",周王室的地位一落千丈,取而代之的是诸侯争霸的混乱局面。大国通过武力征伐兼并小国,从而获得实实在在的利益,因此崇尚武力的治国方略("武")逐渐成为各国当政者的优先选项。"文(道)"和"武(道)"分别代表了两条政治路线和两种统治策略,并由此而形成了两种学说思想。孔子虽然生活在"礼崩乐坏"的春秋末年,但是他对西周盛世无比向往,对周文王、周公等古代圣贤也无比崇拜,他把恢复周礼作为自己的政治理想和终结目标,极力夸大"文"(礼乐制度)的政治功效,而把"武"(政令刑杀)作为一种辅助措施,所以他说:"道之以政,齐之以刑,

---

① 《礼记·王制》。
② 《论语·八佾》。
③ 《左传·昭公二十八年》:"经纬天地曰文。"

民免而无耻;道之以德,齐之以礼,有耻且格。"①尽管孔子这种复古主义的思想观点在现实政治中根本行不通,但是在当时却很具有代表性,在时人言论中多有崇文止武的倾向:

> 夫文,止戈为武。……夫武,禁暴、戢兵、保大、定功、安民、和众、丰财者也。②
>
> 小国无文德,而有武功,祸莫大焉。③
>
> 先王之于民也,懋正其德而厚其性,阜其财求而利其器用,明利害之乡,以文修之,使务利而避害,怀德而畏威,故能保世以滋大。……是先王非务武也,勤恤民隐而除其害也。④

在政治上,孔子崇尚修文,主张德治,反对武力征伐,滥用刑杀,但是在处理具体事务中,他又主张文武兼备,刚柔相济。鲁定公十年(公元前500年),齐、鲁夹谷之会,他对鲁定公说:"有文事者必有武备,有武事者必有文备。"⑤军事手段是政治目的的重要保证,只有做好"文事"和"武备"两手准备,才能确保万无一失。

再次,"文"具有道德意义。周朝尚德,人们常把"文"作为一种美德用来为逝去的君王定谥。《逸周书·谥法解》中将"文"概括为二十多项内容,主要有"经天纬地""道德博闻""慈惠爱民""修德来远""德美才秀""刚柔相济"等等,这些内容都是从道德层面来进行正面褒扬的。历史上的周文王、卫文公、晋文公等人在开疆拓土、发展经济、慈惠爱民等方面做出了杰出贡献,因此他们死后都被定谥为"文"。《说苑·修文》中说:"文王始接民以仁,而天下莫不仁焉。文德之至也。德不至,则不能文。"

---

① 《论语·为政》。
② 《左传·宣公十二年》。
③ 《左传·襄公八年》。
④ 《国语·周语上》。
⑤ 《史记·孔子世家》。

曾子也说:"君子以文会友,以友辅仁。"①他把学"文"作为与志同道合的朋友共同提高道德修养的一个重要内容。

作为道德意义上的"文",几乎涵盖了所有道德内容:

> 夫敬,文之恭也;忠,文之实也;信,文之孚也;仁,文之爱也;义,文之制也;智,文之兴也;勇,文之帅也;教,文之施也;孝,文之本也;惠,文之慈也;让,文之材也。②

> (楚庄王)问于申叔时,叔时曰:"教之《春秋》,而为之耸善而抑恶焉,以戒劝其心;教之《世》,而为之昭明德而废幽昏焉,以休惧其动;教之《诗》,而为之导广显德,以耀明其志;教之《礼》,使知上下之则;教之《乐》,以疏其秽而镇其浮;教之《令》,使访物官;教之《语》,使明其德,而知先王之务用明德于民也;教之《故志》,使知废兴者而戒惧焉;教之《训典》,使知族类,行比义焉。"③

孔子也认为《诗》《书》《礼》《乐》《易》《春秋》等古代典籍对于贵族子弟具有教育功能,对于普通民众也具有教化作用。《礼记·经解》:

> 孔子曰:"入其国,其教可知也。其为人也,温柔敦厚,《诗》教也;疏通知远,《书》教也;广博易良,《乐》教也;洁静精微,《易》教也;恭俭庄敬,《礼》教也;属辞比事,《春秋》教也。"

上述言论与楚国贤大夫申叔时的观点基本一致,说明当时人们普遍认为古代典籍在教民化俗等方面具有不可替代的重要作用。

---

① 《论语·颜渊》。
② 《国语·周语下》。
③ 《国语·楚语上》。

《论语·雍也》:"子曰:'质胜文则野,文胜质则史。文质彬彬,然后君子。'"

本章"文"与"质"相对,表面上讨论的是审美问题,实际上阐述的是做人道理。

从审美的角度来看,"文"是一种经过修饰的人为状态,"质"则是一种未经修饰的自然状态。"野"和"史"分别代表了两种审美标准和审美结果。"野"的本义是城外鄙野,这里引申为鄙野之人的粗俗鄙陋行为,因此"质胜文"就会过于质朴,以至于粗鄙;"史"是职官,在诸侯聘问仪式上负责"读书展币",他们说话文雅,讲究文辞修饰,这里引申为文雅、优雅、正统等义,"文胜质"就是过于文雅,以至于浮夸,"辞多则史,少则不达"①。《说苑·反质》中引述了孔子关于"质"与"饰(文)"两者之间关系的言论:"丹漆不文,宝珠不饰,何也?质有余者,不受饰也。"孔子认为,像丹漆、珠宝之类的宝物,保存其原始状态就已达到最高审美标准,如果施以人为修饰,反而会破坏原始的质朴美。同样,做人也是如此,凡事不可过于做作,应保持纯真的本性。《孔子家语》中有一则记载,虽然内容是后人演绎的,但是很能说明问题:有一次孔子去拜访老聃,向他抱怨说现在行道实在太难,当政者没有愿意接受道德说教的,老子回答道:"夫说者流于辩,听者乱于辞,知此二者,则道不可以忘也。"②意思就是,说教者言辞华丽,夸夸其谈,受教者被花言巧语弄昏了头脑,哪能理解他说的大道理?当时浮夸之风确实很甚,有些人不注重道德修养,他们巧言令色,文过饰非,哗众取宠,有伤风化,卫大夫棘子成就曾对此提出批评:"君子质而已矣,何以文为?"他认为做人应该注重内在的道德修养,不应该追求表面的光鲜虚华。子贡则不太赞成他的观点,他打了一个很形象的比喻:"虎豹之鞟犹犬羊之鞟。""鞟"是去毛之皮,如果把虎豹皮上的毛和犬羊皮上的毛都去除掉,那么两者还有什么区别呢?所以子贡认为:

---

① 《仪礼·聘礼》。
② 《孔子家语·观周》。

"文犹质也,质犹文也。"①道德修养和言辞表达都很重要,两者不可偏废。

孔子大概是受到棘子成和子贡的对话启发,对"文"与"质"的关系问题也提出了自己的观点:"文质彬彬"。"彬"通份,《说文解字》:"份,文质备也。"故而郑玄注曰:"彬彬,杂半貌也。"关于"文质彬彬,然后君子"一句,《说苑·修文》中有一段文字记载可作参考:

> 孔子见子桑伯子,子桑伯子不衣冠而处。弟子曰:"夫子何为见此人乎?"曰:"其质美而无文,吾欲说而文之。"孔子去,子桑伯子门人不说,曰:"何为见孔子乎?"曰:"其质美而文繁,吾欲说而去其文。"故曰文质修者谓之君子;有质而无文谓之易野。

这里的子桑伯子应该是《庄子·大宗师》中的子桑户,王逸注曰:"去衣裸裎,效夷狄也。"两者行止基本相类。春秋末年,诸侯兼并战争导致许多养尊处优的贵族沦为平民,流落江湖,尽管这些人接受过良好的贵族教育,通晓礼乐知识,具有较高的文化素养,但是他们愤世嫉俗,行为乖张,并通过各种极端方式来表达对现实政治的不满。《论语》中的楚狂接舆、荷蓧丈人、长沮、桀溺等人都是这种行为极端的厌世主义者。孔子认为,像子桑伯子这样去衣裸裎、自暴自弃的荒诞行径并非君子所为。真正的君子应该遵从礼制,行为适度,做到内外兼修,文质彬彬。

《论语·雍也》:"子曰:'君子博学于文,约之以礼,亦可以弗畔矣夫!'"②

"文"是所有古代典籍的统称,规模宏大,内容庞杂,现在已经无法想

---

① 《论语·颜渊》。
② 本章有关"学"的内容将在《学》中进行评析。

象有多少数量。《左传》中有一则记载:鲁定公四年(公元前506年),诸侯各国举行召陵之会,在排座次时误将卫侯列于蔡侯之后,于是卫灵公就让祝鮀去找周大夫苌弘交涉。祝鮀援引践土之盟时的排名秩序,认为卫侯理当列于蔡侯之前,并声称当年会盟的相关文献档案"藏在周府,可覆观也"①。由此可见,当时"文"的内容相当广泛,事无巨细,通通记录在案,随时备查。如果以与礼乐制度相关的古代典籍为例,周公当年制礼作乐,号称有"经礼三百,曲礼三千"②,又说有"礼仪三百,威仪三千"③,这些内容如果全部以竹简的形式保存,用汗牛充栋来形容是毫不夸张的。此外,夏有《夏礼》,存于杞国,殷有《殷礼》,存于宋国,有许多古籍连孔子都没有听说过。不过这些古籍现已大多亡佚,流传至今的也是舛误很多,真伪难辨。好在近年来地下考古发掘成果颇多,"文"的内容也逐渐丰富起来。

孔子为了开办儒学,传经布道,他四处寻访古代典籍,然后全凭记忆带回来,再传授给弟子,这对于记忆能力的要求是很高的,孔子说:"默而识之,学而不厌,诲人不倦,何有于我哉?"④这些都是有关"学于文"的几个关键要素,其中"默而识之"就是默记能力,孔子将其排在首位,说明最为重要。

在教学过程中,孔子根据儒业的职业特点和从政的素质要求,逐步确定部分古籍作为儒学的基础教材,比如与儒者执礼相关的《礼》《乐》,与言语表达相关的《诗》,与行政事务相关的《书》等等。因此《论语》中的"文"主要是指以《诗》《书》《礼》《乐》等古代典籍为代表的儒学经典。

孔子对于"学于文"有许多要求,但是他强调最多的是"博"。孔子是一个见过世面的人,他知道外面的世界有多大,人们的认知能力多有限,

---

① 《左传·定公四年》。
② 《礼记·礼器》。
③ 《礼记·中庸》。
④ 《论语·述而》。

因此他鼓励弟子们一定要"多闻""多见""多识"。

《论语·子罕》:"子畏于匡,曰:'文王既没,文不在兹乎?天之将丧斯文也,后死者不得与于斯文也;天之未丧斯文也,匡人其如予何?'"①

孔子周游列国期间,遭到匡人围攻,然而他认为自己承载着传承周朝礼制的神圣使命,是"斯文"的种子,因此心里底气十足,而匡人只是一群乌合之众,肯定奈何不了自己,于是放此豪言。可见"文"可以给人带来多么强大的精神力量!

本章中的"文王"是孔子的政治偶像周文王。"斯文"是特指周文王之"文",后来逐渐成为文雅、优雅的代名词,如有辱斯文、斯文扫地等等,出处都在这儿。周文王之"文",主要是指以周文王为代表的周朝先圣所创建的礼乐制度,也是周朝夺取天下的制胜法宝和政治遗产,《国语·周语下》:"文王质文,故天胙之以天下。"周朝礼乐制度("斯文")集中体现了周文王的"圣德",《皇疏》:"昔文王圣德,有文章以教化天下也。"《集注》:"道之显者谓之文,盖礼乐制度之谓。"春秋时期,周文王等人创制的礼乐制度等政治文献主要保存在周朝密室,有专人职守。孔子正式出仕之前,曾经到洛邑拜访过周守藏室之史老聃,有幸研究过"斯文",因此他向人炫耀道:"周监于二代,郁郁乎文哉!吾从周。"②卫国大夫公孙朝也曾向子贡打听:"仲尼焉学?"子贡回答说:"莫有文武之道焉。夫子焉不学?而亦何常师之有?"③可见,孔子潜心研学的"斯文"就是"文武之道"。

孔子认为,周文王等先王都是秉承上天意志、承载上天使命的圣人,"斯文"则是拯救乱世的唯一良方,而他自己则是"斯文"的坚定信

---

① 本章有关"天"的内容将在《天(地)》中进行评析。
②《论语·八佾》。
③《论语·子张》。

奉者和忠实传承者,当今之世没有人再比他更懂得"斯文"的价值和意义了,所以他说:"文王既没,文不在兹乎?"这是一个用以加强肯定语气的反问句。"没"是没世、逝世,"兹"同此,代指此时此地的孔子本人。通过"斯文"的传承,孔子把自己的命运与古代圣王紧密联系在一起,同时也与上天紧密联系在一起。他坚信上天是不会让"斯文"的种子灭绝的,所以他也不会命绝于此,"斯文"一定会继续传承下去,发扬光大,造福人类!

《论语·子张》:"子夏曰:'小人之过也必文。'"

本章中的"文"是动词,文饰、掩饰之义。

人非圣贤,孰能无过,但是对待错误应该持有正确态度,这反映了一个人的道德水准和思想境界。儒家一贯重视培养自我反省精神,要求"吾日三省吾身",随时检点自己,发现问题,及时纠正。他们对于自己所犯错误不仅不隐瞒,不避讳,不掩饰,反而乐为人知,闻过即改,孔子曾说:"丘有幸,苟有过,人必知之。"①子贡也说:"君子之过也,如日月之食焉;过也,人皆见之;更也,人皆仰之。"②然而道德水准低下的小人则不同,他们对于自己的过失采取"文"的态度,即极力隐瞒、掩饰,找各种各样的理由来为自己辩解、开脱,甚至嫁祸于人!

错误是自己犯的,改与不改也是自己的事情,与他人并无关系。如果能认识并改正错误,受益的当然是自己;如果不愿意承认和改正错误,文过饰非,百般狡辩,受害的也只是自己,所以孔子说:"过而不改,是谓过矣。"③

---

①《论语·述而》。
②《论语·子张》。
③《论语·卫灵公》。

59. 艺(共4章)

"艺(藝)"的本字是执(執),本义是执苗种植庄稼或栽种树木,《诗经·齐风·南山》:"艺麻如之何?衡从其亩。"《左传·昭公十六年》:"有事于山,艺山林也。"后来在此基础上又引申为才能、技艺等。《尚书·金藤》:"予仁若考,能多材多艺,能事鬼神。"《左传·襄公十四年》:"工执艺事以谏。"

对于贵族子弟来说,他们今后将要承担统领族人的重任,因此需要具备各种才能,掌握各种技艺。早在周朝立国之初,统治者就把几种重要的才能和技艺列为国教,贵族子弟必须接受教育。《周礼·保氏》:"养国子以道:乃教之六艺,一曰五礼,二曰六乐,三曰五射,四曰五御,五曰六书,六曰九数。"同样,庠(党学)序(乡学)之教也必须用"六艺"来培养和训练士人子弟。孔子年轻时就曾接受过"六艺"教育,因此他在许多方面都技艺过人,这些内容在《论语》中有所反映。

孔子开办私学,以儒学为教。儒学相对偏重于礼乐教育,因此以研读古代典籍和演习各种礼仪为主,重在道德培养和行为规范。《说文解字》:"儒,柔也,术士之称。"可见"柔"集中体现了儒者温文尔雅的一面。"射""御""书""数"等则偏重于技能训练,与礼乐教育相比,这些都是雕虫小技,孔门虽然也设立了相关课程,但是不作为儒学研习重点,在内容上也有所取舍。

《论语·述而》:"子曰:'志于道,据于德,依于仁,游于艺。'"

孔子在本章中一口气提出四个有关人生修养的重要概念,其中"道""德""仁"都是刚性要求,要求做到"志""据""依",相关内容将分别在《道》《德》《仁》中进行评析;"艺"则是柔性要求,只需"游"而已,"游"是浮于水面的意思,无需花太大力气,这方面内容是本文评析的重点。

在《论语》中,"艺"是各种才能和技艺的总称,与周朝国教的"六艺"和儒家经典的"六艺"不是同一概念。在儒学教育体系中,"艺"不是人人必修的重点科目,但是从教学效果来看,能够掌握多种才能和技艺是有助于儒学进步和道德修养的,所以《礼记·学记》中说:"不兴其艺,不乐其学。"孔子对于"艺"非常重视,他在论"成人"时把"冉求之艺"也作为一项重要内容①。在孔门弟子中,冉求最具才干,完全符合多才多艺的标准,所以季康子请孔子推荐从政人才时,孔子说:"求也艺,于从政乎何有?"②他直接把"艺"作为评价和选拔人才的重要标准。

东汉徐干《中论》中有《艺纪》一篇,对"艺"的起源和功效等问题做出全面阐述:

> 艺之兴也,其由民心之有智乎?造艺者,将以有理乎民。生而心知物,知物而欲作,欲作而事繁,事繁而莫之能理也。故圣人因智以造艺,因艺以立事,二者近在乎身,而远在乎物。艺者,所以旌智饰能、统事御群也,圣人之所不能已也。艺者,所以事成德者也;德者,以道率身者也。艺者,德之枝叶也;德者,人之根干也。斯二物者,不偏行,不独立。

---

① 《论语·宪问》。
② 《论语·雍也》。

按照徐干的说法,"艺"是圣人为"理民"而造,其目的在于修德求道,这样就把"道""德""仁""艺"等概念串联起来了,从而突出了"艺"的政治功效,"艺"最终也就成为圣人统御天下的有效工具。

《论语·子罕》:"牢曰:'子云,"吾不试,故艺。"'"

本章在内容上与前章"太宰问于子贡"密切相关,因此有的《论语》注本干脆把两章合为一章。

前章是太宰好奇地问子贡,孔夫子为什么知道那么多事情,掌握那么多技能?子贡顺势夸耀说,上天想让孔夫子成为圣人,所以赋予他诸多才能。孔子后来解释说,因为我少时贫贱,生活所迫,不得不掌握各种技能。接着孔子又补充了一句:"吾不试,故艺。"这句话恰好被身边的牢听见了,于是就记录下来。

牢是何人?《孔子家语》:"琴牢,卫人,字子开,一字张。与宗鲁友,闻宗鲁死,欲往吊焉。孔子弗许,曰:'非义也。'"①宗鲁是卫国武士,死于齐豹之乱,琴张与宗鲁相善为友,因此打算前往吊唁,此事在《左传·昭公二十年》中有载,杜预注曰:"琴张,孔子弟子,字子开,名牢。"由此可见,魏晋时期人们大多认定这个牢就是孔门弟子琴张。

孔子在前章对自己"何其多能"做出的解释是"吾少也贱",本章则是"吾不试",两者有些许区别。"试"就是"仕",即不受重用,郑玄注曰:"试,用也。"孔子此时在政治上已经经历了大起大落,名声彰显,但是仍然得不到重用,因此郁郁不得志。

"吾不试,故艺"的意思是,既然英雄无用武之地,我只好在其他方面展示才艺了。显然,孔子这话是带有情绪的,不过这话当着别国太宰的

---

①《孔子家语·七十二弟子解》。

面说不太合适,于是就私下嘀咕了一句。等到弟子们整理孔子言论时就出现了公开(子贡版)和非公开(牢版)两种版本。

《论语·八佾》:"子曰:'君子无所争。必也射乎!揖让而升,下而饮。其争也君子。'"

孔子关于周朝国教"六艺"的言论,"礼""乐"最多,"射""御"很少,"书""数"则无。除此之外,在《阳货篇》中还有一则关于博弈的言论:"饱食终日,无所用心,难矣哉!不有博弈乎?为之,犹贤乎已。"这是一个有趣的现象,说明儒家在建言立说之初就已形成重道义而轻技艺的价值取向,这种思想倾向对后世影响深远。

"射"是古代男子必须掌握的一项重要技能,也是贵族教育的一个基本内容。孔子善射,经常与人切磋射技,《礼记·射义》载:"孔子射于瞿相之圃,盖观者如堵墙。"可见他的射技非同一般,足以引起众人围观。孔子对于射道也很有研究,他说:"射不主皮,为力不同科,古之道也。"[①]意思就是,古人比赛射箭,主要是比试射技(中鹄),而不是比拼蛮力(穿皮)。当然,孔子热衷于射,主要是因为射艺与执礼修德有关,本章言论就是有关射艺的礼仪问题。

"君子无所争"是君子之德,"必也射乎"是君子之技,两者并不矛盾,因为有德君子在比赛射箭时是通过升降揖让之礼来体现不争之争的,也就是说,输赢不重要,关键在礼仪。

"揖让而升,下而饮"有多种断句法,《礼记·射义》引用时不断,两句并为一句,钱穆《论语新解》断为"揖让而升下,而饮"。各种断句法都有道理,此从杨伯峻《论语译注》。这句主要表现了君子在射箭比赛过程中

[①]《论语·八佾》。

相互揖让致敬的礼仪。"升"是由阶登堂,射箭比赛一般在主宾之间进行,比赛开始时主人再三揖让,宾客再三礼让,礼仪相当繁缛复杂:"三揖至于阶,三让,以宾升,拜至,献酬辞让之节繁。"①"下"是比赛结束后由堂而降。"饮"是主宾之间行乡饮酒礼,这是比赛的一个重要组成部分,相关礼仪更加复杂:

> 古者诸侯之射也,必先行燕礼;卿、大夫、士之射也,必先行乡饮酒之礼。故燕礼者,所以明君臣之义也;乡饮酒之礼者,所以明长幼之序也。②
>
> 主人拜迎宾于庠门之外,入,三揖而后至阶,三让而后升,所以致尊让也。盥洗扬觯,所以致洁也。拜至、拜洗、拜受、拜送、拜既,所以致敬也。尊让洁敬也者,君子之所以相接也。君子尊让则不争,洁敬则不慢。不慢不争则远于斗辨矣,不斗辨则无暴乱之祸矣,斯君子之所以免于人祸也。③

比赛射箭是一项贵族运动,贵族之间必须讲究揖让升降、进退周还之礼,其精神实质是明确尊卑长幼之序,因此在比赛过程中主人一拜再拜,客人一让再让,看似一场竞技比赛,实则一场礼仪演习,宾主最终在一团和气之中完成比赛。

在比赛过程中,君子还可以通过比赛结果来反思自己,从而达到提高道德修养的效果:

> 射有似乎君子,失诸正鹄,反求诸其身。④

---

① 《礼记·乡饮酒义》。
② 《礼记·射义》。
③ 《礼记·乡饮酒义》。
④ 《礼记·中庸》。

> 射者，仁之道也。射求正诸己，己正而后发；发而不中则不怨胜己者，反求诸己而已矣。①

比赛结果出来了，如果自己获胜，应该保持谦和，恭敬有礼，不要得意忘形；如果自己输掉了，也不要迁怒对手，而应该认真反省自己，这就是"其争也君子"的精髓。

《论语·子罕》："达巷党人曰：'大哉孔子！博学而无所成名。'子闻之，谓门弟子曰：'吾何执？执御乎？执射乎？吾执御矣。'"

根据钱穆先生考证，本章中的达巷党人很有可能是战国秦汉时期传说中的神童项橐②，因为他"生七岁而为孔子师"，所以夸赞孔子的口气非同一般，而且孔子事后的回答也很谦卑。不过这只是一种民间传说，未必确切，也未必重要。

"博学而无所成名"，这句话其实是明褒而实贬，褒的是孔子"博学"，贬的则是他"无所成名"。根据孔子后来提到的"射""御"来判断，这里的"无所成名"应该是一技之艺，即一、两项特殊的才能技艺，《集注》："盖美其学之博而惜其不成一技之名。"如果再作深入分析，孔子的"博学"，主要是指礼乐等古代典章知识，这些都是治国理政的重要方略，属于形而上的范畴。既然如此，那么孔子怎么会"无以成名"呢？说明达巷党人内心对孔子所热衷的周朝礼乐制度不太认可，他认为孔子与其不切合实际地追求虚幻的政治理想而一事无成，不如脚踏实地发挥一技之长而有所成名。当时与达巷党人持有相同观点的人有很多，诸如长沮、桀溺、楚狂

---

① 《礼记·射义》。
② 钱穆：《先秦诸子系年》，北京：商务印书馆，2001年，第62页。

接舆、微生亩等人，他们都曾向孔子提出类似的质疑或劝告。

弟子后来把达巷党人的话转告孔子，孔子自我解嘲地说，那么我应该专执于哪一项技艺呢？是执射，还是执御？这里的"执"是致力（从事）于的意思，"射"和"御"都属于周朝国教"六艺"，如果此类技艺超群，也足以成名，但是孔子似乎不愿借此成名，他认为这些都是雕虫小技，与"吾其为东周"之志相比，实在不可同日而语！最后一句"吾执御乎"其实是正话反说，带有一点赌气的成分。

60. 《诗》(共 11 章)

《诗》(《诗经》《诗三百》)是我国现存的第一部诗歌总集,共收录自西周初年至春秋中期约五百年间的诗歌三百零五篇(《小雅》中有笙诗六篇,有目无辞,故不算在内)。《诗》中的诗篇原本只是在民间口头传唱,并无文字,后来各国诸侯派乐工到民间采集、记录,再让乐师加工整理,编纂成集。《汉书·食货志》详细记录了当时的采风过程:"孟春之月,群居者将散,行人振木铎徇于路以采诗,献之太师,比其音律,以闻于天子。"这样的记载是基本可信的。当时统治者采集民间诗歌的目的,一是为了"观风俗,知得失,自考正"①;二是为了对贵族子弟实施人生教育,"教之以《诗》,而为之导广显德,以耀明其志"②,因此《诗》最早是官学教材。

孔子开办儒学,也把《诗》作为基础课程之一,并对《诗》进行校勘、核对和整理,使其内容更加准确,形式更加规范,便于广泛传播,这是孔子对中国古代文献的重要贡献。汉代学者认为《诗》最初有三千篇之多:

> 古者《诗》三千余篇,及至孔子,去其重,取可施于礼义。……三百五篇孔子皆弦歌之,以求合《韶》《舞》《雅》《颂》之音。③

> 孔子纯取周诗,上采殷,下取鲁,凡三百五篇,遭秦而全者,以其

---

① 《汉书·艺文志》。
② 《国语·楚语上》。
③ 《史记·孔子世家》。

讽诵，不独在竹帛故也。①

《诗经》旧时亦数千篇，孔子删去重复，正而存三百篇，犹二十九（卷）也。②

关于孔子删《诗》之事，史书中并无明确记载，孔子本人也没有相关言论。根据《诗》中内容推断，《诗》最后编定成书大约在公元前六世纪中叶，而且这项浩大的工程应该是由诸侯各国太师等职官集体合作完成的，孔子此时尚未出生，因此"孔子删去重复"的说法并不成立。即便到了孔子之时，"诗三百"以外仍有不同版本在民间流传，比如《论语·子罕篇》中的"棠棣之华，偏其反而。岂不尔思？室是远而"，这几句诗是逸诗，不在今本《诗》中，然而孔子却加以引用并做出评述，说明"诗三百"在当时并不是唯一版本。

孔子对《诗》很有研究，发表了许多精辟言论，真实记录了他对古代典籍的深刻理解以及他在文化教育事业方面的杰出贡献，尤其是关于文学作品必须坚持思想性和艺术性相统一的观点，至今仍然是文艺批评的重要原则。

《论语·为政》："子曰：'《诗》三百，一言以蔽之，曰："思无邪"。'"

本章中的"一言以蔽之"和"思无邪"已经成为现代汉语中的成语，被广泛使用。"言"作名词用时，在《论语》中大多为"一句话"解，比如"六言六蔽""一言而可以兴邦"等等。"蔽"的本义是遮蔽，这里引申为概括、总论。

---

①《汉书·艺文志》。
②《论衡·正说》。

"思无邪"一句出自《诗·鲁颂·駉》,"思"是语气助词,原本没有意义,"邪"同斜,本义是牧马人不断发出吆喝声,不让马往邪道上跑。孔子虚词实用,以此来概括《诗》在思想内容上积极乐观,情感真实,在艺术表现上明快简洁,形式活泼,思想内容和艺术表现已经达到完美统一的审美效果。《诗》中有许多表现男女青年相互爱慕、追求幸福的爱情诗,他们在表达情感时真诚而不失含蓄,热烈而不失优雅,充分体现了"思无邪"的审美情趣。孔子认为,这种内容与形式完美统一的审美观念贯穿于全《诗》之中,因此说"一言以蔽之",义即一语以概之。

《论语·子路》:"子曰:'诵《诗》三百,授之以政,不达;使于四方,不能专对;虽多,亦奚以为?'"

春秋时期,在许多重要的政治和外交场合,人们都是引用《诗》中的诗句来表情达意的。据统计,《左传》中有关各国君臣赋诗咏诗的记载共有二百五十一次之多,从政者如果不能即席赋诗应答或者不能正确理解诗意,就会被人耻笑。此类事例在《左传》《国语》等史书中多有记载:

> 宋华定来聘,通嗣君也。享之,为赋《蓼萧》,弗知,又不答赋。昭子曰:"必亡。宴语之不怀,宠光之不宣,令德之不知,同福之不受,将何以在?"①

宋国大夫华定出使鲁国,宴飨之际,由于他不懂鲁君赋诗的意思,没有按照礼仪答赋,所以鲁大夫叔孙昭子断言他为政不能长久,必将逃亡他国。当然,如果对方发生错误,自己也要能正确应对,比如鲁大夫叔孙

---

① 《左传·昭公十二年》。

穆子出使晋国时,晋悼公宴飨他时,乐人吟诵《肆夏》《文王》各三篇,他都不拜谢,等到吟诵《鹿鸣》三篇时,他才起身拜谢。后来他对人解释道:"寡君使豹(叔孙穆子)来继先君之好,君以诸侯之故,贶使臣大礼。夫先乐金奏《肆夏樊》《遏》《渠》,天子所以飨元侯也;夫歌《文王》《大明》《緜》,则两君相见之乐也。皆昭令德以合好,皆非使臣之所敢闻也。臣以为肄业及之,故不敢拜。令伶箫咏歌及《鹿鸣》之三,君之所以贶使臣,臣敢不拜贶。夫《鹿鸣》,君之所以嘉先君之好也,敢不拜嘉。《四牡》,君之所以章使臣之勤也,敢不拜章。"①这件事情说明,《诗》中的每一首诗都是有特定含义,咏诗者必须选择与对方身份和具体情景相符的诗句,否则就会失礼。应和者不仅要熟知每一句诗的确切含义,还要能随机应变,及时做出恰当的应答。这是所有从政者必须具备的一种能力和素质,也是孔子在本章中所要表达的重要观点。

"授之以政"和"使于四方"代表出仕从政,"政"是受命于国君的内政事务;"四方"则是代指外交事务,亦受命于国君,孔子说:"行己有耻,使于四方,不辱君命,可谓士矣。"②可见士人出仕必须能承担使命。"不达"和"不能专对"都是指不能胜任相关政务。"达"是明白、知晓,《诗》中的《国风》《小雅》《大雅》诸篇真实地反映了国家政治和民间风情,是从政者决策和行政的重要依据,如果不能以《诗》观"风",那么就是不称职的。"专对"则是指在外交场合不能准确地引用诗句来与对方周旋应对,这种情况也同样是不称职的。"亦奚以为"是用以强调疑问语气的倒装句,意思是"能做什么"。

孔子在本章中着重强调了学《诗》对于提高从政者政治素质的重要性。他认为,学《诗》不在于死记硬背,而在于深刻理解和灵活运用。从政者如果在内政和外交事务中,不能从《诗》中汲取政治智慧或者不能准

---

① 《国语·鲁语下》。
② 《论语·子路》。

确运用诗句来表达观点,提出诉求,那么即使能背诵再多的诗句也是白搭,只是掉书袋而已。

《论语·阳货》:"子曰:'小子何莫学夫诗?诗,可以兴,可以观,可以群,可以怨。迩之事父,远之事君;多识于鸟兽草木之名。'"

"兴观群怨"是孔子论《诗》的重要观点,主要阐述了《诗》在增长知识、开发智力以及提高个人政治素质和道德修养等方面的特殊功效,同时也阐述了《诗》在文艺鉴赏方面的导向作用,对中国古代文学发展产生了积极影响。

"兴"是比喻和联想,这是一种"以彼物比此物"或"先言他物以引起所咏之辞"的艺术表现手法[1],即通过艺术联想来表达思想感情,比如《关雎》就是从"关关雎鸠,在河之洲"起兴(比喻),然后通过联想引出"窈窕淑女,君子好逑"的主题,所以孔子说:"兴于《诗》。"[2]《礼记·学记》中说:"不学博依,不能安诗。"意思就是,学《诗》要有丰富的想象力,否则就不能理解诗中深刻的思想内涵,也无法获得应有的艺术享受。《毛诗·兴雎·序》中说:"故诗有六义焉:一曰风,二曰赋,三曰比,四曰兴,五曰雅,六曰颂。"孔颖达疏曰:"风、雅、颂者,诗篇之异体,赋、比、兴者,诗文之异辞耳。……赋、比、兴是诗之所用,风、雅、颂是诗之成形。用彼三事,成此三事,是故同解为'义'。"由此可见,"兴"是《诗》的一种艺术表现技巧,如果能够熟悉掌握和运用这种技巧,就可以提高艺术想象力,故曰"可以兴"。

"观"是观察、考察。《诗》中大部分作品来自民间,真实反映了民间

---

[1] [宋]朱熹撰:《诗集传》卷一。
[2] 《论语·泰伯》

的疾苦和民众的愿望,比如《豳风·七月》完整记录了农村耕种、采桑、摘菜、养蚕、纺织、染丝、打猎、砍柴、筑场、酿酒、凿冰、盖屋等劳动,描写了农人"无衣无褐""采荼薪樗"的悲惨生活,有苦乐,有忧勤,也有欢欣。通过学《诗》,不仅可以提高观察和了解社会的能力,还能知晓施政措施的得失和治国理政的道理,故曰"可以观"。

"群"是群处、和同。《诗》所反映的时代,社会生活仍然以氏族群居为主,人际关系比较复杂,因此要求每一个氏族成员在生活中要善于与人相处,在劳动中要发扬团结协作精神。《诗》中有许多描写氏族日常生活和集体劳动场景的诗篇,如《周南·芣苢》《魏风·伐檀》等,场面壮观,富有感染力。通过学《诗》,可以增强团结合作精神,提高与人相处的能力,故曰"可以群"。

"怨"是通过讥讽来表达哀怨情绪。《皇疏》:"《诗》可以怨刺讽谏之法,言之者无罪,闻之者足以戒。"可见,讥讽和批判当政者是《诗》的一个重要社会功能。《国风》中有许多怨诗,如《新台》《南山》《株林》《相鼠》《硕鼠》等等,这些诗歌用辛辣的语言和大胆的比喻揭露了当政者的贪婪和残暴,表达了劳动者的鄙视和怨恨,具有很高的审美价值。通过学《诗》,可以学会通过讥讽来表达怨愤的艺术表现方法,故曰"可以怨"。

"迩之事父,远之事君"是有关道德修养方面的内容。"远"和"近"在《论语》中经常表述为"出"和"入":"出则事公卿,入则事父兄。"[1]"弟子,入则孝,出则悌,谨而信,汎爱众,而亲仁。"[2]"事父"和"事君"是人生中最重要的两件事,也是考察一个人道德修养的重要依据。《诗·大雅》中有许多诗篇描写了周部族先祖的伟大事迹和周王朝兴起的光荣历史,如《生民》《公刘》《緜》《大明》等等,《颂》主要记叙了国人祭天地、祭祖先、祭山川、祭四方以及祈年、报赛、追先、戒后等活动,如《清庙》《噫嘻》《丰年》

---

[1]《论语·子罕》。
[2]《论语·学而》。

《闵予小子》等等。学习这些诗篇有助于增强每一个人对宗族和氏族的归属感和对先祖和神灵的敬畏感,也有助于培养"孝""忠"等道德修养和"温柔敦厚"的良好品行。

"多识于鸟兽草木之名",就是从《诗》中可以学到许多与日常生活密切相关的知识。《国风》中有许多抒情诗都采用了比兴手法,比兴之物大多是自然界的鸟兽草木,如"关关雎鸠""黄鸟于飞""参差荇菜""采采卷耳"等等,通过学《诗》,可以开阔眼界,陶冶情操,增长知识。

孔子在本章中比较全面地论述了《诗》的社会功效,他希望年轻人("小子")能够多学《诗》,从中学到做人的道理,进一步增加才干,提高修养,立足社会。

《论语·述而》:"子所雅言,《诗》、《书》、执礼,皆雅言也。"

中国地域广阔,各地有各地的方言,各族有各族的土语,交流起来难免会遇到一些语言障碍。《礼记·王制》中说:"五方之民(中国、东夷、南蛮、西戎、北狄),言语不通,嗜欲不同。达其志,通其欲,东方曰寄,南方曰象,西方曰狄鞮,北方曰译。"这里的"寄""象""狄鞮""译"都是专职翻译,可见当时不同区域的语言差异是很大的。到了战国时期,这种情况仍然没有改观,荀子说:"越人安越,楚人安楚,君子安雅;是非知能材性然也,是注错习俗之节异也。"①又说:"居楚而楚,居越而越,居夏而夏,是非天性也,积靡使然也。"②"雅"和"夏"因音转而相通,"夏"是华夏正宗,与夷蛮戎狄四方异族相对,孔子说:"夷狄之有君,不如诸夏之亡也。"③夏、商、周三代的政权形式是氏族部落联盟制,即以华夏氏族为主体,与周边其他部族建立结盟关系,

---

① 《荀子·荣辱》。
② 《荀子·儒效》。
③ 《论语·八佾》。

因此华夏族使用的语言是官话,亦称"雅言",孔颖达注曰:"雅言,正言也。"相当于现在以北方方言为基础的普通话。

孔子是土生土长的鲁国人(孔子曾祖父孔防叔因畏华氏之逼,自宋奔鲁,传至孔子已经第四代),因此他在平时生活中使用的是鲁语。但是他的弟子们却来自四面八方,子贡、子夏是卫国人,子张是陈国人,司马牛是宋国人,子游是吴国人,樊须、子羔、公冶长是齐国人,秦祖、壤驷赤是秦国人……师生之间日常交流,使用各地方言并无大碍,但是在解读《诗》《书》或演习礼仪时,就必须使用通用的"雅言",否则容易产生歧义。而且当时由于书写条件受到种种限制,弟子们不可能人手一册《诗》《书》,上课只能口传心记,如果孔子仍然使用鲁语,许多弟子肯定会一头雾水。因此有人认为,孔子用"雅言"教授《诗》《书》和演习礼仪,是因为"重先王之训典,谨末学之流失"①,表明他慎对典章,治学严谨,这种说法是成立的。

清人焦循在阅读本章时发现一个问题,"子所雅言"前后重复了两次,所以他认为本章应与前章孔子赞《易》合为一章:"'子所雅言'四字,指《易》,乃不独《易》也。于《诗》,于《书》,于执《礼》,皆雅言也。《论语》之文最为简妙,上既言'子所雅言',下不必又赘复一语。玩'皆'字,正从《易》连类之词。"②此说看似有理,但是需要指出的是,孔子说自己五十岁才开始学《易》,直到老年仍停留在独自揣摩和研修阶段,只向少数入室弟子传授,何以用"雅言"?

《论语·阳货》:"子谓伯鱼曰:'女为《周南》、《召南》矣乎?人而不为《周南》、《召南》,其犹正墙面而立也与?'"

伯鱼是孔子之子孔鲤,他虽然不是孔门弟子,但是孔子对他督促甚

---

① 刘氏《正义》引丹徒君《骈枝》语。
② [清]焦循著,陈居渊主编:《雕菰楼经学九种》上册,南京:凤凰出版社,2015年,第639页。

勤,每次遇见他从庭中走过,都叫住他会考问道:"学诗乎?""学礼乎?"如果他回答说"未也",孔子就会教训他道:"不学诗,无以言。""不学礼,无以立。"①本章又是孔子的训子之辞。

《周南》《召南》是《国风》开篇两组诗的总名,《周南》有十一篇,《召南》有十五篇。刘氏《正义》:"《周南》、《召南》者,谓周公、召公分郏所得南国之诗也。不主一国,故总系焉。"这种编排反映了以周天子为天下共主的正统观念。

本章可以从形式和内容两个方面来解读:在形式上,二南之诗多用于乡学,乡人受教时集体吟唱,如果不能记住诗歌的词,在人群中就无法开口,与人格格不入,就像一个人独自面壁而立一样。在内容上,二南之诗主要表达的是夫妇男女之情,这类题材的诗篇在《周南》中共有九篇,在《召南》中共有十一篇,比例都在70%以上。马融注曰:"《周南》、《召南》,《国风》之始,乐得淑女,以配君子,三纲之首,王教之端,故人而不为,如向墙而立。"夫妇男女关系是最基本的人伦关系,二南之诗为闺门之道,教导夫妇男女如何和睦相处,因此成年男女都应该熟练背诵,并在生活中努力践行。如果一个人连夫妇男女这种最基本的人伦关系都处理不好,人生在世就像面壁而立一样寸步难行。

《论语·八佾》:"子曰:'《关雎》,乐而不淫,哀而不伤。'"

《关雎》是《诗》中最具代表性的一首情诗,具有很高的艺术价值和审美情趣。按照《毛诗》的说法,诗中的"君子"是周文王,而"淑女"则是后妃太姒为周文王物色的年轻女子,"后妃乐得淑女,有德有容,以共事君

---

① 《论语·季氏》

子,佐助宗庙之祭祀,非为淫于色也"①。《韩诗外传》中说:"夫《关雎》之人,仰则天,俯则地,幽幽冥冥,德之所藏,纷纷沸沸,道之所行,虽神龙化,斐斐文章。"②《史记》张守节正义也引毛苌之言曰:"关雎,和声。雎鸠,王雎也,鸟挚而有别。后妃悦乐君子之德,无不和谐,又不淫色,慎固幽深,若雎鸠之有别,然后可以风化天下。夫妇有别则父子亲,父子亲则君臣敬,君臣敬则朝廷正,朝廷正则王化成也。"把单纯的男欢女爱之情上升为高深的圣王宗庙之事,这样反而贬低了文学作品原有的艺术价值,因此不足为取。

全诗共分五章,每章四句,皆为四言,主要内容是表现男女相恋的纯真爱情。首章以雎鸠之鸣起兴,以"君子好逑"点题,依次描写了求偶君子从"寤寐求之""辗转反侧"到"鼓乐乐之"的相思相求过程,感情真切而含蓄,语言质朴而流畅,所以孔子用"乐而不淫,哀而不伤"来加以概括。在《论语》中,这种"A而不B"的表述方式大多描述的是一种适度的中和状态,即在 A 与 B 两端之间达到最佳平衡。《集注》:"淫者,乐之过而失其正者也。伤者,哀之过而害于和者也。"《关雎》在抒发感情时,在"乐"与"淫"、"哀"与"伤"之间把握了合适的度,达到了"正"与"和"的艺术效果,因此给人以美好的艺术享受。

《论语·八佾》:"三家者以《雍》彻。子曰:'"相维辟公,天子穆穆",奚取于三家之堂?'"

"三家者以《雍》彻"的历史背景是鲁国"政在季氏三世矣,鲁君丧政

---

① [汉]毛亨撰:《毛诗正义》。
② 《韩诗外传》卷五第一章。

四公矣"①,即所谓"礼乐征伐自大夫出"②。"三家者",鲁国卿大夫之家孟孙氏、叔孙氏和季孙氏,史称"三桓"。春秋末年,鲁国国君大权旁落,公族贵族擅权专政,他们恣意妄为,僭越礼制,以孔子为代表的保守势力虽然强烈不满,但也无可奈何,只能发一发"是可忍也,孰不可忍也"的牢骚而已。

《雍》是《周颂》中的一首颂歌,主要内容是歌颂周武王祭祀周文王时的盛大场面以及主祭者、助祭者庄严肃穆的神情。周初分封诸侯时,周公让鲁公伯禽把《雍》带到鲁国,作为鲁国历代国君祭祀先祖的颂歌,通常安排在"彻"这个仪式上唱诵。"彻"是祭祀完毕后撤去樽俎等祭祀礼器时的一个固定礼仪程式。按照礼制规定,只有鲁国国君在祭祀周公等历代先祖时才有资格唱诵《雍》,现在"三家者"在家祭仪式上竟然僭用《雍》,因此孔子借用《雍》中的"相维辟公,天子穆穆"两句颂词来对他们的僭礼行为提出批评。"相"是助祭者,"辟公"是封国诸侯,"天子"是周天子,"穆穆"是举止端庄恭敬,《尔雅·释训》:"穆穆、肃肃,敬也。"这两句颂词的意思是,当周天子在祭祀先祖仪式进行到"彻"的时候,助祭者是恭敬虔诚的封国诸侯,主祭者是神情肃穆的周天子。孔子接着反问道:"奚取于三家之堂?"意思就是,对照《雍》中的颂词,在三家祭祀现场的人当中有谁身份符合呢?

周朝礼制对于处理人际关系和行为礼仪方面都有明确具体的规范,尤其是在祭祀先祖典礼上,每一个礼仪程式都有严格要求,不得僭越。然而到了春秋末年,礼制败坏,社会失序,"三家者以《雍》彻"就是这种社会乱象的真实写照。孔子是周朝礼制的坚定捍卫者,他用祭祖颂歌中的颂词来直接抨击鲁国公族贵族的僭礼行为。然而在当时的历史背景下,孔子的这种猛烈抨击并不能改变现实,这是孔子一生都没能想明白的事情。

---

① 《左传·昭公二十五年》。
② 《论语·季氏》。

《论语·学而》:"子贡曰:'贫而无谄,富而无骄,何如?'子曰:'可也;未若贫而乐,富而好礼者也。'子贡曰:'《诗》云:"如切如磋,如琢如磨",其斯之谓与?'子曰:'赐也,始可与言《诗》已矣,告诸往而知来者。'"

本章有关君子修身之道和孔门教学之道的内容已分别在《贫而安乐,富而好礼》和《切磋琢磨》中另作评析,这里重点评析有关学人为学求知的内容。

子贡本章问"如切如磋,如琢如磨"与《八佾篇》子夏问"巧笑倩兮,美目盼兮,素以为绚"有异曲同工之妙,所以《集注》引谢氏言曰:"子贡因论学而知《诗》,子夏因论《诗》而知学,故皆可与言《诗》。"在孔门诗教中,"言《诗》"和"学《诗》"是两个完全不同的学习阶段或思想境界:"学《诗》"是学习《诗》的基础知识,以理解和背诵为主,所以孔子对孔门后进说:"小子何莫学夫诗?"①在"过庭之训"时他又督促伯鱼道:"不学诗,无以言。"②"言《诗》"则是深入研究和探讨《诗》的思想内涵,并且能够结合实际灵活运用。子贡和子夏都已达到"言《诗》"的境界,所以他们在孔门四科十哲中分别名列"言语"和"文学"优等。

"切磋琢磨"现在已经是常用成语,原句出自《诗经·卫风·淇澳》:

瞻彼淇澳,绿竹猗猗。有匪君子,如切如磋,如琢如磨。

这几句诗是赞美男性美的,《诗序》认为赞美的对象是西周末东周初的卫武公。"切磋琢磨"是打磨骨器、象牙、翠玉、美石的不同工艺。《尔雅·释器》:"骨谓之切,象(牙)谓之磋,玉谓之琢,石谓之磨。"这里是用来形容卫武公的皮肤就像经过反复打磨过的玉器或骨器一样光滑、细

---

① 《论语·阳货》。
② 《论语·季氏》。

腻、温润。

学习也应该像打磨玉石兽骨一样,只有切磋琢磨,精益求精,才能获得正确认知,所以古代典籍中多以琢玉来比喻学习:

> 玉不琢,不成器;人不学,不知道。①
>
> 人之于文学也,犹玉之于琢磨也。《诗》曰:"如切如磋,如琢如磨。"谓学问也。②
>
> "如切如磋",道学也。"如琢如磨",自修也。③

"如切如磋,如琢如磨"原本是表现男欢女爱的诗句,子贡用来比喻君子修身和学人求知,联想丰富合理,比喻生动贴切,表现出极高的领悟能力和表达能力,孔子对此高度赞赏,认为他学《诗》能够不拘一格,活学活用,已经达到"告诸往而知来者"的境界。楚狂接舆曾歌而过孔子曰:"往者不可谏,来者犹可追。"④"往者"是已知的过往,"来者"则未知的未来,从已知推论到未知,这种品质是难能可贵的。

《论语·八佾》:"子夏问曰:'"巧笑倩兮,美目盼兮,素以为绚兮。"何谓也?'子曰:'绘事后素。'曰:'礼后乎?'子曰:'起予者商也!始可与言《诗》已矣。'"

子夏从《诗》中的"巧笑倩兮,美目盼兮,素以为绚兮"延伸到探讨"礼"之功效,思维跳跃度很大,内容缺乏条理,逻辑联系也不清晰,因此

---

①《礼记·学记》。
②《荀子·大略》。
③《尔雅·释训》。
④《论语·微子》。

历来各种解说都显得牵强附会,意见难以统一。

"巧笑倩兮,美目盼兮,素以为绚兮"三句出自《诗·卫风·硕人》,诗的原意是形容齐庄姜的美貌,但是今本《诗经》中没有最后一句。前人对此做出两种解说:一是《论语》中此句为逸文,即由其他篇章的逸诗窜入①;二是孔子删《诗》时将此句删去②,不过这种说法遭到朱熹质疑,他认为这句诗最有意思,而且得到了孔子确认,因此不应被删③。其实这个问题的关键是从哪个角度来理解,如果从《论语》的角度来理解,这句诗极为重要,应为原诗;但是如果从《诗经》的角度来理解,也许就会得出不一样的结论。仔细研读《硕人》原诗之后就有可能更加接近真相:从形式来看,今本《硕人》共四章,每章七句,每句四字,如果第二章最后多出"素以为绚兮"一句,全诗的篇章结构和吟诵韵律就被破坏了;从内容来看,第二章七句运用写生手法分别从手、肤、领、齿、首、眉、笑、目等方面具体描写了庄姜的娇美和高贵,最后突然加上一句"素以为绚兮"的评述性诗句,就完全破坏了原有的美感,实在是狗尾续貂的败笔。由此可以推断,《硕人》原诗中并没有"素以为绚兮"一句,即使有这一句,被孔子删去也是合乎情理的。那么《论语》中为何多出这一句诗?如果推论说这一句是子夏的言论,是他向孔子请教的内容,这种说法虽然有一定道理,但是又缺乏有力证据,因此最合理的解释应该是逸诗窜入,这种情况在当时书写和编辑的特定条件下是非常普遍的。

《硕人》是《诗》中的名篇,主要描写了齐国公室之女庄姜高贵的身份和娇美的形象。庄姜是齐僖公之女,齐、卫两国政治联姻,她嫁给了卫庄公。《左传·隐公三年》:

> 卫庄公娶于齐东宫得臣之妹,曰庄姜,美而无子,卫人所为赋

---

① 《皇疏》引马融言曰:"此上二句在《诗·卫风·硕人》之二章。其下一句逸也。"
② 程树德《论语集释》引周子醇《乐府拾遗》。
③ 程树德《论语集释》引朱子《或问》。

《硕人》也。又娶于陈,曰厉妫,生孝伯,早死。其娣戴妫生桓公,庄姜以为己子。公子州吁,嬖人之子也,有宠而好兵。公弗禁,庄姜恶之。

从上述记载中可以看出,庄姜嫁到卫国后并未得宠,卫庄公先后娶了陈国公室之女厉妫、戴妫,还有若干嬖人与她争宠。庄姜未能得宠的主要原因是自己无子,虽然她后来把戴妫之子收为己子,但是嬖人之子公子州吁更得宠,他对庄姜傲慢无礼,多有伤害,庄姜对他也非常厌恶,"庄姜恶之"四个字的潜台词极其丰富,既有坦荡与正义,也有无奈与克制。后来公子州吁弑君篡位,众叛亲离,被国人所杀。庄姜在卫国无亲无故,卫庄公妻妾成群,众人对她不冷不热,她自己膝下无子,收养的戴妫之子又被州吁弑杀,所以日子过得落落寡欢,凄苦无比。据汉代学者考证,《诗经·邶风》中的前五首诗,即《柏舟》《绿衣》《燕燕》《日月》《终风》,均出自庄姜之手,表达了她嫁到卫国后孤寂、压抑和感伤的情怀,如"耿耿不寐,如有隐忧。微我无酒,以敖以游""忧心悄悄,愠于群小。觏闵既多,受侮不少""绿兮衣兮,绿衣黄里。心之忧兮,曷维其已""燕燕于飞,下上其音。之子于归,远送于南。瞻望弗及,实劳我心""暳暳其阴,虺虺其雷。寤言不寐,愿言则怀"……字字句句都透露出哀怨和悲苦。不过目前这种说法尚无定论,况且艺术毕竟不能等同于历史。

子夏学《诗》,读到《硕人》,发现在原诗的篇章结构中多出一句,于是就向孔子请教——"何谓也?"其实他们师徒之间的讨论可以向两个方向发展:一是关于本诗的艺术形式或篇章结构问题,具体地说,"素以为绚兮"一句是不是逸诗窜入;二是关于本诗的思想内容或微言大义问题。我们没有理由怀疑子夏当时不是奔着篇章结构问题去的,但是孔子却将问题导向微言大义,他说:"绘事后素。"这是针对"素以为绚"而言的,语境已经跳出了庄姜"巧笑倩兮,美目盼兮"的话题。

"素以为绚"和"绘事后素"两句是用绘画来作比喻,"绘事"是绘画之事,"素"是画之质,"绚"是画之采。那么绘画过程("绘事")是先"素"后"绚",还是先"绚"后"素"呢?郑玄认为应该是先"绚"而后"素",《论语集解》:"凡画绘,先布众采,然后以素分其间,以成其文。喻美女虽有倩盼美质,亦须礼以成也。"朱熹则认为应该是先"素"后"绚",《论语集注》:"绘事,绘画之事也。后素,后于素也。《考工记》曰:'绘画之事后素功。'谓先以粉地为质,而后施五采,犹人有美质,然后可加文饰。"这个问题涉及绘画方面的专业知识,相关史料太少,很难以做出明确判断。不过无论何种解读,结论是一致的:庄姜雍容华贵、天生丽质的容貌如同画之质("素"),而她遵从礼仪、仁慈忍让的品质则如同画之采("绚"),两者完美地结合在一起,使其形象更加光鲜靓丽,楚楚动人。

子夏在孔子"绘事后素"基础上进一步发挥道:"礼后乎?"这句话究竟如何理解?传统注家大多从"礼"对于人性塑造的功能角度来理解,认为"礼"可以在人的天性之上施以后天的培养和教化,使之日臻完善,接近完美。孔子对于这种观点表示认可,甚至说对自己也颇有启发。但是如果从诗、礼、乐三者在礼仪活动中的先后运用顺序来看,也可以有另一种理解,孔子说:"兴于诗,立于礼,成于乐。"①诵诗之后的礼仪程式是行礼,所以子夏说:"礼后乎?"

《论语·子罕》:"子曰:'衣敝缊袍,与衣狐貉者立,而不耻者,其由也与?''不忮不求,何用不臧?'"子路终身诵之。子曰:'是道也,何足以臧?'"

本章可以和《学而篇》的子贡问"如切如磋,如琢如磨"和《八佾篇》的子夏问"巧笑倩兮,美目盼兮"结合起来研读。

孔子对于弟子学《诗》情况非常关注,经常和他们进行讨论,有时也

---

① 《论语·泰伯》。

会引用诗句来评价弟子，本章是他引用《诗·邶风·雄雌》中的"不忮不求，何用不臧"来称赞子路的，不过整个过程颇具戏剧性。

子路为人坦诚正直，讲求信义，但有时难免鲁莽粗鄙，所以孔子对他既爱又恨，时褒时贬。前人曾做过统计："《论语》记孔子赞子路之言凡五见，贬子路之言凡四见，足征其瑕不掩瑜矣。"[①]本章孔子称赞子路似乎是没事找事："衣敝缊袍，与衣狐貉者立，而不耻者，其由也与？"这句话在句式上有点错乱，正常的语序应该是"由（子路）衣敝缊袍与衣狐貉者立而不以为耻"。"衣敝缊袍"是指身穿破衣烂衫的人，"衣"是动词，作穿着解，"袍"是长袍、外衣，"敝"和"缊"都是"袍"的修饰词，"敝"是破烂，"缊"是败絮。"衣狐貉者"是身穿狐貉皮衣的人。这句话完整的意思是，只有子路能够做到穿着破衣烂衫和穿着裘皮大衣的人站在一起而不感到难堪和羞愧。孔子如此评价子路，也许是想用一个极端的例子来说明什么事情，未必真有此事。不过，孔子对子路做出如此评价是有根据的，因为有一次孔子让颜渊、子路"各言尔志"，子路就明确表示："愿车马衣轻裘与朋友共敝之而无憾。"[②]他愿意把自己最好的东西拿出来与朋友共享，毫不吝惜，这就是子路的性格和为人。孔子接着引用《诗·邶风·雄雌》中的两句诗来称赞子路："不忮不求，何用不臧？""忮"是嫉恨，"求"是索求，"臧"是善。意思就是，既不嫉妒别人，也不贪求别人，保持这种心态就很好了。子路受到孔子诵诗称赞后，深受鼓舞，沾沾自喜，此后便反复念叨这两句诗，仿佛成了他的专利。孔子觉得他有点自我陶醉而不思进取，于是又给他当头泼了一盆凉水："是道也，何足以臧？"就这么一点小事，何至于天天挂在嘴边！

同样学《诗》，各人悟性不同，效果也有所不同。子贡能用"如切如磋，如琢如磨"的诗句来形容自己领悟到"贫而乐，富而好礼"的道理，所以孔子

[①] 蒋伯潜：《诸子通考》，杭州：浙江古籍出版社，1985年，第124页。
[②] 《论语·公冶长》。

称赞道:"赐也,始可与言《诗》已矣,告诸往而知来者。"①子夏则从"巧笑倩兮,美目盼兮"的诗句中领悟到"礼后乎"的道理,所以孔子称赞他道:"起予者商也!始可与言《诗》已矣。"②曾子也把"战战兢兢,如临深渊,如履薄冰"作为自己一生奉行的处世准则,所以得以寿终正寝③。然而子路却一直沉浸在"不忮不求,何用不臧"的褒奖之中,既不求甚解,也不求新知,故而孔子反褒为贬。可见孔子要求弟子们学《诗》,绝不是仅仅满足于简单背诵,而是要认真思考和正确理解,并能结合实际灵活运用。

《论语·先进》:"南容三复白圭,孔子以其兄之子妻之。"

公冶长和南宫适都是孔子的得意门生,他们年轻才俊,于是孔子把自己的女儿嫁给了公冶长,把哥哥的女儿嫁给了南宫适。

南宫适最大的优点是为人谨慎,进退适宜,孔子评价他说:"邦有道,不废;邦无道,免于刑戮。"④他在进退出处之间,既能积极进取,有所作为,又能审时度势,保全性命,这样的人是富有智慧的,也是值得信赖的。

南宫适能够得到孔子青睐,还在于他熟读《诗》《书》等儒家经典,而且善于思考,颇有见地,他曾把"羿善射,奡荡舟"和"禹稷躬稼"两组历史事件放在一起进行比较研究,进而得出"尚德"而有天下的结论,孔子连声称赞道:"君子哉若人!尚德哉若人!"⑤本章他又"三复白圭",无比陶醉,这种勤学善修的悟性和状态深得孔子赏识。"三复",即"一日三覆"⑥,和"吾日三省吾身"一样,表示时常、常常。"白圭"是《诗·大雅·

---

① 《论语·学而》。
② 《论语·八佾》。
③ 《论语·泰伯》。
④ 《论语·公冶长》。
⑤ 《论语·宪问》。
⑥ 《孔子家语·弟子行》。

抑》中的诗句：

> 白圭之玷，尚可磨也；斯言之玷，不可为也！

这几句诗以白璧微瑕作比，告诫当政者要谨言慎行，为民众做出表率。当时有很多人都引用过这几句诗：

> 初，(晋)献公使荀息傅奚齐，公疾，召之，曰："以是藐诸孤，辱在大夫，其若之何？"稽首而对曰："臣竭其股肱之力，加之以忠贞。其济，君之灵也；不济，则以死继之。"……冬十月，里克杀奚齐于次。书曰："杀其君之子。"未葬也。荀息将死之，人曰："不如立卓子而辅之。"荀息立公子卓以葬。十一月，里克杀公子卓于朝，荀息死之。君子曰："诗所谓'白圭之玷，尚可磨也；斯言之玷，不可为也'，荀息有焉。"①

当年晋大夫荀息出言不慎，向晋献公夸下海口，结果在群公子争权内乱中死于非命，所以左氏君子引用白圭之诗以警世人。

《礼记·缁衣》：

> 子曰："言从而行之，则言不可饰也；行从而言之，则行不可饰也。故君子寡言而行以成其信，则民不得大其美而小其恶。《诗》云：'白圭之玷，尚可磨也；斯言之玷，不可为也。'"

这段话说明孔子对于出言谨慎很重视，这也是南宫适能够得到他赏识的原因。

---

① 《左传·僖公九年》。

61.《书》(共3章)

《书》是《尚书》,即"上古之书",主要记录了从上古帝王尧舜禹到春秋时期约两千年间九十多位帝王的重要历史,全书内容丰富,规制宏大,是我国先秦时期的一部重要历史文献,也是研究中国上古史的重要典籍。根据相关史书记载,《书》最初有三千二百余篇,然而到孔子之时,大多已经佚失,仅存百余篇,后经孔子整理修订为一百一十八篇。

《书》在流传过程中的经历曲折复杂,孔子在其中发挥了重要的作用。孔子与《书》的关系,主要有编纂和删修两种说法。编纂之说以《史记》《汉书》为代表:

> 孔子之时,周室微而礼乐废,《诗》《书》缺。追迹三代之礼,序《书传》,上纪唐虞之际,下至秦缪,编次其事。……故《书传》、《礼传》自孔氏。①
>
> 《书》之所起远矣,至孔子纂焉,上断于尧,下讫于秦,凡百篇,而为之序,言其作意。……《书》者,古之号令,号令于众,其言不立具,则听受施行者弗晓。②

这里的"编"和"纂"是按照年代顺序和号令类别进行分类、编排和整

---

① 《史记·孔子世家》。
② 《汉书·艺文志》。

理,在内容上并没有增减删改。

删修之说则以唐代学者孔颖达的《尚书正义》和张守节的《史记正义》为代表:

> 孔子求《书》,得黄帝玄孙帝魁之书,讫于秦穆公,凡三千二百四十篇。断远取近,定可以为世法者百二十篇。以百二篇为《尚书》,十八篇为《中候》。①
>
> 《书纬》称孔子求得黄帝玄孙帝魁之书,讫秦穆公,凡三千三百三十篇,乃删以一百篇为《尚书》,十八篇为《中候》。今百篇之内见亡四十二篇,是《诗》、《书》又有缺亡者也。②

孔颖达等人认为孔子对于古代流传下来的三千多篇《书》进行了大刀阔斧的删修工作,最后仅留存一百一八篇编定为《尚书》《中候》两书。这种说法显然是不符合实际的,姑且不论古《书》是否有三千多篇,即便是有,仅凭孔子一人之力是根本无法完成如此繁重的删修任务。

和《诗》一样,孔子也把《书》作为儒学的基础课程,要求弟子认真学习和研究。不过在《论语》中,孔子有关《书》的直接言论并不多,间接言论则不少,这种情况说明孔子对于历史和政治问题比较谨慎,轻易不发表意见。为了教学需要,孔子还投入大量精力对《书》进行了考证、修订、编次等整理工作。与此同时,他还从《书》中汲取了许多政治智慧和历史经验,为构建儒家伦理政治思想提供了重要的理论基础。

---

① [唐]孔颖达注疏:《尚书正义·尚书序》。
② 《史记》张守节正义。

《论语·为政》："或谓孔子曰：'子奚不为政？'子曰：'《书》云："孝乎惟孝，友于兄弟，施于有政。"是亦为政，奚其为为政？'"

孔子直接引用《书》的言论并不多，《尧曰篇》中有一组文字与《尚书》诸篇有关，但是孔子（《论语》编纂者）只是抄，而不是用。本章则是孔子直接引用《书》中言论来阐述自己的思想观点，颇具价值。本章有关"政"和"孝"的内容将分别在《政（令）》和《孝（悌）》中进行评析，这里重点评析有关《书》的内容。

周朝初年，周部族从偏隅西域的蕞尔小国一跃成为一统天下的泱泱大国，面对复杂多变的政治局面，尤其是面对文化形态高于本族的殷商贵族遗民，周朝统治者在政治上并没有多少有效手段，他们只能从氏族社会的传统观念中寻找应对之策，于是"孝""友"等观念就成为可以用来改造利用的治国良方。周公在位之时，积极施行德治，用"孝""友"等传统观念来改造和教化殷商遗民，成效显著，为周朝统治者积累了治国理政的成功经验。周公去世后，周公之子君陈受命在洛邑监治殷商顽民，周成王训诫他要秉承周公成法，施行德政，感化殷民："君陈，惟尔令德孝恭。惟孝友于兄弟，克施有政。"[①]

孔子继承了周公等人的伦理政治思想，并根据当时社会发展变化情况，在理论上不断丰富和完善，形成了伦理和政教合二为一的儒家伦理政治思想。所以当有人向他提出"奚不为政"问题时，他就直接引用了《书》中言论进行回答，这几句话出自《尚书·君陈》。"孝"是敬事父母，"友"是善待兄弟，这些都是维系氏族组织内部团结的重要观念。《尔雅·释训》："善父母为孝，善兄弟为友。""克"是能，"施"是施及、延及，"有"是虚词，"政"是政事。这几句话的意思就是，只要继续发扬氏族组织的"孝""友"精神，并将其运用于施政领域，这就是最好的"为政"。

---

① 《尚书·君陈》。

《论语·宪问》:"子张曰:'《书》云:"高宗谅阴,三年不言。"何谓也?'子曰:'何必高宗,古之人皆然。君薨,百官总己以听于冢宰三年。'"

《书》中记载的主要是上古帝王的政令、诰命以及事迹等,因此孔子有关《书》的言论大多是对于历史人物的评价。在孔子言论中,共涉及十几位上古帝王和大臣,比如《泰伯篇》中有一组赞扬古代帝王贤相的言论:

> 泰伯,其可谓至德也已矣。三以天下让,民无得而称焉。
> 巍巍乎,舜禹之有天下而不与焉!
> 大哉尧之为君也!巍巍乎!唯天为大,唯尧则之。
> 舜有臣五人而天下治。
> 武王曰:"予有乱臣十人。"
> 禹,吾无间然矣。
> 如有周公之美,使骄且吝,其余不足观也已。

分散在其他篇章的相关言论还有:

> 子贡曰:"如有博施于民而能济众,何如?可谓仁乎?"子曰:"何事于仁!必也圣乎!尧舜其犹病诸!"①
> 文王既没,文不在兹乎?天之将丧斯文也,后死者不得与于斯文也;天之未丧斯文也,匡人其如予何?②
> 微子去之,箕子为之奴,比干谏而死。孔子曰:"殷有三仁焉。"③

这些历史人物在《书》中均有详细记载,孔子根据历史记载对他们的

---

① 《论语·雍也》。
② 《论语·子罕》。
③ 《论语·微子》。

功绩做出高度评价。

子夏和南宫适也曾分别就《书》中记载的历史人物来请教孔子：

> 子夏曰："富哉言乎！舜有天下，选于众，举皋陶，不仁者远矣。汤有天下，选于众，举伊尹，不仁者远矣。"①
>
> 南宫适问于孔子曰："羿善射，奡荡舟，俱不得其死然。禹稷躬稼而有天下。"夫子不答。南宫适出，子曰："君子哉若人！尚德哉若人！"②

这里提到的皋陶、成汤、伊尹、羿、奡、稷等人都是夏、商二代的重要历史人物，他们的事迹在《书》中均有记载，子夏、南宫适根据历史记载来阐述某种政治理念，因而得到孔子赞许。

此外，在《尧曰篇》中还有一组文字出自《尚书》的《舜典》《汤诰》《汤誓》《武成》《泰誓》等篇，文字古朴，杂乱无序，与《论语》全书风格不统一，有人认为这些内容是错漏简窜入。其实还可以对此做出一种大胆推测：这些内容也许是孔门弟子学《书》的笔记，在编纂《论语》时无处编排，最后只好将其附在全书之后，另成一篇。如果这种推测成立，说明《书》在儒学中是非常重要的。

在本章中，子张则是直接引用《书》中原文向孔子请教，这种情况在《论语》中比较少见。"高宗谅阴，三年不言"的原文出自《尚书·无逸》，文字不长，内容却很丰富：

> 其在高宗，时旧劳于外，爰暨小人。作其即位，乃或亮阴，三年不言，其惟不言，言乃雍。不敢荒宁，嘉靖殷邦。至于小大，无时或

---

①《论语·颜渊》。
②《论语·宪问》。

怨。肆高宗之享国五十有九年。

高宗是商王武丁,商代第二十三代王,他当太子时遵父之命长期与"小人"(农人)共同生活和劳作,因此对民间的疾苦和稼穑的艰辛有所了解。即位后,他三年不言,即所谓"谅阴"或"亮阴"。子张向孔子请教的正是"谅阴"问题,然而孔子却没能说出一个所以然来,他只是把"谅阴"之事重复了一遍,含混其词地回答说"古之人皆然",至于何谓"谅阴"以及为何"谅阴"等问题则语焉不详,因此不仅子张当时没听明白,现在学界也解释不清。目前对于"谅阴"的解释主要有两种:一是守孝服丧;二是静思观风,两种解释各有道理。谅阴三年结束后,武丁亲政,励精图治,对外开拓疆域,对内革新政治,使商王朝达到鼎盛,实现中兴。武丁在位长达五十九年,史称"武丁中兴"。

《论语·微子》:"周公谓鲁公曰:'君子不施其亲,不使大臣怨乎不以。故旧无大故,则不弃也。无求备于一人。'"

周公是文王之子姬旦,鲁公是周公之子伯禽。周初分封之时,周公受封于鲁,当时因为成王年幼,他必须留守王城辅佐朝政,因此就让自己儿子伯禽代为受封。根据《左传》记载,康叔、唐叔、伯禽等人就封之前,周公专门对他们发布诰令:"命以伯禽(《伯禽》),而封于少皞之虚。""命以《康诰》,而封于殷虚。""命以《唐诰》,而封于夏虚。"①以上三句话在句式上完全相同,因此有人认为文中的"伯禽"应与《康诰》《唐诰》一样,都是周公的诰命之词,文曰《伯禽》或《伯禽之命》,当时都收录在《周书》中,后来《唐诰》《伯禽》两篇佚失,现在独存《康诰》一篇(顾炎武在《日知录》

---

① 《左传·定公四年》。

中引用益都孙宝侗的观点)。再作进一步推测,伯禽当年就封于鲁时把《伯禽》带到鲁国,有人了解其中内容。孔子是鲁人,常在太庙助祭,有机会接触到各种古代典籍,因此有可能亲眼见过或听人说过《伯禽》,本章则是他复述《伯禽》中的内容。

从内容来看,周公当年对伯禽主要强调了三点:一是要注意发挥氏族血缘关系的凝聚力,团结姬姓族人("亲")来共同对付"商奄之民"。"不施其亲"的"施"与"弛"因音转相通,这里应为废弛、弃忘之义。意思就是,不要背弃那些血脉相连的亲人,他们才是真正值得信赖和依靠的力量。二是要善于团结那些与姬姓氏族长期保持密切关系的异姓氏族("旧"),他们毕竟是文化同源的同盟者,在共同对付蛮夷之族时应该与周部族立场一致。不忘血亲和不弃故旧是周部族的优良传统,周大夫富辰说:"尊贵、明贤、庸勋、长老、爱亲、礼新、亲旧,然则民莫不审固其心力以役上令。"①晋大夫士会也说:"其君之举也,内姓选于亲,外姓选于旧,举不失德,赏不失劳,老有加惠,旅有施舍。"②可见,周人在建立统一战线方面是富有经验的。三是待人要宽厚,不要求全责备,尤其是对故旧老臣,如果他们没有犯什么大错,就不要轻易弃忘他们。

---

① 《国语·周语中》。
② 《左传·宣公十二年》。

62. 《礼》(共3章)

在《论语》中,"礼"主要有两方面含义,一是现行礼制,二是历史典籍。孔子研究"礼",主要致力于现实运用,他把恢复西周礼乐制度作为一项重要政治任务,因此他有关"礼"的言论主要是现实政治制度方面的,诸如"礼乐征伐自天子出""君使臣以礼""克己复礼为仁"等等,相关内容将在《礼(乐)》中进行评析。出于现实政治的需要,孔子对存于古代典籍中的礼书也很有研究,但是相关言论并不多,这方面内容将在这里作重点评析。

在孔子思想中,关于"礼"的政治观、历史观、道德观是一个有机统一的整体,儒学中的学礼、执礼、修礼、行礼等概念混杂在一起,很难做出明确区分,有时只能借助语言环境来进行判断,比如在《季氏篇》的"过庭之训"中,孔子问孔鲤"学礼乎",接着他又训导道:"不学礼,无以立。"在这个语言环境中,"礼"应该是存于古代典籍中的礼书。现行《论语》注本在标点时基本都不给"礼"字加上书引号,加上书引号就必须说明书籍的书名、编撰者、成书年代以及主要内容等等,由此引来许多说不清楚的问题。为了叙述方便,本文有时对历史典籍的"礼"加上书引号,用以泛指古代礼书。

孔子创办儒学,一个重要目的是为各国当政者培养从政人才。从政必须懂得各种礼制规范和礼仪程式,这是最基本的素质要求。当然,如果没有从政机会,儒者也可以帮人操持礼仪,办理丧事,以儒业为生。因此"礼"是儒学的核心课程,人人必修,要求严格。相比较而言,"礼"是一门实践性很强的课程,学礼者不仅要学习"礼"的相关知识,还要熟练操持各种礼仪程式,因此在学习过程中需要勤加演习,反复操练,从面容到动作都必须符合礼仪规范。《论语·述而》:"子所雅言,《诗》、《书》、执礼,皆雅言也。"这里的"执礼"就是对照《礼》书中的具体内容来演习礼仪,为了确保每一个动作演练到位,孔子不得不用当时通行的官话(雅言)来进行指导。"执礼"首先要深刻理解相关礼仪的精神实质和动作要领,在习礼过程中,不仅要举止端庄,动作规范,情感真实,而且还要"动容貌""正颜色""出辞气"①,整个过程必须动作舒展连贯,一气呵成,想要达到这样的执礼效果,非日日勤修苦练不可。所以宰我建议把居丧三年改为一年,理由就是"君子三年不为礼,礼必坏"②。宰我所说的"为礼"也是指习礼,意思就是,礼仪必须天天演习,耽搁时间长了就会荒废。可见,"执礼""为礼"是"礼"这门课程的主要教学内容和教学形式。

关于古代典籍的"礼",在《论语》中只有《夏礼》《殷礼》《周礼》等笼统表述,具体内容则很少涉及,因此现在无法确定当时儒学课程用的是什么礼书。《汉书·艺文志》中说:

> 帝王质文世有损益,至周曲为之防,事为之制,故曰:"礼经三百,威仪三千。"即周之衰,诸侯将踰法度,恶其害己,皆灭去其籍,自孔子时而不具,至秦大坏。

按照这种说法,孔子之时,原本藏于庙府之中的上古礼书已经遭到人为破坏,或者散落民间,孔子当时看到的礼书未必是完整的,所以他才会不辞辛苦,四处寻访。

现存礼书,经过东汉郑玄融合今文学派和古文学派所传授的经书,

---

① 《论语·泰伯》。
② 《论语·阳货》。

最终定型为三种：《周礼》《仪礼》《礼记》，统称"三礼"。《周礼》(《周官》)主要是关于国家官僚体制方面的内容；《礼仪》主要是关于各种典礼、礼仪等方面的内容；《礼记》(大、小戴《礼》)则主要是关于礼的规范、性质、意义和作用等方面的内容。总体来看，孔子礼治思想与"三礼"均有关系，但是"三礼"未必经过孔子之手整理、修订(目前能够寻找到比较可靠线索的是《仪礼》中有关"士礼"的内容可能与孔子有关)。《史记·孔子世家》中说孔子"追迹三代之礼"，为《书》作《序》，为《礼》作《记》，这种说法是比较可信的。

《论语·八佾》："子曰：'夏礼，吾能言之，杞不足征也；殷礼，吾能言之，宋不足征也。文献不足故也。足，则吾能征之矣。'"

杞是夏朝后裔的封国，宋是殷商后裔的封国，杞人忧天和宋人献玉都是关于他们的故事，说明他们为人处事气度不大，眼界不高，李零先生说他们是"最后的贵族"①，这种说法倒也贴切。杞和宋在周初接受分封时，周公允许他们在一定程度上继续保留夏、商二代的礼俗传统，即所谓"启以夏政，疆以戎索""启以商政，疆以周索"②，因此有关"夏礼""殷礼"的古代文献和典章制度也得以存继。到了春秋时期，这两个小邦国在诸侯争霸的格局中被挤压得苟延残喘，难以为继，遗存的礼俗传统和典章制度也已名存实亡，就连学识渊博的孔子也无法还原或确认"夏礼"和"殷礼"的真实内容，所以说"不足征也"。

孔子自幼受到士礼熏陶，对俎豆之礼产生兴趣，且常为嬉戏。初入仕时，他入太庙助祭，对太庙中的礼器陈设、来历以及相关礼仪规制等问

---

① 李零：《丧家狗——我读〈论语〉》，太原：山西人民出版社，2007年，第94页。
② 《左传·定公四年》。

题非常关注,每事必问,不厌其烦①。鲁昭公十七年(公元前525年),剡子来鲁国朝聘,孔子专门登门拜访,虚心向他请教东夷部族职官设置的有关知识,深受教益,不由感叹道:"天子失官,学在四夷。"②此后,孔子便萌生了到各国去考察现行礼制和古代典藏的念头。孔子大约在三十岁前后开始创办儒学,设帐授徒,"礼"是儒学的重要课程之一,因此他四处向人学礼。根据《左传》《礼记》等古籍记载,鲁昭公二十七年(公元前515年),孔子当时三十七岁,吴国公子季札出使晋国,顺道造访齐国,季札学识渊博,通晓礼仪,为各国贤达名流所敬重。他在返回途中,长子不幸去世,于是他就地葬于嬴、博之间(今山东淄博),并在当地举行了隆重的葬礼。孔子得知这个消息后,专门前往观摩学礼(一说派子贡前往观礼),在现场学到了许多有关丧葬方面的礼仪知识,事后他对人说:"延陵季子之于礼也,其合矣乎!"③当时由于天下失序,"礼崩乐坏",各国公侯大夫无视法度,僭越礼制,造成人们思想混乱,孔子为了澄清人们对于现行礼制的模糊认识,同时也是为了在政治上寻找一条正确的治国路线,于是决定到杞、宋这两个继嗣国家去实地考察夏、商二代遗存的古代文献和礼乐制度。此行是孔子人生中的一次极为重要的学术活动,《礼记·礼运》中也有大致相同的记载:

> 孔子曰:"我欲观夏道,是故之杞,而不足征也,吾得《夏时》焉。我欲观殷道,是故之宋,而不足征也,吾得《坤乾》焉。《坤乾》之义,《夏时》之等,吾以是观之。"

参照《礼记·礼运》中的句式,本章可以从"言"字后面断开,"之"字为动词"到……"的意思,这样就把孔子亲自到杞、宋两国进行实地考察

---

① 《论语·八佾》。
② 《左传·昭公十七年》。
③ 《礼记·檀弓下》,并见《左传·昭公二十七年》《说苑·修文》。

的意思突出出来了,亦无不可。

比较《论语》和《礼记》中的两段文字,大致可以得出以下三点结论:

一、《论语》中并没有明确交代孔子到杞、宋两国实地考察的目的,《礼记》中则明确表述为"观夏道""观殷道","夏道"是夏朝治国之道,"殷道"是商朝治国之道,说明孔子此行不是单纯的学术考察活动,而是带有某种政治目的的。

二、《论语》《礼记》中都反复用了"征"字,《皇疏》:"征,成也。"《集注》:"征,证也。"由此可见,这里的"征"是参照、验证的意思。那么孔子想验证什么呢?这是一个容易让人忽略的问题。从表面上看,孔子所说的"不足征"是指"夏礼"("夏道")和"殷礼"("殷道"),但是孔子为什么要验证在现实生活中已经没有实际意义的"夏礼""殷礼"呢?似乎说不通。结合孔子其他言论分析就能明白,孔子真正最想验证的是"周礼",他曾明确表示:"周监于二代,郁郁乎文哉!吾从周。"①又说:"如有用我者,吾其为东周乎?"②显然,孔子到杞、宋实地考察"夏礼""殷礼",最终目的是要验证"周监于二代"。换言之,孔子想要证明的是夏、商、周三代在礼制传统上是一脉相承的,否则他就不需要在后面再加上两句:"文献不足故也。足,则吾能征之矣。"这两句话完全是就"周礼"而言的。"文献"二字,目前通行的解释是古代典籍和民间贤达,这里也可以理解为官方典藏和民间流传。

三、孔子这次实地考察活动似乎并未达到预期效果。在现行礼制方面,杞、宋两国和其他诸侯各国一样,都已背弃传统礼制,不足为观;在古代典籍方面,也因"文献不足"而不足为证,令人失望。好在他在杞国看到了《夏时》③,在宋国又看到了《坤乾》,这两部上古遗存的古代典籍虽然

---

① 《论语·八佾》。
② 《论语·阳货》。
③ 《国语·周语中》:"故《夏令》曰:'九月除道,十月成梁。'"韦昭注曰:"《夏令》,夏后氏之令,周所因也。"

在内容上与礼制关系不大,但是总算没有让他空手而归,多少可以聊以自慰。

《论语·八佾》:"子曰:'周监于二代,郁郁乎文哉!吾从周。'"

本章言论很重要,虽然全章没有出现一个"礼"字,但是却表达了孔子礼治思想的重要观点。

从"郁郁乎文哉"一句推断,本章讨论的是存于古代典策之中的周礼。"文"在《论语》中主要是指古代典籍,即所谓"君子博学于文"①;"郁郁"是叠字,本义是树木繁茂丛生,这里引申为周礼卷帙浩繁,规制庞大,内容丰富。西周初年,周公"制礼作乐",号称有"礼仪三百,威仪三千"②,"经礼三百,曲礼三千"③,主要内容涉及国家政治体制、机构和职官设置、军事制度、祭祀制度、礼仪制度、税赋制度、道德规范、文化典章以及日常起居等方方面面。

孔子对周公无比崇拜,对于周公创制的礼乐制度也顶礼膜拜,因为鲁国是周公的受封国,与周王室具有特殊的历史文化渊源。西周分封时,鲁公伯禽代周公受封于鲁,就封之时,周公分给他大量"备物典策,官司彝器",还让他带走"祝、宗、卜、史"等大批职官④。到了春秋时期,鲁国在诸侯各国中一直是保存周朝典章制度最完备的国家。鲁昭公二年(公元前540年),晋大夫韩宣子访鲁,在大史氏处观书,见到许多非常珍贵的周朝典籍,他由衷赞叹道:"周礼尽在鲁矣。吾乃今知周公之德,与周之所以王也。"⑤在这种特殊的文化氛围中,孔子耳濡目染,自幼便对习礼

---

①《论语·雍也》。
②《礼记·中庸》。
③《礼记·礼器》。
④《左传·定公四年》。
⑤《左传·昭公二年》。

产生兴趣,此后他勤学多问,广见博闻,接触到不少古代典籍,也学习到许多礼乐知识。为了求本溯源,孔子还专门到周朝去向周守藏室之史老聃学礼:

> 孔子行年五十有一而不闻道,乃南之沛见老聃。①
>
> 鲁南宫敬叔言鲁君曰:"请与孔子适周。"鲁君与之一乘车,两马,一竖子俱,适周问礼,盖见老子云。②
>
> 曾子问曰:"葬引至于堩(道路),日有食之,则有变乎?且不乎?"孔子曰:"昔者吾从老聃助葬于巷党,及堩,日有食之,老聃曰:'丘,止柩就道右,止哭以听变。'既明反,而后行。曰'礼也'。"③
>
> 孔子见老聃而问焉,曰:"甚矣,道之于今难行也。吾比执道,而今委质以求当世之君,而弗受也。道于今难行也。"老子曰:"夫说者流于辩,听者乱于辞,知此二者,则道不可以忘也。"④

尽管目前对于"孔子适周学礼"的人物、时间、地点等具体细节仍存在诸多疑问⑤,但是孔子肯定通过某种途径见到并研究过与周礼相关的礼书。《孔子家语·弟子行》:

> 子曰:"礼经三百,可勉能也;威仪三千,则难也。"公西赤问曰:"何谓也?"子曰:"貌以傧礼,礼以傧辞,是谓难焉。"

对于这段话,王弼注曰:"礼经三百,可勉学而能知。能躬行三千之威仪,则难可为。"可见,"礼经"是学而知之的书本知识,"威仪"则是躬而

---

① 《庄子·天运》。
② 《史记·孔子世家》。
③ 《礼记·曾子问》。
④ 《孔子家语·观周》,并见《说苑·反质》。
⑤ 钱穆:《先秦诸子系年》,北京:商务印书馆,2001年,第5页。

行之的礼仪程式,两者都与"貌以儐礼,礼以儐辞"有关,因此都应是周朝礼书中的内容。

为了验证周朝礼书中的相关内容,孔子还专门到杞、宋两国实地考察"夏礼""殷礼",即本章所说的"二代"。经过比较研究,孔子认为周朝礼制是在借鉴"夏礼""殷礼"的基础上有所损益而成的,关于这一点,周初重要辅臣召公也曾做出说明:"我不可不监于有夏,亦不可不监于有殷。"①周礼在内容上博大精深,无所不包,在形式上尽善尽美,"郁郁乎文哉",所以孔子最终做出"吾从周"的选择。

"吾从周",就是坚持周朝的政治立场,遵从周朝的礼乐制度,发扬周朝的礼治精神,这不仅揭示了孔子礼治思想的政治来源,也展示了他研究古代历史文化的重要成果。

《论语·为政》:"子张问:'十世可知也?'子曰:'殷因于夏礼,所损益,可知也;周因于殷礼,所损益,可知也。其或继周者,虽百世,可知也。'"

历史发展是否可以预知?如何预知?这是弟子子张在本章中向孔子提出的问题。"十世"是从今往后推论,一世三十年,十世就是三百年,似乎是很遥远的未来。孔子是根据夏、商、周三代礼制有所"损益"的变化情况来把握历史发展规律,从而得出了"虽百世,可知也"的结论。这一观点是孔子史学思想中的一个重要内容,属于历史观的范畴,因此将其归在古代典籍中的《礼》中来进行评析。

孔子关于"虽百世,可知也"的观点大致有以下几方面内容:

一、朝代更迭是历史发展的必然结果,商取代夏,周取代商,都是社

---

① 《尚书·召诰》。

会进步的标志。若干年后,必然有"继周者"取代周朝,这也是由历史发展规律所决定的,孔子对此并不讳言,因为他对于历史发展的必然性已经有了比较清醒的认识。

二、在历史发展的进程中,政权更迭并不能斩断历史联系,新朝代必然对旧朝代有所继承,这就是"因"。在甲骨文中,"因"字写作一人躺在席垫上的象形,故会意为草席、芦席等,进而引申为凭借、依靠,《说文解字》:"因,就也。"在这一义项上再进一步引申,又形成了因循、顺应等相对抽象的意义。孔子认为,历史的生动性就体现在前后相承,代代相因,殷因夏,周因殷,"或"因周,没有继承就没有创新,这是历史发展的基本规律。

三、在"因"的基础上,新朝代还必须对旧朝代的政治制度和文化传统进行有所"损益"的改造,这样历史才有可能获得新的发展动力。所谓"损益",就是创新和发展,这是一个相对于旧朝代而言的概念。具体地说,"损益"就是根据时代变迁和社会进步的需要,在制度上做出必要的调整和合理的安排,废除那些不符合新时代要求的旧制度,增加那些符合新形势要求的新制度。孔子认为,只要考察每一个朝代在制度方面的"损益"情况,就可以预测历史发展的总体方向,因为历史发展是有规律可循的。然而孔子在观察和总结"周因于殷礼"的"损益"变化时,发现传统与现实之间出现严重背离情况:从文化传统方面来看,"周监于二代,郁郁乎文哉"①,周朝典章制度尽善尽美,无以复加;但是从现实政治情况来看,"礼乐征伐自诸侯出""陪臣执国命"②,周朝礼乐制度遭到严重破坏,难以为继。问题出在形而上,还是形而下?是周朝传统礼制不能适应现实政治的需要,还是现实政治背离了周朝传统礼制?正确答案应该是前者,然而孔子却固执地认为是后者,这就是他在政治上难有作为的

---

①《论语·八佾》。
②《论语·季氏》。

真正原因。

四、在礼治思想的主导下,孔子认为,朝代更迭必然会在社会制度方面有所"损益",但是这种"损益"只是"夏之时""殷之辂""周之冕"①或"夏松""殷柏""周栗"②之类无关紧要的变化,而关乎社会本质的"礼"是永远不会发生根本改变的,这就是他自信地认为"虽百世,可知也"的理论依据。错误的政治立场导致错误的历史认知,这是孔子史学思想的重大缺陷!

---

① 《论语·卫灵公》。
② 《论语·八佾》。

63. 《乐》(共4章)

周公"制礼作乐",这是政治层面上的一种制度安排,标志着中国古代政治文明已经达到相当发达的程度。"礼乐"作为统治者施政的一种重要手段,具有无可替代的政治功效,孔子对此深信不疑,因此在他的言论中,"礼乐"主要是一个政治概念,如"事不成,则礼乐不兴"①、"礼乐征伐自天子出"②等等,相关言论已在《礼(乐)》中另作评析,这里重点评析古代典籍中的《乐》,即所谓"文之以礼乐,亦可以为成人矣"③。

古时诗歌和音乐是紧密结合在一起的,诗以言志,乐以怡情。《汉书·艺文志》:"《书》曰:'诗言志,歌咏言。'故哀乐之心感,而歌咏之声发。诵其言谓之诗,咏其声谓之歌。"在先秦典籍中,关于古乐的记载有很多,最为详尽的记载是《左传·襄公二十九年》中的吴公子季札在鲁国"请观周乐",当时鲁襄公让乐工为他演奏了十几首乐曲,从《周南》《召南》开始,《风》《雅》《颂》逐一演奏下来,再到上古时期的《象箾》《南籥》《大武》《韶濩》《大夏》等古乐。演奏结束之后,季札赞叹道:"德至矣哉!大矣,如天之无不帱也,如地之无不载也,虽甚盛德,其蔑以加于此矣。观止矣!若有他乐,吾不敢请已!"当时许多贤士名流音乐素养都很高,且有独到见解,齐相晏婴曾说:"一气,二体,三类,四物,五声,六律,七音,八风,九歌,以相成也。清浊,小大,短长,疾徐,哀乐,刚柔,迟速,高

---

① 《论语·子路》。
② 《论语·季氏》。
③ 《论语·宪问》。

下,出入,周疏,以相济也。君子听之,以平其心。心平德和。故《诗》曰:'德音不瑕。'"①此番言论论述了音乐的基本原理和特殊功效,是研究古代音乐的重要资料。

由于音乐对于民众具有教化作用,因此周朝历代统治者对"乐"都非常重视,将其作为官学的一个重要内容,设立乐正等职官进行统一管理:

> 凡有道者、有德者,使教焉,死则以为乐祖,祭于瞽宗。以乐德教国子:中、和、祗、庸、孝、友。以乐语教国子:兴、道、讽、诵、言、语。以乐舞教国子舞《云门》、《大卷》、《大咸》、《大䪆》、《大夏》、《大濩》、《大武》。以六律、六同、五声、八音、六舞,大合乐以致鬼神示,以和邦国,以谐万民,以安宾客,以说远人,以作动物。②

> 乐正崇四术,立四教,顺先王《诗》《书》《礼》《乐》以造士,春秋教以《礼》《乐》,冬夏教以《诗》《书》。③

> 乐者,圣人之所乐也,而可以善民心。其感人深,其移风易俗易,故先王著其教焉。④

孔子继承了周朝官学传统,在儒学中也设立了《乐》教,与《诗》教结合起来进行,所以孔门弟子大多通晓音乐,几乎人人都能操琴鼓瑟。在"子路、曾皙、冉有、公西华侍坐"章中,子路等人在畅谈理想和抱负时,曾皙一人置身事外,拨弄琴弦,等到孔子让他表达志向时,他"鼓瑟希,铿尔,舍瑟而作"⑤。从他一连串的动作中可以看出,他鼓瑟技艺娴熟,收放自如,令人印象深刻。子路则是一个性情浮躁的人,根本没有耐心演习琴瑟技艺,有一次他在孔府门外鼓瑟,瑟音嘈杂,不成曲调,孔子实在听

---

① 《左传·昭公二十年》。
② 《周礼·春官宗伯下》。
③ 《礼记·王制》。
④ 《汉书·礼乐志》。
⑤ 《论语·先进》。

不下去,于是问道:"由之瑟奚为于丘之门?"①弟子子游出任武城宰期间,推行礼乐教化,城中弦歌之声不断,故而受到了孔子的褒奖②。上述事例说明,演奏琴瑟等乐器是孔门《乐》教的重要内容,也是衡量君子修德的重要标准。

春秋末年,"礼崩乐坏",那些平时养尊处优的宫廷乐师们已经无所事事,他们不得不四处奔散,另谋出路,"大师挚适齐,亚饭干适楚,三饭缭适蔡,四饭缺适秦,鼓方叔入于河,播鼗武入于汉,少师阳、击磬襄入于海"③。随着人才流失,古《乐》也逐渐佚失,《汉书·艺文志》:

> 自黄帝下至三代,乐各有名。孔子曰:"安上治民,莫善于礼;移风易俗,莫善于乐。"二者相与并行。周衰俱坏,乐尤微眇,以音律为节,又为郑、卫所乱故无遗法……刘向校书,得《乐记》二十三篇,与禹不同,其道寖以益微。

《艺文志》中共列举古《乐》六家一百六十五篇,然而刘向仅见到《乐记》二十三篇,其他均已失传。至今连刘向当年所校《乐记》二十三篇也已佚失,只有少部分内容保存在《礼记·乐记》中。由于史料阙如,相关研究也就难以深入。

《论语·子罕》:"子曰:'吾自卫反鲁,然后乐正,《雅》、《颂》各得其所。'"

孔子自卫返鲁时间在鲁哀公十一年(公元前 484 年),当时他已经年

---

① 《论语·先进》。
② 《论语·阳货》。
③ 《论语·微子》。

近古稀,虽然被奉为"国老",但是他与执政国卿季康子"道不同,不相为谋"①,因此平时赋闲在家,杜门不出,潜心修《诗》、正《乐》、喜《易》,这是本章的背景情况。当然还有更深层次的原因:当时鲁国政坛礼制败坏,君臣失序,孔子希望通过整理、修订《诗》《书》《礼》《乐》等古代典籍的方式来"正"现实政治。

孔子"正乐",虽然是文化活动,但是却带有政治目的。在《论语》中,"正"是具有特殊政治含义的。践土之盟期间,晋文公为了达到号令天下诸侯的目的,不惜使用欺诈手段"以臣召君",把周天子骗到新建的王宫来为他册封②,因此孔子批评道:"晋文公谲而不正。"③由此可见,孔子所说的"正",是以周王朝为天下正宗,这是"正"的政治标准。

除政治标准之外,"正"还是艺术标准。《礼记·乐记》:

> 人不耐无乐,乐不耐无形。形而不为道,不耐无乱。先王耻其乱,故制《雅》《颂》之声以道之,使其声足乐而不流,使其文足论而不息,使其曲直、繁瘠、廉肉、节奏足以感动人之善心而已矣,不使放心邪气得接焉。是先王立乐之方也。

"使其声足乐而不流"是乐声能够使人愉悦而不流于放纵;"使其文足论而不息"是文辞可以供人讨论而不至于无话可说。至于"曲直、繁瘠、廉肉、节奏"等等,也都是艺术审美方面的标准。

《雅》《颂》是《诗》的分类总名,唐代孔颖达说:"风、雅、颂者,诗篇之异体。"④春秋末年,周朝礼乐制度废弛,《雅》《颂》不仅乐音失调,而且篇章错乱,孔子根据周游列国期间所见的各种版本进行整理和校正。关于

---

① 《论语·卫灵公》。
② 《左传·僖公二十八年》。
③ 《论语·宪问》。
④ [唐]孔颖达疏:《毛诗·关雎·序》。

孔子所"正"内容,主要有篇章秩序和乐音舞容两个方面。

在篇章秩序方面,《汉书·礼乐志》:

> 周道始缺,怨刺之诗起,王泽既竭,而诗不能作。王官失业,《雅》《颂》相错,孔子论而定之,故曰:"吾自卫反鲁,然后乐正,《雅》《颂》各得其所。"

在乐音舞容方面,刘氏《正义》:

> "雅"者,正也。所以正天下也。周室西都,为政治之所自出,故以其音为正而称《雅》焉。至平王东迁,政教微弱,不能复《雅》,故降而称《风》。《风》、《雅》皆以音言。"颂"者,容也,以舞容言之。盖《风》、《雅》但弦歌笙间,惟三《颂》始有舞容,故称《颂》。

由于古《乐》今已亡佚不存,所以仅凭这些零星记载无法准确判定孔子"正乐"的具体内容,因此"《雅》、《颂》各得其所"一句只能根据现存《诗经》的篇章结构来笼而统之地理解了。

尽管古代典籍的《乐》现已亡佚,但是本章言论却记录了其在历史上真实存在,而且孔子还对其进行了整理和校正,这是孔子从事古籍整理工作的一个重要内容。

《论语·八佾》:"子语鲁大师乐,曰:'乐其可知也:始作,翕如也;从之,纯如也,皦如也,绎如也,以成。'"

《史记·孔子世家》将本章和《子罕篇》的"吾自卫反鲁"章编排在一起,说明"子语鲁大师乐"的时间应在孔子归鲁之后。孔子当时正在致力于"正乐",并且已经完成了"《雅》、《颂》各得其所"的修订任务,所以他才笃定地对鲁大师说:"乐其可知也。"

鲁大师(太师)是鲁国乐官,音乐权威,有人根据《泰伯篇》中的"师挚之始"和《微子篇》中的"大师挚适齐"推断,这位"鲁大师"就是师挚。孔子对他演奏的音乐无比推崇:"师挚之始,《关雎》之乱,洋洋乎盈耳哉!"①"始"是"乐"的开端,一般由大师亲自演奏;"乱"是"乐"的终曲,一般由乐队合奏。"洋洋乎盈耳"是孔子聆听大师演奏音乐时的感受,从始到终,无论音乐宏大或细微,都在耳际萦绕回荡,令人无比享受!

当然,孔子音乐素养也很高,否则他是不敢在鲁大师面前班门弄斧的。《论语》中有许多关于孔子从事音乐活动的记载:

> 子在齐闻《韶》,三月不知肉味,曰:"不图为乐之至于斯也。"②
> 子与人歌而善,必使反之,而后和之。③
> 子击磬于卫,有荷蒉而过孔氏之门者,曰:"有心哉,击磬乎!"④
> 孺悲欲见孔子,孔子辞以疾。将命者出户,取瑟而歌,使之闻之。⑤

从上述记载中可以看出,孔子不仅能够熟练演奏各种乐器,而且还具有很高的音乐鉴赏能力。

本章孔子与鲁大师讨论的是乐理问题,孔子把演奏一首乐曲分为三个阶段:"始作"是开始阶段,以打击乐为主(金奏),类似于现今的开场锣鼓。"翕"的本义是和顺的意思,《诗经·小雅·常棣》:"兄弟即翕,和乐且湛。"后引申为聚合之义。"翕如"就是整齐盛大之貌,郑注曰:"五音始

---

① 《论语·泰伯》。
② 《论语·述而》。
③ 《论语·述而》。
④ 《论语·宪问》。
⑤ 《论语·阳货》。

奏,翕如盛。"意思就是,乐曲开始部分金乐齐鸣,气势磅礴,令人振奋。"从之"是承继阶段,以管弦乐为主,各种音乐慢慢铺陈开来,"纯如"是形容八音(金石丝竹匏土革木)和谐,"皦如"是形容八音清晰可辨,"绎如"则是形容各种乐声绵绵不绝,逐步把乐曲推向高潮。"以成"是终曲阶段,即"乱",众乐合奏,众人合唱,一气呵成,余音绕梁。整个过程就像古典戏曲理论中的"凤头猪肚豹尾",开场惊艳漂亮,结尾干净有力,中间部分则内容丰富多采。孔子认为,从"始作""从之"到"以成"是制作音乐的基本原理,掌握这个基本原理,就能听懂所有音乐,所以他说:"乐其可知也。"

本章孔子论乐,仅从文字上理解,局限性太大,很难体会到古代音乐的美妙。1978年在湖北随州曾侯乙墓中出土了一套战国早期的编钟(共65个),经过考古人员和音乐专家的共同努力,终于又让沉寂了近2500年的古乐重新演奏乐曲,从中多少可以感受到古代金声玉振的美妙之音。

《论语·八佾》:"子谓《韶》,'尽美矣,又尽善也。'谓《武》,'尽美矣,未尽善也。'"

在文字构成上,"美"和"善"均从羊,词义基本相同。《说文解字》:"美,甘也。从羊,从大。羊在六畜主给膳也。美与善同意。"又:"善,吉也。从誩,从羊。此与義、美同意。"在本章中,孔子把"善"和"美"作为两种审美标准来评论古乐,表现了他对于古代音乐的深刻理解。

音乐通常是通过塑造艺术形象来表达思想感情的,如果音乐作品所塑造的艺术形象在思想上符合周朝正统的审美标准,能够引起人们广泛共鸣,那么就达到尽美尽善的艺术境界;如果音乐作品所塑造的艺术形象在思想上不能完全符合周朝正统的审美标准,但是在艺术表现上仍然能给人以美妙的享受,那么就达到尽美而未尽善的艺术境界。由此可见,音乐作品必须在思想内容与艺术形式上实现高度统一,这是孔子美学思想的重要观点。

《韶》和《武》都是上古乐名,孔子对这两首乐曲格外推崇,颜渊向他请教治国安邦之道,他把"乐则《韶》、《舞(武)》"作为"为邦"措施之一,因为上古宫廷舞乐是一种集德、语、舞、乐等多种元素为一体的综合艺术,具有政治教化和移风易俗的特殊功能。《史记·孔子世家》:"三百五篇孔子皆弦歌之,以求合《韶》《武》《雅》《颂》之音。"可见,《韶》《武》之音是孔子校正"诗三百"的重要依据。

根据史书记载,《韶》最初是由帝喾时期的咸黑创制的,"帝喾命咸黑作为声歌:《九召》、《六列》、《六英》。"①虞舜时期又对《韶》进行了修改和完善,成为宫廷舞乐。在思想内容方面,《韶》主要歌颂了上古帝王让位于贤(尧禅让于舜,舜禅让于禹)的圣德,这种精神是应该大力倡导的。吴公子季札出使鲁国时曾有幸观摩《韶》(《韶箾》)之舞,他盛赞道:"德至矣哉,大矣!如天之无不帱也,如地之无不载也。虽甚盛德,其蔑以加于此矣,观止矣。"②《礼记·乐记》中也说:"《韶》,继也。"意思就是,《韶》的主题思想是歌颂尧舜禹三代帝王禅让于贤,圣德相继,故曰"继也"。在艺术表现方面,《韶》曲调高雅,舞蹈优美,完美无缺,令人陶醉,孔子当年在齐国有幸听到《韶》乐,竟然食不甘,寝不安,"三月不知肉味"③。由于《韶》在内容上是高尚的,在艺术上是完美的,既有教育意义,又有审美价值,因此孔子给予了"尽美矣,又尽善也"的高度评价。《武》是周武王时期的宫廷舞乐,在艺术表现方面也是完美无缺的,吴公子季札在鲁国观舞《大武》之后赞美道:"美哉!周之盛也,其若此乎?"④但是在思想内容

---

① 《吕氏春秋·古乐》。
② 《左传·襄公二十九年》。
③ 《论语·述而》。
④ 《左传·襄公二十九年》。

方面，《武》主要歌颂了周武王兴兵讨伐商纣王的英勇威猛和辉煌战绩，宣扬的是以武力征服天下的思想，这与《韶》所歌颂的上古帝王禅让于贤相比，在思想和道德境界方面是有差距的，所以孔子做出了"尽美矣，未尽善也"的评价。《礼记·乐记》中也记载了孔子与宾牟贾就《武》的音乐、舞蹈以及思想内容等问题所进行的一次全面而深入的讨论，总体来看，他们都认为《武》所歌颂的文治武功思想是存在缺陷的，所以武王克殷之后，立即改弦易张，大封天下，以此表明武王用礼乐教化来治国御民的决心。

孔子用尽美又尽善和尽美而未尽善来论述《韶》《武》在思想内容和艺术表现方面存在的差别，其实他的真实目的不在于进行艺术审美，而在于进行道德说教，他希望当政者们要像上古帝王尧舜禹那样以仁德治国，而不要像周武王那样实行武力统治。

《论语·卫灵公》："颜渊问为邦。子曰：'行夏之时，乘殷之辂，服周之冕，乐则《韶》《舞》。放郑声，远佞人。郑声淫，佞人殆。'"

本章是孔子和颜渊讨论"为邦"问题，相关内容已在《政（令）》中做出评析。在孔子提出的诸多"为邦"之策中，正乐是重要内容之一，因此有必要另作评析。

孔子对于"郑声"的厌恶程度一点不亚于他对于《韶》《舞（武）》的崇拜程度，开始他还能保持相对理性，坚持从专业角度来进行评析，后来就演变成为一种非理性的情绪发泄了，本章更是直接斥之为"淫"，要求"放"。

所谓"郑声"，就是流行于郑、卫一带的民间诗歌和音乐。春秋时期，郑、卫一带的人们思想比较前卫，行为也比较开放，男女之间经常会做出一些出格的事情，《左传》等史书中多有记载。艺术是现实生活的真实写照,因此流行于郑、卫一带的诗歌和音乐就不可避免地表现出一些"思想不健康"的内容,尤其是在表现男欢女爱方面过于大胆直白,对人们的思想情绪产生负面影响。魏文侯就是受害者之一,他曾坦诚地对子夏说:"吾端冕而听古乐,则惟恐卧;听郑卫之音,则不知倦。敢问古乐之如彼何也?新乐之如此何也?"①魏文侯听《韶》《武》古乐就会打瞌睡,而听郑卫靡靡之音就会莫名其妙地兴奋,说明郑、卫之声对人们思想和精神的麻痹作用是非常可怕的。

  孔子之所以对郑声深恶痛绝,是因为郑声没有对人心起到节制作用,"淫"是失度,失度就会扰乱周朝正统的审美标准,所以孔子说:"恶郑声之乱雅乐也。"②"雅"是正,代表了周朝正统,"郑声"则是邪,不符合孔子提出的"思无邪"原则。《礼记·乐记》中说:"凡奸声感人而逆气应之,逆气成象而淫乐兴焉。"简单地说,如果任由郑、卫之"奸声"泛滥,就会扰乱人心,危及统治,所以孔子坚决要求"放郑声","放"是摒弃、禁绝之义。

  孔子坚持用官方标准来加强对意识形态领域的控制,强行禁止民间草根文化,这是典型的贵族意识作祟!

---

① 《礼记·乐记》。
② 《论语·阳货》。

64. 《易》(共3章)

《易》(《周易》)是上古时期的卜筮之书,蕴含了天道人事变化的奥秘。《易》有《经》和《传》两个部分。《易经》经历了一个漫长而复杂的成书过程,传统的说法是伏羲作八卦,文王作卦辞,周公作爻辞。对于这种说法,两千多年来一直争论不休,至今仍无定论。

春秋时期,《易经》流传甚广,卜筮决疑是上层社会比较流行的做法,《左传》《国语》等书中记载秦、晋、鲁、陈、齐、卫等国贵族用《易》卜筮断疑之事有近二十次。孔子敏而好古,博学多识,他一生花费了大量的时间和精力研究和整理古代典籍,对《易》用力犹著。《史记·孔子世家》:

> 孔子晚而喜《易》,序《彖》、《系》、《象》、《说卦》、《文言》。读《易》,韦编三绝。曰:"假我数年,若是,我于《易》则彬彬矣。"

孔子晚年喜《易》,并且把《易》列为儒学课程,向少数弟子传授学《易》心得,《史记·仲尼弟子列传》:

> 孔子传《易》于瞿,瞿传楚人馯臂子弘,弘传江东人矫子庸疵,疵传燕人周子家竖,竖传淳于人光子乘羽,羽传齐人田子庄何,何传东武人王子中同,同传淄川人杨何。

商瞿是孔门传《易》的第一代弟子,《孔子家语》中载:"商瞿,鲁人,字子木。少孔子二十九岁。特好《易》,孔子传之,志焉。"商瞿之后,《易》学代代相传,到了汉代被正式列为儒家经典之一。近年来,随着长沙马王堆汉墓、郭店楚简、上博楚简、海昏侯墓等考古新发现,出现了许多与《周易》相关的古代简书,为《周易》研究提供了新的历史资料。

需要特别指出的是,《易经》在思维形式上已经逐渐摆脱了自然界和人类社会的具象思维,具有哲学思辨的特征,代表了东方思维的高度,因而引起西方古典哲学家的关注,德国古典哲学家黑格尔说:"中国人说那些直线(阳爻阴爻——著者注)是他们文字的基础,也是他们哲学的基础。那些图形的意义是极抽象的范畴,是最纯粹的理智规定。中国人不仅停留在感性的或象征的阶段,我们必须注意——他们也达到了对于纯粹思想的意识,但并不深入,只停留在最浅薄的思想里面。这些规定诚然也是具体的,但是这种具体没有概念化,没有被思辨地思考,而只是从通常的观念中取来,按照直观的形式和通常感觉的形式表现出来的。"西方哲学家对于中国古代思想的认识也只能局限在思辨分析层面,更深层次的人生道德层面就难以深入下去了,所以黑格尔说孔子的仁学思想是"一种常识道德,这种常识道德我们在哪里都找得到,在哪一个民族里都找得到,可能还要好些,这是毫无出色之点的东西"①。

《论语·述而》:"子曰:'加我数年,五十以学《易》,可以无大过矣。'"

春秋时期,《周易》是一部流传甚广、影响很大的奇书,然而孔子在《论语》中直接谈论《周易》的言论只有寥寥几章,这种情况至少说明两点:一是孔子并没有把《周易》当作卜筮工具来问卦决疑,他所说的"学

---

① [德]黑格尔著:《哲学史讲演录》(第一卷),贺麟、王太庆等译,北京:商务印书馆,1959年,第130—131页。

《易》"不是卜筮之技,而是通变之理,道理不明则谨言慎行;二是孔子是在经历了人生起伏之后才开始"学《易》"的,起步比较晚,而把《易》作为儒学课程正式授徒的时间就更晚了。

"加我数年"一句中的"加"在《史记·孔子世家》中写作"假",即假借之义,说明孔子觉得《易》的义理高深莫测,穷尽终生之力也难窥其中玄机,因此需要假以时年。"五十以学《易》","五十"只是一个概数,与此相同的表述还有"五十而知天命"①。"学《易》"和"知天命"之间有无关系?这需要结合孔子五十岁前后的人生遭际来进行分析。

孔子五十岁约为鲁定公八年(公元前502年),当年鲁国发生了"阳虎之乱",执政国卿季桓子险遭暗算,有惊无险。阳虎(阳货)原本只是鲁国公族贵族季氏的一个家臣,却能把鲁国政坛搅得天翻地覆,这不得不让以"三桓"为代表的贵族集团深刻反思,考虑起用新人,于是一贯倡导恢复西周礼制秩序的孔子脱颖而出,受到重用。从鲁定公八年至十二年(公元前502—前498年)的五年间,是孔子政治生涯的鼎盛时期,他从中都宰一路擢升至大司寇行摄相事。然而正当孔子准备施展政治才华、实现政治抱负之时,鲁定公和季桓子却受到齐人离间,弃用孔子,孔子不得不黯然离开鲁国,开始周游列国。经历了这次人生挫折之后,孔子开始认真思考"天命"问题,他希望能够找到一种把握人生命运变化的正确方法,不至于在今后的政治生涯中再犯重大过错,即所谓"可以无大过"。《周易》虽然是一部卜筮之书,但是其中蕴含了天地运行、阴阳变化、人事休咎、政治得失等丰富哲理,于是孔子对《周易》产生了浓厚兴趣。这是孔子"五十以学《易》"的真正原因。

当然,孔子学《易》也是为了适应儒学发展的需要,儒学经过不断发展,弟子越来越众,影响越来越大。早期拜入孔门的弟子(如颜渊、冉雍、闵子骞、子路等人)已基本完成《诗》《书》《礼》《乐》等基础课程的研修任

---

① 《论语·为政》。

务,因此孔子需要开设新的教学科目来满足他们进一步求学的需要。此外,儒学发展也需要注入新的动力,而《易》为构建儒家思想体系提供了思辨层次更高的哲学基础。

孔子"五十以学《易》",标志着他在思想上经历了一次"下学而上达"的深刻转变,"下学"是明人事,"上达"是知天命,如果能够做到上"不怨天",下"不尤人"①,道德修养和思辨层次就达到了一个更高的境界。

《论语·子路》:"子曰:'南人有言曰:"人而无恒,不可以作巫医。"善夫!''不恒其德,或承之羞。'子曰:'不占而已矣。'"

本章素谓难读,因为思维不连贯,文字有跳跃,好在《礼记·缁衣》中有相对详细的记载:

子曰:"南人有言曰:'人而无恒,不可以为卜筮。'古之遗言与!龟筮犹不能知也,而况于人乎!《诗》云:'我龟既厌,不我告犹。'《兑命》曰:'爵无及恶德,民立而正。''事纯而祭祀,是为不敬。事烦则乱,事神则难。'《易》曰:'不恒其德,或承之羞。''恒其德侦,妇人吉,夫子凶。'"

此外,郭店楚简和上博楚简中亦有《缁衣》,文字虽然略有不同,但是基本意思没有太大变化。

本章中的"南人"是指鲁国南面的人,但是具体国籍不明。郭店楚简和上博楚简中均作"宋人",宋国位于鲁国西南,宋人又是殷商后裔,继承了殷人重卜筮的传统习俗,因此有人认为"南人"就是宋人。如果从地理

---

① 《论语·宪问》。

位置来看,楚国更应该在鲁国之南。《左传·成公九年》中载晋侯观于军府,见楚囚钟仪而问人道:"南冠而系者,谁也?"可见在时人心目中,楚人才是真正的"南人"。司马迁说:"蛮、夷、氐、羌,虽无君臣之序,亦有决疑之卜,或以金石,或以草木,国不同俗。"①《周易》占筮演卦所用的工具主要是生长于楚国一带的蓍草,《说文解字》:"蓍,蒿属,生十岁百茎,《易》以为数,天子蓍九尺,诸侯七尺,大夫五尺,士三尺。"据此分析,这里的"南人"应为楚人。

"人而无恒,不可以作巫医",这两句话是时人经常引用的古语遗训,"巫医"在《缁衣》中作"卜筮",他们是执掌卜筮事务的职官。当时祝、宗、卜、史、医等职官都是氏族世代承袭的,只有经过历代积累,才有可能在某一领域确立地位,树立威信,这就是"恒"的意义。比如医者,《礼记·曲礼下》中说:"医不三世,不服其药。""善夫"是孔子对这两句古语遗训表示认可。

"不恒其德,或承之羞"二句出自《易经》恒卦九三,《象传》曰:"恒,久也。"《序卦传》亦曰:"恒者久也。"可见"恒"是长久、久远的意思,"承"是承受、蒙受,"羞"是羞辱、屈辱。这两句的意思是,如果一个人不能像卜筮之官那样坚持自己的道德(职业)操守,那么他将一事无成,受人羞辱。孔子对于"有恒"的品质格外关注,他说:"善人,吾不得而见之矣;得见有恒者,斯可矣。"②修德君子如果能够做到"有恒",那么道德修养离善人就不远了。这也许就是孔子引用《易经》恒卦爻辞想要表达的意思。

"不占而已矣",这句话显然是相对于"有恒"而言的,如果修德不能坚持不懈,做事不能持之以恒,遇到一点挫折或阻力就犹犹豫豫,反反复复,不停地卜筮问卦,弄得人乱神烦,如此折腾,不如不占筮!

本章孔子分别引用南人古语和《易经》恒卦爻辞,着重强调了"有恒"的

---

① 《史记·龟策列传》。
② 《论语·述而》。

重要性,这一观点既可用于学习,也可用于修德,具体所指就不得而知了。

《论语·子罕》:"子曰:'凤鸟不至,河不出图,吾已矣夫!'"

本章是孔子七十岁以后的言论,此时他已年逾古稀,生命临近终点,"吾其为东周"的政治理想越来越渺茫,他心情沉重,情绪低落,故而发出此番哀叹。相同情形在《左传·哀公十四年》中亦有记载:

> 十四年春,西狩于大野,叔孙氏之车子鉏商获麟,以为不祥,以赐虞人。仲尼观之,曰:"麟也。"然后取之。

在古人观念中,麒麟和凤鸟都是通天瑞兽,如果它们在人间出现,就预示着将有重要事情发生。楚狂接舆过孔子而歌曰:"凤兮凤兮,何德之衰?"[①]他就是借凤鸟德衰来比喻世道式微,进而奉劝孔子适可而止。《礼记·礼运》:"麟、凤、龟、龙,谓之四灵。"鲁国西狩获麟和"凤鸟不至",这些是不祥之兆,孔子认为此事与自己有关,预示他复兴"文武之道"的政治理想已经彻底破灭,故而发出"吾已矣夫"的哀叹,这里的"已"是动词,结束、终止之义。

由于"河不出图"一句与《周易》成书有关,因此这里有必要单独进行评析。"河"是黄河,"图"是黄河水流呈现出来的某种特殊波纹或图像,这种"河图"是具有象征意义的,通常预示着将有圣人出现,从此天下太平。《尚书·顾命》:"大玉、夷玉、天球、河图在东序。"可见,这些东西都是周王室珍藏的宝物。孔子好古,对于这些上古传说深信不疑。

相传上古时期的包牺氏(伏羲氏)根据河图而推演出《易》之八卦:

[①]《论语·微子》。

64.《易》

> 河出图，洛出书，圣人则之。①

> 古者包牺氏之王天下也，仰则观象于天，俯则观法于地，观鸟兽之文与地之宜，近取诸身，远取诸物，于是始作八卦。②

八卦来自河图的启示，其象征意义是圣人象天法地、实现天下大治。孔子把实现"天下有道"的政治理想寄托在圣人降世，然而他却看不到圣人降临的任何祥瑞（"凤鸟""河图"），因此感到悲哀和绝望。孔子这种神秘主义的观念显然是错误的，东汉时期的王充就曾对此提出尖锐批评：

> 孔子曰："凤鸟不至，河不出图，吾已矣夫。"夫子自伤不王也。已王，致太平；太平则凤鸟至，河出图矣。今不得王，故瑞应不至，悲心自伤，故曰"吾已矣夫"。……夫致瑞应，何以致之？任贤使能，治定功成；治定功成，则瑞应至矣。瑞应至后，亦不须孔子。孔子所望，何其末也！不思其本而望其末也。不相其主而名其物，治有未定，物有不至，以至而效明王，必失之矣。③

实现天下太平，关键取决于帝王贤明，能够任贤使能，如果把盛世之治寄托在"凤鸟""河图"之类的祥瑞出现，就必然会做出错误的判断，得出荒谬的结论。

---

① 《周易·系辞上》。
② 《周易·系辞下》。
③ 《论衡·问孔篇》。

65. 古（《春秋》）（共2章）

在《论语》中，"古"主要有两方面含义：一是时间概念，即古时候，与"今"相对，如"古之人""古之道"等等；二是古代历史（包括春秋历史），如"信而好古"、"好古，敏以求之者也"①等。如果用文字把历史记录下来，这就是史书，孔子曾说："吾犹及史之阙文也。有马者借人乘之，今亡矣夫！"②这里的"史之阙文"，就是古代历史的残缺记录。

孔子对于古代历史很有研究，而且他直接参与了鲁国历史的编修工作。根据史书记载，鲁国"西狩获麟"之后，孔子就基本不参与政治活动了，他开始全身心身地投入到整理和修订《春秋》工作中，这是孔子一生中最重要的史学活动，也是他对中国古代文化的重要贡献。

关于孔子作《春秋》之事，最早是由孟子提出的：

> 世衰道微，邪说暴行有作，臣弑其君者有之，子弑其父者有之。孔子惧，作《春秋》。《春秋》，天子之事也；是故孔子曰："知我者其惟《春秋》乎！罪我者其惟《春秋》乎！"③

后来《史记》《汉书》《说苑》等书基本沿袭了这种说法：

---

① 《论语·述而》。
② 《论语·卫灵公》。
③ 《孟子·滕文公章句上》。

子曰:"弗乎弗乎,君子病没世而名不称焉。吾道不行矣,吾何以自见于后世哉?"乃因史记作《春秋》,上至隐公,下讫哀公十四年,十二公。据鲁,亲周,故殷,运之三代。①

周室既微,载籍残缺,仲尼思存前圣之业。……以鲁周公之国,礼文备物,史官有法,故与左丘明观其史记,据行事,仍人道,因兴以立功,就败以成罚,假日月以定历数,藉朝聘以正礼乐。有所褒讳贬损,不可书见,口授弟子,弟子退而异言。②

(孔子)卒不遇,故睹麟而泣,哀道不行,德泽不洽,于是退作《春秋》,明素王之道,以示后人,思施其惠,未尝辍忘。是以百王尊之,志士法焉,诵其文章,传今不绝,德及之也。③

到了近代,孔子作《春秋》之说遭到质疑,甚至有人把《春秋》说成一堆"断烂朝报"的垃圾。且不论《春秋》在我国史学史上所具有的重要意义,就孔子与《春秋》的关系而言,大致可以梳理出以下几点:

一、《春秋》在孔子之前就已经存在,不过当时书名未必是《春秋》。《左传·昭公二年》载晋国韩宣子出使鲁国,在大史氏之处观书,曾经见过《易象》《鲁春秋》等书。春秋时期,记载历史是一件非常严肃的事情,不是什么人都可以"笔则笔,削则削"的,各国历史都是由大史氏一代代人以极其严谨审慎的态度真实记录下来的,孔子不是史官,当然不可能越俎代庖,否则就不是信史了。

二、孔子因为某种特殊机缘(他与鲁国大史氏关系密切,与左丘明更是志同道合),因此得以参与整理和修订《春秋》工作。根据各种记载来判断,孔子当时所承担的主要任务是对照诸侯各国的历史记载来进行辨伪和考证工作。阮刻《春秋公羊传注疏》引闵因《序》曰:"昔孔子受端门

---

① 《史记·孔子世家》。
② 《汉书·艺文志》。
③ 《说苑·贵德》。

之命,制《春秋》之义,使子夏求周史记,得百二十国宝书。"杜预《左传序》也说:"仲尼因鲁史策书成文,考其真伪,而志其典礼,上以遵周公之遗制,下以明将来之法。"这些材料都清楚地说明,孔子在整理和修订《春秋》的过程中绝对没有新编或篡改历史,他只是按照"周公之遗制",对原始记载中的文字使用加以调整和规范,如"吴楚之君自称王,而《春秋》贬之曰'子';践土之会实召周天子,而《春秋》讳之曰'天子狩于河阳'"①等等。当然,这种文字修饰是具有明确的思想倾向和政治目的的。

三、孔子结合整理和修订《春秋》,逐步将其发展成为儒学课程之一,以满足孔门弟子更高层次的求学需要。《史记·孔子世家》:"弟子受《春秋》。孔子曰:'后世知丘者以《春秋》,而罪丘者亦以《春秋》。'"东汉经学家何休在《春秋公羊传注疏序》中说:"传《春秋》者非一,本据乱而作。"解云:"孔子至圣,却观无穷,知秦无道,将必燔书。故《春秋》之说,口授子夏。旧云'传《春秋》者非一'者,谓本出孔子,而传五家,故曰'非一'。"《春秋》和《周易》都是孔子晚年为儒学发展新开设的两门属于研修性质的高级课程,前者体现了思维的广度,后者则体现了思维的深度,因此要求更高,这就是《论语》中没有记录孔子与弟子们讨论《周易》《春秋》言论的原因。

孔子去世后,传《春秋》者主要有公羊氏、谷梁氏、左氏三家,其中左氏影响最大。到了汉代,《春秋》被列为儒家经典,成为六经之一。

《论语·述而》:"子曰:'述而不作,信而好古,窃比于老彭。'"

孔子好古,对于古代历史和文化很有研究,并从中汲取古代圣贤的政治智慧和礼乐知识。本章是孔子进行史学研究所遵循的两个基本

---

① 《史记·孔子世家》。

原则:

一是"述而不作"。这句话可以结合《礼记》中的相关言论来理解:

> 知礼乐之情者能作,识礼乐之文者能述。作者之谓圣,述者之谓明。明圣者,述作之谓也。①
>
> 无忧者其惟文王乎!以王季为父,以武王为子,父作之,子述之。②

从上述言论中可以看出,"作"是开创、创造之义,"述"则是继承、绍续之义,这里引申为孔子研究历史时既尊重前人的既有成果,又有所继承和发展,但是总体不会突破传统而有所创新。简单地说,"述而不作"就是只叙述,不创作,因为前人开创的伟大事业和学说思想已经达到相当高度,后人难以企及,无法超越。况且当时著作权由官方垄断,由职官承担,个人是不可以著书立说的,这种著述垄断的局面直到战国诸子百家之学兴起才被打破。

二是"信而好古","信"是史学研究的基本态度。古代历史大多由大史之类的职官负责记录,他们为了维护历史的真实性,有时不惜牺牲个人生命,比如齐国大史氏为了真实记录"崔杼弑其君"的暴行,兄弟三人前赴后继,死而后已③。"好古"就是"好学",因为古代历史中蕴藏了许多生活知识和人生智慧,所以古代圣贤说:"学于古训乃有获。"④孔子说:"我非生而知之者,好古,敏以求之者也。"⑤可见,他能够博学多识,与"好古"有莫大关系。

"窃比于老彭","窃"是心里、私下;"老彭",有人说是一个人,也有人

---

① 《礼记·乐记》。
② 《礼记·中庸》。
③ 《左传·襄公二十五年》。
④ 《尚书·说命下》。
⑤ 《论语·述而》。

说是两个人,由于年代久远,无法判断。从孔子的语气来推断,老彭应该是孔子所敬重的前辈高人,他(们)是孔子的学习榜样,所以"比于"。

孔子虽然标榜自己"述而不作",但是他在长期的史学研究中逐步形成了以中原华夏族为正统和以周王室为正宗的史学观点,而且他在评述历史或臧否人物时无不以此为标准。比如对于管仲的评价,弟子子路和子贡都依据"桓公杀公子纠,召忽死之,管仲不死"的历史事实,对管仲提出质疑,认为他"未仁"。然而孔子却认为"管仲相齐桓,霸诸侯,一匡天下",历史贡献巨大,功绩卓著,更重要的是管仲以"尊王攘夷"为号召,联合中原诸侯各国"存刑救卫"、救北燕,对于保卫中原地区华夏族先进的经济与文化免受落后部族的掠夺和蹂躏做出了巨大贡献,所以他说"微管仲,吾其被发左衽矣",并特许之以"仁"①。

《论语·公冶长》:"子曰:'巧言、令色、足恭,左丘明耻之,丘亦耻之。匿怨而友其人,左丘明耻之,丘亦耻之。'"

本章中的左丘明是春秋时期鲁国史官,年纪稍长于孔子,与《春秋左氏传》的作者不是一人。根据史书记载,夏、商、周三代均设有大史(太史)和小史之职:"大史,掌建邦之六典,以逆邦国之治。掌法以逆官府之治,掌则以逆都鄙之治。凡辨法者考焉,不信者刑之。""小史,掌邦国之志,奠系世,辨昭穆。若有事,则诏王之忌讳。大祭祀,读礼法,史以书叙昭穆之俎簋。"②可见,当时史官地位尊显,权势较重。春秋末年,卿大夫之家擅权篡政,大史有职无权,就慢慢被边缘化了。由于大史是负责典籍、历法、祭祀等事务的职官,因此他们普遍精通礼仪,学识渊博,道德修

---

① 《论语·宪问》。
② 《周礼·春官宗伯下》。

养也很高。孔子好古,自然与大史、小史等人过从甚密,他与左丘明也是亦师亦友关系,按照《汉书·艺文志》中的说法,左丘明邀孔子共同参与了《春秋》的最后整理和修订工作。

"巧言"是花言巧语,"令色"是容色虚伪,"足恭"是表面上恭和谦顺,内心里却不受礼制节制,凡此种种都是道德败坏者的表现特征,左丘明对此深恶痛绝,孔子也深恶痛绝,他说:"巧言令色,鲜矣仁!"[①]又说:"御人以口给,屡憎于人。"[②]

"匿怨而友其人","匿"是藏匿、隐蔽,"友"是动词,"以……为友"的意思。这句话的意思是,心中深藏仇恨而假意与人为友,这种人极其凶险,令人防不胜防,因为不知道哪一天他就会取人性命!所以左丘明非常厌恶这种人,孔子也很厌恶这种人。

孔子本章言论似有所指,因为"匿怨而友其人"的行径已经超出一般意义的道德范畴,在现实生活中,除非与自己有深仇大恨,否则一般人是不会如此歹毒的。

[①]《论语·学而》。
[②]《论语·公冶长》。

66. 四科十哲(共1章)

《论语·先进》:"德行:颜渊,闵子骞,冉伯牛,仲弓。言语:宰我,子贡。政事:冉有,季路。文学:子游,子夏。"

这是一份孔门优等生名单,分为"德行""言语""政事""文学"四个科目,共计十人,这就是孔门"四科十哲"。史书记载,孔子有受业弟子三千之众,有名有姓的异能之士有七十余人,史称"七十子"或"七十贤人"[①],而这份名单则是千挑百选出来的佼佼者,足以说明其分量之重。"四科"既是儒学科目,也是考核科目,与孔门"四教"一一相对。《论语·述而篇》:"子以四教:文,行,忠,信。""文"与"文学"相对,通指古代文化典籍;"行"与"德行"相对,主要指道德修养;"忠"与"政事"相对,这是臣事君(下事上)的基本素质要求,即"臣事君以忠"[②];"信"与"言语"相对,即所谓"言而有信"[③]。由此可见,这份名单是有出处的。

关于名单中的弟子情况,无需再作具体介绍,这里重点分析这份名单的形成过程及其真实性和权威性等问题。

《先进篇》集中收录了孔子品评弟子的相关言论,共二十六章,全篇

---

① 《史记·孔子世家》记贤者有七十七人,《孔子家语·七十二弟子解》则记贤者七十二人。
② 《论语·八佾》。
③ 《论语·学而》。

绝大多数言论都标明"子曰"或"孔子对曰",只有本章和"柴也愚,参也鲁,师也辟,由也喭"章没有任何说明,这种情况在《论语》中是不多见的。众所周知,《论语》是孔子去世以后,由孔门弟子根据孔子生前言论集体整理、编纂而成的,那么孔门弟子在整理、编纂过程中为什么没有在如此重要的两章言论前面标明"子曰"呢?这确实令人不解!其实仔细分析就不难发现,孔子在这两章言论中集中对孔门十二位重要弟子做出评价(排名),其中既有正面的,也有负面的,而名单中的相关弟子当时就在编纂现场,对于涉及自己的排名(或前或后)或评价(或褒或贬)问题,他们自然会有各种不同意见,如果在孔子言论前面加上"子曰"二字,一切将盖棺论定,也就意味着以后永远不得翻案,因此有人提出反对意见完全是合乎情理的。名单当然不能改动,于是赞成和反对双方最终达成妥协一致的意见:在这两章言论前面均不加"子曰"二字。当然这只是一种推测,如果这种推测能够成立,那么这份名单的权威性必将大打折扣。然而后人并没有注意到这一点,人们对这份名单深信不疑,并且围绕名单上的相关弟子又演绎出许多故事来。

从现存史料来看,名单上的排名和分类与相关弟子的实际表现大体相符,没有太大出入,因此名单基本算得上客观、公允。但是这份名单是否全面?有没有疏漏?特别是孔门后进有子(有若)和曾子(曾参)二人,他们在孔子去世后表现十分抢眼,声名和成绩绝不输于名单上的任何一个人,至少绝对不输于平辈的子游、子夏。根据《孟子》记载,孔子去世以后,子夏、子张、子游等人曾经打算推举有若出来主事,并强迫曾子表态同意,然而曾子却表示反对,他说:"不可;江汉以濯之,秋阳以暴之,皜皜乎不可尚矣。"[①]众人共同推举有若出来主持孔门事务,说明他在孔门中声望较高,人气颇旺;而曾子一人就能把众人提议否决,说明他在孔门中

[①]《孟子·滕文公章句上》。

也是举足轻重的。有子和曾子在孔门中的特殊地位还表现在他们在《论语》中均被尊称为"子",这是绝无仅有的。然而令人不解的是,他们都没有被列入孔门"四科十哲"的名单之中,这不由让人对这份名单的真实性和权威性产生怀疑,于是"十哲无曾"就成为儒家学派的千古公案。《集注》引程子言曰:"四科乃从夫子于陈、蔡者尔,门人之贤者固不止此。曾子传道而不与焉,故知十哲世俗论也。"所谓"世俗论也",基本否定了孔子与这份名单之间有直接关联,或者说这份名单并不能代表孔子的真实想法。宋儒根据他们对于《论语》的理解和判断,发现这份名单存在重大缺陷,进而对名单的真实性提出质疑,确实让人思路豁然开朗。分析至此,事情似乎变得复杂起来,其实原因很简单,只要有排名,就必然有争议,古今皆然。

后儒在研究孔门"四科十哲"名单时,常常会用另外一份名单来进行对比研究。《孔子家语·弟子行》和《大戴礼记·卫将军文子》中均载有卫国将军文子与子贡之间的一次对话,文子问子贡道:"盖入室升堂者七十有余人,其孰为贤?"子贡列举了"十二贤",并一一加以评说,加上他本人应为"十三贤",排名顺序是:颜渊、子贡(依据推理排名插入)、冉雍(仲弓)、仲由(子路)、冉求(有)、公西赤、曾参、颛顼师(子张)、卜商(子夏)、澹台灭明(子羽)、言偃(子游)、宫绦(南宫括)、高柴(子羔)。这份名单是经过孔子审定、认可之后才由子贡"请退而记之"的,因此从某种意义上来说,这份名单的真实性和权威性一点不亚于"四科十哲"。这份名单与"四科十哲"相比,少了闵子骞、冉伯牛和宰我,多了公西赤、曾参、澹台灭明、子张、南宫括、子羔等人,这些人大多是孔门后起之秀,代表了儒学新生力量。相比较而言,"四科十哲"名单主要着眼于既往取得的成绩,而"十三贤"名单则更关注儒学未来的发展,因此如果能将这两份名单综合在一起就更加科学、合理了。遗憾的是,子贡的"十三贤"名单在历史上影响并不大,真正对后世产生影响的还是"四科十哲"。

随着汉代儒家独尊地位的确立,孔子成为历朝历代统治者崇拜和热捧的万世师表,继而又被奉为布衣之王。"四科十哲"的地位也随之陡然而升,纷纷被追封为公侯。《唐语林》中载:"(唐玄宗)开元二十七年八月,诏策夫子为文宣王,改修殿宇。封夫子后为文宣公。……十哲东西侍立。又封颜子为兖公,闵子为费侯,伯牛为郓侯,仲弓为薛侯,冉有为徐侯,子路为卫侯,宰我为齐侯,子贡为黎侯,子游为吴侯,子夏为魏侯,曾参以下并为伯。"虽然这些都是身后虚名,却也体现了后人的尊崇理念和价值判断。

67. 先进与后进(共1章)

《论语·先进》:"子曰:'先进于礼乐,野人也;后进于礼乐,君子也。如用之,则吾从先进。'"

本章中的"先进"与"后进",历来有多种解说,比较具有代表性的观点有以下三种:一是上古帝王,五帝以上与三王至今或文王武王与春秋诸王等等;二是居住在郊外的野鄙之人与居住在城中的贵族士大夫;三是孔门弟子,先进与后进,为拜入孔门的先后次序。且不论具体内容,单从《论语》编纂体例来说,最后一种说法比较贴近孔子本意,也为大多数学者所接受,所以赵纪彬先生在研究孔门弟子时,文章标题就是《先进异同考》和《后进异同考》①。

《先进篇》共有二十六章,通篇均为孔子品评弟子的言论。《皇疏》:"《先进》者,此篇明弟子进受业者先后也。"本章列于篇首,理应为孔子品评弟子的总论,所以李零先生认为本章言论"可能是孔子晚年讲的,带有回顾性质"②,这种说法不无道理。

孔子三十岁以后就开始设帐授徒了,"孔子不仕,退而修诗书礼乐,弟子弥众,至自远方,莫不受业焉"③。早期投到孔子门下的弟子为"先

---

① 赵纪彬:《论语新探》,北京:人民出版社,1959年,第341—437页。
② 李零:《丧家狗——我读〈论语〉》,太原:山西人民出版社,2007年,第205页。
③《史记·孔子世家》。

进",其中比较知名的有颜无繇、子路、曾点、冉伯牛、闵子骞、冉求、仲弓、子贡、宰我、颜渊、漆雕开、公冶长、原宪、公西赤等人。他们大多出身卑微,家境贫寒,子路是卞邑野人,漆雕开是工匠后代,颜渊身居陋巷,原宪家徒四壁,公冶长吃过官司,仲弓的父亲是贱人……总之,这些弟子大多是生活在社会底层的平民或野人,所以对于"先进于礼乐,野人也"这句话可以简单理解为:早期拜入孔门接受儒学诗书礼乐教育的弟子主要是出身卑微的平民。循着这个思路延伸下去,这句话也可以理解为:早期孔门弟子接受的礼乐教育虽然比较粗犷、质朴,但是比较注重礼乐的精神实质。孔子说:"质胜文则野,文胜质则史。文质彬彬,然后君子。"①"文胜质"之"野"和"野人"之"野"在精神上应该是相通的,均为质朴、朴素之义。

孔子在周游列国期间和返回鲁国之后,又陆续有一些弟子投到孔子门下,他们是孔门后辈弟子,故称为"后进",其中比较知名的有子游、子张、子夏、司马牛、有子、曾子、澹台灭明、樊迟等人。这些人大多是士人身份,有一定的社会地位,有的人资产丰厚,有的人已经出仕为吏,还有的人甚至有贵族血统,他们在拜入孔门之前都程度不同地接受过礼乐教育,略微了解一些礼仪知识,言行举止也基本符合礼仪规范,所以对于"后进于礼乐,君子也"这句话可以简单理解为:后期拜入孔门接受礼乐教育的弟子主要是有一定身份和地位的士人子弟,这里的"君子"主要是指具有社会身份的意思。同样,循着这个思路延伸下去,这句话也可以理解为:后期孔门弟子在接受礼乐教育时更注重外在形式,却忽视了内在本质,因此他们大多属于"文胜质"的君子。孔子在许多言论中也有意无意地表达了这种看法,比如他对子夏说:"女为君子儒,无为小人儒。"②他对子张的评价则是"师也辟"③,"辟"是清高孤傲的意思,这显然是一种

---

① 《论语·雍也》。
② 《论语·雍也》。
③ 《论语·先进》。

负面评价。子游当武城邑宰时,积极推行礼乐教化,城中弦歌之声不断,孔子听到后莞尔笑道:"割鸡焉用牛刀?"① 可见,他对于子游在武城大搞形式主义的做法也是有看法的。

"先进"与"后进"也可以理解为研修儒学和出仕为官的先后次序,"先进"是先学习礼乐知识,然后再出仕为官,即所谓"学而优则仕";"后进"则是先出仕为官,然而再学习礼乐知识,即所谓"仕而优则学"②。

"如用之,则吾从先进"一句,"用"是举而用之。当政者如果请孔子举荐人才,他立即亮明态度,优先举荐孔门"先进",这不仅是因为他们学习礼乐注重精神实质而不注重外在形式,也是因为他们跟着自己在外周游十四年,在人生阅历和意志品质等方面都得到很大的锻炼和提升。不过,当年跟随孔子历经种种艰辛的"先进"弟子们此时大多已相继出仕为官,所以孔子在接下来的一章中感叹道:"从我陈、蔡者,皆不及门也。"③

---

① 《论语·阳货》。
② 《论语·子张》。
③ 《论语·先进》。

68. 后生可畏(共1章)

《论语·子罕》:"子曰:'后生可畏,焉知来者之不如今也?四十、五十而无闻焉,斯亦不足畏也矣。'"

本章应该是孔子晚年言论。孔子为了实现恢复西周礼制秩序的政治理想,一生奔走呼号,历经艰辛,到了晚年,他意识到自己已经难以完成这一历史使命了,于是就把希望寄托在年轻一代身上。此时孔门之中人才济济,精英荟萃,他由衷欣慰,并作此感慨。

全章共有两句,前一句是孔子感叹"后生可畏"。"后生"是年少者,与"先生"相对。"后生"的优势在于年龄,他们拥有无限广阔的发展前景和美好未来,因此"可畏"。其实,孔子这里所说的"可畏",是对后来者的一种认可和期许。"焉知来者之不如今也"是反问句,用以进一步强调"后生可畏"。"来者"既可以是后来者,也可以是未来时间。在过去、现在、未来的时间维度上,孔子对现在始终持以批判态度,他不是厚古薄今,就是以"来"非"今",这已经成为一种固定的思维模式。尤其是当他长时间沉浸在"发愤忘食,乐以忘忧"之中时,蓦然回首发现"老之将至"①,就会不知不觉地对未来产生敬畏。

孔子之所以发出"后生可畏"的感慨,是因为他已经从年轻一代身上

---

①《论语·述而》。

看到了希望和未来。有一次他和子贡在谈论颜渊时,子贡说颜渊能够"闻一知十",他不得不表示敬佩,自叹弗如:"弗如也;吾与女弗如也。"①弟子子贡思维敏捷,才华出众,能言善辩,鲁国许多士大夫都认为他贤于孔子,叔孙武伯曾在朝廷上公开对群大夫说:"子贡贤于仲尼。"②陈子禽也曾在私底下对子贡说:"子为恭也,仲尼岂贤于子乎?"③可见,在孔门弟子中,"后生可畏"者甚众,孔子在欣喜之余,觉得他们仍然有提升的空间。《说苑·杂言》:

> 子夏问仲尼曰:"颜渊之为人也,何若?"曰:"回之信,贤于丘也。"曰:"子贡之为人也,何若?"曰:"赐之敏,贤于丘也。"曰:"子路之为人也,何若?"曰:"由之勇,贤于丘也。"曰:"子张之为人也,何若?"曰:"师之庄,贤于丘也。"于是子夏避席而问曰:"然则四者,何为事先生?"曰:"坐,吾语汝。回能信而不能反,赐能敏而不能屈,由能勇而不能怯,师能庄而不能同。兼此四子者,丘不为也。夫所谓至圣之士,必见进退之利,屈伸之用者也。"

颜渊等人虽然各有所长,孔子也自叹弗如,但是他们缺少人生历练,为人处世不够老到成熟,有时把握不准尺度,因此仍需在实践中勤加修炼,慢慢积累。所以年轻既是竞争优势,也是天然缺陷。

本章的后一句是孔子勉励"后生"闻名要趁早。古人寿命普遍比今人短,人到五十岁就已接近暮年,事业也开始走下坡路了,"年四十而见恶焉,其终也已"④。曾子也说:"三十四十之间而无艺,即无艺矣;五十而不以善闻矣,七十而无德,虽有微过,亦可以勉矣。其少不讽诵,其壮不

---

① 《论语·公冶长》。
② 《论语·子张》。
③ 《论语·子张》。
④ 《论语·阳货》。

论议,其老不教诲,亦可以谓无业之人矣。"①一个人如果在三十到四十岁之间仍不能掌握一技之长,道德修养也没有什么长进,那么他的一生必将碌碌无为。孔子说自己是"四十而不惑,五十而知天命"②,他在四十岁时已通晓人事,做到"不尤人",五十岁时就能上达天命,做到"不怨天"③。如果一个渴望成功的人,到四、五十岁仍然不能明道知命,年龄优势没有了,也就不会有太大的发展前途了,故而"不足畏"。"无闻"历来有两种解读:一是声名无闻于世,即不能"在邦必闻,在家必闻"④;二是认知和修为尚未达到闻道的境界。无论哪种解读,都是"默默无闻"的意思,因此也就无所谓了。孔子此番言论的主要用意在于勉励后来者要发挥好年龄优势,勤学苦修,明道知命,尽快担当起弘扬儒学的历史重任!

---

① 《大戴礼记·曾子立事》。
② 《论语·为政》。
③ 《论语·宪问》。
④ 《论语·颜渊》。

69. 一言(共1章)

《论语·子路》:"定公问:'一言而可以兴邦,有诸?'孔子对曰:'言不可以若是其几也。人之言曰:"为君难,为臣不易。"如知为君之难也,不几乎一言而兴邦乎?'曰:'一言而丧邦,有诸?'孔子对曰:'言不可以若是其几也。人之言曰:"予无乐乎为君,唯其言而莫予违也。"如其善而莫之违也,不亦善乎?如不善而莫之违也,不几乎一言而丧邦乎?'"

"一言"可以是一句话,也可以是一段话,视具体情况而定,不必拘泥。《论语》中有许多言论以数记文,如"三省""三友""三乐""三戒""三愆""三变""四教""四恶""绝四""五美四恶""六言六蔽""九思"等等,本章"一言"亦如此。此外,《卫灵公篇》也有子贡问"有一言而可以终身行之者乎",《子张篇》又有子贡言"君子一言以为知,一言以为不知"。这种把内容相类的言论用数字编排在一起的方式主要是为了便于记忆和传诵,相同情况在《尚书》的《洪范》《周官》诸篇中也有。

本章是鲁定公与孔子之间的一次对话。鲁定公对孔子既有知遇之恩,又有背弃之愧,两人关系非同寻常,可以用他们之间的另一次对话来加以概括,鲁定公问道:"君使臣,臣事君,如之何?"孔子答道:"君使臣以礼,臣事君以忠。"①君礼臣忠是他们君臣关系的主旋律。

---

① 《论语·八佾》。

69. 一言

鲁定公在位期间,鲁国发生阳虎之乱,一个家臣居然把鲁国政坛搅得天翻地覆,前后持续四年之久(鲁定公五年至八年)。阳虎之乱充分暴露了鲁国贵族的虚伪和无能,鲁定公不得不跳出"三桓"氏族来选拔人才,孔子脱颖而出,受到重用,五年之内由中都宰升任司空,旋即又擢升为大司寇行摄相事,位高权重,声名显赫。本章言论当在这一时期。

鲁定公是国君,因此他与孔子讨论的是安邦之道,而非为政之道,即"一言而可以兴邦"和"一言而丧邦"。现在已经无法还原当时的对话情境和具体指向,因此对话内容显得有点突兀,云里雾里,不知所云。从语言风格来看,本章言论口语化痕迹较重,如"其几也""不几乎"等等,说明言论整理者因顾忌鲁定公诸侯国君的身份,未敢在文字上多加修饰。

鲁定公向孔子提出的问题确实比较突兀,孔子觉得他把治理国家看得太简单了,岂能如"一言"那般简单?所以他回答道:"言不可以若是其几也。"这句话历来有两种标点:一是《皇疏》的"言不可以若是,其几(也)";二是《集注》的"言不可以若是其几也"。现在通行的《论语》注本各有所从,此从《集注》。"几"也有两种解说:一说是近似、接近(皇疏);一说是期待、期望(朱注),两种解说也各有所长,此从后说。"是"是指代鲁定公"一言而可以兴邦"的想法。这句话的意思是,对于治理国家这么重大的事情,三言两语是说不清楚的,不能如您所期待的那样简单(不能如您所想象的那样接近)。

尽管孔子并不认同鲁定公"一言而可以兴邦"的想法,但是他还是用了一句话来作答:"为君难,为臣不易。"所谓"人之言",或许就是孔子本人的自设之辞。从字面上来理解,"难"与"不易"是一个意思,君与臣各有的职责和义务,想要治理好一个国家,谁都不容易,所以君与臣必须同甘共苦,齐心协力,如果鲁定公能够明白这句话的道理,所谓"一言而可以兴邦"就值得期待了。不过从鲁国当时特定的政治形势来分析,孔子这句话似乎另有深意,"难"与"不易"也未必是一个意思。在礼制秩序中,君上臣下,天经地义,因此并不存在"为君难"的问题。如果为君不难,为臣就不易,两者应该是此消彼长的关系。但是当礼制秩序遭到严重破坏以后，"为君难"的问题就凸显出来了，尤其是在君弱臣强的权力失衡局面下，国君的一举一动都受到掣肘，举步维艰，难上加难，甚至还有"丧邦"的危险。如果"为君难"，为臣就不会"不易"，因为他们可以不受礼乐制度的制约，随心所欲，恣意妄为。因此孔子这句话有两层含义：一是告诫鲁定公要真正明白"为君难"的道理，统治一个国家，维持社稷存续，任务艰巨，责任重大，国君必须夙兴夜寐，殚思竭虑，修身立德，博施于民，不要贪图安逸，心存侥幸，更不要期望发生"一言而可以兴邦"的奇迹；二是提醒鲁定公要深刻理解"为臣不易"的真正含义，对鲁国当时的政治形势要保持清醒认识，尤其是对于"三桓"之家要严加防范，通过整饬礼制来规范名分，对于"三桓"的种种违礼行为要严加惩治，绝不能姑息迁就，放任自流，以免酿成大祸。总之，只有让所有人臣都感到"为臣不易"，兴邦愿望也就可以期待了。

对于"一言而丧邦"问题，孔子做出的"一言"回答是："予无乐乎为君，唯其言而莫予违也。"这两句话都是倒装句，用来强调"予无乐"和"言"，正常的陈述句式应该是"为君而无乐"和"予言而莫违"，"莫"是没有任何人，"违"是违抗、反对。这两句话的意思是，为国君无所乐，所乐之处唯有一言既出，无论对错，举国无人敢于提出反对意见。如果国家出现这种反常情况，国君不但没有意识到问题的严重性，反而以此为乐，那么离丧邦亡国就不远了。孔子在此基础上又进行了具体分析：国君之言（"其言"）有善与不善，善言可以兴邦立国，如果举国遵从，无人违抗，这当然是好事；不善之言则可能丧邦亡国，如果举国保持沉默，无人抗争，那么这大概就是所谓"一言而丧邦"了。

本章孔子关于"一言而可以兴邦"和"一言而丧邦"的言论，完全没有进行道德说教，基本都是具体的行政管理内容，这反映了孔子在从政实践中的务实态度，因为行政和议政是不同的。遗憾的是，鲁定公并没有能听取孔子的忠告，他后来受到齐人挑唆，背弃孔子，孔子只好怅然去鲁，从此踏上周游之路，也给他与鲁定公的君臣关系画上了一个不完美的句号（此后二人再未见面）。

70. 三省(共1章)

《论语·学而》:"曾子曰:'吾日三省吾身——为人谋而不忠乎?与朋友交而不信乎?传不习乎?'"

先说几句题外话。

在古代汉语中,"三"是一个非常特殊的数字。《老子》第四十二章:"道生一,一生二,二生三,三生万物。"《史记·律书》:"数始于一,终于十,成于三。"《说文解字》:"三,天地人之道也。"可见"三"在事物发展中具有特别重要的意义。古人关于"三"的观念在《论语》中也有所体现,"三"字在《论语》中共出现50多次,并与其他词汇组成一些意义特殊的概念,如"三省""三乐""三友""三戒""三疾""三畏""三愆""三变""三让""三仕三已""三思而后行"等等。其实这里的"三"大多是概数,是时常、多次的意思,因此研读《论语》时不必过于拘泥,比如令尹子文"三仕三已",如果一定要把这两个"三"字一一落实下来,恐怕就要坠入掉书袋的泥淖。

后人在解读孔子言论时逐渐约定俗成,常常用"三"的形式来表达某种特定含义,而且所述三者在内容上往往相互关联,存在一定的逻辑联系,如果把这类言论按照内容拆分到各种概念中进行评析,就会显得内容过于零乱,实际效果反而不好。因此在评析《论语》言论时有必要沿用"三"的这种表述习惯,把部分与"三"相关的言论从各种概念中抽离出来，单独形成一组文章，逐一进行评析。

本章位于《论语》首篇(《学而篇》)前六章的第四章。为什么要刻意强调"前六章"？因为按照篇章学的观点，首篇前六章具有开宗明义的意义，也就是说，前六章是《论语》全书的逻辑起点，儒家思想都是由此铺陈开来的，比如第一章的为学之道，第二、六章的孝悌之道，第三章的求仁之道，第五章的为政之道等等。本章的意义在于重点提出了儒家的修身之道，而加强内省则是儒家修身的重要方法。虽然"吾日三省"是由曾子提出的，但是却体现了儒家关于加强自我反省的修身要求。

"省"是内省、反省，也就是"在灵魂深处闹革命"的意思，"三省"既可以解读为修身次数("三"为多次)，也可以解读为修身内容("为人谋""与朋友交"和"传")。内省是修身的形式，内容才是修身的关键。关于内省内容，主要有以下三个方面：

一是"为人谋而不忠乎"，反问自己是最常见的反省方式。值得注意的是，这里的"人"不是普通人，而是在大位者，"谋"也不是简单的替人谋事办事，而是为君(上)谋政。孔子反复强调"臣事君以忠"[1]，"居处恭，执事敬，与人忠"[2]。既然出仕为官，就必须对上尽忠尽责，要时常反思自己，检点自己的行为，如果发现错误就要及时纠正，这样才能不断提高道德修养和办事效率，赢得大人的信任和他人的尊重。

二是"与朋友交而不信乎"。"言而有信"是与朋友相处的基本原则，所以子夏说："与朋友交，言而有信。"[3]曾子为什么要把"与朋友交"作为加强自我反省的一个重要内容呢？这说明当时社交范围不断扩大，朋友关系已经逐渐取代了氏族血缘关系，成为一种重要的社会关系。但是在与朋友交往中，道德约束力相对薄弱，容易发生失信情况，答应别人的事情，有时因为人多事杂而不能兑现承诺，乃至于耽误事情，对朋友造成伤

---

[1]《论语·八佾》。
[2]《论语·子路》。
[3]《论语·学而》。

害。所以"与朋友交"就必须时常反省自己,认真捋一捋,是否向别人承诺过什么事情?承诺是否兑现?只有勤于反省,信守承诺,才能够赢得朋友的信任,也能不断提高和完善自己。

三是"传不习乎","传"是传授、教授,这里是动词用如名词,指老师传授的知识和技能。"习"与首篇首章的"学而时习之"形成呼应,为温习、复习、演习之义。受业于师,就应该对老师每天传授的知识和技能反复温习或演练,真正做到领会精神,熟练掌握。

曾子本章提出的"三省"与《论语》首篇首章的孔子言论形成呼应:反省自己"传不习",就可以实现"学而时习之"之乐;反省自己"与朋友交而不信",就可以实现"有朋自远方来"之乐;反省自己"与人谋而不忠",则可以实现"人不知,而不愠"之乐。由此可见,孔门弟子修身立德完全是遵从孔子教诲来进行的,基本内容无非是为政之道、为人之道(君子之道)和为学之道。

71. 三知(共1章)

《论语·尧曰》:"孔子曰:'不知命,无以为君子也;不知礼,无以立也;不知言,无以知人也。'"

在目前通行的《论语》注本中,本章是全书的末篇末章①,因此具有某种特殊意义。中国古代文艺理论有"凤头""豹尾"之说,文章开篇要漂亮,抢人眼球,结尾要干净利落,令人回味,以此说来评析本章,亦无不妥。在内容上,本章重点阐述了"三知"("知命""知礼""知言")对于君子修身立德的重要意义,与《论语》首篇首章的"人不知,而不愠,不亦君子乎"形成呼应。《集注》引尹氏言曰:"知斯三者,则君子之事备矣。弟子记此以终篇,得无意乎?学者少而读之,老而不知一言为可用,不几于侮圣言者乎?夫子之罪人也,可不念哉?"尹氏三问,口气颇为严厉,旨在强调研读本章时必须用心揣摩孔子深意。

毋庸置疑,"知命""知礼""知言"是纵横贯穿孔子思想的三个重要命题。"三知"三位一体,天地纵横,人心内外,最终都归结到"仁"这个核心主题。

先评析"知命"。"知命"是君子修德的认知前提,君子只有正确认知客观世界和主观世界,在现实生活中找准自己的定位,才能采取正确方

---

① 著者按:《鲁论》并无此章,郑玄根据《古论》而补其缺。过去亦有人认为本章应属《子张篇》。

法来处理人与自然、人与社会以及人与自我之间的关系,从而在道德修养方面不断提高,逐渐臻入"知天命"的完美境界。由此可见,"知命"是一种建立在正确认知基础之上的道德修养境界。孔子是在五十岁前后才达到"知天命"的人生境界的①,但是相关思考没有再深入,所以孔子关于"知天命"的言论很少,具体内涵也不甚明确,关键是关于"命"或"天命"与"仁"之间关系始终没有表述清楚。

孔子所创立的彝伦之道,"仁"是核心,然而"仁"主要是通过人们的内心体验来发挥功效的,这种内倾倾向导致儒家思想在哲学思辨方面不够丰富,略显单薄。如何将形而下的仁学与形而上的命理结合起来,相互印证,形成一个有机的统一体,这是孔子一直试图解决的问题。经过长期思考,他似乎朦朦胧胧地在"仁"与"命"之间寻找到某种内在联系,他说:"不知命,无以为君子也。"又说:"小人不知天命而不畏也。"②这里的"君子"和"小人"是道德范畴的概念,把"知天命""畏天命"等内容纳入道德修养的范畴,而且把"畏天命"列为"三畏"之首③,把"知命"列为"三知"之首,以此作为判别君子与小人的重要标准,这就意味着道德修养达到一定境界以后就可以与"命"或"天命"形成感应互动,甚至可以改变命运。这种观点在思辨形式上已经取得重大进展,在思辨内容上也更加深刻丰富。后来孟子悟出了其中道理,并做出更加完整的表述:

> 尽其心者,知其性也。知其性,则知天矣。存其心,养其性,所以事天也。夭寿不贰,修身以俟之,所以立命也。④

"心"是一种与生俱来的善心,即所谓"善端",通过后天的不断修为,

---

① 《论语·为政》。
② 《论语·季氏》。
③ 《论语·季氏》。
④ 《孟子·尽心章句上》。

人的这种善良本性就可以无限扩充、放大,与"天"形成互动感应,最终达到天人合一的和谐境界。孟子通过"心""性""天"三者之间的逻辑联系,把形而上的天命和形而下的修身联系起来,为其仁政思想找到理论依据。从孔子的"知命"到孟子的"立命",在思辨模式上显然是一脉相承的。

《韩诗外传》亦对"知命"做出诠释:

> 子曰:"不知命,无以为君子。"言天之所生,皆有仁义礼智顺善之心。不知天之所以命生,则无仁义礼智顺善之心。无仁义礼智顺善之心,谓之小人。故曰:"不知命,无以为君子。"《小雅》曰:"天保定尔,亦孔之固。"言天之所以仁义礼智,保定人之甚固也。《大雅》曰:"天生蒸民,有物有则。民之秉彝,好是懿德。"言民之秉德以则天也。不知所以则天,又焉得为君子乎?①

这段论述仍然是从唯心主义先验论出发,把"仁义礼智顺善"视为天之所生、命之所存的道德品质,因此君子修德,就必须秉承这种天生品质,做到顺天知命。

当然,"命"或"天命"与"仁"这两个命题在实际运用中是根本无法兼容的,在理论上也难以实现有效统一,其最终结果必然是从唯心走向唯心。但是孔子关于"命"或"天命"的思考和探索是有价值的,至少对于"知命"做出了相对明确的解说。

再评析"知礼"。这里的"知礼"句和下面的"知言"句均从上省略了"君子"二字,内容仍然是关于君子修身立德。"知礼"是恪守礼制的认知前提,"立"是相对于"礼"的一个特定概念,清代理学家陆稼书对"立"字

---

① 《韩诗外传》卷六第十六章。

的解释最为精到:"立是道理大纲能守之定。"①所谓"道理大纲",当然是君子立身之本,"君子务本,本立而道生"②。"礼"是君子修身立德的行为规范,孔子反复强调:"兴于诗,立于礼,成于乐。"③"不学礼,无以立。"④孔子认为,"学礼""知礼"是"立于礼"的重要前提,也是君子修身立德的主要途径。那么如何才能"学礼""知礼"而"立于礼"呢? 孔子说:"人而不仁,如礼何? 人而不仁,如乐何?"⑤又说:"克己复礼为仁。一日克己复礼,天下归仁焉。"⑥可见"知礼"的目的在于修"仁",努力提高"仁"的道德修养是"立于礼"("克己复礼")的根本保证。在孔子仁学思想中,"仁"与"礼"互为表里,相辅相成,"仁"是君子修德的最高境界,"礼"则是现实政治中的最高准则,两者通过"立于礼"实现了有机统一。

最后评析"知言"。"知言"是"知人"的重要方法之一。这里的"言"是指各种言论,包括正确的或错误的、深刻的或肤浅的、真实的或虚假的,善意的或恶意的等等。"知言"就是通过各种言论来辨明是非曲直、善恶真伪,从而达到"知人"的目的,这与儒家"知(智)"的道德修养有关,所以弟子樊迟向孔子请教何以为"知(智)"时,孔子直截了当地回答道:"知人。"他接着又补充道:"举直错诸枉,能使枉者直。"⑦由此可见,"知人"并不是单纯的道德修养问题,也是一种与举贤任能有关的政治手段或施政策略,带有明确的政治功利目的。

孔子把"知言"作为"知人"的重要方法,并以此作为君子修德的重要内容,这与当时社会发生重大变化有关。在以氏族制为主体的社会中,当政者"知人""举人""得人"只需依据氏族血缘关系的亲疏远近来决定。

---

① 程树德撰:《论语集释》上册,北京:中华书局,2013年,第84页。
②《论语·学而》。
③《论语·泰伯》。
④《论语·季氏》。
⑤《论语·八佾》。
⑥《论语·颜渊》。
⑦《论语·颜渊》。

然而到了春秋末年,随着氏族制逐渐瓦解,社会化身份标识逐渐取代了氏族化身份标识,"知人"则成为当政者遇到的一个棘手问题,是任人唯亲还是任人唯贤?如何才能够做到知能善任、选贤任能呢?观察和了解一个人,通常是"听其言而观其行"①,"观其行"可以通过考察其是否遵从礼制规范来加以判断,相对要容易;"听其言"则没有十分明确的规范标准,而且言论往往因人而异,因时而异,因事而异,需要综合各种因素来加以判断,所以只有凭借智慧和经验才能真正做到"知人"。但凡能够通过"知言"而"知人"者,必定是道德修养达到"知(智)"的有德君子。

"命"关乎天理,"礼"关乎修仁,"言"关乎处世。在"三知"中,尽管孔子非常重视"知命"问题,但是他真正关注的是"知礼""知言"问题,因此这方面的言论最多,观点鲜明,很有价值,集中体现了儒家思想世俗化倾向的重要特征。

---

① 《论语·公冶长》。

72. 三友(共1章)

《论语·季氏》："孔子曰：'益者三友，损者三友。友直，友谅，友多闻，益矣。友便辟，友善柔，友便佞，损矣。'"

本章孔子主要讨论的是交友之道，而非君子修身之道（刘氏《正义》认为"三友"为事君之道，似不确，故不从），因此没有太多的大道理，只是简单地把人分一分类，提醒弟子们注意，哪些人值得交往，哪些人不值得交往。所谓"益"和"损"，也只是在原有基础上增减而已，并不会发生本质变化。

"益者三友"是人生中的三种良师益友：一是"友直"，就是为人正直，敢于直面错误。卫大夫史鱼恪忠尽职，敢于仗义执言，以死进谏，因此孔子对他做出高度评价："直哉史鱼！邦有道，如矢；邦无道，如矢。"① 二是"友谅"，就是为人诚实，信守诺言，"谅"是小人之信，具体表现是"言必信，行必果"②，这虽然算不上什么优秀品质，但是在与朋友交往中是非常重要的，所以孟子说："君子不亮（谅），恶乎执？"③ 三是"友多闻"，就是见多识广，通古博今。孔子说："三人行，必有我师焉。"④ 每个人都有自己的

---

① 《论语·卫灵公》。
② 《论语·子路》。
③ 《孟子·告子章句上》。
④ 《论语·述而》。

人生阅历和生活经验,因此要与有识之士相与为友,虚心学习别人的长处,把别人的"多闻""多识"变成自己的知识。总之,交友就要交结那些能够给自己带来积极影响和正面能量的朋友,这样自己才能不断进步,所以孔子反复强调"里仁为美"①,"见贤思齐焉"②,"就有道而正焉"③。

"损者三友"是有可能给自己带来损害或麻烦的三种朋友:一是"友便辟","便辟"亦作"便利""便敏",这种人为人虚情假义,曲意讨好,说话只拣好听的说,从来不得罪人。《荀子·非十二子》:"辩说譬喻齐给便利而不顺礼义,谓之奸说。"《皇疏》引马融言曰:"便辟,巧避人之所忌,以求容媚者也。"可见"便辟"与"直"形成鲜明对比。二是"友善柔",就是见人说人话,见鬼说鬼话,人云亦云,口是心非。《皇疏》:"善柔,谓面从而背毁也。"可见"善柔"与"谅"形成鲜明对比。三是"友便佞",就是能言善辩,巧舌如簧,有点类似于"巧言",孔子说:"巧言令色,鲜于仁。"④孔子认为,以上三种人不宜结交朋友,因为他们不仅不能给自己的人生修养带来任何帮助,交往久了,反而会造成自己思想混乱,是非观念模糊,道德水准下降。

---

① 《论语·里仁》。
② 《论语·里仁》。
③ 《论语·学而》。
④ 《论语·学而》。

73. 三乐(共1章)

《论语·季氏》:"孔子曰:'益者三乐,损者三乐。乐节礼乐,乐道人之善,乐多贤友,益矣。乐骄乐,乐佚游,乐宴乐,损矣。'"

孔子是人生导师,他经常就人生问题提出一些有益建议,本章就是关于生活情趣和个人爱好方面的建议。"乐"是动词,喜好、爱好之义,即所谓"好之者不如乐之者"①。大事(修身立德)以得失言之,小事(个人爱好)则以损益言之。但是如果小事益之又益或大事损之又损,那么就有可能大事变小事或小事变大事,所以无论大事小事都不可不慎。

"益者三乐"是对于人生修养有益的三种生活爱好或习惯:一是"乐节礼乐",就是以"克己复礼"为乐。生活中时时处处遵从礼制规范,自觉接受礼乐节制,才能真正做到"非礼勿视,非礼勿听,非礼勿言,非礼勿动",最终实现"仁"的道德境界②。二是"乐道人之善",就是以与人为善、成人之美为乐。"道"是称道、称赞,与人相处虽然不必口吐莲花,但也无须诋毁中伤。隐恶扬善是一种人生大智慧,孔子认为帝舜就是隐恶扬善的楷模:"舜其大知也与!舜好问而好察迩言,隐恶而扬善。执其中于民,其斯可以为舜乎!"③三是"乐多贤友",就是以多与贤人交友为乐。里

---

① 《论语·雍也》。
② 《论语·颜渊》。
③ 《礼记·中庸》。

仁为美、择善而处是孔子交友之道的重要内容。子贡曾向孔子请教为仁之道,孔子说:"居是邦也,事其大夫之贤者,友其士之仁者。"①子贡以货殖为业,长期走南闯北,和各种各样的人做生意打交道,身上难免沾上铜钱臭,如果想守住道德底线,就应该多结交道德高尚的朋友,这样才能有益于道德自我完善。

"损者三乐"是对于人生修养有害的三种生活爱好或习惯:一是"乐骄乐",就是以骄奢放纵为乐。但凡不受礼乐节制的"乐",最终必将是乐极生悲。二是"乐佚游",就是以纵情闲游为乐。"佚游"原本是有助于开阔视野、陶冶情操的爱好,所以郭店楚简《语丛三》中将"佚游"归为"益"②,但是任何事情都要有节度,如果整天游手好闲,漫无目的地闲逛游荡,终将荒废人生。三是"乐宴乐",就是以宴飨欢愉为乐。沉溺于酒色之中,嬉戏无度,虚度光阴,必将终老一事无成。

"益者三乐"和"损者三乐"代表了两种不同的人生态度和生活情趣,修德君子积极进取,有所追求,因此应该在"益"和"损"之间做出正确选择。

---

①《论语·卫灵公》。
②《郭店楚墓竹简·语丛三》,北京:文物出版社,2003年,第37页。

74. 三畏(共1章)

《论语·季氏》:"孔子曰:'君子有三畏:畏天命,畏大人,畏圣人之言。小人不知天命而不畏也,狎大人,侮圣人之言。'"

人生在世,必须有所敬畏,或在精神上敬天命、畏鬼神,或在生活中敬圣贤、畏权威,或在家里敬父母、怕老婆(惧内)……人常存敬畏之心,终日战战兢兢,如临深渊,如履薄冰,是因为人们的生存能力和认知能力都极为有限,无法战胜自然,也无法预知人世间的祸福凶吉,因此自然而然地产生出一种敬畏或恐惧的心理。孔子认为,有所敬畏是评判君子与小人的重要标准,"三畏"则是君子修德的重要内容,其中"畏天命"属于形而上的内容,说明孔子在创建儒家伦理思想的过程中已经试图从更高层次的哲学范畴来寻找理论依据,相关内容已在《命(天命)》中做出评析。

"君子有三畏"的第一畏是"畏天命",这不难理解,因为天命无常,主宰人生祸福休咎,人们只能顺从天命,却不能改变天命,因此君子修德就不可不"知天命""畏天命",否则将一事无成。第二畏是"畏圣人之言",这也比较好理解,圣人是古代帝王先贤,他们道德高尚,智慧超人,令人景仰,圣人之言不可侮,否则就是大逆不道。殷商老臣伊尹在训导商王太甲时就曾说:"敢有侮圣言、逆忠直、远耆德、比顽童,时谓乱风。……

卿士有一于身,家必丧;邦君有一于身,国必亡。"①可见,有侮圣人之言就有可能丧家亡国。孔子说:"有德者必有言,有言者不必有德。"②孟子也说:"圣人,百世之师也。"③"圣人之言"是指导人生的至理名言,修德君子不可不遵从和敬畏。第三畏是"畏大人",这就不太好理解了,首先需要弄清楚"大人"的确切含义。

本章中的"大人"是地位尊显的"人",他们大多是周朝氏族贵族的后裔,拥有高贵的血统,享有特殊的礼遇。周初分封之时,为了确保世袭贵族的执政地位,周公等人"制礼作乐",通过尊卑贵贱有别的等级制度把他们的身份和地位确定下来,"大人"就是"大人","小人"就是"小人",等级秩序是不可逾越的。孔子是严格遵守周朝礼制的典范,他认为"大人"是礼制所规定的尊贵者,"畏大人"就是遵从周礼。此外,由于"大人"都是在大位者,掌握生杀予夺大权,他们随时可以动用刑杀手段来镇压异己者,因此从现实政治的角度来理解,"大人"也不可不敬畏。

春秋时期,周朝礼制日渐废弛,贵族集团内部的权力斗争异常激烈,有些氏族保住了执政地位,同时也保住了"大人"的贵族身份,有些氏族则在争权斗争中失利而沦为"小人",失去了原有的贵族身份和地位,更有甚者沦为一贫如洗的"民"。比如郑国子产在推行内政改革时,为了遏制氏族贵族的奢靡之风,明令规定:"大人之忠俭者,从而与之;泰侈者,因而毙之。"④这里的"大人"就是指郑国世袭贵族"七穆"。此后不久,丰氏贵族因为违反子产政令而被流放到晋国,其家产全部被没收。由于失势"大人"的身份和地位发生变化,故而"小人"就可以轻慢而不畏。此外,随着礼制失序,许多贵族道德败坏,行为失当,"大人"不像"大人",于是"小人"对他们也就不敬畏了。比如鲁国大夫闵子马听说周朝大夫原

---

① 《尚书·伊训》。
② 《论语·宪问》。
③ 《孟子·尽心章句下》。
④ 《左传·襄公三十年》。

伯鲁对于求学修德毫无兴趣,于是评论道:"周其乱乎!夫必多有是说(悦学),而后及其大人。大人患失而惑,又曰,可以无学,无学不害。不害而不学,则苟而可。于是乎下陵上替,能无乱乎?"①世袭贵族从小接受良好教育,言谈举止应该成为普通民众效仿的榜样,然而他们不仅"患失而惑",还说"可以无学"。这种思想境界确实难以让"小人"心生敬畏。由此可见,"小人"不畏"大人",责任并不全在"小人"。

"小人"因为无知,故而不畏天命;"小人"因为无德,故而"侮圣人之言","侮"是轻侮、怠慢;"小人"因为不知礼,故而"狎大人","狎"是态度轻慢,举止不恭。孔子说:"狎侮死焉而不畏也。"②说的就是这种死到临头都无所畏惧的"小人"。

人或许没有信仰,但心中不能没有敬畏,即便是天王老子也要有所敬畏,否则即使躲得过人祸,也躲不过天谴。从这个意义来说,孔子要求人们心存敬畏是具有积极意义的。但是他从维护传统礼制出发,强调"君子有三畏",抨击"小人"的"不知天命""狎"和"侮",这却是一种为批判而批判的错误观点。

---

① 《左传·昭公十八年》。
② 《礼记·表记》。

75. 三疾(共1章)

《论语·阳货》:"子曰:'古者民有三疾,今也或是之亡也。古之狂也肆,今之狂也荡;古之矜也廉,今之矜也忿戾;古之愚也直,今之愚也诈而已矣。'"

孔子一向有是古非今的倾向,他的许多重要观点都是在古今对比中形成的。本章也是关于"民有三疾"的古今对比,最终结论自然不言而喻。

第一句是全章概说。"古者"是古时候,"今也"是现而今,这些都是笼统的时间概念。"三疾"是指人们自身固有的三种陋习或毛病。"或"是推测之辞,为也许、或许之义。"是之亡"是倒装句,即"亡是","亡"是消失、消亡,"是"代指"三疾"。这句话的完整意思是,古时候普通民众身上有三种毛病(性格缺陷),现而今这些毛病也许都消失或改变了。

第一种毛病是"狂"。"狂"是行为狂放、乖张、偏激。孔子说:"不得中行而与之,必也狂狷乎!狂者进取,狷者有所不为也。"①意思就是,狂者虽有进取之心,但是他们容易走向极端,偏离了"中行"之道。他又说:"好刚不好学,其蔽也狂。"②"狂而不直,吾不知之矣。"③可见"狂"是一种

---

① 《论语·子路》。
② 《论语·阳货》。
③ 《论语·泰伯》。

近似于"刚"与"直"的行为,这种行为偏差是可以通过学习古代礼乐知识来加以矫正的。孔子认为,古今之"狂"有所不同:古之狂者的行为特征是"肆",《皇疏》引苞氏注曰:"肆,极意敢言也。"意思就是,不畏权势,心有所据,敢于仗义执言,甚至抵触冒犯;今之狂者的行为特征则是"荡",孔安国注曰:"荡,无所据也。"意思就是,行为失据,放荡不羁,无所节制。孔子说:"好知不好学,其蔽也荡。"①可见"荡"是一种"好知不好学"的无知状态。今之狂者虽然"好知",但是却"不好学",所以最终还是因无知而"荡"。比较"古之狂也肆"和"今之狂也荡",两者最大的区别在于前者心中有所坚守,后者心中则无所依据。

第二种毛病是"矜"。"矜"是矜持、庄重、沉稳。孔子说:"君子矜而不争,群而不党。"②意思就是,君子自尊自重,不与人相争,也不与人结党营私。按照这样的理解,"矜"应该是一种君子美德,何以成为"疾"呢?《集注》:"矜者,持守太严。"矜者如果矜持过度,持守太严,乃至于不通情理,就有可能变成一种"疾"。古今之"矜"亦有所不同:古之矜者的行为特征是"廉",《皇疏》:"廉,隅也。"《集注》:"廉,谓棱角陗厉。"可见"廉"就是为人过于方正(不圆滑),坚持原则,软硬不吃,难以相处。今之矜者的行为特征是"忿戾",《皇疏》:"今世之人自矜庄者,不能廉隅,而因之为忿戾暴物也。"《集注》:"忿戾则至于争。"可见"忿戾"就是性情暴戾,多怒好争,争而不得就一味抱怨泄愤。比较"古之矜也廉"和"今之矜也忿戾",两者最大的区别在于前者不争而矜,后者争而不矜。

第三种毛病是"愚"。"愚"是愚笨,认知能力低下。"上智"和"下愚"是由先天决定的,后天无法做出根本改变。但是古今之"愚"仍有所不同:古之愚者的行为特征是"直",就是简单、直接。古人思维简单,为人直率,做事也不用多想,直截了当,该怎么做就怎么做,做成了固然可喜,

---

① 《论语·阳货》。
② 《论语·卫灵公》。

做不成也无所谓,所以孔子说:"斯民也,三代之所以直道而行也。"①而今之愚者的行为特征则是"诈",就是欺骗、欺诈。按常理来说,实施欺诈是需要智力的,可是今之愚者明明智力不够,却偏偏要耍小聪明,欺骗别人,到头来没骗到别人,自己却折了大本,这种人就是笨骗子。再作进一步分析,天下所有笨骗子都有一个共同的心理特征,就是唯恐别人知道自己"愚",于是希望通过欺诈的方式来证明自己不"愚",结果就变成了"诈"。当今社会,这种笨骗子似乎越来越多了,当笨骗子泛滥之时,说明社会价值观正在发生整体扭曲。比较"古之愚也直"和"今之愚也诈",两者最大的区别在于前者无私心,敢于承认自己愚笨,并用笨办法来解决问题;后者则有私心,自作聪明,耍奸使坏,谋取利益。

  本章言论中还隐含了一个重要观点:通过比较古今"三疾",孔子认为,古人的"肆""廉""直"具有某种天然本性的成分。但是随着时事变迁和环境改变,人的本性也发生变化,于是就变成了今人的"狂""忿戾""诈"。这说明人的本性不是一成不变的,而是会受到环境影响而发生改变的。

---

① 《论语·卫灵公》。

76. 三戒(共1章)

《论语·季氏》:"孔子曰:'君子有三戒:少之时,血气未定,戒之在色;及其壮也,血气方刚,戒之在斗;及其老也,血气既衰,戒之在得。'"

人生处于不同阶段,就会表现出不同的生理和心理特征,这些都与人的"血气"有关。在古人观念中,血气是人和动物体内能量的总称,《管子·禁藏》中说:"宫室足以避燥湿,食饮足以和血气。"孟子则说:"夫志,气之帅也;气,体之充也。夫志至焉,气次焉。……我善养吾浩然之气。"①可见,血气不仅可以通过饮食来调和,还可以通过意念来控制。血气真实地反映了一个人的身体状况,进而影响到他的心理状况和行为方式。血气足的人,身体必然强壮,气性必然高,这是无法伪装的。《左传·襄公二十一年》中载有一事:楚国令尹子庚去世后,楚康王打算让蒍子冯接替令尹之职,然而蒍子冯觉得国家君弱臣强,政局不稳,这个令尹不好当,于是就称病推辞。当时正值盛夏酷暑,他回到家中后裹着厚厚的裘皮大衣躺在地窖中的冰床上,几天不吃不喝,一副身患重病的模样。楚康王得知后委派太医前往探视,太医通过诊脉发现蒍子冯是装病,于是就回复楚康王道:"瘠则甚矣,而血气未动。"意思就是,蒍子冯看起来消瘦了许多,但是他体内的血气仍然很足。楚康王知道他不愿意出任令

---

①《孟子·公孙丑章句上》。

尹,也只好不了了之了。由此可见,人的外形体征可以伪装改变,但是血气则无法弄虚作假。

本章孔子根据"血气"的基本原理,对少年、壮年、老年三个人生阶段分别提出了警戒和忠告,既有一定的科学依据,也蕴含了一定的人生哲理。

少年时期,人生正处在生理发育和情欲萌发阶段。所谓"血气未定",是指心智尚未成熟,心理不太稳定,因此情绪往往不受理智控制,遇到色欲诱惑,不能理性节制。纵欲过度必然伤身,进而丧志,这是少年男女最容易犯的错误,所以孔子强调少年时期重在戒色,即节制男女之事。

壮年时期,人生正处于精力充沛、欲望强盛的鼎盛阶段。所谓"血气方刚",就是生理周期已经达到峰值,思维和心智也日趋成熟,因此好斗求胜的欲望越来越强,大有天下舍我其谁的英雄气概。竞争是自然界的法则,好斗则是人类的本性,"凡有血气,皆有争心"[1]。人值壮年,血气正盛,此时最容易犯的错误是好勇斗狠,逞强争胜,遇有一丁点儿小事,立即就血脉偾张,不计后果,以死相拼,所以孔子强调壮年时期重在戒斗,强调礼让不争。

老年时期,人生已经处于日渐失去希望和乐趣的衰败阶段。所谓"血气既衰",就是体力和精力逐渐衰退,随之而来的是思想保守固执,心理极易扭曲偏执。情欲的衰退,容易导致物欲的膨胀,精神追求变成了物质追求,此时最容易犯的错误是疯狂敛财,贪得无厌,所以孔子强调老年时期重在戒得,即物欲。《论语》中的"得"主要是指获取物质利益或满足物质欲望,如"见得思义"[2]、"富与贵,是人之所欲也;不以其道得之,不处也"[3]。

---

[1]《左传·昭公十年》。
[2]《论语·季氏》。
[3]《论语·里仁》。

77. 三恶(共1章)

《论语·阳货》:"子曰:'恶紫之夺朱也,恶郑声之乱雅乐也,恶利口之覆邦家者。'"

"恶"与"乐"相对,为憎恶、讨厌之义。孔子所恶之人或所恶之事有不少,如"三恶""四恶"等,这些都是他在现实生活中总结出来的人生经验,他愿意与弟子分享。本章中的"三恶"是指三种破坏礼制正统的社会乱象。

第一种乱象是"紫之夺朱"。"朱"是正色,"紫"是偏色,两者颜色比较接近。按照周朝礼制规定,官服必须用正色,所以《乡党篇》中说:"君子不以绀緅饰,红紫不以为亵服。"这里的"绀緅"和"红紫"都是近似于正红的偏色。由于紫色看起来比大红更加鲜艳,所以当时有许多王公贵族喜欢身穿紫色的衣服上朝,这种用偏色来取代正色的做法是有违礼制的,所以孔子表示憎恶和反对。当然,孔子反对的并不仅仅是"紫之夺朱",而是破坏周礼正统的各种行为。

第二种乱象是"郑声之乱雅乐"。"雅乐"是正音,代表了周朝正统的审美标准;"郑声"则是流行于郑、卫一带的民间乐曲,孔子不止一次地批评"郑声淫",要求"放郑声"[①],"淫"就是思想内容不健康,艺术形式不完

[①]《论语·卫灵公》。

美。然而当时流传于民间的靡靡之音要比回荡在庙堂的喤喤之声更具有活力,也更深入人心。正统雅乐被民间邪音扰乱,民心也被淫声麻痹,所以孔子对此表示出极大的憎恶。

第三种乱象是"利口之覆邦家者"。"利口"和"巧言""口给"的意思基本相同,义即夸夸其谈,能言善辩。孔子说:"巧言令色,鲜矣仁!"① 又说:"御人以口给,屡憎于人。"② "覆邦家"是危害国家政权或败坏氏族风气。孔子认为,爱耍嘴皮子的人大多是寡德之人,亦称"佞人",这些人标新立异,离经叛道,混淆是非,蛊惑人心,伤风败俗,如果任其为所欲为,长此以往,国无宁日,邦将不邦,所以孔子对这种乱象深恶痛绝,多次提出"佞人殆","远佞人"③。

春秋末年,礼乐制度崩坏,各种社会乱象层出不穷,孔子从中列举出比较具有代表性的"三恶",因为这些乱象似是而非,以假乱真,具有极大的欺骗性,容易引起人们思想混乱,对于礼制正统形成极大危害。其实在《论语》中,此类乱象还有很多,孔子站在礼制正统的立场上,分别进行了揭露和批判:

> 御人以口给,屡憎于人。不知其仁,焉用佞?④
> 苗而不秀者有矣夫!秀而不实者有矣夫!⑤
> 乡愿,德之贼也。⑥
> 恶徼以为知者,恶不孙以为勇者,恶讦以为直者。⑦

---

① 《论语·学而》。
② 《论语·公冶长》。
③ 《论语·卫灵公》。
④ 《论语·公冶长》。
⑤ 《论语·子罕》。
⑥ 《论语·阳货》。
⑦ 《论语·阳货》。

佞似仁、苗似秀、秀似实、乡愿似有德、徼似知、不逊似勇、讦似直等等,这些都是容易麻痹人们思想的假象,孔子提醒人们一定要辨明真伪善恶,不要受到蒙骗而迷失方向,所以他明确指出:"恶似而非者:恶莠,恐其乱苗也;恶佞,恐其乱义也;恶利口,恐其乱信也;恶郑声,恐其乱乐也;恶紫,恐其乱朱也;恶乡原(愿),恐其乱德也。"①

---

①《孟子·尽心章句下》。

78. 三愆(共1章)

《论语·季氏》:"孔子曰:'侍于君子有三愆:言未及之而言谓之躁,言及之而不言谓之隐,未见颜色而言谓之瞽。'"

  本章孔子谈论的是事君之道,文中的"君子"显然是身份显贵的在大位者,即被侍奉的对象。由于身份和地位不对等,因此言者不仅要注意说话内容和表达方式,而且还要注意把握恰当的说话时机,否则就容易发生"三愆"之误,"愆"是失误、过错,这里具体指因为说话的方式或时机不当而犯的低级错误。

  第一种错误是"躁",就是没有轮到你说话的时候抢着说话。在现实生活中,犯这种错误的大有人在,他们总是不分场合和对象,急于表达自己想法,犯了急躁的毛病。孔子一贯要求"讷于言而敏于行"①,因为话一出口就无法收回,所以尽量要少说慢说,即使有话要说,也一定要等在大位者把话说完后择机再说。

  第二种错误是"隐","隐"是有所顾忌,隐匿不实,就是轮到你说话的时候反而不说,有所隐瞒。对于在大位者说的话,通常只有赞成和反对两种意见,表示赞成当然皆大欢喜,表示反对则有可能对自己不利,因此"隐"有时是一种无奈的选择。但是孔子认为选择"隐"的方式是错误的,

---

① 《论语·里仁》。

违背了"臣事君以忠"的从政原则,他说:"可与言而不与言,失人。"①侍奉在大位者理应恪忠尽职,坦诚地表达自己的观点和意见,而不应该有所隐瞒。

第三种错误是"瞽","瞽"原本是生理上的睁眼瞎,这里引申为心智上的愚钝者,就是说话时只顾自说自话,对于在大位者的情绪变化完全视而不见,"颜色"代指面容和表情。孔子认为,说话时要善于察言观色,根据具体情况对说话内容和表达方式适时做出调整,这是能够赢得对方认可、形成有效互动的一种良好习惯和重要品质,所以他在回答子张"士何如斯可谓之达"问题时,把"察言而观色"也作为提高士人修养的一个重要内容②。

后期儒家典籍中也有内容相似的言论:"不问而告谓之傲(同躁),问一而告二谓之囋。傲,非也,囋,非也;君子如响矣。"③"卑位而言高者,罪也,言不及而言者,傲也。"④这些言论都不同程度地受到了孔子的影响。

本章言论没有大道理,全是小细节,说明孔子平时观察和思考问题细致入微,见解独到,而且善于归纳和总结,所以他所列举的"三愆",不仅对时人有帮助,对今人也有启发。

---

①《论语·卫灵公》。
②《论语·颜渊》。
③《荀子·劝学》。
④《盐铁论·孝养》。

79. 三变(共1章)

《论语·子张》:"子夏曰:'君子有三变:望之俨然,即之也温,听其言也厉。'"

在孔门弟子眼中,孔子是一个谦谦君子的完美形象,不仅言能启于思,行能立于范,就连神情和仪态也是魅力四射,令人崇敬,因此子夏用"君子有三变"来表达自己的崇拜之情,这里的"君子"当然是孔子。所谓"变",是由远及近、由"望"而"听"的变化,其实真正发生变化的不是孔子的神情仪态,而是子夏的心理感受。

"望之俨然","俨然"是仪态庄重、威严,这是远距离观望后形成的第一印象。孔子在解释"五美"时说:"君子正其衣冠,尊其瞻视,俨然人望而畏之,斯不亦威而不猛乎?"[①]可见"俨然"是一种令人望而生畏、肃然起敬的感觉,似乎并不亲切。

"即之也温","即"是走进、靠近,"温"是气色温和,举止雍容,这是近距离观察后形成的第二印象。《述而篇》中亦载:"子温而厉,威而不猛,恭而安。"孔子是一个非常注重仪容仪表的人,《乡党篇》中有许多相关记载:

[①]《论语·尧曰》。

入公门,鞠躬如也,如不容。

立不中门,行不履阈。

过位,色勃如也,足躩如也,其言似不足者。

摄齐升堂,鞠躬如也,屏气似不息者。

出,降一等,呈颜色,怡怡如也。

没阶,趋进,翼如也。

复其位,踧踖如也。

君子因为内心恭敬,仪表就端庄,仪容也温和。与此不同,小人心怀不轨,他们表面上看起来一本正经,心里却惴惴不安,所以仪容仪表猥琐、鄙陋,孔子形容道:"色厉而内荏,譬诸小人,其犹穿窬之盗也与?"①卑鄙小人的行为举止就像翻墙钻洞的小偷一样。

"听其言也厉","厉(厲)"是"砺"的古字,本义是磨刀石,《诗经·大雅·公刘》:"涉渭为乱,取厉取锻。"这里可以理解为磨平、校正,现在许多《论语》注本都把"厉"解释为严厉,显然是误读。这句话的意思是,等到孔子开口说话时,就会被他的言论深深吸引,从中明白许多道理,纠正许多错误认识,确实令人深受教益。这是听到孔子言论后形成的第三印象。

从远望到近观,再到听其言论,孔子师者的形象逐渐高大、丰满起来。为人师者必须自尊自重,想要赢得弟子由衷敬佩,学识素养固然重要,言行举止也要一丝不苟,无可挑剔。李零先生在解读本章时感慨道:"现在,这话已变味儿,常被用来吹捧各种大师和小师,特别是自己的老师,读之令人肉麻。"②这话还可以补充一句:学生吹捧老师,责任不在学生,而在老师。

---

① 《论语·阳货》。
② 李零:《丧家狗——我读〈论语〉》,太原:山西人民出版社,2007年,第323页。

80. 四恶(共1章)

《论语·阳货》:"子贡曰:'君子有恶乎?'子曰:'有恶:恶称人之恶者,恶居下流而讪上者,恶勇而无礼者,恶果敢而窒者。'曰:'赐也亦有恶乎?''恶徼以为知者,恶不孙以为勇者,恶讦以为直者。'"

君子修德求仁,就必须爱憎分明,有所好恶,所以当子贡向孔子提出"君子有恶"问题时,他毫不犹豫地回答道:"有恶。"接着他具体列举出四种可恶之人,分别是不知(智)、不忠、不礼、不义之人。

第一种可恶之人是"称人之恶者",即不知(智)之人。这里的"恶"与"善""美"等相对,是指别人身上存在的不善或不美。孔子说:"君子成人之美,不成人之恶。"①"称人之恶"和"成人之恶"的意思相同,就是喜欢揭发别人短处,不能隐恶扬善。关于这一句话,李泽厚、李零等人均译为"说别人坏话",这种解读似乎没有把原义表达清楚,因为"说别人坏话"可能是话坏而人不坏,因此有恶意中伤之嫌;而"揭发别人短处"则必然是人短而话不短,这种情况属于说话的时机和场合不当,因此"称人之恶"是一种不明智的行为,这样做不仅损人不利己,而且会激起别人怨恨。弟子樊迟向孔子请教"修慝"(消除怨恨)问题时,孔子说:"攻其恶,

---

① 《论语·颜渊》。

无攻人之恶,非修慝与?"①意思就是,多作自我批评,少批评别人,这样就可以消除怨恨。他又说:"舜其大知也与!舜好问而好察迩言,隐恶而扬善。"②舜之所以成为"大知(智)",就是因为他能隐恶扬善,成人之美。"称人之恶者"不能隐恶而扬善,故而为不知(智)之人。说话虽不必口吐莲花,但至少要口中积德。朱熹在《论语集注》中解读这句话时说:"称人恶,则无仁厚之意。"钱穆在《论语新解》中也沿用了这种说法,把"称人之恶"归为不仁,这种解读显然不及将其归为不知(智)更加符合孔子本意,而且与下文也能形成呼应。

第二种可恶之人是"居下(流)而讪上者",即不忠之人。"流"为衍字,"讪"是诽谤、诋毁,《皇疏》:"讪,犹毁谤也。"《荀子·大略》:"为人臣下者,有谏而无讪。""谏"与"讪"的根本区别在于对上进言的动机不同,前者是善,后者是恶。孔子认为,君上臣下的地位差别是由礼制决定的,因此为人臣者必须遵从礼制,对上敬忠效力,这是从政者最基本的政治素质和道德修养。然而"居下而讪上者"不仅不思尽忠尽责,反而诋毁君上,这是不忠的表现。

第三种可恶之人是"勇而无礼者",即不礼之人。"礼"是规范人们言行的最高准则,"勇"虽然也是儒家倡导的君子之德,但是必须接受礼制的约束和规范,否则就会失去控制而走向反面,所以孔子说:"勇而无礼则乱。"③

第四种可恶之人是"果敢而窒者",即不义之人。"窒"是闭塞不通,这里引申为思想僵化,不通事理。"果敢而窒者"不能循义而行,做事率性而为,不顾义理,虽然言信行果,但是却未必适宜、得当。

子贡接着也列举出他所憎恶的三种人,在内容上与孔子所列举的"四恶"并没有太大区别,只是换了一种表述方式。

---

①《论语·颜渊》。
②《礼记·中庸》。
③《论语·泰伯》。

第一种可恶之人是"徼以为知者"。"徼"在何晏《论语集解》等古本中作"撽",孔安国注曰:"撽,抄也。抄人之意以为己有之。"可见这种人剽窃他人成果,哗众取宠,却自以为聪明,这种自作聪明的做法其实是不知(智)的表现。这里的"徼以为知者"与孔子所说的"称人之恶者"相对应。

第二种可恶之人是"不孙以为勇者"。"孙"同逊,为谦卑、恭顺之义。孔子说:"奢则不孙,俭则固。与其不孙也,宁固。"①可见"不孙"是一种有恃无恐、傲慢无礼的行为和态度,与君子修德是背道而驰的。这种人态度傲慢,行为出格,有违礼制,却自以为勇敢,这是典型的无礼表现。这里的"不孙以为勇者"与孔子所说的"勇而无礼者"相对应。

第三种可恶之人是"讦以为直者"。"讦"是当众揭发别人的隐私或过错,《皇疏》引苞氏注曰:"讦,谓攻发人之阴私也。""直"是率真、直率。这种人总是不合时宜地揭发别人隐私或攻击别人短处,对别人造成严重伤害却自以为正直,这是典型的不义表现。这里的"讦以为直者"和孔子所说的"果敢而窒者"相对应。

无论孔子所列举的"四恶"或子贡所列举的"三恶",这些人的共同之处在于违背了儒家所倡导的基本道德观念,不同程度地危害了社会公共秩序和他人正当利益,因此令人憎恶。

---

① 《论语·述而》。

81. 六言六蔽(共1章)

《论语·阳货》:"子曰:'由也!女闻六言六蔽矣乎?'对曰:'未也。''居!吾语女。好仁不好学,其蔽也愚;好知不好学,其蔽也荡;好信不好学,其蔽也贼;好直不好学,其蔽也绞;好勇不好学,其蔽也乱;好刚不好学,其蔽也狂。'"

"六言六蔽"是孔子关于修身立德的重要言论,历代《论语》注家都很重视。朱熹在《论语集注》中说:"六言皆美德,然徒好之而不学以明其理,则各有所蔽。"清代学者陈颙也说:"仁、知、信、直、勇、刚六者,莫非彝德,惟不好学,诸病随生,好处反成不好,甚矣人不可以不学也!"①显然,他们所强调的都是"学"在道德修养中的重要作用。

"言"是一句言论或一种观念,"六言"是指仁、知、信、直、勇、刚六种美德。"蔽"是遮掩、蒙蔽之义,《广雅·释诂》:"蔽,障也,隐也。"荀子说:"凡人之患,蔽于一曲而暗于大理。"又说:"凡万物异,则莫不相为蔽,此心术之公患也。"②可见"蔽"是一种片面认识事物("蔽于一曲")的认知弊病,这种弊病的根源是主观主义("心术之公患")。"六蔽"与"六言"相对,是指愚、荡、贼、绞、乱、狂六种弊病。

---

① [清]陈颙:《二曲集》卷三十九,北京:中华书局,1996年,第503页。
② 《荀子·解蔽》。

孔子认为,人生总会遇到种种问题,产生种种困惑,"学"则是克服困难、解除困惑的最有效方法。他曾深有体会地说:"吾尝终日不食,终夜不寝,以思,无益,不如学也。"①同样,在道德修养过程中,由于学识浅薄,认识片面,不能深刻领会道德意义,也容易发生各种认知错误和行为偏差,常见的认知错误主要有以下六种("六蔽"):

一是"好仁不好学,其蔽也愚"。求仁遇到问题而不学习,就会被别人当作傻子来愚弄,就像现在有一种人,你对他好,他就说你傻,你对他不好,他就说你恶。仁者怀有博爱之心,但是如果不分善恶的滥爱,就容易被别人当作傻子利用。

二是"好知不好学,其蔽也荡"。求智(提高认知能力)遇到问题而不学习,就会失去理智而迷失方向。"荡"是进退失据,无所适从。孔子说:"古之狂也肆,今之狂也荡。"②可见"荡"是一种近似于"狂"的状态。

三是"好信不好学,其蔽也贼"。求信遇到问题而不学习,就会不顾义理,行为轻率,容易被人利用而对自己造成伤害,"贼"祸害、危害的意思。孔子说:"言必信,行必果,硁硁然小人哉!"③他把这种一味讲求小信小义的行为视作近似于"贼"的小人行径,荀子也说:"有勇非以持是,则谓之贼。"④

四是"好直不好学,其蔽也绞"。求直遇到问题而不学习,就会出言不逊,伤害别人。"直"是一种符合道义的天然本性,孔子说:"质直而好义。"⑤但是为人处世如果过于坦诚、直率,"直"就会变成"绞"。"绞"是说话直接、卞急,进而引申为说话尖刻刺人,容易对别人造成伤害。

五是"好勇不好学,其蔽也乱"。求勇遇到问题而不学习,行为就会

---

① 《论语·卫灵公》。
② 《论语·阳货》。
③ 《论语·子路》。
④ 《荀子·解蔽》。
⑤ 《论语·颜渊》。

不受礼制节制而逞强斗狠,为非作乱,所以孔子说:"勇而无礼则乱。"①

六是"好刚不好学,其蔽也狂"。求刚遇到问题而不学习,就会行为张狂,目中无人。"刚"是接近于"仁"的一种品质,孔子说:"刚、毅、木、讷近仁。"②但是如果私欲膨胀,"刚"就会变成张狂、狂妄。

从上述分析中可以看出,"六蔽"对于"六言"的危害极大,如果不保持警醒,认真对待,就会造成思想混乱和行为失当,谦谦君子也有可能变成卑劣小人,所以孔子一改以往那种有一句没一句的说话风格,他要求子路坐下来仔细聆听他的教诲。其实,孔子这番言论主要是针对子路不重视学习的毛病而言的,他再三强调的无非是学习、学习、再学习,因为修身求道是一个艰难而又漫长的过程,只有坚持学习,才能及时发现问题,纠正错误,使自己的学识能力和道德修养不断提高。

---

① 《论语·泰伯》。
② 《论语·子路》。

82. 九思(共1章)

《论语·季氏》:"孔子曰:'君子有九思:视思明,听思聪,色思温,貌思恭,言思忠,事思敬,疑思问,忿思难,见得思义。'"

本章阐述的是君子修身之道,"思"是反思、内省,即对照相关修身要求来检视自己。孟子说:"心之官则思,思则得之,不思则不得也。"①"九思"就是有关行为举止和心理活动的九种自我反思的内容和要求。这种表述方式类似于心法口诀,读来朗朗上口,内容简单明确,便于记忆和遵行。

"九思"是孔子在修身和施教过程中总结提炼而成的,不过在内容上应有所借鉴。《尚书·洪范》:

> 五事:一曰貌,二曰言,三曰视,四曰听,五曰思。貌曰恭,言曰从,视曰明,听曰聪,思曰睿。

显然,"九思"和"五事"是一脉相承的,关于两者的关系,刘起釪先生曾做过比较分析:《洪范》是一部关于"统治大法"的重要历史文献,主体内容("洪范九畴")在商朝末年就已基本形成,成文在西周末东周初广泛

---

① 《孟子·告子章句上》。

流传,到了春秋末年,孔子又在"五事"的基础上提出了"九思",并以此作为儒家修身的基本内容和规范,两相对照,内容重复者过半(貌、言、视、听、思)。刘先生进一步分析指出:"儒家在这方面的提法,和《洪范》也是不同的。不过由此可知,原是天子讲求的东西,到春秋时代一般士大夫也在讲求,那么《洪范》中原属天子教养的'五事',自然要比士大夫的'九思'为早。"①

在"九思"中,"视""听""色""貌""言""事"是关于行为处事的六个方面,与此相对应的规范要求是"明""聪""温""恭""忠""敬"。《国语·周语下》中说:"夫耳目,心之枢机也,故必听和而视正。听和则聪,视正则明。聪则言听,明则德昭。听言昭德,则能思虑纯固。"可见,耳听聪、目视明是人们进行思维的先决条件。《颜渊篇》中也有类似表述:"非礼勿视,非礼勿听,非礼勿言,非礼勿动。"显然,孔子已将"视听言动"上升到"克己复礼"的层面,执礼事君就必须做到貌恭、言忠、事敬,即所谓"君子敬而无失,与人恭而有礼"②。由于与执礼有关,因此孔子在"视听言动"之外又增加了"色"和"貌"两项要求:"色"是面容,即面部表情,"温"是温和、从容,子夏说:"君子有三变:望之俨然,即之也温,听其言也厉。"③可见"温"是一种自然流露出来的和悦表情。"色思温"就是面容温和、从容。"貌"是容貌、礼貌,即肢体语言,《乡党篇》中说:"见冕者与瞽者,虽亵,必以貌。"这里的"貌"就是表示尊敬。"恭"是敬,即严肃、庄重,子贡说孔子"温良恭俭让"④,他的言行举止、音容笑貌都符合礼制规范,所以无论走到哪里都会受人尊敬。"貌思恭"就是容貌严肃、庄重。

"疑""忿""见得"是三种常见的心理活动或主观情绪,与此相对应的规范要求是"问""难""义"。"问"是向人求问,这是释疑解惑最直接、有

---

① 刘起釪:《尚书研究要论》,济南:齐鲁书社,2007年,第396—424页。
②《论语·颜渊》。
③《论语·子张》。
④《论语·学而》。

效的方法,但是在现实生活中,许多人由于身份、地位、年龄、经历等原因,遇有疑惑不愿主动向人求问,以至于疑虑越积越深,甚至误入歧途,所以孔子把"疑思问"作为君子修德的一个重要内容;"忿"是愤怒、怨恨,"难"是灾祸、灾难,当人因愤怒而情绪失控时,就应该想到泄愤带来的严重后果,这样才能保持理智,及时制怒止暴,"忿思难"体现了有德君子的道德修养和处世智慧;"得"是获取利益,"义"是行为节制,面对各种利益诱惑,首先应该考虑的是获利是否合适、得当,看清楚,想明白,加强道德自律,做到"义然后取"①,这就是"见得思义"。这些内容都是孔子结合自己的人生经历总结出来的处世道理。

值得注意的是,孔子把"五事"中"思曰睿"抽离出来,作为统领所有行为举止和心理活动的一种普遍要求,这就突出了"思"在求学和修身过程中的重要作用。

---

① 《论语·宪问》。

83. 圣（圣人）(共5章)

在古人观念中，天与地相对，天神乎其神，故曰"天神"；地无所不能，故曰"地圣"。在甲骨文中，"圣"写作"共"+"土"，表示受人敬奉的土地神。《说文解字》："圣，汝、颍之间，谓致力于地曰圣。"可见"圣"最初具有神的属性。后来人们把那些能够经天纬地、造福万民的上古帝王也称为圣或圣人："天地变化，圣人效之"，"圣人以通天下之志，以定天下之业，以继天下之疑。"①夏部落伯益等人在赞美帝尧时说："帝德广运，乃圣乃德，乃武乃文；皇天眷命，奄有四海，为天下君。"②成汤克夏之后，他在召诰天下时则说："敢用玄牡，敢昭告于上天神后，请罪有夏，聿求元圣，与之戮力，以与尔有众请命。"③这里的"元圣"就是指殷商老臣伊尹。商王武丁在位期间，贤相傅说也告诫他说："惟木从绳则正，后（王）从谏则圣。"④武丁听从了傅说的建议，遵循奉行天道、借鉴旧法、任贤为官的为君之道，终于实现殷道中兴。吴公子季札在观《韶》《濩》舞乐时也感叹道："圣人之弘也，而犹有惭德，圣人之难也。"⑤《韶》是尧舜时期的宫廷舞乐，《濩》则是商汤时期的宫廷舞乐，季札从上古舞乐中感受到历代帝王的圣德。类似言论在先秦典籍中有很多，由此可见，此时"圣"已经具有

---

① 《周易·系辞上》。
② 《尚书·大禹谟》。
③ 《尚书·汤诰》。
④ 《尚书·说命上》。
⑤ 《左传·襄公二十九年》。

人的属性。

春秋时期,"圣"的神的属性慢慢褪去,人的属性渐渐显现,因此圣或圣人常常是指那些天赋异禀、才能出众的人:

> 圣人之道,为而不争。①
> 维此圣人,瞻言百里。②
> 圣人与众同欲,是以济事。③
> 圣达节,次守节,下失节。④
> 唯圣人能外内无患,自非圣人,外宁必有内忧。⑤
> 故圣人之施舍也议之,其喜怒取与亦议之。⑥

从以上描述中可以看出,圣人所具有的"为而不争""瞻言百里""济事""达节""内外无患"等禀赋和才能大多是政治属性或德道属性。当然,并不是什么人都可以成为圣人的,超凡入圣必须具备许多特殊条件,《礼记·中庸》中对圣人做出具体描述:

> 唯天下至圣,为能聪明睿知足以有临也,宽裕温柔足以有容也,发强刚毅足以有执也,齐庄中正足以有敬也,文理密察足以有别也。溥博渊泉而时出之,溥博如天,渊泉如渊。见而民莫不敬,言而民莫不信,行而民莫不说(悦)。是以声名洋溢乎中国,施及蛮貊,舟车所至,人力所通,天之所覆,地之所载,日月所照,霜露所队(坠),凡有血气者莫不尊亲,故曰配天。

---

① 《老子》第八十一章。
② 《诗经·大雅·桑柔》。
③ 《左传·成公六年》。
④ 《左传·成公十五年》。
⑤ 《左传·成公十六年》。
⑥ 《国语·周语中》。

汉儒对圣人也做出具体描述,《论衡·实知篇》:

> 儒者论圣人,以为前知千岁,后知万世,有独见之明,独听之聪,事来则名,不学自知,不问自晓。故称圣则神矣,若蓍龟之知吉凶,蓍草称神,龟称灵矣。

根据以上描述,称圣或者成为圣人,首先必须具有通天地、知鬼神的先知先觉才能,他们都是聪明绝顶、才德出众之人,为天下人之楷模,所以庄子说:"以天为宗,以德为本,以道为门,兆于变化,谓之圣人。"①孟子也说:"规矩,方圆之至也;圣人,人伦之至也。"②其次,圣或圣人必须是统御天下的帝王或重臣,他们不仅在大位,而且有大德,能够博施济众,造福万民,生前受到万民敬仰和崇拜。再次,圣或圣人都是作古之人,他们恩泽久远,累世不衰,经得起历史检验。由此可见,圣或圣人在当时只是一个用来说教的特殊政治符号,并不具有多少现实意义。

在《论语》中,关于圣或圣人的言论主要有两个方面内容:一是孔子答问圣或圣人;二是孔门造圣运动。

> 《论语·雍也》:"子贡曰:'如有博施于民而能济众,何如?可谓仁乎?'子曰:'何事于仁!必也圣乎!尧舜其犹病诸!夫仁者,己欲立而立人,己欲达而达人。能近取譬,可谓仁之方也已。'"③

"圣"是人生的最高境界,一日成圣,万世传名。自古及今,能够达到圣人境界的寥寥无几,所以孔子关于圣或圣人的言论很少,平时也从不

---

① 《庄子·天下篇》。
② 《孟子·离娄章句上》。
③ 本章有关"仁"的内容将在《仁(仁者)》中进行评析。

主动谈论这个话题,因为他对圣人心怀敬畏,出言谨慎,在"君子有三畏"中就有"畏圣人之言"①。

本章子贡以"博施于民而能济众"向孔子求证"仁",孔子却答之曰"必也圣乎",并且认为这是一种连唐尧虞舜等贤明帝王都难以达到的境界。"博",广泛;"施",给与;"济",救助;"病"是心有余而力不足的意思。《皇疏》:"圣人犹病患其事之难行也。"《集注》:"病,心有所不足也。言此何止于仁,必也圣人能之乎!"《宪问篇》中也有相同表述:

> 子路问君子。子曰:"修己以敬。"曰:"如斯而已乎?"曰:"修己以安人。"曰:"如斯而已乎?"曰:"修己以安百姓。修己以安百姓,尧舜其犹病诸?"

在孔子看来,"仁"(仁者)与"圣"(圣人)在人生境界上是有很大差距的:"仁"是以"修己以敬"和"修己以安人"为目的,强调的是加强个人道德修养,自觉遵从礼制规范,进而推己及人,不断扩大影响,"修己"的最高境界是"己欲立而立人,己欲达而达人",所以"己"是"仁"的出发点,而"人"则是"仁"的终结点;"圣"则是以"修己以安百姓"为目的,《左传·桓公六年》:"夫民,神之主也。是以圣王先成民而后致力于神。"可见,圣人修身立德不仅是个人的小事,也是关乎天下苍生的大事,其最高境界是"博施于民"和"济众",所以"民"与"众"才是"圣"的出发点和终结点。

《论语·述而》:"子曰:'圣人,吾不得而见之矣;得见君子者,斯可矣。'子曰:'善人,吾不得而见之矣;得见有恒者,斯可矣。亡而为有,虚而为盈,约而为泰,难乎有恒矣。'"

本章有两处"子曰",分别论述圣人和善人,内容相关,句式相同,按

---

① 《论语·季氏》。

照常理推测,可能是弟子在编纂《论语》时将孔子不同时期的言论归并一处,便于相互发明。本章有关"善人"的言论已在《善(善人)》中另作评析,这里重点评析"圣人"。

《尚书·君陈》中记载了周成王训诫君陈的一段话:"凡人未见圣,若不克见;既见圣,亦不克由圣。"意思就是,普通人因为不能持之以恒,所以只能初识圣道而不能终见圣道;同样,他们只能知晓圣道而又不能遵行圣道,所以就如同不见圣道一样。孔子本章言论大概就是受到上述言论启发而有所感悟。子夏也说:"有始有卒者,其惟圣人乎!"[1]可见,圣或圣人大多具有持之以恒的定力和耐力。

圣人和君子都是道德高尚之人,不过两者有高下之分:圣人有德有位,博施广济,恩泽天下,诸如尧、舜、禹等上古帝王,不过他们已经作古多年,故而孔子"不得而见之";君子则有德无位,他们洁身自好,特立独行,受人尊敬,诸如受到孔子称赞的蘧伯玉、宓子贱等人[2],这些有德君子在当时社会上也是凤毛麟角,难得一见,孔子有幸"得见",并与之相处,因此他心满意足地说:"斯可矣。"

孔子作不见圣人和难见君子之叹,主要有两个意思:一是表达了他对现实社会的不满情绪。在现实政治中根本见不到像尧、舜、禹那样关爱民生、博施广济的贤明君王,满眼望去,当今在位的当政者都是无德无能之辈,他们追求奢靡浮夸的生活,不断加重百姓的税赋负担,弄得民不聊生,怨声载道;同样,在现实生活中也很难见到像蘧伯玉、宓子贱那样坚持操守、勤以修德的正人君子,大多数人都是蝇营狗苟之辈,他们利欲熏心,僭越礼制,道德沦丧,故而孔子作此感叹。二是表达了他对上古圣贤和有德君子的崇敬之情。在"礼崩乐坏"的年代,孔子在精神上是孤独的,"有朋自远方来,不亦乐乎"表达的就是这种孤寂的心境。孔子对于

---

[1]《论语·子张》。
[2]《论语·卫灵公》:"子曰:'君子哉蘧伯玉!邦有道,则仕;邦无道,则可卷而怀之。'"又:《论语·公冶长》:"子谓子贱,'君子哉若人!'"

历代贤君明王无比崇拜,"祖述尧舜,宪章文武"①,他最崇拜的政治偶像是周公,然而却"不得而见之",甚至在梦中也不复见周公②,因此他感到失落和焦虑。在追求理想的过程中,孔子经常遇到一些困惑不解的问题,他苦思冥想,却一无所获,因此他希望身边能有圣人和君子在思想上给予启发,在精神给予鼓励,然而在现实生活中他不仅遇不到指引方向的精神导师,也遇不到志同道合的精神伴侣,因而感到苦闷和迷惘。

《论语·尧曰》:"尧曰:'咨,尔舜! 天之历数在尔躬,允执其中。四海穷困,天禄永终。'舜亦以命禹。(汤)曰:'予小子履敢用玄牡,敢昭告于皇皇后帝:有罪不敢赦。帝臣不蔽,简在帝心。朕躬有罪,无以万方;万方有罪,罪在朕躬。'周有大赉,善人是富。'虽有周亲,不如仁人。百姓有过,在予一人。'谨权量,审法度,修废官,四方之政行焉。兴灭国,继绝世,举逸民,天下之民归心焉。所重:民、食、丧、祭。宽则得众,信则民任焉,敏则有功,公则说。"

根据清人翟灏考证,《论语》记载孔子言行至《微子篇》已全部结束,后面的《子张篇》记载的是子张、子夏、子游、子贡等孔门弟子言行,而《尧曰篇》记载的则是尧舜汤武等上古圣王治国理政的政治格言,文字风格和记叙方式与全书完全不同,因此推论此篇为《论语》后序,这种编纂体例在先秦两汉时期多有仿效,如《孟子·尽心章句下》《庄子·天下篇》《史记·太史公自序》《淮南子·要略》和《越绝书·叙外传记》等等。还有一种大胆的推测:《论语》原本就是由各种言论汇编而成的,篇章之间并没有严密的逻辑联系,等到全书编纂完毕之后,编纂者突然发现还有

---

①《礼记·中庸》。
②《论语·述而》:"子曰:'甚矣吾衰也! 久矣吾不复梦见周公!'"

少量简书无处安放,但又不能弃之不用,只好另起炉灶,单独编纂成篇,殊不知此举竟给后人留下了一个大大的迷!当然,这只是一种试图把复杂问题简单化的逻辑推理,有些问题越想越复杂,反而离真相越来越远。

关于本章言论内容,已在《政(令)》中另作评析,这里重点讨论关于圣学道统的问题。《集注》引杨氏言曰:"《论语》之书,皆圣人微言,而其徒传守之,以明斯道者也。故于终篇,具载尧舜咨命之言,汤武誓师之意,与夫施诸政事者,以明圣学之所传者,一于是而已,所以著明二十篇之大旨也。"宋儒认为,历史上的圣人并不是孤立的,他们之间存在着一个世代相传的"道统"。所谓"道统",就是以中原地区华夏族为正统的史学观,最早提出这种观点的是孔子。本章中的尧、舜、禹、成汤、周武等对于历史发展做出巨大贡献的圣人就是由道统串联起来的。孔子在《周易·系辞下》中把圣人道统追溯到更为久远的氏族社会:

古者包牺氏之王天下也,仰则观象于天,俯则观法于地,观鸟兽之文与地之宜,近取诸身,远取诸物,于是始作八卦,以通神明之德,以类万物之情。……包牺氏没,神农氏作,斲木为耜,揉木为耒,耒耨之利,以教天下。……神农氏没,黄帝、尧、舜氏作,通其变,使民不倦,神而化之,使民宜之。

圣人道统从遥远的伏羲时代开始,经历神农、黄帝、尧、舜等帝王的世代相传,延绵千年,从未中断,形成了波澜壮阔的历史奇观。

《孟子》仿效《论语》,在末篇末章中也提出了一个脉络更加清晰的道统:

由尧舜至于汤,五百有余岁;若禹、皋陶,则见而知之;若汤,则闻而知之。由汤至于文王,五百有余岁,若伊尹、莱朱,则见而知之;若文王,则闻而知之。由文王至于孔子,五百有余岁,若太公望、散宜生,则见而知之;若孔子,则闻而知之。由孔子而来至于今,百有余岁,去圣人之世若此其未远也,近圣人之居若此其甚也,然而无有乎尔,则亦无有乎尔。①

孟子提出的道统又增加了两个内容:一是历代圣人出现是有规律的,一般间隔五百年左右;二是把孔子也列入道统,从此巩固了孔子的圣人地位,而孟子本人也以孔子忠实信徒的身份而获得"亚圣"头衔。

秦汉以后的学者基本继承了这种观点,东汉末年的徐干说:

非唯贤者学于圣人,圣人亦相因而学也。孔子因于文武,文武因于成汤,成汤因于夏后,夏后因于尧舜。②

徐干认为,历史上的圣人并非都是生而知之,从太昊、燧人、帝轩、仓颉开始,代代相因,皆有师承。

《论语·述而》:"子曰:'若圣与仁,则吾岂敢?抑为之不厌,诲人不倦,则可谓云而已矣。'公西华曰:'正唯弟子不能学也。'"

本章中的"圣"当作"智"解。在先秦典籍中,"圣"与"智"词义相近,《孟子·万章章句下》:"始条理者,智之事也;终条理者,圣之事也。智,譬则巧也;圣,譬则力也。"《大戴礼记·四代》:"圣,知之华也。""华"是精华、光华。可见"圣"是"智"的终极境界,一个人聪明到极致就具备了入圣条件。

---

① 《孟子·尽心章句下》。
② 《中论·治学篇》。

孔子博学多闻,下学上达,当时在诸侯各国影响很大,因此有人(《孟子》中记载为子贡)称赞孔子聪明智慧若圣(智),道德修养若仁,已经具有圣人风范。孔子则自谦"岂敢",他说自己能做到的只有两条:一是"为之不厌","之"指代儒学,即坚持求知和修身,终生不辍;二是"诲人不倦",即在提高个人道德修养的同时,发扬"已欲立而立人,已欲达而达人"①的为仁精神,努力感化和带动更多的人共同求仁。弟子公西华听后深有感悟。

《孟子·公孙丑章句上》亦有相同记载:

> 昔者子贡问于孔子曰:"夫子圣矣乎?"孔子曰:"圣则吾不能,我学不厌而教不倦也。"子贡曰:"学不厌,智也;教不倦,仁也。仁且智,夫子既圣矣。"

子贡认为,"智"("学不厌")与"仁"("教不倦")是成为圣人的两个必要条件,孔子已经做到了"仁且智",因此他理所当然成为圣人。孔子当时未对子贡"仁且智"的说法做出回应,从孟子后来"夫圣,孔子不居"的结论中可以了解到,孔子并没有接受子贡给他戴的高帽子。孔子为人谦逊,治学严谨,他在谈论自己时总是放低姿态,出言谨慎:在道德修养方面,他只谈为仁过程,不谈为仁结果,所以《论语》书中基本看不到他关于"得仁"的自我认知;在为学求知方面,他认为人有"生而知之""学而知之""困而学之"和"困而不学"之分②,只有"生而知之"的人才有可能成为圣人,而他自己则属于"学而知之":"我非生而知之者,好古,敏以求之者也。"③又说:"盖有不知而作之者,我无是也。多闻,择其善者而从之;多

---

① 《论语·雍也》。
② 《论语·季氏》。
③ 《论语·述而》。

见而识之;知之次也。"①

孔子到了晚年,孔门内部正在酝酿一场造圣运动,然而孔子本人对此一直比较排斥,矢口否认,本章言论就是例证之一。孔子拒绝称圣的主要原因是他在政治方面并不成功,他一生有志于传承文王道统,在遇到匡人围攻时曾放言道:"文王既没,文不在兹乎?天之将丧斯文也,后死者不得与于斯文也;天之未丧斯文也,匡人其如予何?"②然而在现实政治中,他仕途受阻,四处碰壁,终无所试,最终只是一个失败者,所以他拒绝称圣。

《论语·子罕》:"太宰问于子贡曰:'夫子圣者与?何其多能也?'子贡曰:'固天纵之将圣,又多能也。'子闻之,曰:'太宰知我乎!吾少也贱,故多能鄙事。君子多乎哉?不多也。'"

曲阜孔墓前巨大石碑上镌刻着八个古朴苍劲的篆书大字:"大成至圣文宣王墓","至圣"是至高无上的意思,所以民间无论读书人或劳力者,都称孔子为"孔圣人"。孔子是中国历史上第一个布衣称圣称王的人,这一切都源自本章言论。

本章中的太宰有吴、宋、鲁、陈四说,至今仍无定论。由于子贡后期以货殖为业,经常游走于诸侯各国之间,见过不少头面人物,所以无法确定与他对话的是哪国太宰。但是对话时间大致可以确定,当在孔子晚年,而子贡正值壮年,《论衡·知实》:"当子贡答太宰时,殆三十、四十之时也。"子贡比孔子小三十一岁,因此孔子当时已经六、七十岁了。

鲁哀公十一年(公元前484年),孔子结束周游生活,应召返回鲁国,

---

① 《论语·述而》。
② 《论语·子罕》。

被鲁哀公、季康子等人奉为"国老"。此时他虽然在政治上没有受到重用,但是道德学问名满天下,众多弟子纷纷出仕为官,大有布衣而王的势头,因此关于"夫子圣者"的言论慢慢开始流传。其实早在孔子年轻时,鲁国贵族孟僖子就曾对人说:"吾闻将有达者曰孔丘,圣人之后也,而灭于宋。其祖弗父何,以有宋而授厉公。及正考父佐戴、武、宣,三命兹益共。"①可见孔子血统正宗,这是成为圣人的一个重要条件。与此同时,孔门内部也在酝酿一场造圣运动,子贡是这场运动最有力的发起者和推动者。在《论语》中,有许多关于弟子对孔子表达崇拜之情的言论,但是大多都是"请事斯语"之类的表态,子贡则与众不同,他对孔子感情最深,用心最专,他的许多言论都有把孔子神圣化的倾向:

> 子禽问于子贡曰:"夫子至于是邦也,必闻其政,求之与?抑与之与?"子贡曰:"夫子温、良、恭、俭、让以得之。夫子之求之也,其诸异乎人之求之与?"②
>
> 子贡曰:"夫子之文章,可得而闻也;夫子之言性与天道,不可得而闻也。"③
>
> 齐景公问子贡曰:"夫子贤乎?"子贡对曰:"夫子乃圣,岂徒贤哉!"景公不知孔子圣,子贡正其名。④

本章太宰问子贡,简单地把"圣"理解为"多能",子贡则认为太宰对"圣"的理解过于肤浅,于是就把"天"抬了出来,意思就是,上天想要让孔子成为圣人,自然会赋予他许多超乎寻常的本领和才能。仪封人也曾对孔门弟子说过类似的话:"二三子何患于丧乎?天下之无道也久矣,天将

---

① 《左传·昭公七年》。
② 《论语·学而》。
③ 《论语·公冶长》。
④ 《论衡·知实篇》。

以夫子为木铎。"①可见当时确实有不少人把孔子当作圣人崇拜。后来子贡把太宰的话转告孔子,孔子就顺着太宰的"多能"说法,解释自己年轻时曾从事过委吏、乘田之类的"鄙事",在实践中学会了许多技能,所以"多能",对于"圣者"话题则不置可否,而是以"君子多乎哉,不多也"作为回应,表明孔子心里并没有当圣人的念头,他只想当一个"为之不厌,诲人不倦"②的谦谦君子。

值得注意的是,子贡在答话中说孔子"将圣","将"是将来时,说明孔子在生前并未称圣。东汉王充对此做出具体分析:

> 太宰问于子贡曰:"夫子圣者欤?何其多能也!"子贡曰:"故天纵之将圣,又多能也。"将者,且也,不言已圣言且圣者,以为孔子圣未就也。夫圣若为贤矣,治行厉操,操行未立,则谓且贤。今言且圣,圣可为之故也。孔子曰:"吾十有五而志于学,三十而立,四十而不惑,五十而知天命,六十而耳顺。"从知天命至耳顺,学就知明,成圣之验也。未五十、六十之时,未能知天命至耳顺也,则谓之"且"矣。③

由此可见,一个人想要成为圣人,不仅需要天赋异禀,还需要经历长期的德行修炼。孔子尽管一生坚持讲学修德,求仁从善,人生修养已经达到"知天命"至"耳顺"的境界,但是生前并未称圣。

孔子死后,孔门一度遭遇危机,卫公孙朝、叔孙武叔、陈子禽等人都曾公开质疑或诋毁孔子。关键时刻,子贡挺身而出,他充分发挥自己的语言天赋,不仅公开为孔子辩护,维护孔子神圣地位,而且还积极推动造圣运动,《论语·子张篇》篇末四章集中记载了子贡对当时有人试图诋毁

---

① 《论语·八佾》。
② 《论语·述而》。
③ 《论衡·知实》。

孔子的反驳言论：

> 卫公孙朝问于子贡曰："仲尼焉学？"子贡曰："文武之道，未坠于地，在人。贤者识其大者，不贤者识其小者。莫有文武之道焉。夫子焉不学？而亦何常师之有？"
>
> 叔孙武叔语大夫于朝曰："子贡贤于仲尼。"子服景伯以告子贡。子贡曰："譬之宫墙，赐之墙也及肩，窥见室家之好。夫子之墙数仞，不得其门而入，不见宗庙之美，百官之富。得其门者或寡矣。夫子之云，不亦宜乎！"
>
> 叔孙武叔毁仲尼。子贡曰："无以为也！仲尼不可毁也。他人之贤者，丘陵也，犹可逾也；仲尼，日月也，无得而逾焉。人虽欲自绝，其何伤于日月乎？多见其不知量也。"
>
> 陈子禽谓子贡曰："子为恭也，仲尼岂贤于子乎？"子贡曰："君子一言以为知，一言以为不知，言不可不慎也。夫子之不可及也，犹天之不可阶而升也。夫子之得邦家者，所谓立之斯立，道之斯行，绥之斯来，动之斯和。其生也荣，其死也哀，如之何其可及也？"

卫公孙朝等人在诋毁孔子时都不尊称孔子为"夫子"，而是称其为仲尼，可见他们充满敌意。子贡则口若悬河，慷慨激言，从容应对，他盛赞孔子是"文武之道"的传承者，把孔子比作不可窥视的高墙深院和只能仰视的日月苍天，任何企图诋毁孔子的人都是自不量力的，最终结果只能说明他们渺小与无知！

子贡是一个重情义的人，对孔门的归属感也很强。孔子去世时，因为他当时不在身边，众弟子结庐守孝三年结束后，他又独自一人留下来继续守心孝三年，可见他对孔子的感情非同一般。当孔门受到攻击时，他立即予以反击，但是想要彻底解决问题，就必须高举孔子这面大旗，把孔子打造成为圣人，于是他串联宰我、有若等人共同策划和发起了一场造圣运动。《孟子·公孙丑章句上》：

> 宰我、子贡、有若，智足以知圣人，汙不至阿其所好。宰我曰："以予观于夫子，贤于尧、舜远矣。"子贡曰："见其礼而知其政，闻其乐而知其德，由百世之后，等百世之王，莫之能违也。自生民以来，未有夫子也。"有若曰："岂惟民哉？麒麟之于走兽，凤凰之于飞鸟，太山之于丘垤，河海之于行潦，类也。圣人之于民，亦类也。出于其类，拔乎其萃，自生民以来，未有盛于孔子也。"

孔子去世后，宰我、子贡、有若三人不仅在孔门中具有绝对的号召力，在诸侯各国也具有很大的影响力。宰我、子贡在孔门四科中均列"言语"优等，说话极具煽动性，而有若不仅长相酷似孔子，而且研习儒学也独有心得，众弟子曾一度打算推举他为孔门领袖，"欲以所事孔子事之"①。他们三人联手造势，分别把孔子比作尧舜、百世之王和麒麟、凤凰、泰山、河海等等，把孔子的思想境界和历史功绩夸大到无以复加的地步，孔子称圣之事当然不容置疑！至此，孔门造圣运动终于完成。到了孟子时代，孟子利用其特殊身份和影响力，把孔子列为"四圣"之集大成者，又进一步巩固了孔子的圣人地位：

> 伯夷，圣之清者也；伊尹，圣之任者也；柳下惠，圣之和者也；孔子，圣之时者也。孔子之谓集大成。集大成也者，金声而玉振之也。②

司马迁编修《史记》时，专作《孔子世家》，通过这种史书编修体例把

---

① 《孟子·滕文公章句上》。
② 《孟子·万章章句上》。

孔子的地位提升到与各国诸侯并列的高度：

> 天下君王至于贤人众矣，当时则荣，没则已焉。孔子布衣，传十余世，学者宗之。自天子王侯，中国言《六艺》者折中于夫子，可谓至圣矣。

《史记》是官方确认的正史，因此孔子的"至圣"地位至此正式确立。

纵观孔门这场造圣运动，子贡等人最终能够成功造圣，既有必然因素，也有偶然因素：孔子所创建的儒家思想代表了当时社会的一种主流价值观念，传播很广，影响很大，并且为许多当政者所认同和接受，因此孔子称圣是具有广泛政治基础的，这是必然因素；发起造圣运动的几位孔门弟子才华出众，学识渊博，在当时已经形成一股颇有影响的政治势力，尤其是子贡，他不仅先后在鲁、卫等国担任要职，而且还四处游走货殖，大发横财，家累万金。根据《史记·货殖列传》中记载："子贡结驷连骑，束帛之币以聘享诸侯，所至，国君无不分庭与之抗礼。夫使孔子名布扬于天下者，子贡先后之也。"由于几位弟子精心谋划，大造舆论，全力推动，逐渐在社会上形成了一种尊孔氛围，孔子称圣之事也就水到渠成了，这是偶然因素。总体而言，孔子称圣，对于传播儒家思想文化是具有积极意义的。到了汉代，汉武帝"独尊儒术"，把儒家思想作为统治工具，因而使得孔子的圣人光环褪色不少。

84. 善（善人）(共4章)

殷周二代政权更迭以后，周人对于殷商时期的社会政治制度和宗教文化观念等进行了系统改造，尽管有所损益，但是发展脉络并没有中断，所以孔子说："周因于殷礼，所损益，可知也。"[1]周人在进行"损益"的过程中，比较具有代表性的是对"善"的观念做出取舍。殷商时期，"善"的观念与"德"的观念是一个有机整体，上天也是根据人间善与不善和德与不德来实施赏罚、降临祸福的：

  天道福善祸淫，降灾于夏，以彰厥罪。[2]
  惟上帝不常，作善，降之百祥；作不善，降之百殃。尔惟德罔小，万邦惟庆；尔惟不德罔大，坠厥宗。[3]
  我闻吉人为善，惟日不足。凶人为不善，亦惟日不足。[4]
  德无常师，主善为师；善无常主，协于克一。[5]

在殷人的思想观念中，"善"与"德"都是指人的美好品质和良好行为，因此两者经常连用，形成互补关系。但是周人在重构意识形态体系

---

[1]《论语·为政》。
[2]《尚书·汤诰》。
[3]《尚书·伊训》。
[4]《尚书·泰誓中》。
[5]《尚书·咸有一德》。

时，对于两者则有所"损益"：强化了"德"的道德属性，将其理论化、系统化，并逐渐上升到治国理政的政治层面；弱化了"善"的实用价值，将其功能限定在日常生活行为和普通人际交往的范围内，所以在周人的典章文献和帝王诰书中很少论及"善"。

《左传》《国语》《礼记》等书中把"善"定位为一般意义的正确行为与态度，而且意涵也比较宽泛、模糊：

> 善不可失，恶不可长。①
> 元，善之长也。②
> 行善而备败，其所以阜财用、衣食者也。③
> 举善援能，官方定物，正名育类。④
> 《楚书》曰："楚国无以为宝，惟善以为宝。"⑤

在上述记载中，"善"的意涵和功效均不太明确、固定，似乎也没有道德意义。

孔子在构建儒家思想体系的过程中，也并未将"善"的观念纳入其中，因此"善"在《论语》中只是一个概念或一种状态，主要是好或美好的意思，与"恶"或"不善"相对，比如好的意愿谓之善意，好的政治谓之善政，好的商人谓之善贾，好的言行则谓之善言和善行等等。孔子对于"善"基本没有做出具体阐述，相关言论要远远少于"仁""忠""孝"等观念，而且内容也比较笼统、宽泛，因此无须逐章评析。"善人"则是另外一个具有特殊意义的概念，主要是指封国诸侯中的善政者，并且具有一定的示范效应，所以孔子在对季康子进行说教时说："子欲善而民

---

① 《左传·隐公六年》。
② 《左传·昭公十二年》。
③ 《国语·周语上》。
④ 《国语·晋语》。
⑤ 《礼记·大学》。

善矣。"①"善人"虽然德行修为不够,不能实行德政,但是他们的善行善举也能施惠于民,因此值得肯定。

《论语·为政》:"季康子问:'使民敬、忠以劝,如之何?'子曰:'临之以庄,则敬;孝慈,则忠,举善而教不能,则劝。'"②

鲁国执政国卿季康子好勇争胜,为政刚猛,民多有怨,他向孔子请教如何能让老百姓做到敬、忠、劝问题,说明他对自己"杀无道以就有道"③的为政措施也有所反思,毕竟刑杀等强制手段不能根本解决问题。孔子对此一一作答,关于"劝",他的建议是"举善而教不能",因为"劝"有激励、劝勉的意思,"举善"就是树立正面榜样,激发自觉精神。在《颜渊篇》中,孔子对季康子也说过同样的话:"子欲善而民善矣。"这里的"善"既可以理解为一种积极的、正确的、有益的行为,也可以理解为"善"的行为人,即"善者",与之相对的是"不善(者)"。孔子关于"善(者)"或"不善(者)"的言论比较多,而且大多集中在《述而篇》:

德之不修,学之不讲,闻义不能徙,不善不能改,是吾忧也。
三人行,必有我师焉:择其善者而从之,其不善者而改之。
多闻,择其善者而从之。

孔门弟子也有一些关于"善"的言论:

---

① 《论语·颜渊》。
② 本章有关"教""忠"的内容将分别在《教》《忠(敬)》中进行评析。
③ 《论语·颜渊》。

颜渊曰:"愿无伐善,无施劳。"①

曾子曰:"鸟之将死,其鸣也哀;人之将死,其言也善。"②

子贡曰:"有美玉于斯,韫椟而藏诸?求善贾而沽诸?"③

子路曰:"昔者由也闻诸夫子曰:'亲于其身为不善者,君子不入也。'"④

在上述言论中,"善"基本是一个表示"好"的修饰词,内涵笼统、简单。与"仁""孝"等道德观念相比,孔门师生对于"善"显然没有给予充分重视和认真研究。在《论语》中,孔子几乎没有主动论及有关"善"的问题,孔门弟子也几乎没有主动向孔子请教有关"善"的问题,所有涉及"善"的言论大多是泛泛而谈,大而化之。可以看出,他们仅仅把"善(者)"作为一种一般意义的价值判断,没有将其作为一种具有很强功利目的和强制约束力的道德规范或政治标准,因此"善"的观念在现实生活中并没有多少实践价值和实际意义。

《论语·季氏》:"孔子曰:'见善如不及,见不善如探汤。吾见其人矣,吾闻其语矣。隐居以求其志,行义以达其道。吾见其语矣,未见其人也。'"

本章孔子提到两种人:一是求善避恶者,这种人一心向善,闻风而动,见到不善唯恐避之不及,就像手伸进滚烫的开水里一样立即本能地做出避让反应,"汤"是开水。孔子用"不及"和"探汤"来说明他们向善避

---

① 《论语·公冶长》。
② 《论语·泰伯》。
③ 《论语·子罕》。
④ 《论语·阳货》。

恶的积极姿态和坚定决心,对比鲜明,形象生动。二是行义求道者,这种人具有坚定的政治理想("道")和明确的做人原则("义"),他们清高孤傲,特行独立,不愿意随波逐流,如果天下无道,宁愿选择隐居山林。孟子曾以商汤辅臣伊尹为例来对这种人做出具体描述:"伊尹耕于有莘之野,而乐尧舜之道焉。非其义也,非其道也,禄之以天下,弗顾也;系马千驷,弗视也。非其义也,非其道也,一介不以与人,一介不以取诸人。"①

相比较而言,求善避恶者所追求的"善"仍然是一个比较笼统的概念,代表个人行为中的一种正确价值取向,但是未必具有更为深刻的政治意义,因此这种人在现实生活中还是能"见其人"而"闻其语"的,孔门颜、曾、闵、冉诸弟子均可列为此类;而行义求道者所追求的则是社会公共道义,这些都是政治意涵非常明确的概念,因此这种人在现实政治中只能"闻其语"而"未见其人",只有历史上的伊尹、太公或伯夷、叔齐之流才有资格列为此类。

孔子对于上述两种人并没有做出明确评判,不过从他对伯夷、叔齐、虞仲、夷逸等"逸民"所做出的评价来看,他对于这两种人似乎都不太认可,所以说:"我则异乎是,无可无不可。"②

《论语·述而》:"子曰:'圣人,吾不得而见之矣;得见君子者,斯可矣。'子曰:'善人,吾不得而见之矣;得见有恒者,斯可矣。亡而为有,虚而为盈,约而为泰,难乎有恒矣。'"

本章可以分为三节:第一节论圣人和君子;第二节论善人和有恒者;第三节专论有恒之难。

---

① 《孟子·万章章句上》。
② 《论语·微子》。

第一、第二节共列举了四种人,他们在道德修养和人生境界上依次而降,下面分别进行评析:

第一种人是圣人。圣人的人生境界最高,他们出类拔萃,百年不遇,因此对于凡人而言,并没有多少现实意义,在孔子言论中也很少论及。相关内容已在《圣(圣人)》中另作评析。

第二种人是君子。君子要比圣人低一个层次,在先秦语境中,君子多与小人相对,他们在生活中是道德楷模,具有示范效应,因此孔子关于君子和君子之道的论述很多,并以此来勉励弟子和时人。

第三种人是善人。善人又要比君子低一个层次,在先秦语境中,善人是一个比较模糊、宽泛的概念,在生活中也很难界定,所以孔子平时较少论及,《论语》中"善人"一词共出现四次,"善人之道"也仅出现一次。《皇疏》:"善人之称,亦上通圣人,下通一分,而此所言,指贤人以下也。"《集注》引张子言曰:"善人者,志于仁而无恶。"可见,善人是那种比上不足比下有余的人,他们虽有善行,但是才情不足,德行不彰。《左传》中载有两个关于善人的历史事件,对于了解善人的具体含义有所帮助:一个事件是晋文公夺得君位之后,封赏有功之臣,然而跟随晋文公流浪十九年的介子推则不愿意接受封赏,他带着老母亲一起跑到山中隐居去了。晋文公求之不获,只好把绵上之田预留给他,并内疚地说:"以志吾过,且旌善人。"①与晋文公众多辅臣相比,介子推虽然为人严谨,行为端庄,但是才智和功绩并不突出,晋文公称其为"善人",大概也隐含了这层意思,所以《汉书·古今人表》中把他列为上等之下品(古今人物统分上、中、下三等,其中上等又分为上上、上中、上下三品)。另外一个事件是秦穆公死后,强令秦国大夫子车氏三个子弟殉葬,他们都是青年才俊,国家栋梁,国人哀之,咏唱《诗》之《黄鸟》以表达哀悼之情。后来左氏君子发论道:"秦穆之不为盟主也,宜哉。死而弃民。先王违世,犹诒之法,而况夺

---

① 《左传·僖公二十四年》。

之善人乎!《诗》曰:'人之云亡,邦国殄瘁。'无善人之谓。若之何夺之?"①可见善人不仅是国家栋梁,也是诸侯国君依靠的重要力量。

除本章外,《论语》中另有三处孔子论善人:

> 善人为邦百年,亦可以胜残去杀矣。②
> 善人教民七年,亦可以即戎矣。③
> 周有大赉,善人是富。"虽有周亲,不如仁人。"④

"胜残去杀"是克服残暴,摒弃虐杀,"教民即戎"则是理性克制,尊重生命。从这些言论中也可以体会到,"善人"虽然能够做出一些正确的决定,采取一些积极的措施,选择一些有益的善举,但是他们在道德修养方面仍有欠缺,种种善举也只能避免错误,离圣人德治则相去甚远。"周有大赉"等四句叙述的是周武王分封之事,这里的"善人"是指那些跟随周武王兴兵讨伐商纣王的部族宗亲,他们虽然在征伐战争中多少取得一些功绩,但是在道德修养方面却不尽如人意,所以周武王告诫他们说:"虽有周亲,不如仁人。"意思就是,你们这些人依靠氏族血缘关系受到了分封,有了自己的封地,生活越来越富有,但是如果你们不能努力提高个人道德修养,而像商纣王那样骄奢淫逸,挥霍无度,那么财富和地位就很难持续保有。这里的"仁人"与"善人"对比,区别在于"德"与"善"。

第四种人是有恒者。有恒者比善人又要低一个层次,这是一个比善人更加模糊、宽泛的概念,在现实生活中未必是对人进行评判的通行标准,所以孔子仅在本章中论及。《尚书·汤诰》:"若有恒性,克绥厥惟后。"所谓"恒性",就是顺其自然而有恒常之性。《孟子·梁惠王章句

---

① 《左传·文公六年》。
② 《论语·子路》。
③ 《论语·子路》。
④ 《论语·尧曰》。

上》:"无恒产而有恒心者,惟士为能。若民,则无恒产,因无恒心。苟无恒心,放辟邪侈,无不为已。"可见"有恒者"就是那种能够专心致志、坚持理想的有志之士。

在上述四种人中,圣人和君子为一组,他们都是道德高尚之人,孔子把他们当作修身立德的楷模;善人和有恒者为一组,他们都是行为端庄之人,孔子对他们则表示尊敬。孔子列举这四种人,主要是想表达"不得而见之"的失落和遗憾,其中也包含他对古今圣贤的向往和对现实社会的不满。

第三节是从反面来补充论证"有恒"之难的。"亡而为有,虚而为盈,约而为泰"三句均以"而"为转折,前后词义相反,"亡"同无,"约"是穷困,即"不仁者不可以久处约"①,"泰"是奢侈、奢华。这几句话的意思是,有人明明没有却装作有(《述而篇》中又记有孔子一句话:"盖有不知而作之者,我无是也。"这句话可以作为解读"亡而为有"的参考,据此理解,此句也可以译为"明明一无所知,却要自以为知,凭空捏造"),明明空虚却装作充实,明明穷困却装作奢华,这些不良习惯(做派)都是妨碍人们专心致志、持之以恒地求知修德的。仔细研读,这些内容似乎与有恒无恒并无关系,与全章内容也没有什么逻辑联系,因此有人认为这几句话可能是《论语》编纂者在整理孔子言论时把内容相似相近的言论归并为一章,至于各节言论之间的逻辑联系则没有太多考虑。

《论语·先进》:"子张问善人之道。子曰:'不践迹,亦不入于室。'"

君子重修德,善人重修行,所以子张向孔子请教"善人之道",孔子则从修学求知方面来作答。"践"是践踏、履行,这里引申为遵循;"迹"是脚

---

① 《论语·里仁》。

印、痕迹,这里引申为行为规范。"践迹"就是踏着前人的脚印,遵循前人的方法。"不入于室",是指为学求知或人生修养没有达到应有状态,孔子在评价子路学习进程时说:"由也升堂矣,未入于室也。"①孔子用登堂入室作比喻,目的是阐述为学必须循序渐进的道理。本章这两句话的意思是,如果不能学习和借鉴前人的经验和成果("不践迹"),求学或修德就很难达到应有的高度("不入于室")。

古今《论语》注家基本都是这样解读本章言论的,但是仔细推敲,便生疑惑,子张这里请教的是"善人之道",孔子的回答却文不对题,内容与"善人之道"并无关系。那么本章言论是否另有他解?《论语·雍也》:

> 子游为武城宰。子曰:"女得人焉耳乎?"曰:"有澹台灭明者,行不由径,非公事,未尝至于偃之室也。"

澹台灭明是子游在武城为官时发现的人才,他才情平庸,相貌丑陋,但是为人却作风正派,循规蹈矩,平时走路只走大路,不走捷径,他在子游手下任职,公正无私,坚持只在大厅上议事,从来不到子游内室中议私。孔子开始对他存有偏见,后来发现了他的优点,晚年曾后悔地对人说:"以貌取人,失之子羽(澹台灭明字子羽)。"②澹台灭明的种种行止与善人的某些行为特征颇为相似,而且"行不由径,非公事,未尝至于偃之室"在句式和内容上与"不践迹,亦不入于室"也基本相同,因此本章言论可以参照子游对澹台灭明的有关评价来解读,义即善人之道的基本要求是做人要循规蹈矩,公正无私,走路坚持走正道(正道坦荡,无迹可践),办事要坚持不徇私情(只在外堂公议,不入内室私议)。

---

① 《论语·先进》。
② 《史记·仲尼弟子列传》。

85. 成人(共1章)

《论语·宪问》:"子路问成人。子曰:'若臧武仲之知,公绰之不欲,卞庄子之勇,冉求之艺,文之以礼乐,亦可以为成人矣。'曰:'今之成人者何必然?见利思义,见危授命,久要不忘平生之言,亦可以为成人矣。'"

"成人"是集各种优秀品德和才能于一身的完美之人,这是一个理想主义的概念,在《论语》中仅此一见,在同期古代典籍中也难得一见,可见这个概念在当时并不流行,也不具有多少实际意义,因为人无完人,所以像成人这样的个体人物在古代历史和现实生活中并不是真实存在的。事实也是如此,古代典籍中有圣人、善人、仁者、贤者、智者、达者、勇者等等,就是没有有名有姓的成人。

子路向孔子请教何谓成人或何以成为成人,孔子觉得这个问题比较复杂,难以准确表述,因此分了两次回答,反映在文字上就是中间用了一个"曰"字把前后隔开。

孔子前一次论成人是理想中的成人,普通人是无法企及的,他集中了臧武仲、公绰(孟公绰)、卞庄子和冉有四个人的优点:"知(智)""不欲""勇""艺"。臧武仲是鲁国世袭贵族,成、襄时期任司寇,他为人足智多谋,能言善辩,故而后人评价道:"臧武仲以智存鲁,而天下莫能亡。"①公

---

① 《淮南子·泰族训》。

绰是鲁国"三桓"孟孙氏贵族大夫,又称孟公绰,他大约生活在鲁襄公时代,《史记·仲尼弟子列传》:"孔子之所严事:于鲁,孟公绰。"可见孔子对他非常敬重,把他当作学习楷模。公绰为人最大的特点是"不欲",即清心寡欲,清正廉洁,这是一种近似于"仁"的优秀品德,难能可贵。卞庄子是鲁国卞邑人,他是当时声名显赫的勇士,能徒手暴虎,荀子说:"齐人欲伐鲁,忌卞庄子,不敢过卞。"①以其勇力,足以威慑对手不敢过境,确实令人敬佩。冉有则是孔门早年弟子,在孔门四科十哲中列"政事"优等,他曾出任季氏宰长达十余年,才华出众,深受器重。孔子认为,具备上述四种优点还不够,关键还要"文之以礼乐"。这句话有两种理解:一是针对"冉有之艺"的补充;二是在上述四种优秀品德的基础上加以总说,有特别强调"礼乐"作用的意思。相比较而言,后一种解说更为合理。《左传·昭公二十五年》:"故人之能自曲直以赴礼者,谓之成人。"显然,"赴礼"(遵从礼乐规范)是评判成人的重要标准。"文"在《论语》中主要是指古代典籍知识,这里的"文"是名词用如动词,这句话的意思是,用礼乐等古代典籍来丰富其思想内涵、增添其表达文采。孔子经过如此复杂的组合,终于拼凑出一个大致的成人概念,不过他对此仍不满意,所以说"亦可以为成人矣","亦"含有勉强、将就的意思。

也许因为子路性情粗犷,学业滞进,登于堂而未入于室,所以孔子只好用具体人物来进行说明。面对道德修养和学识涵养都很优异的得意门生颜渊,孔子的回答则要深奥许多。《说苑·辨物》:

> 颜渊问于仲尼曰:"成人之行何若?"子曰:"成人之行,达乎情性之理,通乎物类之变,知幽明之故,睹游气之源。若此而可谓成人。既知天道,行躬以仁义,饬身以礼乐。夫仁义礼乐,成人之行也。穷

---

① 《荀子·大略》。

神知化,德之盛也。"①

　　这段文字故弄玄虚,用"情性之理""物类之辨""幽明之故""游气之源"等抽象概念以及"仁义礼乐"等道德观念来解释"成人之行",完全曲解了孔子原义,因此不足为信。不过可以看出,在时人观念中,成人确实是一个难以达到的做人标准,所以孔子说"今之成人者何必然"。

　　孔子第二次论成人是从当时人们道德水准普遍下降的实际情况出发的,他把成人标准概括为三个方面:一是"见利思义",这是强调坚持正义的品德,在义与利的取舍问题上一定要坚守"义"的道德底线和行为规范。二是"见危授命",这是强调勇敢刚毅的品德,"命"就是生死,"授命"就是赴死,面对大仁大义,生死完全可以置之度外,即所谓"志士仁人,无求生以害仁,有杀身以成仁。"②三是"久要不忘平生之言",这是强调诚实守信的品德,"要"是"约"的假借字,为穷困之义,即"不仁者不可以久处约"③,"久要"就是长期处于贫穷、困顿之中。"平生之言"是自己平时许下的诺言。这句话的意思是,想要成为成人,就必须信守诺言,不忘初心。在孔子看来,"今之成人者"至少要具备正义、勇敢、诚信三种品德。显然,这个标准比前面降低了许多,估计孔子是根据子路个人情况提出的,因为这样可以激励他朝着成人的目标加倍努力。由此可见,成人的标准并不是统一、固定的,而是可以根据各人具体情况而做出适当调整和改变的。

---

① 并见《孔子家语·颜渊》。
② 《论语·卫灵公》。
③ 《论语·里仁》。

86. 王（天子）(共2章)

周朝政治体制的核心是建立在宗法关系之上的等级制度，历代周王是普天之下最高等级的统治者，他们集天下所有权力于一身，即所谓"礼乐征伐自天子出"，所以只有他们才有资格称王。然而到了西周末年，周朝等级制度遭到严重破坏，周天子地位一落千丈，权力不断下移，即所谓"礼乐征伐自诸侯出"①。各国诸侯群起，争霸中原，吴、楚蛮夷之邦的诸侯国君更是藐视周室，公然自封为王。孔子作为周朝礼制的坚定捍卫者，当然不能容忍这种僭越礼制的行为，因此他作《春秋》时一律将他们贬称为"子"。

春秋末年，周王朝已经沦落到连诸侯小国都不如的地步，周王只能靠四处化缘来度日。然而由周文王、周武王、周公等先王创制的周朝礼乐制度在现实政治中仍然具有很大的影响力和号召力，这也是孔子积极主张复兴周朝礼制的真正原因。

《论语·子路》："子曰：'如有王者，必世而后仁。'"

在历史上，孔子曾受鲁君委派赴周庭问礼，至于具体时间，有昭公七年、二十年、二十四年以及定公九年等各种说法。无论何时，这是孔子最

---

① 《论语·季氏》。

接近周王的一次经历。然而在当时的等级制度下,孔子是不可能觐见周王的,所以《论语》中的"王"只是一个虚幻的概念,不是现实中的王,而是历史上的王或未来的王。

历史上的王主要是指尧舜禹等上古帝王和夏商周三代先王,其中以周文王、周武王、周公等周朝开国圣王为主,诸如《学而篇》中的"先王之道"、《子罕篇》中的"文王既没"以及《子张篇》中的"文武之道"等。孔子认为,西周初年"天下有道"的礼治盛世是人类的黄金时代,文武周公等人则是历史上最贤明仁德的圣王,因此他"祖述尧舜,宪章文武"①,对他们顶礼膜拜,心向神往。

未来的王是孔子理想中的王,也就是本章的"王者"。由于现实中的王已经名存实亡,所以孔子只能寄希望于未来。"世"在古代纪年中为三十年,至少是一代人,也就是说,要实现"天下有道"的政治理想至少要经历一代人乃至数代人的努力。孔子对于未来的王的所有期盼是"仁",他希望未来的王应该秉承先王圣德,遵从先王之道,积极推行仁德之政,爱人惠民,"博施于民而能济众"②,最终实现王天下。

从上述分析中不难看出,孔子所说的"王"或"王天下",其实是一种政治理想,同时也是对春秋时期礼崩乐坏、诸侯称霸局面的一种否定。战国时期,孟子继承了孔子有关"王"的论述,进一步提出了"以德服人"的王道思想。《孟子·公孙丑章句上》:

> 以力假仁者霸,霸必有大国;以德行仁者王,王不待大——汤以七十里,文王以百里。以力服人者,非心服也,力不赡也;以德服人者,中心悦而诚服也,如七十子之服孔子也。

---

① 《礼记·中庸》。
② 《论语·雍也》。

儒家推崇"王道",主张"以德服人"。他们认为,统治者只有实行仁政,让被统治者心悦诚服,这样才能实现长治久安。

荀子在《王制》中对"王者之政""王者之事""王者之人""王者之制""王者之论""王者之法"等问题也做出了全面系统的论述,在理论上大大丰富了儒家的王道思想。

《论语·述而》:"子曰:'甚矣吾衰也!久矣吾不复梦见周公!'"

今人说睡觉,有时还会说"梦见周公",这个典故就出自本章,不过意思与孔子言论相去甚远!

周公是周文王之子,周武王之弟,因其封地在周(今陕西宝鸡市岐山北),封爵为公,故称周公。周公是周朝缔造者之一,他的历史地位和伟大功绩受到周人世代景仰,孔子更是把他奉为终生崇拜的政治偶像。周公虽然是周朝王室的重要成员,但是从严格意义上来说,他在历史上并没有真正取得王位,成为周王,他只是在周武王去世后辅佐周成王施政七年,等到成王长大后,他又还政于成王。

在辅佐周成王的七年间,周公代摄王事,完成了维持周王朝统治的政治布局和制度设计,开创了"天下有道"的礼治盛世,所谓"先王之道""文武之道"云云,其中都有周公的印记和功劳,他真正是周朝政治思想的集大成者。

孔子之所以对周公顶礼膜拜,不仅是因为其政治正确,也是因为其思想深邃,周公提出的"敬德""保民""畏天""慎罚"等思想观点对孔子影响至深,被奉为圭臬。孔子创立儒家学派,创建儒家思想,主要继承了周公的礼治思想,因此周公被视为儒家思想的先导者和奠基人。孔子到了晚年,年老体弱,疾病缠身,复兴西周礼治的理想也已破灭,他只能在精神上与周公保持沟通,在梦境中向偶像倾诉苦闷,这种神交也许可以让孔子得到些许慰藉。然而在孔子临近生命终点时，连梦见周公的机会也越来越少了，故而做此感慨。"甚矣"和"久矣"是两个用以强调的倒装句，"甚"是强调孔子身体之衰弱，"久"则是强调孔子精神之空虚。人的精神活动应该和身体状况存在某种关联，比如体弱必然多梦，但是做梦是人的一种潜意识活动，未必会受自主意识的控制，孔子对此也无可奈何。

"久矣吾不复梦见周公"，意味着一个英雄时代结束，一个新的群雄纷争时代开始。

87. 君与臣（上与下）(共3章)

西周初年，周朝统治者为了加强对全国各地的控制，采取大规模封邦建国的做法，"立七十一国，姬姓独居五十三人"①。这些分封诸侯统称为国君或君，他们一方面要承担开疆拓土、藩卫周室的重任，另一方面还要推行周礼，治国安民。根据史书记载，孔子一生游说大小诸侯国君有七十余人②，但是在《论语》中有明确记载的只有鲁定公、鲁哀公、齐景公、卫灵公、卫出公等不足十人。各国诸侯也按照氏族血缘关系委任公族大夫担任辅政国卿。周礼规定：大国三卿，皆受命于天子，如鲁国的"三桓"之家；次国三卿，二卿受命于天子，一卿受命于国君，如齐桓公时期的国、高二氏和管仲（因为齐国是异姓诸侯，因此地位要比鲁国次一等）；小国二卿，皆受命于国君③，这些国卿统称为命臣或臣。孔子与此类人物多有交结，诸如《论语》中的季桓子、季康子、孟懿子、孟武伯、子服景伯、叔孙武伯、蘧伯玉、公明贾、晏平仲、叶公、太宰等人。春秋时期，许多诸侯国的政治生态是君弱臣强，因此以臣代君行使权力的情况比较普遍，比如鲁国执政国卿季康子总揽军政大权，其政治权势和经济实力比国君还要"国君"④。国卿通常配有属臣若干人，《周礼》中对属臣的具体职数和职责都有明确规定，这些人都是朝廷职官，承担着国家公共管理的职责。

---

①《荀子·儒效》。
②《史记·儒林列传》："世以混浊莫能用，是以仲尼干七十余君无所遇。"
③《礼记·王制》。
④《论语·先进》："季氏富于周公。"

此外，国卿之家还有家臣或陪臣若干，这些人主要负责管理卿家事务，此类人物在《论语》中就更多了，诸如阳货、公山不狃、季子然、佛肸、陈司败、大夫僎等人。

周朝礼制对于规范君臣（上下）关系提出许多具体要求，然而到了春秋末年，礼制失序，权力下移，不仅"礼乐征伐自诸侯出""自大夫出"，甚至出现"陪臣执国命"的情况①，因此如何贯彻礼制精神、正确处理君臣关系就成为社会普遍关注的焦点问题，孔子对此也发表了许多重要言论，相关内容将分别在《政（令）》《忠（敬）》《正名》等部分中进行评析，这里重点评析与规范君臣（上下）关系相关的内容。

《论语·八佾》："定公问：'君使臣，臣事君，如之何？'孔子对曰：'君使臣以礼，臣事君以忠。'"②

本章是鲁定公和孔子之间的一次对话，内容是关于如何正确理解和妥善处理君臣关系的，这在当时应该是一个比较敏感的话题。根据内容推断，对话时间大约在鲁定公继位后不久。

在春秋末年几代鲁君中，鲁定公是比较用心治国的。当时孔子正值壮年，他设帐授徒，研习周礼，发表政见，针砭时弊，因而受到鲁定公的重用。由于志向相同，他们君臣二人经常就治国理政的相关问题进行讨论，诸如"一言而可以兴邦""一言而丧邦"等等③。从相关言论来看，他们之间的对话是坦诚、认真的，因此本章言论反映了彼此的真实想法。

本章言论看似简单，其实寓意深刻，具有很强的针对性。长期以来，鲁国君臣关系一直比较微妙，历代鲁公虽然是一国之君，但是经历"三分

---

① 《论语·季氏》。
② 本章有关"忠"的内容将在《忠（敬）》中进行评析。
③ 《论语·子路》。

公室"①、"四分公室"②之后,公室衰微,大权旁落,国家军政大权完全由"三桓"集团掌控。鲁昭公在位期间,君臣交恶,相互争斗,矛盾激化,最终演变成"斗鸡之变"③,鲁昭公被迫流亡在外八年,最终客死乾侯。鲁定公继位以后,以季氏为首的"三桓"集团依然擅权专政,为所欲为,君弱臣强的局面未能得到有效改变。面对如此凶险而复杂的君臣关系,鲁定公心有余悸,不知所措,只好求教于代表政坛新兴力量的孔子。由此可见,本章中的"君"和"臣"是有所指的,"君"是指鲁定公,"臣"则是指以季氏为首的"三桓"集团。"礼"与"忠"是春秋时期处理君臣关系的基本道德规范和行为准则,当年齐景公在位期间,国内陈氏集团采取大斗贷出、小斗收回等手段笼络人心,日益坐大,贤相晏婴就劝谏齐景公从整饬礼制入手,提出了"君令(善)臣共(恭)"④的建议。

如何正确处理君臣关系?鲁定公和孔子二人认识不同:鲁定公认为,君臣关系是由君上臣下的地位决定的,由于君臣地位不同,各自的权力和义务也不同,"君使臣"是国君行使权力,"臣事君"则是臣属履行义务,因此"三桓"贵族理应尽忠尽责,服从君令;然而孔子则认为,君臣关系不是普通意义的上下关系,国君和臣属共同承担治理国家的重任,因此"使"与"事"都必须符合礼制规范,受到国家利益的制约,这就是"君使臣以礼,臣事君以忠"的真正含义。

孔子用"礼"和"忠"来定义君臣关系,其实是在为鲁定公化解君臣危机出谋划策。他强调处理君臣关系的最高原则不是上下权位,而是传统礼制,因此想彻底改变鲁国君弱臣强的被动局面,就必须大力整饬礼制秩序,国君要率先遵从礼制规范,对臣属以礼相待,约之以礼,这样臣属才会恪忠尽职,效力于上。总之一句话,纵有千难万难,只要回到礼制的

---

① 《左传·襄公十一年》。
② 《左传·昭公五年》。
③ 《左传·昭公二十五年》。
④ 《左传·昭公二十六年》。

正确轨道上,所有问题都可以迎刃而解。后来鲁定公接受了孔子的建议,在"夹谷之会"和"堕三都"等重大事件中坚持礼制立场,果然取得不俗政绩。

在处理君臣关系问题上,鲁定公仅仅从君臣权位不同的层面来进行思考,片面强调国君的地位和权威,思维显然过于简单、浅显,结论也毫无价值。孔子则把处理君臣关系上升到国家制度层面,强调礼制对于规范君臣关系的重要作用,两者境界确实不可同日而语!

《论语·八佾》:"子曰:'居上不宽,为礼不敬,临丧不哀,吾何以观之哉?'"

本章言论不知具体所指,《皇疏》言"此章讥当时失德之君",这种说法是成立的,因为孔子之时诸侯国君大多不能修身立德,令人不齿。

"居上"是居于统治地位的诸侯国君,他们承担着治国理政的重大责任,因此周礼对他们提出了许多政治规范和道德要求。孔子秉持周礼精神,又重申了"宽""敬""哀"等具体要求。显然,孔子本章言论是有针对性的。

"宽"是宽政,与猛政相对。郑子产曾告诫继任者子大叔说:"唯有德者能以宽服民,其次莫如猛。夫火烈,民望而畏之,故鲜死焉。水懦弱,民狎而玩之,则多死焉。故宽难。"孔子对此评论道:"善哉,政宽则民慢,慢则纠之以猛。猛则民残,残则施之以宽。宽以济猛,猛以济宽,政是以和。"①可见,宽政就是"道之以德,齐之以礼"的德政,这是为政的最高境界。当政者如果能实施宽政,就可以赢得民心,最终实现无为而治,所以

---

① 《左传·昭公二十年》。

孔子说:"宽则得众。"①

"敬"是严肃认真,一丝不苟,这是躬行礼制的应有姿态。周大夫刘康公说:"君子勤礼,小人尽力,勤礼莫如致敬,尽力莫如敦笃。"②鲁大夫孟献子也说:"礼,身之干也。敬,身之基也。"③孔子认为,诸侯国君必须自觉遵从周朝礼制,而尊礼的核心就是"敬",即态度严肃,做事认真,所以他说:"道千乘之国,敬事而信,节用而爱人,使民以时。"④

"哀"是丧亲哀痛之情。居丧之礼规定,临丧必哀,这种情感必须是发自内心的,同时又要受到礼制节制,子游说:"丧致乎哀而止。"⑤由此可见,这里的"哀"是发乎心而止乎礼,所以孔子说:"生,事之以礼;死,葬之以礼,祭之以礼。"⑥

上述三方面的要求并不局限于诸侯国君,也广泛适用于士大夫阶层。因为在君臣关系中,国君处于主导地位,相对而言,他们承担的责任更重,因此对他们的要求也就更高。

《论语·先进》:"季子然问:'仲由、冉求可谓大臣与?'子曰:'吾以子为异之问,曾由与求之问。所谓大臣,以道事君,不可则止。今由与求也,可谓具臣矣。'曰:'然则从之者与?'子曰:'弑父与君,亦不从也。'"

孔子关于为臣之道的言论有很多,总体要求是事君以礼,敬事而忠。本章他则从具体分析"大臣"和"具臣"使命担当的角度对于为臣之道做出新的阐述,值得关注。

---

① 《论语·尧曰》。
② 《左传·成公十三年》。
③ 《左传·成公十三年》。
④ 《论语·学而》。
⑤ 《论语·子张》。
⑥ 《论语·为政》。

季子然是鲁国季氏族人,孔门弟子子路、冉有受聘于季氏,因此与他有所交结。从他与孔子的对话内容来看,他对孔门似乎不太友善,孔子对他也不留情面。

对话的第一个内容是关于"大臣"和"具臣"二者的区别,这大概是时人评判人臣优劣的两个通行标准。子路、冉有当时在季氏担任家臣,但是有时又不得不随季康子参与国政,因此时人对他们的身份提出质疑,于是季子然就此向孔子请教。孔子首先对他提出的问题表示诧异,"吾以子为异之问,曾由与求之问",这两句都是倒装句,前一句的正常句式应该是"吾以子问异","子"是对季子然的尊称,"异"是指其他人或事;后一句的正常句式应该是"问由与求"。这两句的意思是,我以为你问的是其他人(的事情)呢,原来你问的是子路和冉有呀。接着,孔子对"大臣"的使命担当做出明确解说:"以道事君,不可则止。""道"是指治理国家的正确方法(为政之道)。孔子认为,真正的"大臣"应该忠于职守,始终把国家和人民的利益放在首位,主动向当政者提出有益的意见和建议,而不应该轻易放弃原则,曲意附和,助纣为虐。如果居上位者不能听取正确的意见和建议,然后再考虑个人的去留问题。按照这样的标准来评判子路和冉有,他们只能算"具臣"而已。所谓"具臣",就是没有原则、专事逢迎的事务官,《集注》:"具臣,谓备臣数而已。"显然,孔子的回答话里有话,因为子路、冉有二人受聘于季氏,却不能对季康子的种种违礼行为加以劝谏和阻止:季康子违礼祭于泰山,孔子希望冉有能够劝阻,然而他却回答说"不能",故而孔子对他颇为失望[1];季康子打算推行"用田赋"改革,冉有又帮他四处游说,积极推进,"为之聚敛而附益之",孔子愤然号召孔门弟子"鸣鼓而攻之"[2];季康子打算兴兵讨伐封内小国颛臾,委派子路、冉有来试探孔子口风,孔子明确表示反对,要求他们尽力阻止季康子

---

[1]《论语·八佾》。
[2]《论语·先进》。

的错误决定,他们二人又推脱说:"夫子欲之,吾二臣者皆不欲也。"①总之,子路、冉有只是毫无原则地顺从、讨好季康子,根本没有尽到为人臣者的责任和义务,所以孔子对他们很不满意。

对话的第二个内容是为人臣者是否应该绝对服从居上位者。季子然虽然表面上是向孔子请教问题,话语之中已经隐含了肯定的答案,而且语气中带有一点挑衅的意味。孔子对此毫不含糊,他斩钉截铁地回答道:"弑父与君,亦不从也。"在孔子看来,子路、冉有和季康子尽管是君上臣下关系(准君臣关系),在下位者理应服从居上位者,这是为臣之道的基本要求,不过调节君臣(上下)关系的最高规范是周朝礼制,如果居上位者违反礼制,为人臣者就完全有理由拒绝服从。

孔子在本章中一改温文尔雅的为人风格,措辞严厉,态度激烈,因为他绝不能容忍有人在大是大非问题上玩弄技巧,偷换概念,混淆是非,扰乱人心!就此而言,本章言论的价值和意义被低估了。

---

① 《论语·季氏》。

88. 人与民(共3章)

在现代汉语中,"人民"是一个复合词,泛指普通民众。但是在先秦典籍中,"人"与"民"则是两个独立的词汇,代表了两个对立的社会阶层(阶级),"人"是氏族贵族,居于统治地位,"民"则是普通劳动者,居于被统治地位。根据史书记载,虞舜和禹、伯夷、皋陶等人在讨论为政问题时,皋陶建议道:"在知人,在安民。"禹也附和道:"知人则哲,能官人。安民则惠,黎民怀之。"①商朝王室成员箕子在"洪范九畴"中也说:"人用侧颇僻,民用僭忒。"②可见上古帝王对于"人"与"民"是区别对待的,对他们所采取的统治策略也有所不同。当社会矛盾激化时,"人"与"民"的对立状况就会愈加明显。西周末年,周厉王残暴无道,横征暴敛,垄断山林川泽之利,实行专利政策,因而激起民愤,周大夫邵穆公对此提出严正警告:"民不堪命矣!"他对周厉王采取"弭谤"的愚蠢做法也提出严厉批评:"防民之口,甚于防川。川壅而溃,伤人必多,民亦如之。是故为川者决之使导,为民者宣之使言。"③周大夫芮良夫也提醒道:"下民胥怨,财力单竭,手足靡错,弗堪上,不其乱而。"④从这些言论中可以明显感觉到,当时"人(上)"与"民(下)"之间的矛盾是尖锐深刻的,已经达到无可调和的地步。

---

① 《尚书·皋陶谟》。
② 《尚书·洪范》。
③ 《国语·周语上》。
④ 《逸周书·芮良夫解》。

现实社会中"人"与"民"的对立状况在《论语》中也有真实反映。《论语》全书共有165章言及"人"与"民",其中"人"字共出现213次,"民"字共出现50次(另有"百姓"5次),不过两者所处的社会地位和所享有的政治权利是完全不对等的,如果不能辨明"人"与"民"的阶级属性和身份差别,就无法正确理解和评析孔子的相关言论。

从孔子相关言论中可以看出,"人"与"民"基本是一种对立关系(这种对立关系有时表述为"上"与"下"):"人"是指凌驾于"民"之上的统治阶层,而"民"则是供"人"驱使、受"人"训导的被统治阶层,所以孔子在提出施政策略和阐述政治观点时对于两者是做出区分的。当然,这种观念并非孔子一人所有,而是当时整个社会的共同意识。

孔子所生活的春秋末年,"人"与"民"之间的矛盾日益尖锐,根据《左传》《国语》等史书记载,诸侯各国不断发生"民不堪命""民慢其政""民惧而溃""民弃其上""民卒流亡""民遂叛之"等社会乱象。孔子为了调和"人"与"民"之间的矛盾,实现恢复西周礼制秩序的政治理想,他站在"人"的政治立场上,提出了种种使民"莫敢不敬""莫敢不服""莫敢不用情"①的施政策略,目的就是进行道德说教,希望统治者推行德政,这是孔子有关"人"与"民"言论的价值所在。

《论语·学而》:"子曰:'道千乘之国,敬事而信,节用而爱人,使民以时。'"

本章言论很重要,孔子比较全面地阐述了他的政治主张,类似于施政纲领,相关内容将在《政(令)》中进行评析,这里重点评析有关"人"与"民"的内容。

---

① 《论语·子路》。

"节用爱人"是针对"人"提出的施政策略。春秋末年,社会动荡不断加剧,贵族阶层内部的争权夺利斗争也愈演愈烈,孔子站在维护贵族统治的政治立场上提出了"节用爱人"的为政主张,"节用"是减少财用支出,缓解日益尖锐的社会矛盾,"爱人"则是发扬氏族组织传统的仁爱精神,调和贵族阶层的内部矛盾。孔子认为,"爱"或"仁爱"只是限定在贵族阶层内部"人"与"人"之间讲求的一种高贵品质和道德修养,"人"对"民"则无需讲求"爱"或"仁爱"。换言之,"民"是没有资格讲求"爱"或"仁爱"的,所以《论语》书中有关"爱"或"仁爱"的言论只与"人"有关,而与"民"无关。关于这一点,赵纪彬先生曾做出明确阐述:"《论语》全书,只有'爱人'语法,绝无'爱民'词句。"①

孔子所说的"爱人",内涵非常丰富,包括"立人""达人""事人""知人""举人""得人""失人""好人""弘人""诲人""成人之美""不尤人""勿施于人"等诸多方面,这些词汇都是具有积极意义的:

> 夫仁者,己欲立而立人,己欲达而达人。②
> 己所不欲,勿施于人。③
> 樊迟问仁。子曰:"爱人。"问知。子曰:"知人。"④
> 不患人之不己知,患不知人也。⑤
> 默而识之,学而不厌,诲人不倦。⑥
> 君子不以言举人,不以人废言。⑦

---

① 赵纪彬:《论语新探》,北京:人民出版社,1959年,第3页。
② 《论语·雍也》。
③ 《论语·颜渊》。
④ 《论语·颜渊》。
⑤ 《论语·学而》。
⑥ 《论语·述而》。
⑦ 《论语·卫灵公》。

在贵族阶层内部,孔子倡导"人"与"人"之间要彼此关爱,相互包容,和睦相处,用"爱"来化解矛盾,解决纷争。

"使民以时"是针对"民"提出的施政策略。这里的"民"主要是指在大田里辛苦劳作的农人和从事繁重体力劳动的手工业者,他们生活在社会最底层,既没有私有财产,也没有人身自由,世世代代被"人"奴役,供"人"驱使,所以《论语》中与"民"固定搭配的动词大多是"使":

> 季康子问:"使民敬、忠以劝,如之何?"子曰:"临之以庄,则敬;孝慈,则忠;举善而教不能,则劝。"①
>
> 哀公问社于宰我。宰我对曰:"夏后氏以松,殷人以柏,周人以栗,曰,使民战栗。"②
>
> 子谓子产有君子之道四焉:其行己也恭,其事上也敬,其养民也惠,其使民也义。③
>
> 出门如见大宾,使民如承大祭。④
>
> 上好礼,则民易使也。⑤

显然,"使民"和"爱人"是有本质区别的。孔子认为,"使民"必须讲求功利效果,获得实实在在的利益,因此他告诫统治者要按照农业生产的时序来征用民力,"三时务农而一时讲武"⑥,这样才能最大限度地保证统治集团的自身利益。

---

① 《论语·为政》。
② 《论语·八佾》。
③ 《论语·公冶长》。
④ 《论语·颜渊》。
⑤ 《论语·宪问》。
⑥ 《国语·周语上》。

《论语·为政》:"子曰:'道之以政,齐之以刑,民免而无耻;道之以德,齐之以礼,有耻且格。'"①

春秋末年,"人"与"民"之间的矛盾日益激化,在现实政治中,传统的"政""刑"等强制手段已经无法发挥作用,"民免而无耻"的情况相当普遍。所谓"民免",旧说多释为"民免于刑戮",依据《礼记·缁衣》中的"民有遯心"来理解,当释为"民不服"或"民散":"举枉错诸直,则民不服。"②"上失其道,民散久矣。"③

面对"民免而无耻"的情况,当政者一筹莫展,多次问政于孔子:

哀公问曰:"何为则民服?"孔子对曰:"举直错诸枉,则民服;举枉错诸直,则民不服。"④

季康子问:"使民敬、忠以劝,如之何?"子曰:"临之以庄,则敬;孝慈,则忠;举善而教不能,则劝。"⑤

季康子患盗,问于孔子。孔子对曰:"苟子之不欲,虽赏之不窃。"⑥

季康子问政于孔子曰:"如杀无道,以就有道,何如?"孔子对曰:"子为政,焉用杀?子欲善而民善矣。"⑦

从上述对话中可以看出,孔子向鲁哀公、季康子等当政者提出的种种施政方案中,核心内容是实行"德治",即"道之以德,齐之以礼"。孔子

---

① 本章有关"政""刑""德""礼"等内容将在《政(令)》中进行评析。
② 《论语·为政》。
③ 《论语·子张》。
④ 《论语·为政》。
⑤ 《论语·为政》。
⑥ 《论语·颜渊》。
⑦ 《论语·颜渊》。

认为,"政""刑"等强制手段并不能根本解决"民免而无耻"问题,只有采取"德""礼"等道德教化手段才能使"民"心悦诚服地接受统治,最终达到"有耻且格"的统治效果。

孔子作为贵族阶层一分子,是不可能改变"人"的政治立场的,因此他在处理"人"与"民"的矛盾冲突时,主要是从对"民"实施有效统治和维护"人"的长远利益出发,向当政者提出实行"道之以德,齐之以礼"的德治主张。这些政治主张虽然具有一定的亲民倾向,在客观上也能维护"民"的部分权益,但是却无法从根本上解决"人"与"民"之间的矛盾冲突。当然,这是由阶级属性和时代局限造成的。

《论语·泰伯》:"子曰:'民可使由之,不可使知之。'"

在《论语》中,"民"是"人"的附庸,不具有独立地位,因此孔子很少单纯讨论"民"的问题,即便有所论及,也是站在"人"的立场上讨论御民问题。本章就是孔子提出的御民之术。

"由"旧说通释为"用",不过对照《学而篇》的"大小由之"、《为政篇》的"观其所由"以及《雍也篇》的"行不由径"等诸多用法,这里的"由"应释为"行"或"行动";"知"是知晓、明白。这两句话的意思是,统治民众的有效方法是让他们只知其然而不知其所以然,只要让民众按照政令行事,无需知道行事的目的和意义。

由于本章言论过于简约,为了避免产生歧义,后儒对这两句话做出各种解说。《周易·系辞上》:

> 仁者见之谓之仁,知者见之谓之知,百姓日用而不知,故君子之道鲜矣。显诸仁,藏诸用,鼓万物而不与圣人同忧。

《孟子·尽心章句上》：

行之而不著焉，习矣而不察焉，终身由之而不知其道者，众也。

郭店楚简《尊德义》：

民可使道之，不可使知之；民可道也，而不可强也。

上述解说大多是战国时期言论，时间距孔子不远，因此基本体现了孔子的原义："民"就是供"人"驱使的劳动工具，他们身份卑贱，愚昧无知，不具有独立思考能力，因此统治者不必让他们知道太多，只需采取正确方法指挥（"道"）他们去认真踏实地做事就行了。

到了近代，民主意识开始，许多民主人士对孔子的这两句话提出尖锐批评，认为孔子提倡实行愚民政策和专制统治，是反民主的。也有一些学者为了维护孔子圣名，在标点断句上做文章，提出种种违反古汉语训诂常识的断句方法，结果把简单的事情越弄越没有头绪。其实研读和评析《论语》言论，最重要的是应还原到那个时代，一切从历史实际出发。

春秋末年，建立在氏族血缘关系之上的宗法制度基本瓦解，社会的基本构成是"人"与"民"两个对立阶层。"人"是拥有所有生产资料的统治阶层，"民"则是一无所有的被统治阶层。这种情况在战国时期更加严重，孟子在答齐宣王问时说："若民，则无恒产，因无恒心。"①面对这样的社会状况，统治者应当如何实施有效统治？这个问题可以从统治者（"人"）和被统治者（"民"）两个方面来进行分析。

先分析"民"：当时被统治者（"民"）的实际情况是在政治上没有地位，在经济上不能独立，普通民众整日劳作，生活艰辛，普遍缺乏教育，认

---

① 《孟子·梁惠王章句上》。

知能力低下,基本不能自主思考。社会地位决定了思维层次,处于社会底层的"民"只能被动地"由"或"道",根本没有"知"的愿望,因此用现代民主观念来评判孔子言论,要求对"民"讲求民主,这显然是脱离历史实际的幼稚想法。任何高尚的理念(包括民主)都不能脱离具体的历史背景。

再分析"人":当时统治者("人")的基本情况是各国贵族阶层掌握了国家军政大权,同时也垄断了思想意识。他们养尊处优,自幼受到良好的贵族教育,经过长期培养和层层选拔,最终入选执政团队,从理论上说,这些人都是"社会精英"。对于各国执政者而言,最重要的并不是知识和能力问题,而是执政理念和道德修养问题,以孔子为代表的儒家学派积极倡导"贤人政治",要求当政者以德治国,选贤任能,亲民爱人,这种理念与现在许多民主体制国家所标榜和奉行的"精英政治"并没有太大区别。如果从提高行政效率的角度来分析,决策权和行政权理应高度集中在少数人手中,其他人不需要、也没有必要参与决策和行政("不可使知之"),他们只需按照社会分工认真执行决策即可("民可使由之"),这就是孔子本章言论的基本含义。

综合上述分析,孔子本章言论并没有刻意拔高"人"的地位或贬低"民"的作用,他只是为了追求执政效果和提高行政效率说了两句大实话而已。这种观点在当今各类社会组织中仍然很流行,而且仍有继续存在的意义。

89. 君子与小人(共15章)

君子与小人是从"人"(贵族阶层)中分化出来的一对概念,所以《论语》中还有"君子人"的说法①。君子与小人的概念分化至少在殷末周初就已出现,《尚书·无逸》:"君子所,其无逸。先知稼穑之艰难,乃逸,则知小人之依。"郑玄注曰:"君子处位为政。"可见,此时君子与小人只是社会地位的标识,主要区别在于处位和不处位,所以孔子说:"不在其位,不谋其政。"②

西周时期,君子与小人的概念开始广泛流行,《诗经》中就有许多君子与小人对举的诗句:

> 弗问弗仕,勿罔君子;式夷式已,无小人殆。③
> 周道如砥,其直如矢。君子所履,小人所视。④

春秋时期,君子与小人已经成为评判人物的通行标准:

> 君子勤礼,小人尽力,勤礼莫如致敬,尽力莫如敦笃。⑤

---

① 《论语·泰伯》:"曾子曰:'可以托六尺之孤,可以寄百里之命,临大节而不可夺也——君子人与?君子人也。'"
② 《论语·泰伯》。
③ 《诗经·小雅·节南山》。
④ 《诗经·小雅·大东》。
⑤ 《左传·成公十三年》。

> 君子劳心,小人劳力,先王之制也。①
> 君子务治而小人务力。②

显然,此时君子与小人主要是社会地位和身份标识的意义:君子是在位者,他们必须遵从礼制,用心为政;小人则是不在位者,他们必须听命于上,劳动出力。

春秋末年,随着社会动荡和权力下移,社会各个阶层也发生较大变化:有些氏族贵族在权力斗争中失利而沦为平民;有些平民则通过接受私学教育而改变社会地位而跻身于上流社会。由于现实生活中君子与小人的社会地位发生变化,因此君子与小人的身份标识意义也逐步弱化,而道德意义则日益凸显。这种变化在《论语》中得到充分体现,孔子论君子与小人,虽然仍保留部分身份标识意义,但是大多是道德意义:君子主要是指举止优雅、道德完美之人;而小人则主要是指行为不当、品行低劣之人。不过有时两种意义兼而有之,很难做出明确区分。

孔门弟子大多出身卑微,家境贫寒,他们渴望通过刻苦学习和努力修行来改变自己的身份和地位,经常向孔子请教君子之道,即成为有德(有位)君子的途径和方法。根据弟子们的要求,孔子对于君子特质以及君子修为的具体方法等内容做出全面阐述,相关言论也成为儒家思想的一个重要内容。在《论语》中,孔子论君子(兼论小人)的言论有很多,内容涉及君子的政治素质、道德修养、学识涵养、认知能力、为人处事、容颜气质、言行举止等诸多方面,其中有三处是直接论述君子之道或君子道的:

> 子曰:"君子道者三,我无能焉:仁者不忧,知者不惑,勇者不

---

① 《左传·襄公九年》。
② 《国语·鲁语上》。

惧。"子贡曰:"夫子自道也。"①

子谓子产有君子之道四焉:其行己也恭,其事上也敬,其养民也惠,其使民也义。②

君子所贵乎道者三:动容貌,斯远暴慢矣;正颜色,斯近信矣;出辞气,斯远鄙倍矣。③

由于《论语》中有关君子之道的内容比较模糊、笼统,容易与其他概念形成交叉和混淆,所以相关内容将结合君子与小人一并研读,不再另作评析。

总体而言,孔子论君子有三个特点:一是以修身立德为主,因此内容过于理想化,很多都不具有实践意义;二是君子与小人形成鲜明对比,小人完全沦为君子陪衬,人为加大了两者的差距;三是相关言论过于碎片化,难以形成一个完整的君子形象。

《论语·宪问》:"子路问君子。子曰:'修己以敬。'曰:'如斯而已乎?'曰:'修己以安人。'曰:'如斯而已乎?'曰:'修己以安百姓。修己以安百姓,尧舜其犹病诸?'"

在孔子看来,君子最重要的品质是拥有远大理想和抱负,勇于担当,意志坚定。他在回答"子路问君子"时,首先要求做到"修己以敬",这是君子立足之本,然后再逐步实现"安人"和"安百姓"的政治抱负。值得注意的是,这里的"人"和"百姓"是两个完全不同的概念:"人"是上流社会的贵族阶层,"百姓"则是包括社会各个阶层在内的普通庶人和平民,因

---

①《论语·宪问》。
②《论语·公冶长》。
③《论语·泰伯》。

此"安人"只是齐家治国,而"安百姓"则是平天下,即以实现百姓富庶、安康为己任,以实现"天下有道"为终极目标。在历史上,能够实现这样政治理想的人实在是少之又少,连孔子心目中的政治偶像尧舜等上古帝王也难以做到。

孔子说:"君子谋道不谋食。""君子忧道不忧贫。"①可见,君子是肩负特殊使命的政治精英,因此他们必须具备特殊的政治素质和道德修养。首先,君子要有担当大任的宏大气魄。孔子说:"君子不可小知而可大受也,小人不可大受而可小知也。"②《皇疏》引张凭言曰:"谓之君子,必有大成之量,不必能为小善也。"意思就是,君子志存高远,追求大道,故而不为小事羁绊,也不为小善拖累;小人则恰好相反,他们终日追名逐利,苟且偷生。孔子又说:"君子怀德,小人怀土;君子怀刑,小人怀惠。"③"怀"是心有所系,"德"与"刑"都是施政手段,"土"与"惠"则是个人实惠。君子在位当政,就应该关心与社稷民生相关的大事,而不应该像小人那样只关注个人眼前的利益得失。其次,君子要有百折不挠的坚强意志。孔子等人在陈绝粮多日,"从者病,莫能兴"④,少数弟子已经信念动摇,子路怒气冲冲地责问孔子道:"君子亦有穷乎?"孔子回答道:"君子固穷,小人穷斯滥矣。"⑤关于"固穷"二字,旧注多释为"君子固有穷时",如果单句理解似无不妥,但是从整句来理解,则不能与小人之"滥"形成呼应。相比较而言,《集注》引用程子的解说更加确切:"固穷者,固守其穷。"人生在遇到重大挫折时,君子意志坚定,不畏艰难,仍然能够坚持自己的理想和操守;小人则经受不住挫折的考验,遇到困难就会乱了分寸,胡作非为。再次,君子要有杀身成仁的殉道精神。"仁"是儒家学派的人生理想和道德追求。理想越伟大,道路就越艰辛,修仁求道的君子必须时刻做好以

---

① 《论语·卫灵公》。
② 《论语·卫灵公》。
③ 《论语·里仁》。
④ 《论语·卫灵公》。
⑤ 《论语·卫灵公》。

身殉道的准备。孔子说:"志士仁人,无求生以害仁,有杀身以成仁。"①曾子也说:"士不可以不弘毅,任重而道远。仁以为己任,不亦重乎?死而后已,不亦远乎?"②后来孟子也说:"居天下之广居,立天下之正位,行天下之大道;得志,与民由之,不得志,独行其道。富贵不能淫,贫贱不能移,威武不能屈,此之谓大丈夫。"③

综上所述,孔子所推崇的君子之道是具有非常明确的政治功利性的,所以他津津乐道的君子,实际就是复辟周朝礼制的政治工具。

《论语·述而》:"子曰:'君子坦荡荡,小人长戚戚。'"

本章言论是千古名句,无论人生处在哪一个阶段,得意或失意,人们都能从中获取教益。有时候这两句话就像是一个符号,不断地激励人们,警醒人们,也在潜移默化之中改造人们。

"坦荡荡"和"长戚戚"只是两种截然不同的表象,却深刻反映了君子与小人在思想境界方面的差异。"坦荡荡"原本是形容王道的宽广、平坦、正直。《尚书·洪范》:"无偏无党,王道荡荡;无党无偏,王道平平;无反无侧,王道正直。"这里用来形容君子心胸坦荡,无私无欲。司马牛向孔子请教君子之道,孔子说:"君子不忧不惧。"他又进一步解释道:"内省不疚,夫何忧何惧?"④君子心底无私,故而不忧不惧,充满自信。"长戚戚"是神情局促、忧愁之状,在古汉语中,"戚戚"训为蹙蹙,《尔雅·释训》:"速速,蹙蹙,惟逑鞠也。""逑鞠"就是窘迫不安的样子。《诗经·小雅·节南山》:"我瞻四方,蹙蹙靡所骋。"郑玄笺注:"蹙蹙,缩小之貌。我

---

① 《论语·卫灵公》。
② 《论语·泰伯》。
③ 《孟子·滕文公章句上》。
④ 《论语·颜渊》。

视四方土地日渐侵削于夷狄,蹙蹙然,虽欲驰骋,无所之也。"这里用来形容小人心胸狭窄,患得患失,终日惶恐不安。

孔子认为,君子与小人的区别不在于身份和地位,而在于视野和胸襟。正直无私的人心底没有私心杂念,因此他们不受任何利益困扰,坦坦荡荡做人,踏踏实实求道;私欲太重的人只会计较眼前得失,而不会放眼未来,因此他们的人生道路越走越窄,失去的东西也越来越多。这个道理虽然很简单,践行起来却很不容易。

《论语·宪问》:"子曰:'君子上达,小人下达。'"

由于视野和胸襟不同,君子与小人在认知方面也存在"上达"与"下达"的巨大反差。"达"是通晓、知道之义。关于"上达"与"下达",本篇另有一章言论可作参考:

> 子曰:"莫我知也夫。"子贡曰:"何为其莫知子也?"子曰:"不怨天,不尤人,下学而上达。知我者其天乎。"

这里的"下学"与"上达"相对,可以作为本章言论的诠释。孔安国注曰:"下学人事,上知天命也。""下学人事"而知于人,故曰"不尤人",此之谓"下达";"上知天命"而达于天,故曰"不怨天",此之谓"上达"。由此可见,君子与小人在认知方面的根本差别就在于"天"与"人"之间。

在孔子的致知论中,他把"知天命"作为认知过程的一个关键阶段。天命幽暗玄冥,变化无常,主宰人生,一个人能够达到"知天命"的认知阶段,必须具有强大的思辨能力和丰富的人生阅历,孔子本人就是"五十而知天命"的。同时,他也把"知天命"作为判别君子与小人的重要标准:

"不知命,无以为君子也。"①上达于天命,是成为君子的必要条件。

君子"知天命",就必然"畏天命",小人则与之相反。"君子有三畏:畏天命,畏大人,畏圣人之言。小人不知天命而不畏也,狎大人,侮圣人之言。"②君子与小人对于"天命"问题的认知反差,导致他们在现实政治中面对权威("大人"和"圣人之言")选择了完全不同的态度,而最终结果也是可想而知的。

关于"上达"与"下达",还有另一种解说。《皇疏》:"上达者,达于仁义也。下达,谓达于财利。"杨伯峻、李零等人均取此说。君子谋道,上达于仁义道德;小人谋食,下达于一技之巧。儒者尚德,鄙视贱业,所以樊迟"请学稼""请学为圃",孔子直呼其名地批评道:"小人哉!樊须也!"③子夏也说:"虽小道,必有可观焉;致远恐泥,是以君子不为也。"④由此可见,君子与小人的区别不仅在于道德境界,还在于谋生手段。

《论语·宪问》:"子曰:'君子而不仁者有矣夫,未有小人而仁者也。'"

"仁"是区别君子与小人的重要标准,这种区别主要表现在欲仁求仁的主观愿望和思想觉悟方面。

"君子而不仁者"是君子道德修养尚未达到"仁"的境界,因为"求仁而得仁"毕竟是伯夷、叔齐等古代圣贤的传说⑤。在现实生活中,君子欲仁求仁需要经历艰难的过程,他们必须严格遵从礼制,规范言行,努力提

---

① 《论语·尧曰》。
② 《论语·季氏》。
③ 《论语·子路》。
④ 《论语·子张》。
⑤ 《论语·述而》。

高道德修养,从"日月至焉"到"三月不违仁"①。即使如此,他们距离所谓"君子无终食之间违仁,造次必于是,颠沛必于是"②的修德境界仍有很大差距。因此"君子而不仁者"并不是主观动因问题,而是客观条件问题。

"小人而仁者"则是一个不折不扣的伪命题,因为小人根本不重视道德修养,也没有求仁的主观愿望,他们违反礼制,贪图私利,行为不轨,道德沦丧,对社会造成极大危害!所以孔子说:"小人不耻不仁,不畏不义,不见利不劝,不威不惩。"③

《论语·里仁》:"君子喻于义,小人喻于利。"④

在义与利的取舍问题上,孔子一贯坚持重义轻利,他反复强调"见利思义""见得思义",并且把"义"作为君子之道的一个重要内容:

君子义以为上(尚)。君子有勇而无义为乱,小人有勇而无义为盗。⑤
君子之于天下也,无适也,无莫也,义之与比。⑥
君子义以为质,礼以行之,孙(逊)以出之,信以成之。君子哉!⑦

"义"是调节人与人之间利益关系的公共准则和道德规范,人人必须自觉遵从。"义"虽然不像"礼"那样具有强制约束力,但是在规范人们言

---

① 《论语·雍也》。
② 《论语·里仁》。
③ 《周易·系辞下》。
④ 本章有关"义"与"利"的内容将在《见利思义》中进行评析。
⑤ 《论语·阳货》。
⑥ 《论语·里仁》。
⑦ 《论语·卫灵公》。

行和维护社会秩序等方面则具有更广泛的实践意义。孔子认为,君子是社会道德楷模,因此他们应该带头循"义"而行,做任何事情都要恰当、适宜、公正,符合礼制规范和诚信要求。"利"则是个人私利,当个人私利膨胀到一定程度时,就必然会危害到公共利益,与"义"形成对立。小人见利忘义,损人利己,他们为了获取不正当的利益,可以不择手段,"放于利而行"①,如果这种行为不加以节制,就有可能沦为盗寇,对社会造成更大危害,所以孔子说:"善不积,不足以成名。恶不积,不足以灭身。小人以小善为无益而弗为也,以小恶为无伤而弗去也,故恶积而不可揜,罪大而不可解。《易》曰:'何校灭耳,凶。'"②"何校灭耳,凶"是《周易·噬嗑》上九爻辞,意思就是,小人上述种种行为就像颈上加上刑具一样凶险。

《论语·卫灵公》:"子曰:'君子求诸己,小人求诸人。'"

"求诸己"和"求诸人"反映的是君子与小人在思维方式和行为习惯方面的差异,但是实质上反映的还是道德修养问题。"求"是要求、责备,不过文中两个"求"字具体含义不同,君子之"求"是反求于己,小人之"求"是外求于人。

遇到问题时,君子与小人的态度截然不同:君子首先是认真反省自己,在自己身上查找问题,而不是怨天尤人,推卸责任,这是对人对己负责的正确态度,所以孔子说:"躬自厚而薄责于人,则远怨矣。"③一个人只有严格要求自己,体谅别人,才能得到别人的理解和尊重,不至于遭受抱怨。小人遇事则总是怪罪别人,把自己应该承担的责任推得一干二净,千错万错,都是别人的错。即使自己有错,他们也不愿意承认,反而强词

---

① 《论语·里仁》。
② 《周易·系辞下》。
③ 《论语·卫灵公》。

夺理,百般狡辩,"小人之过也必文"①。如果用一句话来概括,小人没有任何本事,唯一的本事就是不停地抱怨别人!孔子之时,人们困而不学,唯利是图,道德水准普遍下降,这种"求诸人"的小人比比皆是,所以孔子感慨道:"已矣乎,吾未见能见其过而内自讼者也。"②意思就是,发现自己有错而能进行自我批判的人现在已经见不到了!

宋代开始,有人常用本章前两章的"君子病无能焉,不病人之不己知也"和"君子疾没世而名不称焉"来解读"求诸己"和"求诸人"。《集注》引杨氏言曰:"君子虽不病人之不己知,然亦疾没世而名不称也。虽疾没世而名不称,然所以求者,亦反诸己而已。小人求诸人,故违道干誉,无所不至。三者文不相蒙,而义实相足,亦记言者之意。"钱穆《论语新解》亦取此说。"求诸己"是君子修身立德问题,如果与"君子病无能"和"君子疾没世而名不称"等问题联系在一起,总觉得有点牵强。不过这种观点已成一说,故而录此备考。

"君子求诸己",体现的是君子追求道德完美的一种自觉自省精神,只有认真内省反思,才能发现自己身上存在的不足,如果切实加以改进,道德修养就能不断提高。"君子求诸己",还体现了孔子所倡导的"忠恕"精神,即"己所不欲,勿施于人"③。"忠恕"是一种推己及人的思维方式和处世方法,凡事先从自己内心感受出发,不要把自己的主观意志强加于人;同样,别人不理解自己也不必在意,只需做到"人不知,而不愠"④。在这一点上,"君子求诸己"与忠恕之道是精神一致的。

孔子关于"君子求诸己"的论述,对后儒影响很大,孟子在此基础上提出了"反求诸己"的观点:

---

① 《论语·子张》。
② 《论语·公冶长》。
③ 《论语·卫灵公》。
④ 《论语·学而》。

> 仁者如射：射者正己而后发；发而不中，不怨胜己者，反求诸己而已矣。①
>
> 爱人不亲，反其仁；知人不治，反其智；礼人不答，反其敬——行有不得者皆反求诸己，其身正而天下归。②

荀子也相同言论：

> 内人之疏而外人之亲，不亦反乎？身不善而怨人，不亦远乎？③
>
> 同游而不见爱者，吾必不仁也；交而不见敬者，吾必不长也；临财而不见信者，吾必不信也。三者在身，曷怨人？怨人者穷，怨天者无识。失之己而反诸人，岂不亦迂哉？④

从对方的"不亲""不治""不答"来发现和检讨自己的"不仁""不长""不信"，"君子求诸己"的内容更加明确具体。

宋明理学在理论又有所深化，"君子求诸己"的观念进一步完善，逐渐成为中国传统文化中的一个重要内容。当今之世，没有哪一个民族文化比儒家文化更加重视内省反思问题。

《论语·为政》："子曰：'君子周而不比，小人比而不周。'"

在《论语》中，孔子常用 A 而不 B 或 B 而不 A 的句式来表达思想观点。值得注意的是，A 与 B 词义看似相同，其实却有本质区别。清人黄

---

① 《孟子·公孙丑章句上》。
② 《孟子·离娄章句上》。
③ 《荀子·法行》。
④ 《荀子·法行》。

式三曾经对此做出精辟分析："比、周，浑言则通，析言则别。夫子特辨之，犹'泰''骄'、'和''同'之辨。其相似者，泰、骄，皆大也；和、同，皆合也；周、比，皆密也。密于善曰周，密于不善曰比。"①据此推论，本章中的"周"与"比"就属于这种词义似是而非的情况。

"周"是建立在道义之上的团结。孔子说："君子矜而不争，群而不党。"②"群而不党"就是"周"。《左传·文公二年》："秦穆之为君也，举人之周也，与人之壹也。"杜预注曰："周，备也，不偏以一恶弃其善。"秦穆公秉持公正，摈弃偏见，任人唯贤，这就是"举人之周"。"比"则是建立在私利之上的勾结。《左传·昭公十四年》："楚令尹子旗有德于王，不知度。与养氏比，而求无厌。"养氏是楚国令尹子旗的私属同党，他们为了私利相互勾结，贪得无厌，最终被楚王灭门。这里的"比"就是结党营私。

君子为人处世坚持政治原则和道德底线，孔子说："君子博学于文，约之以礼，亦可以弗畔矣夫！"③又说："君子去仁，恶乎成名？君子无终食之间违仁。"④"约之以礼"就是政治原则，"不违仁"则是道德底线。君子尊"礼"修"仁"，因此对于任何有违政治原则和道德底线的人与事都是不能容忍的。小人为人处世则没有原则和底线，他们蝇营狗苟，唯利是图，以私害公，败坏风气。孔子说："乡愿，德之贼也。"⑤对于那些善恶不分、是非不辨的道德败坏者，就必须与之进行坚决斗争！

《论语·子路》："子曰：'君子和而不同，小人同而不和。'"

本章亦属于 A 而不 B 和 B 而不 A 的句式，"和"与"同"的词义似是

---

① [清]黄式三撰：《论语后案》，南京：凤凰出版社，2008 年，第 36 页。
② 《论语·卫灵公》。
③ 《论语·雍也》。
④ 《论语·里仁》。
⑤ 《论语·阳货》。

而非,容易让人产生困惑和误解,所以孔子特以申言别之。

"和"与"同"是春秋时期流行的一对观念,关于两者之间的异同问题也是当时著名的哲学命题——和同论,许多有识之士都非常关注,内史过、史伯、晏婴等人均做出重要论述。概而言之,"和"是多种不同性质事物或观念之间的彼此渗透和融合,由此而产生新的事物或意见;"同"则是多种性质相同事物或观念的同类叠加或意见苟合,因此原有的事物或观念并没有发生本质变化或形成新的认识。和同论在当时不仅广泛运用于现实生活中的认知领域,在政治领域也具有指导意义,相关内容已在《和(同)》中做出具体评析,这里重点评析与君子修德相关的内容。

孔子继承了内史过、史伯、晏婴等人的和同论观点,把"和"的观念纳入儒家伦理道德体系之中,并且把"和而不同"作为君子修身立德的重要内容之一。也就是说,孔子所说的"和而不同"既是为人处世的行为准则,也是个人修养的道德规范。

按照和同论的观点来分析,"和而不同"的君子心胸坦荡,无私不争,因此他们不固执、不功利、不苟同,能够坦诚地表达自己的思想观点,也能够用开放的心态来接受和包容各种不同意见;而"同而不和"的小人则心胸狭隘,斤斤计较,患得患失,因此他们没有自己的主张,同时又没有原则地排斥和反对不同意见,以同求同,结党营私,获取私利。

《论语·子路》:"子曰:'君子泰而不骄,小人骄而不泰。'"

本章中的君子与小人既有身份标识意义,也有道德修养意义,有位有德者是君子,无位无德者则是小人,这种表述方式在《论语》中仍然占有相当比例。

"泰"是神情安泰自重,"骄"是态度骄奢轻慢。《皇疏》:"君子坦荡荡,心貌怡平,是泰而不为骄慢也。小人性好轻陵,而心恒戚戚自纵泰,是矫而不泰。"由此可见,"泰"和"骄"虽然是外在的神情举止,反映的却是内在的心态和修为。

在位君子为了确保政令畅通,就必须谨言慎行,树立权威,使民敬畏顺从。孔子说:"君子不重,则不威;学则不固。"①他又对鲁国执政国卿季康子说:"临之以庄,则敬。"②这里的"重"和"庄",都是指神情严肃,举止庄重,这是当政者的治国之策和御民之术。那么君子如何才能做到"泰而不骄"呢?孔子说:"君子不失足于人,不失色于人,不失口于人。是故君子貌足畏也,色足惮也,言足信也。"③所谓"不失",就是言谈举止、容色姿态均不失于礼。与此相反,小人无位且无德,他们既无须承担政治责任,也不接受礼制的制约,因此行为张狂,态度傲慢,为人不齿!

《尧曰篇》中载有子张向孔子请教从政之道的内容,孔子当时提出了"尊五美,屏四恶"的具体要求,"泰而不骄"就是"五美"(五种从政美德)之一。后来孔子又进一步解释道:"君子无众寡,无大小,无敢慢,斯不亦泰而无骄乎?"意思就是,在位君子要效法历代先王,秉持"允执其中"的执政理念,对于各个氏族,无论人多人少、势大势小,都应该一视同仁,平等相待,这就是"泰而不骄"。小人不在位当政,也就无须遵守这些政治要求了。

《论语·卫灵公》:"子曰:'君子贞而不谅。'"④

本章重点阐述了君子与小人在讲求诚信方面的差异。

――――――――――
① 《论语·学而》。
② 《论语·为政》。
③ 《礼记·表记》。
④ 著者按:根据《论语》君子与小人对举的表述惯例,本章"君子贞而不谅"之后应有"小人谅而不贞"一句。

事有轻有重，信也有大有小。对于国家大事讲求信义是大信，对于个人小事信守承诺则是小信。"贞"是大信，《易大传·乾·传解》："贞，正也。"孔安国注曰："贞，正也。君子之人正其道耳，言不必有信也。"《左传·昭公元年》："临患不忘国，忠也；思难不越官，信也；图国忘死，贞也。"可见"忠""信""贞"都是护卫社稷的高贵品质。《左传·襄公九年》："贞，事之干也。贞固足以干事。""贞"是成事之本，本固则事成。"谅"则是小信，《说文解字》："谅，信也。"《集注》："谅，则不择是非而必于信。"意思就是，小信只关注"信"的表现形式，而不注重"信"的精神实质，所以孔子说："言必信，行必果，硁硁然小人哉！"[1]可见"谅"是小人之信。

"君子贞而不谅"，就是要求君子在大是大非问题上一定要坚持原则，诚实守信，但是在个人小事方面则不必言信行果，过于拘泥。春秋初年，齐桓公杀死与自己争夺君位的公子纠，召忽自刎殉死，管仲则变节求生，子路、子贡都曾对此提出质疑，他们认为管仲是一个背信弃义的小人，因为他不能像召忽一样尽事君之礼。孔子却说："管仲相桓公，霸诸侯，一匡天下，民到于今受其赐。微管仲，吾其被发左衽矣。岂若匹夫匹妇之为谅也，自经于沟渎而莫之知也？"[2]在孔子看来，管仲辅佐齐桓公实现称霸诸侯的伟业是"贞"，而为公子纠尽忠殉死则是"谅"，即所谓"匹夫匹妇之为谅"，这是一种短视行为。如果当年管仲信守小信（"谅"），舍弃大信（"贞"），那么中原诸族可能早就被蛮夷异族征服了，现在恐怕不得不过着"被发左衽"的野蛮生活。

君子担当大任，谋划大事，因此无须拘泥于小信小节；小人则目光短浅，自甘平庸，因此只能为了琐碎小事而纠缠不清。

---

[1]《论语·子路》。
[2]《论语·宪问》。

《论语·颜渊》:"子曰:'君子成人之美,不成人之恶。小人反是。'"

"成人之美"是孔子君子之道的一个重要内容,体现了"己欲立而立人,己欲达而达人"的仁爱精神。"成"是成就、成全之义,《说文解字》:"成,就也。"《集注》:"成者,诱掖奖劝以成其事也。"可见"成"不是顺水人情,而是急人所难。有德君子与人为善,乐于助人,他们总是从正面来激励人,却很少从反面来批评人,尽量助人成事,因此受人尊敬。比如齐相晏婴平时严于律己,与人友善相处,宽以待人,所以孔子认为他是一位令人尊敬的正人君子:"晏仲平善与人交,久而敬之。"①曾子也说:"君子不先人以恶,不疑人以不信,不说人之过,成人之美,存往者,在来者,朝有过夕改则与之,夕有过朝改则与之。"②

"成人之恶"则是故意捣乱,坏人好事,这是小人行径。小人自私自利,与人相恶,他们总是道听途说,无中生有,挑拨离间,恶语中伤,遇有事情,如果对自己不利,他们就会采取各种卑鄙手段搞破坏,非要把好事搅黄,反正自己得不到好处,也不让别人得到好处,说到底就是"宁让我负天下人,不让天下人负我"。

《春秋谷梁传·隐公元年》中也有与本章相同内容:"《春秋》成人之美,不成人之恶。"这是谷梁氏借用孔子言论来阐述《春秋》隐恶扬善的修史原则。此外,《说苑·君道》中又载鲁哀公言:"善哉!吾闻君子成人之美,不成人之恶。微孔子,吾焉闻斯言也哉。"鲁哀公的话里隐约透露出"斯言"流传已久的意思,后经孔子重申而又赋予了新的意义,因此程树德提出"此本古人成语"的推测③,此说不无道理。

---

① 《论语·公冶长》。
② 《大戴礼记·曾子立事》。
③ 程树德撰:《论语集释》下册,北京:中华书局,2013年,第995页。

《论语·子路》:"子曰:'君子易事而难说也。说之不以道,不说也;及其使人也,器之。小人难事而易说也。说之虽不以道,说也;及其使人也,求备焉。'"

本章列举了君子与小人在为人处世方面的差别,主要表现在以下三个方面:

一是"易事而难说"和"难事而易说","说"同悦。君子为人正派,做事规矩,因此在他们手下做事比较容易,但是想要取悦他们则很难;小人为人刁钻刻薄,他们表面上严厉,内心里却很怯懦,因此在他们手下做事很难,想要取悦他们却很容易。

二是"说之不以道,不说也"和"说之虽不以道,说也",这里的"道"应该是与人交往的正确方法。在人际交往中,每个人都必须遵从公共原则和通行规矩,不能因为个人好恶而改变原则和规矩。有德君子坚持原则,如果想通过投机取巧的方式来取悦他们,他们是不会接受的;无德小人则没有原则,只要是他们喜欢的事情,无论是否正确或合适,他们都会欣然接受,哪怕损害公共利益也无所谓。

三是"及其使人也,器之"和"及其使人也,求备"。"器"是指具有某种专门用途的器物,这里引申为特殊才能或专业技能;"备"是完备、齐备的意思,周初分封时,周公告诫代封于鲁的鲁公伯禽说:"无求备于一人。"[①]意思就是,对人不要求全责备,要能容忍别人犯错误。有德君子用人,不是按照人际关系的亲疏远近,而是按照各人的才干和能力,因此能够做到人尽其才,才尽其用;无德小人用人,则不考虑每个人的具体情况,一味地求全责备,百般挑剔。

总之,君子与小人在为人处事方面的种种差异,折射出当时社会价值失范、人们行为失当的乱象。孔子试图用君子之道来树立正面导向,

---

① 《论语·微子》。

纠正行为偏差,这种努力很难有实际效果。

《论语·雍也》:"子曰:'君子博学于文,约之以礼,亦可以弗畔矣夫!'"

君子勤奋好学,安贫乐道,这是君子与小人的重要区别。孔子说:"君子食无求饱,居无求安,敏于事而慎于言,就有道而正焉,可谓好学也已。"①博学多能是成为有德君子的重要前提,所以孔子对于学习问题非常重视,相关内容已在《学》和《好学》中做出具体评析,这里重点评析学习与君子修身立德之间的关系问题。

君子修德就必须加强学习,具体而言,学习的作用至少有以下几个方面:

一是学习可以益智。孔子曾对弟子说:"小子何莫学夫诗?诗,可以兴,可以观,可以群,可以怨。迩之事父,远之事君;多识于鸟兽草木之名。"②太宰向子贡打听孔子"何其多能"时,孔子又说:"君子多乎哉?不多也。"③可见,学习可以开阔视野,丰富知识,了解生活,增加才干。

二是学习可以解惑。孔子曾以自己的切身体会来说明学习对于释疑解惑的重要作用:"吾尝终日不食,终夜不寝,以思,无益,不如学也。"④人们在生活中遇到困惑时,只有通过学习,才能明白事理,进而达到"不惑"的人生境界。

三是学习可以立德。学习是道德修养的内生动力,孔子说"见贤思齐""就有道而正焉",所谓"思"和"正",就是一个最生动的学习过程。所

---

① 《论语·学而》。
② 《论语·阳货》。
③ 《论语·子罕》。
④ 《论语·卫灵公》。

以学习可以陶冶情操,提高修养,培养谦谦君子的内涵和气质。

四是学习可以纠错。孔子在"六言六蔽"中列举了人们在进行道德修养过程中容易发生的六种认知错误和行为偏差,即"愚""荡""贼""绞""乱""狂",这些错误只有通过刻苦学习才能加以纠正和克服①。

总之,学习是人生修养的主要途径,博学多能则是有德君子的必备素质。

《论语·雍也》:"子谓子夏曰:'女为君子儒,无为小人儒!'"

本章中的"君子儒"和"小人儒"是由君子与小人衍生出来的一组概念,至今只有孔子一人提出,而且也仅此一例,因此很难确定其具体内涵。"儒"是儒者,儒者以执礼为业,习礼日久,有的人领悟礼之本,有的人徒具礼之形,于是"君子儒"和"小人儒"的区别就逐渐显现出来。

孔子为什么要对子夏说这番话?根据孔子言论的一贯风格,显然是有所指的,说明子夏在某些方面做得不尽如人意。子夏在孔门十哲中虽然名列"文学"优等,但是各类记载对他的评价并不高。《荀子·非十二子》:"正其衣冠,齐其颜色,嗛然而终日不言,是子夏氏之贱儒也。"荀子直斥其为"贱儒",理由是他只会在"正其衣冠""齐其颜色"等礼仪细节方面摆摆花架子,做做表面文章,至于是否真正理解礼制精髓就不得而知了。《孔子家语》对他的评价也不高:"送迎必敬,上交下接若截焉,是卜商(子夏)之行也。"②"为人性不弘,好论精微,时人无以尚之。"③"性不弘"就是心胸不够开阔,遇事爱钻牛角尖。子夏平时在送往迎来、上交下接之类的琐事上用心思、花力气,在道德修养方面就必然有所欠缺。根

---

① 《论语·阳货》。
② 《孔子家语·弟子行》。
③ 《孔子家语·七十二弟子解》。

据子夏的种种行止推断,"小人儒"的主要特征应该是习礼时只注重虚华礼仪,一举一动看起来有模有样,但是对于礼制精神却一知半解,因此道德修养也很难达到更高境界。

孔子告诫子夏不要做"小人儒",要做"君子儒",那么怎样才能成为"君子儒"呢?孔子虽然没有直接阐述,但是可以结合孔子有关君子之道的言论来综合分析。孔子说:"君子谋道不谋食。"①同样,"君子儒"习礼的目的也是"谋道",而不是"谋食"。《史记集解》引何晏言曰:"君子之儒将以明道,小人为儒则矜其名。"《皇疏》亦曰:"君子所习者道,道是君子儒也。小人所习者矜夸,矜夸是小人儒也。"由此可见,"君子儒"和"小人儒"的最大区别在于"道","道"是一种政治信念和人生追求。"君子儒"努力修身求道,他们把奉行礼制作为人生目标,在习礼过程中注重理解礼制的精神实质,自觉遵从礼制规范,努力提高自身道德修养,这就是"君子儒"的行动指南和精神追求。

关于"君子儒"和"小人儒"之别,还可以参照荀子关于"俗儒"和"雅儒"的相关论述来理解,《荀子·儒效》:

> 逢衣浅带,解果其冠,略法先王而足乱世术;缪学杂举,不知法后王而一制度,不知隆礼义而杀《诗》、《书》;其衣冠行伪已同于世俗矣,然而不知恶者;其言议谈说已无异于墨子矣,然而明不能别;呼先王以欺愚者而求衣食焉,得委积足以掩其口,则扬扬如也;随其长子,事其便辟,举其上客,患然若终身之虏而不敢有他志:是俗儒者也。法后王,一制度,隆礼义而杀《诗》、《书》;其言行已有大法矣,然而明不能齐法教之所不及、闻见之所未至,则知不能类也;知之曰知之,不知曰不知,内不自以诬,外不自以欺,以是尊贤畏法而不敢怠傲:是雅儒者也。

---

① 《论语·卫灵公》。

从荀子的论述中可以看出,"俗儒"与"小人儒"的行径基本相同,而"雅儒"则与"君子儒"基本相同,两者对于儒学的态度和道德修养的境界是不同的,这是"君子儒"与"小人儒"的根本区别。

《论语·公冶长》:"子谓子贱,'君子哉若人!鲁无君子者,斯焉取斯。'"

孔子论君子,大多带有理想成分,因为在现实生活中,堪称道德完美的正人君子实在不多见。他说:"圣人,吾不得而见之矣;得见君子者,斯可矣。"[①]世道衰微,见不到圣人实属无奈,但是能见到有德君子也可以聊以自慰了。

本章中的宓子贱是孔子早年弟子,鲁国人,比孔子小三十岁,他出仕时间较早,任鲁国单父宰。《史记·仲尼弟子列传》:

> 子贱为单父宰,反命于孔子,曰:"此国有贤不齐(宓子贱,名不齐)者五人,教不齐所以治者。"孔子曰:"惜哉不齐所治者小,所治者大则庶几矣。"

《说苑》《韩诗外传》《孔子家语》等书中均有类似记载,可见宓子贱善于运用他所学习的儒学知识来治理一方,并且取得不俗的为政效果,受到当地百姓的拥戴,所以孔子称他为鲁国"君子"。

在《论语》中,被孔子称作"君子"的共有三个半人,除宓子贱外,还有孔门弟子南宫适、卫国大夫蘧伯玉和郑国贤相子产(半个君子):

[①]《论语·述而》。

南宫适问于孔子曰:"羿善射,奡荡舟,俱不得其死然。禹稷躬稼而有天下。"夫子不答。南宫适出,子曰:"君子哉若人!尚德哉若人!"①

　　子曰:"君子哉蘧伯玉!邦有道,则仕;邦无道,则可卷而怀之。"②

　　子谓子产有君子之道四焉:其行己也恭,其事上也敬,其养民也惠,其使民也义。③

南宫适也是孔子的得意门生之一,曾因"三复白圭"而得到孔子的赏识④。《公冶长篇》:"子谓南容,'邦有道,不废;邦无道,免于刑戮。'以其兄之女妻之。"可见他和蘧伯玉有一个共同特点:善于审时度势,趋利避害,在仕途进退出处问题上富有智慧。孔子对于这个问题似乎特别看重,所以把他们都称作"君子"。子产则是孔子所敬重的贤大夫,"孔子所严事:于郑,子产"⑤。但是孔子并没有直接称他为"君子",只是说"子产有君子之道四焉",因为"君子"和"君子之道"之间是有区别的。有人曾请孔子评价子产,孔子说:"惠人也。"⑥因此子产只能算半个君子。

---

①《论语·宪问》。
②《论语·卫灵公》。
③《论语·公冶长》。
④《论语·先进》。
⑤《史记·仲尼弟子列传》。
⑥《论语·宪问》。

90. 士(共7章)

春秋时期,士人是一个非常重要的社会阶层,他们在政治上依附于氏族贵族,在经济上又保持相对独立,因此在社会分工中承担了许多重要职责,在道德修养方面也有一些特殊要求,先秦典籍中有具体描述:

> 诸侯春秋受职于王以临其民,大夫、士日恪位著以儆其官,庶人、工、商各守其业以共其上。①
>
> 天有十日,人有十等,下所以事上,上所以共神也。故王臣公,公臣大夫,大夫臣士,士臣皂,皂臣舆,舆臣隶,隶臣僚,僚臣仆,仆臣台,马有圉,牛有牧,以待百事。②

从上述记载中可以看出,士人社会地位低于贵族大夫,高于工商庶人和家庭奴隶(舆、隶、僚、仆等),因此他们向上有发展空间,向下则有沦落之虞。

春秋末年,社会动荡加剧,士人逐渐摆脱了对氏族贵族的政治依附,获得了相对自由的社会活动空间,逐渐成为社会的中坚力量。他们有的出仕为官,有的给公族贵族当家臣或卫士,有的在军队中当专职武士,还

---

①《国语·周语上》。
②《左传·昭公七年》。

有的则成为一技之长的术士。儒士就是专司礼仪事务的术士,因此孔门弟子大多都是士人子弟。

孔门除了学习《诗》《书》《礼》《乐》等儒学知识外,也要学习为人处世的基本原则和道德修养的基本规范。对于士人子弟而言,如何才能成为一个合格的士人,这是众人普遍关注的问题,孔门弟子也经常会向孔子请教"何如斯可谓之士"之类的问题(子路、子贡等人均有此问)。孔子根据儒家学说的相关理论以及君子之道的相关要求,对士人的素质要求做出比较全面的阐述,许多言论对于培养中国古代的士大夫精神产生了极为深远的影响。

《论语·里仁》:"子曰:'士志于道,而耻恶衣恶食者,未足与议也。'"

本章中的"道"是一个政治概念,具体内涵是"文武之道"或"先王之道",因此"志于道"是士人必须具备的政治素质。孔子以此来强调士人的使命意识和责任担当。

孔子历来重视"志于道"问题,他说:"志于道,据于德,依于仁,游于艺。"①把"志于道"作为人生修养的首要任务。他在回顾自己人生经历时,也把"吾十有五而志于学"作为迈向成功的重要一步,虽然他没有说明所"学"内容,但是从他的相关言论中可以推导出学于"道"的结论:"君子学道则爱人,小人学道则易使也。"②"君子谋道不谋食。""君子忧道不忧贫。"③君子是士人的楷模,在孔子所列举的"人有五仪"(庸人、士、君子、贤人、大圣)中,士人的努力方向和发展目标就是君子,他们只要不断

---

① 《论语·述而》。
② 《论语·阳货》。
③ 《论语·卫灵公》。

努力,坚持不懈,思想觉悟和道德修养就可以达到君子的境界①。孔子认为,士人社会地位虽然不高,经济状况也很一般,但是不能妄自菲薄,随波逐流,应该在政治上尽早确立志向,明确目标。只有不甘平庸的人,才有可能改变自己的命运。现实情况却令人失望,《韩诗外传》中载有一段孔子批判士人种种恶行的言论:

> 士有五。有执尊贵者,有家富厚者,有资勇悍者,有心智慧者,有貌美好者。执尊贵者,不以爱民行义理,而反以暴敖陵物。家富厚者,不以振穷救不足,而反以侈靡无度。资勇悍者,不以卫上攻战,而反以侵陵私斗。心智慧者,不以端计数,而反以事姦饰诈。貌美好者,不以统朝涖民,而反以蛊女纵欲。此五者,所谓士失其美质者也。②

当时有些士人子弟(包括少数孔门弟子)胸无大志,不思进取,贪图安逸,得过且过。孔子对他们提出严厉批评:"士而怀居,不足以为士。"③他又说:"君子怀德,小人怀土。"④"怀居"和"怀土"意思相同,就是守着小家庭过衣食无忧的安稳日子,不愿意为了建功立业而游走四方,艰苦奋斗。本章中"耻恶衣恶食者"的士人即为此类,"耻"是意动词,"以……为耻"的意思,"恶衣恶食"代指生活贫困,吃粗粮穿破衣。这种"耻恶衣恶食者"的士人,自己庸庸碌碌,苟且偷生,却要耻笑别人生活穷困。孔子认为,这种士人胸无大志,目光短浅,势利庸俗,贪图享受,道德水准低下,实在不值得和他们讨论问题,即"未足与议也"。

---

① 《荀子·哀公》。
② 《韩诗外传》卷二第二十七章。
③ 《论语·宪问》。
④ 《论语·里仁》。

《论语·卫灵公》："子曰：'志士仁人，无求生以害仁，有杀身以成仁。'"

孔子从很多方面论证了"仁"对于人生修养的重要意义，唯有本章言论，他把"仁"上升到了生死高度，因为言论的对象是"志士仁人"。《集注》："志士，有志之士。仁人，则成德之人也。理当死而求生，则于其心有不安矣，是害其心之德也。当死而死，则心安而德全矣。"对于普通人来说，生死是人生大事，必须坚守到底；但是对于"志士仁人"来说，"仁"的价值高于一切，因此可以将生死置之外。"无……，有……"是语气肯定的选择句，"求生以害仁"和"杀身以成仁"两者形成强烈对比，这是关于"仁"与"生（身）"之间的极端选择，也是关于理想和意志的极端考验。曾子也有相同言论："士不可以不弘毅，任重而道远。仁以为己任，不亦重乎？死而后已，不亦远乎？"①"弘毅"就是有志于"仁"，意志坚定，这是士人的重要品质。

孔子是在什么背景情况下发表此番言论的呢？或者说此番言论还有什么更深层次的含义呢？孔门弟子在整理孔子言论时总是斩头去尾，损失很多具体信息，因此很难还原历史现场。根据各种历史记载推断，有一种可能是孔门师生直接面对生死问题的时候，有些弟子经受不住生死考验，求仁的信念发生动摇，比如孔子等人困于陈、蔡之间，断粮多日，生死只在一念之间，当时子路抱怨说："意者吾未仁邪？人之不我信也。意者吾未知邪？人之不我行也。"意思就是，"仁"与"知"未必能帮助我们摆脱眼前的困境，因此不值得固守，更不值得"杀身以成仁"。孔子则说："譬使仁者而必信，安有伯夷、叔齐？使知者而必行，安有王子比干？"②此外，孔子等人遭到匡人围攻或受到宋司马桓

---

① 《论语·泰伯》。
② 《史记·孔子世家》。

魋武力威胁等危急状况也都属于此类情况。还有一种可能是孔子晚年归鲁之后，冉有、子路、子游、子贡等弟子相继出仕为官，他们凭借自己的才干，取得了不俗的政绩，受到了当政贵族的重用，前途不可限量。当时士人阶层在政坛上迅速崛起，成为左右时局的一股新兴力量，孔子感到欣慰，对他们也给予厚望。但是孔子同时发现他们在从政过程中都程度不同地偏离了求仁的大方向，甚至为当政者的种种违礼行为（如"用田赋""伐颛顼"等等）进行辩护，因此不得不对他们提出忠告和警示。

在孔子看来，行仁于天下是一项无比艰难的任务，他说："仁之为器重，其为道远，举者莫能胜也，行者莫能致也。"①"志士仁人"应该把"仁"看得比自己的生命更重要，因为他们承载着复兴"天下有道"礼制秩序的神圣使命，要实现这一远大目标，就必须始终保持清醒的头脑和顽强的意志，坚定不移沿着"仁"的路线走下去！

《论语·子路》："子贡问曰：'何如斯可谓之士矣？'子曰：'行己有耻，使于四方，不辱君命，可谓士矣。'曰：'敢问其次。'曰：'宗族称孝焉，乡党称弟焉。'曰：'敢问其次。'曰：'言必信，行必果，硁硁然小人哉！——抑亦可以为次矣。'曰：'今之从政者何如？'子曰：'噫！斗筲之人，何足算也？'"②

本章孔子按照德行高低，把士人分为上、中（其次）、下（再其次）三等，与此相对应的道德规范是"忠""孝弟""信"。除此之外都是等而下之的"斗筲之人"。"斗"和"筲"都是古代量具，一者量小，一者盛浅，这里用

---

① 《礼记·表记》。
② 本章有关"信"的内容将在《信》中进行评析。

来形容心胸狭隘、目光短浅之人，"今之从政者"皆为此类，他们根本不值一提，"何足算也"就是无需计算在内的意思。

上等士人亦可称为国士或达士，他们出仕为官，尽忠报国，代表国家行走四方，履行使命，道德修养境界已经达到了"忠"。根据孔子描述，上等士人的主要特征是"行己有耻"。"行己"是指个人德行修为，"有耻"是一种自发的道德约束力，也是道德修养的原始动力，因此孔子要求士人在道德修养过程中不断激发"有耻"的自觉性，他反复强调："邦无道，谷，耻也。"①"古者言之不出，耻躬之不逮也。"②孔子认为，上等士人在道德修养方面已经日臻完善，他们具有强烈的责任感和羞耻心，因此能够明辨是非，严格自律，珍惜名誉。如果让他们受命出使诸侯各国，在关乎国家荣誉和礼制规范等重大问题上，他们一定能够坚持原则，不辱使命。简单地说，他们就是国家的政治精英。

中等士人（其次）亦可称为处士或闻士，他们勤修身，谨言行，轻言利，在氏族组织中是道德楷模，在乡里也有一定的知名度和影响力。中等士人的主要特征是在家里能够孝敬父母，敬爱兄弟，为人表率；在族中能够发扬氏族精神和传统美德，与族人友好相处，对于维护氏族组织的内部团结发挥了重要作用，他们道德修养境界已经达到了"孝"和"弟"。孔子对这类士人曾做出具体描述：

> 所谓士者，虽不能尽道术，必有率也；虽不能遍美善，必有处也。是故知不务多，务审其所知；言不务多，务审其所谓；行不务多，务审其所由。故知既已知之矣，言既已谓之矣，行既已由之矣，则若性命肌肤之不可易也。故富贵不足以益也，卑贱不足以损也。如此，则可谓士矣。③

---

① 《论语·宪问》。
② 《论语·里仁》。
③ 《荀子·哀公》。

显然,中等士人求"道"而未得"道",求"善"而未能"善",在"知""言""行"等方面也不够完善,因此他们还不能像国士那样承担代表国家"使于四方"的重要任务,只能在宗族和乡里中发挥自己的道德影响力。

下等士人(再其次)则是无所闻达的普通士人或个体士人,他们既不承担国家任务,也不履行氏族义务,一个人独来独往,无须讲究太多的礼义规范和道德修养。他们在与人交往中,只注重形式上的言信行果,却不能明辨内容上的是非善恶,行为很容易走向极端,危害社会。孔子对这类士人的评价基本是负面的,把他们形容为"硁硁然小人哉"。

综上所述,孔子从国家、乡里(氏族)和个人三个层面对士人进行了分类。按照他的评价标准,士人首先应该为国服务,其次应该教化乡里,再其次则是管好自己。

《论语·子路》:"子路问曰:'何如斯可谓之士矣?'子曰:'切切偲偲,怡怡如也,可谓士矣。朋友切切偲偲,兄弟怡怡。'"

子路在本章中向孔子提出了一个和子贡完全相同的问题——"何如斯可谓之士矣",说明他们都希望通过自身努力来突破身份限制,从而获得更大的发展空间,这种可能性在当时正在日益增大。其实早在春秋中期,鲁国就有突破礼制限制、特封庶人为贵族的先例,臧文仲任鲁国政卿时就曾为辟土有功的重馆人请赏,后来鲁僖公果然废除了他的奴隶身份,封爵为贵族大夫①。到了春秋末年,普通士人阶层在政坛上已经发展成为一股重要力量,阳虎、公山不狃等人更是势力强大,他们相互勾结,直接干预朝政,子贡、子路等人受此鼓舞,自然萌生出一些新的想法。

孔子答子路问士的内容相对简单,他主要对妥善处理好朋友和兄弟

---

① 《国语·鲁语上》。

关系提出了具体要求。"切切偲偲"是朋友之间相互责善,坦诚提出批评意见,目的在于取长补短,共同进步;"怡怡"则是指兄弟之间敬爱和顺,和睦相处。《大戴礼记·曾子立事》:

> 宫中雍雍,外焉肃肃,兄弟憘憘,朋友切切,远者以貌,近者以情。友以立其所能,而远其所不能。苟无失其所守,亦可与终身矣。

曾子在孔子提出的朋友和兄弟关系之外,又增加了一个宫室内外的政治关系。士人如果能够把握好交友的原则,处理好方方面面的人际关系,就可以确保终身无过了。

对于士人,孔子着重强调了处理好朋友和兄弟关系的重要性,因为士人立身处世,具有相对的独立性和自主性,他们在生活中主要面对的人伦关系未必是君臣父子,而是朋友兄弟。相对而言,君臣父子是一种不对等的上下关系,因此"忠""孝"等道德要求是明确的,"敬""恭"等行为规范也是具体的。但是朋友和兄弟则是一种相对平等的关系,相关的道德规范偏弱,有时很难把握尺度,过于亲近就难免变得庸俗,过于疏远又有可能招致怨愤,所以孔子刻意提出了"切切偲偲"和"怡怡"的原则要求,核心要义就是做到与人和睦相处。

《论语·颜渊》:"子张问:'士何如斯可谓之达矣?'子曰:'何哉,尔所谓达者?'子张对曰:'在邦必闻,在家必闻。'子曰:'是闻也,非达也。夫达也者,质直而好义,察言而观色,虑以下人。在邦必达,在家必达。夫闻也者,色取仁而行违,居之不疑。在邦必闻,在家必闻。'"

本章是子张向孔子请教"士何如斯可谓之达矣",思路似乎比子贡、子路更进一步。孔子则通过比较"闻"与"达"两者的概念不同来进行阐述。

本章中的"闻"与"达"主要体现了士人修身立德的两种形式或境界："闻"是闻名、知名之义,这里可以理解为徒有虚名的意思;"达"是显达、到达之义,这里可以理解为名至实归的意思,亦可理解为练达。关于"闻"与"达",旧注有求仁和求学两种解读,均无不可。

闻者的表现特征主要有两点:一是"色取仁而行违","色"是外在表象,"行"是内在实质,闻者表面上求仁修德,但实际上却处处违反"仁"的道德规范,名至而实不归;二是"居之不疑",闻者求仁,为了博取名声而热衷于外在表现,这原本是情有可原的,但是他们却自以为是,满足于此,并且对于这种虚假状态自我陶醉,深信不疑,这才是问题的要害!概而言之,闻者故作高深,欺世盗名,无论他们到哪里或做什么都以仁者自居,骗取世人的信任。闻者的这些表现与荀子所描述的"俗儒"极为相似:"其衣冠行伪已同于世俗矣,然而不知恶者;其言议谈说已无异于墨子矣,然而明不能别。"①

达者的表现特征主要有三点:一是"质直而好义","直"是为人坦诚正直,"义"是行为得当适宜,这些都是士人的主要素质,士人注重名声,更注重内在品质;二是"察言而观色",这主要是对上而言,在为人谋事的过程中,必须密切关注在大位者的各种情绪反应("言"与"色"),这样才能维持彼此之间和谐稳定的关系;三是"虑以下人",这主要是对下而言,"虑"是思量、顾念,"下"在这里用作动词,是放低姿态的意思,思考问题时应该多从他人的角度出发,做到尊重对方,懂得退让。鲁大夫孟僖子曾对鲁昭公说:"吾闻将有达者曰孔丘,圣人之后也。"②可见时人对"达者"的认可度是很高的。

《集注》引尹氏言曰:"子张之学,病在乎不务实。故孔子告之,皆笃

---

① 《荀子·儒效》。
② 《左传·昭公七年》。

实之事,充乎内而发乎外者也。"子张才学过人,但是他为人浮夸,追求虚名,把大量精力放在没有意义的外在形式上,所以荀子批评道:"弟佗其冠,神襌其辞,禹行而舜趋,是子张之贱儒也。"①"禹行而舜趋"就是在形式上模仿上古圣王的言行,却不能认真践行仁德精神,这是典型的"色取仁而行违"。子张这些习性如果不加以纠正,必然会影响到修身立德,所以孔子在回答他的问题时特别告之以"闻"与"达"的区别,希望他不要为虚名所累,做人要实实在在地提高内在的道德素养。

《论语·阳货》:"子路曰:'君子尚勇乎?'子曰:'君子义以为上,君子有勇而无义为乱,小人有勇而无义为盗。'"②

春秋时期,士人多为武士,即所谓"有资悍勇者",他们是维护国家军事安全的重要力量。在诸侯争霸、战争频仍的时代背景下,武士阶层地位比较特殊,他们在政治上主要依附于氏族贵族,除了履行氏族内部的各项义务之外,还要随时听从当政者的调遣,承担保卫国家安全的重要任务。在经济上,他们又保持相对独立,有食田或俸禄可以维持基本生活。武士平时以讲武训练为主,遇有战事,凡是能够自备战马战具的都可以随军出征(普通庶人和大田奴隶是没有这种资格的),在战场上荣立军功,进而晋升为上等武士,甚至可以打破身份限制,加官晋爵。因此当时武士普遍"尚勇",并以此作为价值取向和精神追求,孔子在论"成人"时也把"卞庄子之勇"作为一个重要内容③。

子路原本是武士出身,投在孔子门下总显得格格不入,他为了能显示出自己的长处,就经常向孔子请教有关"勇"的问题。本章中他又提出

---

① 《荀子·非十二子》。
② 本章有关"勇"的内容将在《勇(勇者)》中进行评析。
③ 《论语·宪问》。

"君子尚勇"问题,希望能够得到肯定答复。然而孔子并未做出正面回应,而是提出了比"勇"更重要的道德规范——"义"。孔子说:"居是邦也,事其大夫之贤者,友其士之仁者。"①可见士人是可以通过提高道德修养成为有德君子的,但是道德完善仅仅依靠"尚勇"是远远不够的,还应该在"仁""义"等更高范畴的道德品质上下大力气。如何理解"义"与"勇"关系?鲁哀公十一年(公元前484年),在齐、鲁郊之战中,冉求作战英勇,率先突入齐阵,杀敌无数。战后孔子称赞道:"义也。"②可见,能够保卫国家、英勇杀敌的"勇"是符合道义的,可以称之为"义"。

从总体上来看,孔子是认可"君子尚勇"的,但是他反对不受礼义节制的好强逞勇行为。所谓"君子有勇而无义为乱,小人有勇而无义为盗","乱"是犯上作乱,危害国家社稷;"盗"是破坏社会秩序,危害平民百姓。这种"勇"必须坚决杜绝!

《论语·述而》:"子曰:'富而可求也,虽执鞭之士,吾亦为之。如不可求,从吾所好。'"③

除了武士和儒士之外,还有许多士人在官府为吏,靠领取俸禄来维持生活,他们的职位有许多都是世袭的。根据《周礼》记载,周朝拥有一个相当庞大完备的官僚体系,各类职官有近四百人,下属小吏更是不计其数。比如孔子年轻时曾经当过委吏、乘田之类的小吏,这些都是层级较低的职位,因此《周礼》中没有相关记载。本章的"执鞭之士"也属于地位卑微的下等官吏。

关于"执鞭之士",旧有两种解说:一是《周礼·秋官司寇下》中记载

---

① 《论语·卫灵公》。
② 《左传·哀公十一年》。
③ 本章有关贫与富的内容将在《贫而安乐,富而好礼》中进行评析。

的条狼氏:"条狼氏,掌执鞭以趋辟。王出入则八人夹道,公则六人,侯伯则四人,子男则二人。"按照这样的解释,"执鞭之士"是王公贵族出行时的贴身警卫,他们负责挥鞭驱赶闲杂人等,有点类似于现在的保镖或马仔。二是《周礼·地官司徒下》中记载的胥吏:"凡市人,则胥执鞭度守门。"这个职位有点类似于现在的市场管理员,他们负责维护市场秩序,虽然职位较低,但是拥有一定的管理权和执法权,因而能获取一些实惠。在上述两种解读中,后一种似乎更加符合孔子的本意,因为市场胥吏可以利用职权来控制商贾,比较容易实现"富而可求"。过去也有人认为"执鞭之士"是贵族大夫的御驾者,因此将其翻译为"驾驶员",这种解读显然有误。

春秋末年,社会动荡加剧,士人阶层贫富分化日益严重,富有之士如子贡,他"结驷连骑,束帛之币以聘享诸侯";贫穷之士如原宪,他"不厌糟糠,匿于穷巷"[1]。许多士人迫于生计,不得不放弃祖业,四处求富,进而加大了社会的贫富分化,改变了社会结构。

---

[1]《史记·货殖列传》。

91. 鄙夫(共1章)

《论语·阳货》:"子曰:'鄙夫可与事君也与哉？其未得之也,患得之。既得之,患失之。苟患失之,无所不至矣。'"

"鄙夫"一词在《论语》中共出现两次,除本章外,另一次是《子罕篇》中的"有鄙夫问于我"。"鄙"是远离国都的边疆地区,春秋初年,管仲在齐国推行内政改革时就曾实行"参其国而伍其鄙"的政策,具体措施是"陆、阜、陵、墐、井、田、畴均",这里的陆、阜、陵、墐、井、田、畴等都是荒郊野外的贫瘠土地①;"鄙夫"是指居住在偏远地区的粗鄙之人,有时亦称为鄙人,《左传·襄公十五年》:"以和氏之璧与百金以示鄙人,鄙人必取百金矣。"可见,鄙夫(鄙人)是那种目光短浅、孤陋寡闻、斤斤计较、患得患失的乡巴佬。

第一句是用反问句式来加强否定语气,"与"犹"以",亦可以理解为"与之"。意思就是,坚决不能和鄙陋之人共同事君,原因很简单,因为他们不能做到"臣事君以忠"②。接下来,孔子对鄙夫患得患失的心理状态做出具体分析:首先是他们"未得之也,患得之",这里的"得"是得到官位的意思,第二个"得"字是古汉语中的急读之法,义即"不得",孔安国注

---

①《国语·齐语》。
②《论语·八佾》。

曰:"患得之者,患不能得之。"清代学者焦循对此也做出解释:"古人文法有急缓。不显,显也,此缓读也。《公羊传》'如勿与而已矣',何休注云:'如即不如,齐人语也。'此急读也。以得为不得,犹以如为不如。"①其次是他们"既得之,患失之",这里的"之"都是代指官位。《礼记·杂记下》:"居其位,无其言,君子耻之;有其言,无其行,君子耻之;既得之而又失之,君子耻之。"鄙夫心胸狭隘,目光短浅,一心只想自己,总是把个人得失摆在第一位,得不到官位就着急,得到了官位又焦虑,唯恐失去官位,在这种心理支配下,他们当然不可能履职尽忠。患得患失之人永远生活在惶恐不安之中,遇事反复纠结,拿不起,放不下,因此与他们共事必然会受到拖累,最终难以成事。再次是他们"无所不至",郑玄注曰:"无所不至者,言邪媚无所不为也。"《皇疏》亦曰:"既患得失在于不定,则此鄙心迴邪,无所不至,或为乱也。"《集注》的解释就更为刻薄:"小则吮痈舐痔,大则弑父与君,皆生于患失而已。"由于鄙夫过分看重自己官位的得与失,他们为了保住职位,有时不惜采用各种卑劣、邪恶的手段,无所不用其极,令人不齿!《论语》中的阳货、公山弗扰等人就是此类人物,他们为了保住自己的权势和地位而发动叛乱,祸害国人。

《荀子·子道篇》从终身之乐和终身之忧的角度阐述了君子与小人对于得失问题的不同态度,文字与本章略同,可作参考:

> 子路问于孔子曰:"君子亦有忧乎?"孔子曰:"君子,其未得也,则乐其意;既已得之,又乐其治。是以有终身之乐,无一日之忧。小人者,其未得也,则忧不得;既已得之,又恐失之。是以有终身之忧,无一日之乐也。"

得亦乐、失亦乐是君子风度,得亦患、失亦患则是小人行止。此外,

---

① [清]焦循著,陈居渊主编:《雕菰楼经学九种》上册,南京:凤凰出版社,2015年,第670页。

本章言论在《说苑》《潜夫论》《盐铁论》《汉书》等古籍中均有引用。

刘氏《正义》引用五河君《经义说略》言曰:"自'色厉而内荏'至'鄙夫',凡四章,语意大略相同。皆言中不足而外有余,盖貌为有德则色厉,而阴实小人故内荏,貌为好学则道听,而中无所守故塗说。是故居则为乡愿,出则为鄙夫,欺世盗名之徒,其害可胜言哉!"把本篇前后相连的四章言论串联起来进行解读,这种方法颇能给人以启发,至少可以准确地把"鄙夫"和"小人""乡愿""德之弃"等归为同类人物,尽管他们的表现特征各不相同,但是同为孔子所鄙夷。

92. 女子（妇人）(共1章)

《论语·阳货》："子曰：'唯女子与小人为难养也,近之则不孙,远之则怨。'"

孔子为了本章言论背负了千载骂名,什么叫"唯女子与小人为难养也"？这分明就是歧视女性！孔子挨骂,既冤又不冤:冤的是他本人确实没有歧视女性的意思,后人误解了他;不冤的是他当时没有把话说清楚,或者是弟子在整理他的言论时手上省了几刀,少刻了几个字,以至于造成后人误读。不过骂人者也有值得反思的地方,研读《论语》,最重要的是要尊重那个年代,了解历史背景,如果完全用现代人的思维和眼光来解读《论语》,就难免出现望文生义、牵强附会的情况。

春秋时期,男尊女卑的观念并不流行,这可以从《诗经》中年轻女性大胆追求爱情的诗句中真切体会到这一点。当然,由于社会分工不同,当时女性很少参与国家和氏族公共事务,但是这并不代表她们社会地位低下,不受人尊敬。相反,有些女性很有主见和魄力,甚至很强势。比如晋文公流亡齐国期间,他的夫人姜氏见他贪图享受,纵欲怀安,不思复国,于是就耐心劝说他要以复国大业为重："君国可以济百姓,而释之者,非人也。败不可处,时不可失,忠不可弃,怀不可从,子必速行。"①然而晋

---

① 《国语·晋语四》。

文公不听劝说,于是她就和子犯等人密谋,将晋文公灌醉后拖到车上强行驶离齐国。姜氏虽然是女性,但是她的眼界和魄力确实非一般男子所能及。鲁成公的母亲穆姜也是一位强势女性,她不仅在政治上与公族贵族叔孙氏勾结,企图阻挠政卿季文子所推行的种种改革措施,而且还不断地向鲁成公施加压力,甚至公开威胁道:"女不可,皆是君也。"①意思就是,你如果不听话,我随时可以找人替换你!可见她何其蛮横霸道!这样的女性在《左传》《国语》等史书中多有记载。

孔子对于女性的态度不可能跳出那个时代,因此在他的思想观念中,男女之间是相对平等的,不存在所谓歧视女性问题。孔子在许多言论中常常是男女并称:"男有分,女有归。"②"乾道成男,坤道成女。乾知大始,坤作成物。"③"男尚忠信,女尚贞顺。"④在日常生活中,孔子对于女性也表现出应有的关心和尊重,他路过泰山时看见有一个老妇人在墓前哀哭,就立即让子贡上前去了解情况,表示关切和慰问⑤。他南游适楚时途经阿谷之隧,看见有一个年轻女子在河边洗衣服,又让子贡上前与她攀谈,并赠与她绤絺五两⑥。对于年长的贵族女性,孔子更是恭敬有加,鲁国执政国卿季康子的从祖叔母通晓礼仪,尊老爱幼,勤俭持家,孔子多次称赞她道:"女知莫如妇,男知莫如夫。公父氏之妇智也夫!欲明其子之令德。""季氏之妇可谓知礼矣。爱而无私,上下有章。"⑦

在《论语》中,孔子关于女性的言论,大体有四个方面:

一是与孝道有关的父母。孔子三岁丧父,孤儿寡母相依为命,由贫贱而至圣,其间无不浸润着母爱以及母教的伟大力量,他在谈及子女尽

---

① 《左传·成公十六年》。
② 《礼记·礼运》。
③ 《周易·系辞上》。
④ 《孔子家语·相鲁》。
⑤ 《礼记·檀弓下》。
⑥ 《韩诗外传》卷一第三章。
⑦ 《国语·鲁语下》。

孝问题时大多是父母并列(当时多表述为"父慈子孝"):

事父母几谏,见志不从,又敬不违,劳而不怨。①
父母在,不远游,游必有方。②
父母之年,不可不知也。一则以喜,一则以惧。③
子生三年,然后免于父母之怀。④

二是在历史上做出杰出贡献的伟大女性:

舜有臣五人而天下治。武王曰:"予有乱臣十人。"孔子曰:"才难,不其然乎?唐虞之际,于斯为盛。有妇人焉,九人而已。三分天下有其二,以服事殷。周之德,其可谓至德也已矣。"⑤

这里所说的"妇人",历来有两种说法:一说是文王夫人太姒。太姒聪明淑贤,分忧国事,严教子女,尊上恤下,深得文王的厚爱和臣下的敬重,被人们尊称为文母。另一说是周武王夫人、周成王之母邑姜。周武王说自己有乱臣十人,九男治外,一女主内,内外相互协调,最终成就了周王朝一统天下的伟业,这个"妇人"就是邑姜。其实孔子这几句话里还隐含了更深一层的含义,当初周部族已经取得"三分天下有其二"的优势,但是仍然隐而不发,"以服事殷",这完全是女人的阴柔之术,倡导者必定是"乱臣十人"中的"妇人",所以孔子盛赞"周之德"为"至德"——阴阳兼备,十全十美。由此可见,孔子不仅没有歧视女性,反而给予她们极高的评价和赞誉。

---

①《论语·里仁》。
②《论语·里仁》。
③《论语·里仁》。
④《论语·阳货》。
⑤《论语·泰伯》。

三是与嫁娶有关的女子。在中国古代观念中,天地、阴阳、男女都是自然界的始基,两者和谐则是最高境界,所以孔子说:"男女构精,万物化成。"①为了维持夫妻之间的和谐,儒家伦理规范对女子提出了"贤"的要求,即"贤贤易色"②,这里的第二个"贤"字代指贤淑之德,意思就是,对于妻子要重品行而不重容貌。品行贤淑的女子当然要许配给有德君子,这样才能琴瑟和谐,相得益彰,孔子非常看重这一点,所以他把自己的女儿嫁给了蒙受冤屈而不改初衷的公冶长③,又把侄女许配给了德行高尚、富有智慧的南宫适④。在孔子看来,并不是所有女子都是"难养"的,好女子嫁给好男子,家庭和睦,夫和妻柔,这是符合儒家的道德规范的,也是有利于维护和谐的社会秩序的。

四是本章中"女子"。过去有人认为,本章中的"女子"实为"汝子",是孔子谓弟子之称。在古代汉语中,"女"与"汝"相通,这种用法在《论语》中也比较普遍,但是都是"女"字单用,如"女为君子儒"⑤、"女以予为多学而识之者与"⑥等等。在"女子"作为一个固定词组的情况下,"女"通"汝"仅此一例,在先秦其他典籍中也不见,因此这种解读是缺乏说服力的。"养"是生养、养活,这里可以理解为"相处"。其实本章真正值得关注的是"唯"字,"唯"是副词,用来限定范围,表示强调,相当于"只有""只是"等。王引之《经传释词》:"惟,独也,常语也。或作'唯'、'维'。"《论语》中的"唯"常用于强调或特指,如"唯上知与下愚不移"⑦、"父母唯其疾之忧"⑧、"用之则行,舍之则藏,惟我与尔有是夫"⑨。那么本章中的"唯

---

① 《周易·系辞下》。
② 《论语·学而》。
③ 《论语·公冶长》。
④ 《论语·公冶长》。
⑤ 《论语·雍也》。
⑥ 《论语·卫灵公》。
⑦ 《论语·阳货》。
⑧ 《论语·为政》。
⑨ 《论语·述而》。

女子与小人"特指什么人？或者说什么人惹恼了孔子，让他说出这番指向明确的狠话？综合各种史料分析，卫灵公夫人南子和嬖臣弥子瑕的可能性最大。《孟子·万章章句上》：

> （孔子）于卫主颜雠由。弥子之妻与子路之妻，兄弟也。弥子谓子路曰："孔子主我，卫卿可得也。"子路以告。孔子曰："有命。"孔子进以礼，退以义，得之不得曰"有命"。

这是孔子刚刚去鲁适卫时发生的事情，弥子瑕主动邀请孔子等人住到自己家中，这样他就可以安排孔子通过卫灵公夫人南子的关系谋得卫国卿大夫的位置，卫大夫王孙贾也曾有过类似的暗示，但是都被孔子拒绝了①。可见，孔子对南子和弥子瑕等人通过裙带关系谋私的做法比较反感。孔子在卫国闲居了十个多月，后来打算到陈国去寻求发展，结果在途中遭到匡人围攻，险些丧命，一行人只好又返回卫国。为了生计，孔子这一次不得不收回"有命"的说辞，放下身段去拜见南子，此事在《论语》诸篇有各种记载：

> 子见南子，子路不说。夫子矢之曰："予所否者，天厌之！天厌之！"②
> 子曰："吾未见好德如好色者也。"③
> 子曰："由，知德者鲜矣。"④
> 子曰："已矣乎！吾未见好德如好色者也。"⑤

---

① 《论语·八佾》："王孙贾问曰：'与其媚于奥，宁媚于灶，何谓也？'子曰：'不然，获罪于天，无所祷也。'"
② 《论语·雍也》。
③ 《论语·子罕》。
④ 《论语·卫灵公》。
⑤ 《论语·卫灵公》。

邦君之妻,君称之曰夫人,夫人自称曰小童;邦人称之曰君夫人,称诸异邦曰寡小君;异邦人称之亦曰君夫人。①

孔子的这些言论虽然被编排在《论语》不同篇章,但是相互之间确实存在某种内在的逻辑联系,其中《季氏篇》中关于"邦君之妻"的一段言论过去并未引起学人重视,甚至有人怀疑这不是孔子言论,而是后人多事填空留下来的。其实,这段言论与"子见南子"是大有关系的,孔子既然打算去拜见南子,就要事先做好功课,彼此之间应该怎么称呼,见面后聊什么、怎么聊等等,这些情况都必须搞清楚、想明白,免得失礼。南子是卫灵公夫人,孔子则是鲁国(异邦)大夫,因此南子当着孔子的面自称"寡小君",而孔子则尊称"邦君之妻"南子为"君夫人"。司马迁作《史记·孔子世家》时基本还原了"子见南子"的历史现场,也把相关言论串联起来:

灵公夫人有南子者,使人谓孔子曰:"四方之君子不辱欲与寡君为兄弟者,必见寡小君。寡小君愿见。"孔子辞谢,不得已而见之。夫人在絺帷中。孔子入门,北面稽首。夫人帷中再拜,环佩玉声璆然。孔子曰:"吾乡为弗见,见之礼答焉。"子路不说。孔子矢之曰:"予所不者,天厌之! 天厌之!"居卫月余,灵公与夫人同车,宦者雍渠参乘,出,使孔子为次乘,招摇市过之。孔子曰:"吾未见好德如好色者也。"于是丑之,去卫,过曹。

孔子通过南子终于得以面见卫灵公,并且有幸乘坐"次乘"随卫灵公一起招摇过市,风光无限,但是这些并不是孔子想要的。孔子当年离开鲁国,首选卫国,是因为卫灵公是一位有抱负、有作为的君主,孔子希望能够得到他的重用,在卫国率先实现"天下有道"的礼制秩序。此时卫灵

---

①《论语·季氏》。

公已经暮气沉沉,不理国政,他整天和"女子与小人"厮混在一起,花天酒地,纵欲享乐,孔子感到非常失望,由此发出"未见好德如好色者"的感叹。这里的"德"代指孔子本人,而"色"则是代指南子。由于此事缘子路而起(子路通过连襟弥子瑕让孔子攀上了夫人南子),因此孔子对子路也多有抱怨:"由,知德者鲜矣。"

孔子对卫灵公的失望和怨愤情绪,自然会迁延到卫灵公夫人南子和嬖臣弥子瑕等人身上,因此他难免会说出"唯女子与小人为难养也"之类的狠话。关于这一点,汉代桓宽已经话到嘴边,就差没点破。《盐铁论·论儒》:

> 《礼》:"男女不授受,不交爵。"孔子适卫,因嬖臣弥子瑕以见卫夫人,子路不说。子瑕,佞臣也,夫人因之,非正也。男女不交,孔子见南子,非礼也。

孔子被人诟病"非礼",都是受到嬖臣弥子瑕和卫夫人南子等人的蛊惑,因此孔子斥责他们为"女子与小人"完全是合乎情理的。杨义先生在《论语还原》中也做出明确推断:"唯有回到本真的历史现场,才会发现,《卫灵公篇》'子曰:吾未见好德如好色者也'章,与《阳货篇》的'子曰:唯女子与小人为难养也'章之间,存在着隔章呼应,相互阐发的关系。所谓女子对应于南子,指的是女色;小人对应于弥子瑕之类,孔子之言乃是为其在卫国遭遇的特殊情境而发,指责为政者不能沉迷于女色和小人。"[1]

接下来的"近之则不孙,远之则怨"两句,是对"女子与小人"品行特征的真实描述和高度概括。这类人心胸狭隘,道德败坏,为人势利,他们不关心社稷与民生之类的国家大事,既没有独立人格,也没有人生目标,完全靠取悦主子来享受荣华富贵。这类人虽然没有什么真本事,却有许

---

[1] 杨义著:《论语还原》(上)第212页(中华书局2015年3月北京第1版)。

多鬼心眼,因此与他们相处很难("难养"),如果关系过于亲密,他们就会轻浮无礼;如果关系过于疏远,他们又会心怀怨恨。撇开南子和弥子瑕不说,就一般意义而言,这些品行特征出现在"女子与小人"身上的概率是极高的。李泽厚先生就曾坦率地分析道:"我认为这句话相当准确地描述了妇女性格的某些特征。对她们亲密,她们有时就过分随便,任意笑骂打闹。而稍一疏远,便埋怨不已。这种心理性格特征本身并无所谓好坏,只是由性别差异产生的不同而已;应说它是心理学的某种事实。"①

综上所述,孔子本章言论是特指,而不是泛指。孔子挨骂,确实是有点冤!

---

① 李泽厚:《论语今读》,北京:生活·读书·新知三联书店,2008年,第527页。

93. 夷狄(共1章)

《论语·八佾》:"子曰:'夷狄之有君,不如诸夏之亡也。'"

在孔子政治思想中,以中原华夏诸族为"正"的正统观念是一个非常重要的内容,这种观念显性或隐性地贯穿于《论语》全书,因此"夷狄""九夷""蛮貊之邦"等概念都是孔子的批判对象。

华夏正统观是中国史学思想中的一个特有观念。中国古代的正统观并非一成不变,随着朝代更迭和民族融合,"正统"的外延和内涵也在不断发生变化①。春秋时期,正统观大抵以区域划分为主,具体指居住在中原地区以华夏族为主体的部族联盟,即"诸夏";而与此相对应的则是周边的东夷、南蛮、西戎、北狄,即"四夷",也就是《论语》中的"夷狄""九夷"或"蛮貊之邦"。《礼记·王制》:"中国、夷、蛮、戎、狄,皆有安居、和味、宜服、利用、备器。五方之民,言语不通,嗜欲不同。"

华夏正统观念在春秋时期非常流行,鲁僖公时期,鲁国发生"祀爰居"事件,公族大夫展禽认为"祀爰居"有违"圣王之制祀",他历数颛顼、

---

① 著者按:梁启超在《新史学·论正统》中把各种历史正统观概括为"得地之多寡""据位之久暂""前代之血胤""前代之旧都""后代之所承"和"中国种族"等六类。春秋时期的历史正统观应属"中国种族为正而其余为伪"——梁启超著:《饮冰室合集·文集之九》(中华书局北京1988年4月版)。

帝喾、尧、舜、鲧、禹、契、冥、汤、稷、文王、武王等历代帝王圣贤,对国卿臧文仲提出严厉批评。展禽当时所列举的一长串名单就是当时人们公认的正统①。孔子也说:"禹、汤、文、武、成王、周公,由此其选也。此六君子者,未有不谨于礼者也。"②这份名单虽然比较简单,但是在孔子的心中分量却很重,这是源远流长的历史正统,不容撼动!

在华夏正统观念的影响下,孔子错误地把中国古代历史的范围限定在中原华夏诸族,他对于历史的认知也仅仅局限于夏、商、周三代嬗递,对于周边经济和社会形态相对落后的异族,他则一律采取极力贬低和排斥的态度,要求设立"夷夏之防",他说:"裔不谋夏,夷不乱华。"③在孔子看来,夷狄等异族愚昧无知,野蛮落后,既没有礼乐文明,也没有道德教化,所以夷狄之邦有国君就如同无国君,这里的"亡"同无。

孔子这种居高临下的民族优越意识在他的许多言论中都会不经意地流露出来,每当他仕途受阻、心灰意冷时就会萌发"欲居九夷"或"乘桴浮于海"的念头,有人问他:"陋,如之何?"他回答道:"君子居之,何陋之有?"④"九夷"泛指散居在淮、泗之间的落后部族。孔子通过这种方式想要表达的思想观点是与其留在这个道德沦丧的社会里无所作为,还不如到那个尚未开化的蛮荒之地去过简陋平庸的生活!而且他坚信道德的力量一定能够改变一切,包括感化文化落后的"九夷"。显然,这里的"九夷"只是孔子用来抨击现实社会的一个反面参照。同样,子张向他请教有关"行"的问题,他也说:"言忠信,行笃敬,虽蛮貊之邦,行矣。言不忠信,行不敬笃,虽州里,行乎哉?"⑤这里的"蛮貊之邦"又成为他考察"忠信""笃敬"等道德修养的一个反面标准。樊迟向他请教"仁",他又说:

---

① 《国语·鲁语上》。
② 《礼记·礼运》。
③ 《左传·定公十年》。
④ 《论语·子罕》。
⑤ 《论语·卫灵公》。

"居处恭,执事敬,与人忠。虽之夷狄,不可弃也。"①意思就是,"恭""敬""忠"是修身求仁之本,即使到愚昧落后的蛮夷之邦也必须坚守,不能舍弃。

孔子在臧否人物时也秉持以华夏诸族为"正"的正统观点,对于那些在历史上曾经为维护华夏文明和正统地位做出杰出贡献的历史人物给予了高度评价,他说:"管仲相桓公,霸诸侯,一匡天下,民到于今受其赐。微管仲,吾其被发左衽矣。"②所谓"被发左衽",完全是夷狄异族的落后习俗③。孔子认为,管仲以"尊王攘夷"为号召,联合中原诸侯各国抗击异族入侵,存邢、救卫、救北燕,为保卫中原地区华夏诸族先进的经济和文化免遭野蛮部族的掠夺和蹂躏做出了巨大贡献,因此特许之为"仁"。

必须承认,孔子的华夏正统观念是错误的,对后世的影响也是消极的。至今国人对于我国上古社会历史的了解仅仅局限在中原华夏诸族的范围内,以及后代统治者对于周边少数民族文化一贯持以轻视和排斥的态度等,除了这些民族自身经济和文化形态相对落后等原因外,恐怕与孔子对于周边异族文化所持有的排斥态度不无关系。

---

① 《论语·子路》。
② 《论语·宪问》。
③ 《礼记·王制》:"东方曰夷,被发文身。"

征引古籍要目

《论语译注》(杨伯峻译注,中华书局1958年6月第1版)。

《论语义疏》([梁]皇侃撰,中华书局2013年10月第1版)。

《四书章句集注》([宋]朱熹撰,中华书局1983年10月第1版)。

《论语正义》(全二册)([清]刘宝楠撰,中华书局1990年3月第1版)。

《论语后案》([清]黄式三撰,凤凰出版传媒集团·凤凰出版社2008年12月第1版)。

《论语集释》(全二册)(程树德撰,中华书局2013年3月北京第1版)。

《论语疏证》(杨树达著,上海世纪出版股份有限公司·上海古籍出版社2013年9月第1版)。

《诗经今注》(高亨注,上海古籍出版社1980年10月第1版)。

《尚书覈诂》(杨筠如著,陕西人民出版社2005年12月第1版)。

《尚书译注》(李民 王健撰,上海世纪出版股份有限公司·上海古籍出版社2012年8月第1版)。

《礼记译解》(全二册)(王文锦译解,中华书局2009年1月第1版)。

《大戴礼记解诂》([清]王聘珍撰,中华书局1983年3月第1版)。

《仪礼》(彭林译注,中华书局2012年6月北京第1版)。

《周礼注疏》(全三册)([汉]郑玄注,[唐]贾公彦疏,上海世纪出版股份有限公司·上海古籍出版社2010年10月第1版)。

《周易古经今注》(高亨著,中华书局1984年3月第1版)。

《周易译注》(黄寿祺 张善文撰,上海世纪出版股份有限公司·上海古籍出版社2012年8月第1版)。

《周易大传今注》(高亨著,齐鲁书社1979年6月第1版)。

《孝经郑注疏》([清]皮锡瑞撰,中华书局2016年7月北京第1版)

《十三经注疏》(全二册)([清]阮元校刻,中华书局1980年10月第1版)。

《春秋左传集解》(全五册)(上海人民出版社1977年8月第1版)。

《春秋左传注》(全四册)(杨伯峻编著,中华书局1981年3月第1版)。

《春秋公羊传注疏》(全二册)([汉]何休解诂,[唐]徐彦疏,上海世纪出版股份有限公司·上海古籍出版社2014年11月第1版)。

《春秋谷梁传译注》(承载撰,上海世纪出版股份有限公司·上海古籍出版社2004年7月新1版)。

《国语》(全二册)(上海古籍出版社1988年3月第1版)。

《战国策集注汇考》(全三册)(褚祖耿撰,江苏古籍出版社1985年7月第1版)。

《史记》(全十册)([汉]司马迁撰,中华书局1959年9月第1版)。

《汉书》(全十二册)([汉]班固撰,[唐]颜师古注,中华书局1962年6月第1版)。

《吴越春秋译注》(张觉译注,上海三联书店2013年12月第1版)。

《老子校释》(朱谦之撰,中华书局1984年11月第1版)。

《帛书老子注译及研究》(许抗生著,浙江人民出版社1982年2月第一版)。

《孟子译注》(全二册)(杨伯峻译注,中华书局1960年1月第1版)。

《墨子校注》(全二册)(吴毓江撰,孙启治点校,中华书局1993年10月第1版)。

《庄子集释》(全四册)(郭庆藩辑,中华书局1961年7月第1版)。

《荀子译注》(张觉撰,上海世纪出版股份有限公司·上海古籍出版社2012年8月第1版)。

《韩非子校注》(江苏人民出版社1982年11月第1版)。

《淮南子》(全二册)(陈广忠译注,中华书局2012年1月北京第1版)。

《晏子春秋》(汤化译注,中华书局2011年5月北京第1版)。

《春秋繁露》(张世亮 钟肇鹏 周桂钿译注,中华书局2012年6月北京第1版)。

《孔子家语》(王国轩 王秀梅译注,中华书局2011年3月北京第1版)。

《孔丛子校释》(傅亚庶撰,中华书局2011年6月第1版)。

《颜氏家训》(檀作文译注,中华书局2011年10月北京第1版)。

《论衡》([东汉]王充撰,上海人民出版社1974年9月第1版)。

《吕氏春秋》(全二册)(陆玖译注,中华书局2011年10月北京第1版)。

《盐铁论》(陈桐生译注,中华书局2015年4月北京第1版)。

《中论解诂》([魏]徐干撰,中华书局2014年5月第1版)。

《诸子集成》(全八册)(中华书局1954年12月第1版)。

《楚辞集注》([宋]朱熹集注,上海古籍出版社1979年10月第1版)。

《韩诗外传集释》([汉]韩婴撰,许维遹校释,中华书局1980年6月第1版)。

《说苑校证》([汉]刘向撰,向宗鲁校证,中华书局1987年7月第1版)。

《山海经译注》(陈成撰,上海世纪出版股份有限公司·上海古籍出版社2012年8月第1版)。

《郭店楚墓竹简》(全十五册)(文物出版社2002年12月第1版)。

《上海博物馆藏战国楚竹书》(全九册)([马承源主编,上海古籍出版社2001年11月—2012年12月第1版)。

《困学纪闻》(全三册)([宋]王应麟著,[清]翁元圻等注,上海世纪出版股份有限公司·上海古籍出版社2008年12月第1版)。

《传习录》([明]王阳明著,北京联合出版公司2018年1月第1版)。

《日知录集释》(全二册)([清]顾炎武著,上海世纪出版股份有限公司·上海古籍出版社2014年6月第1版)。

《四书改错》(全二册)([清]毛奇龄著,华东师范大学出版社2015年7月第1版)。

《潜研堂集》([清]钱大昕著,上海古籍出版社2009年1月第1版)

《雕菰楼经学九种》(全三册)([清]焦循著,陈居渊主编,凤凰出版传媒集团·凤凰出版社2015年10月第1版)。

《二曲集》([清]李颙撰,中华书局1996年3月第1版)。

《说文解字》([汉]许慎撰,中华书局1963年12月第1版)。

《尔雅译注》(胡奇光 方环海撰,上海世纪出版股份有限公司·上海古籍出版社2012年8月第1版)。

《甲骨文字释林》(于省吾著,商务印书馆2010年12月第1版)。

《金文编》(容庚编著,中华书局1985年7月第1版)。

图书在版编目(CIP)数据

《论语》言论评析 / 卞朝宁著. --南京:江苏人民出版社,2019.3
 ISBN 978-7-214-23160-4

Ⅰ. ①论… Ⅱ. ①卞… Ⅲ. ①儒家②《论语》-研究 Ⅳ. ①B222.25

中国版本图书馆 CIP 数据核字(2018)第 301195 号

书　　　名	《论语》言论评析
著　　　者	卞朝宁
责 任 编 辑	卞清波
装 帧 设 计	刘葶葶
责 任 监 制	王列丹
出 版 发 行	江苏人民出版社
地　　　址	南京市湖南路1号A楼,邮编:210009
网　　　址	http://www.jspph.com
照　　　排	江苏凤凰制版有限公司
印　　　刷	江苏凤凰通达印刷有限公司
开　　　本	652毫米×960毫米　1/16
印　　　张	52.5　插页6
字　　　数	679千字
版　　　次	2019年3月第1版　2019年3月第1次印刷
标 准 书 号	ISBN 978-7-214-23160-4
定　　　价	128.00元(上下册)

(江苏人民出版社图书凡印装错误可向承印厂调换)